Hermann Vambery

Der Ursprung der Magyaren

Eine ethnologische Studie

Hermann Vambery

Der Ursprung der Magyaren
Eine ethnologische Studie

ISBN/EAN: 9783742898203

Hergestellt in Europa, USA, Kanada, Australien, Japan

Cover: Foto ©ninafisch / pixelio.de

Manufactured and distributed by brebook publishing software
(www.brebook.com)

Hermann Vambery

Der Ursprung der Magyaren

DER

URSPRUNG DER MAGYAREN.

DER
URSPRUNG DER MAGYAREN.

EINE ETHNOLOGISCHE STUDIE

VON

HERMANN VÁMBÉRY.

LEIPZIG:

F. A. BROCKHAUS.

—

1882.

VORWORT.

Das Interesse, welches sich an die Ursprungsgeschichte der Magyaren knüpft, ist in Europa so alt wie dieses Volk selbst. Als letzter Wogendrang des von Asien hereingebrochenen Völkermeeres haben die Magyaren, gleich den Hunnen, schon mit ihrem ersten Erscheinen im Südosten Europas die Neugier über ihre Herkunft und Abstammung in demselben Maasse wachgerufen, in welchem ihre Aeusserlichkeiten, ihr Habitus und ihr wild kriegerischer Geist den damaligen Bewohnern Pannoniens und der Nachbarländer grauenvolle Furcht und Schrecken einjagten. Da die verschiedenen Völkerelemente, die ihnen vorausgingen, vom fernen Osten hereingebrochen waren, so begnügte man sich damit, auch den Ausgangspunkt der Wanderung der Magyaren dahin zu verlegen, und weil die einzelnen Züge ihres Sittenbildes und ihre physische Charakteristik auf die wol spärlichen und unsichern Beschreibungen von den Skythen der Griechen und von den Hunnen der Byzantiner passte, so wurden sie gar bald mit letztern identificirt, ja als deren directe Abkömmlinge dargestellt. Weitere geo- und ethnographische Details sind auch von jenem dunkeln Zeitalter der christlichen Culturwelt gar nicht zu erwarten. Als nun die Fremdlinge an der Donau und an der Theiss mittels des gemeinsamen Bandes der christlichen Lehre in gesellschaftlicher und staatlicher Beziehung an die übrigen Völker des Abendlandes sich angeschlossen hatten, da blieb nur noch die Kunde von ihrer asiatischen Abstammung als blasse Reminiscenz übrig, denn um nationale Individualität

hatte Europa in jenem Zeitalter des Glaubens sich ebenso wenig
gekümmert wie z. B. das heutige moslimische Asien, wo unter
dem alles nivellirenden Einflusse des Islams der nationale Se-
paratismus trotz Verschiedenheit in Sprache, Farbe und Abkunft
nur schwer aufkommen kann, indem der Glaube an die Stelle
der Nationalität getreten ist.

Gesagtes hat natürlich nur auf das mittelalterliche Europa
Bezug. Bei den Magyaren selbst, die von jeher durch eine
schwärmerische Liebe für ihre nationale Individualität sich ausgezeichnet haben, war dies keineswegs der Fall, und dass man
hier für die Ursprungsfrage nicht gleichgültig gewesen, das beweist das Gefühl des Stolzes, mit welchem man sich von jeher
der asiatischen Abkunft erinnerte, das Interesse, welches man für
die allerdings dunkle Sage von der alten Heimat bewahrte, und
gewissermassen noch heute bewahrt. Ja schliesslich beweist dies
die unbezweifelbare Thatsache, dass man schon im 13. und
15. Jahrhundert zur Aufsuchung der in dem vermeinten Ursitze
zurückgebliebenen Stammesgenossen Sendlinge geschickt, und dass
man die in das bunte Kleid der Dichtung gehüllte Tradition
noch bis zur Neuzeit im Lichte einer unumstossbaren Wahrheit
zu erörtern sich bemüht hat. Solange nun die ferne und nahe
asiatische Welt dem Blicke des Abendlandes verschlossen geblieben — denn selbst die mittelalterlichen Reiseberichte sind
erst in der jüngsten Vergangenheit zu Ehren gelangt —, konnten
selbstverständlich die nationalen Phantasiegebilde auf dem For-
schungsgebiete der Urgeschichte durch nichts beeinträchtigt werden; nur in dem Maasse, wie der Kreis unserer geo- und ethnographischen Kenntnisse sich erweiterte, rückte die Streitfrage mit
allmählich neuern und sicherern Formen in den Vordergrund, und
wie bei andern wissenschaftlichen Problemen musste auch hier
gar bald die Einbildung von der Positivität abgelöst werden.
Dies trat jedoch erst in der zweiten Hälfte des vergangenen
Jahrhunderts ein. Durch die Reisen von Herberstein und Pallas,
durch die Arbeiten von Desguignes, Klaproth u. a., besonders aber
durch das allmähliche Bekanntwerden der arabischen Geographen
ward der dichte Schleier, welcher Land und Leute in der nördlichen Hälfte Asiens verhüllte, so ziemlich gelüftet; namentlich

war der Forschung auf dem Felde der ural-altaischen Völkerkunde durch die in rascher Zunahme begriffenen Hülfsmittel der Linguistik, Geschichts und Archäologie ein schon sichererer Anhaltspunkt gegeben, und wenn trotz alledem die Frage nach dem Ursprunge der Magyaren so verschiedenartig erörtert wurde und bisher zu keinem definitiven Abschluss gebracht werden konnte, so liegt dies erstens an der nie zu bannenden Zweifelhaftigkeit, in welche die Urgeschichte aller Völker gehüllt ist, zweitens an der Art und Weise, wie die spärlichen Funken des neuen Lichtes beachtet wurden, und drittens an der Voreingenommenheit und an den nationalen Vorurtheilen, mit welchen man bisher zur Lösung dieses Problems geschritten ist.

Hätten die nichtmagyarischen Gelehrten, wie Schlözer, Zeuss, Büdinger, Roessler u. a. diese Frage mit jener rein wissenschaftlichen Objectivität, die bei ihnen als von Ausländern zu erwarten war, behandelt, und würde die nur schwer bemäntelte Gehässigkeit gegen das magyarische Volk aus ihren sonst verdienstlichen Arbeiten nicht überall hervorschauen, so hätte der Leser die bei ihnen vertheidigte Lehre von der finnisch-ugrischen Abkunft der Magyaren als das Resultat einer streng wissenschaftlichen Ueberzeugung hinnehmen können. Doch leider ist dem nicht so! Auf uns wenigstens machen ihre diesbezüglichen Annahmen den Eindruck, als wenn die ihrerseits verfochtenen Theorien von der finnisch-ugrischen Abstammung wol weniger die zu jener Zeit noch unzulänglichen philologisch-ethnographischen Belege zu bringen als vielmehr den allerdings kindischen Widerwillen der Magyaren ins Licht zu stellen sich bemüht hätten. Wir sagen ausdrücklich kindisch, denn magyarischerseits ist mitunter noch ärger und stärker gesündigt worden, indem man bei Verfolgung zweck- und zielloser Ideale und bei gewaltsamer Negirung aller wissenschaftlichen Systeme das magyarische Volk bald als alleinstehend, d. h. ohne engere Affinitätsbeziehung zu irgendeinem andern Volke darzustellen, bald wieder von Ariern, Semiten, ja sogar von Hamiten abzuleiten sich bestrebte. Diesem unerquicklichen Chaos, diesem Herumtappen in stockfinsterer Nacht hat eigentlich nur Paul Hunfalvy ein Ende gemacht, der im Anfange der zweiten Hälfte unsers Jahrhunderts sowol mit einem streng wissen-

schaftlichen Systeme als mit wahrer fachmännischer Begeisterung
auftrat und eine Anschauung verfocht, der wir nur theilweise
beistimmen, die aber vor den bisherigen Ansichten der in- und
ausländischen Forscher des wesentlichen Vortheils sich erfreut,
dass sie fern von allen nationalen Vorurtheilen und Gehässig-
keiten einer rein wissenschaftlichen Ueberzeugung entsprungen ist
und als solche selbst von den Gegnern die höchste Achtung verdient. Indem Herr Paul Hunfalvy, die bisherigen Resultate der
magyarischen Sprachwissenschaft, namentlich die Arbeiten eines
Sajnovics, Gyarmathi und Révai als Grundlage nehmend und
bedeutend erweiternd, die Lehre vom vorherrschenden Verwandtschaftsverhältniss zwischen den magyarischen und finnisch-
ugrischen Sprachen aufstellte, und aus demselben das engere
genetische Verhältniss beider ural-altaischen Völker folgerte, so
kann er selbst vom Gesichtspunkte der strengsten Kritik höchstens
nur der Einseitigkeit geziehen werden, da, wie wir in dieser
Studie nachweisen werden, die Sprache als alleiniges Klassificationsmittel gar nicht zulässig ist, und das Magyarische noch
lange nicht als ein prävalent finnisch-ugrisches Idiom bezeichnet
werden darf.

Um diesem einseitigen Vorgehen zu steuern, d. h. um das
Verwandtschaftsverhältniss der magyarischen Sprache und des
magyarischen Volkes auch zur turko-tatarischen Fraction der
Ural-Altaier in gehöriger Weise zu beleuchten, habe ich diese
Studie unternommen, und bin denn auch zu einem von der Ansicht unsers geehrten Gegners verschiedenen Resultate gelangt,
demzufolge ich in den Magyaren ein Mischvolk erkenne, in
welchem nicht Finn-Ugrier, sondern Turko-Tataren den eigentlichen Nucleus, richtiger den Hauptbestandtheil bildeten. Bisher
sind die Beweismittel in vorherrschender Weise auf dem nördlichen Theile des ural-altaischen Völkergebiets gesucht worden,
wir haben nun den südlichen Theil desselben Gebietes zu ähnlichen Zwecken durchforscht. Daher ist unser Motto: „Audiatur
et altera pars“, indem wir von der Ansicht ausgehen, dass die
Frage der grössern Aehnlichkeit folgerichtig nur dann erörtert
und nur dann entschieden werden könne, wenn das zu vergleichende Object mit den auf beiden Seiten zeugenden

Factoren der Aehnlichkeit confrontirt wird, was nach
unserm Dafürhalten bisher noch nicht geschehen ist.

Die Darlegung dieses verwandtschaftlichen Verhältnisses zwischen Magyaren und Turko-Tataren ist es daher, welche die
nächstfolgenden Blätter sich als Ziel vorgesteckt haben. Wenn
ich nun ungeachtet einer ziemlich langen Thätigkeit auf dem
Felde der Turkologie und trotz eingehender autoptischer Forschungen unter Türkenvölkern meine Arbeit nur unter dem Titel
einer Studie vorführe, so geschieht dies weniger aus irgendeiner
erzwungenen Bescheidenheit, als vielmehr mit Hinblick auf die
Schwierigkeit des zu lösenden Problems, bei welchem, wie bei
vielen andern ähnlichen Fragen, wir im Grunde genommen unsern Aeusserungen nur die Form einer Vermuthung, nicht aber
die einer für untrüglich gehaltenen wissenschaftlichen Theorie zu
verleihen berechtigt sind. In Auffassung und Beurtheilung des
zu behandelnden Stoffes von vielen meiner Vorgänger abweichend, mag ich auf dem bekanntermassen schlüpfrigen Gebiete
wol oft gefehlt und geirrt haben, doch war es überall und immer
nur die streng wissenschaftliche Ueberzeugung, der ich gefolgt
bin, nicht aber jene kleinliche und kindische nationale Eitelkeit, mit welcher man in Ungarn ehedem die nie genau definirte
asiatische Verwandtschaft gegenüber der finnisch-ugrischen bevor-
zugte. Ich sage ausdrücklich ehedem, denn heute hat die Anschauung von der letzterwähnten Affinität schon die weiteste
Verbreitung gefunden, da in der That ein absonderlicher Geschmack dazu gehört, lieber zu den nomadischen und der Cultur
noch fern stehenden Turko-Tataren als zum gebildeten, höchst
begabten und edeln Volke der Finnen gerechnet zu werden!

Wie weit es mir nun gelungen, das in diesen Blättern vor-
gesteckte Ziel zu erreichen, darüber wird die unparteiische und
vorurtheilsfreie Kritik zu entscheiden haben. Die Argumente,
mit denen ich meine Ansicht vom türkischen Ursprunge der
Magyaren unterstütze, mögen noch so sehr angefochten, und das
endgültige Resultat mag noch so sehr in Frage gestellt werden,
Eins jedoch bleibt sicher und ausgemacht: dass die gegnerische
Ansicht, indem sie bisher viel schwächere und minder stichhaltige
Beweise ins Treffen zu führen vermochte, auf einer in jeder Hin-

sicht minder zuverlässigen Basis beruht, und dass daher das
Ergebniss, welches ihre diesbezüglichen Studien bisher
zu Tage zu fördern vermochten, noch lange nicht jenen
Charakter der Unerschütterlichkeit und Untrüglichkeit
verdient, welcher demselben in Ungarn und im Aus-
lande zugeschrieben wird. Unter solchen Umständen, d. h.
angesichts der Unzulänglichkeit des bisherigen Beweismaterials,
ist die Berücksichtigung des weitern Forschungsgebietes und eine
umfassendere Würdigung der zu Gebote stehenden Beweismittel
zur gebieterischen Nothwendigkeit geworden, und letztere ist es,
der wir in diesem Buche hauptsächlich Rechnung trugen. Ich
habe zu diesem Behufe meine Arbeit in vier Theile getheilt, und
in dem ersten die historischen Belege, in dem zweiten die sprachliche Evidenz, und in dem dritten die Beweisfähigkeit der Culturmomente einer Prüfung unterzogen, um schliesslich das zu Tage
getretene Resultat in einer Schlussbemerkung darlegen zu können.
In dem vierten Theile sind jene theils historischen, theils philologischen Erörterungen gebracht worden, die weniger den gebildeten
Leser als den eigentlichen Fachmann angehen, wie dies besonders
mit Bezug auf Beilage III, IV und V der Fall ist, und die in
der Form einer Note im Texte selbst schwer einen Raum hätten
finden können.

Gern hätte ich bei Ausarbeitung der einzelnen Theile dieses
Buches vom betreffenden Quellenmaterial einen ausgiebigern Gebrauch gemacht, als mir dies hier, fern von den Bibliotheken
und orientalischen Manuscriptsammlungen der europäischen Gross-
städte, möglich gewesen ist, doch ich will in dieser Frage noch
nicht das letzte Wort gesprochen haben, indem ich die Hoffnung
habe, noch auf das eine oder andere Moment der Beweisführung
zurückzukommen.

Budapest, im September 1882.

Hermann Vámbéry.

INHALT.

DRITTE ABTHEILUNG.
CULTURMOMENTE.

VIERTE ABTHEILUNG.
BEILAGEN.

GESCHICHTE.

- -- —

I.

Skythen und Saken, oder die vermeintlichen Türken des Alterthums.

Wer den Ursprung eines Flusses entdecken will, der darf die Mühe nicht scheuen, das vermeinte Quellengebiet in allen Winkeln zu durchforschen und das selbst noch so kleine und unansehnliche Bächlein bis zum Entstehungspunkte zu verfolgen. Mit dem Ursprunge eines Volkes hat es eine ähnliche Bewandtniss. Wir beabsichtigen, die ersten Anfänge der Magyaren nicht, wie dies bisher geschah, vom Standpunkte der finnisch-ugrischen Verwandtschaft allein, sondern auch von dem des genetischen Verhältnisses zu den Turko-Tataren [1] zu beleuchten, und müssen daher die Spuren von dem ersten Erscheinen der Türken selbst im vorgeschichtlichen Zeitalter aufsuchen. Unser Vorhaben, in die Vergangenheit dieses Volkes, von dem erst jüngst der Schleier der Verborgenheit gelüftet worden, so tief zurückblicken zu wollen, wie wir dies im vorliegenden Theile unserer Studie beabsichtigen, mag vielen, und nicht mit Unrecht, als eine Aufgabe von sehr zweifelhaftem Erfolg erscheinen. Wenn wir bezüglich der Anfänge so mancher schon im Alterthume durch eine hohe Cultur berühmter Völker noch im Finstern herumtappen und Theorien ihrer Genesis nur auf das morsche Gestein vager Hypothesen zu begründen vermögen, wie wird sich erst das Ergebniss unserer diesbezüglichen Forschungen bei dem allerdings interessanten Volke der Türken gestalten? Nun, offen gestanden, nicht ohne Bangigkeit machten wir uns an diese Arbeit, eine Aufgabe, die zum Gesammtbild unserer Studie unumgänglich

---

[1] Behufs genauer Präcision dieses Namens geben wir unter Beilage I eine ethnographische Skizze vom Volke der Turko-Tataren.

nothwendig ist, von der wir aber im vorhinein bemerken müssen,
dass sie sich von den ähnlichen Bestrebungen so mancher meiner
Vorgänger nur insofern unterscheidet, als wir mit Hinblick auf
die Unsicherheit der Grundlage und auf den sehr elastischen
Charakter des Grundstoffes anstatt mit fertigen, in das Gewand
wissenschaftlichen Eigendünkels gekleideten Theorien, nur mit anspruchslosen Muthmaassungen hervorzutreten wagen. Und hierzu
hat uns nicht erzwungene Bescheidenheit, sondern Natur und
Geist des zu Gebote stehenden Quellenmaterials bestimmt. Von
einer derartigen Anschauung beseelt, können wir daher das Resultat, zu welchem Deguignes bezüglich des Ursprungs der Tu-kiu
und Hiong-nu in seiner Durchforschung der chinesischen Quellen
gelangte, nicht mit jener Zuverlässigkeit aufnehmen, mit welcher
D'Ohsson, Hammer-Purgstall und andere dies thaten, weil wir
weder in der ungenauen Definition der sogenannten „nordischen
Nomaden“, noch in der durch chinesische Chronisten arg verstümmelten ethnischen Nomenclatur jene Garantie erblicken, die
zum Fällen eines kritischen Urtheils unumgänglich nothwendig
ist. Bei dem heutigen Stande der Ethnologie können und sollen
die mythenartigen und unsichern Angaben nicht mehr als Ausgangspunkt ernster Bestrebungen gelten, und wenn wir uns keiner
absichtlichen Selbsttäuschung hingeben wollen, müssen wir, wie
schwer immer uns dies auch fallen mag, zugestehen, dass bezüglich der Anfänge der Türken im grauen Alterthume es höchstens die drei Jahrhunderte vor der christlichen Zeitrechnung
entstandenen griechischen Ueberlieferungen sind, von denen wir
ein allerdings geringes und zweifelhaftes Licht der Aufklärung
erhoffen können. In diese Zeitperiode fällt nämlich einerseits
der Bericht über den Alexandrinischen Feldzug gegen den fernen
Osten und über die Geschichte des griechisch-baktrischen Reiches,
andererseits die Arbeit des Vaters der Geschichte; und so wie
wir aus ersterm von den Saken, einem Volke von muthmass-
lich ural-altaischer Abkunft, zuerst hören, ebenso werden wir in
letzterer, namentlich im vierten Buche, Melpomene §. 1—142, mit
den ebenfalls von vielen für theilweise Ural-Altaier gehaltenen
Skythen bekannt gemacht. Es dämmert uns daher an zwei verschiedenen Punkten der Alten Welt, nämlich im Osten, respective
am mittlern Oxuslaufe und in Baktrien, und im Westen, respective an der Wolga und am Don, ein Licht auf, das, obwol schwach,
doch unserer vollen Beachtung werth ist; ein Licht, das, ohne

die dunkeln Regionen der Geschichtsforschung vollends zu beleuchten, uns dennoch ein besserer Führer wird als der verfängliche Schein chinesischer Annalen. Wir wollen daher bei letztern anfangen und die schon oft aufgeworfene Frage von der Nationalität der Skythen [1] untersuchen. Diese Frage, welche seit mehr denn einem Jahrhundert die europäischen Gelehrten beschäftigt, und deren Literatur schon zu einer stattlichen Bibliothek herangewachsen, ist seltsamerweise noch nicht der endgültigen Lösung nahe gebracht und wird es noch lange nicht sein, weil nach unserm anspruchslosen Dafürhalten die Ausleger Herodot's, in ihrem strammen Festhalten an dem Text des berühmten Historikers, theils den Geist und die Tendenz der Composition verkannten, theils, den bei ethnologischen Entscheidungen unentbehrlichen weitern Gesichtskreis ausser Acht lassend, sich dem Glauben hingeben, dass, so wie es ihnen angeblicherweise gelungen, die geographische Nomenclatur bei Herodot mit den spätern und heutigen Namen der Flüsse, Seen und Städte in den pontischen Ländern zu identificiren, dies auch bezüglich der Nationalität der skythischen Völker möglich sei. Es ist nämlich etwas ganz anderes, auf Grund solcher Angaben, die sich auf Meilenentfernung, Flussmündungen und geographische Lage beziehen, den Porata mit dem Pruth, den Tyras mit dem Dnjestr, den Hypanis mit dem Bug, den Borysthenes mit dem Dnjepr, den Tanais mit dem Don u. s. w. [2] zu identificiren, als im Labyrinthe einer solchen ethnischen Nomenclatur, die zur

---

[1] Unter dem Sammelnamen Skythen erwähnt Herodot A) die eigentlichen Skythen, als 1) die königlichen Stämme zwischen dem Istros und dem Tyras, am Gerrhos und am Maeotis, 2) die Ackerbau treibenden Stämme am Hypanis und am Borysthenes, 3) die westlichen Nomadenstämme zwischen dem Istros und dem Tyras, die östlichen Nomaden am Hypakiris und einen ausgewanderten Stamm am Tanais; B) die mit den Skythen verwandten Grenzvölker, als 1) Agathyrsen, 2) Sauromathen, 3) Budinen; C) mit Hellenen vermischte Völker, als 1) Kallipiden, Skytho-Hellenen, 2) Gellonen, Budino-Hellenen; D) fremde Grenzvölker, als 1) Thraken, 2) Taurier, 3) Alazonen, 4) Neuren, 5) Melanchlaenen, 6) Androphagen, 7) Thyssageten, 8) Jyrken; E) entfernte Völker, als 1) Argippäer (Kahlköpfe), 2) Issedonen; F) fabelhafte Völker, als 1) Menschen mit Ziegenfüssen, 2) Sechs-Monat-Schläfer, 3) Arimaspuer (Einäugige), 4) Hyperboreer.
[2] Vgl. die Karte des Herodot'schen Skythiens in Prof. Bruun's „Versuch zu einer Vereinigung der entgegengesetzten Meinungen über das Herodot'sche Skythien". Russisch. (St.-Petersburg 1869.)

nationalen Sonderstellung oft nicht den kleinsten Anhaltspunkt
bietet, sich zurecht zu finden. Wir sagen ausdrücklich Labyrinth, denn bei einer allgemeinen Uebersicht der verschiedenen,
sich oft diametral gegenüberstehenden Erörterungen muss der
unparteiische Leser wol bald der Hoffnung entsagen, sich je auf
diesem Gebiete orientiren zu können. Nach den vorherrschenden Ansichten zu urtheilen sind die Skythen Herodot's von einigen
für Arier, d. h. für Slawen, Iranier und Germanen, von andern
hingegen für Ural-Altaier, d. h. für Türken, Mongolen und Finn-
Ugrier, also für nicht weniger als für die Angehörigen sechs verschiedener Nationalitäten gehalten worden. Als Vertreter der
ersten Ansicht sind vorzugsweise zu nennen: Grimm, Zeuss, Klaproth, Rawlinson, Müllenhoff, Bruun nebst Lindner, der in den
Skythen die Urahnen der Kosacken erkennen will, und Bergmann,
der die Kimmerier von ihnen ableitet, während die zweite Ansicht von Hammer-Purgstall, Niebuhr, Schaffarik, Hansen und
Karl Neumann (in seiner Preisschrift: «Die Hellenen im Skythenlande», S. 194) vertreten wird. Fragen wir nun, worauf solche
berühmte Autoritäten ihre Meinungen basiren, so wird es sich
bald herausstellen, dass einerseits die Vergleichung der geographischen Lage der von Herodot angeführten Völker mit
den spätern und heutigen Wohnsitzen der in Vorschlag gebrachten Völkerschaften, andererseits die geographische Nomenclatur und die im Herodot'schen Texte gebrauchten Götternamen
es waren, die zum Aufbau der verschiedenen Theorien Anlass
gegeben, und die absonderlichen, wol bona fide geschaffenen
Ansichten hervorgebracht haben. Indem wir, wie schon erwähnt,
das gewaltsame und phantastische Theoretisiren den Gelehrten
nur als Zeitvertreib gestatten würden, dasselbe aber für die
Wissenschaft als entschieden nachtheilig erachten, — darf es
wol kaum befremden, wenn wir in keinem der oben angeführten Behelfe eine Grundlage erblicken können, die zum Ausgangspunkte gewisser Combinationen geeignet wäre. Die geographische Lage, nach welcher man z. B. Budinen, Jyrken und
Thyssageten, weil Herodot deren Sitze nach dem Norden der
pontischen Länder und an den mittlern Lauf des Tanais verlegt, mit den Uraliern, d. h. mit den Finn-Ugriern identificirt,
kann auch schon deshalb nicht zu diesem Behufe zweckdienlich
sein, weil erstens die betreffende Stelle bei Herodot an Klarheit
viel zu wünschen übriglässt, und weil zweitens die geographische

Richtung, welche man diese Völker bei ihrer Wanderung aus der Urheimat nach diesen spätern Sitzen verfolgen lässt, mit den durch sprachliche Belege sichergestellten Thatsachen im Widerspruche steht. Wenn z. B. Lindner[1] nach Klaproth eine grosse Landstrasse im Norden des Kaspischen Sees annimmt, welcher entlang die zerstreuten Ueberreste eines ehemaligen grossen finnisch-ugrischen Volkes am Fusse des Urals nach Westen drangen, und bis nach Lappland und über Tobolsk hinausgejagt wurden, so ist dies eine ebenso grundirrige Anschauung als die Vermuthung von Vivien de St.-Martin[2] und Kunik[3], die gewisse für Iranier gehaltene Skythen aus Transoxanien über den nordischen Steppengürtel nach dem fernen Norden und nach Nordwesten ziehen lassen. Erstens sind die Finn-Ugrier in ihre heutigen Sitze nicht von Süden, sondern von Osten aus eingedrungen, und zwar zu einer Zeit, als der türkisch-tatarische Zweig vom uralaltaischen Stamme bereits ausgeschieden war, und als, wie nach sprachlicher Evidenz kaum bezweifelt werden kann, Mongolen und Tunguzen mit den Finn-Ugriern noch zusammenlebten; daraus folgt nun, dass letztere nach der Trennung nur in einer Richtung von Nordost nach Nordwest in ihre heutigen Sitze gelangen konnten. Zweitens ist die Annahme einer Migration der für Iranier gehaltenen Skythen vom Jaxartes nach der Wolga aus physisch-ethnischen Rücksichten absolut unmöglich; da aber auch von geschichtlicher Evidenz nicht die leiseste Spur von einer ehemals stattgefundenen Ausdehnung des Iranierthums jenseit des Jaxartes vorliegt, und da wir eben von den sogenannten iranischen Skythen reden, können wir nicht umhin zu bemerken, wie unzuverlässig auch jene Anhaltspunkte sind, die gewisse Commentatoren mit Bezug auf die physischen Merkmale im Texte Herodot's finden wollen. Herodot z. B. berichtet in §. 108, dass die Budinen ein zahlreiches Volk wären, welches blau und roth, γλαύκον καὶ πύῤῥον, ist, eine Andeutung, die vielleicht ebenso wenig ernst genommen werden darf als der Bericht von den im vorhergehenden Abschnitte erwähnten Melanchlaenen, d. h. Schwarzmänteln; und doch hat sich die Gelehrtenwelt beeilt,

---

[1] Seite 294 in seinem Buche „Skythien und die Skythen des Herodot" (Stuttgart 1841).

[2] Mémoire sur la géographie ancienne du Caucase, S. 77.

[3] Siehe: Bruun, a. a. O. S. XXXVI.

in der rothen Farbe rothe Haare, und in der blauen Farbe
blaue Augen zu entdecken, als wenn besagte Farben sich nicht
auf das Bemalen des Körpers oder auf die Kleidung beziehen
könnten (vide Melanchlaenen!). Ja man ging sogar noch weiter
und fiel sich wegen dieser Farbenangabe gegenseitig in die
Haare, indem diese Budinen von einigen für leibhaftige Germanen, von andern wieder für Finnen gehalten wurden. Wie ersichtlich, können diese auf die Ortsangaben Herodot's begründeten Erörterungen in der Nationalitätsfrage der Skythen nur
wenig Licht verbreiten, und ebendasselbe kann auch von den
sogenannten Sprachüberresten behauptet werden, von welchen
Brunn [1] mit Recht bemerkt, dass die bei Herodot und andern
griechischen Autoren angeführten skythischen Wörter bisher in
solcher Weise erklärt wurden, dass sie den einander diametral
gegenüberstehenden Ansichten als Argumente dienten, im Grunde
genommen daher gar nicht zweckdienlich sein können. Während
Karl Friedrich Neumann in seiner Preisschrift: „Die Völker des
südlichen Russlands" (2. Aufl., S. 12) die Skoloten als ein türkisch sprechendes Volk darstellt, will derselbe Gelehrte in seiner
Arbeit „Die Hellenen im Skythenlande" aus ähnlichen Wörtern
in Uebereinstimmung mit Niebuhr, Schaffarik und andern den
mongolischen Ursprung der Skythen nachweisen, wogegen nun
wieder Schiefner mit seiner (im Bulletin der Akademie von
St.-Petersburg, Bd. XIII, S. 205 veröffentlichten) Schrift „Sprach-
liches Bedenken gegen das Mongolenthum der Skythen" auftritt
und, der Meinung des Grafen Potocky und Klaproth's sich anschliessend, für das Iranierthum eines Theils der Skythen eine
Lanze bricht, indem er gleich seinen Meinungsgenossen die geographischen und Personennamen mit Hülfe des Sanskrit erklären
will. Andere haben zur Lösung des Räthsels auch noch das
Altbaktrische zu Hülfe genommen, und es würde uns in der That
zu weit führen, wollten wir alle die gewaltsamen und ohne Berücksichtigung der Gesetze der Sprachvergleichung gemachten
Etymologien herzählen, welche bisher ins Treffen geführt wurden.
Ueber die Unzuverlässigkeit der durch Griechen und in griechischer Sprache überlieferten fremden und namentlich ural-altaischen Sprachdenkmäler wird im nächsten Abschnitt ausführlicher die Rede sein; wir erlauben uns hier nur vorläufig zu

---

[1] A. a O. S. XXXV.

fragen, wie wir, wenn ein Theophylaktus, Menander, Porphyrogenitus und andere die Namen solcher Völker und solcher Oert-
lichkeiten, in deren Nähe sie lebten und über welche sie sich
durch Augenzeugen unterrichten liessen, oft aufs grässlichste
verstümmelten, von Herodot, Thukydides, Polybius, Strabo, Mela
und andern, die Jahrhunderte früher gelebt und in ihre Berichte
über das Wundervolk der Skythen mitunter recht kindische Fabeln aufnahmen, eine grössere Correctheit erhoffen und verlangen
können und dürfen.

Nach unserm anspruchslosen Dafürhalten wird es unserm
vorgesteckten Ziele vielleicht mehr frommen, wenn wir, anstatt
uns krampfhaft an den Text Herodot's und seiner Nachfolger
oder Nachschreiber anzuklammern, uns einerseits an den in besagten Schriften in unverkennbarer Weise hervortretenden Geist
und an die homogene Tendenz derselben halten, andererseits
die ewigen Gesetze der Natur nicht ausser Acht lassen, nach
welchen gewisse physische und geistige Eigenthümlichkeiten
des ethnischen Lebens, mit der Beschaffenheit des Bodens und
mit den klimatischen Verhältnissen im engsten Zusammenhange
stehend, jede gewaltsame Combination mit Bezug auf die Mi-
grationsverhältnisse der Völker im Alterthume von sich selbst
ausschliessen. Unter Geist und Tendenz verstehen wir in erster
Reihe jene fragmentarischen Züge aus dem Sittenleben der Skythen, die, wenn sie auch nicht mit voller Consequenz die Annahme einer in allen Punkten zutreffenden auf ein gewisses
Culturstadium bezüglichen Lebensweise rechtfertigen, so doch im
grossen und ganzen für das Conterfei der gesellschaftlichen Existenz einzelner Fractionen der Skythen zu nehmen sind. Wenn
wir nämlich nach dem Stand unserer heutigen Kenntnisse von
dem Leben der Nomaden Centralasiens, die mit gutem Rechte
als Prototyp der Nomaden gelten können, die diesbezüglichen
Angaben Herodot's näher ins Auge fassen, so wird sich ergeben,
dass der Vater der Geschichte, indem er seine Skythen schildert,
von Ganz- und Halbnomaden spricht, wie dies auch die Natur
der Sache mit sich bringt, da der Uebergang vom Nomadenthum zur sesshaften Lebensweise in allen Zonen und zu allen
Zeiten theils von der nationalen Individualität, theils von den
geschichtlichen Begebenheiten abhängig war. So finden wir
z. B. dass der Bericht Herodot's von den mit Zelten überspannten

Wagen (§. 2—46), von dem Gebrauch des Dampfbades [1] (§. 73—75),
von der Toilette der Weiber mittels Zerreibung von Cedern-
und Weihrauchholz, welcher an den heutigen Gebrauch der
Henna im Kaukasus und in Persien erinnert, sowie schliesslich der Bericht von den Ackerbau treibenden Skythen am Hypanis und am Borysthenes, streng genommen nicht in den Rahmen
eines Sittenbildes der eigentlichen Nomaden passt, da die Verwendung von Holz durch den Aufenthalt in einer Waldgegend
bedingt ist, ebenso wie die ausschliessliche Beschäftigung mit der
Scholle sich nicht auf das Leben in der nackten Steppe beziehen
kann.   Andererseits erzählt nun wieder Herodot (V, §. 6) von
den zu den fremden Grenzvölkern gehörenden Thrakern, dass
bei ihnen Müssiggang für anständig, Ackerbau für erniedrigend,
Krieg und Raub hingegen für ehrenvoll gehalten wird, ganz so,
wie dies bei den Turkomanen noch heute ist und bei den Kirgisen
noch vor einem Jahrhundert der Fall war.   Wir erfahren ferner,
dass gewisse Skythen sich ausschliesslich mit der Viehzucht beschäftigen, dass sie Kumis trinken (§. 2), dass sie mittels Stäben
wahrsagen, wie es Ammianus Marcellinus bei den Hunnen ge-
wahrte, und wie diese Sitte noch heute in Centralasien besteht
(vgl. cöb-fali im nächsten Abschnitt), — dass sie ihre Leichen
nach dem Ritus der turko-tatarischen Schamanen bestatten (§. 79)
u. s. w., mit einem Worte lauter solche Andeutungen, die ebenso
sehr auf das Leben einer ganz nomadischen Gesellschaft
passen, als die frühern Bemerkungen streng genommen nur die
Lebensart einer halbnomadischen Gesellschaft darstellen
können.

Wenn wir daher in dieser Verschiedenheit der Skizzirung
eine Verschiedenheit in den Culturstadien erblicken, so wird
man uns wol nicht einer allzu grossen Kühnheit zeihen können,
wenn wir die Hypothese wagen, dass die eigentlichen Skythen,
d. h. die drei königlichen Stämme a) zwischen dem Istros und
Tyras, b) am Gerrhos, c) am Maeotis, sowie die Ackerbau trei-

---

[1] Wie wir von Porphyrogenitus erfahren, bedienten sich die Nomaden
wol eines Bades τζεργα genannt, in welchem Worte das türkische اوجرگه
cerge = Zelt, zu erkennen ist, daher aus der Vorrichtung mittels eines
Zeltes bestand, nicht aber aus zwei grossen Querbalken, wie Herodot erwähnt, deren sich die steppenbewohnenden Nomaden doch nur schwer bedienen konnten.

benden Stämme am Hypanis und Borysthenes, vielleicht auch
die Agathyrsen und Sauromaten nicht Ural-Altaier, daher
eventuell Arier waren, ebenso wie die verwandten und fremden
Grenzvölker theils für Mischlinge, theils für entschiedene Angehörige des ural-altaischen Stammes zu nehmen sind.
Wie gesagt, ist dies nur eine Hypothese, und indem wir dieselbe
aufstellen, müssen wir Bruun und Müllenhoff [1] entschieden widersprechen, die der Meinung sind, dass die nomadische Existenz
nicht als Argument gegen das Iranierthum der Skythen gelten
könne, da auch andere Iranier ohne feste Wohnsitze waren(?),
und da der Mensch im allgemeinen, welchem Stamme er auch
immer angehöre, von den localen Eigenheiten des ihm zur Wohnung
dienenden Bodens abhängt. Den engen Nexus zwischen Mensch und
Boden anerkennen auch wir im vollen Maasse, aber nicht im selben
Sinne, da wir der Ansicht sind, dass es die Bodenbeschaffenheit
war, nach welcher die frühesten Anfänge einer Gesellschaft sich
modellirten, und welche den ersten Impuls zur Entwickelung der
nationalen Individualität gegeben hat, und dass daher die entgegengesetzte Annahme von der Umgestaltung eines z. B. von jeher
Berge bewohnenden Volkes in Steppenbewohner nicht so leicht
denkbar sei, jedenfalls aber eine solche Umgestaltung nur als
eine Folge aussergewöhnlicher Umwälzungen betrachtet werden
müsse. Einzelne Zweige der grossen Türkenfamilie mögen wol
in die triftenreichen Thäler der Alpenregionen zersprengt worden
sein, wie wir es heute z. B. bei den Karakirgisen im Altai und
in Pamir wahrnehmen, doch das Gros dieses Volkes war, wie
wir in unserer Arbeit über die primitive Cultur des turko-tatarischen Volks nachgewiesen, von jeher mit der Natur der baumlosen Steppe engstens verbunden, mit derselben hangen seine
frühesten Culturbegriffe, seine Lebensweise, seine Sinnesart und
seine Religion engstens zusammen, so wie sich die arischen Völkerelemente von jeher durch die sesshafte Lebensweise, daher auch
durch grössere Hinneigung zur Cultur auszeichneten (denn von
arischen Nomaden hat die Geschichte keine Daten aufbewahrt
und die Gegenwart kann nur das halbnomadische Völkchen der
Dscmsidis am Murgab verzeichnen). Und da dem so ist, nehmen
wir nicht Anstand, beim südöstlichen Theile der ural-altaischen
Rasse, d. h. bei den Türken, ein so geartetes Verhältniss, wenngleich

---

[1] Siehe Bruun, a. a. O. S. XXXVI.

nicht auf Jahrtausende, sicherlich aber auf Jahrhunderte zurück-
zusetzen, demnach die Annahme zu wagen, dass jener Theil
des Herodot'schen Skythiens, der sich vom mäotischen
See in nordöstlicher Richtung gegen die Wolga erstreckte, von Völkern ural-altaischer Rasse, sehr
wahrscheinlich von Türken bewohnt war, wobei jedoch
die Möglichkeit nicht ausgeschlossen ist, dass sich
einzelne Fractionen dieser Rasse oder des letzterwähnten Volks schon inmitten der sogenannten pontischen
Skythen befunden haben.   Aehnlicher Ansicht ist auch der
russische Akademiker A. A. Kunik, der in einer gelehrten Schrift
über die Türken von Attila bis Dšengiz[1] schon zur Zeit Herodot's im Norden des Pontus türkische Nomaden vermuthet.

Indem wir nun diese Hypothese wagen, sehen wir uns auch
sozusagen gezwungen, das engere ethnische Verhältniss der so
weit nach dem Südwesten Asiens vorgedrungenen Ural-Altaier
zu berücksichtigen, d. h. die Frage aufzuwerfen, inwiefern die
Ausleger Herodot's recht haben, in den bereits vor dem Zeitalter
des Darius am Uralgebirge wohnenden Thyssageten, Jyrken, Argippäern und Issedonen Völker finnischen oder ugrischen Ursprungs zu entdecken, wie dies namentlich Klaproth thut, der
sogar so weit geht, in denselben die Ahnen der Hunnen zu vermuthen, daher auch den Weltstürmer Attila als diesem Stamme
angehörig hinzustellen.   Dass das eigentliche Volk der Hunnen,
wenigstens der hervorragende Theil des von den Byzantinern
so genannten bunten Völkerconglomerats, nicht Finnen und Ugrier,
auch nicht Mongolen, sondern Türken vom reinsten Schlage
waren, glauben wir im nächsten Abschnitte zur Genüge beweisen
zu können, und bezüglich einer solchen Nationalität der Hunnen
stimmt auch die Mehrzahl der Forscher überein.   Die Frage,
die noch der Entscheidung harrt, und wahrscheinlich noch lange
harren wird, ist nur die: welchen quantitativen Bestandtheil die
Nichttürken, d. h. die Finn-Ugrier, in dem sogenannten hunnischen Völkergemisch ausmachten, da man aus einer nähern Aus-
kunft über dieses Verhältniss auch auf die ethnische Sachlage
in diesen Gegenden im vorhunnischen Zeitalter, eventuell zur

---

[1] Von den türkischen Petschenegen und Polowzen nach ungarischen
Quellen mit Hindeutung auf die neuesten Forschungen über die pontisch-
türkischen Völker von Attila bis Dšengiz (russisch).

Zeit Herodot's, schliessen könnte. Nun, offen gestanden, zur
Beantwortung dieser Frage fehlt uns auch der allergeringste
Anhaltspunkt, und da selbst ein noch so kühner speculativer
Geist diesen dichten Schleier nie zu durchblicken vermag, so
dürfen und können wir vorderhand, bei Anwendung unserer
früher erwähnten Methode, nur die gewissen Völkern eigenthüm-
lichen, ethnisch-sociellen Gestaltungen in Betracht ziehen und in
Steppen bewohnenden, Viehzucht treibenden und vom regen
Kriegsgeiste durchdrungenen Menschen, d. h. in den alten Bewohnern der grasreichen Niederungen im Norden des Kaspisees
und im Osten des Macotis nur in solchem Maasse Türken vermuthen, in welchem Maasse wir nach gleichen Gesetzen der
Natur zur Annahme berechtigt sind, dass die von jeher als
sumpfig und waldreich bekannten Regionen im Norden des Urals
den Finn-Ugriern als Wohnsitze gedient haben. Hierin ist, wie
in vielen andern Dingen, der Weltengang sich so ziemlich gleich
geblieben. Nur ethnologischen Schwärmern steht es zu, ihre
Lieblingstheorien mit Ersinnung solch ausserordentlicher Natur-
revolutionen ins Gewand der Wahrscheinlichkeit zu kleiden, die
eigentlich kritische Geschichte wenigstens hat kein Beispiel aufbewahrt, in welchem die Umgestaltung eines grossen südlichen
Volkes in ein κατ' ἐξοχήν nordisches Volk während der kurzen
Zeitspanne von einigen Jahrhunderten nachgewiesen werden
konnte, da nach den bis heute beobachteten Gesetzen der Völker-
wanderung wol sehr häufig eine migratorische Strömung vom
Norden nach dem Süden, aber äusserst selten vom Süden nach
dem Norden sich wahrnehmen lässt. Die Finnen wohnten schon
zur Zeit des Tacitus am Bottnischen Meerbusen, die Burtas oder
Mordwinen lebten schon im VIII. Jahrhundert n. Chr. dort, wo
sie sich heute befinden; und wir sehen gar keinen Grund zur
Annahme, wenigstens berechtigt uns kein wissenschaftlich be-
gründetes Motiv dazu, dass in den vorhergehenden Jahrhunderten,
d. h. zur Zeit Herodot's oder Attila's, andere, wesentlich verschiedene ethnische Constellationen existirt hätten, und dass
Völkerfragmente des finnisch-ugrischen Stammes so weit nach
Süden vorgedrungen wären, wie dies Bruun bezüglich der Budinen annimmt, die er südlich vom Donetz auf einige Tagereisen
weit vom Macotis versetzt, oder wie Klaproth und andere annch-
men, die eine finnisch-ugrische Völkerströmung in die Niederungen der Theiss ziehen lassen. Gegen eine solche Annahme spricht

vor allem und am meisten die Thatsache, dass die im fünften
Jahrhundert von der Wolga hereingebrochenen Scharen kriegerische Nomaden und ein Reitervolk waren, und da ein solcher
nationaler Charakterzug nicht den aus Fischern und Waldjägern
bestehenden Finn-Ugriern, wohl aber den viehzüchtenden und
steppenbewohnenden Turkotataren beigelegt werden kann, so
glauben wir mit unserer früher erwähnten Meinung bezüglich
des Türkenthums der vom Maeotis in nordöstlicher Richtung gegen
die Wolga sich erstreckenden Skythen Herodot's der Wahrheit
viel näher zu kommen als diejenigen, welche die gegnerische Ansicht von der finn-ugrischen Nationalität dieser Skythen vertreten.

In Anbetracht dessen, dass die Vertreter der finnisch-ugrischen Theorie für ihre allerdings nur vagen Suppositionen keine
wie immer gearteten geographischen oder sprachlichen Belege
anzuführen vermögen, stände es uns einigermassen zu, gewisse
Fluss- und Eigennamen im Herodot'schen Texte zu unserm Zwecke
zu verwerthen, doch wir wollen nicht in die Fehler eines Hammer-
Purgstall verfallen, der in seiner „Geschichte des osmanischen
Reiches" im Targitaos Herodot's den Urtürken erkennt, indem
er Ταργ für Türk und ιταος für die Ableitungssilbe hält; auch
verspüren wir keine Lust, in den Jyrken des Herodot einen
Schreibfehler, und mittels Substituirung eines T für J den
Namen Tyrken oder das türkische Wort Jürük = Wanderer
(Name der heutigen osmanischen Nomaden in Anatolien) zu ent-
decken, wie dies leider so oft geschehen ist.[1] Eben diese phan-

---

[1] Wie schlüpfrig dieser Weg in Anbetracht der unzureichenden Sprachkenntniss ist, wird aus folgendem Beispiele ersichtlich. Herodot erzählt (IV, 23), dass die Argippäer aus einer Fruchtgattung einen dicken
Saft gewinnen, den sie ἄσχυ nennen. Nach vielem Hin- und Herrathen
über diese Baumgattung hat man sich endlich dazu entschieden, in derselben den Prunus Padus oder den Elsebeerbaum zu entdecken, weil, wie
Erman („Reise um die Erde", I, S. 427) meint, Kasaken, Baschkiren und Kal-
mücken noch heute aus der Frucht dieses Baumes einen Trank bereiten, den
die kazanschen Tataren akschi (قشى) nennen, d. h. sauer oder bitter. So wenigstens lesen wir bei Bruun (LXXVIII) und erlauben uns bei dieser Gelegenheit die Frage, wenn wir den Argippäern eine türkische Nationalität
beilegen, warum dann das ἄσχυ gerade mit dem aći, und warum nicht mit
dem tatarischen aši oder aś, Speise, Nahrung im allgemeinen, identificiren?
Es wäre dies jedenfalls viel wahrscheinlicher als die Annahme Bruun's, der
ἄσχυ mit dem ossetischen(?) achsir, einer Art Weichselnus, vergleicht.

tastischen Etymologien sind es, die der wissenschaftlichen Forschung viel mehr Schaden als Nutzen bringen, und da die meisten
Interpretationen der dunkeln Stellen bei Herodot nur auf trau-
rige Irrungen gegründet sind, Irrungen, die trotz des von weit
und breit zusammengeschleppten Quellenmaterials nur dem Nicht-
fachmann zu imponiren vermögen, so bleiben wir bei unserer
frühern Behauptung, dass Herodot's Bericht über das Land der
Skythen auf dem Wege der vergleichenden Geographie wol in
vielen Stücken erörtert werden kann und für unsere Kenntnisse
der oro- und hydrographischen Verhältnisse der Pontusländer
im Alterthume von grosser Wichtigkeit ist, dass wir aber in den
Worten des Vaters der Geschichte bezüglich der Nationalität
der Skythen nur wenig Aufklärung finden, und dass schliesslich
diese Frage noch lange zu den ethnologischen Räthseln gehören
wird, an deren Lösung noch viele Gelehrte ihren Scharfsinn versuchen werden.

Es ist allerdings merkwürdig und höchst charakteristisch,
dass wir bezüglich der Saken oder Skythen im Osten und Nordosten Persiens, die von einigen Gelehrten mit den Yue-tschi
der Chinesen für identisch gehalten werden, noch weniger zuverlässige Daten besitzen als bezüglich der pontischen Skythen,
trotzdem die betreffenden geschichtlichen Quellen ein verhältnissmässig jüngeres Datum tragen, und trotzdem man von einem
Strabo, Justus, Isidor Charax und andern griechischen Schriftstellern, deren Leben in die Verfallzeit des griechisch-baktrischen
Reiches fällt, ausführlichere Nachrichten zu erwarten berechtigt
wäre. Schon Herodot (VII, 64) erwähnt, dass die Perser
sämmtliche Skythen mit dem Namen Saken bezeichnen,
und dass ihre Heimat an das baktrische Reich grenzte. Dies
kann nur auf solche Weise erklärt werden, dass wir als diese
Grenzregionen die Hochebene von Pamir und die Thalgegenden
des Altai annehmen, wo noch heute türkische Nomaden hausen,
und wo es zu allen Zeiten Hirtenvölker vom besagten Stamme
gegeben haben muss, die gleichsam als der am meisten nach
Südosten vorgeschobene Posten des am untern Jaxartes und im
Altai lebenden, und später von Zemarchus besuchten Türkenvolks zu betrachten sind. Die eigentliche Grenzscheide zwischen
dem iranischen und dem ural-altaischen Völkergebiete hat, so
wie heute, auch schon im grauen Alterthume der Jaxartes und
nicht der Oxus gebildet, und so wie die nackten, armen und

unruhigen Nomaden vom erstgenannten Flusse in das nachbarliche Soghdien einfielen, dasselbe plünderten und zeitweilig auch beherrschten, ebenso haben stärkere und kühne Reiterhaufen auch über den letztgenannten Fluss bis an den Indus sich gewagt, durch wiederholte Angriffe das griechisch-baktrische Reich erschüttert und schliesslich es auch zum Falle gebracht. Es ist dies der ewig unveränderliche Lauf der Geschichte, deren Begebenheiten sich selbst bis in die jüngste Vergangenheit widerspiegelten, indem seit geschichtlicher Erinnerung es immer Steppenbewohner türkischer Abstammung waren, die in die südlich vom Jaxartes und Oxus liegenden Cultursitze einfielen und die dortigen Machtgebäude abwechselnd über den Haufen warfen. Dasselbe Los, welches die Herrschaft der Araber, der Samaniden, Ghaznewiden, Ghuriden und anderer erreichte, dasselbe scheint auch die Herrschaft des von Diodot gegründeten baktrischen Reiches durch die Saken ereilt zu haben, ebenso wie es Saken waren, die Cyrus am äussersten Grenzrayon seines gigantischen Reiches so viel zu schaffen machten.

Doch wer waren diese Saken, und welcher Nationalität gehörten sie an? Die Beantwortung dieser Frage fällt selbstverständlich mit dem Ziele unserer Studie aufs engste zusammen, und wir wollen uns daher nach den betreffenden Quellen umsehen. Wie wir gelegentlich unserer bei den pontischen Skythen gemachten Erörterungen schon dargelegt, können wir den chinesischen Angaben bezüglich der Ausbreitung der Skythen von der Jaxartesmündung bis zum Indus nicht jenen Werth beilegen, den europäische Gelehrte, namentlich Deguignes [1], Klaproth [2], Remusat [3], Vivien de St.-Martin [4], Pater Hyacinth [5] und Grigoriew [6] denselben zuschreiben, denn zugestanden, dass die ge-

---

[1] Recherches sur quelques événements qui concernent l'histoire des rois grecs de la Bactriane, et particulièrement la destruction de leur royaume par les Scythes, l'établissement de ceux-ci le long de l'Indus, et les guerres qu'ils eurent avec les Parthes. Im Mémoire de l'Académie roy. des inscriptions et des belles-lettres, Vol. XXV, 2. (1759.)

[2] Tableaux historiques de l'Asie, S. 57, 132, 163 (Paris 1826).

[3] Nouveaux mélanges asiatiques. (Paris 1829.) Mémoires de l'Institut, Tome VIII.

[4] Mémoire sur les Ephtalites, S. 265 fg.

[5] Gesammelte Nachrichten über die Völker, welche Mittelasien in der alten Zeit bewohnten. Russisch. (St.-Petersburg 1851.)

[6] Seine russische Uebersetzung von Ritter's Erdkunde, namentlich dessen

schichtlichen Werke eines Si-Mu-Tzjan und Ban-Hu, die im Anfange des 2. Jahrhunderts vor Christus lebten, den geschichtlichen Zusammenhang gewisser Begebenheiten jener uns fern liegenden Zeit mitunter beleuchten und die Angaben der griechischen Autoren erklären und ergänzen, so wäre es doch schwierig, ja äusserst gewagt, die Nomenclatur der chinesischen Historiker bei ethnologischen Forschungen zu verwerthen, oder aus deren vagen Berichten auf die Nationalität jener Völker schliessen zu wollen. Unsern Zwecken einigermassen dienlicher zeigen sich die allerdings ·nur kärglichen Notizen der griechischen Schriftsteller über das baktrische Reich, und namentlich die aus jener Zeit stammenden Münzen, deren Aufschriften, wenngleich die Lesart so manchen Zweifel aufkommen lässt, uns dennoch zu einem schwachen Lichtschein in dieser pechschwarzen Dunkelheit verhelfen. Schon der Sammelname Saka, Sake (Σακα), der im geographischen Namen des heutigen Ostpersiens (Sakestan, Segistan, Sigistan = Sistan) sich erhalten hat, ist von entschieden türkischem Anklange, und es kann keinesfalls dem blossen Zufall zugeschrieben werden, dass ein urwüchsiges Türkenvolk in Südsibirien sich Saghai nennt, und dass ein schon früh gegen den hohen Norden verdrängter, unverfälscht gebliebener Theil des Türkenvolks, nämlich die Jakuten, sich selbst den Namen Sakha geben, ein Eigenname, dessen Stammsilbe sak im Alttürkischen eine bedeutende Rolle spielt. Desgleichen verhält es sich auch mit den Namen der Geschlechter der Saken, die Strabo als die eigentlichen Bezwinger der Hellenenherrschaft in Sogdien und Baktrien bezeichnet, und die er unter den Namen Asii, Pasiani, Tokhari und Sakarauli anführt. In Asii, oder nach Wegwerfung der griechischen Endsilbe, in As, ist ein sehr verbreiteter türkischer Eigenname zu erkennen, der noch heute als Geschlechtsname bei den Turkomanen und Kirgisen vorkommt, mit welchem, wie zur Genüge bekannt, die Alanen früher benannt waren, und As hiess nach dem Burhani Kati'i eine Stadt in Kipčak. In Tokhar (vgl. Tokharistan, Name eines Landes am obern Oxuslaufe) der türkischen Wortbedeutung nach Sonnenaufgang, ist ebenfalls ein türkisches Wort neuesten Gepräges zu erkennen, wäh-

---

gelehrte Noten zu dem Theile „Kabulistan und Kafiristan". Besagtem Werke sind auch die vorhergehenden Noten über das Quellenmaterial entnommen.

rend bei Sakaraul erstens durch die Endsilbe aul, die Partikel
zur Bezeichnung eines Nomen agentis (vgl. karaul, tokhtaul,
Dizeöl), zweitens durch das Stammwort Sakar, heute Name
eines Geschlechts bei den Salor-Turkomanen [1], jeder Zweifel über
den türkischen Sprachcharakter dieser ethnischen Nomenclatur
ausgeschlossen ist.

Bezüglich der aus der griechisch-baktrischen Periode stammenden Münzenfunde sind wir allerdings schon viel mehr auf das
Gebiet der Hypothesen angewiesen, indem die betreffenden Erörterungen, wie es in solchen Fällen auch gar nicht anders denkbar ist, wol noch lange den Einwendungen einer gegnerischen
Kritik zugänglich sein werden. Mit diesen Münzenfunden haben
sich in erster Reihe Lassen in seiner „Indischen Alterthumskunde“, Cunningham im achten Bande des „Numismatic Chronicle“, Princeps in seinen „Essays“ und Thomas im „Numismatic
Chronicle“ beschäftigt, und soviel aus der bei Grigoriew [2] darauf
bezüglichen Darlegung ersichtlich, beruht die Interpretation dieser
Aufschriften zumeist auf einer sehr unsichern Basis, und kann
vom Forscher ebenso wenig verwerthet werden als die mythologischen Namen bei den pontischen Skythen, die, wie wir schon
erwähnt, als zu den verschiedensten Sprachgruppen gehörig
betrachtet werden. In Betreff der Herrschernamen von ver-
meintem türkischen Ursprung, um die es sich hier handelt, können
wir nicht umhin zu bemerken, dass der Name Kozulo (Κοζουλο),
ein Epithet vor Kadphis und Kadaph, Name der indisch-skythi-
schen Fürsten im letzten Jahrhundert vor Christi Geburt, allerdings dem türkischen kizîl = roth nahegebracht werde, und als
Ehrentitel schon deshalb gelten mag, weil mit diesem Worte
selbst heute noch die Ortsvorsteher in Anatolien und in West-
persien bezeichnet werden. Dagegen wäre nichts einzuwenden;
jedoch wenn die Hypothese weitergetragen und in OOHMO von
einigen das skt. hima = Schnee oder weiss, von andern hingegen
ein OOKM und OOHK, d. h. ein türkisches ak = weiss entdeckt
wird, einzig und allein, um ein Analogon zu den im ethnischen
Leben der Türken gebräuchlichen kizîl, ak und kara herauszufinden, da kann von wissenschaftlichem Ernst nur schwer
die Rede sein. Ein zweites vielfach commentirtes Wort ist

---

[1] Siehe meine „Reise in Mittelasien“, S. 245.
[2] a. a. O., S. 781—814.

KOPONAO, das auf besagten Münzen vorkommt, und von
Cunningham z. B. für κορωνίς = kraushaarig, von Abbot für
Sonnenanbeter vom persischen خور khor (Sonne) erklärt wird,
während Grigoriew [1] dieses Wort mittels κογανο substituiren, und
in demselben das türkisch-mongolische Kaganos = Khakan entdecken will. Wir könnten noch den Vorschlag hinzufügen, κορονao
für das alttürkische kurar = Beschützer zu nehmen, doch wie
gesagt, derartige sterile und phantastische Etymologien dünken
uns keinesfalls geeignet, die dunkeln Regionen der Völkerkunde
zu beleuchten, und wenn es in der That etwas geben kann, was
bei den baktrischen Münzen aus der Zeit der Skythenherrschaft
unsere volle Beachtung verdient, so sind es jene theils als
Brustbilder, theils als ganze Figuren vorkommenden Porträts,
welche den Herrscher Namens Kadphis vorstellen sollen. Es ist
in den Gesichtszügen, wie Grigoriew [2] bemerkt, noch keine Spur
von der griechischen Physiognomie [3] zu entdecken, und die
Tracht ist ganz dieselbe wie die der heutigen Kirgisen. Die
auf der Brustseite der Kaftane angebrachten Metallspangen, das
lange Unterkleid unter demselben, die Schuhe, die langen, oben
gebogenen Filzhüte, mit einem Wort, die ganze Figur dieses Skythen kann nicht umhin aufzufallen, wenn man dieselbe mit den
rein griechischen Köpfen auf den baktrischen Münzen vergleicht,
und es drängt sich einem unwillkürlich auf, dass der Volksstamm, welchem diese Herrscher angehörten, keinesfalls arischen,
aber um so eher ural-altaischen, respective turko-tatarischen Ursprungs gewesen sein muss.

Alles in allem genommen dürfen wir daher auf Grund derjenigen Angaben, die bei griechischen Autoren bezüglich der
Skythen und Saken sich vorfinden, nicht minder aber auch
auf Grund der spärlichen, aus dem Zeitalter der Sassaniden zu
uns gelangten Daten annehmen, dass die kriegerischen Nomaden,
welche in den letzten Jahrhunderten vor Christi Geburt theils in
den Pontusländern auftraten, theils über den Jaxartes in Sogdien

---

[1] a. a. O., S. 799.
[2] a. a. O., S. 800.
[3] Gegen etwaige Einwendungen bezüglich der Beweisfähigkeit älterer
Steinbilder müssen wir gelegentlich anführen, dass auf den Gravuren in
Südpersien, namentlich auf der Bildergruppe in Nakši-Rustem die Physiognomie Šapur's rein iranisch ist, während Valerian ein echt römisches Gesicht aufweist.

und Baktrien eingefallen sind, und die Nachfolger Alexander's
hier in der Herrschaft abgelöst haben, Ural-Altaier, und höchst
wahrscheinlich Turko-Tataren waren. Wir bedienen uns des
Ausdrucks „wahrscheinlich", weil, wie schon erwähnt, auf dem
Steppenkranze, der im Norden die iranische Welt umgürtet, in
der grossen ural-altaischen Rasse nur Turko-Tataren erdenklich
sind als die jene Gegenden seit Jahrtausenden Bewohnenden, in
welcher sie noch heute heimisch sind, und weil kein einziges,
auch nur im entferntesten plausibles Argument vorliegt, irgendeine aussergewöhnliche ethnische Umwälzung anzunehmen, um ein
anderes ural-altaisches Volk für die alten Bewohner jener Gegenden zu halten. [1] Die Frage daher: ob die Völker turko-tatarischer Zunge erst nach dem Auftreten der Araber in Centralasien auf der Bühne der Weltbegebenheiten erschienen, oder ob
sie schon in den letzten Jahrhunderten vor Christi Geburt in
die Geschicke der morgenländischen Welt eingegriffen haben,
muss nach unsern voraufgeschickten Erörterungen nur im letzterwähnten Sinne beantwortet werden. Die Lösung ist allerdings nur problematischer Natur, doch in demselben Maasse,
als der dichte Schleier der dunkeln Vergangenheit durch die
Begebenheiten eines uns näher rückenden Zeitalters gelichtet,
und die vagen Hypothesen durch zuverlässige Daten ersetzt werden, stellt sich das gesuchte Bild in klarern Umrissen unserm
Auge dar. Was wir bei Skythen und Saken nur vermuthen, das
kann bei Hunnen und Avaren schon in Form einer Behauptung
vorgebracht werden, und die Evidenz nimmt immer mehr und
mehr zu, wie wir in dem nächsten Abschnitte zu beweisen gedenken.

---

[1] Von gleicher Ansicht ist auch Fr. Spiegel in seiner „Eranischen
Alterthumskunde", indem er, von den Grenzvölkern des alten Eran sprechend, sagt: „Demnach mögen die Völkerverhältnisse schon damals ähnliche gewesen sein wie heutzutage." (S. 403.)

II.

Die Nationalität der Hunnen und Awaren.

Zu den schwierigen ethnologischen Problemen, deren Lösung bisher wol mannichfach versucht, aber kaum gelungen ist, gehört in erster Reihe die Frage: zu welcher Nationalität jene nomadischen Völkerschaften gehörten, die vom 5. Jahrhundert angefangen von den nordöstlichen Ufergegenden des Schwarzen Meeres her gegen die Theiss und die Donau sich gewälzt, und in ihrem Laufe, wie dies die Natur der Sache mit sich bringt, die halb und ganz ansässigen Völkerelemente vor sich treibend, alles der Verwüstung und Verheerung preisgaben. Nach der Aussage zeitgenössischer byzantinischer Schriftsteller, unter denen wir Priscus Rhetor, Menander Protector, Theophylaktus Simocatta, Ammianus Marcellinus und den Gothen Jordanis in erster Reihe erwähnen, sollen dies Hunnen und Awaren gewesen sein, Namen, denen allerdings eine mehr generische als ethnische Bedeutung beizulegen ist, auch lässt es sich bis heute schwer feststellen, ob sie sich diese Namen selbst gegeben, oder mit ihnen nur von den Byzantinern benannt wurden; es gibt bekanntermassen selbst heute in Asien noch so manche Völker, denen der von uns ihnen beigelegte Name ganz fremd klingt. Der Perser z. B. nennt sich Irani, der Afghane Paschtu, der Kirgise Kazak u. s. w., sodass wir mit Recht die Frage aufwerfen können: wie sich denn eigentlich die Hunnen und Awaren selbst genannt hatten? Natürlich würde die glückliche Beantwortung dieser Frage die Schwierigkeit unsers Problems sofort vermindern, da der sprachliche Charakter des nationalen Namens ein nicht unbedeutendes Licht in der Dunkelheit verbreiten würde. Doch da dies kaum zu erwarten ist, da wir in Anbetracht des ganz niedern Culturgrades besagter Völker für irgendeine schriftliche Ueberlieferung auch nicht die kleinste Hoffnung hegen können, so bleibt uns nichts anderes übrig, als die schriftlichen Monumente der zeitgenössischen Autoren, d. h. die oben erwähnten byzantinischen Geschichtsquellen einer genauen Prüfung zu unterwerfen, und die in denselben uns aufbewahrten Daten für unsere Zwecke möglichst auszubeuten.

In Anbetracht des höchst bedauerlichen Umstandes, dass die

sogenannten Culturvölker des Alterthums für die Kenntniss der
im Bildungsgrade tief unter ihnen stehenden sogenannten nomadischen Nachbarn gar kein Interesse, ja gar keinen Sinn hatten,
müssen wir allerdings unsere Erwartungen bezüglich der zu erlan-
genden Aufklärungen auf das niedrigste Maass herabstimmen.
In der Verachtung und Geringschätzung der sogenannten Skythen,
Barbaren, Nomaden oder fremden Teufel ist die griechische,
iranische, arabische und chinesische Gelehrsamkeit sich überall
gleich geblieben. Ueberall finden wir nur ein buntes Gewebe
von Fabeln und Mythen anstatt der eifrigst gesuchten soliden
Basis concreter Geschichtsdaten, und worin die griechischen,
persischen und arabischen Schriftsteller von ihren chinesischen
Berufsgenossen sich wenigstens einigermassen unterscheiden, das
ist die verhältnissmässig genauere Skizzirung des Sittenbildes
fraglicher Völker, und was die Hauptsache ist, die treuere Ueberlieferung der ethnographischen Nomenclatur — zwei solche Vor-
theile, die bei der pechschwarzen Dunkelheit, in welcher wir uns
befinden, nicht hoch genug angeschlagen werden können. Vorerst müssen wir auf jene wenn auch scheinbar noch so gering-
werthigen ethnographischen Notizen hindeuten, die, namentlich
bei Priscus, Ammianus Marcellinus und Menander wol absichtslos
hingeworfen, uns dennoch jenes Verhältniss veranschaulichen,
das zwischen den Bewohnern der nackten Steppe, ihrer Beschäftigung nach zumeist Viehzüchtern, und den nachbarlichen
ansässigen Culturvölkern zu allen Zeiten und in allen Zonen
bestand, und überall von ähnlichen Ursachen hervorgerufen ist.
Was die sogenannten „Hirten“ 2300 v. Chr. zum Einfall in das
damals blühende Aegypten, was die Saken 150 v. Chr. zum Angriff des griechisch-baktrischen Reiches bewog, das war auch
die Ursache, welche die Hunnen und Awaren an die Grenzen
des oströmischen Reiches gebracht. Beide waren gut berittene,
im Handwerk des Krieges eingeübte, gegen alle Widerwärtig-
keiten des Lebens und gegen jede Unbill des Wetters gefeite
Nomaden, die im frühen und vorgeschichtlichen Zeitalter schon
auf jenen theils grasigen, theils mit Schilf und Gesträuch be-
wachsenen Steppen sich herumtrieben, die, an wenigen Stellen
von dazwischenliegenden Culturregionen unterbrochen, von der
östlichen Mongolei, richtiger von der Jn-Schan-Khingan-Gebirgs-
kette angefangen, jenseit des Altai, dem Turanischen Hochlande entlang, bis zu den Ufern der Wolga und des Dons, ja

bis zu den Gestaden des Schwarzen Meeres sich erstreckten,
mithin den urwüchsigen und eingefleischten Nomaden der alten
Welt, unter welchen das türkisch-tatarische Volk in erster
Reihe verstanden werden muss, schon früh als beliebter Aufent-
haltsort gedient haben, und mit geringer Unterbrechung auch
noch heute dienen. Was die Byzantiner von der Urheimat dieser
Nomaden wissen, das ist blutwenig, und noch dazu höchst verworren. Ihr Bericht von den weissen und schwarzen Hunnen
kann keinesfalls auf die Körperfarbe dieser Nomaden Bezug
haben, da es heute zur Genüge bekannt ist, dass die Steppenbewohner des mittlern Asiens eine und dieselbe sonne- und
wettergebräunte Farbe haben. Dies mag eher eine Verschiedenheit des Ursprunges bezeichnen, da die adeligen Geschlechter
sich noch heute ak-söngek = weissbeinig, die unadeligen
hingegen kara-söngek = schwarzbeinig oder kurzweg kara =
schwarz heissen. Wenn daher der ehemalige Aufenthalt der
schwarzen Hunnen an den Til, richtiger Itil (Wolga), der der weissen
hingegen an das nördliche Kaspiufer verlegt wird, so wird der
ethnische Zusammenhang einigermassen ersichtlich, wenn wir
erwägen, dass die Angaben des Zemarchus, der hundert Jahre
nach Attila den Nordosten des Kaspisees besuchte, und auf
seiner Reise bis zum Altai Völker türkischen Ursprungs gefunden,
eben die Continuität des Türkenthums vom Altai bis zum Azowschen Meere, eventuell auch bis zur Donau vermuthen lassen.
Es steht allerdings ausser Zweifel, dass im mächtigen Völkergedränge jener Zeiten einzelne Fragmente der finnisch-ugrischen
Völkerstämme in die compacten Massen des Türkenthums hier
und da einbrachen und neue im Grunde genommen verwandte
ethnische Constellationen zu Tage förderten, doch spricht nichts
dafür, dass das finnisch-ugrische Völkerelement, zumeist aus Fischern und Waldbewohnern bestehend, je in der Gestalt erobern-
der Krieger auf der Bühne der Weltgeschichte aufgetreten wäre.
Hieran hat ihre Lebensweise und ihr geringer Zahlenbestand sie
stets gehindert. Ob auf gewaltsame oder friedliche Weise absorbirt, haben sie das Gesammtbild des Türkenvolks nur wenig
zu stören vermocht. Den Sassaniden waren die im Norden des
Jaxartes und des Kaspisees wohnenden Nomaden schon früh
als Türken bekannt; die armenische Sprache zeigt schon im
5. Jahrhundert unserer Zeitrechnung Spuren türkischen Einflusses.
so z. B. im Worte otschkar, türkisch kotschkar = Widder (vgl.

Patkanow, „Russische Revue", IX. Jahrgang, 7. Heft, S. 87) und als
wichtigster Beleg dünkt uns der Umstand, dass die geographische
Nomenclatur der Flüsse Wolga und Ural in der ersten von den
Byzantinern gebrachten authentischen Version in rein türkischen
Ausdrücken Itil und Jaik, Jajik aufweist, von welchen ersterer
einen Strom[1] par excellence (vgl. Budagow, I, 183), letzterer
hingegen breit, ausgedehnt[2] bedeutet.

Wenn wir nun fortfahren, und jene Angaben der Byzantiner
prüfen, die auf den körperlichen Habitus der Hunnen und Awaren
Bezug haben, so werden wir allerdings in den Einzelheiten über
das fremdartige und schreckhafte Aussehen dieser Nomaden zunächst eine Analogie jener Schilderung vorfinden, die der Dichter
des Schahnameh von den wilden turanischen Horden im Norden Irans, die Ibn Al Athir von den Guzen, und das Tarichi
Guzide von den Turkomanen entwirft. An eine getreue Zeichnung ethnographischer Rassenmerkmale, die auf dem Wege der
Vergleichung zu verwerthen wären, ist trotz der steinernen Hun-
nenköpfe im Canton Aargau wol nicht unbedingt zu glauben,
obwol das Bild, welches Ammianus Marcellinus und hundert Jahre
später Sidonius Apollinaris von den grossköpfigen, bartlosen,
kleinäugigen Nomaden entwirft, die ihr ganzes Leben auf kleinen
rauhen, windschnellen Rossen zubringen, deren Kinder im zar-
testen Alter im Reiten geübt u. s. w., sehr stark an gewisse Züge
des Physikums und des Sittenbildes jener Nomaden erinnert, die
nach vierzehn Jahrhunderten mit denselben physischen Merkmalen,
auf denselben kleinen wildaussehenden Pferden auf der Steppe
zwischen der Emba und dem Jaxartes sich herumtummeln, die
ihre männlichen Kinder schon im zweiten Jahre aufs nackte Pferd
binden, bei denen noch heute Spitzschädel sich vorfinden, und
die gewisse Rassenmerkmale nur deshalb eingebüsst haben, weil
bei einer jahrhundertelangen Kreuzung mit fremden Elementen

---

[1] Nicht nur die Wolga allein heisst auf türkisch Itil, sondern auch die
Kama wird mit diesem Namen bezeichnet, denn sie heisst Ak-Itil = weisser
Strom. Es sei hier ferner bemerkt, dass im fernen Osten, d. h. im Altai-
schen, ädil und jajik ebenfalls in diesem Sinne gebraucht werden. Vgl.
Radloff, Bd. 2 (Uebersetzung), S. XII.

[2] Zemarchos nennt Oich einen Fluss, bevor er zum „ingentem et latam
paludem" gelangt, und da wir unter dieser Palus den Aralsee muthmassen,
so verstehen wir unter Oich den Ural, türk. Jaik, Jaikh, und nicht den
Jaxartes, wie sonst angenommen wird.

das ursprüngliche Bild Veränderungen unterliegen musste. Wenn
übrigens so manche Skizzen der zeitgenössischen Schriftsteller
bezüglich des Physikums auch zutreffen, so können wir andererseits kein besonderes Gewicht auf die den Nomaden vorgewor-
fene Sittenrohheit und Verwilderung legen, da Hunnen und
Awaren, die auf ihrem Wege von Osten nach dem Westen den
Cultureinflüssen der benachbarten sesshaften Gesellschaft sich
nicht ganz verschliessen konnten, auch um kein Haar wilder
und rauher gewesen sein mochten als Gepiden, Slawen und andere
mit den Oströmern in Berührung kommende Völkerelemente.
Bezüglich dieses Urtheils, richtiger gesagt, dieses Leumundes,
ist der Culturmensch bis in die Neuzeit sich treu geblieben.
Schreiber dieser Zeilen hat seinerzeit von Persern und Tadschiks
à conto der minder koranfesten türkischen Nomaden ein solches
Sündenregister aufzählen gehört, von dem er an Ort und Stelle
selbst keine Spur vorgefunden; und sowie die heutigen Osmanen
und Araber dem andersgläubigen Jeziden und Druzen nebst
vielen Attributen der Barbarei noch laxe Moral zur Last legen,
ebenso erzählt der gute Priscus von den Hunnen (S. 184): „Haec
nobis cibaria et mulieres formosas, cum quibus amori indulge-
remus (hoc enim apud Scythas honori ducitur) suppeditavit."
So erinnert auch die Sprache, welche der awarische Gesandte
Kandikh am Hofe des Justinus Minor führte, beinahe buchstäblich
an die Redensart irgendeines Tekke-Turkomanenhäuptlings in
Gegenwart des persischen Generalgouverneurs von Meschhed, oder
an die Worte eines Muntefik-Scheiches vor dem Wali von Bagdad.
Ueberall ist der Grundton die Beschreibung der Wichtigkeit und
der Kriegsmacht der Nomaden, welche im Tausche für reiche
Geschenke dem wohlhabenden aber friedfertigen Culturmenschen
angeboten wird, und dass die Nomaden jener Zeit ebenso gold-
gierig und habsüchtig waren als ihre jetzigen Stammesgenossen,
das ersehen wir aus dem Berichte des Theophylactus und Menander,
nach welchem Bajan sich reiche Geschenke auserbeten und durch
seinen Gesandten „catenas auro variegatas, et lectos et sericas
vestes"[1] erhielt, sowie man auch Attila's Zorn durch kostbare
Spenden zu beschwichtigen suchte. Dass bei derartigen Transactionen die schlichten, aber im Vergleich zu den Byzantinern
noch immer redlichen Nomaden, damals sowie heute den kürzern

---

[1] Menander, S. 283.

zogen, braucht wol kaum gesagt zu werden. So wie heute die
Herrscher von Persien, Bochara und Chiwa bei etwaigen Vorhaben gegen die Steppenbewohner zuerst einen Stamm gegen
den andern hetzen, so hatte seinerzeit Kaiser Justinianus dasselbe Manöver durch Aufstachelung der Utiguren gegen die
Kutriguren versucht; ein Vorgehen, das übrigens nicht immer erfolgreich gewesen zu sein scheint, denn gar oft hatten die Nomaden die Treulosigkeit der Culturmenschen durchschaut, und sehr
treffend sagt der Türkenhäuptling Tureanthos zum byzantinischen
Gesandten des Valentinus: „Vos estis illi Romani, qui decem
quidem linguis, sed una fraude utimini"[1], und nachdem er seine
zehn Finger in den Mund gesteckt, bemerkt er hinzufügend: „Ut
meo ori decem meos digitos nunc admoveo, ita et vos Romani
pluribus et variis utimini linguis." Als ich jene Stelle las,
dachte ich mir „die nämlichen Worte", mit welchen während
meines Aufenthaltes unter den Turkomanen die Graubärte der
Jomuten mir den Meineid und den Trug der Regierungen von
Teheran und Chiwa schilderten. Ueberall derselbe Ideengang,
dieselben Ausdrücke und dieselben Metaphern, und wenn man
die von Procopius[2] dem Kutriguren Sandilkh in den Mund ge-
legte, dem Steppenleben entnommene Bildersprache liest, so
glaubt man geradezu einen alten Kirgisen oder Turkomanen
von der Gegenwart zu hören. Wenn ferner die Byzantiner die
Hunnen und Awaren als wortbrüchig und treulos hinstellen,
wie dies in der Neuzeit ebenso z. B. Professor Grigoriew bezüglich der Kirgisen thut, so wird hieraus ersichtlich, dass die
Nomaden in ihrem Widerwillen gegen das stabile Leben sich
nur ihrer eigenen Haut gewehrt, und der Beglückungstheorie der
Herrscher am Bosporus damals ebenso wenig Glauben schenkten, als ihre heutigen Nachfolger an der Emba, am Jaxartes
und am Talas dies gegenüber den Herrschern an der Newa thun.
Wir wiederholen daher: die Berichte von der Sittenrauheit und
Untreue der Hunnen und Awaren sind nur cum grano salis
aufzunehmen!

Wie unbedeutend und mitunter unzuverlässig die bezüglich
der Nomaden im allgemeinen gemachten Bemerkungen der Byzantiner auch sein mögen, so darf doch andererseits nicht übersehen werden, dass dieselben bisweilen auch solche Daten ent-

---

[1] Menander, S. 400.　　[2] Procopius, „Bell. goth.", IV. Buch, 19 Abschnitt.

halten, die zur Illustrirung der speciellen Lebensverhältnisse der
Hunnen und Awaren wesentlich beitragen. So veranschaulicht
das Bild, welches von der Prunksucht und dem Luxus der Fürsten und der Stammesoberhäupter entworfen wird, ganz klar
den Cultureinfluss der benachbarten iranischen, richtiger sas-
Oxussanidischen Bildungswelt, die damals im Nordosten bis in
die und Jaxartesländer, im Nordwesten bis an die Gestade
der Wolga und des Dons reichte. Die eigentliche Masse des
hunnisch-awarischen Volkes mag ganz richtig als „pellibus vestiti"
dargestellt sein, wie es z. B. die Turkomanen und Kirgisen noch
im vergangenen Jahrhundert waren, doch so wie Chane und Serdare der letztern schon damals, ja Jahrhunderte früher in Kleidung und in Lebensbequemlichkeiten die bessere Welt in Iran
und in den Chanaten nachahmten, ebenso fanden sich in der Be-
hausung der hunnischen und awarischen Häuptlinge, abgesehen
von den Holzzelten, die dem Einflusse der abendländischen Sittenwelt entstammen, so manche von den Sassaniden entlehnte Luxusgegenstände vor. Hierher gehören die goldenen Geschirre, die
reichverzierten Waffen, die Seidenkleider, letztere wahrscheinlich
nicht aus Iran, sondern aus Sogdien und Charezmien stammend,
die verschiedenartigen Gerichte und Getränke, und namentlich die
goldenen oder sonstigen reichgeschmückten Ruhebetten, eigentlich
Throne oder Ehrensitze, die noch heute bei den nordöstlichen
Nomaden höhern Ranges unter den Namen o r n, o r u n (vgl. magy.
orom = Anhöhe) t ö s e k und s e r g e k eine besondere Rolle spielen, ja zur patriarchalischen Würde gehören. So erfahren wir
aus spätern Quellen, d. h. vom Porphyrogenitus, dass die Skythen
auch ein Bad, richtiger ein Zelt, unter welchem dasselbe genommen wurde, mit sich führten, und dasselbe τζεργα hiessen,
ein Wort, in welchem das osttürkische سرگه (cerge) = ein
kleineres längliches Zelt sofort zu erkennen ist. Aus Persien,
respective aus der asiatischen Culturwelt stammt ferner die bei
den Hunnen und Awaren vorgefundene Unsitte der Polygamie —
allerdings nur bei den Grossen, denn die Masse des Volkes ist
derselben damals sowie heute fern geblieben —, denn dass die
Hunnen noch vor ihrem Erscheinen in Europa mit Persien in
Verkehr gestanden, das ist aus den Kriegen und Raubzügen ersichtlich, von denen wir schon bei Priscus Andeutungen erhalten.
Der bunte Charakter des Sittenbildes bei den hunnischen Grossen
wird unter anderm auch aus der Erwähnung der verschiedenen

Getränke ersichtlich, indem wir lesen, dass sie Meth (Μέδος), also ein slawisch-germanisches Getränk, zugleich aber auch Kamos (Καμός), zweifelsohne das türkisch-tatarische Kimis = gesäuerte Stutenmilch, zu trinken pflegten. Rein und unverfälscht scheint sich bei ihnen nur die staatliche und gesellschaftliche Verfassung erhalten zu haben, ebenso auch ihr Kriegswesen, welches ein treues Gepräge jener Lebensnormen widerspiegelt, die Jahrhunderte später im Jasao Dśengiz (Gesetzbuch Dschengiz') und in den Türükati-Timur (Verordnungen Timur's) niedergelegt wurden. Die unbändige Scheu vor dem Ackerbau, der schrankenlose Freiheitssinn, gepaart mit Ehrfurcht vor den erwählten Grossen, der Hang nach Abenteuern, ja selbst die Regel der Taktik, alles und alles erinnert an die heutigen Gepflogenheiten der türkischen Steppenbewohner, und nichts ist merkwürdiger, als dass sie den türkisch-mongolischen Herrschertitel Khakan, Khagan, aus dem das spätere Chan entstanden, ihren Fürsten gaben, ein Titel, den die Sultane der Türkei, die Könige Persiens und die Fürsten Centralasiens selbst heute noch als Abzeichen ihres türkischen Ursprunges führen. [1]

Nebst diesen auf die Lebensweise Bezug habenden Notizen sei jener werthvollen Daten erwähnt, die uns keinen Zweifel darüber lassen, dass die Hunnen und Awaren entschieden Anhänger des Schamanenglaubens waren, jenes speciell ural-altaischen Glaubens, der, ohne fremdes Dazuthun aus der Gedankenwelt besagter Völkerelemente entsprungen, nur bei den Bewohnern der Steppe seit Urzeiten tiefe Wurzeln zu fassen und nur bei ihnen bis auf die Neuzeit sich zu erhalten vermochte. Wir sehen dieses erstens in jener Reihe von Kurganen, die vom Sajanischen Gebirge angefangen in südwestlicher Richtung bis zur Krim sich hinzieht und wenn, offen gelegt, ihren speciell aufs Schamanenthum bezüglichen Charakter durch die Identität der steinernen und hölzernen Statuen und der die üblichen Opfergaben bezeichnenden Gravuren beweist. Zweitens durch die Uebereinstim-

---

[1] Der Fürstentitel Khakan ist nach Einbruch der Mongolen bei den moslimischen Fürsten Asiens zur Mode geworden, in der Abkürzung Chan oder Khan wird er in Persien seit den Sefiden als Erbtitel bei der Aristokratie gebraucht, während die osmanischen Sultane denselben ihren Namen anhängen. Unter den nichttürkischen Völkern sind es einzig und allein die Afghanen, die den Titel Chan annahmen, und zwar infolge der den Türken entlehnten militärischen Verwaltung des Landes.

mung zweier aus verschiedenen Quellen stammenden Daten bezüglich der Verehrung gewisser dem verstorbenen Familienmitgliede
nachgebildeten Statuen; eine religiöse Sitte, deren Zemarchus im
6. und Abulgazi im 17. Jahrhundert n. Chr. Erwähnung thut.
Letzterer erzählt nämlich, dass die alten Türken beim Tode eines
geliebten Familienmitgliedes eine Art Puppe oder Götzen an-
fertigten, dieselbe eine lange Zeit in ihrem Hause aufbewahrten,
ihr Speisen vorsetzten, sie sorgfältig reinigten und schliesslich
anbeteten. Dem entsprechend berichtet Zemarchus: „Postridie
etiam in alio tugurio convenerunt, quod erat simili tapetum seri-
corum genere adornatum, et in quo effigies varia forma cerna-
bantur."[1] Drittens erinnert der Bericht des Zemarchus von
dem religiösen Acte der Wahrsager allzu sehr an die ähnlichen
Gepflogenheiten der heutigen Schamanen: „Hi (averruncos bei
Menander genannt) cum ad Zemarchum accessissent, sarcinis de-
positis thuris folia incenderunt, Scythicaque lingua nescio quae
verba susurrarunt, et tintinnabulis atque tympanis resonantes
folium thuris igne cum strepitu laceratum circumferebant, et
furore perfecti frementesque, daemones depellere videri vole-
bant."[2] Dies wird nach dem Gesandten des Justinianus berichtet, und wer hiermit die Beschreibung des Pallas von dem
Ceremoniell der Schamanen liest, und dabei die grosse Wichtigkeit der zur Vertreibung der bösen Geister, Krankheiten u. s. w.
gebrauchten heiligen Trommel und Pfeife kennt, dem wird die
Aehnlichkeit des noch heute existirenden schamanischen Gottes-
dienstes mit der damaligen Religionsübung der Türken sofort
auffallen. Was ferner Ammianus Marcellinus von der mittels
kleinen Stäben (nam rectiores virgas minimas colligentes) gemachten Wahrsagung der Hunnen berichtet, das kommt noch
heute, natürlich für moslimisch religiöse Zwecke, im sogenannten
cöb-fali (Stäbchenprophezeiung) in Mittelasien vor; ebenso das
Forschen in den Sprüngen des verbrannten Schulterbeines, von
dem Jordanis im Abschnitt 37 erzählt, und das bei den heutigen
Nomaden Köze-fali (Schulterblattprophezeiung) genannt wird,
welchen beiden Gattungen von Wahrsagung Schreiber dieser Zeilen
während seiner Reise in Turkestan persönlich beigewohnt hat.
Viertens hat auch der Schwur Bajan's, von dem Menander in
folgender Weise berichtet: „Ense educto sibi et Avarum genti

---

[1] Menander, S. 182.   [2] Menander, S. 381.

dira est imprecatus, si quid mali comminisceretur in eo, quod
pontem super Sao flumine facere susceperit, ut ipse et universa
gens ad internecionem usque ferro periret, coelum ex alto super
ipsis, et Deus, qui in coelo est, ignem emitteret, silvae et montes
casu et ruina illos oblitererent, et Saus fluvius innundatione eos
submergeret"[1], eine auffallende Aehnlichkeit mit den Schwüren
und Verwünschungen der heutigen Schamanen im Altai, von
denen die Verfasser der Altaischen Grammatik[2] berichten. Ja,
was noch mehr, die aus der Awarenzeit zu uns gekommenen Benennungen der Priester oder Wahrsager haben einen rein türkischen sprachlichen Charakter; ich meine die Worte Bokolaor
und Jugur; von welchen ersteres, in Anbetracht der Unfähigkeit
der Griechen in der Transscription des ö und ü, in böküler, bögüler (von bögü, böjü = Zauber) zu restituiren ist, während in
letzterm, welches eine Würde bezeichnet, sich sehr leicht die
Entstellung des ursprünglichen jakur, jagur, jaur = wahrsagen,
prophezeien (vgl. mein Etymologisches Wörterbuch, §. 122) erkennen lässt. Schliesslich kommt selbst das Wort kam, heute
in der Bedeutung Priester, Schamane, Zauberer, bei hunnischen
Eigennamen zweimal in der Zusammensetzung von Ata-kam
(Vater-Priester) und Eś-kam (Freund-Priester) vor. Ich erlaube
mir daher die Frage, ob diese Belege für unsere Annahme, dass
Hunnen und Awaren Schamanenanbeter türkischer Zunge waren,
nicht klar und deutlich genug sprechen?

III.

Die hunnisch-awarischen Eigennamen.

Fassen wir nun unsere bisherigen Andeutungen bezüglich
des Sittenlebens der Hunnen und Awaren zusammen, so wird
selbst bei der nüchternsten Beurtheilung sich uns die Ueberzeugung aufdrängen, dass besagte Nomaden der grossen Majorität nach dem turko-tatarischen Stamme der ural-altaischen
Rasse angehört haben müssen. Wir wollen jedoch vorläufig be-

---

[1] Menander, S. 335.   [2] Grammatika altaiskago Jazika, S. 218—220.

merken, dass unsere bisher angeführten Belege, so schwer auch
dieselben zu entkräften wären, nur von secundärer Bedeutung
sind, in dem unser Hauptargument auf dem sprachlichen Charakter jener Nomenclatur basirt, welche
die Eigennamen sowol der hervorragenden Individuen als auch der generischen Fractionen des Ge-
sammtvolkes kennzeichnet; sie gehörten fast durchgängig einem der ältesten türkischen Idiome an. Wir
wollen es gern anerkennen, dass eine Unterstützung seitens
geschichtlicher Daten dieser sprachlichen Evidenz wol sehr zu
statten käme, doch woher wollen wir solche nehmen, angesichts
der kurzen und verworrenen fabelähnlichen Berichte der byzantinischen Schriftsteller? Zugegeben, dass man bezüglich der
ethnischen Individualität der Hunnen einigermassen im Reinen
wäre, wer kann uns mit Bezug auf Awaren, Uar-Chunen und
deren Verhältniss zu den Utiguren, Kutriguren und zu den beim
„Goldenen Berge" wohnenden Türken Aufschluss geben? Die
dunkeln Angaben eines Theophylaktus, Jordanis u. s. w. keinesfalls,
und man wird es ganz natürlich finden, dass wir uns um so
fester an die sprachlichen Monumente anklammern, als sie die
einzig solide Basis unter den obwaltenden Umständen sind. In
voller Würdigung jener Gegenansicht, welche die sprachliche
Beweiskraft persönlicher und ethnischer Eigennamen für unzu-
reichend erklärt, müssen wir gleich im Anfange darauf aufmerksam machen, dass alle derartigen auf die Völker der Neuzeit,
und namentlich die Völker Europas bezüglichen Theorien auf
die Völker der Vergangenheit, und auf die Völker türkisch-tatarischen Ursprunges insbesondere, keine Anwendung finden
können. Wenn hinsichtlich der Personennamen auf das christliche Europa und das moslimische Asien hingewiesen wird, wo
mit Annahme des Christenthums, respective des Islams, bei Slawen, Germanen und Franken lateinisch-griechische, bei Türken,
Kurden und Persern hingegen arabische Namen stark in Gebrauch kamen, ohne dass man z. B. von „Stephanos, Theodor
und Markus" oder von „Hasan, Ahmed und Mustafa" auf einen
griechisch-lateinischen, respective arabischen Ursprung schliessen
könnte, so können wir hierin auch schon deshalb keine Widerlegung finden, weil dies erstens nur Taufnamen, nur Momente
eines fremden Religions- oder Cultureinflusses sind; zweitens,
weil die eigentlichen Familiennamen der Betreffenden doch mei

stens dem nationalen Sprachschatze entlehnt wurden. Nun war
aber das Volk, von welchem hier die Rede ist, nämlich das
turko-tatarische, zu jener Zeit vom Einflusse einer fremden Religion noch so ziemlich unbehelligt, an die Annahme fremder
Namen ist daher auch nicht im entferntesten zu denken, und
wie sehr die Türken beim Erstarken des Islams gegen die semitischen Eindringlinge sich gewehrt, das wird durch die Geschichte
am besten bewiesen. Trotz ihres moslimischen Glaubensbekennt-
nisses und trotz ihrer Eigenschaft als Leibwachen der ersten
Khalifen haben die Türken am Hofe der Abassiden ihre echt
türkischen Namen beibehalten. Im Tarichi Baihaki, im Tabakati
Nasiri und im Tarichi Guzide, wo von den türkischen Dynastien
der Seldschukiden, Saudschariden, Charezmiden und Ghaznewiden
die Rede ist, figuriren die Türken äusserst selten in arabisch-
persischen, um so mehr in türkischen Namen als: Sevük-tigin
(der Liebreiche), Alp-tigin (der Held), Tugan (Sperber), Arslan
(Löwe), Tograul (der Zerhauer), Sandśar (der Durchbohrer), Ilik
(Erste), Bektogdi (Fürstgeborene), Kutulmiś (Glückselige), Tekiś
(Treffen), Tutaś (Griff), Bughra (das männnliche Kamel), Berk-
jaruk (sehr glänzend), Baibars (Fürstenlöwe), Kilidś Arslan (Löwen-
schwert), Jolduz (Stern), Ildeköz (dessen Auge am Volke weilt),
Kizil Arslan (rother Löwe), Śonkar (Falke), Atsiz (Namen-
los) u. s. w.; und zwar zu einer Zeit, als die Perser den Kampf
gegen den Semitismus schon aufgaben, und die ehemaligen
Firuze, Behrame und Śapure sich ganz gut in den arabischen
Namen gefielen. Darf es daher wundernehmen, wenn wir den
Türken im vorislamischen Zeitalter türkische Namen zumuthen,
und die Träger derselben, sie mögen von den Byzantinern als
Hunnen, Awaren, Uturguren oder Ultzaguren vorgeführt werden,
ganz einfach als Türken bezeichnen?

Es versteht sich von selbst, dass etwaige Zweifel bezüglich
der Originalität der generischen Nomenclatur, d. h. der Namen
der einzelnen Geschlechter, Stämme und Familien, wol noch
weniger aufkommen können. Bei dem in fortwährender Umgestaltung begriffenen Bilde des generischen Verhältnisses hat
es sich wol hier und da ereignet, dass einzelne Familien oder
Zweige des Türkenvolkes seit der Einführung des Islams arabisch-
persische Namen angenommen, so z. B. Chodśalar, Śeichlar, Su-
lian, Karnaz u. s. w. bei Turkomanen und Kazaken, doch bei den
schon in alten Zeiten benannten grössern Fractionen ist eine

solche Vermuthung unter allen Umständen ausgeschlossen. Ganz anders gestaltet sich die Frage bezüglich des innern Werthes dieser generischen Nomenclatur, da wir hier vor allem auf jene leidige Ignoranz hinweisen müssen, welche in dieser Beziehung selbst heute noch in der europäischen und asiatischen Gelehrtenwelt vorherrscht. Jahrhunderte hindurch hat man Uiguren, Özbegen, Kipčaken, Kazaken und Kara-Kirgisen als einzelne Nationen betrachtet, während diese heute und auch früher den gemeinsamen Namen Türk (der Wortbedeutung nach Mensch) sich beigelegt, wie darf es daher befremden, wenn ein Priscus, Jordanis oder Porphyrogenitus in Hunnen, Awaren, Kotzaguren, Patzinakiten und Khazaren selbständige Nationen erblickt haben? Wir stehen daher auch keinen Augenblick an zu behaupten, dass diese und andere von den Byzantinern und Arabern erwähnte Eigennamen nur einzelne Stämme und Geschlechter jenes Volkes bezeichnen, das sich selbst Türk genannt, und das als das einzig compacte ethnische Element von den nordwestlichen Grenzen Chinas bis zu den Niederungen der Donau sich hinzog, denn sowie der türkisch-sprachliche Charakter der hunnisch-awarischen Personennamen dem Kenner der türkischen Mundarten sofort ins Auge fallen wird, ebenso ist dies mit Bezug auf die sogenannten „ethnischen Eigennamen" der Fall, die grösstentheils ohne Schwierigkeit zur ursprünglichen Form restituirt werden können. Hierin concentrirt sich bekanntermassen das Hauptinteresse unserer Arbeit, und um derselben möglicherweise gerecht zu werden, wollen wir zuerst das Gewand in Augenschein nehmen, in welchem die fraglichen türkischen Wörter zu uns gelangt sind, und nur dann erst soll zur Erörterung derselben geschritten werden.

Dass die türkischen Sprachdenkmäler durch das fremde Gewand der Transscription, in welchem sie zu uns gelangt sind, viel gelitten haben, ja oft bis zur Unkenntlichkeit entstellt worden sind, braucht wol kaum gesagt zu werden. Es ist nämlich eine höchst bedauerliche Thatsache, dass die Chronisten, die im Alterthume mit dem türkischen Volke sich beschäftigten, zumeist solchen Nationalitäten angehörten, deren Sprache zur Wiedergabe der lautlichen Eigenheiten der türkisch-tatarischen Mundarten von der Natur auf unfähig, ja zumeist solche Autoren waren, deren Unkenntniss des Türkischen ganz offenkundig ist. Von der Unbehülflichkeit des arabischen Alphabets zur richtigen

Umschreibung der türkischen Worte, und vom argen Unheil,
welches die arabischen Historiker und Geographen bezüglich der
türkischen Nomina propria angerichtet, soll hier gar nicht die
Rede sein. Aber noch schlechter ist es diesbezüglich mit dem
Griechischen bestellt. Während dem Araber nur die Doppel-
vocale ö, ő, ü, ű und î, sowie die Doppelconsonanten ž und č
abgehen, fehlt es dem Griechen noch obendrein an š und ž, ja
an den scharfen Zischlauten im allgemeinen, und selbst heute
noch, nach einem nahezu 700 Jahre langen Zusammenleben mit
den Türken, hört man den Griechen z. B.: „dortundzi gun gotse-
dzek" statt: „dördünži gün göčček" sagen, ganz so wie der französisch sprechende Hellene: „Zul viendra zodi prosen" anstatt:
„Jules viendra jeudi prochain" sagt. Mit Sprachen von solchen
lautlichen Mängeln konnte selbstverständlich das phonetisch
so reiche und stark ausgebildete Türkische nur schwer wiedergegeben werden, und die Fehler, in welche ein Pachimeres,
Chalcocondylas u. s. w. bei der Transscription türkischer Wörter
verfielen, werden auch von den modernen griechisch-osmanischen
Schreibern begangen, und sind zweifelsohne von einem Priscus,
Theophanes u. s. w. bei der Transscription der hunnisch-awarischen Eigennamen um so eher begangen worden. Ausser der
lautlichen Unzulänglichkeit des griechischen Alphabets und ausser
der Sprachunkenntniss der Autoren, muss ein grosser Theil der
Schuld noch den Copisten zur Last gelegt werden, ja vielleicht
auch den Herausgebern der bonner Texte, die beim fremden
Wortschatz nicht mit gehöriger Kritik verfuhren. Eine bedeutende Schwierigkeit bildet es ausserdem zu unterscheiden, inwiefern die griechische Nominativendung ας, ες und ος mit dem
ursprünglichen türkischen Worte verschmolzen sei oder nicht;
denn während einerseits Μουνδιουχος, Κουριδαχος, Βεριχος, Σαλος,
Χαγανος, für Mundzukh, Kuridakh, Berikh, Sal und Chagan steht,
finden wir andererseits wieder Ἐρναχ, Δεγγιζιχ und Βασιχ ganz
einfach für Ernakh, Dengizikh und Basikh, also ohne ος, ας
und ες. Auch bei den vocalen Auslauten kann das griechische
ς nicht als Regel angenommen werden, und es herrscht in dieser
Beziehung eine Willkür seitens der Autoren und Copisten, die
nicht genug bedauert werden kann.

Glücklicherweise existirt in der Transscription der Haupt-
vocale und Consonanten doch ein gewisses harmonisches Vorgehen, das in Folgendem bemerklich ist:

a = griech. α; und nur einige male ist dasselbe durch ο substituirt, z. B. Χαροβοη statt Kharabaj; Τζοπον statt Tśapan (bei Porphyrogenitus), das vielleicht mehr der Nachlässigkeit des Copisten zugeschrieben werden mag.

b = β in Βαϊαν (Bajan), Βουλγαρ (Bulgar), Βασιχ (Basikh) u. s. w. Besagtes β kommt auch in der Bedeutung von w vor, so Διζαβουλ (Dizawul), Αβαρ (Awar) u. s. w.

č und ž = τζ und δι; z. B. Τζεργα (čergе, Zelt, bei Porphyrogenitus), Κοτζαγερ statt Kačagur, Μουνδιουχ statt Mundžuk. Dass das griechische τζ eine genaue Definirung des türkischen č und ž kaum zulässt, ist augenscheinlich, aber noch ärger ist es mit dem scharfen š bestellt, wofür wir im Griechischen fast gar keine Interpretation gefunden, wenn wir nicht etwa das σ in Εσκαμ (Eskam, richtiger Eśkam, für ein solches hinnehmen.

g = γ; z. B. Ακαγα (Akaga), Ονηγησιος (Onigiz).

i = ι und η, bisweilen auch η; z. B. Ατηλλας (Attila), Βληδας (Blida), Εδηκον (Edikon).

k = κ; z. B. Κερκα (Kerka), Κανδιχ (Kandikh). In Anbetracht des stark variirenden Härtegrades, mit welchem dieser Kehllaut selbst heute noch in der ganzen Ausdehnung des türkischen Sprachgebiets ausgesprochen wird, ist es leicht erklärlich, dass die griechische Transscription der betreffenden Worte bald κ = k, bald aber auch χ = kh gebraucht. Nur als Auslaut finden wir fast durchgängig das griechische χ = kh angewendet, z. B. Ερναχ (Ernakh), Κανδιχ (Kandikh), Τουλδιχ (Tuldikh) u. s. w.; eine ganz richtige Auffassung, da das auslautende k in den östlichen Mundarten stark aspirirt ausgesprochen wird.

j = ϊ; z. B. in Βαϊαν (Bajan). Als Auslaut, namentlich bei spätern Autoren wird das j mittels Γι interpretirt, z. B. Γιασι statt Jazi, Γιαου-κατι statt Jau-kati, Γιλα statt Jila (bei Porphyrogenitus).

o = ο und ω; ausnahmsweise kommt auch ein einziges mal ein ö in der Umschreibung von ευ vor, so Σπαρζευγουν statt Saparsögen.

s = σ, ς auch ζ; z. B. Εσλας (Eslas), Σαλ (Sal).

u = ου; z. B. Ουννοι (Hunnoi).

Auf andere Eigenthümlichkeiten in der Transscription kommen wir bei den betreffenden Worten in dem am Ende befindlichen

Namenregister zurück. Hier sei nur so viel erwähnt, dass unter
sämmtlichen Byzantinern Priscus verhältnissmässig am treuesten
den Urtext des türkischen Wortschatzes wiedergibt, während
seine spätern Nachfolger, namentlich der lateinisch schreibende Jordanis, sich die ärgsten Verzerrungen zu Schulden
kommen lassen.

Wie dem auch immer sei, enthält das vorhandene Material
von Personen- und Geschlechtsnamen eine genügende Beweiskraft für die türkische Nationalität der Hunnen und Awaren,
denn wenn die europäischen Geschichtsschreiber aus den durch
Theophanes überlieferten zwei Worten „torna fratre" (Kehr um,
Bruder!) auf die Sprache Pannoniens im 6. Jahrhundert Folgerung machen wollen, so glauben wir doch aus den vorliegenden
mehr als siebzig Eigen- und Sachnamen zu ähnlichen Schlüssen
um so mehr berechtigt zu sein. Im ganzen genommen kann das
vorhandene Material in drei Theile getheilt werden: a) Jene
Eigennamen, über deren Verständniss und über deren türkischen
Sprachcharakter auch nicht der geringste Zweifel obwaltet. Solche
sind unter andern Munžukh (Fahne oder Fahnenknauf), Irnakh
(Jüngling), Ornigiskl (Sklave hohen Ranges), Ojbars (Löwe), Basik
(untersetzt), Atakam (Vater-Priester), Bajan (mächtig), Tagma
(Gefährte), Solakh (linkisch) u. s. w. b) Jene Eigennamen, deren
Erklärung infolge einer zumeist in der Endsilbe, sei es durch die
Copisten, sei es durch die Autoren selbst, erhaltenen Beschädigung,
ohne einem Zweifel unterworfen zu sein, doch theilweise auf
Combination beruht. So z. B. Maniakh (Adeliger), Sandilkh
(Schwärmer), Tarniakh (Nagel), Donat (geschmückt) u. s. w.
c) Die Eigennamen, die gänzlich entstellt, erst enträthselt, und
dann erklärt werden müssen. Solche sind Skotta, Khelkhal, Irnas, Saragur u. s. w. Der Wortbedeutung nach entweder die Bezeichnung starker Thiere oder sonstige auf Tapferkeit bezügliche
Begriffe enthaltend, kann aus dem türkischen Sprachcharakter
dieser Personennamen mit ebenso viel Gewissheit auf die türkische Nationalität der Träger derselben geschlossen werden, als
wir z. B. in den Namen Achiulf, Ataulfus, Burvista, Evermud,
Fridigern, Hermanrich, Suanihilda, Thorismund auf Männer oder
Frauen gothischen Ursprungs schliessen können, da die Massen-
annahme entlehnter Eigennamen aus den oben angeführten Ursachen nahezu unmöglich ist.

Von ähnlicher Natur ist auch das Verhältniss bei den Stamm-,

Geschlechts- und Familiennamen. Dass es schwer, ja höchst gewagt wäre, in eine generische Definirung dieser Namen sich einzulassen, d. h. bestimmen zu wollen: ob Hunnen, Awaren, Akatziren, Utiguren u. s. w. Nationen, Völker oder blos einzelne Stämme und Geschlechter derselben darstellen, dessen ist schon früher Erwähnung gethan. Wir halten letzteres für viel wahrscheinlicher, und wollen gelegentlich bemerken, dass es allerdings nicht Sache des blossen Zufalls sei, wenn sieben Stammesnamen, als: Biturgur, Kuturgur, Kotzagur, Saragur, Ultzigur, Unnugur und Uturgur mit der Endsilbe gur, also mit jenem Adjectivsuffix vorkommen, durch welches einer der ältesten türkischen Stammesnamen, d. h. Utgur oder Uigur, gebildet ist. Von bedeutendem Interesse ist ferner der Umstand, dass unter den den Hunnen und Awaren gegebenen Geschlechts- oder Familiennamen auch einige solche sich vorfinden, die in dem sieben Jahrhunderte später entstandenen Geschichtswerke Raschid-ed-din Tabibi's, welches bekanntermassen auf mongolisch-türkischer Tradition beruht, enthalten sind, so z. B. Sabir (vgl. سمير Sibir, ein Sohn Türks) Unnugur bei Theophylactus (vgl. اون اویغور On Uigur) und noch andere.

Uebrigens so wenig die kargen Daten der Byzantiner eine genaue Definirung der gegenseitigen ethnischen Verhältnisse zwischen Hunnen, Awaren und andern Stämmen zulassen, ebenso schwer ist es, den Verwandtschaftsgrad der letztern mit ihren im fernen Osten, respective Nordosten, Asiens zurückgebliebenen Brüdern zu bestimmen. Die Frage, ob Hunnen und Awaren zu den Mongolen oder zu den Türken gerechnet werden müssen, kann auch schon deshalb als eine müssige übergangen werden, weil die Mongolen zu jener Zeit noch im Winkel der Verborgenheit lebten, während die Türken damals schon, und noch früher, unter den verschiedensten Namen sich bekannt gemacht haben. Viel interessanter dünkt uns die Frage, welchem Theil des geographisch so sehr ausgedehnten Türkenvolkes die Hunnen und Awaren zugetheilt werden sollten, und hier gibt uns der lautliche und grammatikalische Charakter der Denkmäler einen wol schwachen, aber nicht zu verwerfenden Aufschluss. Es stellt sich nämlich heraus, dass sowol der Sprachschatz als die Formen selbst jenen türkischen Mundarten sich nähern, die noch heute im Altaigebirge die Grenzscheide zwischen dem türkischen und mongolischen Sprachgebiete bilden, also den Dialekten jenes Türkenthums, das dem fremden

iranisch-semitischen Einflusse am wenigsten zugänglich war, und
den Urtypus wol am besten bewahrt hat. Hierfür spricht das speciell altaisch-kirgisische Adjectivsuffix tik in Kandik, Tuldik u. s. w.,
die Verbalform ta in okta = schiessen anstatt des mehr verbreiteten la (in okla), und was den Wortschatz anbelangt, die Wörter Bajan, Atakam, Dokhia u. s. w. Als nächste Verwandte der
Hunnen und Awaren dürfte man daher, der Hauptsache nach,
die heutigen Altaier, die ehemaligen Uiguren, mit einem Worte
die Türken am Quellengebiete des Irtisch und Jenissei und die
ehemaligen Uiguren im Norden des Thien-Schans bezeichnen, als
solche Türken, die dem Schamanenglauben am längsten treu geblieben, und mit Recht die Türken κατ' ἐξοχήν genannt zu werden verdienen.

———

Mit diesen theils ethnographischen, theils sprachlichen Belegen glauben wir das Türkenthum der Hunnen und Awaren zur
Gegnüge bewiesen zu haben. Es sind keine halsbrecherischen erzwungenen Etymologien, auch keine sonstigen in die Luft gebauten
Theorien, mit denen wir auftreten, sondern der Mehrzahl nach
solche Evidenzen, denen der Kenner des innern Lebens der heutigen türkischen Nomadenwelt, besonders aber jeder mit dem
heutigen Stande der Turkologie vertraute Forscher wol leicht
beistimmen kann. Wenn wir bezüglich des Endresultats unserer
Arbeit von so manchen gelehrten Forschern auf diesem Gebiete
wesentlich abweichen, so möge dies keinem besondern Eigendünkel, auch keiner Voreingenommenheit für den einen oder
andern Theil der ural-altaischen Völker, sondern einzig und allein
jenen Sprachstudien zugeschrieben werden, denen Schreiber dieser Zeilen, als seinem Specialfache, sich jahrzehntelang gewidmet.
Eine absichtliche Ignorirung so mancher werthvoller Vorarbeiten
kann und darf uns keinesfalls zur Last gelegt werden, da eine
kritische Widerlegung der von Deguignes bis Hunfalvy sich erstreckenden Vorarbeiten erstens diese Abhandlung nutzloser-
weise vergrössert hätte, und zweitens weil der Mehrzahl der gelehrten Forscher der Born, aus dem wir in erster Reihe schöpf-
ten, nicht einmal zur Verfügung stand. Sagt doch selbst Hunfalvy,
allerdings der competenteste unter den neuern Forschern: „Die
Nationalität der Hunnen lässt sich also weder aus der allgemeinen Geschichte noch aus der Geschichte der Magyaren
bestimmen. Der einzig richtige Führer und vertrauenswürdige

Zeuge, die Sprache, fehlt uns aber gänzlich."¹ Und was einem
Hunfalvy gefehlt, dass muss, um von den ältern Geschicht-
schreibern gar nicht zu reden, Roessler, Jireček, Šafařik, Thierry
und allen übrigen modernen Gelehrten noch viel mehr abgegangen
sein. Der grosse und bedeutende Fehler, der hier begangen
wurde, ist, dass man bei Berücksichtigung des türkischen Sprachschatzes sich an die möglichst schlechte Quelle, d. h. ans Osmanische wendete, an eine solche Sprache, die bei ihrem Erscheinen im westlichen Asien schon von persisch-arabischen Lehnwörtern des ursprünglichen Charakters entkleidet, dem Forscher
wol selten eine hülfreiche Handhabe zu bieten im Stande war.
Beispielsweise will ich hier nur zwei jener räthselhaften vom Altbulgarischen übriggebliebenen Wörter anführen, die bisher mannichfach gedeutet worden sind, ohne eine richtige Lösung gefunden
zu haben. Eins ist das von Ibn Fozlan überlieferte sižu, richtiger süžü = Methbier, welches, irrigerweise für slawischen Ursprungs gehalten, entschieden türkisch ist, ohne natürlich in
einem osmanischen Wörterbuche gefunden werden zu können;
um so leichter aber im Osttürkischen, wo süžü Wein (siehe
Chulassci Abbasi) und süss (siehe Budagow, I, 641) bedeutet.
Ein anderes Wort ist z. B. das von Porphyrogenitus gebrachte
Βολι-ας oder Bolias Tarchan ⩵ hoher Rath bei den alten Bulgaren, ein Wort, das wol aus dem Osmanischen erörtert werden
kann, aber vorher richtig gelesen werden muss, denn Βολι ist
nichts anderes als das arabische Wali = Stellvertreter, Statthalter, ein Würdenname, den die Bulgaren ebenso von Bagdad
entlehnt als den schon früher angenommenen Titel Emir.
Der Forscher mag über noch soviel philologische Gewandtheit verfügen, so kann ihm dies nur dann frommen, wenn eine
eingehende, und sagen wir es rundheraus, eine möglichst vollständige Bekanntschaft mit dem zu vergleichenden Sprach-
materiale ihm zu Gebote steht, und da die Turkologie erst in
der jüngsten Vergangenheit eifriger gepflegt, aber bisher noch
nicht zum Gemeingut der wissenschaftlichen Welt gemacht worden ist, so können wir die nicht genügende Beachtung des Osttürkischen dem Ethnologen der Neuzeit noch nicht zum Vorwurfe
machen, und wegen der hieraus entstandenen Irrthümer nicht
mit ihm zu Gerichte sitzen. Die Erschliessung Asiens, die

¹ Ethnographie von Ungarn, S. 253.

genaue Kenntniss seiner Sprachen und Sitten schreitet gedeihlich
vorwärts, und je stärker sich das Licht über seine gegenwärtigen Verhältnisse verbreitet, desto mehr wird auch jener dichte
Nebel schwinden, der uns bisjetzt noch seine Vergangenheit
verhüllt hat.

IV.

Hunnisch-awarisches Wort- und Namenregister.

Akatzir (Ακατζίρ), Name eines Stammes oder Geschlechtes bei den
Hunnen, wird von den verschiedenen Autoren Acatir, Acatzri, Agazir u. s. w.
benannt, doch dünkt uns erstere als die bei Priscus sich vorfindende
Version als die richtige, und in derselben ist ganz klar das türk. ak-
kačir = weisser Phönix zu entdecken. Kačir ist die türkische Benennung jenes fabelhaften Vogels, der tausend Jahre lang leben soll, und
den nach Unsterblichkeit Strebenden in die obern Regionen trägt (vgl.
Budagow, Türkisch-tatarisches Wörterbuch, II, 7). Die Identificirung
dieses Namens mit den später auftretenden Kazaren ist vom philologischen Standpunkte aus eine reine Unmöglichkeit (Priscus, S. 158. 13;
161. 12).

Akkaga (Ακκαγα), Name eines Landes im Osten der Taurischen
Berge, zugleich auch der Fürstin, die dasselbe regierte. Akk-aga =
der weisse Herr oder Fürst dünkt uns die Würde der Fürstin zu bezeichnen. Vgl. ak-baślik = Frau, wörtlich die Weisshauptige, ferner
magy. fehér személy = Frauensperson, wörtlich weisse Person, und
schliesslich das im Texte bei Menander nächstfolgende Anaga, der
Name einer andern Fürstin der Utiguren, der wörtlichen Bedeutung
nach Herrin, Gebieterin von Ana = Mutter, Frau und Aga = Herr
(Menander, S. 399. 5).

Akum, Name eines vornehmen Hunnen im Dienste der Byzantiner,
kann vielleicht mit dem türkischen ak-kum = weisser Sand, möglicherweise auch mit akin, akim = Einfall, marodirende Truppe identificirt
werden.

Anaga (Αναγα), Name einer Fürstin der Utiguren, siehe Akkaga
(Menander, S. 498. 9).

Attakam (Αττακάμ), Name eines vornehmen Hunnen, der als
Flüchtling von den Byzantinern an Attila zurückgeliefert wurde, soll
richtiger heissen Ata-kam und bedeutet Vater-Priester von ata = Vater
und kam = Schamanenpriester, Zauberer. Derartige Zusammensetzungen
kommen noch heute bei den moslimischen Türken vor; so z. B. Baba-
achond = Vater-Lehrer oder Daji-Molla = Oheim-Molla. Ata-kam
gehört jedenfalls zu den merkwürdigsten Sprachdenkmälern aus der
Hunnenzeit (Priscus, S. 168. 22).

Attila (Ἀτήλλας), Name des berühmten Hunnenkönigs. Nach
Weglassung der griechischen Endsilbe ας müsste der eigentliche Name
Atill oder Atil angenommen werden, aber auch diese Gestalt des Wortes läuft den phonetischen Gesetzen der türkischen Lautlehre zuwider,
und die altdeutsche Form Etzel oder das magyarische Etel dünkt uns
auch schon deshalb glaubwürdiger, weil diese im Alttürkischen Etil,
Itil = grosser Fluss im allgemeinen (vgl. Budagow, Srawwitelnij Slowar,
I, 18) und zugleich den Namen der Wolga bedeutet. Thierry's Supposition ist daher nur insofern anzunehmen, dass der Name des Hunnenkönigs in seiner Wortbedeutung den Begriff „grosser Strom" und nicht
speciell „Wolga" enthält, und dem Träger desselben, sowie bei Dschengiz,
gewiss nur später beigelegt wurde, wahrscheinlich in Anspielung auf
seinen raschen und mächtigen Siegeslauf.

Bajan (Βαϊανος), Name des Chakans, d. h. des Fürsten der Awaren,
ein noch heute bei den osttürkischen Nomaden gebräuchlicher Eigenname, der Wortbedeutung nach der Reiche, Mächtige, Erhabene u. s. w.
Allem Anscheine nach ist daher Bajan cher als Titel denn als Eigenname anzusehen, ungefähr wie das heute in Centralasien gebräuchliche
arab. Badewlet = der Glückliche, der Erhabene.

Barez, nach Theophanes der Name eines hunnisch-sabirischen
Frauenzimmers, die an der Spitze einer Armee den Oströmern sich an-
schloss, vom türkischen Wort bars = Panther, Leopard, das häufig
als Eigenname vorkommt.

Basikh (Βασιχ), Name eines Anführers der sogenannten königlichen Scythen, der durch seinen Einfall im Lande der Meder bekannt
ist. Basikh ist ein türkisches Eigenschaftswort in der Bedeutung von
nieder, untersetzt, von der Stammsilbe bas (unterdrücken, nieder-
drücken). (Priscus, S. 200. 2.)

Berikh (Βεριχος), Name eines vornehmen Hunnen. Kann entweder von der Stammsilbe ber (geben) oder bar (haben, besitzen) abgeleitet werden, und bedeutet durch Zugabe des alttürkischen Suffixes
ikh im erstgenannten Falle Gabe, Geschenk, im letztgenannten Falle
Habe, Verwaltung. Vgl. oj-barik (Haushaltung). (Priscus, S. 203. 15.)

Bittugor, Biturgur, Name eines Hunnenstammes, der auch Bitgor
(Βιτγορ) genannt wird; letztere Version dünkt uns die richtigste, doch
welche es auch immer sei, ist es immerhin leicht, aus dem Worte das
türk. bitgür = der Wachsende oder bitürgür = der Vertilgende zu erkennen (Jordanis, S. 182).

Bleda (Βλήδας), ein Bruder Attila's und Sohn Mundžuk's. Kann
laut griechischer Transscription und Nominalendung ας entweder Vlid
oder Blid, keinesfalls aber Bled und noch weniger Bleda lauten. Doch
abgerechnet von dem In- und Auslaute, kann der aus zwei Consonanten
bestehende Anlaut im primitiven Worte nicht bestanden haben, da
dessen Aussprache für Turko-Tataren geradezu unmöglich ist. Wir
tragen daher volle Rechnung dem Geiste der ural-altaischen Sprachen,
wenn wir den Namen des Bruders Attila's mit Blid, richtiger Bülid
oder Bülüt = Wolke, reconstruiren, als mit einem solchen Worte, das
der Möglichkeit am nächsten steht (Jordanis, S. 128).

Bocolabra (Βοκολαβρα), nach Theophylactus in der Bedeutung von sacerdos magnus, ein Hoherpriester, Zauberer, und im letztern Sinne lässt sich auch dieses Wort erklären, wenn wir anführen, dass bögü oder böjü, Band, Zauber, bögüler (was der Grieche nur mittels bogolar, bogolaur zu interpretiren vermochte) oder böjüler hingegen die Zauberer, Priester, oder das Amt der Zauberer bedeutet (Theophylactus, S. 47).

Dengizikh (Δεγγίζιχ), Name eines Sohnes Attila's. Auf den ersten Anblick kann dieses Wort mit dem türkischen dengiz = Meer in Zusammenhang gebracht werden, doch ist die Endsilbe ikh nicht griechischen Ursprungs, sondern gehört zum ursprünglichen Worte, in welchem wir eine schlechte Transscription des osttürkischen ting-kizik = sehr feurig, sehr heftig, vom alttürkischen ting = sehr und kizik = heftig, feurig erblicken. Begrifflich und gewissermassen auch lautlich steht Ding-kizik dem spätern Namen Temudschin's, nämlich cinggiz = sehr heftig, am nächsten (Priscus. S. 5. 8. 161. 162).

Disabul (Δίζαβουλ), Dizavul und Dizaul, König der Türken, zu dem Justinus den Gesandten Zemarchus geschickt hatte. Sollte richtiger Dizeöl, Dizevül heissen, der Wortbedeutung nach Ordner, Regler, von tiz, diz, ordnen, regeln und dem Nominalsuffix cul, aul (Menander, S. 296).

Donat (Δονατος), ein Hunnenchef, zu dem Olympiodorus sich in Gesandtschaft begeben hatte, bildet den ersten Theil eines türkischen Wortes, dem der Verbalstamm donat, tonat = zieren, schmücken, putzen zu Grunde liegt (Menander, S. 455).

Dokhia (δόχια), nach Menander der türkische Name des Todtenmahles. Eine entschieden irrige Interpretation seitens der Byzantiner, denn, wenn über die Sitte des Todtenmahles befragt, die Awaren oder Hunnen auch geantwortet hätten, so muss es einfach und allein nur das Wort toka, tokha = Sitte, Gebrauch, gewesen sein, das sie zur Antwort erhielten.

Edikon (Εδήκων), Name des Gesandten Attila's an Theodosius. Vor allem wäre festzustellen, ob die Endsilbe ων eine griechische Zugabe oder zum Worte gehörig ist. Uns dünkt letzteres viel wahrscheinlicher, erstens weil derartige griechische Zugaben selten, und wenn auch, mit o aber nie mit ω vorkommen. In diesem Falle muss Edekon, richtiger Edikon mit edik-kün = glücklicher Tag restituirt werden. Edik, Etik ist nämlich eine ältere Form des uigurischen etkü, edkü = glücklich, heilsam, gut, und kün bedeutet Tag (Priscus, S. 146).

Ellak, ein Sohn Attila's, den die Gepiden umgebracht hatten. Das anlautende e und das inlautende a können nach der Regel der Euphonie in dem Türkischen sich nicht nebeneinander vertragen, daher denn auch illak, richtiger jillak = der Glänzende, der Strahlende uns die richtigere Variante dieses Wortes scheint. Nicht ausgeschlossen ist übrigens auch die Möglichkeit, in Ellak eine Verdrehung des noch im Mittelalter bei den Türken häufig vorkommenden Ilik, Illik, Name mehrerer Fürsten, der Wortbedeutung nach Prinz, Vorderster, zu erkennen. Vgl. Ilik Chan, Name eines berühmten Fürsten in Ostturkestan (Jordanis, S. 174).

Emnedzur, Name eines Sohnes Attila's. Unter den vielen Varianten, welche der Commentator Jordanis (S. 177) gibt, dünkt uns obige als die dem ursprünglichen Worte 'am nächsten stehende. Emnedzur, richtiger emenedur, heisst wörtlich der sich Plagende, einer der sich Mühe gibt, und zwar ist es der Aoristos des Verbum emenmek = sich plagen, sich bemühen (Jordanis, S. 177).

Eskam (Εσκαμ.), Name eines Hunnen, dessen Tochter Attila zur Frau nahm, und nicht Name des Mädchens selbst, wie K. Szabó in seiner ungarischen Uebersetzung des Auszugs annimmt, da eben in der bonner Ausgabe, und zwar im Index, „Escam, Hunnus, pater puellae ab Attila in matrimonium ductae" steht. Dieses Wort ist so wie Ata-kam (siehe dasselbe) aus es, richtiger eś = Freund, Gefährte, und kam = Priester zusammengesetzt, und so wie Ata-kam = Vater-Priester, so ist Eśkam = Freund-Priester (Priscus, S. 183).

Giesm (nach Theophanes Γιέσμος), Name eines der Söhne Attila's. Wie aus den Normen der Transscription (S. 35) ersichtlich, ist das Gamma vor einem i durchwegs als j zu lesen. Giesm muss daher richtiger Jesm oder Jism gelesen werden, in welchem ich das türkische Jišim = Blitz erblicke, hier ein Nomen proprium, wie Jildirim = Blitz, Name eines osmanischen Sultans.

Hunnen, von den griechischen und lateinischen Autoren Χουνοι, Χουνοι, Οὖννοι, Hunni oder Chunni genannt, und als jenes Volk oder Völkerbündniss dargestellt, das im 5. Jahrhundert von seiner auf beiden Seiten des Urals und der Wolga befindlichen Heimat ins östliche Europa eingebrochen. Vor allem wollen wir die Meinung wagen, dass das magy. Kún, unter welchem das tatarische Volk der Kumanier verstanden wird, wörtlich mit Hun oder Chun uns identisch dünkt, und da der Mittellaut u im erstern durchweg in gedehnter Form vorkommt, so ist es höchst wahrscheinlich, dass kún oder khún aus einer Zusammenziehung des ältern kogun, respective aus kovum, koum = Haufe, Trupp, der zur Verfolgung des Feindes ausgeschickt wird, entstanden; dies um so mehr, da die Verschmelzung des inlautenden Gutturalen heute noch in einigen Dialekten, speciell im Altaischen, eine Regel ist. Vgl. jur mit jakur (wahrsagen); júk mit jakuk = nahe; um mit ogum, ovum = Mehl u. s. w. Ohne daher auf den geschichtlichen Nexus zwischen Hunnen und Kumanier hindeuten zu wollen, dünkt uns die Identität beider Nomina propria ausser Zweifel.

Hunnivar, der Ort, wohin sich Hunnen nach ihrer Besiegung durch Walemir zurückgezogen haben sollen. Diese Stelle in Jordanis beruht insofern auf einem Irrthum, indem besagtes Wort, trotz seiner topographischen Bezeichnung, möglicherweise auch als der ethnische Name der in jener Gegend wohnenden Fraction hunnischer Völker und zwar der Varhunnen oder Varchoniten, wie aus einer Umstellung der einzelnen Theile ersichtlich, aufzufassen ist. Die Theorie der ungarischen Historiker, die aus der Endsilbe var das magy. vár (bekanntermassen persischen Ursprungs بار bar = Festung) == Festung erklären wollen, und Hunnivar mit Hunnenfestung übersetzen, muss auch schon deshalb als eitle Combination betrachtet werden, weil Jordanis (S. 180) unter Hunnivar gar keine Festung, sondern einfach und allein eine Gegend versteht, indem er sagt: eas partes Scythiae ... quas Dunapri fluenta praetermeant, quae (d. h. partes) lingua sua Hunnivar appellant (Jordanis, S. 180).

Irnakh, Ernakh ('Ερναχ), Name eines Sohnes Attila's. Ein türkisches Compositum aus ir, er = Mann und inak = der jüngere Bruder. Irnakh, Ir-inak bedeutet daher Jüngling, so wie das obige generisch entgegengesetzte kir-inak, kirnak, junges Mädchen, nach dem heutigen Gebrauche Buhle, Kebsweib, bedeutet. So heisst auch auf Mongolisch das Kebsweib kleine Frau. Interessant ist es ferner zu wissen, dass, so wie ir-inak und kir-inak auf das jüngere Alter der beiden Geschlechter sich bezieht, so gibt es auch zur Bezeichnung des höhern Altergrades ein ähnliches Compositum, und zwar ir-aka = älterer Mann und kir-aka = ältere Frau, von dem ersteres noch heute gebräuchlich ist, letzteres hingegen im Eigennamen Kerka (Κερχα — Creca), wie eine Frau Attila's von Priscus genannt wird, uns aufbewahrt worden ist (Priscus, S. 161).

Irnas, Ernas ('Ερνας), Name des jüngsten Sohnes Attila's, dünkt uns in Anbetracht des griechischen Endlautes ας eine Verwechselung mit dem schon erklärten Eigennamen Irnak.

Jugur, Bezeichnung einer Würde bei den Awaren, der Wortbedeutung nach Wahrsager, Priester, ist augenscheinlich eine Verdrehung von jagur, jakur = prophezeien, wahrsagen, dessen neuere Form nach stattgefundener Verschmelzung des gutturalen Inlauts jaur oder jaur-éi = Weissager ist.

Kamos und nicht kam, wie die lateinische Uebersetzung in Priscus angibt, da der Accusativ im griechischen Texte κάμον οἱ βάρβαροι καλοῦσιν αὐτό einen auf ος endenden Nominativ voraussetzen lässt. Kamos ist selbstverständlich mit dem turko-tatarischen kïmïs, komus (siehe „Primitive Cultur des turko-tatarischen Volkes", S. 69) = das aus Stutenmilch gegorene Getränk, identisch (Priscus, S. 183).

Kan oder Kani, Name jenes awarischen Gesandten, der 811 in Aachen bei Karl dem Grossen vorsprach, dünkt uns mit dem türkischen kan = Blut identisch.

Kandikh (Κανδιχ), Name eines seitens der Awaren an Justinian geschickten Gesandten. Ein türkisches Wort von der Bedeutung blutig, der Blutige, von kan = Blut und dem Adjectivsuffix dik, welch letzteres jedoch nur einigen im Osten und Nordosten lebenden Nomadenstämmen eigen, im Süden und Südwesten jedoch unter der Form lïk, lik vorkommt (Menander, S. 282).

Kerka, Name einer Frau Attila's, siehe Irnak (Priscus, S. 197).

Khakan (Χαγανος), der noch heute bei sämmtlichen Türken und Mongolen gebrauchte Fürstentitel, aus dem das spätere Kaan (كاان) und chan (خان) entstanden. Ueber den vermuthlichen Ursprung dieses Wortes siehe „Primitive Cultur des turko-tatarischen Volkes", S. 135. Mit Bezug auf das Verhältniss zwischen Khakan und Kaan, wo die Verschmelzung des innern Kehllautes auf altaischen Ursprung zurückzuführen ist, wollen wir bemerken, dass es auf einem Irrthum beruht, den Titel Chan schon bei den Awaren oder gar Hunnen in Anwendung zu bringen, wie dies Thierry in seiner Geschichte Attila's thut, denn der Titel Chan ist erst nach Auftreten der Mongolen in Westasien entstanden (Menander, S. 284.)

Kharaton (Χαρατον), ein Hunnenchef, der mittels Geschenken von Byzanz aus beschwichtigt wurde, ein türkisches Wort, zusammengesetzt aus kara = schwarz und ton = Farbe, Kleid, und bedeutet daher der Schwarzfarbige, oder der Schwarzgekleidete (Olympiodorus, S. 455).

· Khelkhal (Χελχαλ), Name eines vornehmen Hunnen. Das den Gesetzen der türkischen Euphonie zuwiderlaufende Lautverhältniss von e und a in einem und demselben Worte belehrt uns sofort, dass die griechische Transscription des türkischen Wortes in Khalkhal, richtiger kalkal, kalkaul umzuwandeln ist, und dieses Wort bedeutet der sich Erhebende vom Verbalstamme kalk und dem Nominalsuffix aul (Priscus, S. 163).

Khinialkh (Χινιαλχος, auch Χινιαλ), Name des Gesandten der Utiguren an Justinianus. Von den beiden Varianten dünkt uns erstere als die richtigere, und zwar haben wir es hier mit einem Compositum zu thun, nämlich mit Kini-alik oder alak = einer, der seine Rache nimmt, von kin = Rache, Groll und al = nehmen, greifen.

Kokhus (Κόχ), der Gesandte Bajan's zum byzantinischen Feldherrn Priscus. Das griechische Κόχ scheint aus kok, richtiger kök, grün, blau entstanden zu sein, ein Eigenschaftswort, das häufig als Eigenname gebraucht wird (Theophylactus, S. 285).

Kotzager (Κοτζαγηρ), Name eines Volksstammes unter den Varchuniten, dürfte ursprünglich kaĉagur (der Fliehende), auch koĉagur (der Alternde), möglicherweise auch köĉkür = Nomade, Herumziehender gelautet haben (Theophylactus, S. 286).

Kunaxolan (Κουναξολὰ), einer der drei Verbündeten des türkischen Chakans. Das n in der lateinischen Transscription ist überflüssig, und es lässt in diesem Worte sich leicht das Compositum konak-sala, richtiger kanak-salar = einer, der Quartier macht, Quartiermeister erkennen (Theophylactus, S. 285).

Kunkha (Κουγχα), nach Priscus (S. 220) Name jenes hunnischen Heerführers, mit dem der Perserkönig, Firuz, Frieden zu schliessen sich anschickte. In Anbetracht des Umstandes, dass die Endsilbe a oder kha bei den ältern und östlichen türkischen Mundarten nicht möglich war, da hier nur ak oder khak erdenklich ist, glauben wir in diesem Worte das alttürkisch-ĉagatische kung, kunk = Rabe, dunkelgrau zu entdecken (Priscus, S. 220).

Kuridakh, Name des Fürsten der Akatziren. Scheint eine Verdrehung des türk. kuru-dakh = leerer Berg zu sein (Priscus, S. 181).

Kursikh (Κουρσιχ), Name eines hunnischen Anführers, der in Persien eingefallen war. Hierunter kann in erster Reihe das türkische kursak oder kursakh, im weitern Sinne des Wortes das Innere des menschlichen Körpers und im abstracten Sinne Abkunft, Geburt verstanden werden (Priscus, S. 202).

Kuturgur, auch Kutrigur, bei Menander Cotrigur, Name eines hunnischen Volksstammes, ist, wie Utigur, aus der Stammsilbe kut (respective dem Verbum kutur) = gedeihen, selig oder glücklich sein, und dem Adjectivsuffix gur entstanden, und bedeutet wörtlich einen, der gedeihen oder glücklich sein kann (Menander, S. 344).

Mama (Μαμα), einer jener vornehmen Hunnen, der als Flüchtling von den Byzantinern an Attila ausgeliefert wurde, ein noch im Mittelalter bei Mongolen und Türken vorkommender Eigenname. Vgl. Mamai Sultan = Fürst der Goldenen Horde (Priscus, S. 168).

Maniach (Μανιαχ), türkischer Fürst von Samarkand zur Zeit des Justinus, kann leicht mit dem noch heute bei den Karakirgisen gebräuchlichen Manap, Manak = Fürst, Adeliger identificirt werden. Wir müssen bemerken, dass Manap, heute nur bei den Karakirgisen gebräuchlich, eigentlich ein Compositum ist, und zwar aus man (die Stammsilbe für den Begriff hoch, erhaben) und ap, apa (Vater), ebenso wie manak aus man und aka entstanden sein muss (Menander, S. 296).

Mundo, Name eines Enkels Attila's, wird von einigen als Diminutivum von Mundzukh angesehen, doch ist diese Ansicht irrig, denn mundo, richtiger mundu, mündü, ist ein alttürkisch-tatarisches Wort in der Bedeutung Spiess, Lanze, Pflock (vgl. Wörterbuch meiner čagatischen Sprachstudien, ferner Budagow, II, 268). (Jordanis, S. 200.)

Mundzuk (Μουνδίουχος), der Vater Attila's, wie er nach Priscus mit unbedeutenden Variationen auch von den übrigen byzantinischen Schriftstellern genannt wird. Mundzuk, richtiger Mundžuk, Mondžuk ist ein rein türkisches Wort in der Bedeutung von Fahne, eigentlich Fahnenknauf, Koralle, die apfelartige Rundung, in welcher der Rossschweif, die primitive Fahne des Türkenvolkes, befestigt wurde, und nach welcher das ganze militärische Abzeichen später den Namen erhielt. Mundžuk ist das älteste Wort der Türken für Fahne, auch Abzeichen beim schamanischen Gottesdienst, die andern Benennungen, als Bajrak und sanžak (siehe meine „Primitive Cultur des türkisch-tatarischen Volkes", S. 138) sind untergeordnete militärische Abzeichen und spätern Ursprungs (Priscus, S. 150).

Oibars (Ωτήβαρσιος), Name eines Onkels Attila's, zusammengesetzt aus oj = Wald, Thal und bars = Panther, gleich dem verwandten jolbars, welche beide eine Gattung Löwen oder Panther bezeichnen. Ueber den zoologischen Unterschied beider Thiere bin ich nicht im Reinen, ebenso wenig bezüglich der Benennung Jol-bars, der Wortbedeutung nach Wegpanther? (Priscus, S. 208.)

Oktar, der Bruder Mundzuk's und Vorgänger Attila's in der Herrschaft über das Hunnenvolk, der Wortbedeutung nach Schütze, von ok = Geschoss, Pfeil. Hier haben wir die alte Verbalform von oktamak (im čag. und osm. oklamak) = schiessen, Pfeile schiessen, vor uns, und zwar in der dritten Person des Praesens Indicativum, bekanntermassen im Türkischen als Nomen verbale gebräuchlich (Jordanis, S. 128).

Oneges, richtiger Onigis, wie die griechische Transscription Ονηγήσιος zeigt, Name des ersten Ministers oder Rathgebers Attila's. Infolge des griechisch klingenden ηγήσιος = Führer, Leiter und wegen des griechischen Ursprungs dieses Mannes, haben viele dieses Wort für griechisch gehalten und mit „Hunnenführer" übersetzt. Wir können dieser Annahme keinesfalls beistimmen, halten vielmehr Onigis für ein türkisches Wort, zusammengesetzt aus oni-igis = einer, dessen Stimme oder Rede hoch, d. h. mächtig ist (Priscus, S. 170).

Ornigiskl (Ουρνιγίσκλου), der Sohn Dengizik's. Ein aus drei Worten bestehender türkischer Eigenname, und zwar aus orn = Rang, Stand, igis = hoch und kul = Sklave. Ornigiskl, richtiger orni-igis-kul = ein Sklave hohen Ranges, bezieht sich aller Wahrscheinlichkeit nach auf den früher niedern und später erhöhten Rang eines Sklaven: eine Standeserhöhung, die bei den gesellschaftlichen Verhältnissen der turkotatarischen Völkern nicht zu den Seltenheiten gehörte.

Sabir, Savir (Ζαβείρος), ein hunnischer Volksstamm, eine Name, der mit Veränderung in den ältesten Geschichtswerken über die Genealogie der Türken, in der arabisch-persischen Transscription von ساوِر sebir, sibir sich vorfindet. Die hier nach den byzantinischen Autoren vorliegende Form ist die richtigere, insofern sabir, sabar, sapar = einhauen, einschlagen bedeutet von der Stammsilbe sap (Priscus, S. 158; Menander, S. 284).

Sadag, Name eines Hunnengeschlechtes nach Jordanis (S. 182), ein ganz unversehrt gebliebenes türkisches Wort in der Bedeutung von Köcher.

Sal (Ζάλος), ein hunnischer Stamm, kann entweder mit dem türkischen sal = Floss oder auch mit dem Zeitworte sal = werfen, auf etwas sich werfen, angreifen identificirt werden. Letzteres ist in dem Namen des noch heute existirenden Stammes Salar oder Salor (Turkomanen) anzutreffen. Zu bemerken ist, dass die Salor diesen Namen schon zur Zeit der arabischen Occupation Transoxaniens führten (Menander, S. 284).

Sandilkh (Ζανδίλχ), Anführer der Utiguren, richtiger Sandilik = der Schwärmer, der Herumstreifende, der an Phantasie oder Einbildungskraft reiche, von sangi oder sandi = Wahn, Einbildung, und der Verbalform sandilumak. Wir geben hier Sandilikh, obwol eine andere Variante dieses Wortes nur Sandil lautet, was aber hinsichtlich der Bedeutung wol wenig Unterschied macht. Bezüglich seines Auslautes reiht sich Sandilkh an Khinialkh (siehe dasselbe) an (Menander, S. 345).

Saragur (Σαράγουροι), ein hunnischer Volksstamm, der mit den Akatziren in Persien Krieg führte. Kann entweder eine Zusammensetzung von sari nigur = gelbe Uiguren sein; wobei wir bemerken wollen, dass nigur, obwol als Eigenname bekannt, auch als Sammelname in der Bedeutung von Gesellschaft, Genossenschaft genommen werden kann. Nicht ausgeschlossen ist die Möglichkeit, auch in Saragur ein Nomen verbale von sar = winden, umdrehen und dem bekannten Suffixe gur zu entdecken (Priscus, S. 158).

Savender (Ζαβενδερ), ein im Norden Persiens zurückgebliebener Stamm der Varchuniten, scheint eine Verdrehung des ursprünglichen Sevindir = sich beliebt machen zu sein, und ist hier als Nomen, respective als Nomen proprium gebraucht. Sonderbarerweise ist Sevindir selbst heute noch als Geschlechtsname bei den Turkomanen anzutreffen (Theophylactus, S. 286).

Skottas (Σκοττας), Name eines vornehmen Hunnen, der dem griechischen Gesandten Maximius entgegenging. Die Endsilbe ας ist zweifelsohne als griechische Zugabe zu betrachten, doch das derartig entstandene Wort mit dem doppelmitlautigen Anlaute kann ebenfalls nicht als türkisch bezeichnet werden, und nur nach Einschiebung eines *o* oder *u* lässt in Sokot, richtiger sukat, das osttürkische sukat, sugat = Spende, Geschenk sich vermuthen (Priscus, S. 177).

Solakh (Σολαχ), Name eines awarischen Gesandten, der Wortbedeutung nach linkisch, in welchem Sinne dieses Wort noch heute als Eigenname gebraucht wird. Auch bei den Osmanen war ehedem dieser Name in Gebrauch, vgl. Solak-zade = der Sohn Solak's, Name eines bekannten osmanischen Geschichtschreibers (Menander, S. 338).

Sparzeugun (Σπαρζευγοῦν), einer der drei Verbündeten des Chakans. Wie der doppelmitlautige Anlaut zeigt, ist hier ein Vocal weggefallen, und das Wort kann ursprünglich nur sapar-söken, d. h. Stielherauszieher, von sapar, auch sap = Stiel und sök = herausziehen, gelautet haben (Theophylactus, S. 285).

Tagma (Τάγμα), der mit Zemarchos nach Byzanz zurückkehrende Gesandte Dizabul's, von dem hinzufügend bemerkt wird, dass er seinem Range nach ein Tarchan war, daher Tagma-Tarchan genannt wird. Tagma, richtiger Takma = der Hinzugefügte, der Beigegebene von tak = beigeben, zufügen, ist der grammatikalischen Form nach ein Nomen verbale. Sehr charakteristisch dünkt uns die nach dem türkischen Sprachgeiste übliche Hintansetzung des Titels, ganz so wie heute in Baki-Tarchan, Uraz-Tarchan u. s. w. Wie aus diesem Worte ersichtlich, war die Sitte, dem abgehenden oder rückkehrenden Gesandten einen Gefährten beizufügen, nicht nur Attila, dem viele dies als eine besondere List zuschreiben, sondern auch den übrigen Türken eigen; ja sie war noch bis in die Neuzeit in Mittelasien gäng und gebe (Menander, S. 384).

Taisan (Ταῖσαν), Name des Fürsten von Tangast (siehe dasselbe), der Wortbedeutung nach Sohn Gottes (υἱὸς Θεοῦ bei Theophylactus, S. 286). Obwol bei den Türken im Nordosten der Name Taiši im kondomischen Taiĉži sich vorfindet, so steht der mongolisch-kalmückische Ursprung dieses Wortes ausser Frage. Taiši bedeutet noch heute Wahrsager, Priester (Theophylactus, S. 286).

Tardu (Ταρδου), Name eines Anverwandten des Fürsten Turxanthos, richtiger tarti = Geschenk, Spende, vom türkischen Verbalstamme tart = vorziehen, spenden (Menander, S. 404).

Targit, Targiti (Ταργίτιος), der Gesandte Bajan's am Hofe zu Byzanz, der Wortbedeutung nach Zerstreuer, Auseinanderschlager vom Verbum targit, tarkit = zerstreuen, auseinanderwerfen (Menander, S. 310).

Tarniakh (Ταρνιάχ), Name eines Volksstammes, der angeblicherweise zu den Uar-Chunnen oder Varchuniten gehörte, ist offenbar mit dem türkischen Worte tirnak, ternak = Klaue, Nagel identisch, und wie dies häufig in Bezug auf Körpertheile der Fall, ist als generischer Eigenname gebraucht (Theophylactus, S. 286).

Tudun, Bezeichnung einer Würde bei den Awaren, dünkt uns der Wortbedeutung nach Wisser, Merker zu bedeuten, und zwar sollte es richtiger tudan heissen, von der Stammsilbe tud, tuj, duj = wissen, merken. Das Wort Tudun, heute noch in der Form von Tujun (vgl. Budagow, I, 410 تودون) als Geistlicher bekannt, spielte noch bei den heidnischen Khazaren eine grosse Rolle, indem man unter demselben einen hohen Würdenamen verstand.

Tuldikh (Τουλδίχ), einer der drei Verbündeten des türkischen Chakans. Ein fast gar nicht entstelltes türkisches Wort in der Bedeutung von Trauernder, ein in Trauer Befindlicher. Tul heisst Trauer und dik oder lik ist das Adjectivsuffix (Theophylactus, S. 285).

Turum (Τουρουμ), ein Anverwandter des Chakans und awarischer Anführer. Dünkt uns identisch mit dem türkisch-tatarischen turum = zweijähriges Kamel, ein Wort, welches so wie Boghra = männliches Kamel und Buga = Stier, oder gleich sonstigen Thiernamen, häufig als Eigenname vorkommt (Theophylactus, S. 285).

Turxanthos (Τούρξανθος), Name eines türkischen Fürsten, zu dem der Gesandte des Valentinus seitens der Byzantiner sich begeben hatte. Der im Türkischen fremde Laut x deutet schon auf eine arge Verdrehung hin, auch die Endsilbe os, ja sogar thos (θος) klingt sehr fremdartig, und aller Wahrscheinlichkeit nach haben wir es hier mit einem Eigennamen zu thun, dessen erster Theil das Wort Turk, richtiger Türk enthält (Menander, S. 399).

Uldes, ein Hunnenchef, der in Thrazien eingefallen war; ein Name leicht zu erkennen im Worte juldus, auch uldiz = Stern.

Ultziagir, Altziagur, eine Fraction, wahrscheinlich ein Stamm der Hunnen. Wir haben es mit einem Worte zu thun, in dessen erster Silbe ultz oder altz das türkisch-mongolische olż, alé = segnen, erhöhen, preisen, in der letzten Silbe hingegen das schon oft erwähnte Adjectivsuffix gur (vgl. Utri-gur, Kutri-gur, Bitri-gur) vorkommt, und das als Eigenschaftswort, respective als generische Benennung Segner, Lobpreiser bedeutet (Jordanis, S. 29).

Unnugur (Ουννουγουρ), ein türkischer Volksstamm im Osten Sogdiens, also in dem heutigen Ostturkestan, wo sich der gleichnamige türkische Stamm, der Wortbedeutung nach zehn Uiguren, sammt den Tokuzgur (tokuz Uigur = neun Uiguren), noch im Mittelalter befunden hat (Priscus, S. 158).

Urogi (Ούρωγοι), einer jener Hunnenstämme, die ins oströmische Reich Gesandschaften schickten. Urog, richtiger urug, uruk, bedeutet auf türkisch Volksstamm, Geschlecht, Familie, kann daher nicht als Eigenname angenommen werden, sondern vielmehr als Bruchstück eines solchen (Priscus, S. 158).

Utigur, auch Utrigur und Uturgur, Name eines hunnischen Stammes (hunnica gens) nach Jordanis, Menander u. a. Welche von den drei Angaben die correcte Form sei, wäre schwer zu entscheiden, und obwol sie sämmtlich zu den verhältnissmässig wenig entstellten türkischen Wörtern gehören, so hat dennoch Utigur die correctere und leichter erklärliche Form bewahrt. Utigur heisst wörtlich der Uebereinstimmende, der Vereinte, von uti, neuere Form uji, uj = übereinstimmen und dem Adjectivsuffix gur. Utigur ist daher mit dem mehr bekannten Geschlechtsnamen Uigur identisch, und letztgenannter Stamm des Türkenvolkes hat diesen Namen infolge der ihm eigenen Lautlehre auch nie anders gebrauchen können (vgl. „Uigurische Sprachmonumente", S. 1). (Menander, S. 284.)

Zabergan (Ζαβεργάν), Anführer der Kutriguren. In der lateinischen Uebersetzung heisst dieses Wort Zaberganis, aber auch abgesehen hiervon, muss die Endsilbe αν, da solche wol nie als griechische Zugabe vorkommt, als zum ursprünglichen Worte gehörig betrachtet werden. In diesem Worte vermuthe ich den türkischen Eigennamen Sah-bergen = regi datus, wo das persische Sah = rex auf den Verkehr der Kutriguren im Norden des Sassanidenreiches mit persischen Elementen hinweist. In ähnlicher Weise ist in der Neuzeit (Mitte des 17. Jahrhunderts) entstanden der Eigenname Sah-sevend (d. h. die vom Sah Geliebten), Benennung jener Fraction der iranischen Türken, die im Transkaukas wohnen. In der Endsilbe gan den türkischen Titel Khan, Chan vermuthen zu wollen, ist auch schon deshalb nicht thunlich, weil, wie schon erwähnt, die Abkürzung Chan von Chakan erst im 13. Jahrhundert auftritt (Menander, S. 344).

Zauk oder Zauki, Name jenes Gesandten, der 811 in Aachen bei Karl dem Grossen vorsprach, scheint mit dem türkischen sauk = kalt, Frost identisch zu sein.

Ziligdés, auch Ziligbi, Name eines Hunnenkönigs im Norden von Derbend, zu dem Justinus Gesandte schickte. Letztere Version dieses Wortes, nämlich Ziligbi, in welchem das türkische Wort silig = rein, klar, eventuell ein Eigenname, und der Titel bi = Anführer zu erkennen ist, dünkt uns die richtige.

V.

Bulgaren.

Als zweites, mit den Hunnen eng verwandtes ural-altaisches Volk werden schon sehr früh die Bulgaren dargestellt. Jordanis berichtet nämlich, dass nördlich von den Akatziren, oberhalb des Pontischen Meeres, die Sitze der Bulgaren sich befinden [1]; aller-

---

[1] Ultra quos (Akatziros) distenduntur supra mare Ponticum Bulgarum sedes (S. 82).

dings eine ziemlich vage geographische Bezeichnung, die wir
ebenso wenig wie die topographischen Andeutungen anderer Byzantiner verwerthen könnten, wenn uns die Reisebeschreibungen
der um mehrere Jahrhunderte später in diesen Gegenden aufgetretenen Araber nicht zu Hülfe kommen würden. Ibn Fozlan,
wie die Türken, oder Fodhlan, wie die Araber aussprechen, hat
im Jahre 921 n. Chr. die Hauptstadt der Bulgaren, nachdem ein
Theil dieses Volkes schon vier Jahrhunderte früher die Donau
überschritten und in Moesien eingedrungen war, besucht, und
über Land und Leute einzelne, allerdings dem Zeitgeiste gemäss
mit Fabeln untermischte Aufschlüsse gegeben. Er ergänzt jedoch
den gothischen Schriftsteller Jordanis insofern, als die Heimat
der alten Bulgaren am mittlern Laufe der Wolga, nicht weit
vom Zusammenflusse der letztern mit der Kama (d. h. der weissen Wolga), sichergestellt ist. So weit kommt der Bericht Ibn
Fozlan's und der ihn citirenden arabischen Geographen uns
jedenfalls zugute, doch was der arabische Missionsschreiber von
den Wundern des Nordlichtes, das er in der Nähe des heutigen
Kazan beobachtet haben will, erzählt, muss viel weniger ausserordentlichen tellurischen Veränderungen, wie Frachn [1] und Yule [2]
vermuthen, sondern vielmehr jenem Hange nach übernatürlichen
Dingen zugeschrieben werden, der die ersten arabischen Reisenden und Geographen, ohne dass die Glaubwürdigkeit ihrer sonstigen Aussagen hierdurch beeinträchtigt würde, charakterisirt.
Wenn Ibn Fozlan die Aurora borealis auf seiner Reise im Bul-
garenlande gesehen (vielleicht von derselben auch nur gehört?)
und wenn Ibn Batuta 1334 vernommen, dass man dort auf mit
Hunden bespannten Schlitten nach Jugrien fahre, so mag dies auf
eine nach dem Norden hin ungewöhnliche Ausdehnung der Grenzen des Bulgarenlandes, nicht aber auf die Hauptstadt der Bulgaren selbst Bezug haben [3], da neun, respective fünf Jahrhunderte
keinesfalls hinreichen, um eine so wesentliche klimatische Revolution hervorzurufen, und da, wie wir wissen, der Name der
Hauptstadt eines Landes bisweilen mit dem des ganzen Landes
wechselt, weil بَلَدْ von einigen für Stadt, von andern für

---

[1] Die ältesten arabischen Nachrichten über die Wolgabulgaren, S. 532.
[2] Travels of Marco Polo, I, 7.
[3] Ich bin nämlich geneigt unter المَدِينَةُ الغَابُلِر die Stadt, unter بُلغَابُر
allein aber das Land zu verstehen.

Land gebraucht wird. Doch wie dem immer sei, so ist es ausser Zweifel gestellt, dass der Hauptsitz der Bulgaren, zur Unterscheidung von ihren gegen Süden gezogenen Brüdern, Wolgabulgaren genannt, sich am linken Wolgaufer, circa 54° 54' nördl. Br., befand; Ibn Batuta wenigstens berichtet, von Sarai in zehn Tagen dahin gelangt zu sein [1], und dass diese Fraction des ural-altaischen Volkes nach verschiedenen Kriegen und Kämpfen, an denen es sich bei den Raubzügen ihrer hunnisch-awarischen Stammesgenossen betheiligte, im Jahre 310 (922 n. Chr.) officiell den Islam annahm, nachdem dieser Glaube aller Wahrscheinlichkeit nach durch den mercantilen Geist der Araber auf dem Wege über Azerbaižan und Derbend schon früher an der Wolga sich verbreitete und die dortigen ethnischen Verhältnisse einigermassen zu stabilisiren anfing. Dies wenigstens lässt sich aus dem Umstande vermuthen, dass in der Urkunde des Papstes Nicolaus im Jahre 866 von saracenischen Büchern bei den Bulgaren die Rede ist. Als der nach dem äussersten Norden hin vorgeschobene Grenzposten des Islams, konnte das Bulgarenland, von der erdrückenden Uebermacht der dasselbe umgebenden Slawen und Finn-Ugrier verhindert, nie zu einer besondern Blüte gelangen, und musste, gleich den übrigen moslimischen Staaten des nördlichen Asiens, im hereinbrechenden Mongolenstrome bald untergehen.

Die äusserst lückenhafte und obendrein noch in den dichten Schleier der Dunkelheit gehüllte Geschichte der Wolgabulgaren, ein Gegenstand eingehender Forschungen der betreffenden Fachgelehrten, kann für uns natürlich nur von secundärem Interesse sein, da sich an uns in erster Reihe die Frage herandrängt, welcher Nationalität die Bulgaren eigentlich angehörten. Da dieselbe in verschiedenartiger Weise Erörterung gefunden, so wollen und müssen wir derselben unsere ungetheilte Aufmerksamkeit zuwenden. In Anbetracht des Umstandes, dass wir im vorhergehenden Abschnitte für die turko-tatarische Nationalität der Hunnen und Awaren mit Entschiedenheit eintraten, und mit Bezugnahme auf das übereinstimmende Urtheil der hervorragendsten Forscher auf diesem Gebiete, nach welchem die Bulgaren mit letztgenann-

---

[1] Ibn Batutah, II, 399. Zehn Tagereisen sind ungefähr 50 geographischen Meilen gleich, was mit der Lage des alten Bolgar vollkommen übereinstimmt.

ten Völkerschaften in enger Verwandtschaft gestanden, brauchten
wir über das Türkenthum der Bulgaren hier nicht besonders zu
sprechen. Doch wenn nirgends, so tritt die Wahrheit des Satzes
„si duo faciunt idem, non est idem" hier in eclatanter Weise
hervor, denn während wir bezüglich der engen Verwandtschaft
besagter Völkergruppen mit unsern Vorgängern vollständig übereinstimmen, können wir doch nicht umhin, im Hauptpunkte von
ihnen ganz verschiedener Ansicht zu sein. Frachn[1], die älteste
Autorität auf diesem Gebiete, erblickt in den Bulgaren ein Amalgam dreier verschiedener Rassen, nämlich der türkischen, slawischen und finnischen, in welch letzterer er den ursprünglichen
Nucleus erkennen will. Diesem Urtheile schliesst sich auch
Roessler[2] insofern an, als er, den ugrischen Charakter des Bulgarischen ausser Zweifel lassend, dasselbe gar für ein dem Ost-
jakisch-Samojedischen nächst verwandtes Idiom hält. Aehnliches
thut auch sowol Hunfalvy[3], der die Bulgaren als ein ugrisches
Volk bezeichnet, auf welches der türkische und slawische Einfluss schon früh eingewirkt haben, als auch Howorth[4], der in
den Bulgaren türkisirte Čeremissen entdeckt, und sie als Vorfahren der Čuvašen hinstellt, während schliesslich Jireček[5], Šafařik's Aussage folgend, ebenfalls für die Theorie der čudischen
oder finnischen Abstammung der Bulgaren einsteht. Ausser den
Genannten gibt es natürlich noch eine ganz bedeutende Anzahl
von Gelehrten, die sich an dieser streitigen Frage betheiligten,
unter andern Kunik, der in ihnen die armseligsten aller Türken,
und Sbojew[6], der in ihnen die Burtasen der arabischen Geographen entdecken will; doch wir wollen die einzelnen Ansichten
pro et contra mit ruhigem Gewissen übergehen, um uns jenen
Motiven zuzuwenden, die als Basis der Forschungen erstgenannter Gelehrten gedient haben. Bei Erörterung der Nationalitätsfrage der Bulgaren mussten sich Frachn und seine Meinungs-

---

[1] O. a. W., S. 549.

[2] Romänische Studien, S. 259.

[3] Ethnographie von Ungarn, S. 255.

[4] The Khazars were the Ugrians or Turks. Siehe: Travaux de la troi-
sième section du congrès international des Orientalistes (St. Pétersbourg
1876), S. 147.

[5] Geschichte der Bulgaren, S. 136.

[6] Zamjetki o čuvašach, Kazan (Separatabdruck aus dem Kazauer Regie-
rungsanzeiger in den Jahren 1845—50).

genossen entweder auf die Nachrichten gleichzeitiger Schriftsteller,
oder auf die zu uns gelangten Sprachdenkmäler stützen, doch
wir werden sehen, wie besagte Autoritäten in beiden Fällen
theils mit willkürlicher Erklärung der betreffenden Daten, theils
mit einer zur kritischen Beleuchtung keineswegs hinreichenden
Sprachkenntniss vorgingen, um überall und in allem nur der
ugrischen Voreingenommenheit ungestört huldigen zu können.
So will uns bedünken, dass Fraehn[1] den vom Araber Semseddin
Mohammed aus Damascus angeführten Satz قوم متولدون بين
التترك و الصقالبة nicht richtig übersetzt, indem er denselben mit
der Verdeutschung „ein Volk, das aus einer Vermischung von
Türken und Slawen erwachsen ist" wiedergibt, da wir in dem Ausdrucke متولدون بين التترك و الصقالبة noch keine Vermischung,
sondern ganz einfach eine Anspielung auf das geographische Verhältniss erblicken, welche darthut, dass die Bulgaren in einem
Lande zwischen Türken und Slawen geboren sind; während Fraehn einige Zeilen weiter doch selbst annimmt, dass der
vom Bulgarenkönig an den Khalifen Muktedir gerichtete Brief
in türkischer Sprache abgefasst war. Viel mehr kann diesbezüglich noch Roessler vorgeworfen werden! Während er einerseits Ibn Fozlan's Behauptung vom völligen Alleinstehen des
Khazarischen nicht streng nimmt, legt er andererseits der auf
die Identität des Khazarischen mit dem Bulgarischen bezüglichen
Aussage Ibn Haukal's und Istachri's jedenfalls ein solches Gewicht bei, welches das sprachliche Kriterium dieser arabischen
Gewährsmänner keinesfalls verdient, da es zur Genüge bekannt
ist, welche confuse Ideen und welche crasse Ignoranz die arabischen und byzantinischen Schriftsteller bezüglich der Sprachen
der nachbarlichen Barbaren bisweilen bekundeten. Der am meisten verhängnissvolle Irrthum besteht natürlich in der Annahme
von dem ugrischen Charakter des Khazarischen, an dem zu
zweifeln Roessler geradezu für verlorene Mühe hält[2], ein Irrthum, den wir im nächsten Abschnitte ausführlich darlegen werden, und der die Schuld daran trägt, dass man von einer
a priori falschen Folgerung in eine irrige Schlusszichung verfallen musste.

Man braucht in der That nur die von Chwolson in seinen

---

[1] a. a. O., S. 550.   [2] Ebend., S. 251.

„Izwjestija o Chazarach, Burtasach, Bolgarach, Madjarach, Slaw-
janach i Russach Abu Ali Ahmeda ben Omar Ibn Dasta“,
S. 80—90 mit Sorgfalt und grosser Fachkenntniss zusammen-
gestellten Daten der bei moslimischen Geographen von Ibn Fozlan
bis Haži Chalfa enthaltenen Berichte über die Bulgaren einer
genauen Prüfung zu unterwerfen, um einzusehen, dass besagte
Schriftsteller theils einander copirt, theils die einzelnen Varianten mit solchen Zugaben vermehrt haben, die jeder kritischen
Beleuchtung entbehren, und dass es daher viel zweckdienlicher
ist, anstatt sich mit Klügeleien und Deutungen der divergirenden
Stellen zu beschäftigen, lieber jene positiven Angaben zu verwerthen, die sich auf das Volksleben und die Sprache der alten
Bulgaren beziehen, wie wir im vorhergehenden Abschnitte mit
Bezug auf die Hunnen und Awaren gethan haben. Wir wollen
daher vor allem auf das unsererseits vorgestecke Problem der
Nationalitätsfrage der Bulgaren übergehen, und unsere schon
vorausgeschickte Behauptung von dem entschieden türkisch-tatarischen Nationalcharakter dieses Volkes mit den uns zu Gebote
stehenden spärlichen ethnographischen und sprachlichen Belegen motiviren. In Anbetracht dessen, dass sowol die Wolgabulgaren als auch ihre Brüder in Mösien schon des geringen
Zahlenbestandes wegen fremden Cultureinflüssen mehr ausgesetzt
waren als die Hunnen, enthalten die uns zu Gebote stehenden
ethnographischen Belege allerdings nicht jene überführende Beweiskraft, wie z. B. die Aufzeichnungen des Priscus oder Ammianus Marcellinus bezüglich der Hunnen. Bei den Bulgaren
sind durch die angrenzende slawische, finnisch-ugrische und isla-
mische Sittenwelt so manche werthvolle Momente theils umgestaltet, theils gänzlich verwischt worden, und nur einzelne
Züge sind es, welche dem Studium der vergleichenden Ethnographie zu Hülfe kommen. Als entschieden türkisch müssen wir
die von Ibn Fozlan überlieferte Tafeletikette bezeichnen, nach
welcher der Hausherr den ersten Bissen vom Fleischgerichte
nimmt, wie wir z. B. noch heute bei Özbegen und Kirgisen wahrnehmen, und dass jedem einzelnen der Gäste ein separater
Tisch vorgesetzt wurde, von welch ähnlicher Ceremonie auch
Priscus in seiner Beschreibung des Hoflebens Attila's berichtet. [1]
So war auch links die Ehrenseite, wie bei den Türken; dass

---

[1] Priscus (bonner Ausgabe), S. 201—5.

Pferdefleisch und Hirse (tarik = Hirse wird auch im Kudatku
Bilik als türkisches Nationalgericht dargestellt) als Hauptspeisen
figuriren, deutet entschieden auf türkische Nationalität hin, denn
Pferdefleisch zu geniessen war von jeher nur den Türken eigen,
ebenso wie das Getränk süžü (siehe Wortregister), welches türkischen Ursprungs ist. An das Türkenthum erinnern ferner:
die Sitte, am Kopfe ein Haarbüschel zu lassen, das bekannte
Unterscheidungszeichen der Mongolen und Türken von andern
Völkerschaften, welche Sitte, von den Mandschus nach China gebracht, bei uns fälschlich als chinesischen Ursprungs bezeichnet
wird; das Niederknien als Zeichen der Ehrfurcht, im Türkischen
يوكونمه jükünme [1]; das Schwören beim nackten Schwerte, wie
wir im vorhergehenden Abschnitte bezüglich Bajan's gesehen
(siehe S. 29); der Gebrauch des Rossschweifes als Fahne; und
besonders der Umstand, dass die alten Bulgaren ihre Abgaben in
Pferden und Pferdehäuten entrichteten und von Ibn Dasta als
Reitervolk dargestellt werden, was dem vermeinten Finn-Ugrier-
thum schon deshalb widerspricht, weil das Pferd, wie Ahlquist [2]
berichtet, den alten Finnen unbekannt war und der Ausdruck
für dasselbe dem Indogermanischen entnommen wurde. Wir
dürfen im allgemeinen nicht vergessen, dass die äusserst spärlichen Nachrichten, die vom Sittenbilde der Bulgaren zu uns gelangt sind, aus zwei verschiedenen Stadien stammen. Die ältern,
bei den byzantinischen Schriftstellern befindlichen Daten von
den Donaubulgaren beziehen sich auf ein rein nomadisches
Volk, während die neuern, d. h. Ibn Fozlan, Ibn Dasta und ihre
Nachschreiber, von den Wolgabulgaren nur als Halbnomaden
sprechen, d. h. von einer solchen Gesellschaft, die einerseits
schon Holzhäuser kannte, was westlichen Cultureinflüssen zuzuschreiben ist, andererseits aber im Sommer die Wohnsitze wech-
selte, so wie andere Halbnomaden dies noch heute zu thun
pflegen. Daraus wird ersichtlich, dass im Laufe von drei Jahrhunderten nach der Trennung der beiden Fractionen die Bulgaren an der Wolga sich ebenso wenig dem russisch-finnisch-ugri-
schen Einflusse verschliessen konnten, als ihre Brüder auf der
Balkanhalbinsel, und dass demzufolge die ethnographischen Be-

---

[1] Bei Verleihung von Würden in Centralasien noch heute gebräuchlich,
vgl. Babername, S. 486.

[2] Ahlquist, Culturwörter der westfinnischen Sprachen, S. 9.

lege nicht jene Beweiskraft in sich führen können, welche in den Sprachmonumenten, diesen ewig beredten Zeugen der Vergangenheit, aufbewahrt ist.

Was wir wol unter besagten Sprachmonumenten verstehen, braucht nach unsern über die hunnisch-awarischen Sprachdenkmäler im vorhergehenden Abschnitte gemachten Bemerkungen, hier nicht besonders hervorgehoben zu werden. Wie im vorhergehenden Falle, haben wir es auch hier theils mit solchen Wörtern zu thun, die sachliche Begriffe darstellen, theils mit einer erklecklichen Anzahl von Personen-, Städte- und Stammesnamen, die, obwol sie aus zwei verschiedenen Quellen stammen, und trotz des zeitlichen Unterschieds von mehr als zwei Jahrhunderten, dennoch den gemeinsamen türkischen Nationalcharakter ausser Zweifel lassen. Unter diesen zwei verschiedenen Quellen verstehen wir erstens jenen Text des erst unlängst entdeckten einheimischen, slawisch abgefassten Berichtes über die Vorgeschichte der Donaubulgaren, von ihrer Ankunft bis auf das Jahr 765, im Vereine mit den in der Chronik des konstantinopler Patriarchen Nikephoros (gestorben 815) enthaltenen spärlichen Daten, zwischen welchen beiden in Anbetracht der Congruenz mehrerer Eigennamen sich wol mehr Uebereinstimmung befindet, als Jireček vermuthet. [1] Zweitens die von Nestor in seiner Chronik und von den arabischen Reisenden und Geographen angeführten Eigennamen und sachlichen Wörter, die, namentlich was die in arabischer Schrift zu uns gelangten Denkmäler anbelangt, oft bis zur Unkenntlichkeit entstellt und dennoch von wesentlichem Nutzen sind. Bezüglich des ersterwähnten einheimischen Berichtes, den die erhitzte Phantasie eines russischen Gelehrten sogar aus dem Magyarischen erklären wollte, müssen wir allerdings unser tiefes Bedauern ausdrücken, dass uns bisjetzt nur die Erörterung einiger Personennamen gelungen, und dass so manches Räthsel noch der Lösung harrt. Im fraglichen Texte, bekanntermassen ein Fürstenregister, figurirt an erster Stelle der Name, hierauf folgt die Lebenszeit, dann der Stamm, welchem der Fürst entsprungen, und zuletzt unter Anführung „a lét jemu“ oder auch „a lét‘‘, d. h. und sein Jahr. ein Citat aus einer völlig unbekannten Sprache. So z. B.: „Avitochol žil lét 300 rod jemu Dulo a lét jemu dilom twirem‘‘, d. h. „Avitochol

[1] Geschichte der Bulgaren, S. 127.

lebte 300 Jahre, sein Geschlecht war Dulo und sein Jahr dilom
twirem." Ich glaube nicht irre zu gehen, wenn ich im zweiten
Vorkommen von lćt (Jahr) das Geburtsjahr, und zwar die Angabe aus irgendeinem alttürkischen Cyclus muthmasse, denn so
wie der heutige Kirgise oder Özbege sagt: „Ich bin im Schweine,
Schafe (d. h. tongguz, jili, kojjili) u. s. w. geboren", so mag dies
auch ehedem der Fall gewesen sein. Hierfür spricht besonders
die Wiederholung einzelner Daten, so kommt z. B. dilom, dilom
twirem, altem večem mehrmals vor, doch ob diese Wörter ursprünglich türkisch und bis zur Unkenntlichkeit entstellt, oder
ob sie als Ueberreste einer gänzlich unbekannten Sprache zu
betrachten sind, kann leider vorderhand noch nicht entschieden werden. Von Aehnlichkeit dieser Sprachdenkmäler mit dem
Dialekte der Čuvašen, wie sie Jireček nach Aussage kasaner
Orientalisten annimmt, kann keinesfalls die Rede sein, denn
erstens trifft sich unter denselben auch ein Wort mit anlautendem *j* (Jermi), was im Čuvašischen unmöglich ist, wo dieser Laut
sich immer in *s* ie *sje* verwandelt, und zweitens zeigt diese türkische Mundart, wenngleich die am meisten entstellte unter
ihren Schwestern, weder in den Formen noch im Wortschatze
solche Abweichungen, um den heutigen Turkologen ein ganz
unverständliches und unenträthselbares Material zu liefern.
Schliesslich ist es nur der einzige Laut *tw*, der einen čuvašischen Charakter verräth, und zwar in dem mehrmals vorkommenden twirem (vgl. türkisch tört, čuvašisch twat = vier), das
aber dessenungeachtet aus dem Čuvašischen nicht erklärt werden kann.

Diesem gegenüber tritt aber der türkische Sprachcharakter
bei den in beiden Quellen enthaltenen Personen- und Würdennamen um so prägnanter hervor; z. B. in Chakan, Tarchan, Bajan, Kara-Chazar, Orghan, Toktu, Almuš u. s. w., besonders aber
in dem W. Schott'schen [1] Citate aus einer türkischen Handschrift
der berliner Akademie, in welcher es heisst, dass Gott in der
Sprache der Bulgaren tangri تَكَرِى genannt werde, ein Wort,
das noch heute auf dem ganzen türkischen Sprachgebiete in der

---

[1] Schott, Altaische Studien, in den Abhandlungen der berliner Akademie (1866), S. 147. Wie Roessler, der diese Stelle ebenfalls citirt, dazu
kommt تَكَرِر tangrir statt تَكَرِى tangri zu schreiben, ist uns nicht ganz
einleuchtend. Möglicherweise ist es nur ein Druckfehler.

Bedeutung von „Gott" vorkommt. Ferner in einigen geographischen Benennungen, als Itil (Wolga), Calmata, Ašli, ja was noch die grösste Beweiskraft enthält, in der ethnischen Benennung von Bulgar selbst, welche, wie im Wortregister bewiesen, unzweifelhaft türkischen Ursprungs ist. Die Behauptung einiger Forscher, so z. B. Roessler's[1], dass diese Aemter- und Personennamen vom khazarischen oder awarischen Cultureinflusse herrühren, und daher ugrischer Provenienz seien, kann auch schon deshalb hier keine Geltung finden, weil sich vom vermeinten Ugrierthum in den Sprachdenkmälern der Bulgaren nicht die geringste Spur nachweisen lässt, während die türkische Evidenz so mannichfach vertreten ist. Wol hat Roessler, um die Theorie des Ugrierthums der Bulgaren aufrecht zu erhalten, auf einem grossen Umwege, d. h. mittels Untersuchung gewisser im Romänischen befindlichen, und dem altbulgarischen Einflusse zugeschriebenen Wörter, hier nachhelfen wollen, doch sind seine diesbezüglichen Etymologien, d. h. seine angestellten Vergleichungen der sogenannten unerklärlichen romänischen Wörter mit den jurakisch-samojedisch-ostjakischen dermassen sinn- und gehaltlos, dass jeder Verehrer dieses sonst verdienstlichen Forschers es tief bedauern muss, den Namen Roessler mit diesem horrenten Comicum verbunden zu sehen.[2] Nicht viel besser ist es mit der Theorie der Deduction von dem khazarischen Ugrierthum bestellt, denn erstens waren die Khazaren keinesfalls Finn-Ugrier, wie wir dies später beweisen werden, und zweitens spricht im besagten Falle die Verwandtschaft des Bulgarischen mit dem Khazarischen, welche von Ibn Fozlan, Ibn Haukal, Istachri u. a. hervorgehoben wird, entschieden zu Gunsten unserer Annahme.

---

[1] a. a. O., S. 251.

[2] Von den vielen unglücklichen Etymologien sei hier als Beispiel nur eine einzige angeführt. Das jetzt gänzlich unverständliche (?) Verwünschungswort siktir dünkt dem gelehrten Roessler uralisch, und er vergleicht es auch mit dem bösen Geiste der uralischen Stämme Schitkir, Tschitkir. Nun ist aber siktir, ein im ganzen türkischen Osten bekanntes obscönes Schimpfwort türkischen Ursprungs, nichts anderes als der Imperativ des Verbums سیكمك sikmek = coire cum femina, respective von dessen passiver Form siktirmek, und wird in der Bedeutung von „pack dich von hinnen" gebraucht, und ist ins Romänische und in andere Sprachen der ehemaligen europäischen Türkei übergegangen.

- Wenn wir daher der Behauptung von dem ugrischen Ursprunge der Bulgaren keinesfalls beistimmen, können wir andererseits den Mischlingscharakter dieses Volkes nicht in Abrede
stellen. Es ist auch nur bezüglich des Zeitpunktes, in welchem
diese Amalgamirung stattgefunden, dass wir von der Ansicht
unserer Vorgänger auf diesem Gebiete der Ethnologie abweichen.
Wir meinen nämlich, dass die Bulgaren erst nachdem sie sich
gegen das Ende des 5. Jahrhunderts in zwei Theile getrennt hatten
und einem intensiven fremden Einflusse zugänglich geworden waren, den sprachlichen und physischen Urtypus eingebüsst haben,
und so wie die südlich gezogene Fraction slawisirt worden, ebenso
hat die durch khazarische Uebermacht 650 gegen Norden ge-
drängte Fraction, infolge eines regen Verkehrs mit den dortigen
Finn-Ugriern, wahrscheinlich mit den Čeremissen, die physischen Merkmale ihres altnationalen Habitus gänzlich verloren
und ihre türkische Sprache in jenes dialektische Gewand gekleidet, welches heute unter dem Namen des Čuvašischen bekannt ist. Hieraus erklärt sich das finnisch-ugrische Physikum
der Čuvašen, und in diesem Sinne und nur so weit kann der
Identität der heutigen Čuvašen mit den alten Wolgabulgaren
beigestimmt werden, woraus dann selbstverständlich folgt, dass
das Čuvašische eine verhältnissmässig neue, zwischen dem 7. und
8. Jahrhundert beginnende dialektische Formation des Türkischen
sei, und demgemäss mit der alten Sprache der Donaubulgaren
nichts gemein hatte, und auch nichts gemein haben konnte.
Dies beweist in erster Reihe der sprachliche Charakter der in
dem Fürstenregister enthaltenen Wörter, sowie die übrigen, bei
den Byzantinern vorkommenden Namen, ferner die lautlichen
und grammatikalischen Eigenheiten des Čuvašischen, und schliesslich eine ähnliche Erscheinung in der Sprache eines benachbarten
Volkes, nämlich dem Magyarischen, von welchem es erwiesen,
dass es aus der Vermischung einer alttürkischen Mundart mit
der finnisch-ugrischen Sprache entstanden sei, mit dem Unterschiede jedoch, dass die Sprache der Magyaren, einem intensivern
Einflusse ausgesetzt, aus dem Processe der Umgestaltung mit
einem in den Formen und im Wortschatze schon etwas mehr
prägnanten finnisch-ugrischen Charakter hervorging, während
ersteres, nur in den Lauten und in dem Formenschatze angegriffen,
ein wol verbastertes, um uns Frachn's Ausdrucks zu bedienen,
aber doch ein vorzugsweise türkisches Idiom blieb. Die Aus-

sage der früher erwähnten moslimischen Autoren bezüglich der
Identität des Bulgarischen mit dem Awarischen ist auch nur in
diesem Sinne aufzufassen, indem wir die Sprachen der beiden
für türkisch halten. Was daher die oben schon erwähnte Behauptung vom čuvašischen Charakter des Altbulgarischen anbelangt, so kann sich dies nur auf die Wolgabulgaren, mit nichten
aber auf die Donaubulgaren beziehen, da, wie schon oben angedeutet, die Dialektbildung erst nach der Trennung der beiden
Hauptfractionen stattgefunden haben kann. Was übrigens den
Mischlingscharakter der Wolgabulgaren betrifft, so müssen wir
bemerken, dass derselbe sich viel mehr in sprachlicher Hinsicht
als innerhalb des Bereiches der vergleichenden Ethnologie wahrnehmen lässt, da die heutigen Čuvašen ihrer Gestalt, Haut- und
Haarfarbe nach nicht türkische, sondern finnisch-ugrische Rasseneigenheiten aufweisen. Bezüglich der Periode der Umgestaltung
des heutigen čuvašischen Dialekts geben wol die aus 1226 (623)
stammenden Grabaufschriften im alten Bulgar insofern einigen
Aufschluss, als auf denselben die Jahreszahl 700, mit *dschiati-dschör*
transscribirt, auf čuvašischen Ursprung hindeutet, und sozusagen
den Uebergangspunkt zu dem modern-čuvašischen j i čč e - s j ü r
(= 700) kennzeichnet. Diese Lesart hat Molla Hussein Feiz Chan
im vierten Bande der „Izwjestija Archeolog. Obšestwa"
vorgeschlagen und Herrn Ilminski veranlasst, im fünften Bande
dieser Zeitschrift sich über das phonetische Verhältniss des Čuvašischen zum Türkischen zu äussern.[1] Wir bedauern, diese
Schrift nicht näher zu kennen, stimmen aber mit dem Gelehrten
über die Wichtigkeit dieser Entdeckung überein. Von dem aufbewahrten Sittengemälde sind es nur einzelne Züge, so z. B. der
Gebrauch des Hutabnehmens als Begrüssungsformel, die entschieden
slawisch-christlichen Ursprungs sind. Was hingegen den slawischen Charakter einiger Wörter, als z. B. Wlatawaz und Wassilko
anbelangt, scheint uns dies noch höchst zweifelhaft, wie wir im
betreffenden Theile unsers Wortregisters nachweisen werden.

---

[1] Siehe: „Drewnije Goroda i drugije bulgarsko-tatarskije pamjatniki o
Kazanskoi Guberniji" von Špilewski (Kazan 1877) (d. h. „Die alten Städte
und andere bulgarisch-tatarische Denkmäler im kazanischen Gouvernement").
Eine höchst werthvolle und fleissige Arbeit, was die Archäologie der alten
Bulgarenstädte betrifft, doch geschichtliche Daten, namentlich solche, welche
die Nationalität der alten Bulgaren beleuchten würden, sind in derselben
nur wenige enthalten.

VI.

Bulgarisches Wort- und Namenregister.

Almuš (الممش bei Ibn Fozlan und الممش bei Ibn Dasta), Name des noch heidnischen Königs der Bulgaren, ein Wort, von welchem Chwolson (S. 91) ganz richtig bemerkt, dass über dessen Aussprache noch viel Zweifel obwaltet. Bisher hat man Almuš infolge der Analogie mit dem Álmos der Magyaren, der übrigens bei Porphyrogenitus Salmutzés (Σαλμουτζης) heisst, entschieden Almuš oder Almus gelesen, und wie gesagt mit obigen, der Bedeutung nach schläfrig, identificirt. Diesem können wir keinesfalls beistimmen, indem wir in الممش das tatarische Alamiš, richtiger Ulumûš = der Grosse, Erhabene, vom Verbum ulumak = wachsen, in die Höhe kommen entdecken (über den magyarischen álmos siehe weiter unten). Diese unsere Richtigstellung des fraglichen Personennamens wird auch durch anderseitige sprachliche Beweise erhellt, wenn wir unter andern anführen, dass im Altaischen Alas = Segen und alasta = segnen ist, und die Stammsilbe nicht ul sondern al lautet (vgl. §. 11 in meinem „Etymologischen Wörterbuche der turko-tatarischen Sprachen").

Alogobatur, ein altbulgarischer Personenname, ist jedenfalls eine Verdrehung des ursprünglichen Alug, richtig Ulug-batur und bedeutet auf türkisch grosser Held.

Altzik (Αλτζικ), Name eines bulgarischen Heerführers, in welchem wir das türkische, respective kazanische alčik (الجيق Budagow, I, 82) = müde, abgestanden erkennen.

Asparukh, der sechste Name auf dem Fürstenregister, bei welchem wir, sowie bei Kurt, der griechischen Version, gegenüber dem Isperich des Registers, den Vorzug geben, da in Asparukh sich sehr leicht das türkische az-barukh = arm, wenig Vermögen erkennen lässt.

Ašli, Name einer bulgarischen Stadt an der Kama, der Wortbedeutung nach die Fleischige von aš = Fleisch, Speise, Gericht.

Aul, nach Zonaras die Benennung des Hofes des Königs Kurum, ein Wort, in welchem sich nicht nur das türkische aul = Gehöft, eine Anzahl von Zelten erkennen lässt, sondern welches uns zugleich eine schwache Andeutung bezüglich der dialektischen Zugehörigkeit des Bulgarischen gibt, indem wir aus demselben ersehen, dass letzteres mehr zum mittlern und westlichen als zum meist östlichen Türkischen gehörte, denn sonst müsste es ul oder uul geheissen haben.

Avitochol (?), Aba-tochol, d. h. Aba = Vater und tochol, to-kol = Sohn, Geborener, folglich Vaterkind, Name des an der Spitze des Verzeichnisses der Bulgarenfürsten stehenden Fürsten, aller Wahrscheinlichkeit nach eine mythische Bezeichnung, wie so manche andere in der ältern Genealogie des Türkenvolkes.

Baba, nach tatarischen Berichten (wie Frachn S. 534 angibt) der Titel der bulgarischen Regenten, ist ein türkisches Wort von der Bedeutung Vater, Grossvater, Schwiegervater u. s. w., im allgemeinen ein Ehren- oder Zärtlichkeitstitel. So baba žan = theuere oder liebe Seele. Vgl. ferner magyarisch babám = meine Geliebte.

Balgitzes (Βαλγιτζης), nach byzantinischen Berichten (Theophylactus und Zonaras) Name des bulgarischen Archonten vom Bosporus, in welchem das türkische balgitči = ein mit Keilen (balga) Bewaffneter, d. h. Keilenwerfer.

Batbai, Name des erstgeborenen Sohnes Kovrat's, kann in der vorhandenen Version mit dem Kirgisisch-altaischen bat-bai (čagatisch und osmanisch batmaj und batmaz) = einer der nicht untergeht, identificirt werden; doch dünkt uns eine solche Bedeutung eines Eigennamens etwas fremdartig, und wir halten batu-bai = der hohe Fürst für wahrscheinlicher.

Boghor, Name eines bulgarischen Fürsten, der unter Kaiser Michael (856—867) im Jahre 859 zum Christenthume übergetreten war. Boghor, in der wörtlichen Bedeutung das Männchen gewisser Thiere, zumeist des Rehes, Hirsches, war lange Zeit ein beliebter Eigenname bei den Türken. Vgl. Bogor-Khan und Bogra-Khan, Name der nigurischen Fürsten in Ostturkestan.

Boksu, Bocsu, ein altbulgarischer Personenname, beim Anonymus regi Belae notarius in folgendem Passus: „Nam de terra Bular venerunt quidam nobilissimi Domini cum magna multitudine Hismahelitarum quorum nomina fuere Bila et Bocsu"; ein Eigenname, der noch später als Geschlechts- und Personename bei den alten Magyaren in der Form von Baxa, Baksa und Maksa vorkommt, und mit dem mongolisch-türkischen Personen- und Würdenamen Bakhši, Bakhšai = Priester, Weiser, Schriftkundiger (heute bedeutet Bakhšî Troubadour) identisch ist. Herr F. Barna begeht daher einen Irrthum, wenn er in seinen Anstrengungen, gewisse Züge aus der heidnischen Religion der Mordwinen mit dem alten Glauben der Magyaren zu identificiren, in Boksu das mordwinische Mokša (einen Geschlechtsnamen) entdecken will, wie wir dies in seiner Schrift „Ösvallásunk föistenei", S. 13 finden.

Bulgar (بولغار [بلغار] und بلكار), ethnische Bezeichnung eines vom 5. Jahrhundert bis nach dem Einfalle der Mongolen an der mittlern Wolga lebenden turko-tatarischen Volkes, von dem ein Theil in den Slawen südlich der Donau aufgegangen, der andere in den heutigen Čuvašen fortlebt. Der Wortbedeutung nach heisst Bulgar aufrührerisch, rebellisch, wühlerisch und ist ein Aorist vom Verbum bulga-mak = aufrühren, aufmischen, wühlen, welcher im Türkischen häufig als Adverbium gebraucht wird. Ob diese Benennung in einem Zusammenhange mit irgendeiner in die ältere Geschichte der Türken fallenden Sonderbewegung dieses Türkenstammes zu bringen sei, wäre schwer zu entscheiden, obwol es uns andererseits höchst auffallend scheint, dass ein ähnlicher Ideengang auch der Benennung anderer, theils in jener Zeit existirender, theils noch heute lebender Türkenstämme zu Grunde liegt. So vgl. man z. B. Kabar (Kabaren) mit dem türkischen kabar-mak = aufwühlen, aufrühren, empören u. s. w., ein Wort, aus welchem nach Wegfallen des gutturalen Anlautes, was in der Türkensprache nicht selten ist, der Geschlechtsname A b a r oder A v a r entstanden ist; ferner die Eigennamen K h a z a r und K h a z a k, die, dem gemeinsamen k a z = herumirren, herumschweifen entsprungen (siehe mein „Etymologisches Wörterbuch", S. 23), sich nur insofern voneinander unterscheiden, als ersteres als Aorist, letzteres als Nomen verbale gebraucht wird, beide aber den Grundbegriff von Herumstreicher, Vagabund, Nomade u. s. w. repräsentiren. Diesem Ideengange sich anschliessend finden wir noch einen andern türkischen Stammes-, oder wenn man eben will, Volksnamen, nämlich in dem Worte k i r g i z, welches entschieden aus kir = Feld und giz = herumwandern zusammengesetzt (giz, osmanisch gez = spazieren, herumschlendern ist eine weichlautige Form des ursprünglichen kaz), ebenso wie Kazak und das ältere Kazar Nomade, Herumstreicher bedeutet. Von Kirgiz oder Kirgez ist ausserdem entstanden der Name Č e r k e s, ein Sammelwort für die halbnomadische Bevölkerung des Kaukasus.

Wie aus Vorhergehendem ersichtlich, beruht die bei den Slawen so sehr beliebte Ableitung des Wortes Bulgar von b u l und g a r, und dessen Vergleichung mit bular, bojar auf einer müssigen Phantasie, sowie leider auch bei vielen andern streitigen Fragen auf diesem Gebiete sehr oft nur willkürliches Etymologisiren den Ausschlag gibt.

C e r i g (Τζεριγ), ein altbulgarischer Personenname, in dem nach festgestellter Transscriptionsregel bezüglich des türkischen č und griechischen τζ das türkische čerik, čerig = Heer, Armee sofort zu erkennen ist.

C o k, nach der griechischen Transscription Τζοκος, folglich richtiger čok, denn ος muss als griechische Endsilbe betrachtet werden, in welchem sich sofort das türkische čok = Menge, Fülle, Macht, im Osmanischen als Adjectiv gebraucht, erkennen lässt. Cok ist der Name eines Bulgarenfürsten, der auf Krum (Kurum) in der Regierung folgte.

D u k u m, Name eines Bulgarenfürsten, der nach einer Version an der Stelle Cok's als Nachfolger Krum's bezeichnet wird (vgl. Jireček, S. 146). Vgl. türkisch tokum = Pferdegeschirr und sonstige aus mehrern Theilen bestehende Geräthschaften.

D u l o, ein Geschlechtsname im Fürstenregister. Vgl. kirgisisch dulai = blöd, einfältig, auch taub.

I r c h a n, ein bulgarischer Personenname, in der Bedeutung von Mann, Fürst, ist noch bei den nomadischen Türken Centralasiens anzutreffen.

I r n i k, der zweite Name im Fürstenregister, kann sehr leicht mit dem hunnischen Eigennamen I r n a k identificirt werden, und bedeutet, wie an betreffender Stelle erklärt wurde, J ü n g l i n g, junger Mann.

I t z b o k l i a, ein altbulgarischer Personenname, dünkt uns ursprünglich ič-bokli, richtiger iči-bokli gelautet zu haben und aus ič = inwendig und bokli = unrein, unflätig zusammengesetzt zu sein. Eigennamen ähnlicher Natur finden wir bei den heutigen Turkomanen, so in den Geschlechtsbenennungen Bokli (unflätig), Sičmas (qui non cacat) u. s. w.

K a l e n s u v a, im Frähn'schen Texte des Ibn Fozlan يلبسن

القلانس sie ziehen Mützen an, wo ثلانس als Plural von ثلنسة
kulansa, aber nicht kulansuva stehen kann, wie dies in dem darauffolgenden Satze ردوا قلنسهم sie geben ihre Mützen zurück, ersichtlich ist. Fassen wir nun die richtige Lesart von kulansa ins Auge
und vergleichen wir dasselbe mit dem baškirischen kulančik, auch ku-
lansik, eine übers Ohr (kulak) gehende warme Mütze, so wird man
wol nicht erst brauchen auf die gewaltsame Etymologie von ostjakisch
kalen = Renthier und sa, sau, su = Kutte (?) zu verfallen, wie dies
Hunfalvy in seiner „Ethnographie", S. 424, thut. [1]

Kalu-tarchan, Bezeichnung einer hohen Würde bei den Wolgabulgaren, der Wortbedeutung nach oberer oder hoher Tarchan.
Wir glauben in kalu eine Gradbezeichnung der Tarchanwürde entdecken
zu können, und zwar mit Hinblick auf die Grundbedeutung der Stammsilbe kal, die in folgenden Wörtern sich erkennen lässt: kalga = Oberster, Hoher, Titel bei den Nogaiern und Krimtataren (vgl. Weliami-
now-Zernow, „Izsledovanie o Kasimowskich Zarach", II, 416), kalik
= oberstes Gebäude (uigurisch), kalkan = Schild, d. h. der zur Gegenwehr in die Höhe gehaltene u. s. w. (vgl. mein „Etymologisches Wörterbuch", §. 73). Der Rangunterschied zwischen Kalu-tarchan und dem
ebenfalls bei den Bulgaren vorkommenden Bolias-tarchan, richtiger Wali-
tarchan (siehe S. 39), wäre in Anbetracht der Dürftigkeit der Daten
schwer zu ermitteln. Uebrigens sei bemerkt, dass dieses Kal bei Porphyrogenitus als magyarischer Eigenname vorkommt, und zwar wird
Καλης, d. h. Khal der Kharchas, als Vater Bultzu's bezeichnet.

Kara khazar, ein altbulgarischer Personenname, ist, wie der
erste Anblick zeigt, entschieden türkischen Ursprungs und bedeutet
schwarzer Khazar.

Kardam, Name des Bulgarenfürsten, der gegen 780 den Thron
bestieg, scheint aus einer Verkürzung von kara-dam oder kara-tam
= schwarzes Haus, schwarzes Gebäude entstanden zu sein. Tam hat
die ursprüngliche Bedeutung von Festem, d. h. Steingebäude, und aus
demselben ist das osmanische dam = Dach entstanden.

Kotragos, Name des zweiten Sohnes Kovrat's. Nach Weglassung
der griechischen Endsilbe ος finden wir in kotrag, richtiger kutrag,
kutrak, ein türkisches Wort in der Bedeutung von glückselig, und
zwar ein Nomen verbale, das aus kotur, kutor = gedeihen mittels des
Suffixes ak entstanden ist.

Krakras und, ohne die griechische Endsilbe, Krakra, ein [alt-
bulgarischer Personenname, eine slawisirte Aussprache des ursprünglichen türkischen Kirkara = pechschwarz von kir = Pech und kara
= schwarz.

Krum, Name des bekannten Bulgarenfürsten, der im Anfang des

---

[1] Est ist nicht unmöglich, dass ثلانس infolge schlechter Punktirung
aus einem ursprünglichen ثلابش kalapuš = eine Kopftracht bei den heutigen Baschkiren, entstanden ist.

9. Jahrhunderts den Thron bestieg. In Anbetracht des in den ural-altaischen Sprachen unmöglichen doppelconsonantalen Anlauts muss dieses Wort vor allem in korum oder kurum restituirt werden, und in dieser Form lässt sich das türkische Wort korum = Schutz, Herrschaft sofort erkennen (vgl. türkisch korum, kuruma = Herrschaft, Regierung).

Kunartikin, richtiger Kumartikin, wird irrthümlicherweise als der Name einer Würde bei den Bulgaren an der Wolga bezeichnet, denn wenn der byzantinische Gesandte am Hofe des Bulgarenchans zuerst nach der Gesundheit des letztern und der Bolias-tarchan nach der Gesundheit des Kunartikin fragte, so kann unter letzterm nur der Eigenname einer damaligen hochgestellten Persönlichkeit verstanden werden. Dieses Wort kommt nämlich später in der Geschichte der Seldšukiden und Gaznewiden als Eigenname vor, und besteht aus Kumar = Amulett und tigin = genannt. Bezüglich ähnlicher Composita vgl. Sebüktikin, Alptikin u. s. w.

Kurmisos und, nach Weglassung der griechischen Endsilbe oç, Kurmis, der neunte Name im Fürstenregister, kann ohne Schwierigkeit mit dem türkischen Kurmiš, kurmuš = aufgerichtet, erhoben, aufgestellt identificirt werden.

Kurt, der vierte Name im Fürstenregister, vor welchem Gostun nur als namestnik (Stellvertreter) bezeichnet ist, wird von den byzantinischen Chronisten auch Kuvrat, Kovrat genannt. In beiden Fällen hätten wir es mit rein türkischen Wörtern zu thun, da kurt Wolf und Wurm, kovrat falbes Pferd bedeutet. Uns dünkt letztere Variante als die richtige, da ähnliche Zusammensetzungen auch anderswo als Eigennamen vorkommen. So Kungrat, Name eines Özbegenstammes (vgl. meine „Čagataischen Sprachstudien", S. 360).

Kuvrat, siehe Kurt.

Omortag (bei Theophylactus Ombritag und laut der von Daskalow im Jahre 1858 in Tirnovo entdeckten Aufschrift Omortag). Letztere Version dünkt uns die richtigere, und mag mit dem osttürkischen Worte Omortka = Ei verglichen werden. Nicht ausgeschlossen ist übrigens die Möglichkeit, in diesem Worte eine Zusammensetzung von kirgisisch omor = senkrecht, erhaben und tag = Berg zu entdecken, wobei wir bemerken wollen, dass die Stammsilbe om = obenan, oben (im Čuvašischen als Postposition gebraucht), dem kirgisischen omran = Busen und dem osmanischen omuz = Schulter als Grundlage dient.

Organ, Organas, bulgarischer Personenname, eine Verdrehung des alttürkischen Orchan, richtiger Ur-chan = Herr, Fürst von Ur = Herr und Chan = Fürst. Das hier vorkommende ur (vgl. Our) ist später in der Bedeutung von Schutz, Beschützer gebraucht worden, doch ist ersteres seine ursprüngliche Bedeutung. Hier figurirt ur in der Eigenschaft eines Eigennamens.

Sabakula, Name eines Ortes an der Kama, steht wahrscheinlich für Sabah-kala = Morgenfestung oder Sefah-kala = Freudenfestung, jedenfalls ist es ein Compositum, dessen letzter Theil mit dem arabischen قلعة kal'a (Festung) identisch ist.

Sabin, richtiger Savin, Name des Schwiegersohnes Kormiš', des Nachfolgers Teletzes' auf dem bulgarischen Throne, dünkt uns mit dem kirgisisch-altaischen Savin = Fest, Gelage, Feierlichkeit identisch zu sein.

Sevar, der achte Name im Fürstenregister, soll richtiger heissen Sever oder Siver, und hat im Uigurischen die Bedeutung von Freund, Geliebter.

Süžü (السُّوْجُ), Frachn liest sižu, ohne von einer genauern Lautumschreibung im arabischen Texte hierzu berechtigt zu sein. Ich schlage die Lesart süžü vor, weil unter diesem Worte, der Grundbedeutung nach süss, in der Türkenwelt noch heute ein berauschendes süsses Getränk verstanden wird. Vgl. Chulassei Abbasi سُوْجُوْدَلْ süss, ferner Budagow, I, 641, سُوْجُوْ süžu = süss, angenehm, unter welchem Eigenschaftsworte wol auch das Getränk zu verstehen ist. Wie daher süžü mit dem slawischen sižowka = Meth identificirt und für slawischen Ursprunges gehalten werden konnte, ist mir nicht einleuchtend, jedenfalls ist das Entgegengesetzte der Fall. Nicht ausgeschlossen ist die Annahme, in سُوْجُ ein ehemaliges su-ži oder su-žik = Wässerchen, ein Lieblingstrank (vgl. slawisch woda = Wasser mit Wodka = Wässerchen, d. h. Branntwein) zu entdecken.

Tarchan, ein bei den Wolgabulgaren schon gebräuchlicher Titel, bekanntermassen uralten türkisch-mongolischen Ursprunges, bei welch letztgenanntem Volke es zugleich Schmied, Meister im allgemeinen bedeutet. Unter Tarchan verstand man ehedem einen der Steuerpflicht enthobenen Adeligen, dem neunmal jedes Vergehen vergeben wurde, und von dem diese Würde auf neun Generationen überging. Bezüglich der Etymologie dieses Wortes dünkt uns, dass demselben die Stammsilbe tor, ter, tar = sammeln, zusammenziehen zu Grunde liegt, demgemäss dieses Wort Sammler, Zusammenbringer eines Heeres bedeutet, und in diesem Sinne auf die Würde eines Adeligen, freien Mannes überging. Bezeichnend ist es, dass Tarchan zuerst bei den Donau- und Wolgabulgaren angetroffen wird, und in der That bei den heutigen Čuvašen und bei den Kazanertataren die weiteste Verbreitung gefunden hat. Vgl. Zolotnitzki, „Čuvaško-Russki Slowar", S. 272.

Telec (Τελετζ), ein altbulgarischer Personenname, von welchem die Endsilbe i weggefallen ist, denn er muss ursprünglich teleci, richtiger teleči oder talači = Plünderer, Umherzügler gelautet haben, von der Stammsilbe tal oder tel = rauben, plündern.

Tervel oder Terbel, der siebente Name auf dem Fürstenregister, der einzige, in welchem ein čuvašisch-dialektischer Charakter zu entdecken ist, indem Terbel, čuvašisch Tirbelj, den Begriff von ordnen, reihen ausdrückt. Tervel wäre daher mit dem alttürkischen Namen Dizeöl (siehe dasselbe) gleichbedeutend.

Tokto, auch Toktu, Name des bulgarischen Fürsten, der gegen 765 regierte, der Wortbedeutung nach der Innehaltende, Stehenbleibende, von tokta = aufhalten, stehen bleiben.

Tschauschiar, ein altbulgarischer Personenname, möglicherweise

eine verstümmelte Transscription des ursprünglichen Čaušlar = die als
Vorhut ausgeschickten Soldaten, von čauš چاوش, einem bei den Osmanen und Krimtataren in der Bedeutung von Wächter, Hüter (vgl. magyarisch csösz = Hüter) bekannten Worte, und der Pluralendung lar.

Tschelmat, Name einer bulgarischen Stadt an der Kama, scheint
aus čalim, čelim = fest, vereinigt, gebunden und aus at, richtiger ata
= Vater, vielleicht auch ata = Insel, entstanden zu sein. Positives
lässt sich von diesem jedenfalls türkischen, aber sehr entstellten Worte
wol schwerlich angeben.

Vlatavaz, wie Fraehn das bei Ibn Fozlan vorkommende بلطوار
liest. Zugestanden, dass beim auslautenden ر der Punkt weggefallen,
und dass dies ursprünglich ein ز zal gewesen, so kann es uns doch
nicht einleuchten, wie ein Araber, denn ein solcher muss Ibn Fozlan
gewesen sein, den labialen Anlaut mit ب und nicht mit و vav, was
ihm doch leichter gewesen wäre, transscribirte, da schliesslich eine
solche Verwechselung der Labialen eher einem Griechen als Araber
zugetraut werden konnte. Wenn wir auch die Identität des بلطوار
Blatavar mit Wladawaz (slawisch Herrscher) zugeben, so dünkt es uns
höchst unwahrscheinlich, dass der Bulgarenfürst sich selber so nannte,
vielmehr glauben wir, dass die arabische Gesandtschaft diesen Titel eher
von Slawen so nennen hörte, da der Bulgarenfürst Chakan und später
Emir betitelt wurde. Einem ähnlichen Verhältnisse begegnen wir im osmanischen Engürüs = Ungar, einem Worte, das die an die Donau vor-
dringenden Türken zuerst von den Griechen (Ὄγγαρος) hörten, und
für den nationalen Namen der Magyaren hielten. Ebenso unsicher
dünkt uns die Identificirung des handschriftlichen شلقو šilku oder
šalku mit dem vermeinten slawischen Wassilko, da dem transscri-
birenden Araber doch das arabische ähnlich lautende وصل oder
واصل vasl oder vasil näher lag. Uebrigens können wir nicht unerwähnt lassen, dass بلطوار von einigen Gelehrten, so von Jerney,
vielleicht nicht mit Unrecht, für eine Entstellung von بلغار gehalten
wird.

Ur oder Our, ein bei den Donaubulgaren von ihren ehemaligen
Herren übriggebliebenes Wort, in der Bedeutung von Herr, Gebieter,
in welchem Sinne es auch im Magyarischen gebraucht ist. Ur wird
von Miklošich, Roessler und Hunfalvy für ugrischen Ursprunges gehalten, und zwar will letzterer es mit dem ostjakischen ourt = Herr
vergleichen. Gegen diese Analogie haben wir nichts einzuwenden, doch
wollen wir die Bemerkung hinzufügen, dass fragliches Wort wol leichter mit dem türkischen our = Schutz, Beschützer zu identificiren sei
(vgl. osmanisch Allah-our-ola = Gott sei dein Beschützer) und daher
lautlich dem Türkischen viel näher stehe als dem Ugrischen.

VII.

Khazaren.

Dem Forscher der ältesten Geschichte der ural-altaischen
Völker, speciell der sogenannten Pontustürken, wird es sofort
auffallen müssen, dass in demselben Maasse, als wir uns der
aufblühenden islamischen Culturwelt nähern, sich die bewegten
Wogen des turanischen Völkermeeres im Südosten Europas allmählich besänftigen, die Zahl der historischen Belege sich zu-
sehends vergrössert und das Feld der Discussion über den Ursprung und die Nationalität der einzelnen Fractionen immer mehr
und mehr seine Grenzen erweitert. Dies kann besonders mit
Bezug auf die Khazaren behauptet werden. Bei Erörterung der
Nationalität der Hunnen und Awaren standen uns nur byzantinische Quellen zu Gebote, bei den Bulgaren waren uns ausser
den Griechen noch Araber und Slawen behülflich, während wir
bei den Khazaren obendrein noch persische, armenische und
hebräische Gewährsmänner haben, die trotz der bisweilen sich
im höchsten Grade widersprechenden Angaben im grossen und
ganzen unsere Forschung auf eine verhältnissmässig sichere
Grundlage stellen, und das Resultat derselben im Lichte grösserer
Wahrscheinlichkeit erscheinen lassen. Ferner ist nicht zu übersehen, dass, während wir von dem Bulgarenreiche vor dem Erscheinen der Mongolen nur wenig, nach der Consolidirung der
Dšengizidenmacht aber gar nichts vernommen haben — denn die
Kamabulgaren, welche Timur bekriegte, repräsentirten nur einen
schwachen Bruchtheil des ehemaligen grossen Bulgarenreiches —
der Name Khazar in der Benennung Gazaria, d. h. der Krim,
bis zum 16. und 17. Jahrhundert fortlebte, und in der geographischen Nomenclatur Südrusslands und Ungarns noch heute
fortlebt. Diesen Umstand müssen wir einerseits dem grössern
Zahlenbestand dieses Volkes, andererseits aber dem grössern
Ansehen zuschreiben, dessen sich der Staat der Khazaren zu er-
freuen hatte, die, wie es scheint, ungleich ihren Stammesverwandten im Norden und Nordosten, schon früh dem unsteten
Wanderleben auf der nackten Steppe entsagend, theilweise dem
Ackerbau huldigten, und eigentlich nur als Halbnomaden zu betrachten sind. Für diese Anschauung sprechen wenigstens einer-

seits die Berichte der arabischen Reisenden, die, nachdem sich
der Islam im 1. Jahrhunderte seiner Existenz über den Kaukasus
gegen Derbend ausbreitete, mit dem Khazarenreiche an der
untern Wolga schon frühzeitig in Berührung kamen, und dort
solche staatliche und gesellschaftliche Zustände antrafen, die wir
bei Bulgaren, Petschenegen, Magyaren und Kumanen (Guzen)
vergebens suchen; andererseits aber die geschichtlichen Ueberlieferungen aus der Zeit der Sassaniden, besonders aus der
Regierungszeit Kobad's und Nuširwan's[1], wo die im Norden
des Pontus und des Kaspisees hausenden Türken immer unter
Führerschaft der Khazaren dargestellt werden, gegen deren
Khakane denn meistens auch die Kriege der Sassaniden gerichtet waren.

Bezüglich der Grenzen des Khazarenreiches finden wir in so
ziemlicher Uebereinstimmung der Angaben Ibn Dasta's mit dem
Schreiben des Khazarenkönigs Joseph an Ibn Schaprut, dass dieselben gegen Süden tief in den Kaukasus hinein bis zu den
Thoren Derbend's und den Ufern des Rhions, im Norden bis
zum Lande der Bulgaren, die ihnen tributpflichtig waren, im
Westen bis zum Dnjepr, inclusive der Krim, und im Osten hart
bis an die Grenzen der Wohnsitze der Magyaren und Petschenegen, folglich bis zum Quellengebiete des Urals sich erstreckten, und die Khazaren somit, wie schon betont wurde, über die
meisten Zweige des türkischen Reitervolkes einen gewissen Grad
von Herrschaft ausübten. Ohne den müssigen und vagen Hypothesen zu folgen, die theils von Harkavy in seiner Erklärung[2]
des sogenannten vollständigen Briefes des Khazarenkönigs, theils
von Chwolson in den Anmerkungen zu dem Texte Ibn Dasta's
aufgestellt werden, Hypothesen, die, weder von sprachlichen noch
von geographischen Behelfen unterstützt, nur von der lebhaften

---

[1] Nöldeke (in seiner „Geschichte der Perser und Araber zur Zeit der
Sassaniden", S. 99) bezweifelt die Angabe Tabari's bezüglich des Krieges
des Königs Behram's gegen den Chakan der Türken, indem er meint, dass
von Türken damals noch nicht die Rede sein kann. Dieser Zweifel dünkt
uns nicht ganz gerechtfertigt, denn die barbarischen Völker im Norden des
Kaukasus, wie Nöldeke annimmt, die zu jener Zeit schon unter khazarischer Obrigkeit standen, konnten nur türkischer Nationalität sein, da wir
von den türkischen Khazaren schon aus dem Jahre 623 (bei Moses Kalan-
katwatsi) Nachricht haben.
[2] Russische Revue, VI, 87—88.

Phantasie der Commentatoren ein Zeugniss ablegen, können wir mit Sicherheit annehmen, dass sich das Khazarenreich bei den Nachbarstaaten eines grossen Ansehens erfreute, da sonst der rege staatliche Verkehr, den die Oströmer, die iranischen Könige aus dem Hause Sassan's und das Khalifat von Bagdad mit diesem ural-altaischen Volksstamme pflegten, wol kaum erklärlich wäre. In einem Lande von so ausgedehnten Grenzen, wie wir eben angedeutet, waren Klima und Bodenverhältnisse von verschiedener Natur, denn nur in diesem Sinne mag die Aussage des Khazarenkönigs: „Das Land hat nicht viel Regen, aber es besitzt viele Flüsse und Quellen, in den Flüssen werden Fische von übergrosser Menge gefangen. Das Land ist fett, hat sehr viele Felder, Wälder, Weinberge und zahllose Gärten, welche von den Flüssen getränkt und durch sie befruchtet werden" ihre Erklärung finden, wie denn auch in der That der geographische Breitegrad von der untern Wolga bis zur Krim durch die Mannichfaltigkeit der Producte sich auszeichnet. Auch in seinen Handelsbeziehungen zu den Nachbarstaaten muss das Khazarenreich eine bedeutende Rolle gespielt haben, denn wenn der Khazarenkönig seinen fernen Glaubensgenossen mittheilt: „Mit Hülfe des Allmächtigen überwache ich den Eingang dieses Flusses (Wolga), und lasse die Russen, welche auf Schiffen kommen, nicht in das (Kaspische) Meer hineingehen, um zu den Ismaeliten (Moslims oder Araber) zu gelangen, ebenso wenig die Feinde, welche zu Lande sind, zur Pforte (Derbend oder Bab ul Ebwab) kommen", so wird daraus ersichtlich, dass die Khazaren die damaligen Hauptverkehrsstrassen zwischen dem Süden und Norden so ziemlich fest in der Hand hielten, und den Handel durch ihr eigenes Gebiet zu leiten im Stande waren. Der gelehrte Autor der „Geschichte des Levantehandels im Mittelalter" hat daher vollkommen recht, wenn er diesem Transitoverkehr durch das Khazarenreich so viel Gewicht beilegt[1], doch kann aus diesen Momenten eines Culturlebens noch keineswegs jene beträchtliche Anzahl von Städten gefolgert werden, welche die bisherigen Forscher auf diesem Felde aus der höchst zweifelhaften Nomenclatur in dem Schreiben des Khazarenkönigs an Chasdai entnehmen wollen. Aus dem im Texte bei Ibn Dasta befindlichen هب نلخ (hab nal'a) Khan-balig (Königsstadt) zu

---

[1] Dr. W. Heyd, „Geschichte des Levantehandels im Mittelalter", I, 51.

machen, wie dies Chwolson auf Vorschlag Grigoriew's thut [1],
oder das allerdings verstümmelte لوغر (lugar) als den Völkernamen كرغز (Kirgiz) restituiren zu wollen [2], und vieles andere
dergleichen, muss eher als unschuldiger Zeitvertreib betrachtet
werden, und verträgt sich durchaus nicht mit dem Ernste wissenschaftlicher Bestrebungen.   Trotz eines gewissen Grades zeit-
gemässer Cultur waren im Lande der Khazaren nur wenige
Städte, und diese lassen sich höchstens auf die bekannten Orte
Itil, Kamlik, Bulunžar und Sarkel (siehe das Wortregister) reduciren, denn das bei den Geographen erwähnte سمندر Semender, das heutige Tarchu, zwischen dem Kaspisee und Derbend
gelegen [3], muss, wie der Name beweist (Semender heisst auf persisch Renner, Salamander), persischen Ursprunges gewesen sein.
Die Khazaren waren eben, wie wir schon bemerkt, Halbnomaden,
ungefähr wie die heutigen Özbegen, die unter dem Einflusse der
südlichen, sowol von Iran als auch von Chahrezm kommenden
Parsicultur zu einer theilweise sesshaften Lebensweise bewogen
wurden, wenngleich andererseits ein beträchtlicher Theil dieses
Volkes der angewohnten nomadischen Existenz auf den benachbarten' Steppen treugeblieben sein mag.   Der Wohnungswechsel
im Sommer und Winter, von welchem Ibn Dasta und der Khazarenkönig Joseph übereinstimmend berichten, dürfte sich daher
auf erstere beziehen, unter welchem Wohnungswechsel die Sitte
des Jajlak (Sommerwohnung) und Kišlak (Winterwohnung) zu
verstehen ist.

Was bei diesem Volke das grösste Interesse beanspruchen
kann, ist erstens seine Verfassung, zweitens das sonderbare Verhältniss der Religionsverschiedenheit und die aus derselben her-

---

[1] Chwolson, a. a. O., S. 61. Wie Herr Grigoriew das mongolische Chan-
balig, welches erst im 13. Jahrhundert auftritt, hier bei den türkischen
Khazaren anwenden will, ist uns in der That unbegreiflich.

[2] Ebend., S. 53.

[3] So berichtet Mukaddasi: وسمندر بلد كبير عند البحيره بين
بحر الخزر و باب الابواب d. h. Semender ist eine grosse Stadt am Kaspisee zwischen der Wolga und Derbend; auch El Belchi sagt dasselbe:
والخزر مدينه تسمى سمندر فيما بينها و بين اتل و باب الابواب
d. h. die Khazaren haben eine Stadt, namens Semender, die zwischen der
Wolga und Derbend gelegen ist.

vortretende, jenem finstern Zeitalter allerdings zur Ehre ge-
reichende Duldsamkeit. In den zu uns gelangten spärlichen
Nachrichten über einen factischen und nominellen Herrscher
manifestirt sich offenbar jene alte turanische Institution, bezüglich welcher das Verhältniss des awarischen Chakans zum
Tudun, des magyarischen Chakans zum Kende, des bulgarischen Chakans zum Bolias Tarkhan als passendes Seiten-
stück zu dem Verhältniss des khazarischen Chakans zum Iśe
hervortritt, ein Verhältniss, das auch beim Taikun und Mi-
kado in Japan seine Analogie findet, und welches, wenn wir
nicht irren, auch in der Verfassung der Sassaniden bestanden
haben muss, denn auch hier begegnen wir zwei Herrschertiteln,
nämlich dem des شاه šah = Fürst, König im allgemeinen, und
شاه پاد padi šah (von پاد pad = Thron), d. h. Fürst des Thro-
nes, oder regierender Fürst. Die Einzelheiten, ich meine die
genaue Beschreibung des Rechtskreises dieser beiden herrschenden Persönlichkeiten, sind uns nicht bekannt, doch glauben
wir nicht irre zu gehen, wenn wir im bulgarischen Bolias, im
khazarischen Iśe und im magyarischen Kende weniger einen
Nebenregenten, als einen Gefährten oder Aushelfer vermuthen,
dem die spätere moslimische Würde Vezir am nächsten steht,
dessen Wortbedeutung Helfer oder „Lastträger" ist. Was hingegen die Religion der Khazaren anbelangt, einen Gegenstand, dem
bisher eine so vielfache Erörterung zutheil geworden, so finden
wir in deren Annahme des Judenthums ebenso wenig befremden-
des, wie in der Bekehrung der uigurischen Türken zum Christenthume durch nestorianische Missionäre oder wie in der starken
Hinneigung der ersten Dšengiziden zur Lehre Christi. Unter
den verschiedenen auf die Judaisirung der Khazaren Bezüglichen
Versionen dünkt uns die von Mas'udi [1] gebrachte als die wahrscheinlichste, der zufolge die vom Byzantiner Romanus I., einem
Bruder des Porphyrogenitus, und die aus den moslimischen
Ländern vertriebenen Juden sich massenweise über den Kaukasus in das Land an der untern Wolga flüchteten, und bei
den dortigen, vom Religionsfanatismus nicht angekränkelten
schlichten Bewohnern gute Aufnahme fanden. Kriegerische Nomaden waren immer ritterlicher gesinnt als halbcivilisirte An-
sässige, und so geschah es denn auch, dass aus dem Gefühle

---

[1] Maçoudi, „Prairies d'or", II, 8—9.

des Mitleids für die Hartbedrängten, bald die Sympathie für
ihren Glauben herauswuchs, und die Obersten des Landes, an
deren Spitze der König, namens Bulan, den Glauben ihrer
Gäste zur Zeit des Khalifats Harun Al-Raschid's (786—809
n. Chr.) annahmen. Was im Briefe Joseph's an Chasdai, oder
bei Mas'udi, Al-Bekri u. a. von der religiösen Controverse zwischen einem Rabbi, Bischof und moslimischen Gelehrten in
Gegenwart des Khazarenkönigs erzählt wird, scheint uns eher
eine Erfindung jenes an theosophischen Klügeleien sich ergötzen-
den Zeitalters, die zu dem Sinne des schlichten Khazaren ebenso
wenig Zugang finden konnten, als die damalig zeitgemässe religiöse Intoleranz des siegreichen Islams gegen den Kafir und
noch mehr der halbverrückten oströmischen Theologen gegen
jeden Andersgläubigen. Wol begegnen wir bezüglich der Nachrichten über die Ausdehnung des Judenthums unter den Khazaren bei den einzelnen Autoren den verschiedensten Angaben,
denn während einige nur die obersten Spitzen des Landes und
einen kleinen Bruchtheil der Bevölkerung für Juden erklären,
wollen andere die grosse Majorität diesem Glauben angehörig
wissen, und nur darin stimmen sämmtlich überein, dass neben
der herrschenden Klasse der Juden auch Heiden, d. h. Christen
und Mohammedaner existirten, welch letztere in den Haupt-
städten viele Moscheen hatten [1], was klar dafür spricht, dass die
verschiedenen, anderswo sich feindlich gegenüberstehenden Religionen hier friedlich nebeneinander lebten, und von der jü-
dischen Obrigkeit des Landes in ihrer Religionsfreiheit nicht
beeinträchtigt wurden. Interessant wäre es zu erfahren, was
wol unter den heidnischen Khazaren zu verstehen sei, von
denen Ibn Dasta berichtet الـ ديـن شبيـه دين على منهم والبقيـه
اتراك d. h. die übrigen bekennen einen Glauben, der dem
Glauben der Türken ähnlich ist, während Ibn Fozlan die
heidnischen Khazaren als Götzenanbeter hinstellt. [2] In Ermange-
lung genauerer Daten glauben wir die Angabe Ibn Dasta's vom
Türkenglauben mit derjenigen Ibn Fozlan's von der Götzen-
anbeterei insofern vereinigen zu können, als wir in beiden Versionen eine Anspielung auf den Schamanenglauben entdecken,

---

[1] Vgl. Mukaddasi (citirt von Chwolson, S. 62) und El Belchi, die bei
der Beschreibung Semenders von vielen Moscheen (كثيرة مساجدها) reden.
[2] Frachn, „De Chazaris", S. 581—590.

wie wir bezüglich der Götzen der Hunnen und Awaren, richtiger
der Türken am „goldenen Berge", von welchen Zemarchus
spricht, dargethan haben, und die heidnischen Khazaren demzufolge für Anhänger des Schamanenglaubens halten.

Anknüpfend an diese nur Neugier erweckende dunkle Stelle
Ibn Dasta's über den „Türkenglauben" der Khazaren, wollen
wir auf den eigentlichen Zweck unserer Studie, nämlich auf die
Nationalitätsfrage der Khazaren übergehen, eine Frage, die bisher je nach dem neuentdeckten Quellenmaterial die verschiedenartigste Beantwortung erfahren hat, ohne jedoch zu einem definitiven Abschluss gelangt zu sein. Bekanntermassen waren die
ältesten Autoren bezüglich der türkischen Nationalität der Khazaren so ziemlich einig, und diese Ansicht hätte jedenfalls in der
Aussage Ibn Haukal's, richtiger gesagt Istachri's ولسان البلغار
d. h. كلسان الخزر و زبان بلغار وخزر هردو يك است „die Sprache
der Bulgaren ist gleich der Sprache der Khazaren und diese beiden Sprachen sind eine und dieselbe", ihre volle Bekräftigung
finden können, wenn man nicht von der irrigen Supposition ausgegangen wäre, dass die Sprache der Wolgabulgaren das heutige
Ceremissische, folglich finnisch-ugrischer Abstammung gewesen sei.
Noch grösser ward die Verwirrung, als Frachn mit dem Texte Ibn
Fozlan's auftrat, und weil letzterer behauptet, „dass لسان الخزر
غير لسان الترك die Sprache der Khazaren von dem Türkischen
und Persischen sich unterscheide, und dass die Khazaren den Türken nicht ähnlich wären", schlug die Controverse sofort auf das
modern und beliebt gewordene Feld des Finn-Ugrierthums um,
ja ein einziges von Porphyrogenitus aufbewahrtes Wort S a r k e l,
Name einer Stadt, bedeutend ἄσπρον ὀσπίτιον oder λευκὸν οἴκημα,
d. h. weisse Burg, war hinreichend, um die Fahne des Finn-
Ugrierthums der Khazaren hoch flattern zu lassen. Abgesehen
von dem Umstande, dass das „Sarkel" des Porphyrogenitus
ebenso gut aus dem türkischen s a r a = klar, weiss, rein (vgl.
meine „Čagatischen Sprachstudien" und Budagow, I, 624) und
aus dem den Arabern entlehnten kil'a = Festung[1] sich erklären
liesse, sehen wir gar nicht ein, wie man auf die Idee verfallen

---

[1] Die Khazarenfestung Sarkel, Sarkil wurde bekanntlich von dem griechischen Baumeister Petronus im Jahre 839 erbaut. Vgl. Konstantinus Porphyrogenitus, „De administrando Imperio", Kap. 42, S. 177.

ist, bei Constatirung der Identität des Wortes Sarkil mit dem
čuvašischen šora - kila = weisses Haus, noch von dem Finn-
Ugrierthum der Khazaren zu sprechen. Nach unserer Ansicht
kann jedoch, da das Čuvašische erwiesenermassen türkisch ist,
ein Wort allein noch keinen genügenden philologischen Beleg
bieten, besonders da dieses Wort durch griechische Transscription,
in welcher der türkische Urtext so oft verstümmelt wird, vorliegt; und wenngleich die Verwandtschaft der Khazaren mit den
Wolgabulgaren ein schlagender Beweis für die unsererseits aufgestellte Behauptung des Türkenthums der Khazaren liefern
würde, so können wir uns doch vorderhand auf eine solche
Folgerung noch nicht einlassen, indem wir in den Khazaren wol
Türken, aber keine čuvašischen Türken erblicken.

Uebrigens war es angesichts des Schreibens des Khazarenkönigs Joseph an Rabbi Chasdai ben Schaprut gar nicht nöthig,
sich in weitläufige Combinationen einzulassen, da der Inhalt besagten Briefes, dessen Authenticität, namentlich in der neuesten
von Harkavy mitgetheilten Form, ausser allem Zweifel ist, den
möglichst concreten und unanfechtbaren Beweis für das Türkenthum der Khazaren liefert. Die hierauf bezügliche Stelle im
Joseph'schen Briefe lautet: „Du fragst uns in Deinem Schreiben «von welchem Volke, von welchem Geschlechte und von
welchem Stamme bist Du?» Ich thue Dir hiermit kund, dass
ich von den Söhnen des Japhet, von den Nachkommen Thogarma's bin. So fand ich in den genealogischen Schriften meiner
Väter, dass dem Thogarma zehn Söhne geboren wurden; dies
sind ihre Namen:

1. der älteste hiess Ujur,
2. der zweite Tauris,
3. der dritte Awaz,
4. der vierte Ugur,
5. der fünfte Bizal,
6. der sechste Tarna,
7. der siebente Khasar,
8. der achte Jamur,
9. der neunte Bulgar,
10. der zehnte Sawir.

Ich stamme von den Nachkommen des Khasar, des siebenten
Sohnes."

Wir wollen und können unsern Vorgängern bezüglich der

Erörterung mancher dunkler Stellen dieses im Jahre 960 verfassten, und im Jahre 1577 von Isaak Akrisch in dem Buche Kol Mebasser (Ankündigende Stimme) in Konstantinopel zuerst veröffentlichten wichtigen Documents schon deshalb nicht folgen, weil das hebräisch geschriebene Original in dem langen Zwischenraume von 617 Jahren von den verschiedenen Copisten bezüglich der Eigennamen gewiss dermassen entstellt ist, dass ein Versuch auf der abschüssigen Bahn des Etymologisirens heute nur sehr gewaltsame und kühne Hypothesen zu Tage fördern könnte, wie dies aus dem Versuche Harkavy's [1] am besten ersichtlich ist. Uns dünkt das Bestreben einer gänzlichen Entzifferung schon deshalb nutzlos, weil das vorhandene positive Material an und für sich einen genug festen Anhaltspunkt bietet, um jeden Zweifel über das Türkenthum der Khazaren zu beseitigen. Ein angestellter Vergleich zwischen den genealogischen Daten des Khazarenkönigs und denen Raschid-ed-din Tabibi's, oder mit denen Ala-ed-den-Dschuweini's, solcher moslimischer Schriftsteller, die in der zweiten Hälfte des 13. Jahrhunderts schrieben, von der Entstehungszeit des Briefes an Chasdai daher durch mehr als drei Jahrhunderte getrennt sind, wird uns hierüber den besten Aufschluss geben. Wir finden vor allem eine Congruenz bezüglich der Ableitung des Türk, des Thogarma's der Hebräer, von den Söhnen Japhet's, indem die Türken sich von jeher und noch heute ﻙﺮﺗ ﻰﻠﻏﻭﺍ ﺖﻓﺎﻳ d. h. Türk, der Sohn Japhet's, nennen. So berichtet ferner die genealogische Sage der Türken, dass Oguz ﺯﻮﻏﻭﺍ der eigentliche Stammvater des Türkenvolkes, und Uigur einer der ältesten Geschlechtsnamen gewesen, dass Khazar, ein Sohn Japhet's, sich schon früh an den Ufern des Itil (Wolga) niedergelassen, ebenso wie Bulgar und Sivir oder Sibir (das Σαβειρ der Byzantiner) theils als Orts-, theils als Personennamen ausser den besagten zwei moslimischen Quellen bei allen spätern Geschichtsschreibern der Genealogie des Türkenvolkes figuriren. Da es nun schwer anzunehmen ist, dass die moslimischen Historiker, wie Dschuweini oder Wassaf, von der Existenz des Joseph'schen Schreibens etwas gewusst, geschweige denn dessen Inhalt als Grundlage ihrer Daten gebraucht haben konnten, da es ferner erwiesen, dass Raschid-ed-din Tabibi als Hauptquelle zu seiner Genealogie der Türken sich der mündlichen

---

[1] Russische Revue, VI, 81.

Ueberlieferungen der türkischen und mongolischen Graubärte
bediente, so kann wol kein Zweifel darüber obwalten, dass die
im Briefe des Khazarenkönigs angeführten Eigennamen, als Uigur,
Oguz, Khasar, Bolgar und Sawir, ebenso wie die bei den
spätern moslimischen Autoren vorkommenden Namen, einer gemeinsamen uralten türkischen Volkssage entspringen, und dass
die Khazaren der türkischen, nicht aber der finnisch-ugrischen
Fraction des ural-altaischen Volkes angehörten, was übrigens
auch durch die Aussage des Theophanes[1] bekräftigt wird, indem
der Satz „τοὺς Τούρκους ἀπὸ τῆς ἑῷος Χαζάρους ἐνομάζουσιν“, d. h.
„die östlichen Türken auch Khazaren genannt“, doch keinen
Zweifel aufkommen lässt.

Wir sehen daher nicht ein, warum die frühern Forscher auf
diesem Gebiete, so namentlich Klaproth und Fraehn, von der Beweiskraft des einzigen Wortes „Sarkel“ ausgehend, das übrigens
entschieden türkisch ist, die Khazaren für Finn-Ugrier hielten,
und das positive Zeugniss eines Khazaren selbst, der sich Türke
nennt, und dieses sein Familienverhältniss noch obendrein klar-
legt, so ganz unberücksichtigt liessen? Uebrigens gibt es auch
noch andere Winke, die unserer Annahme von der Nationalität
der Khazaren bekräftigend zur Seite stehen. Wir weisen unter
andern auf die Aussage Tabari's und auf das Derbendnameh
hin, in welchen die Nomaden im Norden des Kaspisees und des
Pontus, insbesondere aber die Khazaren stets als Türken bezeichnet werden, ferner auf einige auf das Sittenleben der Khazaren
bezügliche Angaben des Ibn Dasta, z. B. dass dem ausreitenden
Iša ein Sonnenschirm vorangetragen wurde, welcher die Form
einer Halbtrommel hatte: هيى، بين يديه مثل شمسية على صفة الدف
d. h. er (der Reiter) hält in seiner Hand eine Art Sonnenschirm nach der Form einer Halbtrommel, wobei wir uns
Chwolson entgegen die Bemerkung erlauben würden, dass dies
kein fahnenähnliches Abzeichen „bil pochosch na buntschuk“, wie
der russische Gelehrte sagt[2], sondern ein regelrechter Sonnenschirm, ein kuppelartig geformter Schirm (auch دف Duff =
Halbtrommel ist derartig geformt) war, der für ein Abzeichen
der höchsten Würde galt, bei den spätern Türken den Namen
چتر četer erhielt, und mit tug = Fahne, küng = Trommel, ajak

---

[1] Theophanes (bonner Ausgabe), I, 485.
[2] Chwolson, S. 71.

= Becher, tamga = Siegel die Insignien des Fürsten und der höchsten Würdenträger ausmachte, wie dies aus dem Texte des Kudatku Bilik ersichtlich ist.[1] Da die Vereinigung sämmtlicher vier Insignien den obersten Fürsten kennzeichnete, so kann hier angenommen werden, dass ein Theil derselben, d. h. der Sonnenschirm, für ein Rangzeichen des Vicekönigs, d. h. des Iša, galt.

Was bisher über die Khazaren berichtet und bezüglich ihrer Nationalität hierorts angeführt wurde, beruht zumeist auf den von arabischen und persischen Geographen und Reisenden uns aufbewahrten Nachrichten, und es muss in der That befremden, dass die Griechen uns von diesem politisch bedeutendsten Volke ural-altaischer Abkunft, mit welchem Byzanz schon früh einen regen Verkehr unterhielt, ja mit dem sich das oströmische Kaiserhaus sogar in Verschwägerung einliess, wenig oder gar nichts berichten. Während z. B. der im Purpur geborene Historiker vom Lande und Volke der Petschenegen, Uzen und Magyaren so ausführlich spricht, und viele interessante Daten mittheilt, würdigt er das mächtige Reich der Khazaren kaum einiger kurzen, weniger historischen oder ethnischen als geographischen Bemerkungen, so z. B. im 10., 11., 12. und 13. Abschnitte, wo in einigen kurzen Sätzen uns mitgetheilt wird, in welchem Maass Uzen, Alanen und Bulgaren, die uns ohnehin als die drei Grenzvölker der Khazaren bekannt sind, letztere bekriegen können oder nicht, als ob sich ein derartiges Verhältniss aus der geographischen und politischen Sachlage nicht von selbst erklären würde; ferner im 42. Abschnitte, wo von der Erbauung von Sarkel am Don die Rede ist. Ebenso dunkel und verworren dünkt uns die so oft und so verschiedenartig commentirte Angabe des Porphyrogenitus im 39. Abschnitte bezüglich der Trennung der Kabaren von den Khazaren, da wir, in gänzlicher Unwissenheit über die Nationalität der Khazaren gelassen, die Thatsache der stattgefundenen Amalgamirung der Kabaren mit den Magyaren, was doch den wichtigsten Behelf für unsere Forschung geben könnte, weder in ethnischer noch in historischer Beziehung verwerthen können. Wir werden auf

---

[1] Nach dem Kudatku Bilik sind tamga und ajak (Siegel und Becher) die Abzeichen des Vezirs, während andererseits küng = Trommel, tug = Fahne und četer -- Sonnenschirm den Chakan kennzeichnen.

diese wichtige Stelle noch zurückkommen, können aber nicht umhin, auch jetzt schon zu bemerken, dass, was Konstantin in dem
Satze ″Ὅϑεν καὶ τὴν τῶν Χαζάρων γλῶσσαν αὐτοῖς τοῖς Τούρκοις ἐδί-
δαξον, d. h. daher sie auch die Sprache der Khazaren den Türken
lehrten, von dem stattgefundenen Sprachentausche zwischen Magyaren und khazarischen Kabaren spricht, in die Dunkelheit bezüglich des ethnischen Verhältnisses auch nicht den geringsten
Funken der Aufklärung wirft. Dass die Magyaren mit den Khazaren in Berührung gestanden, ja dass letztere bei der Eroberung
des heutigen Ungarn mitgewirkt haben, ist aus der geographischen
Nomenclatur zur Genüge erwiesen; so die Orte Kozár und Kis-Ko-
zárd im Neógrader-, Grosskozár, Kleinkozár und Ráczkozár im Ba-
ranyaer Comitate[1]; doch hieraus auf die sprachliche und ethnische Einwirkung beider Elemente Schlüsse ziehen zu wollen, wäre
eine der gewagtesten Unternehmungen. Zunächst müsste es entschieden werden, ob die sogenannten Kabaren einen politischen
oder nationalen Theil des Khazarenvolkes ausmachten, da es
doch zur Genüge erwiesen ist, dass das mächtige Khazarenreich
aus vielen, mit den Khazaren wol verwandten, aber nicht homogenen Völkerelementen bestanden hatte. Wol will Herr
Hunfalvy, in seiner Ethnographie von Ungarn[2], von der irrigen
Folgerung der Identität der heutigen Čuvašen mit den Khazaren
ausgehend, eben die Kabaren für jenen Volksstamm erklären,
durch welchen das türkische Sprachelement ins Magyarische gelangt ist, doch scheint uns diese Hypothese schon deshalb unannehmbar, weil die Kabaren nach dem Zeugnisse Kaiser Konstantin's von den acht Stämmen nur einen, folglich nur ein
Achtel des alten Magyarenthums ausmachten, und weil eben
ein so kleiner Bestandtheil uns nicht hinreichend dünkt, um
jenen mächtigen, von den Anhängern der finnisch-ugrischen
Theorie bisher nicht zur Genüge gewürdigten türkischen Spracheinfluss auszuüben, der sich im Magyarischen zeigt. Was Herr
Hunfalvy zur Kräftigung seiner Ansicht bezüglich der aus dem
Verhältnisse zwischen *z* und *r* hervorgehenden sprachlichen
Evidenz anführt, davon wird an betreffender Stelle noch weiter
unten die Rede sein, hier möge blos so viel bemerkt sein, dass
man vorerst über die eigentliche Nationalität der Kabaren ins

---

[1] Karl Szabó, „Magyar Akademiai Értesítő", I, 132.
[2] S. 177 und 256.

Reine kommen müsste, d. h. man müsste wissen, ob sie wirkliche Khazaren waren, oder nur zu den tributpflichtigen Verwandten derselben, wie z. B. die Wolgabulgaren, gehörten, um von ihrem ethnischen oder sprachlichen Einfluss auf die Magyaren im allgemeinen reden zu können. Der magere Bericht des Porphyrogenitus mit Bezug auf die Trennung der Kabaren von den Khazaren und ihren Anschluss an die Magyaren berechtigt aber keinesfalls zu einer in ihren weitern Folgen so wichtigen Annahme.

Was sich unter den gegebenen Verhältnissen über das nationale und politische Verhältniss der Khazaren mit ziemlicher Zuverlässigkeit annehmen lässt, das ist ihre Führerrolle, die sie als Türken gegenüber ihren Stammesgenossen im Osten und im Westen bis kurz vor dem Erscheinen des Islams auf der Bühne der Weltbegebenheiten zu jener Zeit aufrecht erhielten. Von einem unumschränkten Machtgebote kann hier allerdings keine Rede sein, da sich ein solches bei den türkischen Nomaden nur selten oder nie annehmen lässt, doch scheinen Uzen, Petschenegen, Kamabulgaren, Alanen und Magyaren mit der Regierung der Khazaren ein föderatives Verhältniss aufrecht erhalten, und wenn sie von aussen bedrängt wurden oder sich untereinander in Kriege verwickelten, an erstere sich um Rath und Beistand gewendet zu haben, da es sonst gar nicht erklärlich ist. wie z. B. der Magyarenfürst Lebedias, wie Porphyrogenitus mittheilt, sich zum Khazarenkönige begeben hätte, und wie es das Volk der Magyaren dulden konnte, vom Chakan der Khazaren sich einen Herrscher in Vorschlag bringen zu lassen, da man von Nomaden, und am allerwenigsten von Magyaren nicht voraussetzen kann, dass sie sich in solchen wichtigen Staatsangelegenheiten dem Machtspruche anderer, fremder, im staatlichen Ansehen ebenbürtiger Herrscher fügen würden. Es darf fernerhin nicht vergessen werden, dass die Khazaren den übrigen verwandten Türkenstämmen nicht nur in materieller, sondern auch in cultureller Beziehung überlegen waren. Hierfür spricht am meisten der rege Verkehr der Khazaren einerseits mit den Byzantinern, andererseits mit den Sassaniden; denn so wie z. B. die Bildungswelt der Samaniden auf die Türken Transoxaniens, der Chinesen auf die Uiguren u. s. w. ihre Wirkung nicht verfehlen konnte, ebenso muss dies bezüglich der Culturverhältnisse der Oströmer und der alten Iranier der Fall gewesen sein. Und

diese geistige Superiorität war es, welche den Khazaren sowol
zur leitenden Rolle unter den Türken verhalf als auch jene
Macht verlieh, vermöge welcher sie den Kampf mit den früher
erwähnten Staaten aufnehmen konnten, einen Kampf, in welchem
sie nur durch die äussersten Anstrengungen der ersten Khalifen,
wie wir im Derbendnameh ausführlich lesen, unterlagen. Byzanz
und das sassanidische Iran allein vermochten es nicht, die Khazarenmacht zu brechen!

VIII.

Khazarisches Wort- und Namenregister.

Bek, bei den Byzantinern Πεχ, bei den Arabern بال bak, ein
khazarischer Würdenname, der dem türkischen beg, bek, bej oder
bi = Oberhaupt, Fürst, Prinz entspricht. Bak, bag, baj, aus dem
die Variation bek, beg, bej und bij entstanden, ist die Stammsilbe
für den Begriff hoch, erhaben, reich, mächtig u. s. w., und figurirt von jeher als Titel Herr, Fürst, Oberster, Prinz (vgl. mein „Etymologisches Wörterbuch der turko-tatarischen Sprachen", §. 205).

Buldschan, Name eines von der georgischen Chronik vom Jahre
731 erwähnten khazarischen Feldherrn.

Bulundschar, Name einer khazarischen Stadt, die nach der
Niederlage, welche die Khazaren von den Arabern erlitten, letztern zu-
gefallen sein soll. Dieses von den arabischen und persischen Geographen بلنجر geschriebene Wort ist bisher Belendscher oder Ba-
landschar gelesen worden, wogegen ich die Lesart von Bulundschar
vorschlage, indem ich das Wort für ein türkisches Compositum in der
Bedeutung von Wiesenberg, nämlich von bulun = Wiese, Weide-
platz (vgl. Budagow, I, 293) und dschar, žar = Abhang, Berglehne
halte. Bulun sowol wie dschar gehören theils dem kazanischen, theils
dem meschtscherjakischen Dialekte des Türkischen an, was mit Rücksicht auf die geographische Lage des türkischen Sprachgebietes die
Annahme wahrscheinlicher macht.

Busiros Gliavaros (Βουσήρος Γλιαβαρος), Name des khazarischen Chakans, dessen Schwester Kaiser Justinianus Rhinotmetes im
Jahre 702 heirathete. Vor allem muss constatirt werden, dass obige
allgemein angenommene lateinische Transscription des Wortes entschieden falsch ist, denn das erste Wort soll Vusir-os gelesen werden, und
mag mit dem türkisch-persischen Vezir وزير (und nicht mit buzar, persisch Gewürz, wie Harkavy annimmt) identisch sein. Was nun das

zweite eigentlich khazarische Wort anbelangt, so deutet der doppelconsonantale Anlaut *gl* ganz klar auf eine stattgefundene Verdrehung des ursprünglichen Wortes hin, indem ich in Gliabar, richtiger Gliavar, ein Compositum, und zwar das vom Persischen entlehnte Gulaver = Blumen tragend, Blumen bringend, vermuthe.

Chamlik, Name einer khazarischen Stadt, die unter den verschiedensten Varianten خمليخ (bei Jakut und Mukaddasi), حبنلخ (bei Ibn Dasta, in welchem Grigoriew irrigerweise das später entstandene خبنلخ chanbalik = Fürstenstadt entdecken will) und خنلخ (nach Defrémery Hatslog?) vorkommt. Die Lesart Chamlik dünkt uns deshalb für die wahrscheinlichste, weil das Wort in dieser Form sich am leichtesten erklären lässt, indem wir in demselben das türkische Kham-lik = Priesterthum, d. h. ein dem Kam oder Kham = Priester zuständiger oder gehöriger Ort. Ob nun dieses Khamlik einen Theil der Hauptstadt oder einen separaten Ort bezeichnete, darüber wollen wir die schon vorhandene Zahl der wilden Hypothesen nicht vermehren.

Dschabuschkan, Dschabuschakan, ein von dem armenischen Geschichtsschreiber Uchtanes erwähnter khazarischer Personenname, kann sehr leicht mit türkisch jabuškan, kazanisch žabuškan = der sich Anklebende, der sich Anschliessende identificirt werden.

Ilik oder Ilk, nach Ibn Fozlan ein Titel des Chakans der Khazaren, kann wol nichts anderes als das bekannte türkische ilk = erster und ilik, uigurisch Fürst, sein, ein Wort, das als Personenname bei den Fürsten Ostturkestans vorkommt (vgl. Ellak im hunnisch-awarischen Wortregister).

Iša (ايشا), eventuell auch Eše, nach Ibn Fozlan und Ibn Dasta die dem Chakan der Khazaren zunächststehende Persönlichkeit, von welcher es ausdrücklich heisst, dass dies keinen Personennamen, sondern einfach eine Würde bezeichnet, nämlich eine Art Vicekönig, Gehülfen oder Gefährten in der Herrschaft, was denn auch in der Wortbedeutung klar genug ausgedrückt ist, denn das türkische eš, iš bedeutet Genosse, Gefährte, Freund, Nächster u. s. w. (vgl. Budagow, I, 196).

Kender-Khakan (خاقان كندر), nach Ibn Fozlan der erste Würdenträger der Khazaren nach dem Khakan-beg, d. h. obersten Fürsten. Kender dünkt uns vor allem identisch mit Kende (كنده), dem Fürstentitel bei den Magyaren, wie Ibn Dasta berichtet, und zwar scheint das auslautende s infolge nachlässiger Copirung in ein ر verwandelt worden zu sein. Also كنده muss als correcte Version anstatt des orthographisch fehlerhaften كندر substituirt werden, und ist demnach nicht Kende, sondern Kündü zu lesen, wobei übrigens die Möglichkeit nicht ausgeschlossen ist, dass das bei Ibn Dasta auslautende ر ursprünglich auch ein و (Waw) gewesen. Was nun die Bedeutung von kündü anbelangt, so wird man sofort in demselben das altaische kündi, kündü = Ehre, Ansehen (mongolisch kundu = Achtung, Ehre) und kündü-le = ehren erkennen, folglich zur Ueberzeugung gelangen, dass kündü-khakan die Bedeutung von Ehrenfürst in sich schliesst, also eine Art Stellvertreter, Honorarfürst, wie dies mit der Angabe Ibn Fozlan's auch in der That übereinstimmt. Mit Bezug auf die Magyaren, deren Oberhaupt nach Ibn Dasta كندة genannt wird (كندة مقلّدهم كسه و wie der Text sagt), scheint besagter arabischer Autor entschieden im Irrthum zu sein, worin wir mit Chwolson (siehe S. 115 seiner „Izwjestjia o Chazarach" u. s. w.) übereinstimmen, da كندة ebenso wie Gylas und Karkas nur dem obersten Fürsten zunächststehende Würdenträger waren.

Khatun oder Chatun, unter welchem Namen eine khazarische Prinzessin, die ein arabischer Statthalter von Armenien geheirathet hat, von der georgischen Chronik erwähnt wird. Khatun ist selbstverständlich kein Personenname, sondern ganz einfach das türkische khatun, chatun = Frau, Weib, über dessen etymologische Bedeutung in meinem „Etymologischen Wörterbuche", §. 88, berichtet wird, und unter welchem Namen im Tarichi Narschachi auch die Türkenfürstin Transoxaniens genannt wird. Dass Chatun in der Grundbedeutung als Genosse zu nehmen sei, das ist aus dem Verhältnisse zwischen dem altaischen naj = Gefährte und dem finnisch-ugrischen nē, ni, nö = Weib am besten ersichtlich.

Kundajdschik, ein von Jakut in seinem „Geographischen Wörterbuche", I, 793 angeführter bulgarischer Personenname, soll richtiger Kündejžik heissen und ist ein Diminutivum von dem durch Ibn Dasta bei den Magyaren erwähnten Würdennamen Kende, richtiger kündü (siehe Kender). Von Interesse ist es zu wissen, dass der Titel kündü nicht nur bei den Magyaren, sondern auch bei den Khazaren existirt hat.

Papatzes (Παπατζης), nach den Berichten des Zonaras und Theophanes Name des khazarischen Gouverneurs von Phanagorien, dünkt uns nach den Transscriptionsregeln der griechischen Schriftsteller mit dem türkischen babači, richtiger babačik, einem Familientitel wie anačik = Mütterchen, folglich Väterchen, identisch.

Sarkel (Σαρκελ), das Konstantin mit ἄσρον ὁσπιτίον = weisses Haus übersetzt, eigentlich aber eine Festung gewesen ist, dünkt uns viel wahrscheinlicher, wie schon angedeutet, vom türkischen sara = weiss und arabischen kil'a (auch kal'a, kel'a ausgesprochen), als von dem bisher vermutheten čuvašischen šora = weiss und kila = Haus abzustammen. Klaproth's Vergleichung dieses Wortes mit dem Wogulischen können wir auch schon deshalb kein Gewicht beilegen, weil šora, sara, šara nicht nur auf dem finnisch-ugrischen, sondern auf dem ganzen ural-altaischen Sprachgebiete weiss bedeutet, und kil, wie gesagt, uns eine Abkürzung von kil'a dünkt. An diese unsere Erklärung von Sara-kil'a anschliessend, müssen wir bemerken, dass wir im سارعشن sara-šen des Ibn Dasta eine Verdrehung des ursprünglichen سرعشهر sara-šehr, d. h. weisse Stadt erblicken, in welchem Falle das alttürkische sara = weiss nicht mehr zu kil oder kil'a (Haus oder Festung), sondern zu šehr = Stadt sich gesellt hat.

Tschauschgar (جاوشغر), wie Ibn Fozlan den khazarischen
Würdenträger dritten Ranges nennt, der nach dem Kender-Khakan
folgt. Frachn und nach ihm andere wollen in diesem Worte eine persisch-türkische Composition von čauš und kar erkennen, doch ist dies
eine irrige Annahme, denn Tschauschgar dünkt uns ein correct türkisches
Wort und bedeutet Herold, Ausrufer von čau = Ruf, Laut und čauš
= ausrufen, zu welcher das Suffix gar, in einer andern Form gur,
hinzugegeben, ein Nomen agentis entstanden. Vgl. čapgur = der Einfallende, ötkür = der Durchdringende u. s. w. Nicht ausgeschlossen ist
die Möglichkeit in Tschauschgar das persische Tscha schnigir (جاشنیکبر)
= Mundschenk, ein bekanntes Hofamt, das von den Sassaniden zu den
Khazaren gelangt sein mag, zu erkennen.

Tzulos (Τζουλος), Name des khazarischen Fürsten, welcher von
dem byzantinischen Feldherrn Mongos im Jahre 1016 gefangen genommen wurde. Nach den von uns (S. 35) festgestellten Regeln der
Transscription muss dieses Wort ursprünglich čol oder žol gelautet haben, in welcher Form in demselben das türkisch-tatarische
چۆل čöl = Ebene, Steppe, eventuell auch kirgisisch žol = Weg zu
erkennen ist.

Trweg (Трвгъ nach der russischen Uebersetzung des Moses von
Chorene), Name eines khazarischen Feldherrn, den der Chakan mit
Hülfstruppen zu seinem Schwiegervater Justinianus Rhinotmetus schickte.
Harkavy („Russische Revue", X, 321) will Trweg mit dem bulgarischen
Namen Terbeles vergleichen, was uns unter keinen Umständen zulässig
dünkt, wir glauben vielmehr berechtigt zu sein, in ersterm eine Ver-
drehung des ursprünglichen Terebeg, richtiger Töre-beg = Herr,
Fürst, Oberaufseher, Oberbefehlshaber zu entdecken.

Zibevil (Ζεβεήλ und Ζιεβήλ), Name eines vornehmen Khazaren,
der als zweiter Würdenträger seines Volkes bezeichnet wird. Obige
allgemein angenommene Lesart ist entschieden unrichtig, und es soll
vielmehr Sivil oder Sevil ausgesprochen werden, dessen Stammsilbe
siv oder sev lieben in der Wortbedeutung des Namens aller Wahrscheinlichkeit nach auf das Liebesverhältniss anspielt, in welchem
besagter Khazare zu Eudokia, der Tochter des Heraklius, gefallen, und
die ihm auch später angetraut wurde. Sivil oder Sevil ist jedenfalls
nur ein Bruchtheil des ursprünglichen türkischen Namens.

IX.

Petschenegen.

Wir nähern uns allmählich dem Ursitze der Magyaren, und können es als einen glücklichen Zufall betrachten, dass uns über die Petschenegen, diese unmittelbaren Nachbarn erstgenannten Volkes, verhältnissmässig ausführliche und zuverlässigere geschichtliche Daten zur Verfügung stehen, als über die übrigen bisher genannten Bruchtheile des uralaltaischen Stammes jener Zeit. Vor allem möge auf den wichtigen Umstand hingewiesen sein, dass bezüglich der ältern Heimat und der frühesten Bewegung der Petschenegen wir über zwei, wenngleich aus demselben Zeitalter, doch aus gänzlich verschiedenen, den Verdacht eines gemeinsamen Ursprunges ausschliessenden, Quellen fliessende Nachrichten verfügen, und die dermassen erlangten Resultate daher um so glaubwürdiger erscheinen. Unter diesen Quellen verstehen wir erstens die bei Porphyrogenitus im 37. Abschnitte befindlichen Angaben bezüglich der Petschenegen oder Patzinakiten, wie er sie nennt; zweitens, die von den verschiedenen arabischen Geographen und Reisenden, als Ibn Dasta, Ibn Chordadbeh, Abu Dolef, Abu Zaid el Belchi, Mas'udi el Wardi und Edrisi gebrachten Notizen. Ausführlicher und mit dem Stempel grösserer Wahrscheinlichkeit versehen erscheinen uns die Angaben des Purpurgeborenen, daher wir diese zuerst anführen, um sie mit den folgenden Notizen moslimischer Schriftsteller vergleichen zu können.

„Man muss wissen", sagt der Purpurgeborene[1], „dass die Petschenegen vom Anfang her an den Flüssen Etil (Wolga) und Jaik (Ural) wohnten, und dass die Mazaren (Magyaren) und die sogenannten Uzen (Kumanier) mit ihnen benachbart waren. Vor funfzig Jahren hatten besagte Uzen im Einverständnisse mit den Khazaren die Petschenegen mit Krieg überfallen, dieselben überwältigt, aus ihrem eigenen Lande vertrieben, welches denn auch bis auf den heutigen Tag im Besitze der Uzen ist. Die fliehenden Petschenegen irrten umher, um einen Platz zur Niederlassung zu suchen, und als sie in die heute von ihnen bewohnte Gegend gelangten und die dort wohnenden Türken im Kriege be-

---

[1] Vgl. S. 164 der bonner Ausgabe.

siegten und vertrieben, liessen sie sich daselbst nieder und sind
Herren jenes Landes, wie ich sagte, seit fünfundfunfzig Jahren.

„Man muss wissen, dass das ganze Petschenegenland in acht
Provinzen getheilt ist und ebenso viel grosse Fürsten hat. Folgende sind die Provinzen: Die erste heisst Ertim, die zweite
Čur, die dritte Jila, die vierte Kulpej, die fünfte Karoboj,
die sechste Talmat, die siebente Khopon, die achte Čopon.
Und als die Petschenegen aus ihrer Heimat vertrieben wurden,
da waren folgende Fürsten an der Spitze der Provinzen: Maiča
in Ertim, Kuel in Čur, Kurkut in Jila, Ipao in Kulpej, Kaidum
in Kharoboj, Kosta in Talmat, Jazi in Khopon und Bata in Čopon. Nach deren Tod folgten in der Herrschaft ihre Oheime,
denn es ist bei ihnen Gesetz und ererbte Sitte, dass die Würden nicht auf die Kinder und Geschwister übergehen, sondern
dass die in der Herrschaft Befindlichen sich damit begnügen, in
derselben während ihres Lebens zu verbleiben, und dass nach
ihrem Tode ihre Oheime oder deren Kinder vorschreiten, damit
die Herrschaft nicht bei einem Theile des Geschlechtes verbleibe,
sondern dass auch die Seitenzweige sich an den Würden betheiligen mögen. Aus fremden Geschlechtern kann niemand in
die Reihe der Fürsten treten. Besagte acht Provinzen zerfallen
noch in vierzig Unterabtheilungen, an deren Spitze sich kleinere
Fürsten befinden.

„Man muss wissen, dass die vier Geschlechter der Petschenegen, d. h. die Provinzen Kovarči-Čur, Szürü-Kulpej, Boro-Tal-
mat und Bula-Čospon, jenseit des Dnjeprs liegen, da die östlichen und mehr nördlichen Theile an die Lande der Uzen,
Khazaren und Alanen grenzen; die andern vier Geschlechter hingegen befinden sich diesseit des Dnjeprs und bilden dessen
mehr westliche und nördliche Theile. So ist Jazi-Khopon mit
Bulgarien, Unter-Jila mit dem Lande der Türken (Magyaren),
Kharoboj mit Russland und Jabti-Ertem mit den Russland tributpflichtigen Stämmen der Ultinen, Derbleninen, Lenzeninen und
den übrigen Slawen benachbart. Das Land der Petschenegen
ist fünf Tagereisen weit vom Lande der Uzen und Khazaren,
sechs Tagereisen vom Lande der Alanen, zehn Tagereisen weit
vom Lande der Mordwinen, eine Tagereise weit von Russland,
vier Tagereisen weit vom Lande der Türken (Magyaren) und
eine halbe Tagereise weit von Bulgarien entfernt; ist demnach
nahe bei Kherson und noch näher zum Bosporus gelegen.

„Man muss wissen, dass gelegentlich der Vertreibung der Petschenegen aus ihrem eigenen Lande einige dort zurückblieben, mit den genannten Uzen zusammen wohnten und noch heute wohnen, jedoch solche Abzeichen tragen, an welchen man sie erkennen und wissen kann, wie die Trennung von ihren Stammesgenossen stattgefunden; denn ihre Kleider sind kurz, reichen bis zum Knie, und deren Aermel sind abgeschnitten, eine Andeutung dessen, dass sie von ihren Stammesbrüdern und Verwandten getrennt wurden.

„Man muss wissen, dass in dem Theile diesseit des Dnjeprs, der gegen Bulgarien liegt, bei den Führen besagten Flusses verlassene Befestigungen liegen. Die Petschenegen heissen die erste ihrer weissen Steine wegen die Weisse, die zweite Tung-gatai, die dritte Kharakna-katai, die vierte Salma-katai, die fünfte Saka-katai und die sechste Jau-katai. Zwischen den Gebäuden dieser alten Festungen findet man Ruinen von Kirchen und in Tuffstein gehauene Kreuze, daher einige glauben, dass daselbst einst Römer (Griechen) gewohnt.

„Man muss wissen", so schliesst Konstantin seinen Bericht über die Petschenegen, „dass die Petschenegen auch den Namen Kankar führen, aber nicht insgesammt, sondern nur die Bewohner der Provinzen Jabti-Ertim, Kuarči-Čur und Khabuči-Jila, als die tapferern und edlern ihres Geschlechtes, denn dieses ist die Bedeutung von Kankar."

Dies sind die in jeder Beziehung wichtigen Angaben des Purpurgeborenen. Was die moslimischen Schriftsteller anbelangt, so wollen wir, der auf diesen Punkt bezüglichen Zusammenstellung des russischen Gelehrten Chwolson [1] folgend, zuerst Ibn Chordadbeh's erwähnen, der als Nachbarn der Türken die Tagaz gaz (eigentlich Tagaz gar, richtiger Toguz-uigur = neun Uiguren, wie Grigoriew in seiner Uebersetzung von Ritter's „Ostturkestan" angibt), Kitaier, Tibeter und Petschenegen anführt, und da Chordadbeh zwischen 855 und 874 geschrieben, so müssen unter seinen Petschenegen nur die im alten Sitze, d. h. die zwischen der Wolga und dem Ural lebenden verstanden

---

[1] Izwjestija o Chazarach u. s. w., S. 47—51. Mit geringer Ausnahme der mir hierorts zugänglichen arabischen Quellen habe ich in den betreffenden arabischen Citationen mich zumeist an die verdienstvolle Arbeit des russischen Gelehrten gehalten.

werden, da zu jener Zeit die Trennung noch nicht stattgefunden
haben konnte. Der zweite moslimische Schriftsteller über die
Petschenegen ist Abu Dolef, der circa 940 n. Chr. auf seiner
Reise von Bochara durch verschiedene Türkenländer, d. h. über
Urgendsch und über die Steppenregion im Norostden des Kaspisees, auch zu den Petschenegen kam und uns gelegentlich mittheilt,
dass sie lange Bärte und Schnurrbärte tragen, eine Sitte, die sie
Jahrhunderte später noch in Ungarn aufrecht erhielten, denn Bon-
finius, zu dessen Zeit sie noch den alten Sitten huldigten, spricht
auch von ihren langen Bärten und Schnurrbärten [1], ferner dass
sie sich gegenseitig bekriegen, sich zumeist von Hirse nähren,
mit ihren Weibern öffentlich Umgang pflegen, und dass sie niemand Steuer zahlen u. s. w., woraus deutlich hervorgeht, dass
Abu Dolef nur die östlichen Petschenegen besucht, und dass
diese in einer grössern Anzahl zurückgeblieben sind, als sich aus
dem Berichte des Porphyrogenitus vermuthen lässt, da sich ihre
Heimat zwölf Tagereisen, d. h. sechzig Meilen weit vom Lande
der Slawen ausdehnte. Beim dritten arabischen Gewährsmanne,
nämlich bei Abu Zaid el Belchi, finden sich bezüglich der
Auswanderung der Petschenegen schon bestimmtere Nachrichten,
indem bei demselben zu lesen ist [2] وقد انقطع طايفه ن الاترك عن

بلادعم فضا روا فيما بين الخزر والروم يقال لهم البجناكيه و ليس
موضعيم بديار لهم على تديم الايام و انما انتابوا بها فغلبوا عليها

d. h. „Und es schied ein Stamm der Türken aus ihrer Heimat,
und liess sich zwischen dem Lande der Khazaren und Römer
nieder. Dieses Land nennt man Bedschenckie, welches seit
alters her nicht ihre Heimat ist, denn sie (die Petschenegen)
hatten sich hier niedergelassen, nachdem sie das Land be-
kriegt." Mas'udi, nämlich die vierte arabische Quelle, erzählt
von dem Kampfe der Petschenegen gegen die Byzantiner vom
Jahre 935, worunter die westlichen Petschenegen zu verstehen
sind, die westlich vom Khazarenreiche wohnten, und hält sie
unter anderm für die tapfersten und am meisten kriegerischen
unter allen Türkenvölkern, und wie sehr ihr Einfluss auf jene
Gegenden sich erstreckte, erhellt aus dem Umstande, dass das

---

[1] Illis mos est ...... demissas ferre barbas et labri vel maxille su-
perioris nutrire pilos etc. (Dec. II, Lib. IV.)

[2] Sprenger'sche Handschrift in Berlin, Blatt 1, 4, nach Chwolson citirt.

Schwarze Meer bei Mas'udi den Namen das Meer der Petschenegen بحر بجناك führt. Bei El Bekri, der in der zweiten
Hälfte des 11. Jahrhunderts schrieb, werden die Petschenegen als
Nomaden erwähnt, deren steppenähnliche Heimat ohne Berge
und ohne jede Befestigung eine Ausdehnung von dreissig Tagereisen, d. h. 150 Meilen hat, und östlich an die Guzen, südlich
an die Khazaren, nördlich an die Kipčaken und westlich an die
Slawen grenzt. [1] Hierunter können doch nur die östlichen Petschenegen und nicht auch die westlichen, wie Chwolson annimmt,
verstanden werden, da sonst auch der Nachbarschaft der Byzantiner Erwähnung geschehen müsste, was bei El Bekri nicht
der Fall ist. In einem ganz entgegengesetzten Sinne spricht
sich Edrisi (12. Jahrhundert) aus, der die Petschenegen wol
Türken und Nachbarn der Byzantiner nennt, da er nur den
westlichen Theil dieses Volkes gekannt, dieselben aber in ge-
birgigen Waldgegenden wohnen lässt, und ihnen einige mit den
Russen verwandte Sitten zuschreibt. Dies mag gewissermassen
im 12. Jahrhundert schon der Fall gewesen sein, aus welchem
Grunde wir die Angabe Edrisi's, „dass sich die Sprache der
Petschenegen von der Sprache der Russen und Baškiren unterscheide", auch erklärlich finden. Schliesslich ist es noch Ibn
Said, der nach Chwolson in der Mitte des 13. Jahrhunderts über
die Petschenegen berichtet, jedoch nur von den östlichen,
deren Heimat er an den Ural, in das Quellengebiet der Kama
verlegt.

Schreiten wir nun zu einem Vergleiche der beiden aus verschiedenen Quellen stammenden Angaben, so wird sich vor allem
ergeben, dass das Gros des petschenegischen Volkes ungefähr
im Jahre 894 sich in zwei Theile zu trennen begann und im
Jahre 899 diese Trennung dermassen beendet [2] war, dass der

---

[1] El Bekri schreibt: و طول ارضهم مسيرة ثلثين يوما فى مثلها
و منهم فى الشمال بلاد جفجاخ و قيل تفجاخ و الجنوب بلاد الخزر
(nach Dufré- و فى المشرق بلاد الغزيه و فى المغرب بلاد الصقلب
mery's Auszug im „Journal asiatique", XIII. 461).

[2] Konstantin schrieb bekanntlich im Jahre 948, und da er bezüglich
der Auswanderung der Petschenegen das Datum „50, respective 55 Jahre
früher" gebraucht, so erhält diese chronologische Angabe ihre volle Bestätigung.

westliche Theil desselben damals in den vom Purpurgeborenen
bezeichneten Grenzen sich schon niedergelassen, während der
östliche Theil in den verschiedenartig angegebenen Theilen der
alten Heimat zurückgeblieben war. Es ist auch bezüglich des
quantitativen Verhältnisses der beiden Fractionen, dass zwischen
den arabischen und der byzantinischen Quelle ein Unterschied
obwaltet, und da die Araber, wie Mas'udi und Abu Dolef, infolge
ihrer persönlichen Erfahrungen, mit Bezug auf die zwischen der
Wolga und dem Ural wohnenden Petschenegen wol besser unterrichtet sein konnten als Konstantin, der nur nach Hörensagen
schrieb, dünkt uns die Annahme berechtigt, dass es nur der
kleinere Theil der Petschenegen war, der nach Westen zog und
später theilweise mit den Magyaren verschmolz, und dass die
Majorität in der alten Heimat verblieb. Minder leicht ist es
hingegen, sich aus den vorliegenden Daten einen richtigen Begriff von der Ausdehnung des westlichen und östlichen Petsche-
negensitzes zu machen. Trotz der detaillirten Bezeichnung der
einzelnen Bezirke (Θέμα) bei Porphyrogenitus ist erstens die
Grenzbestimmung eine allzu vage, und zweitens ist der Maassstab von Tagereisen, wenngleich wir dieselbe auf fünf geographische Meilen veranschlagen, viel zu unsicher, um sich einen
concreten Begriff von der territorialen Ausdehnung bilden zu
können. Es ist daher nur eine approximative Vorstellung, die
wir von dem westlichen und östlichen Sitze der Petschenegen
erhalten.

Viel besser ist es um die Feststellung der Nationalität
der Petschenegen bestellt, da wir bei der Erörterung dieser
Frage über so ziemlich sichere Behelfe verfügen. Erstens, die
Aussagen der arabischen Geographen El Belchi, El Belkri, Mas'udi
und Edrisi, denen zufolge die Petschenegen zu den Türken gerechnet, ja als die tapfersten des Türkenvolkes bezeichnet werden; und wenn man die bei Mas'udi angeführte geschickte Taktik
dieses Reitervolkes im Kampfe gegen die Byzantiner liest, gegen
welche sie als ein zu jener Zeit berühmtes Reitervolk als Ver-
bündete des russischen Fürsten Igor im Jahre 944 zogen [1], so

---

[1] Es liegt der Wahrscheinlichkeit nahe, dass das Entstehen der russischen Kosacken schon aus jener Zeit datirt. Die Normannen bildeten
ihre Infanterie und die Petschenegen ihre Cavalerie; die bei den Kosacken
üblichen Wörter, wie Häuptling = ataman und Lager = koš sind türkischen Ursprunges und mögen schon zu jener Zeit entlehnt worden sein.

wird bezüglich des Türkenthums der Petschenegen gar kein
Zweifel obwalten. Als nebensächliches Moment darf nicht unberücksichtigt bleiben der bei Konstantin und Edrisi übereinstimmende Bericht von den kurzen Kleidern, diesem Cha-
rakteristicum nomadischer Reitervölker, was wir noch heute bei
den Turkomanen wahrnehmen können, die beim Aufbruche zu
einem Raubzuge sowol Aermel als Rockschösse aufschürzen und
immer in kurzen Kleidern zu Pferde sitzen, so wie übrigens
auch die alten Magyaren bei Besitzergreifung des Landes in
kurzen, bis zum Knie reichenden Kleidern geschildert werden.
Ebenso finden wir auch bezüglich der Kopflosigkeit unter den
heutigen Turkomanen ein Analogon zu dem bei El Bekri und
Porphyrogenitus übereinstimmenden Berichte über das lockere
Band der Staatsverfassung, welches die Petschenegen vereinigte,
ein Umstand, der, wie K. Szabo[1] richtig bemerkt, viel dazu bei-
trug, dass dieses tapfere Volk, mit dem sich die Magyaren im
10. Jahrhundert nicht messen konnten, in so verhältnissmässig
kurzer Zeit im Gros des Magyarenvolkes aufging. Zweitens
ist das Türkenthum der Petschenegen ganz klar und deutlich
erwiesen, theils in der Nomenclatur jener Eigennamen, in welcher bei Konstantin sowol der einzelnen Geschlechter, der Eintheilung des Landes als auch der verlassenen Festungen der
Petschenegen Erwähnung geschieht, und deren durchwegs türkischer Sprachcharakter ausser jedem Zweifel steht, theils aber
auch in der geographischen Beschreibung der als alter Petsche-
negensitz bekannten Gegend des palus Maeotidis im 42. Abschnitte, wo die meisten Flussnamen und die andere topographische Nomenclatur unter den ziemlich leicht erkennbaren türkischen Namen Choracul (Karaköl), Bal, Chader (Katir), Burlik
(Borlik), Tamatarcha (Temirtarkan), Atekh (Atak), Turganirkh
(Turganirik), Tzarbaga (Čarbag) u. s. w. bezeichnet werden[2];
schliesslich in jenen Orts- und Personennamen, welche sich auf
die in Ungarn nicht angesiedelten Petschenegen beziehen, und
die uns in Urkunden, welche bis gegen die Mitte des 14. Jahrhunderts hinaufreichen, aufbewahrt worden sind. Es ist wol
sehr zu bedauern, dass dieses äusserst wichtige Monument von
der Sprache der Petschenegen erstens durch griechische Ueber-

---

[1] Magyar Akademiai Értesitő, I, 103.
[2] Siehe Wortregister.

lieferung zu uns gelangt, und zweitens noch obendrein durch die
Nachlässigkeit der Copisten hier und da dermassen entstellt ist,
dass z. B. ein und dasselbe Wort auf einem und demselben Blatte
in zwei, ja auch in drei verschiedenen Formen vorkommt. So
Καλπέη und Κουλπέη, Τζοσπόν und Τζοπόν, Ἐρτήμ und Ἐρτίμ
u. s. w. Diese Divergenz der Schreibart lässt mit Recht auch
auf eine wesentliche Entstellung des Urtextes schliessen, welcher
Umstand wol eine Richtigstellung der betreffenden Wörter nach
sich zieht, deren türkischen Sprachcharakter aber · in keiner
Weise beeinträchtigt; ja wir finden in besagten Orts- und Geschlechtsnamen, besonders in denjenigen, welche uns in ungarischen Urkunden aufbewahrt wurden, ein solches Sprachmonument,
wie es hinsichtlich der Beweiskraft unvergleichlich dasteht. Diese
theils einzeln, theils als Composita vorkommenden Wörter gewähren uns erstens einen Einblick in das dialektische Verhältniss der Sprache der Petschenegen, indem aus denselben klar
hervorgeht, dass dieses Volk, ungleich den Hunnen, nicht eine
östliche Fraction des Türkenthums ausmachte, sondern jenen
Türken angehörte, die im 11. und 12. Jahrhundert unter dem
Namen Kumanen sich dort aufhielten, und die zwei Jahrhunderte
später als Nogaier, Kazanen und Turkomanen das Steppengebiet
von der Nordostspitze des Kaspisees dem mittlern Wolgagebiete
entlang bis zur Krim innehatten. Bezüglich der Sprache der
erstern, d. h. der Kumanen, Nogaier und Kazanen, hat seit jener
Zeit wol eine, wahrscheinlich infolge eines kirgisischen Sprach-
einflusses stattgefundene, lautliche Veränderung stattgefunden, so
die Verwandlung des anlautenden *j* in *ž*, denn jabdi, jilau
und jau klingen heute žabdi, žilau und žau, doch bei den
Turkomanen, die auf ihren östlichen Sitzen am längsten ver-
weilten, ist eine phonetische Umgestaltung nicht zu bemerken,
und da man letztere ganz richtig mit den Kumanen oder den
Polowtzen der Russen, und mit den Uzen oder Guzen der Araber
des Alterthums identificirt, so nehmen wir keinen Anstand, die
Petschenegen für einen türkischen Stamm zu erklären, der
sprachlich mit den Kumanen eng verwandt und nur durch die
generische Eintheilung getrennt war, wie dies z. B. bei den
verschiedenen turkomanischen Geschlechtern der heutigen Jomuten, Tschaudoren und Tekkes der Fall ist. Für eine solche
Annahme spricht nicht minder der Umstand, dass die ungarischen
Historiker jene Petschenegen, die zur Zeit der Heerführer und

der ersten Könige in Ungarn einwanderten, als Kúnok, d. h. Kumanier bezeichnen; ja noch mehr, dass die topographische
Nomenclatur jener Strecken des Ungarlandes, auf welchen sich
seinerzeit Petschenegen oder Kumanier niederliessen, theils mit
dem Wortregister des Porphyrogenitus stellenweise übereinstimmt,
theils aus dem türkischen Sprachschatze mit auffallender Leichtigkeit sich erörtern lässt. So vergleiche man zu diesem Behufe
den Ortsnamen Keczel (sprich Ketzel) in Kumanien mit Keczel,
dem Namen des Anführers der Kumanier, und zugleich mit dem
westtürkischen kečel = kahl, nackt; Majša, ebenfalls in Kumanien, mit dem petschenegischen Personennamen Μαῖτζα bei Porphyrogenitus, und beide zugleich mit dem türkischen maj čai
= Schmalzfluss; Šur, Name mehrerer Orte im neutraer Comitate
mit dem Τζουρ des Porphyrogenitus u. s. w., wie wir dieses Verhältniss der Magyaren zu den Petschenegen aus der fleissigen
Arbeit des ungarischen Gelehrten Jerney, der sonst bezüglich
der Nationalität der Petschenegen in einem argen Irrthum befangen ist, ersehen können.[1] Wenn daher Herr Roessler in
seinem Aufsatze „Die Anfänge der Ungarn und der anonyme
Notar"[2] sein Befremden darüber ausdrückt, dass besagter Notar
von der frühen Freundschaft der Kumanen mit den Magyaren
spricht, da erstere doch erst im Jahre 1067 auftraten, und wenn
dieser deutsche Gelehrte ferner der Identität der Petschenegen
mit den Kumaniern nicht beistimmen kann, so geschieht dies
nur aus dem Grunde, weil er das sprachliche Verhältniss nicht
genügend berücksichtigt, und weil ihm überhaupt die Kenntniss
des noch heute zwischen Nomadenstämmen bestehenden generischen Verhältnisses abgeht, jenes Verhältnisses, das uns belehrt,
wie einzelne Stämme unter streng voneinander geschiedenen Benennungen jahrhundertelang den Fremden als getrennte Völker
erscheinen, in der That aber durch die Bande der Brüderschaft,
also durch Sprache und physische Merkmale eng miteinander
verbunden sind. Warum sollte die Identität der Petschenegen
mit den Kumanen so sehr befremden, da wir doch wissen, dass
sich erstere gegen Ende des 9. Jahrhunderts in zwei Theile getrennt, und dass der grössere, d. h. der östliche Theil, zwischen
der Wolga und dem Ural, also im Nordosten des Kaspisees,

---

[1] Siehe Jerney, „Keleti Utazás", I, 227—270.
[2] Romänische Studien, S. 207—208.

gerade in unmittelbarer Nachbarschaft der Uzen oder Guzen,
d. h. der Kumanen lebte, und sich mit diesen eben nur deshalb so leicht verschmelzen konnte, weil zwischen ihnen ebenso
wenig ein Unterschied bestand als zwischen jenen einzelnen
Türkenstämmen, die, von den geschichtlichen Begebenheiten
durcheinander gewürfelt, bisher unter verschiedenen Sammelnamen auf der Bühne der Weltgeschichte aufgetreten sind.
Uebrigens stehen uns zur Kräftigung dieser Annahme noch die
Aussagen früherer russischer Chronisten zur Verfügung; so berichtet Nestor [1], dass die Polowtzen in vier Zweige, nämlich in
Petschenegen, Turkmenen, Türken und Polowzen, d. h. Kumanier
zerfallen; Aehnliches berichtet auch Nikon, sodass über unsere
auf sprachliche Evidenz gegründete Annahme bezüglich der
Identität der Petschenegen mit den Uzen oder Kumaniern der
europäischen Chronisten einerseits und der Turkomanen andererseits auch nicht der geringste Zweifel bestehen kann, um so
weniger, da die Angabe der Anna Comnena, dass die Petschenegen und Kumanen gleichsprachig (ὁμόγλωττοι) wären [2], auch
für dieselbe spricht. Natürlich ist auf Grund der ethnischen
Klassification der frühern Chronisten und einer scheinbaren
Analogie der Nomenclatur der Speculation bezüglich der Identität und der nächsten Verwandtschaft der Türkenstämme des
10., 11. und 12. Jahrhunderts oft ein allzu weites Feld geöffnet,
und es sind Theorien aufgestellt worden, die beim Lichte der
heutigen Turkologie die Kritik nicht immer aushalten, obwol
andererseits wieder rühmliche Ausnahmen gemacht werden
können. Zu letztern gehört die Ansicht des Herrn Howorth,
des verdienstvollen Autors der „History of the Mongols“, bezüglich der engen Verwandtschaft der Petschenegen mit den
Kanglis und Karakalpaks, von welchen letztern der vierte
Fortsetzer Nestor's unter dem Namen černi-klobuk (Schwarz-
mützen = türkisch kara-kalpak) Erwähnung thut [3]. Ohne dem
Nexus zwischen Kangli und dem bei Porphyrogenitus vorkommenden Eigenschaftswort „kangar“ zustimmen zu können,
dünkt uns die Hypothese Howorth's von der engen Affinität der
Petschenegen mit den Kanglis und von deren Beziehungen zu

[1] Nestor (Ausgabe Paris), S. 253—254.
[2] Hunfalvy, S. 263.
[3] Geographical Magazine, Vol. IV, S. 46 und 162.

den Osmanen entschieden als vollberechtigt. Ein solches Verhältniss kann auf dem Wege der vergleichenden Philologie noch
besser nachgewiesen werden, da die Sprache der Osmanen als
ein mit dem heutigen Turkomanischen nächstverwandter Dialekt
zu betrachten ist[1], und da die Turkomanen, die Guzen der
Araber, d. h. die Kumanen der Byzantiner, von den Petschenegen
und Kanglis nur durch die Scheidewand der Claneintheilung getrennt werden. Wir stimmen daher mit dem russischen Akademiker Kunik darin vollkommen überein, dass die türkische Abstammung der Kumanen und Petschenegen gar keinem Zweifel
unterliegt[2], wenngleich die Möglichkeit zugegeben werden muss,
dass die ethnische Bezeichnung kuman, bekanntermassen eine
europäische Erfindung, weder in Asien, noch am allerwenigsten
dem mit diesem Namen bezeichneten Türkenvolke bekannt gewesen sein mag.

Unserm Vorsatze getreu: dem verlockenden Studium der
türkischen Ethnologie hierorts aus dem Wege zu gehen, können
wir doch nicht umhin, an dieser Stelle auf den Zusammenhang
hinzudeuten, der selbst in dem historisch noch nicht genügend
beleuchteten Zeitalter jener geschichtlichen Epoche mit Bezug
auf die Türken und die verschiedensten Benennungen derselben,
und bezüglich der bedeutenden geographischen Ausdehnung sich
bemerklich macht. Ohne sich in besonders vage Theorien stürzen, oder zu haltlosen Argumenten Zuflucht nehmen zu müssen, präsentirt sich das Bild der Zusammengehörigkeit des Türkenthums jener Zeit in scharfen und klaren Umrissen. Wir
sehen, dass die Cangli des Rubruquis, die Cangites Plan
Carpin's und die Kanglis der Historiker der Charezmiden und
Mongolen, ja jene Kanglis, denen schon in der Genealogie
der Türken eine bedeutende Stelle eingeräumt wird, einerseits
mit den nach Westen gezogenen Osmanen, andererseits aber
auch mit den in derselben Richtung drei Jahrhunderte früher
aufgebrochenen Petschenegen verbrüdert, zu einem und demselben Volke, ja zu einem und demselben Stamme gehörten,

---

[1] Vgl. meinen Aufsatz über „Machdumkuli" in der Zeitschrift der
Deutschen Morgenländischen Gesellschaft. Band XXXIII. Heft 3.

[2] Ueber die türkischen Petschenegen und Polowzen nach ungarischen
Quellen, nebst einer Uebersicht der neuesten Forschungen über die pon-
tisch-türkischen Völker von Attila bis Dżengiz Khan (1855), S. 724 (russisch).

und dass demnach das ganze Steppengebiet vom untern
Jaxartes angefangen, der Nordküste des Aral- und
Kaspisees entlang über das Stromgebiet des Urals,
der Wolga, des Dons, des Dnjepers und Dnjesters bis
hart an die Grenzen Ungarns, von einem nur generisch voneinander getrennten türkischen Volksstamme
eingenommen wurde. Und wenn wir bezüglich der Petschenegen zu besagtem Resultate gelangen, darf es dann wundernehmen, wenn wir bezüglich des Verwandtschaftsverhältnisses
zwischen Bulgaren, Khazaren und einzelnen unter den Sammelnamen Hunnen und Awaren bekannten Fractionen ähnlichen
Muthmaassungen Raum geben und auf Grund der vorhandenen
linguistischen Behelfe ähnliche Theorien aufstellen? Gewiss
nicht, erlauben wir uns selbst zu antworten. Das tolle Völkergedränge mag, wie wir schon im Eingange erwähnt, in jener
stockfinstern Periode des vorgeschichtlichen Zeitalters wie
immer grosse, kaum geahnte Dimensionen angenommen haben,
die einzelnen Fractionen mögen unter was immer für einem
Namen aufgetreten sein, es ist doch sicher und ausgemacht,
dass auf den von uns erwähnten Breitegraden, d. h. auf den
zur Viehzucht und zum Nomadenleben geeigneten Steppen es
immer nur Menschen türkischer Zunge und türkischer Abkunft
waren, die von ihrer dortigen Heimat aus auf die Geschicke
des Abendlandes einen so mächtigen Einfluss ausübten, wie wir
dies im ersten Abschnitte unsers Buches und an andern Orten
hervorgehoben haben.

Bevor wir jedoch unsere Erörterungen über die Petschenegen und über die Identität derselben mit den Kumaniern zum
Abschluss bringen, können wir nicht umhin, unsere specielle Aufmerksamkeit dem letzterwähnten Volksstamme auch schon deshalb zuzuwenden, weil man sich in letzterer Zeit in gelehrten
Kreisen über die Nationalität der Kumanen auf Grund linguistischer und sonstiger Beweise so viel gestritten, und da zur Ver-
fechtung der verschiedenen Lieblingstheorien die absonderlichsten
Argumente gebraucht wurden. Nach Aussage der russischen
Annalen [1] sind die Polowzen oder Kumanen gegen die Mitte des

---

[1] Siehe Buratschkow, „Opit izsljedowanija o Kumanach ili Polowtzach"
(Versuch zur Erforschung der Kumanen oder Polowzen) (Cherson 1876), S. 111
und 134.

11. Jahrhunderts in Europa erschienen, und zwar werden sie aus Sibirien kommend dargestellt, und ihre Heimat soll sich in den verschiedenen Epochen bis zum Dnjeper ausgedehnt haben, während sich ihre Arrièregarde an das linke Ufer des Dons anlehnte. Andere russischen Annalen entlehnte Daten wollen wissen, dass die Heimat der Polowzen das ganze Gebiet zwischen der Wolga und dem Dnjeper umfasste, und dass Mstislaw die Polowzen im Jahre 1140 über den Don, die Wolga, sogar über den Ural hinaustrieb. Was die südlichen Grenzen anbelangt, so behauptet Blau[1], der sich auf Edrisi stützt, dass dieselben bis an das südliche Uferland der Krim gereicht hätten. Diese Annahme findet Buratschkow nicht zutreffend, so wie er auch die Angaben Edrisi's vom Handelssinn, von den Städten und dem Bildungsgrade der Kumanen, auf welche Blau seine Ansicht begründete, mit Recht angriff, denn nach unserm Erachten ist Edrisi mit Bezug auf die pontisch-kaspischen Gegenden eine nicht immer zuverlässige Quelle und seine geographische Nomenclatur eine durchwegs fehlerhafte. So wenig es möglich ist, die südliche Grenzlinie der von den Kumanen bewohnten Gegend genau zu bezeichnen, ebenso zweifelhaft dünkt uns die Behauptung Edrisi's von den Städten der Kumanen, die durch und durch Nomaden waren, und bei denen von festen Wohnsitzen ebenso wenig die Rede sein konnte wie bei den Petschenegen, denn die Festungen, deren Porphyrogenitus im Lande der letztern Erwähnung thut, scheinen eher von den Griechen als von den Petschenegen herzurühren, was auch durch das Vorhandensein von Kirchenruinen bestätigt wird.

Es würde zu weit führen, wollten wir hier der Einwendungen, die Buratschkow gegen die Bemerkungen Dr. O. Blau's erhebt, ausführlich gedenken. Aller Wahrscheinlichkeit nach hat man von beiden Seiten den Bogen der Combinationen allzu sehr angespannt, und auf beiden Seiten scheint man übersehen zu haben, dass die Kumanen oder Polowzen gleich den Magyaren, Petschenegen, Kanglis und Karakalpaks aus der Steppe nur dort und nur dann hervorbrachen, wenn innere Familienfehden sie dazu zwangen, oder wenn die Schwäche und Unwachsamkeit der

---

[1] Ueber Volksthum und Sprache der Kumanen, im XXIX. Bande der Zeitschrift der Deutschen Morgenländischen Gesellschaft. (Leipzig 1876).

sesshaften Nachbarn ihnen dazu Gelegenheit gab, und von einer
permanenten Besitzergreifung des einen oder andern für die nomadische Lebensweise nicht geeigneten Culturrayons unter keinen
Umständen die Rede sein kann. Was uns in der Streitfrage
über die Kumanen oder Polowzen im Zusammenhange mit dieser
Studie am meisten zu interessiren vermag, ist erstens der geschichtliche Nexus dieses nomadisch-kriegerischen Volkes mit
den Magyaren und zweitens die endgültige Sicherstellung ihrer
Nationalität. Bezüglich des erstern herrscht in ungarischen
Gelehrtenkreisen schon längst kein Zweifel mehr darüber, dass
die ethnischen Ausdrücke kún (Kumane), palócz (Polowze) und
besenyő (Petschenege) ganz identisch seien, und wie K. Szabó
richtig bemerkt [1], kennen die ungarischen Chronisten gar keinen
Unterschied zwischen denselben, denn das frühere Land der
Petschenegen heisst später Kumanien (Cumania) und dort, wo
der Anonymus von kumanischen Niederlassungen spricht, gibt
es heute Polowzen. Wir haben es hier mit verschiedenartigen
Benennungen eines und desselben Volkes zu thun, was in der
ethnischen Nomenclatur nicht zu den Seltenheiten gehört, eine
Verschiedenheit, die entweder auf den Unterabtheilungen in
Zweige, Clans oder Familien beruht, oder im Munde der Nachbarn entstanden ist. So versteht der Magyare noch heute unter
oláh, román und mócz den Walachen, unter német und
sváb den Deutschen, unter porosz und burkus den Preussen,
ganz so wie er ehedem unter besenyő, kun und palócz die einzelnen Abtheilungen eines und desselben Türkenvolkes verstanden
hat. In diesem Sprachgebrauche der Magyaren liegt entschieden
der beste Beweis für die Identität des unter den Namen Petschenege, Kumane oder Polowze in Europa aufgetretenen Volkes,
und wir ersehen aus demselben, wie unrichtig die Annahme eines
Roessler ist, der ohne Sach- und Sprachkenntniss in Petschenegen und Kumanen eine Stammverwandtschaft entdeckt, wie
sie zwischen Alemannen und Baiern [2] besteht, und der den Anonymus, weil er vom Anschluss der Kumanen an die Magyaren
unter Kijew spricht, als „Vater der Lüge" bezeichnet. Wer das
ethnische Verhältniss derartig auffasst, den muss es allerdings
befremden, wie sich die Petschenegen, nach Konstantin's Berich·

---

[1] Kisebb történelmi munkák, II, 246.
[2] Roessler, Romänische Studien.

die Erzfeinde der Magyaren, mit diesen gegen die Russen verbinden konnten, ebenso wie es jeden befremden müsste, der in der jüngsten Vergangenheit gelesen hätte, dass Turkomanen sich mit den Russen verbunden und gegen Turkomanen gezogen wären. Dies war nun allerdings der Fall, nur gehörten die erstern Turkomanen dem Stamme Jomut, die letztern dem Stamme Tekke an, ebenso wie die petschenegischen Türken den Magyaren feindlich, die kumanischen Türken jedoch freundlich gesinnt sein mochten. In den Fehler Roessler's verfällt auch Hunfalvy, der in seiner Schrift über die Kumanen [1] die Bekanntschaft der Magyaren mit diesem Volksstamme erst 1086, also zwanzig Jahre nach ihrem Erscheinen in Russland, ansetzt, indem er ebenfalls die Identität der Petschenegen mit den Kumanen bezweifelt, obwol er einige Zeilen weiter unter dem Appellativum besenyő - kún einen und denselben Volksstamm in Donaubulgarien einfallen lässt.

Nachdem wir in diesem Abschnitte über das Türkenthum der Petschenegen ausführlich gesprochen und deren Identität mit den Uzen oder Kumanen ausser Zweifel gestellt haben, wäre es beinahe überflüssig, die türkische Nationalität der letztern noch besonders hervorzuheben. Wenn wir dies dessenungeachtet doch thun, so geschieht es mit Rücksicht auf die vielseitig verbreitete Meinung, dass Kumanien eher ein geographischer als ein speciell ethnischer Begriff sei, weil die Steppenregion Südrusslands noch bis zum 17. Jahrhunderte den Namen Kumanien führte, eine Benennung, die nur später in „Wilde Felder" und „Kleintatarei" [2] verwandelt wurde. Diese Ansicht vertritt auch Jerney [3], indem er das kumanische Glossar von Petrarcha als ein Sprachmonument solcher Türken ansieht, die nur in den ehemaligen Sitzen der Kumanen gewohnt, mit letztern aber, nach seiner Ansicht einem Zweige der Magyaren, gar nicht zu verwechseln wären. Es wäre allerdings von hohem Interesse, mit historischer Sicherheit feststellen zu können, wie sich jene Zweige und Stämme der türkischen Nomaden nannten, die sich auf den Steppen Südrusslands vor dem Einfalle der Mongolen 1224 noch herumtrieben, doch da sie sich selbst den Namen Kuman nicht beilegten, ja denselben gar

---

[1] A kún vagy Petrarca Codex és a Kúnok (Budapest 1881), S. 14.
[2] Buratschkow, S. 119.
[3] Keleti Utazás, I, 299.

nicht kannten, verliert die Uebertragung 'dieses Namens auf die
Sprache anderer sich später dort aufhaltender Nomaden jegliche
Bedeutung und kann daher am allerwenigsten als Beweis gegen
das Nichttürkenthum des von uns „Kumanen" genannten Volkes
gebraucht werden. Im Grunde genommen ist es nur die arge
Confusion in der ethnischen Nomenclatur, welche hier an der
Unklarheit Schuld trägt, indem wir Europäer den Völkern solche
Namen geben, welche die betreffenden Völker nie gehört haben.
Wenden wir uns daher nicht nur an russische, griechische und
magyarische, sondern auch an arabische Quellen, und wir werden finden, dass diese die raub- und kriegslustigen Nomaden im
Nordosten und Nordwesten der damaligen Islamwelt zumeist mit
dem Sammelnamen اوغوز Oghuz oder auch غز Ghuz bezeichnen,
ein Name, unter welchem sowol jene Türken verstanden werden, die vom nördlichen Pontusgebiet in Azerbaižan von der
heutigen Ostküste des Kaspisees aus in das Reich Mahmud's
des Gaznewiden einfielen, als auch jene, die noch früher in der
Umgebung des heutigen Belch mit dem Seldschukiden Sanžar
Krieg führten und nicht ohne Grund für die Vorfahren der heutigen Turkomanen gehalten werden. Aus اوغوز Oghuz ist nach
einer normalen türkischen Lautveränderung[1] Ouz und Úz entstanden, und dass die Osmanen noch heute in der geographischen
Nomenclatur des ehemaligen Kumanenlandes den Namen اوزى
ouzi, uzi gebrauchen, ist keinem blossen Zufalle zuzuschreiben.
Genug an dem, es war dieses ouz oder uz der Türken, von dem
das Oὖζοί der Byzantiner abstammt, welche von Anna Comnena
als „gleichsprachig" mit den Petschenegen bezeichnet werden, und
dieser Umstand allein, indem, wie wir sehen, die Steppenbewohner vom Hindukusch angefangen bis zum Dnjeper
und Dnjester schon in ältester Zeit unter dem gemeinsamen Namen Oghuz, Ouz und Uz als der türkischen
Nationalität angehörig vorkommen, ist ein genügend
triftiger Grund zur Annahme, dass Uzen und Kumanen
als ein und derselbe Volksstamm noch vor dem Einfalle der Mongolen in Südrussland zu Hause waren.

---

[1] Vgl. das osmanische اوعزى oghri = ori, اوغول oghul = oul und úl,
اوغوز oghuz = ouz und úz u. s. w.

Was nun den Namen Kuman oder Coman anbelangt, der
bei den Byzantinern erst 1078 vorkommt[1], so glauben wir nicht
irre zu gehen, wenn wir annehmen, dass dieses Wort magyarischen Ursprunges, und nur durch Hinzufügung des lateinischen
Adjectivsuffixes anus entstanden sei. Im Magyarischen heisst
nämlich Kumane kún und das auslautende *n* ist im Magyarischen
entweder an die Stelle eines ehemaligen *m* getreten, oder es hat
dieser Lautwechsel im Griechischen stattgefunden. Ersteres ist
wahrscheinlicher, so wenigstens lässt sich aus der Verwandtschaft
dieses Wortes mit dem Eigennamen Hunne, Chounni u. s. w.
vermuthen (siehe Hunnen im hunnisch-awarischen Wortregister).
Behauptet daher Hunfalvy[2], die Magyaren hätten erst 1086 mit
den Kumanen Bekanntschaft gemacht, so kann dies auch schon
deshalb nicht richtig sein, weil dieser Eigenname schon acht
Jahre früher bei den Byzantinern vorkommt, und weil, wie
Hunfalvy selbst an anderer Stelle wieder richtig annimmt, die
Einwanderung der alten Kumanen in Ungarn nicht nur vom
alten Lebedien, sondern auch vom Nordosten, d. h. von Russland aus geschah, was durch eine andere magyarische Benennung
dieses Volkes, nämlich durch das Wort palócz, das aus dem
slawischen, richtiger russischen Palowetz[3] = Kumane entstanden ist, und heute als Name derjenigen Fraction des Magyarenvolkes dient, die der Anonymus als Kumanen bezeichnet, und
deren ursprünglich nichtmagyarische Nationalität sich in einer
durch gewisse Lautveränderungen hervorgerufenen magyarisch-
dialektischen Eigenthümlichkeit manifestirt.

Alles in allem genommen, glauben wir dargelegt zu haben,
dass Petschenegen, Uzen, Palowtzen und Kumanen verschiedenartige auf die Familien-, Zweig- und Clanverhältnisse bezügliche Benennungen eines und desselben Türkenvolkes seien, das

---

[1] Buratschkow, S. 112.

[2] A kún vagy Petrarca Codex, S. 14.

[3] Warum man sich die Mühe gegeben hat, das russische Palowetz,
Plural Polowtzi, aus Parthawa oder Pahlaw zu erklären, indem man
sie für ursprüngliche Parther hielt, während sich andere, wie z. B. Kunik,
den Ursprung des Wortes im russischen polowoi = fahle Farbe der Pferde
zu finden die Mühe geben, ist uns in der That ein Räthsel. Nachdem aus
dem slawischen pole, pola = Feld, Ebene, der Eigenname Polaci = Polen entstanden, warum sollte man unter Palowzi nicht ebenfalls die auf
der Ebene wohnenden Nomaden verstanden haben?

zu verschiedenen Zeiten und an verschiedenen Punkten des südöstlichen Europa auftrat, und dass im sogenannten „Codex Cumanicus Bibliothecae ad templum divi Marci Venetarum“[1], trotzdem die uns vorliegende Copie vom 11. Juli 1303 datirt, weit
entfernt, mit dem Dialekte der Nogai-Tataren, die bekanntermassen erst am Anfange des 17. Jahrhunderts ihre heutige Heimat bezogen, identisch zu sein, trotz der sehr bedauerlichen nach-
lässigen Abschrift und trotz der Ungeschicklichkeit des Verfassers,
uns ein sehr werthvolles alttürkisches Sprachmonument aufbewahrt
worden ist, das Monument einer solchen türkischen Sprache, die
jedenfalls schon vor dem Einfalle der Mongolen dort existirte,
und welche daher mit vollem Recht die Sprache der Kumanen
genannt zu werden verdient. Es darf schliesslich nicht übersehen
werden, dass die von den Kumanen in Ungarn übriggebliebenen
Sprachmonumente, zumeist aus Personen-, Geschlechts- und Ortsnamen bestehend, nicht nur prägnante Spuren des Türkenthums,
sondern Spuren eines Türkenthums an sich tragen, das, soweit
sich nach der vorliegenden verstümmelten Form urtheilen lässt,
viel ältern Datums ist als der heutige Dialekt der Nogaier. Zu
besagten Sprachüberresten gehören folgende bei Jerney[2] vorkommende Sach- und Eigennamen als Boza (بوزا = süsses
Getränk), Kurmis, Kumis (قمیس = Kumis), Kuthen (كوتلان =
Hüter), Edü (ایدو = gut), Köpeck (كوچپاك = dick), Kemesey
(كیمسی = kleines Maass), Törtöl (تورتول = Klotz), Cserese
(چارچی = Herold), Boyta (بایتاغ = Fahne), Orbogan (ارباغان
= Arbagan = Märchenerzähler), Kelduch[3] (كیلدوك = der

---

[1] Die neueste, jedenfalls die allerbeste Ausgabe dieser Handschrift ver-
danken wir dem seltenen Fleisse und der Gelehrsamkeit des Grafen G. Kuun.
Diese Ausgabe wurde auf Kosten der Akademie zu Budapest veranstaltet.
Es ist sehr zu bedauern, dass Hunfalvy, gelegentlich der Besprechung dieser
Edition, die von den Italienern arg verstümmelte Schreibart der türkischen
Wörter ausser Acht lässt, und die dermassen verstümmelten Wörter mit
Hülfe des Finnischen erklären will. So vergleicht Hunfalvy susug = Darm
mit dem finnischen sisu = Mark, vergisst aber dabei, dass susug ein Fehler statt süžüg = Wurst, Darm ist; so will Hunfalvy in tege muzi =
Horn eines Widders das tege für ein finnisches Pronomen demonstrativum
nehmen, vergisst aber, dass teke, tekke auf dem ganzen türkischen Sprachgebiete Widder, muz, richtiger müjüz Horn bedeutet.
[2] Keleti Utazás, S. 302—306.
[3] Name eines kumanischen Dolmetschers nach Hunfalvy im „A kún
vagy Petrarca Codex“, S. 35.

Angekommene) u. s. w., die zumeist aus Urkunden vom 14., 15.
und 16. Jahrhundert stammen, demnach schon hundert Jahre
nachdem die Kumanen sich in Ungarn niedergelassen, und ihre
nationale Sprache schon längst in der Magyarischen aufgegangen war.

So schwer sich unsere von der Logik der historischen und
linguistischen Thatsachen bekräftigte Annahme bezüglich der
engen Verwandtschaft der verschiedenartig benannten Türken-
familien jener Zeit bekämpfen liesse, ebenso sicher ist es wieder
andererseits, dass es nur die Türken auf besagtem geographi-
schem Gebiete, d. h. vom linken Uralufer bis zum Dnjester, waren, die auf dem ihnen benachbarten ethnischen Gebiete so
manche uns heute auffällig scheinende ethnische Configurationen
hervorriefen. Der dem Türken, so wie jedem von der armen
Natur der nackten Steppen zum Krieger und Freibeuter gestem-
pelten Nomaden innewohnende Hang nach Abenteuern hat in
leicht erklärlicher Weise die andern trägen und friedlichen Völkerelemente seiner nächsten Umgebung aufgerüttelt und neue
ethnische Constellationen ins Leben gerufen, mit einem Worte
das bestehende Bild der Einheit in die absonderlichste Mosaik
verwandelt, und so manches ethnische Räthsel geschaffen, dessen
Entzifferung den Forschersinn der Nachwelt noch lange beschäftigen wird. In den letzten Jahrhunderten des vergangenen und
in den ersten Jahrhunderten des jetzigen Jahrtausends war im
heutigen Südrussland das türkische Element entschieden das vor-
herrschende, während heute ein Blick auf die ethnographische
Karte Südrusslands[1] das Türkenthum nur zerrissen, zerfetzt und
wild auseinandergeworfen darstellt. Es ist hier nicht der Ort,
den Ursachen dieser durch politische Revolutionen hervorgerufenen
grossartigen Umwälzungen nachzugehen. Wir müssen das einfache Factum registriren, können aber nicht umhin, die Wahrnehmung zu machen, dass unsere bisherigen Theorien von der
theils durch physischen, theils durch moralischen Einfluss entstandenen Amalgamirung oder Absorbirung einzelner Völkerschaften hier wenig stichhaltig sind. Die Lehren, welche die
Ethnologie bezüglich der Arier und Semiten aufgestellt hat, können
bei den Türken nur schwer ihre Anwendung finden. Während

---

[1] Vgl. die dem Ergänzungshefte Nr. 54 der Petermann'schen Mittheilungen beigefügte Karte von A. F. Rittich (Gotha 1878).

es z. B. geschichtlich erwiesen ist, dass ein Theil der westlichen
Petschenegen in der Völkermosaik des neugegründeten Magyaren-
reiches aufgegangen, lässt uns Klio bezüglich des andern Theiles
der Westpetschenegen, nämlich jener, die aus der Moldauwalachei
nicht nach Ungarn einwanderten, gänzlich im Dunkel, da es doch
niemand einfallen wird, auf Grund des etymologischen Nonsens
einer Vergleichung des Ertem bei Porphyrogenitus mit dem
Erdély (Siebenbürgen) der Ungarn, in den heutigen Magyaren
Transsylvaniens die Nachkommen der Westpetschenegen zu
suchen, ebenso wie es nur das Werk einer lebhaften Phantasie
sein kann, in den Esegilbulgaren, das übrigens اسكسل asgal geschrieben ist, die Ahnen der heutigen Székler zu entdecken, wie
dies Herr Chwolson thut. [1] Von der Verschmelzung der Ost-
petschenegen mit den Uzen und Kanglis des Alterthumes kann,
wie wir schon erwähnt, viel eher die Rede sein, doch was ist
aus dem gewiss einst mächtigen Volke der Khazaren geworden,
da wir der Ansicht Hunfalvy's[2] entgegen in dem heute kaum
eine halbe Million starken, zwischen der Gura Swijaga und der
Wolga wohnenden Volke der Čuvašen nicht die Nachkommen
der Khazaren, sondern einen Ueberrest der alten Wolgabulgaren
finden; was ist aus dem türkischen Stamme der Berendins, was
aus den ugrischen Mériern geworden?

Aus den bisherigen in der verschiedenartigsten Weise sich
widersprechenden Ansichten geht jedenfalls mit Evidenz hervor,
dass die durch was immer für gewaltsame Ursachen auseinander-
gesprengten und in die Ferne geworfenen einzelnen Bruchstücke
des türkischen Volkskörpers, je nach ihrer numerischen Stärke
oder nach den socialen und politischen Verhältnissen und
schliesslich nach der Lage der neuerwählten Heimat, entweder
von der erdrückenden Mehrzahl absorbirt und der nationalen
Individualität verlustig geworden sind, oder, von günstigern
Bodenverhältnissen geschützt, in einer jahrhundertlangen Ab-
geschlossenheit bis auf die Neuzeit sich erhalten haben. Bezüglich des erstgenannten Falles kann das Schicksal der Kabaren
und Westpetschenegen angeführt werden, die im Gros des Magyarenthums aufgingen, oder auch das Schicksal der Uzen und
Kanglis, die nur den Namen verloren, aber im Rahmen des

---

[1] Siehe Izwestija o Khazarach u. s. w., S. 96.
[2] Ethnographie von Ungarn, S. 256.

Stammes geblieben sind, während der letztgenannte Fall z. B. in
dem türkischen Volkssplitter der Kazikumücken seine beste Illustration findet, die in einem Winkel des nordöstlichen Kaukasus
zwischen dem Sulak und Neu-Terek wohnen. In besagten Fällen
bietet das Lösen des ethnologischen Räthsels keine besondere
Schwierigkeit. Doch viel schwerer ist es bei jenen Theilen des
nationalen Körpers bestellt, die, in eine allzu grosse Entfernung geworfen, trotz ihres Auftretens als Eroberer und zuweilen auch trotz der culturellen Ueberlegenheit, von den durch
sie besiegten Massen absorbirt wurden, wie wir dies z. B. bei
den slawischen Bulgaren im Süden der Donau, bei den Mandschus in China und bei den Mongolen im Paropamisus sehen,
die trotz der türkischen, respective mandschuschen und mongolischen Abstammung nur den Namen ihrer Nationalität bei-
behielten, sonst aber slawisch, respective chinesisch und persisch reden. Am schwierigsten wird natürlich die Lösung des
Problems bei jenen Fractionen, die als äusserste Vorposten
der Gesammtnation mit fremden, ihnen numerisch überlegenen
Elementen in längerer Berührung standen, und bei welchen
der Process der gänzlichen Absorbirung, durch irgendein Vor-
kommniss gestört, ein Amalgam geschaffen hat, in welchem
die einzelnen Bestandtheile, ohne ineinander verschmolzen zu
sein, untereinander vermengt, aber nicht vermischt, und
eben deshalb zum ethnologischen Räthsel geworden sind. Ein
solches ethnologisches Räthsel ist es, welches wir bei der Ursprungsfrage der heutigen Magyaren zu lösen haben, jenes ural-
altaischen Volksstammes, dessen Ursitz sich, wie mit ziemlicher
Sicherheit anzunehmen ist, an der am meisten gegen Norden
vorgeschobenen Grenze des von uns bisher besprochenen Türken-
thumes, folglich in unmittelbarer Nachbarschaft des sich nach
Süden hin erstreckenden Finn-Ugrierthums befand; eines Volksstammes, der auf seinen spätern Wanderungen von Nordosten
gegen Westen wol verwandten, doch verschiedenartigen ural-
altaischen, und schliesslich bei der Niederlassung in seiner jetzigen
Heimat noch slawisch-germanischen Spracheinflüssen ausgesetzt
war und in seiner heutigen Sprache ein solches Gemenge aufweist, wie dies nur bei wenigen bisher gekannten, wissenschaftlich erörterten Idiomen der Fall ist.

Angesichts dieser fremdartigen Erscheinung ist es leicht erklärlich, dass die Sprachforscher bei der engern Klassification

der magyarischen Sprache ebenso sehr verschiedener Ansicht
waren als die Ethnologen bezüglich der ethnischen Zugehörigkeit des magyarischen Volkes, und dass diese Streitfrage, trotz
der bisherigen, für endgültig erklärten Lösung, von uns nun
aufs neue aufgeworfen worden ist. Da nun diese den eigentlichen Kern unserer Studie bildet, wird man es begreiflich finden, wenn wir derselben mit dem möglichst vollständigen uns zu
Gebote stehenden Material zu Leibe gehen, um durch eine all-
seitige Beleuchtung der Frage dem Leser das Resultat, zu welchem wir gelangten, um so plausibler zu machen.

X.

Petschenegisches Wort- und Namenregister.

Atekh (Ἀτέχ), Name einer Insel, nach der Aussage des Porphyrogenitus νησίον μέγα χαμηλὸν τὸ λεγόμενον Ἀτέχ, dünkt uns nicht so
sehr der Name einer Insel als das türkische Wort für Insel im allgemeinen, da bekanntermassen für das kazanische atav, osmanische ada
= Insel auch noch die ältere Form adag, atak besteht. Vgl. Budagow, I, 19, Pavet de Courteille, S. 9. Der Purpurgeborene hat uns
hiermit ein jedes Zweifels lediges türkisches Wort aufbewahrt.

Bal (Βάλ), Name eines Flusses östlich vom Mäotis (De adm.
Imp., S. 181), in welchem sich das türkische bal = Honig ganz unversehrt erhalten hat. Mit dem Epitheton Honig und süss werden
in den Türkenländern auch andere Flüsse benannt.

Burat (Βουρατ, Πορατ bei Herodot), ein Grenzort des Petschenegenlandes bei Porphyrogenitus (De adm. Imp., S. 179), kann so wie
sarat (siehe dasselbe) für bur-at = Schimmel, Pferd genommen werden, von bur = weisslich, Kreide und at = Pferd. Im Uigurischen
heisst noch heute burat der Schimmel (vgl. Budagow, I, 274), während Kirgizen und Altaier diesen Begriff mit Burul oder Purul ausdrücken.

Burlik (Βουρλικ), Name eines Flusses im Lande östlich vom
Mäotis, ein Name, in welchem sich, wie bei andern schon angeführten
Beispielen, das türkische borlik = kreidenartig, weisslich von bor =
Kreide und dem Adjectivsuffix lik ganz unversehrt erhalten hat.

Chutur, lies čutur, Name eines Petschenegen aus dem Geschlechte
Toburčuk, nach Jerney aus einer 1269 datirten Urkunde angeführt
(I, 236), ist ganz einfach das türkische چوتور čutur = Stumpfnase,
ein Epitheton, das noch heute als Eigenname vorkommt.

Ertim ('Ηρτήμ), eventuell auch Irtim, Name der ersten Provinz (Θέμα) im Lande der Petschenegen, ein Wort, das bisher in irriger Weise mit dem magyarischen Erdély = Siebenbürgen verglichen wurde. Scheinbar mehr berechtigt ist natürlich die Vergleichung Ertims mit dem uigurisch-mongolischen ertem = Geschicklichkeit, Tugend, Tapferkeit (Budagow, I, 184) und mit dem magyarischen érdem = Verdienst, doch nur scheinbar, wie ich sage, denn ertim, respective irtim dünkt uns ein Compositum vom türkischen er, ir, jir = Erde und tim = festes Gebäude, folglich Festung (vgl. das Wort tim in meinem „Čagatischen Wörterbuche" und bei Budagow, I, 422, ferner bei Pavet de Courteille, „Dictionnaire turc-oriental", S. 266). Ertim würde daher Erdfestung bedeuten, gleich dem modernen Toprak-kale (in Armenien) oder Jerkale (in Anatolien) und der betreffende Bezirk im Petschenegenlande scheint von einer dort befindlichen Erdfestung so benannt worden zu sein. Unsere diesbezügliche Annahme bei Ertim ist einigermassen auch dadurch gerechtfertigt, dass beim fernern Vorkommen dieses Namens bei Porphyrogenitus die Zusammensetzung von jabdi-, richtiger japti-ertim zu lesen ist, wobei japti in der Bedeutung mit Graben versehen (von jap = Graben und dem Adjectivsuffix ti) ganz klar auf die von uns vorgeschlagene Wortbedeutung hindeutet. Jabdi-Ertim heisst demnach eine mit Graben versehene Erdfestung.

Jabdi ('Ιαβδι), siehe Ertim.

Jazi (Γιαζή), Name des Fürsten in der Provinz Kapan, ein türkisches Wort von der Bedeutung eben, Ebene, flach, ausgedehnt. Nicht ausgeschlossen ist aber die Möglichkeit, dass Jazi (Γιαζή) statt eines ehemaligen Jaži (Γιαδζή) steht, in welchem Falle es mit dem jaiži = Bogenschütze identisch wäre.

Jila (Γύλα), Name der dritten Provinz oder Districtes im Lande der Petschenegen. Wir lesen Jila und nicht Gila, weil in der griechischen Transscription das Gamma vor einem Vocale, namentlich vor ι, häufig anstatt j gebraucht wird, und dass wir ferner nicht Jula, wie die ungarischen Historiker, lesen, das beruht auf dem Umstande, dass u in der griechischen Transscription mittels ου und nicht mittels υ ausgedrückt wird. Was nun die Bedeutung dieses Wortes betrifft, das auch in der Form Γύλας vorkommt, so glauben wir in der Stammsilbe jil, die einen gedehnten Inlaut hat, das türkische jil = versammeln (aus dem ältern jigil zusammengezogen, indem die Absorption des Kehllautes immer durch einen langen Vokal ersetzt wird) zu erkennen und es mit jilau, jilao = Versammler, Versammlung, auch Ort der Versammlung, zu identificiren. Bezüglich dieses verschiedenartigen, dem europäischen Sprachgeiste nicht gleich einleuchtenden Ideenganges findet Jila eine Analogie im türkischen bulčar, das ebenfalls Versammler und Versammlungsort bedeutet.

Kaidum (Καϊδουμ), Name des Fürsten in der Provinz Talmat, soll richtiger Kaitun heissen und bedeutet umgekehrt, entgegengesetzt vom Adjectivum kaitu (siehe قايتين bei Budagow, II, 31) und dem Adverbialsuffix un.

Kankar (Καγκαρ), bedeutet in der Sprache der Petschenegen, nach Porphyrogenitus, tapfer und edel (ἀνδρειότεροι καὶ εὐγενέστεροι). Mit besagter Bedeutung völlig übereinstimmend kommt besagtes Wort heute wol nicht mehr vor, doch existirt noch eine annähernde, mehr concrete Auffassung dieses Begriffes im kirgisischen kangir = flink, fahrender Ritter, ferner kangirmak = herumschweifen, auf Abenteuer ausgehen (vgl. Budagow, II, 19). Nicht ausgeschlossen ist übrigens die Möglichkeit, in Kankar das Compositum kani-kara = schwarzblütig, wild zu entdecken.

Kata oder **Gata** (Γατα, Κατα), das Wort, mit welchem Porphyrogenitus die zu seiner Zeit im verlassenen Zustande vorgefundenen Festungen der Petschenegen bezeichnet. Hunfalvy gegenüber, der kata mit dem magyarischen ház (domus), ostjakischen kat und finnischen koti vergleichen will, möchten wir bemerken, dass kat eine mongolisch-türkische Stammsilbe solcher Wörter ist, die den Begriff Schutz, Wehr in sich schliessen, so čagataisch kači = Schutzdamm, azerbaiżanisch kadagan = Abwehr, altaisch kad-ar = beschützen, und dass schliesslich das mit obiger Stammsilbe verwandte kot in kot-an = umzäunter Ort für eine Heerde einen analogen Begriff ausdrückt. Was nun die verschiedenen mit kata oder gata vorfindlichen Composita, als Tungakatai, Karaknakatai, Salmakatai, Sakakatai und Jaukatai anbelangt, so glauben wir in denselben folgende türkische Wörter entdecken zu können. In:

tung-katai das türkische, respective altaische tong = gross, folglich grosse Festung;

karakna-katai das türkische karakan, richtiger karagan = Wache, Späher, folglich Spähfestung;

salma-katai das türkische salma = gebaut, festgebaut, zum Unterschiede von tikme = aufgerichtet, welches bei Zelten als Gegensatz von festen Bauten gebraucht wird;

saka-katai das türkische saka, saki = Wachsamkeit, Wachposten (vgl. سَلْمَا bei Budagow, I, 688), folglich, so wie Karaknakatai, eine Festung behufs Erspähung des Feindes; schliesslich in

jau-katai (Ἰαουκάται) das türkische jau = Feind, Gegner, folglich Feindesfeste.

Wir wollen noch bemerken, dass das hier besprochene kata, gata im Magyarischen gát = Wehr, Damm ein Analogon findet, und dass dieses Wort als Ortsname in der Form von Gáta und Káta in mehrern Theilen Ungarns vorkommt. Der Versuch D'Ohsson's („Voyages d'Aboul Casscin", S. 256), in diesem Worte das altiranische كَت kat, ket zu entdecken, ist auch deshalb ein verfehlter, weil ket speciell Haus bedeutet (vgl. ketchuda = Hausherr) und mit kent كِنْت = Stadt nichts gemein hat.

Katir, Khatir (Χαδήρ), Name eines Flusses im Lande östlich vom Mäotis, kann mit dem türkischen katir = Maulesel verglichen werden.

Khabuži *Jila* (Χαβουξιγγυλα), einer jener drei Petschenegenstämme, die nach Porphyrogenitus das Epitheton Kankar (siehe dasselbe) führten. Magyarische Historiker wollen dieses Wort Havasi Gyula lesen und in demselben einen geographischen Namen, d. h. das in der Nähe der siebenbürger Berge einst existirende Gyula, das Džulesch der heutigen Romänen entdecken. Herr K. Szabó will diese Lesart damit rechtfertigen, dass er das griechische χ für eine Transscription des magyarischen *h* hält, uneingedenk dessen, dass er anderseitig wieder Χαζαρ mit Khazar umschreibt und Χιδμας, Χιγγυλους Khidmas, Khingülusz liest. Dieser Annahme gegenüber schlagen wir die Lesart Khabuži vor, indem wir in diesem Worte das türkische kapuži = Thorsteher, Wächter vermuthen. Der Stamm Khabuži-Jíla mag, mit diesem Sinne des Wortes übereinstimmend, den meist gegen Westen, d. h. an der Grenze Siebenbürgens vorgeschobenen Wachposten der Petschenegen eingenommen, und deshalb diese Benennung erhalten haben.

Kharoboj (Χαροβόη), Name der fünften Provinz im Lande der Petschenegen, richtiger Kara-bai = der schwarze Prinz, eventuell auch Vorsteher der untersten Volkmasse, welcher letztere Begriff im Worte kara ausgedrückt ist, wofür im Texte des Kadatku Bilik häufige Beispiele vorhanden sind.

Khopon (Χοπόν), Name der siebenten Provinz im Lande der Petschenegen, vielleicht richtiger kopan = leeres Feld, möglicherweise auch kapan = der Erhascher, der Erwischer.

Khorakul (Χορακουλ), Name eines Flusses östlich vom Mäotis, eine hydrographische Bezeichnung, in welcher wunderbarerweise das türkische Kara-kul, richtiger kara-kül = schwarzer Fluss, denn kol, köl heute See hat früher Fluss bedeutet (vgl. mein „Etymologisches Wörterbuch", §. 62) sich beinahe unversehrt erhalten hat.

Kocsovát, richtiger Kocsova, Name einer Puszta der Petschenegen, wie aus der vom König Ludwig I. 1369 erlassenen Urkunde ersichtlich, ist ein türkisches Compositum von koš = Paar und ova = Feld, Haide, Ebene. Dieses Wort muss daher früher Košova, d. h. Doppelfeld gelautet haben.

Kuarči (Κουαρτζι), Name des in der Provinz Šur lebenden Stammes, ist von den magyarischen Forschern, wie Jerncy und K. Szabó, mit dem in der Insel Schütt auf dem alten Petschenegensitze häufig vorkommenden Karča identificirt worden, doch können wir dies nicht billigen, weil die griechische Transscription von Kouarči nicht für ganz grundlos gelten mag und mit Karča keinesfalls verglichen werden kann. So wie bei kouél ist auch hier das Verschwinden eines anlautenden Labialen anzunehmen und in kouar ist das türkische kuar, kuvar = erbleichen, erblassen, elend machen (vgl. Budagow, II, 67) zu entdecken. Kuarči-Šur bedeutet daher die elend machende Salzsteppe.

Kegen, Name eines Petschenegenfürsten, und zwar jener Petschenegen, die an der Grenze Siebenbürgens wohnend gegen die Mitte des 11. Jahrhunderts von den Byzantinern unterworfen wurden. Kegen ist ein alttürkisches Wort in der Bedeutung von schön, zierlich, und lautet heute bei den Altaiern Keen, was auf ein älteres keken, kegen hinweist. Derselbe Begriff ist im Mongolischen durch keke, keken ausgedrückt.

Kuél (Κουἐλ), Name des Fürsten in der Provinz Šur. Wie auf den ersten Anblick ersichtlich, haben wir es hier mit einem türkischen Worte zu thun, aus welchem der inlautende Gutturale oder Labiale weggefallen ist, kouél, kouil, richtiger koul, kuul kann daher mit dem noch heute bei Kirgisen gebräuchlichen Personennamen Kovul, auch Kugul (vgl. meine „Skizzen aus Mittelasien“, S. 292) identificirt werden. Der Wortbedeutung nach heisst Kuvul, Kugul Flüchtling.

Kulpej (Κουλπέη), Name der vierten Provinz im Lande der Petschenegen, richtiger Kul-peji oder Kul-beji = Sklavenaufseher oder Oberster der Kriegsgefangenen, nicht ungleich dem eben in diesem Texte vorkommenden Würdennamen karabaj.

Kurkut (Κουρχουτ), Name des Fürsten in der Provinz Jíla, ein leicht erkennbares türkisches Eigenschaftswort, bedeutend furchterregend vom Verbalstamme kurkut = erschrecken, Furcht erwecken.

Kus, Name einer petschenegischen Grundbesitzung im wieselburger Comitat (nach einer von Jerney [I, 235] aus dem Jahre 1270 stammenden Urkunde), ist mit dem türkischen kuš = Jagd, Vogel, identisch. Uebrigens ist in Anbetracht der Schreibart, mit welcher der starke Zischlaut sch in den alten Urkunden ausgedrückt wird, die Möglichkeit nicht ausgeschlossen, in diesem Worte auch das türkische kıs = Jungfer vermuthen zu dürfen.

Ladan, ein petschenegischer Geschlechtsname, kommt noch heute in der Form von Ladány als ungarischer Ortsname häufig vor, und ist mit dem türkischen (von einigen auch für persisch gehaltenen) ﻻﺩﻥ ladan = flach, Strich identisch. Gregorii Bisseny filii Joannis de Ladan wird von Jerney, laut einer aus dem Jahre 1344 stammenden Urkunde, I, 236 citirt.

Maiča (Μαἴτζα), Name des Fürsten in der Provinz Ertim. So wie bei allen auf α und αç endenden Wörtern, wäre es sehr wichtig, hier richtig zu stellen, was denn eigentlich der ursprüngliche Auslaut des petschenegischen Wortes war, und weil wir dies nicht im Stande sind, so müssen wir in Combinationen uns einlassen. Im vorliegenden Falle könnte einerseits mai-čai = Fettbach, andererseits, mai-či = der Schmierer angenommen werden.

Mog oder Moch, Name eines vornehmen Petschenegen, der, nach einer aus dem Jahre 1192 datirten Urkunde, als Palatin und Obergespan des Comitates von Bács bezeichnet wird (siehe Jerney, „Keleti Utazás“, I, 263). Ob mug oder much ist in diesem Worte entweder das türkische muk, mug = Beere, zugleich auch Stammsilbe vieler solcher Wörter, die den Begriff runder Körper haben, enthalten (vgl. mein „Etymologisches Wörterbuch“, §. 203), oder wir müssen darunter die Stammsilbe mak, mag = hoch, erhaben, Lob verstehen.

Ochus, Name eines Petschenegen in Ungarn, der in einer aus dem Jahre 1216 stammenden Urkunde als curialis comes und comes Bissenorum des Königs Andreas II. figurirt. Nach Weglassung der lateinischen Endsilbe us bleibt och, in welchem das türkische okh, ok

= Pfeil, Geschoss zu erkennen ist, vielleicht auch ogh, čagataisch Baargeld, weil diese Schreibweise in einer spätern Urkunde aus dem Jahre 1434 (siehe Jerney, I, 236: Tengulithi Ogh Andrásfi) vorkommt.

Petschenneg, Name eines türkischen Volksstammes, den die Araber mit بَچَنَاك transscribirten, folglich beženeck aussprachen, die Griechen πατζιναχιται = Patzinakitai, die Russen Печенѣгь, die Magyaren schliesslich Besenyö nannten. Die letzterwähnte magyarische Benennung stimmt vollkommen mit jener Regel überein, nach welcher im Magyarischen die aus dem Türkischen stammenden auf ek, ök und ük endenden Wörter sich umgestaltet haben. So türkisch in-ek (Kuh), magyarisch ün-ö (Kuhkalb), türkisch jüz-ük (Ring), magyarisch gyür-ü u. s. w., ein Umstand der darauf hindeutet, dass dieses Wort im Magyarischen aus der frühesten Periode datirt. Bezüglich der Wortbedeutung dieses Eigennamens erinnert beženek an das westtürkische, respective an das osmanisch-azerbaižanische bažinak = Schwager, das aus baži (باجى) = Schwester und inah (ايناق) = jünger, klein entstanden, folglich ursprünglich eher einen weiblichen als männlichen Verwandtschaftsgrad bezeichnete, dies um so mehr, da baži, ausser der heutigen Bedeutung von Schwester, bei den Turkomanen z. B. auch in der Bedeutung von Oheim vorkommt. Ob nun dieser innere Werth des Wortes, nämlich die Bezeichnung eines Verwandtschaftsgrades, auf das Verhältniss der Affinität der Petschenegen mit den benachbarten Türkenstämmen sein soll oder nicht, darüber wäre schwer zu entscheiden. Eine Erwähnung verdient hier, dass unter einem lautlich verwandten Worte, nämlich Pascheneg, der Sohn des Khazaren-Khakans berühmt ist, der 722 n. Chr. gegen die Araber Krieg führte. Vgl. Derbend-Nameh, Part. IV.

Pock, Pok und Puk, Name eines petschenegischen Geschlechtes und zugleich auch eines Ortes im raaber Comitat, wo nach der Aussage von Urkunden aus den Jahren 1251, 1269 und 1270 Petschenegen wohnten, kann mit dem türkischen pok پوق = Unrath, Koth verglichen werden, einem Wort, das noch heute in der Genealogie der Turkomanen vorkommt. Vgl. Pokli (d. h. kothig), Name eines Geschlechtes unter den Tekke-Turkomanen (Jerney, I, 235).

Sarat (Σαρατ), bei Porphyrogenitus als Grenzort des Petschenegenlandes bezeichnet (De adm. Imp., S. 177), kann entschieden als ein türkisches Wort genommen werden, und zwar als eine Zusammenziehung von sari = gelb und at = Pferd. Sarat oder sari-at hat noch heute die Bedeutung von Fuchs, so auch im magyarischen sárga-ló = gelbes Pferd, d. h. Fuchs.

Talmat (Ταλμάτ), Name der sechsten Provinz im Lande der Petschenegen, kann in verschiedener Weise interpretirt werden, und unter den sich darbietenden Erklärungen wollen wir hier nur die etwaige Lesart von talim-at = vielnamig und talmat, talmaz = unermüdlich anführen.

Tamatarkha (Ταμάταρχά), Name einer Stadt gegenüber der Mündung der Burlik ins Schwarze Meer (Konstantin Porphyrogenitus,

„De adm. Imp.", S. 181), in welchem ich das türkische Temir-tarkhan vermuthe, von welchem in ersterm der bekannte Personen- und Sachname temir (Eisen), in letzterm der Würdenname tarkhan zu erkennen ist. Aus Temir-tarkhan soll das spätere Tmutarakan (vgl. Jerney, „Keleti Utazás", II, 250) und das heutige Matarka oder Matriga entstanden sein. Vgl. Heyd, „Geschichte des Levantehandels", I, 225.

Tengulith, Prädicat eines petschenegischen Vornehmen (Tengulithi Ogh Andrásfi Miklós bei Jerney, I, 236, nach einer aus dem Jahre 1344 datirten Urkunde), dünkt uns ein Schreibfehler statt Tengelik تنگلك, d. h. der Geldreiche, der Reiche, so wie in Ogh das čagatische اوغ ogh = Baargeld sich erkennen lässt.

Thonuz oba (Anonymus Belae Regis notarius im 57. Abschnitt), Name jenes petschenegischen Fürsten, der unter der Regierung Takson's in Ungarn einwanderte. In diesem Worte lässt sich sofort das türkische toñuz aba = Vater Schwein erkennen, ein alttürkischer Personenname, eventuell auch Ehrenbezeichnung, was nur bei allen denjenigen befremden wird, die nicht wissen, dass das Schwein (tonguz) bei den Alttürken als Sinnbild der Tapferkeit, Beharrlichkeit und Ausdauer figurirt. So im Uigurischen tongguztek = gleich dem Schweine, d. h. beharrlich, im Turkomanischen bei Machdumkuli tonguzlaju = dem Schweine gleich, tapfer, ferner im Osmanischen toñuz dur ha! = er ist standhaft wie ein Schwein! Schliesslich wollen wir noch erwähnen, dass in der Geschichte Pečevi's ein alter Türke den nach der Schlacht von Moháčs an seinem Zelte vorübergehenden Sultan Suleiman mit einem Schweine vergleicht, was der Autor zu seiner Zeit allerdings für oguzane = grob erklärt, eine Metapher, die aber trotzdem selbst heute noch nicht aus dem Munde des Volkes gewichen. Der Ursprung dieses Gleichnisses datirt sich natürlich vom vorislamischen Zeitalter der Türken her, d. h. von der Periode des primitiven Nomadenlebens, in welchem das auf den Steppen sich herumtreibende Wildschwein zu allen Zeiten, und selbst noch heute, als der gefährlichste Feind erscheint. Alle Thiere der Steppe nehmen beim Herannahen des Menschen Ausreiss, nur der Eber hält Stand und zeigt dem Angreifer seine Hauer.

Tirak, Name eines Petschenegenfürsten, der seinen Stammesgenossen Kegen (siehe dasselbe) bekriegte, soll richtiger tirek heissen und bedeutet auf türkisch Säule, Centrum.

Tuburchuk, lies tuburčuk, Name einer petschenegischen Ansiedelung und auch Geschlechtes (Bisseni de Villa Tuburchuk in einer aus dem Jahre 1269 stammenden Urkunde des Königs Béla IV, bei Jerney, I, 236) ist mit dem türkischen toburčuk = Knoten, Knorre identisch. Siehe توبورجق bei Budagow, I, 384.

Tulge, lies tülge, Name eines petschenegischen Geschlechtes (Bisseno de Tulge laut einer aus dem Jahre 1345 stammenden, bei Jerney, I, 236 angeführten Urkunde), kommt noch heute als Geschlechtsname bei den Osttürken vor. Vgl. تولكجى tülge-či = einer aus dem

Geschlechte Tülge, im „Kalkuttaer Wörterbuche" mit قوى از جغتاى
übersetzt (Budagow, I, 405).

Turganirkh (Τουργανίρχ), Name einer Insel im Lande Zichia
bei Porphyrogenitus (De adm. Imp., S. 181), dünkt uns ein Compositum vom türkischen turgan = stehend, sich erhebend und irik = Wille,
Macht. Was die eigentliche Bedeutung dieses Compositums sei, und
in welchem Zusammenhange es mit einer Ortsbezeichnung stehe, das
ist mir nicht ganz einleuchtend, doch bezüglich seines türkischen Sprachcharakters kann kein Zweifel obwalten.

Tzarbagan (Τζαρβαγαν), Name einer Insel im Lande Zichia bei
Porphyrogenitus, ist ein aus dem Persischen ins Türkische übergegangenes
Wort, in welchem das selbst noch heute stark gebräuchliche Carbag,
richtiger cihar- (جهار) oder car-bagan (باغان) = Viergarten, d. h.
ein in vier (cihar) Theile getheilter Garten (bag باغ), sich sogleich
erkennen lässt. Höchst merkwürdig ist es, dass dieses persisch-türkische Lehnwort schon so früh zu den Türkenvölkern gedrungen, und
ferner, dass es bei Porphyrogenitus in einer verhältnissmässig correctern
Weise vorkommt, als dieses selbst heute der Fall ist.

Tzopon (Τζοπον), Name der achten Provinz im Lande der Petschenegen, kann nach dem bei den byzantinischen Transscriptoren häufig
vorkommenden Lautwechsel zwischen a und o mit dem türkischen capan
identificirt werden, einem Wort, welches auf dem weiten Sprachgebiete
die verschiedenartigste Bedeutung hat. So kazanisch capan = träge
(Budagow, I, 451), osmanisch capan = der Einhauer, der Stürmer,
Renner, cagatisch capan = Kleid, Umschlag u. s. w. Es ist unmöglich,
auf die hierortige Bedeutung des Wortes näher einzugehen.

Tzur, Cur oder Sur (Τζούρ), Name der zweiten Provinz im
Lande der Petschenegen. Die richtige Lesart zu entscheiden, ist, wie
schon angedeutet (siehe S. 35), sehr schwer, doch da es sich um einen
topographischen Charakter des Wortes handelt, so ist sur, bedeutend einen
öden wasserlosen Strich Landes, die wahrscheinlich richtigste Interpretation des Wortes.

Urkund (Anonymus Belae Regis notarius im 57. Abschnitt), der
Sohn des Petschenegen Thonuz oba (siehe dasselbe), mit welchem wir
das cagatische Ürkün, auch Ürkünti = Schrecken, Verwirrung, Empörung identificiren zu können glauben.

XI.

Magyaren. Nach arabischen Quellen.

Ein nicht sehr ermuthigendes Bild der Unsicherheit und bisweilen auch der Widersprüche, auf welches der Forscher der Urheimat der Magyaren stossen muss, wenn er die verschiedenen hierauf bezüglichen Geschichtsquellen einerseits, und die so stark voneinander abweichenden Interpretationen der bisherigen Autoren auf diesem Gebiete andererseits miteinander vergleicht. Wenn die weite Entfernung an und für sich schon so leicht optische Täuschungen hervorruft, von welch trügerischer Natur muss erst die Perspective werden, wenn diese Entfernung noch obendrein durch einen dichten Nebelflor unserm Horizont entrückt, und wenn das Glas der geschichtlichen Ueberlieferung, das unserm Auge Kraft verleihen soll, so matt und düster, ja so unzuverlässig ist wie im gegebenen Falle.

Wir wollen uns ungeachtet dieses leidigen Zustandes in eine Recapitulation des so oft citirten Quellenmaterials einlassen, und der chronologischen Reihenfolge Rechnung tragend, beim ältesten Gewährsmann, nämlich bei Ibn Dasta, beginnen. Dieser seiner Nationalität nach persische, aber der damals herrschenden Sitte gemäss arabisch schreibende Autor hat, wie Chwolson mit Recht annimmt [1], sein كتاب الاعلايق النفيسه d. h. „Das Buch der edlen Kostbarkeiten" noch vor 913 geschrieben, und in diesem Werke, welches in vielen Stücken auf einer ältern Arbeit beruht, ist über die جغريه Mażgarija, wie er das Magyarenland und Magyarenthum in einem Worte nennt, Folgendes zu lesen: „Das Magyarenland befindet sich zwischen dem Lande der Petschenegen und dem Lande der Eskil-(Esegil-)Bulgaren. Dies ist die vorgerückteste Grenze des Magyarenlandes. Die Magyaren gehören dem Geschlechte der Türken an. Ihr Oberhaupt vermag mit einer aus 20000 Mann bestehenden Armee auszurücken. Ihr Oberhaupt wird genannt كنده Kündü. Dieser Name bezieht sich übrigens nur auf ihren König, denn ihr eigentlicher Herrscher heisst جله Dschula, dessen Befehlen alle

---

[1] Izwestija o Khazarach u. s. w., S. 4.

Magyaren Gehorsam leisten, der allein über Angriff, Vertheidigung
und Sonstiges befiehlt.

„Sie leben in Zelten und ziehen auf Futter- und Weideplätzen herum. Ihr Land ist ausgedehnt. An einer Seite grenzt
es an das Römische Meer (Schwarze Meer), in welches zwei
Flüsse münden, von denen der eine grösser ist als der Dscheïhun,
und zwischen diesen beiden Flüssen befinden sich denn auch
ihre Wohnorte. Beim Herannahen der Winterzeit ziehen die
näher wohnenden an einen dieser Flüsse, bleiben dort solange
der Winter dauert, indem sie sich mit Fischfang beschäftigen,
und der Aufenthalt während des Winters ist dort bequemer.
Das Land der Magyaren ist reich an Bäumen und Wasser, der
Boden ist feucht, und es gibt auch viel Ackerland.

„Die Magyaren herrschen über sämmtliche mit ihnen benachbarten Slawen, zwingen dieselben zur Erfüllung schwerer
Pflichten und gehen mit ihnen wie mit Gefangenen um. Die
Magyaren sind Feueranbeter. Sie bekriegen die Slawen, machen
dieselben zu Gefangenen und führen sie längs dem Meeresufer
nach einer zu dem Römerlande gehörigen Stadt, Namens Kerch.
Man erzählt, dass sich die Khazaren in frühern Zeiten aus Furcht
vor den Magyaren und andern mit denselben benachbarten Völkern mit Gräben umgeben haben. Wenn die Magyaren mit
ihren Gefangenen nach Kerch kommen, ziehen die Römer (Griechen) ihnen entgegen, alsdann die Magyaren sich mit ihnen in
Handel einlassen, die Gefangenen übergeben und dafür im Tausch
griechische Brocate, Teppiche und sonstige griechische Waaren
erhalten.“

Vor allem sei hier bemerkt, dass sowol die arabischen Ab-
schreiber Ibn Dasta's, als auch Chwolson, der den Text zuerst
edirte, den Schreibfehler nicht wahrnahmen, den die ersten Copisten Ibn Dasta's bezüglich des Wortes كجريه (Madschgarie)
begingen, da es sich klar herausstellt, dass hier ein unnütz ge-
brauchter diakritischer Punkt zu falschen Interpretationen Anlass
gab. Aus leicht erklärlichem Interesse ist es mir im Oriente
aufgefallen, dass die Türken beim Worte Mazar d. h. Magyar
die erste, Araber und Perser hingegen die zweite Silbe betonen.
Der Türke spricht nämlich mázar, der Araber und Perser hingegen mazár, und um diese letzte Accentuirung treu wiedergeben
zu können, haben die ersten Araber dieses Wort mit ad normam
مشهر mit كهر transscribirt, woraus spätere Copisten كهر, respec-

tive جغّريه Madschegarie gemacht haben. Dieser orthographische
Fehler hat zu jener vielseitig angenommenen irrigen Etymologie
Anlass gegeben, nach welcher man bisher [1] den Namen Madschgar,
auf Grund einer supponirten Verwandlung des labialen Anlautes
m in *b*, mit badschgar, badschgir, badschgird und baschkirt
identificirte, und die Magyaren geradezu von den Baschkiren
ableitete. Wir können der Analogie der Namen Madschar und
Baschkir auch schon deshalb nicht beistimmen, weil das letztgenannte Wort sich in der ältesten uns bekannten Version, nämlich in باشقرد Baschkird, wie Ibn Fozlan 922 schreibt, bis auf
den heutigen Tag erhalten hat, denn die jetzige Islamwelt
schreibt und sagt باشقرت Baschkirt, richtiger باشفر Baschkir,
welches auf einer ganz andern Etymologie beruht. Schon die
geographische Lage des heutigen Baschkirenlandes zeigt uns
klar, dass dieses Volk am obersten Ende der grossen Steppe,
oder Hauptsteppe, was auf türkisch baš-kir heisst, sich befand und noch heute befindet, und die im kirgisischen Namen
dieses Volkes, nämlich Istjak — üst-jak — d. h. obere Gegend,
Ausdruck gefunden. Wir haben es mit der localen Benennung
des Baschkirenlandes zu thun, welche später auf das Volk
selbst übergegangen, eine Benennung, als deren Gegensatz alt-
kîr = untere Steppe, möglich ist, ja der Ausdruck orta-
kîr = Mittelsteppe ist noch heute im Gebrauch. Unter Baškîr [2]
sind daher die Türken am obersten Ende der Steppe zu verstehen, eigentlich die letzten Türken de pur sang in dieser
Richtung, da die ihnen zunächst wohnhaft gewesenen Magyaren,
obwol Türken genannt, mit finnisch-ugrischen Elementen stark

---

[1] Siehe Chwolson, S. 114.

[2] Baškird erinnert sehr stark an die mit *d* auslautenden Ortsnamen
im Magyarischen, wo dieses *d* den Locativ bezeichnet; die heutige Aussprache kennt übrigens nur Baškir. Bei dieser Gelegenheit wollen wir
einer bei den Bocharisten üblichen phantastischen Etymologie dieses Wortes
Erwähnung thun. Man will nämlich daselbst aus Baškirt Baškurt machen
und bringt diese Lesart mit jener Legende in Verbindung, nach welcher
einige eifrige Missionare der Lehre Mohammed's auf ihrer Bekehrungsreise
in der nördlichen Steppe sich verirrt hätten, und von einem Wolfe geleitet
(baš bedeutet nämlich Oberhaupt und kurt = Wolf) zu den in den uralischen Bergen wohnenden heidnischen Türken, daher Baškurten, gelangt
wären. Man sieht, dass sich nicht nur die Gelehrten, sondern auch die
Volkssage an der Etymologie versündigt.

untermischt waren. Von diesem für die Ursprungsfrage der
Magyaren höchst wichtigen Verhältnisse wird noch weiter unten
die Rede sein, und hier sei nur so viel bemerkt, dass es dieses
nachbarliche Verhältniss der beiden türkischen Volksstämme war,
demzufolge die arabischen Geographen Magyaren und Baschkiren
verwechselten und dadurch auch die spätere Verwirung herbeigeführt haben.

Wir finden nämlich, dass die ältern arabischen Geographen
bezüglich der ethnischen Individualität der alten Baschkiren und
Magyaren höchst unklare Begriffe haben, die beiden Namen für
identisch halten und miteinander verwechseln. Ibn Fozlan z. B.
kennt nur die Baschkiren am Ural, deren Bekanntschaft er auf
seiner Reise nach Bolgar gemacht. Mas'udi erwähnt ihrer an
drei verschiedenen Stellen, zuerst unter dem Namen جَغَرد
Badschgird, wo er diese nächst den Nožai und Petschenegen als
Völker türkischer Abstammung, die das Schwarze Meer umwohnen,
vorführt, und wo unter dem Namen جَغَرد nur die Magyaren
verstanden werden können; zweitens indem er der vier türkischen
Nomadenstämme Erwähnung thut, die im Westen des Khazarenreiches wohnen und mit den Byzantinern Krieg führen, wo unter
جَغَرد ebenfalls die Magyaren, unter dem Krieg mit den Byzantinern aber die Einfälle in das Oströmische Reich von 934—970
zu verstehen sind; schliesslich drittens bei Aufzählung der Türkenvölker Asiens, wo, wie Chwolson [1] mit Recht annimmt, für das
unverständliche Wort الجَغَربه das richtige المَجْغَربه al Madschgarie zu substituiren ist. Während, wie wir sehen, Mas'udi die
Magyaren nach dem Osten und die Baschkiren nach dem Westen
versetzt, wobei er unter erstern möglicherweise die in Asien zurückgebliebenen, unter letztern jedoch die Vorfahren der heutigen
Magyaren versteht, spricht Ibn Zaid el Belchi schon von zwei
Geschlechtern der بِشْجِرد Bašširt, von denen das eine, mit den
Guzen benachbart, in der Nähe Bolgars wohnt, aus 2000 Män-
nern besteht und durch Wälder geschützt ist, während er das
andere Geschlecht sammt den Petschenegen zu den Grenznachbarn der Byzantiner rechnet: also wieder eine Zweitheilung des
ganzen Volkes, wobei unter erstern die in Asien zurückgebliebenen, unter letztern die in Europa angesiedelten Magyaren zu

---

[1] Vgl. Chwolson, S. 104.

verstehen sind. Edrisi kennt nur die Baschkiren am Ural, und
was er von der Verschiedenheit ihrer Sprache von dem Petschenegischen berichtet, mag nur in dialektischer Beziehung Geltung
haben. Jakut kennt wieder nur westliche Baschkiren, und erzählt ferner sein bekanntes Zusammentreffen mit rothhaarigen
Baschkiren moslimischen Glaubens in Aleppo, die sich für Unterthanen des Königs von هنكر (Hunkar) ausgaben, was allerdings
für die Annahme spricht, dass dies tatarische, richtiger bulga-
rische Moslimen, Ismaeliten waren, die mit den eigentlichen
Baschkiren nichts gemein haben konnten. Nicht minder confus
dünkt uns der Bericht Kazwini's, nach welchem das Volk der
Baschkiren (im Westen) sehr zahlreich sei, dass sich die Majorität
desselben zum Christenthum bekenne, dass es jedoch unter denselben auch Moslimen gebe, die den Christen Tribut zahlen.
Was nun ferner von diesen Baschkiren bezüglich ihres politischen
Verhältnisses zum Landesfürsten vor dem Einfalle der Tataren
(Mongolen) bei Kazwini berichtet wird, das passt, wie Chwolson
mit Recht behauptet, ganz richtig auf die Regierungszeit Béla's IV.,
mit dem Unterschiede jedoch, dass wir unter dem genannten
zahlreichen Volke der Baschkiren die Kumanen verstehen möchten,
die sich schon damals theilweise, wenigstens dem Scheine nach,
zum Christenthume bekannten und mit den moslimischen Bulgaren, d. h. Ismaeliten nur sprachlich verwandt waren. Noch
mehr wächst die Confusion bei den spätern arabischen Geographen
an. So lässt z. B. Dimiški Ungarn (هنكر) und Baschkiren schon
getrennt an den Ufern des Schwarzen Meeres wohnen, während
Ibn Said schon von drei verschiedenen Völkerschaften, nämlich
von Baschkiren, Magyaren und Ungarn spricht. [1]

---

[1] Es war anfangs unsere Absicht, hier die einzelnen Berichte der arabischen Geographen, soweit das Quellenmaterial mir hier zugänglich war,
mit Text und Uebersetzung zu bringen, doch in Anbetracht der auffallenden
Copien der ältesten Quelle sind wir hiervon abgestanden. Behufs Einsicht
in diese Macharbeiten lassen wir Al-Bekri's Bericht folgen:

ذكر بلاد المجغريه

و هم بين بلاد البجاناكيه و بين بلاد اشكل من البلكريه و
المجغرية عبدد اوثان وسمدة ملكهم كنده و هم قوم دو تباب
و خيام يتبعون مواقع القطر و مواضع العشب و عرض بلادهم مايه

In Anbetracht des Umstandes, dass wir unsere Leuchte in dieser dunkeln Region historischer Vergangenheit zumeist aus der Vorrathskammer der primitiven Culturmomente und der linguistischen Behelfe zu holen genöthigt sind, kann es in der That nicht genug bedauert werden, dass diese scheinbare Aehnlichkeit zwischen den Geschlechtsnamen Baškirt, Baššird, Baššar einerseits und Mažgar, Mažar andererseits so viel Confusion angerichtet, und dass dieses Chaos durch die versuchten Aufklärungen der abendländischen Gelehrten anstatt gelichtet zu werden, sich noch viel mehr verdunkelt hat. Wir sind Ibn Dasta und seinen Nachfolgern allerdings zu Dank verpflichtet, weil sie die ersten sind, die des Volkes der Mažgaren oder Mažaren Erwähnung thun, und zwar an demselben Orte Asiens, wo der heute schon ganz sesshafte, aber gegen Ende des vergangenen Jahrhunderts noch ganz nomadische Türkenstamm der Baschkiren sich

فرسخ فى مثلها وحد من بلادهم يتّصل ببلاد الروم و فى اخر حدهم مما يلى المغازة جبل ينزله قوم يقل لهم انيين و لهم كراع و مواش و مزارع و اسفل من هذا الجبل على ساحل البحر قوم يقال لهم اوغون و هم نصارى متاخمون لبلاد الاسلام المنسوبة الى بلاد تفليس و هو اول حد ارمنيه و يمتدّ هذا الجبال الى ان يسير الى ارض الباب والابواب و يتصل ببلاد الخزر

Vom Lande der Mažgarie.

Dieses Land befindet sich zwischen dem Lande der Petschenegen und dem zu Bulgarien gehörenden Eškel. Die Mažgaren sind Götzenanbeter. Der Name ihres Königs ist Kundu. Es ist dies ein in Zelten wohnendes Volk, welches nur regen- und weidereiches Land aufsucht. Die Breite ihres Landes beträgt hundert Farsakh, ebenso viel die Länge. An einer Seite grenzt ihr Land an Rum, an einer andern Grenze, die sich an die Steppe lehnt, befindet sich ein Berg, von einem ...... genannten Volke bewohnt, das Pferde (Füllen), Saumthiere und Aecker besitzt. Weiter unten von diesem Berge wohnt ein Volk اوغونة Oguna (vielleicht statt اوغوتة Ogota *)) genannt, welches an jene moslimischen Länder grenzt, die von Tiflis abhängig sind. Dieses Gebirge erstreckt sich bis zum Lande Derbend und erreicht das Land der Khazaren.

---

*) Ich schlage die Lesart اوغوتة ogota für اوغونة ogona vor, und vermuthe unter letzterm das Land der Gothen, die bekanntermassen Christen waren und deren Reich noch bis zum Einfall der Mongolen bestand.

noch gegenwärtig befindet, ein Stamm, dessen Sprache nur durch
einige lautliche Verschiedenheiten [1] von den übrigen türkischen
Mundarten abweicht, wie dies aller Wahrscheinlichkeit nach schon
in frühern Zeiten der Fall gewesen sein mag. Wenn daher die
europäischen Reisenden des 13. Jahrhunderts, als Rubruquis und
Plan Carpin, von der Identität des Magyarischen mit dem Baschkirischen sprechen, indem ersterer sagt: „Ydioma Pascatur et
Ungariorum idem est" [2], und letzterer die Behauptung aufstellt
„Bascurdos, qui sunt antiqui Hungari" [3], muss dies schon deshalb einer fehlerhaften Auffassung zugeschrieben werden, weil
die Sprache der Magyaren von der Zeit, seit welcher dieses Volk
seine alte Heimat zwischen dem Ural und der Wolga verlassen,
infolge der Berührung und des regen und engen Verkehrs mit
den theils fremden, theils verwandten Völkerelementen, eben die
sogenannte zweite Umgestaltungsperiode schon durchgemacht
haben muss, und weil sie schon im 12. Jahrhundert, wie aus dem
aus jener Zeit stammenden Sprachmonumente, der sogenannten
„Leichenrede" ersichtlich ist, jene stabilisirte Form angenommen
hat, in welcher sie heute vorliegt. Es ist daher absolut unmöglich, dass die hundert Jahre später mit slawischen und deutschen
Lehnwörtern gewiss mehr imprägnirte magyarische Sprache mit
dem Baschkirischen, das, soweit die historische Erinnerung
hinaufreicht, immer zum Türkischen gerechnet wurde, identisch
gewesen sein konnte. Diese Aussage, sowie die Behauptung des
zur Aufsuchung der in Asien zurückgebliebenen Magyaren im
Jahre 1237 gereisten Dominicanermönchs Julian können wir
daher getrost ins Reich der Fabeln, an welchen die Berichte der
mittelalterlichen Reisenden so überaus reich sind, verweisen,
denn wenn es sich in der That um eine Annäherung zwischen
Baschkiren und Magyaren handelt, so kann sich dieselbe erstens
nur auf die geographische Lage der Ursitze beider Völker beziehen, und zweitens demzufolge in einer weit ältern Periode,
als der des 11., 12. und 13. Jahrhunderts, von welcher hier die

---

[1] So wird z. B. im Baschkirischen das s mittels h, das c mittels s und
das l mittels d ersetzt, vgl. hezmek statt sezmek (Ahnen), usnu statt
ucun (für, wegen) und özder statt özler (sie selbst); in der „Turetzka
Krestomatija" von Berezin, Kazan 1876, S. 5—6.

[2] Rubruquis, S. 274.

[3] Recueil de voyages, T. IV.

Rede ist, stattgefunden haben.[1] Die Baschkiren mögen, um uns
concreter auszudrücken, allerdings die südlichen Nachbarn und
nächsten Verwandten der Magyaren des 2., 3. oder 4. Jahrhunderts unserer Zeitrechnung gewesen sein, aber keinesfalls der
Magyaren oder Mažgaren Ibn Dasta's, und noch viel weniger der
Magyaren zur Zeit Mas'udi's, Jakut's oder Rubruquis'.

Bei Fortsetzung der Erörterung des Ibn Dasta'schen Berichts
über die Magyaren wird sich ferner ergeben, dass er letztere
nicht in dem alten Sitze zwischen der Wolga und dem Ural,
sondern, was mit mehr Wahrscheinlichkeit anzunehmen ist, in
der zweiten Heimat, im Atelkuzu des Porphyrogenitus gekannt
habe, obwol seine diesbezüglichen Angaben an Klarheit viel zu
wünschen übriglassen und bisher zu den mannichfachsten Hypothesen Anlass gaben. Während einerseits die Bezeichnung der
Grenze رومي رومها Römisches, d. h. Schwarzes Meer und die Erwähnung des Sklavenhandels mit den Griechen bei der Stadt
Kerch, Karch, in welchem viele das Karkinit Herodot's am Flusse
Hypakiris entdecken[2], zur Annahme des früher erwähnten Atelkuzu berechtigen, muss wieder andererseits die Bezeichnung der
Lage „zwischen zwei Flüssen, von denen der eine grösser als
der Dschihun ist", auf unsere Combinationen störend einwirken,
und es müssen jedenfalls die Grenzen des von Ibn Dasta gekannten Magyarenlandes viel westlicher angenommen werden,
als die Version des Purpurgeborenen dies zulässt. Natürlich
dreht sich hier die Controverse um die Identificirung besagter
Flüsse, in welchen einige die Wolga und den Don, andere den
Don und den Dnjester, wieder andere theils den Dnjester, theils

---

[1] Um den apokryphen Charakter dieses Berichtes darzulegen, haben
wir in Beilage II die geographischen und sachlichen Details einer Prüfung
unterzogen.

[2] Wie verschiedenartig die diesbezüglichen Andeutungen Herodot's ausgelegt werden, ist am besten zu ersehen, wenn wir zwei voneinander nur
durch einen Zeitraum von 28 Jahren getrennte Commentatoren anführen.
Lindner (1841) setzt auf der seinem Buche „Skythen des Herodot" bei-
gegebenen Karte Karkinit in die Umgebung des heutigen Nikolajew, während
Bruun auf seiner Karte als Beilage zu „Herodotovoi Skithij i smjezhnuh
s neju zemel" (Das Skythien Herodot's und die mit ihm benachbarten
Länder, St.-Petersburg 1869) Karkinit an die Westküste der Krim, an die
Stelle des heutigen Eupatoria verlegt. Bei solcher Divergenz ist an eine
Sicherstellung der Karte des Ibn Dasta wol kaum zu denken.

den Don und die Donau entdecken wollen. Wir schliessen uns
mit unserer Ansicht an letztere, unter welchen Chwolson die
vornehmste Stelle einnimmt, um so leichter an, weil uns erstens
die von dem Geographen gebrauchte Benennung خير = Vafa,
aus welcher man خز = Vaka = Bug (!) [1] machen wollte, zu will-
kürlich dünkt, und zweitens weil die Magyaren zur Zeit Ibn
Dasta's (gegen 912) schon von ihrer heutigen Heimat Besitz ergriffen hatten, folglich die Chwolson'sche Annahme „zwischen
dem Don und der Donau" die meiste Berechtigung hat. Was
nun schliesslich die übrigen Notizen Ibn Dasta's bezüglich der
Nationalität, der Religion und der Staatsverfassung der Magyaren
anbelangt, können wir nicht umhin, den bedeutenden Werth derselben auf die Ursprungsgeschichte des genannten Volkes hier
besonders hervorzuheben. Dass sowol er als auch alle übrigen
bis zum 13. Jahrhundert ihm nachfolgenden Geographen und
Reisenden die Magyaren als Türken bezeichnen, was übrigens
auch die byzantinischen Schriftsteller thun, das dünkt uns der
Sachlage entsprechend ebenso natürlich, als wir es andererseits
wieder nicht zu begreifen vermögen, wie trotz alledem und bei
Ignorirung dieser klaren und offenen Aussagen der arabischen
und byzantinischen Zeitgenossen, es noch Gelehrte geben kann,
die für den finnisch-ugrischen Ursprung der Magyaren einstehen
wollen. Hiervon wird natürlich in ausführlicher Weise weiter
unten die Rede sein, und wir haben diesen Punkt nur deshalb
berührt, weil mit der angegebenen türkischen Nationalität auch
noch anderseitige Notizen Ibn Dasta's übereinstimmen. Hierher
gehört erstens der Würdenname كندۀ Kundu, mit welchem der
König bezeichnet ist, in welchem wir ein Analogon des von Ibn
Fozlan bei den Khazaren in ähnlicher Eigenschaft angeführten
كندر erblicken [2] (siehe khazarisches Wortregister), mit dem

---

[1] Es ist namentlich Roessler, der sich immer in Absonderlichkeiten
gefällt und ohne Kenntniss der arabischen Fachliteratur zu diesem phantastischen Sprung geneigt ist. Hätte er gewusst, dass Schukrullah nur Ibn
Dasta nachschrieb, und noch dazu in sehr willkürlicher Weise, so dürfte
er schwerlich aus dem zweifelhaften Vafa ein Vaka, Baka und Bug gemacht
haben.

[2] Chwolson's Versuch (S. 116), in كندر eine fehlerhafte Transscription
des ursprünglichen ابل lebed zu entdecken und dieses mit dem Lebedias
des Porphyrogenitus zu identificiren, dünkt uns eine ebenso kühne als un-

Unterschiede jedoch, dass uns Ibn Fozlan in diesem Worte den
Vicekönig, Ibn Dasta hingegen den ersten König vorführt, was
mit Bezug auf den Umstand, dass beide nur nach Hörensagen
schrieben, nicht von besonderer Wichtigkeit sein kann. Ferner
rechtfertigt der Name des zweiten Regenten, d. h. des جله žila,
dem das Γύλας des Porphyrogenitus völlig entspricht, zugleich
auch unsere Erklärung dieses Würdennamen (siehe weiter unten)
in phonetischer Beziehung, da die Araber und Perser in der
Aussprache das anlautende j zumeist mit ž vertauschen, so z. B.
žehud statt jehud (Jude), žilau statt jilau (Zügel) u. s. w. Einen
wichtigen Beleg für unsere Anschauung, dass die alten Ungarn,
gleich den heutigen türkischen Nomaden, ein Viehzucht trei-
bendes nomadisches Volk gewesen, liefert die Aussage Ibn Dasta's
ولهم قباب يسيرون مع الكلا و الحصيب d. h. „Sie leben in Zelten
und ziehen auf Futter- und Weideplätzen herum", eine Aussage,
die bei El Belchi noch durch folgenden Satz ergänzt wird وهم
قوم ذو قباب و خيام يتبعون مواقع القطر و مراصع العشب d. h.
„dieses Volk (die Magyaren) hat Zelte und sucht die regenreichen
Gegenden und Grasplätze auf", und die durch die spätere Angabe
bezüglich des Ackerlandes auch schon deshalb nicht abgeschwächt
wird, weil die Nomaden von jeher, so wie heute, natürlich in
sehr geringem Maasse, auch der Bearbeitung des Bodens oblagen.
So berichtet auch Al Bekri [1] و هم قوم ذو قباب يتبعون مواقع
القطر و مواضع العشب d. h. „es ist dies ein in Zelten wohnendes
Volk, das nur regen- und weidereiches Land aufsucht." Was
schliesslich die Behauptung Ibn Dasta's von dem Feuercultus
der alten Magyaren anbelangt, so wären wir keinesfalls geneigt,
das نيران bei Ibn Dasta durch die Variante اوثان d. h. Götzen
zu ersetzen, denn dass die Magyaren zur Zeit ihrer Einwanderung
in Ungarn infolge persischen Cultureinflusses sich eventuell theilweise zur Religion Zoroaster's bekannt haben mögen, dessen
wird weiter unten ausführlich gedacht werden. Was im Berichte

---

glückliche Combination. Der Unterschied des كنذكر Ibn Fozlan's von dem
كنذه Ibn Dasta's erstreckt sich nur auf den Auslaut, wo nachlässige Copisten aus dem ursprünglichen ه ein و gemacht haben.

[1] Siehe Dufrémery, Extraits u. s. w. im „Journal asiatique", T. XIII, S. 460.

Ibn Dasta's noch unsere besondere Aufmerksamkeit verdient, das
bezieht sich auf die Nachricht, dass die Magyaren über alle benachbarten Slawen herrschten, und dass auch die Khazaren aus
Furcht vor den Magyaren sich mit Gräben umgaben. Der Annahme folgend, dass die Magyaren zur Zeit Ibn Dasta's schon
in Pannonien ansässig waren, müssen unter den Slawen selbstverständlich nicht Russen, sondern Mähren und Slowenen verstanden werden, und nur bezüglich der Khazaren vermögen wir nicht
leicht ins Klare zu kommen. Das Khazarenreich war im Anfang
des 10. Jahrhunderts allerdings nur ein Schatten seiner frühern
Grösse, doch da eine Furcht vor den Magyaren schon aus geographischen Rücksichten nicht erdenklich ist, so mögen hier
unter Khazaren nur die vor der Einwanderung der Magyaren in
Pannonien ansässigen Khazaren verstanden werden. Alles in
allem genommen muss daher die leider nur etwas zu karg aus-
gefallene Notiz Ibn Dasta's über die Magyaren als ein werthvoller Beitrag betrachtet werden, und wir wollen von derselben
zu der in chronologischer Reihenfolge ihr zunächst stehenden
Quelle, nämlich zu dem Berichte des Porphyrogenitus übergehen.

XII.
Magyaren. Nach byzantinischen Quellen.

„Das türkische Volk (d. h. die Magyaren)“, so erzählt Kaiser
Konstantin [1], „wohnte ehedem in der Nachbarschaft des Khazaren-
landes an jenem Orte, welcher nach dem Namen seines ersten
Wojwoden Lebedia hiess, welcher Wojwode den Namen Lebedias
führte, infolge seiner Würde gleich den übrigen ihm nachfolgenden Wojwod betitelt wurde. An besagtem Orte, d. h. in Lebedia fliesst der Fluss Khidmas, auch Khingulus genannt.
Man nannte sie zu jener Zeit nicht Türken, sondern aus irgend
einem Grunde Savartojasfalen. — Die Türken bestanden aus
sieben Stämmen, sie hatten weder einheimische noch fremde
Fürsten, sondern gewisse Wojwoden, unter denen der früher
erwähnte Lebedias der erste war. Sie wohnten mit den Kha-

---

[1] De administrando imperio, im 38. Abschnitt.

zaren drei Jahre beisammen und waren deren Bundesgenossen
in allen Kriegen. Der Khazarenfürst, der Khagan, gab, in Anerkennung der Tapferkeit und Bundesgenossenschaft der Türken,
dem früher erwähnten Lebedias wegen seines grossen Helden-
rufes und des Glanzes seines Geschlechts eine edelgeborene Khazarin zur Frau, damit sie von ihm Kinder habe, doch es geschah,
dass jener Lebedias mit der Khazarin keine Kinder zeugte. —
Als die oben Kangar genannten Petschenegen gegen die Khazaren Krieg führten und besiegt wurden, da mussten sie (nämlich
die Petschenegen) ihre Heimat verlassen und ins Land der Türken
ziehen. Und als darauf zwischen den Türken und Kangar-
Petschenegen ein Krieg ausbrach und die Türken besiegt wurden,
da theilten sich letztere in zwei Theile, von welchen der eine
gegen Persien zog und noch heute den Namen Savartojasfalen
führt, während der andere Theil mit seinem Wojwoden und
Heerführer Lebedias sich im Westen in den Atelkuzu genannten
Gegenden niederliess, an jenen Orten, wo heute die Petschenegen
wohnen.

„Nach Verlauf einiger Zeit liess der Khazarenfürst, der Khagan,
den Türken anzeigen, sie möchten ihren ersten Wojwoden zu
ihm in einem Boote schicken. Lebedias ging daher zum Khagan
und frug, warum er ihn zu sich berufen. Worauf der Khagan
antwortete: wir haben dich gerufen, weil du von edler Abkunft,
verständig, tapfer und der Vornehmste unter den Türken bist,
und damit wir dich zum Fürsten deines Volkes machen und dass
du unsern Worten und Befehlen gehorchen mögest. Worauf
Lebedias dem Khagan antwortete: Ich schätze hoch deine mir
bewiesene Geneigtheit und Auszeichnung, und sage auch gebührenden Dank dafür, doch da ich zur Fürstenwürde mich unfähig
(im Texte αδυνάτως = machtlos) fühle, kann ich dieselbe nicht
annehmen. Doch es gibt ausser mir einen andern Wojwoden,
Namens Salmutzis (Σαλμουτζης), der einen Sohn Namens Arpadis (Ἀρπαδῆς) hat, es möge daher einer der letztern, nämlich
entweder Salmutzis oder sein Sohn Arpadis zum Fürsten ernannt
werden, und er möge Euern Befehlen gehorchen. Diese Rede
gefiel dem Khagan, er schickte mit dem Lebedias Leute zu den
Türken, welche sich diesbezüglich mit den letztern beriethen,
die es in der That auch vorzogen, dass Arpadis, als der in Rath
und Tapferkeit ansehnlichere und zur Oberherrschaft mehr ge-
eignete Mann, an der Stelle seines Vaters Salmutzis zum Fürsten

ernannt werde, der dann auch, nach Sitte und Gesetz der Khazaren auf einem Schilde in die Höhe gehoben, zum Fürsten gemacht wurde. Vor Arpadis hatten die Türken keinen Fürsten, und seit jener Zeit stammen die Fürsten aus diesem Geschlecht. „Nach einiger Zeit fielen die Petschenegen über die Türken her und vertrieben sie sammt ihrem Fürsten Arpadis (aus Atelkuzu), worauf die Türken sich aufs neue erhoben und, eine neue Heimat suchend, nach Gross-Mähren zogen, dessen Einwohner sie vertrieben, in dem Lande sich niederliessen, und noch heute dort wohnen; seit jener Zeit führen denn auch die Türken mit den Petschenegen keinen Krieg. Diese im Westen nun ansässigen Türken pflegen auch zu den früher erwähnten östlich gegen Persien gezogenen Türken Boten zu senden, die letztere besuchen und von ihnen Nachrichten bringen. Die Wohnsitze der Petschenegen, wo sich ehedem die Türken aufhielten, werden nach den dort befindlichen Flüssen benannt. Diese sind: 1) der Barukh, 2) der Kubei, 3) der Trullos, 4) der Brutos und 5) der Seretos. „Man muss wissen [1], dass die sogenannten Kabaren aus dem Geschlechte der Khazaren stammen. Es entstand nämlich ihrerseits ein Aufstand und ein innerer Krieg gegen die Herrschaft der Khazaren, und da letztere siegreich blieben und ein Theil der Rebellen niedergemacht wurde, floh der andere zu den Türken, wohnte mit ihnen gemeinschaftlich in dem heutigen Wohnsitze der Petschenegen, schloss Freundschaft mit ihnen (den Türken) und erhielt den Namen Kabaren. So geschah es, dass letztere den Türken die Sprache der Khazaren lehrten, welche Mundart sie noch bis heute gebrauchen, aber sie haben (d. h. erlernten) [2] auch die andere Sprache der Türken. Und weil die Kabaren unter den acht Geschlechtern in den Kriegen sich als die stärkern und tapferern bewährten, so wurde ihr Stamm zum vordersten Kämpfer in der Schlacht bestimmt. Die Kabaren bestehen aus drei Geschlechtern, die bis auf heute ein gemeinsames Oberhaupt haben.

„Das erste Geschlecht [3] (des aus Kabaren und Türken vereinten

---

[1] De administrando imperio, 39. Abschnitt.

[2] Unsers Erachtens beruht die Zweideutigkeit dieser Stelle nur auf dem unsichern, zweimal vorkommenden sie. Uns dünkt, dass sich das erste sie auf die Türken d. h. Magyaren, das zweite sie hingegen auf die Kabaren beziehe.

[3] De administrando imperio, 40. Abschnitt.

Volkes) sind daher die von den Khazaren getrennten Kabaren,
das zweite die Neke, das dritte die Megeri, das vierte die
Kurti germatu, das fünfte die Tarjanu, das sechste die
Jenakh, das siebente die Kari und das achte die Kazi. So
hatten die Kabaren im Vereine mit den Türken das Land der
Petschenegen besetzt, und nachdem sie von dem Christus lieben-
den glorreichen Kaiser Leo aufgefordert wurden, setzten sie
über (die Donau), griffen (den Bulgarenkönig) Simeon an, schlugen ihn, drangen bis nach Prestlavan vor, schlossen ihn in die
Festung Mundraga ein und kehrten in ihr eigenes Land zurück.
In dieser Affaire war Liuntin, der Sohn des Arpadis, ihr Anführer. Nachdem sich jedoch Simeon mit dem römischen Kaiser
ausgesöhnt hatte und sich ermuthigt fühlte, verband er sich mit den
Petschenegen zu dem Behufe, die Türken anzugreifen, aufzureiben
und zu vernichten, und als der Krieg gegen die Türken losbrach,
da zogen die Petschenegen mit Simeon vereint, vernichteten die
Familien der Türken und verjagten die zum Schutze des Landes
zurückgebliebenen. Als die Türken nun heimgekehrt waren (von
einem Zuge gegen Westen) und ihr Land in Verwüstung und
Zerstörung vorfanden, da liessen sie sich in ihren heutigen Wohnsitzen nieder, welche, wie gesagt, nach den Namen der Flüsse
benannt werden. Das Land aber, in welchem die Türken früher
wohnten, war nach den daselbst durchziehenden Flüssen Etel
und Kuzu genannt, wo heutzutage die Petschenegen wohnen."
   Von hier an lässt sich der kaiserliche Chronist in eine genauere Grenzbezeichnung der von den Türken eingenommenen
Heimat, d. h. des jetzigen Ungarnlandes, ein und schliesst mit
folgenden Bemerkungen: „Die Türken haben als Oberhaupt einen
Fürsten aus dem Geschlechte des Arpadis, ausserdem aber noch
zwei andere (Würdenträger?), einen Gülas (Γυλας) und Karkhas (Καρχας), die das Amt eines Richters versehen; man wisse
nämlich, dass Gülas und Karkhas keine Personen-, sondern Würdennamen sind. Man wisse ferner, dass Arpadis, der grosse Fürst
von Turkia, vier Söhne hatte, von welchen der erste Tarkatzu,
der zweite Jelekh, der dritte Jutotzi, der vierte Zalta hiess.
Man wisse, dass Tarkatzu, der erste Sohn des Arpadis, den
Teveli, Jelekh, der zweite Sohn, den Ezelikh, Jutotzi, der dritte
Sohn, den Falitzi, und Zalta, der vierte Sohn, den Taksis
erzeugte. Man wisse, dass sämmtliche Söhne des Arpadis star-
ben, und dass nur seine Enkel Falis und Tasis und deren

Oheim Taksis noch leben. Man wisse, dass Tevcli gestorben, und dass von ihm ein Sohn, Namens Termatzu, geblieben, der erst unlängst mit unserm Gaste Bultzu, dem Karkhas und dritten Fürsten Turkiens (aus Konstantinopel), heimgekehrt ist. Man wisse, dass Bultzu der Karkhas ein Sohn Kali's des Karkhas sei, Kali nämlich ist ein Eigenname, Karkhas hingegen ein Würden-name, sowie der jedoch höherstehende Gülas."

Wenn wir uns nun in die Erörterung der vom griechischen Kaiser über die Magyaren gebrachten Angaben einlassen, wird in erster Reihe die Frage aufzuwerfen sein, warum sich Kon-stantin des Namens „Türken" als ethnische Bezeichnung bediente, und welches das Verhältniss wol gewesen sein mag, das zu einer derartigen Benennung Anlass gegeben. Ueber diese Frage ist unendlich viel geschrieben und gestritten worden, und sollten wir die hierauf bezüglichen Ansichten in einer noch so sehr con-densirten Form reproduciren, so müssten wir doch ganze Seiten mit denselben füllen. Die Ursache, warum Konstantin und andere Byzantiner die Magyaren „Türken" nannten, dünkt uns eine ebenso einfache als ganz natürliche. Haben wir doch heute ein ganz ähn-liches Beispiel vor Augen, wenn wir in Erwägung ziehen, dass un-sere Ethnographie von Osmanen, Azerbaižanen, Turkomanen, Özbe-gen, Kuramas, Kirgisen, Kazaken, Kipčaken, Teleuten, Baschkiren, Altaiern, Koibalen, Jakuten u. s. w. als von selbständigen Völkern spricht, ohne deren gemeinsamen türkischen Ursprung als ein selbst-verständliches Factum besonders zu betonen. Dieses Verhältniss kann auch im entgegengesetzten Sinne der Fall sein, indem wir im Sinne der ethnographischen Bedeutung die nationale Individualität der Türken erwähnen, ohne deren Unterabtheilungen in Stämme und Geschlechter besonders hervorzuheben, oder dies wenigstens nur dort thun, wo die historische Begebenheit die Erwähnung der Sonderstellung unumgänglich nöthig macht. Wir haben im Laufe dieser Studie zu beweisen gesucht, dass Hunnen, Awaren, Bulgaren, Khazaren, Petschenegen, Uzen und Madschgaren nur einzelne Stämme oder Zweige des grossen Türkenvolkes gewesen sind, ein Factum, welches auch den zeitgenössischen Schriftstel-lern bekannt gewesen sein muss, und da letztere vom engern Verhältnisse der ethnischen Klassifikation nur bei jenen Stämmen und Zweigen unterrichtet waren, die sie schon länger kannten und die ihnen näher standen, ist es leicht erklärlich, dass sie bei diesen ebenso sehr auf die Namen der Unterabtheilungen reflectirten, als sie bei den andern erst jüngst aufgetretenen und minder bekannten nur den nationalen Namen im weitern Sinne des Wortes gebrauchten. So ist es gekommen, dass die arabischen Autoren fast ohne Ausnahme von Khazaren, Bulgaren, Petschenegen, Uzen und Madschgaren als von einzelnen, aber zur türkischen Nation gehörenden Volkszweigen sprechen, während die Byzantiner die im nordöstlichen und nordwestlichen Pontuslande schon länger ansässigen Türkenvölker unter den Namen Khazaren, Bulgaren und Patzinakiten anführen, die auf der Bühne der Begebenheiten erst neu aufgetretenen Magyaren aber, wegen Unkenntniss des engern ethnischen Bandes, mit der allgemeinen Benennung „Türken" bezeichnen. Als beste Illustration dieses Verhältnisses kann Folgendes gelten. Im 12. und 13. Jahrhundert hatte die Islamwelt Europa und seine Einwohner nur unter dem Sammelnamen فرنج Frendsch oder اِفرنج Efrendsch gekannt, welcher bekanntermassen aus einer Reminiscenz an das Frankenreich unter Karl dem Grossen entsprang. Dieser Name war noch lange nach den Kreuzzügen gäng und gäbe. Mit dem Hereinbrechen der Neuzeit jedoch entstand infolge des regern Verkehrs mit einzelnen Theilen des Frankenlandes eine Specification dieses Sammelnamens, man lernte Dschenewiz (Genueser = Italiener), Filemenk (Flämen = Holländer), Frangsiz (Franzosen) und Ingiliz (Engländer) kennen; und während man diese westlichen Nationen in gebildetern Kreisen bei ihren Namen nennt, wird der übrigen unbekannten Christenwelt noch immer der gemeinsame Name Efrendsch gegeben. Dieses, und nur dies allein muss auch zu der Zeit Konstantin's und Leo's der Fall gewesen sein, daher denn auch die noch ungekannten Magyaren den ihnen gebührenden Sammelnamen Turk erhielten.

In Uebereinstimmung mit unserer Annahme, dass die Magyaren für Konstantin und die Byzantiner nur Neulinge waren, muss es als ganz natürlich gefunden werden, dass uns ersterer bezüglich ihrer Abstammung und Urheimat nur wenig Aufschluss zu geben vermag. Nur eine, allerdings sehr wichtige Bemerkung ist es, die uns der Purpurgeborene bezüglich des Ursitzes der Magyaren hinterlassen hat, nämlich im 37. Abschnitte seines Buches, wo der Grenzverhältnisse des Petschenegenlandes Erwähnung geschieht, und wo die Mazaren und Uzen als unmittelbare Nachbarn der Petschenegen bezeichnet werden. Dieses

Μαζάροι ist nun von vielen als ein Schreibfehler, und zwar anstatt des ursprünglichen Χαζάροι betrachtet worden, einfach aus dem Grunde, weil Konstantin dasselbe nur einmal gebraucht. Wir sind keineswegs dieser Ansicht und erlauben uns derselben gegenüber einzuwenden, dass hier von den Petschenegen noch vor ihrer Trennung in zwei Gruppen, folglich in dem alten Sitze zwischen der Wolga und dem Ural die Rede ist, was schon der Ausdruck ἀπ᾽ ἀρχῆς beweist, und da vom Grenzverhältnisse der Uzen d. h. der Turkomanen und Kanglis der moslimischen Autoren gesprochen, folglich die östliche Grenze angedeutet wird, sehen wir gar nicht ein, wie man im Osten des Urals oder Jajiks Khazaren vermuthen kann, da diese doch nur in den Uferlanden der untern Wolga wohnten und sich unserm Wissen nach zu keiner Zeit über die alten Petschenegensitze, ja über den Ural hinweg ausgedehnt haben. Μαζάρ, eine regelrechte Graecificirung des كجار Madschar der Orientalen [1], ist daher kein Schreibfehler, und die Ursache, derzufolge der Purpurgeborene diesen Namen nur einmal gebraucht, ist eben auf den von uns eingangs erwähnten Umstand zurückzuführen, d. h. weil er denselben nur zufällig gehört, die Magyaren nicht genügend gekannt hat und vom genauern Verhältniss der letztern zu diesem Namen nicht vollauf unterrichtet sein konnte.

Es ist daher auch nur bezüglich dieser Stelle des Konstantinischen Berichts, dass wir uns eine Rectification der untereinander so vielfach divergirenden Ansichten der Commentatoren des kaiserlichen Schriftstellers erlauben. Um so weniger Lust verspüren wir jedoch, uns in das, man könnte sagen schon auf Bände sich belaufende, Gezank und Gehader bezüglich der Identificirung der unter den Namen Lebedien und Atelkuzu angeführten Gegenden einzulassen. Wem es an Befähigung und Zeit nicht mangelt, auf Grund halsbrecherischer Etymologien die geographische Lage dieser beiden Hauptetappen der Magyaren auf ihrem Zuge vom fernen Osten nach Pannonien herauszufinden, der thue dies; uns fehlt entschieden der Muth dazu, das Lebedia des Kaisers mit dem Eleud des anonymen Notars, das Χιγγούλους

---

[1] Während ξ = tsch von jeher in griechischer Transscription zu τζ geworden ist, wird ž immer mit dem einfachen ζ wiedergegeben. Diese Schreibart beweist, wie hiervon noch später die Rede sein wird, dass Konstantin den Namen Μαζάρ einer türkischen Quelle entlehnt hat.

9*

oder Σιγγούλ mit dem Flusse Ingul oder Gangaliz [1] der Suanetier
zu identificiren. Auch mit Bezug auf die Erörterung des Atelkuzu können wir uns der schon stattlichen Menge der Commentatoren nicht anschliessen, denn erstens dünkt uns besagte
Stelle bei Porphyrogenitus dermassen verworren und unsicher,
dass unserm Erachten nach jede neue Deutung das schon vorhandene Meer der vagen Combinationen nur nutzlos vermehren
würde; zweitens kann diese Studie, die sich als Hauptziel die
Ursprungsfrage der Magyaren gesteckt hat, den Einzelheiten des
Marsches, d. h. den nothwendigerweise gemachten Stationen
eine nur secundäre Aufmerksamkeit widmen. Wir fragen: was
hat die Wissenschaft bisher aus den im luftigen Raume der
Phantasie gegründeten Theorien gewonnen? wissen wir, welche
Theile der nördlichen Pontusländer unter Lebedien und Atelkuzu
zu verstehen sind? Nein, und hundertmal nein! Ebenso wenig,
wie wir die Bedeutung des räthselhaften Savartoiasphalen (Σα-
βαρτοιασφαλοι) kennen, welches von den verschiedenen Commentatoren für schlecht griechisch, persisch, chaldäisch, magyarisch [2],
hunnisch, ja sogar für deutsch gehalten wurde, denn der germanische Eifer eines Zeuss und Roessler will in demselben die
schwarzen Falen entdecken.

Wir glauben daher unserm Ziele um so sicherer entgegen-
steuern zu können, wenn wir, anstatt im Dunkeln herumzutappen,
lieber unsere Aufmerksamkeit den positiven Daten des Konstantinischen Berichts zuwenden und theils dessen markante Züge,
theils dessen Congruenz mit andern, d. h. mit arabischen und
magyarischen Quellen hervorheben. Konstantin hat, wie aus den

---

[1] Siehe Cassel, „Magyarische Alterthümer", S. 129. Da man bisher auf
die Identität des Χιγγούλου; und Σιγγούλου; hingedeutet hat, so ist es befremdend, warum man mit den auf Seite 171 (der bonner Ausgabe) bei Beschreibung des ehemaligen Petschenegen- und spätern Turkenlandes angeführten Flussnamen Βρουτ-ος und Σερετ-ος (Pruth und Sereth) ·und mit
den auf Seite 179 befindlichen Flussnamen Βουρατ und Σαρατ nicht in ähnlicher Weise vorgegangen ist, da Brut und Seret doch nichts anderes als die
soeben erwähnten Burat und Sarat sein können.

[2] Am amusantesten klingt die Erörterung der magyarischen Etymologen,
indem dieselben in diesem Worte das ungarische szabadosfeles = freie Parteien entdecken, da sie in der beneidenswerthen Ignoranz befangen sind,
dass, da szabad = frei dem slawischen slobod swobodu entlehnt ist, dasselbe
erst hundert Jahre später in das Magyarische gelangen konnte.

Hauptzügen seiner Erzählung ersichtlich, die Magyaren nur aus
der Periode ihrer Wanderung nach der heutigen Heimat genauer
gekannt, von dem Ursitze derselben hingegen hatte er nur höchst
vage und unsichere Kenntnisse. Was er von den sieben Stämmen erzählt, eine Zahl, die schon von alters her im Osten eine
religiöse Bedeutung hatte, erinnert besonders an das bei den
Ural-Altaiern herrschende Siebener-System, demzufolge selbst
noch heute bei den türkischen Nomaden der Ausdruck Jeti-Ata
(d. h. Sieben Väter) der conventionelle Ausdruck für den Begriff
Ahnen ist, daher die Redensart Jeti atang kim dir = wer sind
deine Ahnen, was ist deine Abstammung, wörtlich: wer sind deine
sieben Väter? Und dass die Siebenzahl auch bei den übrigen
Türken jener Zeit beliebt war, beweist der Bericht der magyarischen Historiker von den sieben kumanischen Stämmen.
Was der griechische Kaiser hingegen vom Zerfallen der Magyaren in zwei Theile berichtet, von denen der eine nach Westen,
der andere nach Osten, d. h. gegen Persien gezogen war, kann
nur so erklärt werden, dass man unter Persien nicht das eigentliche Iran, sondern vielmehr die Dependenzen dieses Landes verstehen muss, zu denen man, wie noch weiter unten hiervon die
Rede sein wird, nicht nur während der Sassanidenherrschaft,
sondern auch während der ersten Jahrhunderte des Khalifats den
Kaukasus und die nördlichen Uferlande des Kaspisees rechnete.
Was übrigens das eigentliche Factum der Trennung anbelangt,
so wird dasselbe erstens nicht nur von Konstantin, sondern
auch von Ibn Dasta und von andern arabischen Reisenden erwähnt, ohne dass sich uns jedoch dadurch die Möglichkeit bietet,
von dem nach Persien, richtiger nach dem Nordosten des Kaukasus verschlagenen Theile der Magyaren auch nur das Geringste
zu erfahren; zweitens hat die Geschichte auch bei den übrigen
gegen Westen gezogenen türkischen Stämmen analoge Vorfälle
registrirt. So sehen wir, dass ein Theil der Bulgaren an der
mittlern Wolga verblieb, während sich der andere am Balkan
niederliess; von den Petschenegen blieb ein Theil auf dem Sitze
zwischen dem Ural und der Wolga, während die andere in der
Gegend zwischen dem Don und der Donau wohnte. So verhielt
sich dies auch bei den Magyaren, und Aehnliches ist auch bei
den Osmanen vorgefallen, deren Losreissung vom gemeinsamen
Stamme der Ghuzen, d. h. Turkomanen noch heute nach sieben
Jahrhunderten in der Erinnerung der letztern lebt.

Andererseits müssen wir offen gestehen, dass uns der Bericht
des Purpurgeborenen über das internationale Verhältniss zwischen
den Magyaren, Petschenegen und Khazaren nicht ganz einleuchten will, und dass namentlich die Aussage vom Clientelverhält-
niss der Magyaren zu den Khazaren, wie schon P. Hunfalvy [1]
richtig darauf hindeutet, hinsichts der Klarheit viel zu wünschen
übriglässt.   Das Verhältniss zwischen Khazaren und Petschenegen scheint nie ein freundliches gewesen zu sein, so wenigstens
erfahren wir aus den Angaben der Araber und aus dem Briefe
des Khazarenkönigs an Chasdai ben Schaprut, ja wir können
uns diese Lage aus dem heutigen wildfeindlichen Verhältniss
der Turkomanen und Özbegen vergegenwärtigen. Hunfalvy fragt:
warum die zu jener Zeit noch mächtigen Khazaren die Magyaren
nicht geschützt haben, warum sie ihnen nicht beigesprungen sind,
um auf diesem Wege den gemeinsamen Gegner zu vernichten?
Nun, die Antwort ist ganz einfach: weil die Khazarenmacht zur
Zeit, als sich die Magyaren in Lebedien aufhielten, wenngleich
nicht ganz gebrochen, doch jedenfalls im Niedergange begriffen
war, und die Khakane angesichts der Feindseligkeiten so mächtiger Stämme, wie es Petschenegen und Magyaren waren, sich
in Neutralität verhalten mussten.   Dieser Schwächezustand der
Khazaren schien dem Purpurgeborenen unbekannt gewesen zu
sein, und es geht aus diesem und andern ähnlichen Widersprüchen zur Genüge hervor, dass die gelehrten europäischen Erklärer
des Konstantinischen Textes den diesbezüglichen Aussagen viel
mehr Gewicht beilegten, als eigentlich nöthig wäre, und dass sie
die kopf- und ziellosen Wanderungen der Nomaden aller Zeiten
in einem solchen Sinne auffassten, der namentlich beim tollen
Völkergeschiebe und Gedränge jener Epoche keinesfalls gerechtfertigt ist.   Wie kann die historische Kritik, fragen wir, im pechschwarzen Dunkel jener Zeit eine erhellende Leuchte anzünden, da
wir selbst bezüglich der auf demselben Gebiete vier, ja auch fünf
Jahrhunderte später erfolgten ethnischen Umgestaltung noch im
Unklaren sind, indem wir sowol mit Hinsicht auf die einzelnen
Bestandtheile der Goldenen und Blauen Horde als auch bezüglich
der generischen Verhältnisse der Nogaier, Özbegen und Kazaken nur
Hypothesen, aber keine historische Evidenz haben?!   Im äusserst
lockern Gefüge der nomadischen Völkergesellschaft hat von jeher

---

[1] Ethnographie von Ungarn, S. 140.

die kleinste Erschütterung das grösste Chaos und die kleinste
Bewegung die grössten Umwälzungen hervorgebracht; man schob
und drängte sich nach allen vier Richtungen der Windrose, und
das tolle Gewühl blieb nur dann und dort stehen, wo die mehr
consolidirten Zustände einer sesshaften Gesellschaft gleichsam
einen Damm gegen fernere Einbrüche bildeten. So sahen wir
die mitunter wild aufschäumenden Wogen des turanischen Völkermeeres im Südosten gegen China, im Süden gegen das iranische
Oxusland, den Kaukasus und das oströmische Reich branden,
während sie sich im Westen bis ans Frankenland ausbreiteten,
und später gewaltsam zurückgedrängt, in den Niederungen Ungarns sich beruhigten. Was daher über die Einzelheiten der
letzterwähnten Bewegung aus dem Buche Konstantin's verlautet,
dünkt uns theils zu fragmentarisch, theils zu verworren, um
daraus irgendwelche Schlüsse zu ziehen. Nur eins geht mit Bestimmtheit hervor, dass es nämlich petschenegische Türken waren,
die, vom Rachegefühl der Bulgaren gereizt, einen Anlass zur
Niederlassung der Magyaren im Tieflande zwischen der Theiss
und Donau gegeben haben, und hierfür müssen wir dem kaiserlichen Schriftsteller Dank wissen.

Anders ist es natürlich mit jenen Angaben des purpurgeborenen Schriftstellers bestellt, die sich speciell auf das innere
Leben der Magyaren beziehen, Angaben, welche, trotzdem sie
noch dürftiger sind als der skizzenhafte Bericht Ibn Dasta's, auch
schon deshalb von Interesse scheinen, weil sie in gewisser Hinsicht mit dem letztern übereinstimmen und, in Anbetracht des
selbständigen Ursprunges der beiden Hauptquellen, sich sozusagen gegenseitig unterstützen. Hierher gehört der, wie schon
erwähnt, übereinstimmende Bericht von der türkischen Nationalität der Magyaren, mit dem Unterschiede jedoch, dass der
moslimische Autor die Stammesbenennung مَجْغَر Madschgar kennt,
Konstantin hingegen nur den nationalen Verband im weitern
Sinne des Wortes; eine ethnographische Auffassung, die bei den
Byzantinern schon längst Wurzel gefasst hat, indem, wie wir
sehen, schon zur Zeit der Gesandtschaft des Zemarchus die von
der Wolga und dem Ural östlich und südöstlich wohnenden
Völkerelemente unter dem Sammelnamen Türken bekannt waren.
Ferner die Liste der Personen- und Würdennamen, welche, mit
Hinsicht auf die oft betonte Wichtigkeit der in derselben auf-

bewahrten Sprachmonumente, im vorliegenden Falle uns um so
werthvoller dünkt, als wir nach kritischer Prüfung der einzelnen
Geschlechts- und Personennamen zu der Ueberzeugung gelangen,
dass hier bei einem Erörterungsversuche das türkisch-tatarische
Sprachmaterial nicht mehr ausreicht, indem wir lautlichen
Eigenthümlichkeiten gegenüberstehen, die eine, wol im verwandten ural-altaischen Kreise entstandene Mischsprache vermuthen lässt, eine Mischsprache, in welcher einerseits der noch
stark vorwiegende türkische, andererseits aber schon der, sich
natürlich noch sehr leise bemerklich machende, fremde, aller
Wahrscheinlichkeit nach finnisch-ugrische Charakter kaum mehr
zu bezweifeln ist. Unsere diesbezügliche Ansicht gründet sich
zumeist auf den *n-*, *l-* und *f*-Anlaut der Wörter Lebed, Neke
und Fal, einen Anlaut, der für das turko-tatarische Sprachorgan mühsam, ja mitunter unmöglich wird, und in der That
können die betreffenden Wörter aus dem Türkischen nicht erklärt werden. [1] Die Fremdwörter im Texte des Purpurgeborenen
leiden allerdings mehr als die bei den übrigen Byzantinern vorkommenden durch eine systematische Inconsequenz der Schreibart, doch darf hier die Unverständlichkeit weniger der Mangel-
haftigkeit der Transscription, als der Fremdartigkeit des Sprachmaterials zur Last gelegt werden. Diese Bemerkung bezieht sich
jedoch nur auf eine sehr geringe Minorität der Eigennamen, da
bei der grossen Mehrzahl, trotz der vorauszusetzenden Verstüm-
melung, sowol der türkische Sprachcharakter als auch die Wortbedeutung in untrüglicher Weise hervortreten. Wir wollen
diese Wörter, anstatt der bisherigen Gepflogenheit eines nach-
träglichen Wortregisters, hier gleich in den Text aufnehmen, und
dieselben der Reihe nach zu erklären suchen.

Salmutzis (Σαλμουτζης), Name des zuerst bekannten magyarischen Anführers, ist irrigerweise mit dem Almuš der ungarischen Chronisten identificirt worden. Unsere diesbezügliche
Annahme beruht auf folgenden Gründen: 1) ist Almuš, wie schon
oben erwähnt, kein Personen-, sondern ein Würdenname, richtiger
ein Titel, in der Bedeutung von glückselig, erhaben, figurirt
demnach hier nur als ein Epitheton, von dessen Seite der eigent-

---

[1] Der Versuch der magyarischen Forscher auf diesem Gebiete, die in
besagten Geschlechtsnamen altmagyarische Sprachüberreste entdecken wollten, kann einer ernsten Discussion gar nicht unterzogen werden.

liche uns unbekannt gebliebene Eigenname wegefallen ist, so wie
wir dies noch heute bei den Herrschernamen wahrnehmen können; 2) stehen selbst lautliche Verhältnisse einer solchen Annahme im Wege. Auf dem türkischen Sprachgebiete haben wir
wol conträre Beispiele vom Wegfallen der anlautenden Sibilans,
so z. B. zwischen den jakutischen und andern türkischen Mundarten (vgl. jakutisch *u* mit dem türkischen *su* = Wasser), doch
kann dies keinesfalls mit Bezug auf Almuš und Salmutzis angewendet werden, um so weniger, da das griechische τζη fast ohne
Ausnahme der türkischen Partikel چی = či entspricht. Salmutzis
ist daher nichts anderes als das türkische salmači und bedeutet
Schlingenschleuderer, vom subst. salma = Schlinge (siehe صالمه
Budagow, I, 690) und dem Substantivsuffix چی či wie wie das
kirgisische kurukši = Schleuderwerfer und das türkische okči =
Pfeilschütze. Hingegen ist jedoch

Arpadis (Ἀρπαδής) mit dem Árpád des Anonymus und der
übrigen ungarischen Historiker identisch und stammt aller Wahrscheinlichkeit nach vom türkischen Verbalstamm arpai, arbaj
ارباي = prophezeien, wahrsagen, Zeichen deuten, Traum deuten,
respective von einer frühern Form arbadi, arpadi = einer der
prophezeit hat, ein Wahrsager, ein Prophet. Heute ist diese
Participialform nicht mehr ganz im Gebrauche, denn tojdi = der
Satte, taldi = der Müde u. s. w. sind blos in der Bedeutung von
participia perfecta zu nehmen, doch in den ältesten Sprachmonumenten war dies nicht der Fall, und ähnlich auslautende Personennamen sind im Uigurischen, so Küntokdi — Aitoldi u. s. w.
anzutreffen. Das Verhältniss zwischen dem ältern arpadi und
dem magyarischen árpád findet in den altmagyarischen Namen
Ed und Ond (Anonymus) und dem edi und ondu ein Analogon.
Árpád ist daher in der Bedeutung Prophet zu nehmen.

Kurti germatu (Κουρτὺ-γερμάτου), Name des vierten Stammes der Magyaren. K. Szabó will in diesem Worte eine Entstellung des magyarischen kürtgyarmat (Horn-Colonie) entdecken, eine Supposition, die nicht ganz unannehmbar ist, obwol
man andererseits auf Grund türkischer Erklärung besagtes Wort
auch kurt girmeti, d. h. der Wolf ist nicht eingedrungen, lesen
könnte, was auf eine Fraction der viehzüchtenden Nomaden wol
besser passt. Mit der richtigen Lesart und Erklärung dieser
Wörter werden wir mit Hinblick auf die Unzuverlässigkeit des
Konstantinischen Textes und auf den schon früher angedeuteten

fremdartigen, d. h. nichttürkischen Zusatz wol kaum je ins Reine
kommen, und das Feld der Hypothesen und der verschiedenartigen Deutungen dürfte noch lange offen bleiben. So wie mit
Bezug auf Kurtu germatu, dünkt uns auch die von K. Szabó vorgeschlagene Identificirung der Namen Megeri, Tarjanu und Jenakh
mit den magyarischen Megyer, Tarján und Jenő[1] ganz plausibel,
hingegen können wir mit der Lesart Karas und Kazas für Kari
und Kazi nicht ganz übereinstimmen, indem wir in letztern die
türkischen Wörter kari = alt und kazi = Pferdefett vermuthen.

Liuntin (Λιουντις), Name des Sohnes Árpád's. In Liunt
mag ein infolge des persischen Cultureinflusses aus dem Persischen entlehnter Name, dem Ursprunge nach eigentlich لوند
Lewent = freiwilliger Krieger, Abenteurer (vgl. magyarisch levente
= Held) entdeckt werden, oder es ist mit dem alttürkischen Lunt,
Luj = Unthier, Krokodil, auch der Name eines Jahres im tatarischen Cyklus, identisch.

Gülas und Karkhas (Γύλας, Καρχας), Name der beiden
obersten Würdenträger bei den Magyaren, nach Porphyrogenitus
eine Art Richterwürde, von welchen die des Gülas als die höhere
bezeichnet wird. Vor allem muss richtig gestellt werden, ob
beim Nominativ der graecisirten Wörter Karkhas und Gülas als
Endsilbe ας angenommen werden soll, oder ob die fraglichen
Wörter schon ursprünglich auf einen Selbstlaut endeten, und die
griechische Zugabe demnach nur aus einem einfachen ς bestünde.
K. Szabó[2] bemerkt gegenüber der Behauptung Kállay's, der
Karkhas mittels Kharkan substituiren will, ganz richtig, dass
sich hier nur ein Karkhas voraussetzen liesse, und der Irrthum,
in welchen der erstgenannte ungarische Gelehrte verfällt, besteht
nur darin, dass er das Karkhas des Konstantin mit dem horkaz
(Richter) der Székler Chronik identificirt, und uneingedenk des
Umstandes, dass letzteres nur dem Griechischen entlehnt ist, die
Endsilbe ας als zum Worte gehörig betrachtet. Das kann mit
Hinblick auf die analoge Endung des Salmutzis, Arpadis, Tar-

---

[1] Jenakh von der Stammsilbe jen = besiegen steht hier in der alttürkischen Participialform und bedeutet: der Sieger. Jenakh und Jenő
verhalten sich lautlich so zueinander wie das oben angeführte arabische
Bezenakh zum magyarischen besenyő.

[2] Biborban srületett Konstantin munkái. Magyarische Akademie Ertesitő,
I. Bd., S. 144.

katzas, Jutotzas u. s. w. hier nicht der Fall sein, und so wie bei zahllosen andern Beispielen, kann von Rechts wegen hier nur karkha oder karkh als das vom griechischen Kaiser gehörte ursprüngliche Wort angenommen werden. Uebrigens ist die verschiedenartige Endung besagten Wortes für uns nur von secundärem Interesse, denn dasselbe möge nun karkha oder karkh lauten, der Kenner der türkischen Mundarten wird in demselben sofort die Stammsilbe khar = sehen, blicken, schauen erkennen, und diese Würdenbezeichnung mag kharakhao (das moderne kharakaul [1] = Aufseher, Wache) d. h. Intendant, Aufseher gelautet haben. Möglich, dass ungeachtet dieser Wortbedeutung der Karkhas vielleicht als Aufseher der Gesetze in der That ein Richteramt bekleidete, doch kann die diesbezügliche Behauptung des Purpurgeborenen nicht ganz aufs Wort genommen werden. Uebrigens hat sich ein mit der Stammsilbe khar gebildetes Wort als Würdenname noch später erhalten, das قاريحى kharči = Oberaufseher am Hofe der Khane der Goldenen Horde (vgl. Budagow, II, 44 und Weliaminow Zernow, „Geschichte der Kasimiden", II, 411). Mit der Erörterung des zweiten Wortes Gülas ist es schon viel besser bestellt. Wir sind diesem Worte schon in dem Berichte des Kaisers über die Petschenegen begegnet, und haben dasselbe dem petschenegischen Wortregister als jila, respective als jilau, jilao eingereiht. Wenn wir daher früher Jila, unter welchem Namen die dritte Provinz des Petschenegenlandes angeführt wird, mit Versammler und Versammlungsort übersetzten, muss unsere diesbezügliche Annahme hier, wo es sich um einen Würdennamen handelt, eine gewiss noch grössere Berechtigung finden, um so mehr, da, wie wir früher erwähnt, das خله Žila des Ibn Dasta (siehe S. 124), ein Analogon des Jila bei Konstantin, ebenfalls als zweiter Regent figurirt. Diese Congruenz der beiden voneinander so entfernt stehenden Quellen kann in der That nicht hoch genug angeschlagen werden, und bildet nach unserm Erachten eins der wichtigsten Momente in der Forschung über die Ursprungsgeschichte der Magyaren, denn es ist der einzige Zug im politischen Leben der alten Magyaren,

---

[1] Aehnliche Endungen finden sich in den Würdebezeichnungen Jas-aul (Ordner), in der ältern Form jasao = Gesetz, Ordnung; čap-aul und čapao (einfallende Truppe, auch Angriff); bük-eöl auch bukeö (Arrièregarde) und in vielen andern Wörtern.

über welchen der arabisch-persische Autor im Osten und der griechische Geschichtschreiber im Westen in gleicher Weise unterrichtet waren. Es wäre allerdings sehr interessant zu erfahren, ob, wie K. Szabó berichtet [1], die grossen und kleinen Gyulas der allerdings noch fraglichen Székler Chronik in der That als Würdennamen zu nehmen sind, da hierdurch das Fortleben dieser Würde noch im 10. und 11. Jahrhundert erwiesen wäre; doch ob dies der Fall war oder nicht, die Identität des جـله mit dem Γύλας des Byzantiners steht ausser allem Zweifel, und beide Würdebezeichnungen gewähren uns einen Einblick in die älteste Verfassung der Magyaren. Es ist selbst eine genauere Umschreibung des Machtkreises dieser beiden Würdenträger, mit welcher die streng linguistische Würdigung dieser beiden Wörter uns an die Hand geht. Während wir im Kharkhao oder Karkha einen Intendanten, einen mit der Oberaufsicht betrauten Würdenträger erkennen, finden wir im Jila oder Jilao, d. h. Versammler, jene Persönlichkeit, der das wichtige Amt, die Krieger, das Heer zu versammeln, übertragen war, einen Würdenträger, dessen Pflicht derjenigen des Tarchan entsprach — welches türkische Wort ebenfalls in der ursprünglichen Bedeutung Sammler [2] zu nehmen ist — und der im Staatsleben der kriegerischen Nomaden eine grosse Rolle gespielt haben muss.

Tarkatzu (Ταρχατζου), Name des ersten Sohnes Árpád's, hat nach dem schon erwähnten System der Transscription tarkači gelautet, ein nomen agentis und zugleich Personenname, mit der Bedeutung: der Zerstreuer, der Auseinanderwerfer, von تارقامان tarkamak = zerstreuen, zerstäuben, hier selbstverständlich auf das Zerstreuen des Feindes bezüglich.

Jelekh ('Ιέλεχ), Name des zweiten Sohnes Árpád's, könnte auch Jilekh gelesen werden und kann in beiden Fällen leicht mit dem türkischen jelek (يلّك) auch jele (يله) = Feder am obern Ende des Pfeiles, Mähne, Reiher, auch Kopfbedeckung des Fürsten, identificirt werden.

Jutotzas ('Ιουτοτζας), Name des dritten Sohnes Árpád's, dünkt uns, ebenso wie Tarkatzu = tarkači ursprünglich jutotzi = jutači, ein nomen agentis mit der Bedeutung: Vernichter, vom türkischen Verbum jutmak يوتمان = vernichten, verderben.

---

[1] Siehe S. 143.
[2] Siehe mein „Etymologisches Wörterbuch", §. 182.

Zaltas (Ζαλτας), Name des vierten Sohnes Árpád's, ist jedenfalls eine fehlerhafte Transscription des Zoltán und Zsolt der magyarischen Chronisten, und Zalt, Zoltán oder Zsolt kann nichts anderes sein als das arabische Sultan = Herrscher, Gebieter, welches gleich andern Würdennamen (vgl. Emir und Wali bei den Bulgaren) schon früh aus dem Centrum der arabischen Bildung in Bagdad seinen Weg über den Kaukasus zu den an der untern Wolga wohnenden Völkern gefunden haben muss. Ferner ist es nothwendig hier zu bemerken, dass Sultan zu jener Zeit noch nicht als Würdenname des Fürsten, sondern als der eines untergeordneten Offiziers gebraucht worden sein mag, wie wir dies noch heute in Persien sehen, wo z. B. mit Sultan ungefähr der Lieutenant in der Armee bezeichnet wird, während man in der Türkei und anderswo unter dieser Benennung den Landesfürsten versteht. Als analoges Beispiel zum Lautwechsel des *s* und *z* sei hier noch angeführt, dass selbst im heutigen Magyarischen das Wort سلطان Sultan immer Zultán ausgesprochen wird.

Ezelekh ('Εζέλεχ), Name eines Enkels Árpád's, ist von K. Szabó irrthümlich Edzeléh gelesen worden, denn erstens entspricht das auslautende χ immer unserm kh und zweitens ist der Doppellaut dz meistens durch δζ und selten durch ζ allein ausgedrückt. In eine genaue Interpretation dieses Wortes können wir uns selber nicht einlassen, und nur als Supposition möchten wir die Lesart eselik oder eslik, das sowol wohlriechend als auch vernünftig bedeuten kann, vorschlagen.

Taksi (Ταξίς), Name eines Enkels Árpád's, bei den ungarischen Chronisten Takson genannt, welche Variante den ursprünglichen Lautverhältnissen des Wortes auch mehr entspricht, denn wir glauben in demselben den noch im Mittelalter häufig vorkommenden Personennamen تكيش tekiš, takiš zu entdecken, mit der Bemerkung, dass das magyarische takson ein Diminutivum, bedeutend der kleine [1], liebe Takiš, ist, wie dies auch bei andern Namen (vgl. osmanžik = Osmanchen) vorkommt.

Tas (Τασής), Name eines Enkels Árpád's; aller Wahrschein-

---

[1] Im Magyarischen bilden kon, ken, im Türkischen kina, kene Diminutiva. Takson dürfte daher aus einem ältern takiskon entstanden sein.

lichkeit nach das türkische **taš** = Stein, welches häufig auch als
Personenname gebraucht wird.

Termatzus (Τερματζους), Name eines Urenkels Árpád's,
richtiger termači oder tarmači, möglicherweise auch tarmašči =
der sich Anstrengende, Ereifernde, von termašmak (ترماشماق)
= sich anstrengen.

Bultzu (Βουλτζους), der Bulcsu oder Bilcsu, der siebente
Anführer der magyarischen Chronisten, ist allem Anscheine nach
infolge einer stattgefundenen Verdrehung der inlautenden Vocale
aus dem ursprünglichen biliči, buliči [1] = Wissender, Kenner,
mit dem das magyarische bölcs = weise identisch ist, entstanden.
In dieser Annahme werden wir durch die Aussage des Kaisers
bestärkt, der im 40. Kapitel berichtet, dass der ihm persönlich
bekannte Bultzu Richter war und eine Würde dritten Ranges
bekleidete. Bezeichnend ist der Ausdruck Vér-Bulcsu = Blut-
Richter bei den ungarischen Chronisten, ein Amt, welches unter
einem andern Namen bei den Nomaden noch heute in Wirksam-
keit besteht, da die Fälle der Blutrache oft die verwickeltsten
sind, und der Ausdruck *kan bilir kiši* = ein Mensch, der Blut,
d. h. die Regel der Blutrache kennt, noch immer auf Achtung
hindeutet.

Wenn wir nun die Frage aufwerfen, was der historische Ge-
winn vorhergehender Liste von Eigennamen sei, und welches
Resultat wir durch eine kritische Beleuchtung dieses Sprachmaterials erzielen, so können wir nur antworten, dass so wie
bei unsern bisherigen Forschungen über die Nationalität der
Hunnen, Bulgaren, Khazaren und Petschenegen die allerdings
spärlichen Sprachüberreste uns als die einzige zuverlässige Beweiskraft gedient haben, dies nun auch bezüglich der Türken
des Purpurgeborenen in derselben Weise der Fall ist. Man mag
über die Homogenität der Türken und Magyaren noch so viel
streiten, es wird doch nie einem Zweifel unterliegen, dass die
Nomenclatur der Personen- und Würdennamen, mit welcher
Kaiser Konstantin die Τουρκοί d. h. die Magyaren bezeichnet,
entschieden türkisch ist, und dass daher die Träger dieser
Personen- und Würdennamen nur einer Nation angehört

---

[1] Das osmanische bul = finden ist ursprünglich mit bil = wissen, errathen identisch. Für den Begriff finden haben die übrigen Türken das
Wort tap.

haben können, welche, wenngleich nicht in quantitativer Beziehung, doch was den tonangebenden herrschenden Geist anbelangt, selbst noch in jener Zeit, d. h. im 10. Jahrhundert, den
Stempel des Türkenthums an sich trugen. Uebrigens können wir
bei Verwerthung dieses Sprachdenkmals noch weiter gehen, und
aus demselben nicht nur auf das nationale Moment, sondern
selbst auf die generische Unterabtheilung der sogenannten
Τουρκοί schliessen, wenn wir nämlich einen prägnanten Zug der
Lautcharakteristik dieses Sprachdenkmals zum Ausgangspunkt
nehmen. Wir haben schon gelegentlich der Erörterung des im
petschenegischen Wortregister gebrachten Sprachmaterials darauf
hingewiesen, dass das Vorhandensein eines anlautenden *j* (vgl.
Jazi, Jau und Jabdi) in der Sprache dieses Volkes auf die Frage
des engern Familienverhältnisses ein nicht zu unterschätzendes
Licht wirft, und dass wir eben infolge dieser phonetischen Erscheinung zwischen Petschenegen, Uzen und Turkomanen ein
auch durch die geschichtliche Ueberlieferung bestätigtes engeres
Band der Verwandtschaft entdecken, als zwischen den Nogaiern,
Kazanern und Kirgisen, die heute an der Wolga, in der Krim
und in der grossen Steppe wohnen, und bei denen sich an der
Stelle des anlautenden *j* überall ein *š* vorfindet. Nun tritt dieses
Verhältniss merkwürdigerweise auch bei den Sprachdenkmälern
der Τουρκοί des Purpurgeborenen zu Tage, indem wir daselbst
den scharf ausgeprägten *j*-Anlaut in den Wörtern Jenakh, Jelekh und Jutatzi antreffen, und von der Verwandlung dieses
anlautenden *j* in *š* keine Spur vorhanden ist. Aber selbst weiter
lässt sich dies verfolgen, indem wir nämlich auf das heutige
Baschkirische hinweisen, in welchem sich ebenfalls der *j*-Anlaut
noch erhalten hat [1], trotzdem diese Fraction des Türkenvolkes
rechts und links von den früher erwähnten *š* aussprechenden
Stammesgenossen umgeben ist. Aus diesem dem nichtphilologi-
schen Leser unbedeutend erscheinenden Factum geht nun hervor,
dass, so wie die Petschenegen als die nächsten Verwandten der
Uzen, Kanglis und Turkomanen betrachtet werden können, ebenso
auch die Τουρκοί der Byzantiner, d. h. die Magyaren einerseits
und die Baschkiren andererseits im gleichen Grade der Verwandt-

---

[1] Vgl. Turetzkaja Krestomatija J. Berezin, Kazan 1876, S. 11, wo im
baschkirischen Texte „Chatlargina *jazib* ben *jihavdim*" = ein Briefchen
schrieb und sandte ich, ferner *jašli* und *jiglamai* u. s. w. zu lesen sind.

schaft zueinander und zu besagten Türkenstämmen standen, mithin
einen solchen Verband in der türkischen Völkergruppe bildeten,
wie z. B. die Özbegen, Altaier und Nogaier von heutzutage, denen
mit Recht der Titel Osttürken zusteht, so wie den nomadischen
Türken, die sich vom 9. bis zum 13. Jahrhundert in den vom
Ural bis zur Donau sich erstreckenden Ebenen herumtrieben,
der Titel Westtürken gebührt. Unsere diesbezügliche Annahme
findet auch von einer andern Seite her ihre volle Bekräftigung,
wenn wir nämlich das aus dem Jahre 1302 stammende sogenannte
Petrarca'sche Glossar, wie es in der neuesten durch den Grafen
G. Kuun mit Sorgfalt veranstalteten Ausgabe [1] vorliegt, einer
Prüfung unterziehen. Wir werden bei dieser Gelegenheit die
Wahrnehmung machen, dass auch hier, nämlich in der Sprache
der Kumanen, der *j*-Anlaut und nicht das *ž* wie bei den heutigen
Türken jener Gegend, vorherrscht (vgl. jatatmac (Seite 17), ja-
rasur (19), juctusurdum is jük tüšürdüm (19), jaydum (25) u. s. w.),
und dass demnach die Kumanen, die Kún-ok der Magyaren,
thatsächlich mit den Uzen der Byzantiner und mit den Ghuzen
der Araber, folglich mit den Turkomanen der Neuzeit eng verwandt waren, jedenfalls zu den Westtürken gehörten, von
denen, wie schon früher erwähnt wurde, ein Theil sich in Ungarn
niederliess und in dem Magyarenthum aufging, während der andere d. h. östliche Theil mit den später durch den Einfall der
Mongolen nach jenen Gegenden gedrängten Türken, wahrscheinlich den heutigen Türken Südrusslands, verschmolz. Die sprachliche Zusammengehörigkeit besagter Türkenstämme kann natürlich mittels anderer aus dem Gebiete des Formen- und Wortschatzes geschöpften Beispiele nachgewiesen werden, wir gedenken
auch darauf noch zurückzukommen, und erwähnen hier nur so
viel, dass uns der Bericht des Purpurgeborenen bezüglich der
Petschenegen und Magyaren einen werthvollen Beitrag geliefert hat.

Wir wollen eine für unsere Studie allerdings höchst be-
deutungsvolle und schon früher angedeutete Stelle im Berichte
Konstantin's hier besonders hervorheben, jene Stelle nämlich, an
welcher der Vermischung der von den Khazaren infolge einer

---

[1] Codex Cumanicus Bibliothecae ad templum divi Marci Venetarum
primum ex integro edidit, prolegomenis, notis et compluribus glossariis in-
struxit Comes Géza Kuun (Budapest 1880).

Empörung abgefallenen Kabaren [1] mit den Magyaren Erwähnung
geschieht, und aus welcher man bisher in der verschiedenartigsten Weise das Räthsel der heutigen Sprache der Magyaren zu
lösen versucht hatte. Dass diese Stelle dunkel und im höchsten
Grade verworren sei, darin stimmen wir mit K. Szabó [2] in demselben Maasse überein, als wir die Ansicht Hunfalvy's [3], der die
Kabaren für čuvašische Türken hält und die Existenz der čuvašisch-türkischen Sprachelemente im Ungarischen eben dieser
Vermischung zuschreibt, in keiner Weise theilen können. Vor
allem müssen wir bemerken, dass Hunfalvy in einem sehr wesentlichen Irrthum befangen ist, wenn er annimmt, dass der im
Magyarischen nachweisbare türkische Wort- und Formenschatz
einen čuvašischen Charakter habe und daher nur durch Vermittelung des Čuvašischen ins Magyarische gelangt sei. Von dieser
fehlerhaften Auffassung unsers verdienstvollen Gelehrten wird
noch weiter unten im zweiten Abschnitte über die Beweiskraft der
Sprache in ausführlicher Weise die Rede sein. Hier sei nur
hervorgehoben, dass diese Aussage des purpurgeborenen Schriftstellers nur so viel Verdienst hat, dass wir in derselben den
ersten historischen Fingerzeig von der Doppelseite der
magyarischen Sprache entdecken, was an und für sich
von grossem Werth ist, ohne dass wir jedoch bezüglich der Provenienz und Qualität des einen oder andern Bestandtheils der
magyarischen Sprache von besagter Nachricht des Porphyrogenitus
irgendwelchen Aufschluss erhalten würden. Anzunehmen, wie
dies Hunfalvy thut, dass die türkischen Elemente im Magyarischen, die bekanntermassen zwei Drittel des ganzen Wortschatzes
ausmachen und sich auf die Begriffe der primitivsten Culturstufe
des menschlichen Lebens erstrecken, eben durch die sogenannten Kabaren in die Sprache der Magyaren gelangt sei, kann von
keinem wie immer gearteten Gesichtspunkte statthaft gefunden
werden. Da die Kabaren, nachdem sie sich von den Khazaren
losgerissen, sich nur zu den Magyaren in Lebedien und nicht zu
denen der alten Heimat schlagen konnten. tritt erstens das zeit-
liche Verhältniss der Annahme Hunfalvy's entgegen, indem die

---

[1] Kabar ist ein türkisches Wort und bedeutet Revolutionär, einer, der
sich auflehnt, empört.

[2] Magyar Akadémiai Értesitő, Bd. I, S. 128.

[3] Ethnographie von Ungarn, S. 177.

Zeitdauer des Aufenthaltes in Lebedien viel zu kurz war, um
eine so aussergewöhnliche Umgestaltung der Sprache herbeizu-
führen, und da ferner, wie sich aus einigen Würden- und Personennamen schliessen lässt, das Magyarische schon während des
Aufenthaltes in Lebedien mit türkischen Elementen stark saturirt
war; zweitens wäre es eine linguistische und ethnische Unmöglichkeit, die Behauptung aufzustellen, dass ein Achtel des Ge-
sammtvolkes — denn dies war das numerische Verhältniss der
Kabaren — über die bekanntermassen in jeder Beziehung tonangebenden Magyaren so viel moralische Superiorität besessen
hätte, um den übrigen sieben Achteln seine Sprache beizubringen,
und zwar dermassen, dass beide Sprachen zugleich dem Volke
geläufig gewesen wären, wie dies Konstantin berichtet und wie
dies auch Hunfalvy zugibt. Der Gebrauch von zwei separaten,
wenngleich verwandten Sprachen kann bei einem Volke nie allgemein werden und muss sich im vorliegenden Falle auf
jene Fraction des Magyarenvolkes erstreckt haben, der
das Türkisch-Magyarische noch geläufig war, und die
nach Aufnahme der Kabaren auch das Kabarisch-Tür-
kische erlernte. Die Kabaren waren daher weder Wogulen,
wie Cassel nach Klaproth [1] annimmt, noch Čuvašen, wie Hunfalvy
vermuthet, sondern am allerwahrscheinlichsten irgendein den
Khazaren tributpflichtig gewesener, zum engern Verbande der
Uzen gehöriger Zweig der dortigen türkischen Nomaden,
und in dieser Beziehung hat K. Szabó vollkommen recht, wenn
er den Bericht des Anonymus bezüglich der Vereinigung der
Kumanen mit den Magyaren bei Kiew mit der besagten Stelle
Konstantin's in Einklang zu bringen versucht [2], da weder die
ethnischen Detailangaben des griechischen Kaisers, noch die des
Anonymus ad litteram zu nehmen sind. Für uns ist das Factum
der stattgefundenen Beimischung vom meisten Interesse, denn
aus demselben ersehen wir, dass ebenso wie das magyarische

---

[1] Magyarische Alterthümer, S. 167.

[2] Nur der von den meisten ungarischen Historikern und auch von K.
Szabó getheilten Ansicht bezüglich der Identität der khazarischen und kumanischen Sprache mit dem Magyarischen können wir keinesfalls beistimmen, denn die Khazaren, Petschenegen und Kumanen gehörten der rein
türkischen Nationalität an, während die Magyaren schon lange früher und
um so mehr bei ihrem Erscheinen im sogenannten Lebedien sich schon
theilweise einer Mischsprache bedient hatten.

Völkerconglomerat, so auch die magyarische Sprache im Jahre 950 noch immer im Zustande der Fluctuation, d. h. noch nicht ganz krystallisirt, ja vielleicht gerade damals in dem Processe der Umgestaltung begriffen war, in jenem Processe, den das Volk und die Sprache wol nicht zum ersten male mitgemacht, und der also erst jetzt, nach stattgefundener Niederlassung im alten Pannonien und nach Absorbirung der Petschenegen und Kumanen unter der Regierungszeit der Heerführer seinen Abschluss gefunden hat.

Zu diesem äusserst wichtigen Ergebniss in unserer Forschung gelangten wir durch den Bericht des Purpurgeborenen. Andere wesentliche Momente, die sich auf das innere Leben der Magyaren beziehen und in der Dunkelheit Licht verbreiten sollten, sind in den gelegentlichen Anmerkungen des Buches über die Verwaltung des Reiches ebenso wenig enthalten als in den Schriften der auf Konstantin folgenden byzantinischen Autoren. Nur die Angaben des Kaisers Leo des Weisen über die Kriegführung der alten Magyaren verdienen ausnahmsweise unsere Beachtung, indem in denselben solche Daten enthalten sind, die, wenn sie mit der Taktik der heutigen Turko-Tataren verglichen werden, unsere Theorie bezüglich der Nationalität der Magyaren wesentlich unterstützen.

In den diesbezüglichen Auseinandersetzungen können wir allerdings nicht so weit gehen wie der gelehrte ungarische Historiker Franz Salamon in seiner Schrift „Zur ungarischen Kriegsgeschichte in der Zeit der Heerführer" [1], der aus einzelnen Rathschlägen, die Leo der Weise oder dessen Vater Maurikios im Interesse der Organisirung des byzantinischen Heeres geben, sofort auf einen magyarischen oder bulgarischen Ursprung derartiger Erfahrungen folgert. Dies dünkt uns eine allzu weit getriebene Speculation, doch darf es andererseits wieder nicht geleugnet werden, dass die meisten auf das Sittenleben der Magyaren bezüglichen Aufzeichnungen der beiden Kaiser geradezu für einen Spiegel des Kriegslebens der heutigen innerasiatischen Türken gehalten werden können. Wenn das Heer der Magyaren als ein beinahe ausschliesslich aus leichter Reiterei bestehender

---

[1] A magyar haditörténethez a vezérek korában (kútfő tanulmány a IX. századbeli byzanti taktikai művekről) irta Salamon Ferencz (Budapest 1877).

Truppenkörper dargestellt wird, so finden wir das bei den urwüchsigen Kindern der Steppe ganz natürlich, bei denen die
Infanterie selbst zur Zeit der Mongolen noch unbekannt war, bei
denen man den Menschen nur zu Pferde sitzend als vollkommenes
Wesen betrachtete und der Begriff „zu Fuss" noch heute mit
„arm, nackt, elend" identisch ist; wer sich ebenso wie der Byzantiner darüber wunderte, dass der Magyare selten oder nie
vom Pferde stieg, der möge nur heute einen Markt in Centralasien besuchen, um zu sehen, wie Kirgisen, Özbegen und Turkomanen zu Pferde sitzend feilschen, conversiren, rauchen, trinken
und schlafen. Desgleichen sind auch die Hauptregeln in der
Taktik der alten Magyaren mit der Kriegsführung der heutigen
Nomaden übereinstimmend. Kaiser Leo berichtet, dass die Magyaren nicht als ein geschlossener Körper, sondern in kleinen
Abtheilungen (μοιρα) die Offensive ergreifen, dass sie trotz etwaiger Miserfolge ihr Glück mehrmals versuchen und bei der
Verfolgung des Gegners nicht die Beute, sondern die vollständige
Vernichtung des Gegners anstreben. Dem entsprechend finden wir
bei den Barantas und Alamans der heutigen Nomaden die Reiterhaufen in kleinern Abtheilungen (bölük) zerstreut, die von verschiedenen Seiten her auf einmal attakiren, und nach dem Sprichwort „iki deng üĉte döng" d. h. zweimal versuche, das dritte mal
kehre um, selbst nach einer Schlappe nochmals den Angriff wagen, den endgültigen Sieg mit dem Worte kirgin = Zusammen-
brechung bezeichnen und kaĉkin = in Flucht begriffen sein
nur als Kriegslist betrachten.

Merkwürdigerweise übereinstimmend ist auch das vom Krieger
in Friedenszeiten entworfene Bild bei Kaiser Leo. Die Schilderung des Lebens in Stämmen und Zweigen, die ihre Pferde
Sommer und Winter weiden lassen, gibt das treue Bild eines
heutigen Auls auf der Steppe; und so wie jeder Magyare beim
Aufbruch im Kriege schwere Nägel und ein mondförmiges Stück
Eisen zur Behufung seines Pferdes mit sich führte, so trifft der
heutige Sohn der Steppe ähnliche Vorbereitungen. Das Hufeisen
für ein Pferd (taka) besteht noch immer aus einem platten
mondförmigen Eisenstück, welches das Thier auf dem sandigen
Boden der Steppe entbehrt, mit dem es aber bei einem Einfalle
auf fremden, etwa steinigen Boden beschlagen wird. Interessant
ist es zu erfahren, welche wichtige Rolle der Filz als Bekleidungs-
stoff für Menschen und Pferde in jener fernen Zeit gespielt hat,

was auch noch heute der Fall ist. Der Filz gehört zu den ersten
Industrieerzeugnissen der Menschen auf der Steppe [1]; bei den
ärmern Volksklassen wird er noch heute als Kleidung verwendet,
und wer ein edles Turkomanenross mit seiner den ganzen Körper
umschlingenden Filzdecke vor sich sieht, der wird in denselben
Fehler verfallen wie die Byzantiner, die diese Bekleidung für
einen Panzer ansahen, was jedoch nicht der Fall ist, denn im
Kampfe wird die Decke entweder ganz abgenommen, oder bis
zum Schenkel aufgeschürzt. Von der Congruenz der verschiedenen Waffen von damals und heute wird noch weiter unten die
Rede sein, und wir haben diese Seite der byzantinischen Berichte
schon deshalb hervorgehoben, um unserer Annahme vom turko-
tatarischen Nationalcharakter der alten Magyaren einen neuen
Beweis zuführen zu können.

XIII.
Die Magyaren bei den Chronisten.

Als dritte Quelle zur Erforschung der Urheimat der Magyaren wollen wir die ungarischen Chronisten, namentlich den
anonymen Notar König Bela's und Magister Simon de Kéza, der
sein Werk in der zweiten Hälfte des 13. Jahrhunderts abfasste,
anführen. Es ist selbstverständlich, dass es uns nicht im entferntesten einfallen kann, die Berichte dieser Autoren als eine
zuverlässige Grundlage historischer Wirklichkeit zu betrachten;
und dass wir dieselben demnach nur in solchem Maasse zu verwerthen gedenken, in welchem sie je nach dem damals herrschenden Zeitgeist der Geschichtschreibung im allgemeinen, und nach
den besagten Autoren zu Gebote gestandenen Hülfsquellen die
Aufmerksamkeit der Nachwelt verdienen. Unserer bescheidenen
Ansicht nach ist es die nicht genügende Würdigung erwähnter
Umstände, d. h. das gänzliche Ausserachtlassen der Tendenz, des
Geistes und der Conception anderer in dieselbe Zeit und in ein
gleiches Stadium der Cultur fallender Werke, demzufolge man

---

[1] Vgl. hierüber meine „Primitive Cultur des turko-tatarischen Volkes“,
S. 82.

in der kritischen Beurtheilung dieser Chroniken viel zu weit
gegangen ist, und wegen der phantastischen mythenartigen Färbung der Schale auch den in derselben verborgenen, allerdings
geringen Kern der Wahrheit weggeworfen hat. Wir werden auf
einen ähnlichen, viel Confusion anrichtenden Uebereifer noch auf
einem andern Gebiete unserer Forschung stossen, können aber
nicht umhin, gleich eingangs zu bemerken, dass die grosse Anzahl der heftigen Widersacher des Anonymus — denn er wird
als fons et origo mali angesehen und ist den Angriffen zumeist
ausgesetzt — ihre kritische Berserkerwuth um vieles herabge-
stimmt hätten, wenn sie den gleichen Maassstab der Beurtheilung
an alle übrigen Chronisten jener Zeit, und namentlich an ähnliche Compositionen der moslimischen Geschichtschreiber jener
Periode angelegt hätten. Damit will keinesfalls gesagt sein,
dass im besagten Falle die in den „Gesta Hungarorum" von
Schlözer, Büdinger, Roessler, Hunfalvy und Marczali genug augenfällig gemachte Copie von Regino mit der Continuatio oder der
Alexandersage des italienischen Priesters Leo [1] zu Schanden gemacht, und dass etwa die Verfechter des Anonymus, als Cassel,
Thierry, Sayous und die meisten ungarischen Historiker, im Rechte
bleiben würden. Nein, und abermals nein! Wir schliessen uns
entschieden erstgenannter Gruppe an, doch nur, insofern es sich
um die Texturing, d. h. um das Gewand und die Composition
des Anonymus handelt, können aber nicht so weit gehen, mit
demselben auch den Kern des Werkes, d. h. jene Traditionen
und Volkssagen als irrelevant und unbrauchbar zu bezeichnen,
welche dem Ganzen als Grundlage gedient haben und gedient
haben müssen, und in denen uns ein ebenso werthvolles und
wichtiges Monument aufbewahrt worden ist, als z. B. in jenen
Traditionen und Volkssagen, auf deren Grundlage Raschid-ed-din
Tabibi sein Taz-et-tewarich (die Krone der Geschichten) verfasst und mit demselben trotz aller Mythen und Märchen in das
pechschwarze Dunkel der Ursprungsgeschichte der Türken und
Mongolen doch einige Lichtfunken geworfen hat. So wie Raschid-
ed-din, seiner Stellung nach Vezir bei Sultan Ghazan und Ol-
žaitu, seiner Geburt nach ein Perser, über die Anfänge der
Türken und Mongolen nur auf Grund der zu jener Zeit (1300)

---

[1] Vgl. Marczali, Ueber die „Gesta Hungarorum" des Anonymus Belae regis
notarius.

gesammelten Traditionen und Volkssagen zu schreiben vermochte,
und so wie er bei wohlunterrichteten Uiguren, Kipčaken, Chinesen, Indiern, namentlich aber beim mongolischen Generalissimus
Pulad Tsching Sang Nachrichten einholte und einholen konnte,
ebenso muss unser Anonymus aus der zu seiner Zeit — sein
Leben fällt in das 12. oder 13. Jahrhundert — noch reichlich
vorhandenen Quelle der magyarischen Tradition geschöpft haben,
trotzdem er selbst im mönchischen Vornehmthun „den trügerischen Fabeln der Bauern und den albernen Gesängen der
Fiedler“ [1] keinen Glauben geschenkt haben will. Es ist allerdings jammerschade, dass der patriotisch gesinnte Magister, statt
seines in einem kläglichen Latein geschriebenen Buches, uns nicht
lieber eine jener „trügerischen Fabeln und albernen Gesänge“
aufbewahrt hat, da wir dieselben besser verwerthen könnten als
sein ganzes Opus, was uns jedoch nicht hindern soll, das Sub-
strat seiner Arbeit einer Prüfung zu unterwerfen und die in
derselben enthaltenen Andeutungen zu verwenden.

 - Vor allem sei auf den Umstand aufmerksam gemacht, dass
der Anonymus, von dem es erwiesen ist, dass ihm das Buch des
Purpurgeborenen gänzlich unbekannt war, nur bezüglich des
Weges, den die Magyaren auf ihrem Zuge von Osten nach Westen
einschlugen, von andern der Wahrheit mehr entsprechenden
Quellen abweicht, in Bezeichnung der Urheimat aber mit seinen
byzantinischen und arabischen Vorgängern doch so ziemlich übereinstimmt. Trotzdem er im ersten Kapitel, wahrscheinlich eine
Copirung des Regino'schen Buches über die Skythen, die Grenzen
seines entweder phantastischen, oder durch die Copisten bis zur
Unkenntlichkeit entstellten Dentumogers nach dem Westen
des Tanais in ein sehr sumpfiges Gebiet verlegt (vgl. Ibn Dasta's
Schilderung), worunter nur das Atelkuzu des Konstantin zu verstehen ist, finden wir dennoch im siebenten Kapitel, wo über den

---

[1] Unter joculus verstehen wir nämlich einen Fiedler, einen solchen
Volkssänger, der mit Begleitung der koboz, wie dieses Instrument bei den
Turko-Tataren noch heute genannt wird, die in der Erinnerung lebenden
Gesänge von den Thaten der Vergangenheit recitirte. Aehnliches geschieht
noch heute bei den Nomaden Centralasiens, die sich die Verherrlichung
populärer Helden zum Thema wählen, ebenso wie die Südslawen bei Begleitung der Gusla Kraljević Marko oder Sibinjanin Janko (Hunyady) be-
singen.

Zug des Álmos berichtet wird, die Angabe „Sie zogen viele Tage
durch Wüsteneien, setzten über den Etil-Strom nach heidnischer
Sitte auf Schläuchen, trafen nirgends eine Stadt oder einen andern Wohnsitz an, und assen keine durch Menschen zubereiteten
Speisen, wie es gebräuchlich war, sondern lebten nur von Fleisch
und Fischen, bis sie nach Russland kamen, welches man Susudal
(Suzdal) nannte." Daraus lässt sich nun mit Leichtigkeit folgern, dass der Anonymus mit Bezug auf die Heimat der Magyaren vor Attila wol im Dunkeln war, doch nicht so mit Bezug
auf den alten Sitz der Hetumoger, oder sieben Anführer der
Magyaren, wobei ihn die zu seiner Zeit noch frische Tradition
unterstützt haben muss, denn die grosse Wüste, bevor man zum
Etil gelangte, deutet ganz klar auf das Gebiet zwischen letztgenanntem Flusse und dem Ural, d. h. auf jene Gegend hin, in
welche die Urheimat der Magyaren von sämmtlichen Forschern
verlegt wird. Aber zugegeben, dass selbst diese Congruenz nicht
vorhanden, und das Werk des Anonymus entweder ganz oder
theilweise ein Product der Phantasie oder ein Plagiat wäre, was
übrigens angesichts der vielen von K. Szabó [1] mit Geschicklichkeit nachgewiesenen Annäherungspunkte zwischen ihm und dem
Purpurgeborenen gar nicht erdenklich ist, würden wir uns dennoch die bescheidene Frage erlauben, woher dieser so arg be-
leumundete Mann, über den so viel gestritten und geschrieben
wurde, jene doch wol nicht nur zur Draperie gehörenden Eigennamen hergenommen habe, die einen unzweifelhaft echt asiatischen, richtiger turko-tatarischen Charakter aufweisen, die er
doch einem Dares Phrygius, Regino, Guido de Columpna, oder
sonstigen mittelalterlichen Autoren, deren crasse Ignoranz in
asiaticis doch niemand in Schutz nehmen kann, nicht entlehnt
haben konnte? Also von den zu seiner Zeit noch in der Erinnerung lebenden Traditionen, Sagen und Volksliedern, wird
man sagen. Nun, wenn dies wirklich der Fall ist, wenn selbst
Hunfalvy, der die Nachrichten der ungarischen Chronisten mit
Sack und Pack über Bord wirft, sich aber doch von dem so ver-
werflichen Ballast den bei Anonymus vorkommenden Flussnamen
Togata herausnimmt, um denselben aus leicht erklärlichen Gründen mit dem Tangat (d. h. Irtisch der Südostjaken) zu identi-

---

[1] Vgl. mehrere Stellen bei Szabó im früher erwähnten Aufsatze des
„Magyar Akadémiai Értesitö" und Georg Bartal, Comment., I, 42.

ficiren und aus letzterm das Deutumoger zu erklären, sehen wir gar nicht ein, warum wir nicht ein Gleiches thun, und die Angaben dieses ältesten ungarischen Chronisten nicht zu unsern Zwecken verwerthen sollten.

In der That findet sich beim Anonymus und bei den spätern Chronisten gar manches, was bisher unbeachtet blieb, trotzdem es auf die Ursprungsgeschichte der Magyaren ein höchst interessantes Licht wirft.[1] Man mag sagen, was man will, es ist ein entschieden orientalischer Geist, der dieses Gewebe der ungarischen Geschichtssagen durchweht, und die bisher entdeckte Aehnlichkeit zwischen den Grundfäden der magyarischen und zeitgenössischen deutschen Sagen wird nur jenen auffallend dünken, die dem vergleichenden Studium der Sagen der asiatischen Völker nicht genügende Aufmerksamkeit gewidmet haben, und denen es unbekannt ist, dass es z. B. unter Teleuten, Altaiern und Kirgizen solche Sagen und Märchen gibt, die, wie Schiefner nachweist[2], mit ähnlichen altiranischen und buddhistischen Phantasieproducten gemeinsame Züge haben, und die, wie so viele Spiele, Scherze und Räthsel, selbst in den entferntesten Kreisen der Menschheit angetroffen werden. Diese Aehnlichkeit, die wir betreffs der deutschen und ungarischen Sagen des Mittelalters keinesfalls in Abrede stellen, ist jedoch nur das Kleid, die äussere Hülle, die noch keineswegs die Identität des Kerns bedingt. Es bedarf in der That keiner besondern Anstrengung zwischen dem hetumoger (sieben Magyaren) des Anonymus, und dem jeti-ata[3] (sieben Väter, sieben Ahnen) der Turkomanen eine Annäherung zu entdecken, ebenso wenig, als es besonders schwer fallen würde, im Traumgebilde der Emešu, welches Anlass zur Benennung ihres Sohnes Álmoš (magyarisch álom, álm = Traum) gegeben, einen Pendant zu den hypnischen Erscheinungen anderer Mütter herauszufinden, die grosse Männer zur Welt gebracht haben; und da man zuweilen an der christlichen Phantasie des Anonymus Anstoss genommen hat, weil er seine heidnischen Helden mit der Gloriole christlicher Frömmigkeit umgibt, so

---

[1] Ethnographie von Ungarn, S. 191.

[2] Vorwort zu Radloff's „Proben der Volksliteratur der türkischen Stämme Südsibiriens", S. X.

[3] Auf die Analogie des magyarischen hetu mit dem türkischen jeti (sieben) sei hier nur gelegentlich hingewiesen.

wollen wir nur das Gebaren der molimischen Chronisten in
Erinnerung rufen, die sich nicht scheuen, Oghuz, den fabelhaften
Stammvater der Türken, als einen Moslim, ja als einen eifrigen
Verfechter der Lehre Mohammed's hinzustellen [1], in einer solchen
Zeit, in welcher vom arabischen Propheten noch gar nicht die
Rede sein konnte. In dieser Sinnesrichtung ist auch das Por-
trät des Álmoš aufzufassen, der, im Einklange mit den ästheti-
schen Begriffen des christlich-europäischen Schreibers, gewiss
kein Mann von schlankem hohem Wuchse und grossen schwarzen
Augen gewesen sein konnte, falls er wirklich existirt hat, denn
dass wir im Worte Álmoš kein Analogon des Salmutzes des
Konstantin entdecken, und dasselbe blos als Epitheton einer im
Grunde genommen mythenhaften Persönlichkeit ansehen, dessen
ist schon an betreffender Stelle Erwähnung geschehen. [2] Wenn wir
nun fortfahren, in dem vom Anonymus entworfenen Sittenbilde der
alten Magyaren solche Züge herauszufinden, die an das asiatische
und speciell an das turko-tatarische Leben der Vergangenheit
und gewissermassen auch der Gegenwart erinnern, so wird unter
andern die Beschreibung der bekannten Schwurformel (Kapitel V),
nämlich das Trinken des Blutes, eine Sitte, die sich selbst noch
im heutigen magyarischen Worte für Schwur erhalten hat (siehe
weiter unten) und die nach Aussage eines türkischen Historikers
noch im 16. Jahrhundert im Gebrauche war, unserer Aufmerksamkeit nicht entgehen können, denn selbst die Localität hat
den türkischen Namen beibehalten, da Esküllő [3] = Ort des
Schwures, nach den Regeln der Lautlehre dem türkischen cčkilik
= Ort, wo getrunken wird, entspricht. Diese Sitte des Schwörens
war natürlich allen ural-altaischen Völkern gemein und ist mitunter bei manchen Wilden Afrikas noch heute anzutreffen [4], doch
war sie den Germanen und Slawen jener Zeit fremd oder schon
abhanden gekommen, und kann daher nur auf einer Tradition
oder auf der zur Zeit des Anonymus noch üblichen Sitte beruhen. Ebenso uneuropäisch, im Gegentheil vielmehr echt

---

[1] Vgl. Abulghazi Bahadur Khan, Edition Desmaisons (St.-Petersburg
1874), S. 20—25.

[2] Siehe: Bulgarisches Wortregister.

[3] In loco illo, qui dicitur Esculeu, fidem cum juramento firmaverunt
(bei Anonymus). Heute ist Esküllő als Ortsname in Siebenbürgen bekannt.

[4] Vgl. die erste Note auf S. 252 meiner „Primitiven Cultur des turko-
tatarischen Volkes".

asiatisch, dünkt uns die Darstellung (Kapitel IX) von den bei
Almuš um Gnade flehenden Galliciancrn, die barfuss und nicht
zugleich auch barhaupt erscheinen, denn nur beides wäre als
Zeichen der Bussfertigkeit nach christlicher Sitte des 9. Jahrhunderts aufzufassen, ebenso wie ersteres allein nur eine turko-
tatarische Gepflogenheit bezeichnet. In Mittelasien erscheinen
die Bittenden noch heute barfuss, ja selbst der Begriff „flehen"
wird mittels „barfuss gehen" ausgedrückt. Hieran sich anschliessend, verdient die Angabe von den aus Ehrenkleidern bestehenden Geschenken des Herzogs von Gallicien einige Beachtung,
weil das Beschenken mittels Khalate (Ehrenkleider) eine entschieden asiatische Sitte war und noch heute ist.

Unvergleichlich mehr jedoch, als besagte Momente, bietet
uns die Namenliste der im Texte des anonymen Schriftstellers
vorgeführten Helden eine Liste von solchen Namen, von welchen
einige dem heutigen Magyaren fremdartig klingen, daher mär-
chenhaft erscheinen, während es von andern erwiesen ist, dass
sie auf einem ganz fremden Quellengebiete ebenfalls vorkommen,
wobei wir nur auf die Identität zwischen dem Álmoš des Anonymus und dem Almuš des Ibn Fozlan — welcher Autor dem
guten Anonymus doch gewiss unbekannt war — als auch zwischen
dem Árpád, Taš, Gyula, Bulcsu und Zsolt des ungarischen Chronisten und dem Árpadis, Tasęs, Gylas, Bultzus und Zaltas des
Purpurgeborenen hinzuweisen haben. Wenn daher dieses Factum
der Congruenz an und für sich schon als ein mächtiges Argument
zu Gunsten der Glaubwürdigkeit so mancher Daten des Anonymus auftritt — ein Argument, das von den fanatischen Wider-
sachern des letztgenannten Chronisten gewaltsam ignorirt wurde
—, so ist doch unsere Frage berechtigt, warum wir gerade an
der Glaubwürdigkeit jener Namen zweifeln sollen, die bei den
Byzantinern nicht zu finden und infolge ihres fremdartigen
Sprachcharakters bisher entweder nicht verstanden oder falsch
erklärt worden sind. Nun, wir müssen offen gestehen, dass uns
die Logik der bisherigen Commentatoren und Kritiker des anonymen Notars ebenso falsch als ungerecht vorkommt, denn wer
besagte Congruenz anerkennt — und anerkennen muss sie jeder
— und wer sich des einen oder andern Wortes des Magisters
als eines Steines zum Unterbau seiner Lieblingstheorie bedient,
der darf auch gegen den Rest nicht das harte Verdict der „Lü-
genhaftigkeit" fällen. Es geschieht daher, um diesem Versäumniss

nachzukommen, dass wir die Personen- und Sachennamen im
Texte des Anonymus einer Prüfung unterziehen und, soweit
unser geringes Wissen dies gestattet, auf deren Provenienz hindeuten wollen.

Dass Almuš nur ein Epitheton im Sinne erhaben, edel,
glorreich u. s. w. sei, haben wir schon an betreffender Stelle
im bulgarischen Wortregister nachgewiesen. Dasselbe gilt auch
von dem Namen der Frau dieses ungenannten ersten Anführers
der Magyaren, denn Emešu oder Emes, wie K. Szabó liest [1],
hat eine allzu sehr auffallende Aehnlichkeit mit dem turko-tatarischen emeke = Grossmutter, emček(ana) = Säuge(mutter),
dem mongolischen eme = Weib und schliesslich mit dem magyarischen emše [2] = Sau u. s. w., um die Annahme zu rechtfertigen,
dass es sich hier um keinen Personennamen, sondern um den
allgemeinen Ausdruck Weib, Frau handelt; so wie es keiner
besondern Anstrengung bedarf, in Ögek, Ökek den Namen des
Vaters Almuš', das turko-tatarische eke (öke?) = Vater [3], herauszufinden, wobei diese als Personennamen figurirenden Wörter
ganz einfach im Sinne von Fürst, Frau und Vater aufzufassen
wären. Setzen wir nun unsere Untersuchung in Betreff der
Namen der sieben Anführer oder Herzoge fort, so tritt allerdings der turko-tatarische Charakter der ganzen Genealogie um
so mehr hervor. So mag Eleud (der Elöd der magyarischen
Historiker) mit Ölüt = Stamm, Volksstamm, Cundu mit Köndü
= geehrt, ehrsam (vgl. kündü = geehrt bei Ibn Dasta und كندي
im khazarischen Wortregister), Thos mit taš = Stein, Ound
mit Oundi = zufrieden, Ete mit idi, iti = Herr [4], Harka mit

---

[1] Béla király névtelen jegyzőjének könyve (Pest 1860) S. 7.

[2] Wenn in der turko-tatarischen Mythe kaban, kakan als Sinnbild männlicher Stärke, Würde und Ansehens figurirt, so hat man in ganz consequenter Weise der Fürstin den Namen emše = Sau beigelegt.

[3] Vgl. كا eke bei Budagow, I, 70. Uebrigens können wir nicht umhin,
die Aufmerksamkeit des Lesers auf Ükek, Ügek (bei Wadding Uguech) zu
lenken, auf eine solche Stadt, die bei den mittelalterlichen Reisenden zumeist neben Madschar erwähnt wird und die zwischen Sarai und Bolgar
lag. Siehe Yule's Karte von Asien in der ersten Hälfte des 14. Jahrhunderts
im I. Bande von „Cathay and the ways thither" (London 1864). Auch Ibn
Batutah hat Ükek auf seiner Reise von Sarai nach Konstantinopel passirt.

[4] Vgl. das Glossar in meinen „Uigurischen Sprachmonumenten".

karga = Rabe verglichen werden, bei welcher Gelegenheit wir
die merkwürdige Erscheinung hervorheben müssen, dass der Anonymus in der Namenliste der sieben Herzöge den echt iranischen
Heldennamen Töhötöm oder Tuhumtum [1] anführt, jenes persische Wort, welches mächtig, tapfer bedeutet und, als Epitheton des Behmen und Rustem, nur durch Firdusi in den Vordergrund gebracht wurde, folglich im mittelalterlichen Europa gewiss
unbekannt war und als Ueberbleibsel jenes iranischen Cultureinflusses zu betrachten ist, den die persische Bildungswelt auf
die Magyaren in ihrer alten Heimat und auf ihrem Zuge nach
Westen ausgeübt hat, und von welchem in diesen Blättern noch
in ausführlicher Weise die Rede sein wird. Noch prägnanter ist
der türkische Sprachcharakter in den Namen der sieben kumanischen Anführer, die sich bei Kiew an die Ungarn anschlossen [2]
(Kapitel X), was übrigens auch ganz natürlich erscheinen muss,
da die türkische Nationalität der Kumanen, wie wir schon bewiesen, über jeden Zweifel erhaben ist. Hier haben wir es nicht
mehr mit erdichteten Persönlichkeiten zu thun, denn selbst zugestanden, dass diese Eigennamen theils im Volksmunde, theils
durch die Nachlässigkeit der Copisten arg entstellt seien, heute
nicht mehr vollkommen restituirt, und Etu, Edumen trotz des
türkischen Anklanges heute nicht mehr erörtert werden können,
so wird es andererseits um so leichter, in Ousad das uigurische
usad = Richtung, Ordnung [3], in Bunger das türkische büngür
= der Alternde [4], in Boyta das türkische bajtag = hohes Zeichen, Fahne, in Ketel das čagatische kečel = kahl, in Boesu
(spätere Form Bocsa) das türkische baksai [5] = Geistlicher,

---

[1] In unsern Wörterbüchern und im eigentlichen Iran wird Tehemten
gesprochen, im Osten Irans jedoch und in Centralasien Tuhumtum.

[2] Wenn P. Hunfalvy, an der Richtigkeit dieser Aussage des Anonymus
zweifelnd, dieselben die erfundenen Kumanier nennt (S. 195), so scheint er
nur die Identität der Petschenegen und Kumanier nicht anerkennen zu
wollen, worüber jedoch nach unserer Ansicht nicht der geringste Zweifel
obwalten kann, da die Uzen, d. h. Kumanier, schon von den Byzantinern als
mit den Petschenegen identisch bezeichnet werden.

[3] Siehe Budagow, I, 130.

[4] Von بویكمك büňmek, büňgmek = altern.

[5] Baksa (Baxa) war noch gegen Ende des 16. Jahrhunderts in Ungarn
als Eigenname gebräuchlich. (Siehe Történelmi tár 1880, II. füzet.)

Schreiber, Prophet, und in A l u p - T o l m a das unverfälschte osttürkische Alip-Tolma [1] = Held Tolma zu entdecken.

Wir könnten ganz getrost die Liste der im Texte des Anonymus befindlichen Wörter türkischen Ursprungs bedeutend vermehren, wir gedenken auch den Rest derselben an betreffender
Stelle unsers Buches zu verwerthen, können aber nicht umhin,
hier wiederholend zu bemerken, dass durch diese sprachlichen
Monumente die magyarische Tradition von der Einwanderung in
die heutige Heimat in ein solches Licht gestellt wird, welches
dazu berufen ist, über die ganze Ursprungsfrage einen gewissen
Grad von wohlthuender Helle zu verbreiten. Und wer könnte
bei dieser Namenliste wol einer andern Ansicht sein, da zahlreiche Beweise türkischer Sprachüberreste vor uns liegen, ohne
dass wir im Stande wären, auch nur einen einzigen Namen ostjakischen, wogulischen oder mordwinischen Ursprungs
zu finden! Schon dieser Wichtigkeit halber wäre es sehr er-
wünscht, über das eigentliche Datum des Buches genau infor-
mirt zu sein, nicht nur um aus der Entstehungszeit für oder
gegen die Glaubwürdigkeit der Daten Beweise liefern, sondern
um aus dem höhern oder niedern Alter auch auf die Frische
schliessen zu können, in welcher sich besagte Tradition im Volks-
gedächtnisse erhalten hat. Nicht je älter, sondern je jünger das
Datum des Buches, desto überführender ist für uns die Beweiskraft desselben, denn wir ersehen daraus, wie tief sich diese
Tradition dem Volksgeiste eingeprägt haben muss, wenn selbst vier
Jahrhunderte nach der Einwanderung — vorausgesetzt, der Anonymus habe zur Zeit Béla's IV. (1235—1270) gelebt — trotz der
fanatischen Ausrottungswuth, der alles, was aus dem heidnischen
Zeitalter übrigblieb, ausgesetzt war, diese Monumente sich im
Munde des Volkes noch in der uns vorliegenden Form erhalten
haben. Wollte man bei dieser wunderbaren Fähigkeit der geschichtlichen Volkstradition unter andern auf die beim serbischen
und bosnischen Volke verbreiteten Lieder über Kobilić und Sibinjanin Janko (Johannes Hunyady) hinweisen, wo solche mehrere
Jahrhunderte alte geschichtliche Begebenheiten bei Begleitung
der Guzla gesungen werden, so wäre die Annahme nicht aus-

---

[1] Vgl. Alip الـيـمـپ (Budagow, I, 80) heldenartig, vorzüglich, welches
später Alp ausgesprochen wurde. Ueber die Grundbedeutung dieses Wortes
siehe mein Etymologisches Wörterbuch der turko-tatarischen Sprachen, §. 11.

geschlossen, dass hier geschriebene Chroniken dem Gedächniss nachhalfen, was jedoch bei der magyarischen Tradition nicht der Fall sein konnte, da hier eben das Gegentheil, d. h. die Vernichtungswuth solcher Reminiscenzen constatirt ist. Es fragt sich daher in erster Reihe, welchen Ursachen die magyarische Tradition ihre wunderbare Erhaltung verdankt, und zweitens, woher der vorherrschend türkische Charakter derselben stammt.

Um die erste dieser Fragen zu beantworten, brauchen wir natürlich nur auf das durch Raschid-ed-din in seiner „Geschichte der Mongolen und Türken" benutzte Quellenmaterial hinzuweisen. mit welch bemerkenswerthem Gepräge der Originalität die türkisch-mongolischen Krieger dem persischen Geschichtschreiber jene einzelnen Steine überlieferten, aus welchen dieser den Bau der türkisch-mongolischen Genealogie aufführte. Es ist zur Genüge bekannt, dass der türkische Nomade von jeher als Hauptpostulat der Bildung das Herzählen der „sieben Ahnen" betrachtet; auf keinem Gebiete ist er so bewandert als in den hundertarmigen Winkelzügen der generischen Abstammung und im gegenseitigen Verhältniss der einzelnen Stämme, Zweige, Clans und Familien, und der Troubadour, der bei den näselnden Accorden seiner Koboz (Violine) die Thaten der Steppenhelden besingt, wird nicht nur in den Einzelheiten der Irrfahrten, Leiden und Kämpfe seines Heros Bescheid wissen, sondern er darf sogar bezüglich der Kopf- und Fusszeichen des Pferdes seines Helden keinen Fehler begehen, ohne sofort von seinem Auditorium zurechtgewiesen zu werden. Und in dieser Eigenschaft ist sich der Steppenbewohner aller Zeiten und aller Gegenden treu geblieben, in derselben liegt der Grund seines glühenden Patriotismus und Nationalgefühls, worin er besonders vom Iranier absticht, und dieses Nationalgefühl war es, welches auch die Magyaren bei ihrem Erscheinen in Europa als Panacee gegen die stark drohende Gefahr der Entnationalisirung geschützt hat, denn ohne die lebhafte Erinnerung an die Altvordern wären die Magyaren angesichts des Völkergedränges und Geschiebes jener Zeit gewiss zu Grunde gegangen. Was die zweite Frage, nämlich die Provenienz der türkischen Personennamen in der magyarischen Tradition anbelangt, so wird die Beantwortung derselben für uns um so leichter werden, je mehr wir den Umstand hervorheben, dass wir nach dem Resultate unserer bisherigen Erörterung der geschichtlichen Beweise die ethnische Benennung Magyaren

und Türken noch immer für identisch halten, und in
dieser Ansicht auch noch so lange verharren werden, bis nicht
etwa spätere Ergebnisse auf einem anderseitigen Gebiete unserer
Forschung uns eines bessern belehren werden, d. h. bis nicht
eine andere bisher unbekannt gebliebene geschichtliche Tradition
uns mindestens ebenso viele Namen von unzweifelhaft ostjakischem
oder wogulischem Charakter aufweist. Kann es daher wundernehmen, wenn unter solchen Verhältnissen die magyarische Tradition türkische Sprachmonumente aufbewahrt hat, wo doch das
Fehlen derselben im höchsten Grade auffällig sein müsste?

Unsere Kritik bezüglich der „Gesta Hungarorum" des Anonymus kann auch auf das Buch des Magisters Simon de Kéza:
„De originibus et gestis Hungarorum" angewendet werden. Wir
haben Kézai deshalb den spätern Chronisten vorgezogen, weil wir
sein Werk — es mag nach K. Szabó's Meinung eine Copie oder
Nachahmung älterer ungarischer Chroniken sein — als die Grundlage aller Chroniken von Ungarn [1] ansehen. Auch Kézai's Buch
trägt den unverkennbaren Stempel der Zeit an sich, in welcher
es entstanden ist, und hat merkwürdigerweise nicht nur mit den
christlich-europäischen, sondern auch mit den moslimisch-asia-
tischen Werken jener Zeit in gewissen Punkten eine Aehnlichkeit. Es muss in der That befremden, wenn wir bei Kézai die
nach Josephus, Isidorus von Sevilla, Godfridus und andern gebrachte Sage von Sem, Kham und Japhet, und die Ableitung der
Magyaren von letzterm lesend, uns in Erinnerung bringen, dass
Raschid-ed-din, Mirchond und Abulgazi bezüglich der Türken
dasselbe thun, ja dass als Urvater der Türken bei sämmtlichen
moslimischen Historikern يافت اوغلى تُرك d. h. der Japhetsohn
Turk figurirt. Mit Bezug auf die geographischen Daten Scythiens,
als der Urheimat der Magyaren, respective des mythischen Hu-
nors und Mogors hingegen, steht unser Autor natürlich wieder
nur auf dem damaligen Standpunkte der geographischen Kenntnisse von den Pontusländern und dem Wolgagebiete, und es ist
nur zu bedauern, dass die Nachlässigkeit der Copisten die Col-
lationirung mit andern gleichzeitigen Angaben erschwert und so
zu manchen luftigen Theorien Anlass gegeben hat.

---

[1] Siehe das Motto zu Podhratzky's Ausgabe des Kézai, in welchem es
heisst: „Kéza's Werk, verfasst zur Zeit Ladislaus' III., genannt des Kumanen,
ist die Grundlage aller Chroniken, mithin aller Geschichte von Ungarn."

Vor allem verursacht der Flussname Togara, Togora, und nicht Togata, wie bei Thuróczy und im Pressburger Codex zu lesen ist, eine Verwirrung, indem, wie wir sehen, Hunfalvy [1] sofort aus diesem auf einem orthographischen Fehler beruhenden Namen ein Tangat, wie die Ostjaken den Irtisch nennen, herausliest, ja sogar das Dentia oder Dencia, von dem noch ferner die Rede sein wird, mit dem Dentu (Moger) des Anonymus identificirt. Schon die Anreihung der beiden Flussnamen Etul und Togora („oriuntur etiam in eodem duo magna flumina, unius nomen Etul et alterius Togora"), wie Kézai schreibt, berechtigt zur Annahme, dass hier nur von der Wolga und dem Ural die Rede sein kann, denn Etul oder Etil ist ganz einfach das Itil der heutigen Türken, und obgleich uns über die Identität des Togora und Jajik noch gar kein Beweisgrund vorliegt, kann doch nach einem später vorkommenden Passus bei Kézai, wo es heisst: „Togara autem fluvius discurrit de Scythia exeundo per desertas sylvas, paludes ac montes niveos ubi nunquam sol lucet propter nebulas, tandem intrat in Yrcaniam vergens in mare Aquilonis", darüber kein Zweifel vorwalten, dass ein Fluss, der durch öde Wälder, Sümpfe und Schneegebirge (?) hinzieht und schliesslich in Hyrcanien einlenkt, unter welchem Namen im Alterthume Steppe und Land von Kharezm bekannt war, weder ins Nordmeer fallen, noch mit demselben der Irtisch gemeint sein kann. Woher auch immer der Name Togara stamme, es kann nur der Ural (Jajik) sein, und in dem Ausdruck „mare Aquilonis" wären wir geneigt nicht die Nordsee, sondern die Nordküste des Kaspischen (Hyrcanischen) Meeres zu entdecken, wohin bekanntermassen der Ural und die Wolga fliessen. [2] Was nun die fernere Bezeichnung der Ostgrenze Scythiens anbelangt, so sind die Worte Kézai's: „Scythico quoque regno de oriente jungitur regnum Iorianiorum et post haec Tarsia et tandem Mangalia, ubi Europa terminatur", keinesfalls danach angethan, das geographische Dunkel zu lichten, da die Reihenfolge jede Combination vereitelt. Unter Iorianum mag wol Žoržanum oder

---

[1] Ethnographie von Ungarn, S. 192.

[2] Es ist nicht zu übersehen, dass im Mittelalter mit dem Namen Tigiri, Tigera auch die Wolga bezeichnet wurde, ein Wort, welches aus dem Flussnamen Tigris entstand, und mit dem auch der Jaxartes und andere Flüsse benannt werden. Möglich daher, dass unter Togara, Tigara der Jajik gemeint ist.

Żorżania, wie das kharezmische Reich genannt wurde, verstanden werden, sowie mit Tarsia das Taras طراز oder تَلاَس Talas am Čui gemeint sein kann, so wenigstens findet sich Taras auf der vom Jahre 1375 datirenden Carta Catalana, oder auf der von Yule construirten Karte von Asien in der ersten Hälfte des 14. Jahrhunderts. [1] Doch wie kann nun Mangalia als der Endpunkt Europas dastehen, nachdem wir schon tief in Asien sind? Und doch ist dieses Mangalia keine Erfindung Kézai's, denn es kommt in einer 1143 verfassten Schrift des Archimandriten Nil Doxopatria vor, wo vom Gebiete des römischen Papstes die Rede ist, und wo es heisst: „Possidebat itaque Romanus Europam universam ad confinia usque Mazorum et Gallorum, Hispaniae, Franciae et Illyrici usque ad Gadira et columnas Herculeas, oceanum, qui in occasum solis vergit ...... usque ad Sclavos, Abaros et Scythas ad Danubium fluvium, ecclesiastica confinia extendit et Mancariam.“ [2] Dieses Mancaria, welches Bruun, dem wir diese Angabe entnehmen, für den tatarischen Namen Kiews hält, ist entschieden mit dem Mangalia Kézai's identisch, daher in der That ein Grenzpunkt Europas, und kann mit den früher erwähnten Tarsia und Iorianum nicht in Einklang gebracht werden. Mit der an die Bessi und Cumani albi sich anlehnenden Westgrenze können wir schon leichter ins Reine kommen, denn unter letztern sind in der That jene Kumanen zu verstehen, die, wie schon früher angedeutet wurde, im 12. und in der ersten Hälfte des 13. Jahrhunderts zwischen der Wolga und dem Don wohnten, zwei Flüssen, die Kézai irrigerweise für identisch hält, und welche Kumanen in Europa durch die Italiener bekannt geworden sind.

Das meiste Interesse, doch zugleich auch die grössten Schwierigkeiten bei der Enträthselung bietet die Eintheilung Scythiens in drei Theile, nämlich in Barsatia, Dencia und Mogoria, deren Entzifferung für unsere Studie von nicht gewöhnlicher Wichtigkeit ist. Bezüglich Barsatias, das im Chronicon Budense Bascartia heisst, schlägt Chwolson [3] die Lesart Barsalia (bei Ibn

---

[1] Siehe Facsimile im XIV. Bande, II. Thl. der „Notices et extraits".
[2] Siehe „O raznich nazwanijach Kiowa w' preshnee wremja" von F. K. Bruun (Separatdruck aus den Arbeiten des archäologischen Congresses [Kiew 1866]), S. 6.
[3] Izwjestija o Khazarach u. s. w., S. 94.

Dasta) vor, und zwar nicht ohne Grund, denn dass hier ursprünglich ein *l* gestanden, ist aus dem darauffolgenden Dencia zu schliessen, welches ad normam Barsatia wol Denlia und nicht Dencia lauten müsste, in welch letzterer Schreibart es vorliegt. Mit der Variante Bascartia wäre uns allerdings mehr geholfen, da Bascartia und Mogoria der orientalischen Aureihung von Baškird und Mažar entspräche, doch wir dürfen obiges Verhältniss zwischen *t* und *c* nicht gewaltsam ignoriren und müssen vorderhand Barsatia für Barsalia gelten lassen. In Dencia, welches Hunfalvy von Dent, Tangat ableitend, in fehlerhafter Weise mit „Land am Irtisch" übersetzt [1], möchten wir entweder ein ehemaliges Donecia, d. h. das Donecz-Gebiet, oder ein ehemaliges Thanatia, Thanacia, d. h. Land von Thana, was so ziemlich auf eins herauskäme, vermuthen, unter welch letzterm Namen nicht nur dieser berühmte italienische Handelsort am Don, sondern auch dessen weit nach Norden sich erstreckendes Gebiet verstanden worden sein mag [2], mithin ein geographisches Verhältniss, wie es bezüglich Stadt und Reich von Bolgar und anderer Orte existirte. Als Beweis für diese Annahme wollen wir anführen, dass sowol auf der Catalanischen Karte, als auch auf der Mappa mondo von Fra Mauro ein Thanatia verzeichnet ist. Nur mit Bezug auf Mogoria, das Ugria der Catalanischen Karte und das Ulu Mažar des Derbendnameh, kann kein Zweifel aufkommen, dass darunter der alte Sitz der Magyaren gemeint ist, um so weniger, da der Name Mažar, wie wir später ausführlich beweisen werden, von sehr altem Datum ist, und bei Kézai hinsichtlich der Vocalisirung viel richtiger angegeben wird als beim Anonymus, der sich der unmagyarischen Schreibweise Moger bedient. Moger oder Mager, bei Theophanes Μουαγερ, Name eines uigurischen Fürsten im Jahre 528, erinnert übrigens an die Schreibart der italienischen Mönche im Mittelalter, bei denen Mager (spr. madscher) und Majer vorkommt, so wenigstens findet sich dieses Wort in der durch Kunstmann [3] citirten Stelle von Wadding's „Annales Minorum", nach welchen im Jahre 1314 die Franciscaner in diesem Theile der Welt folgende Klöster hatten: „Vicariatus Tartariae Aquiloniaris habet loca 17. Caffa ubi sunt

---

[1] Ethnographie von Ungarn. S. 192.
[2] Nach Tomaschek, „Die Gothen in Taurien", S. 13.
[3] Historisch-politische Blätter (1856). II, 708.

duo loca, Majeria ubi alia duo" u. s. w. In einer andern aus
dem Jahre 1400 stammenden Liste findet sich wieder Mager, und
zwar neben Uguech (Ükek), und wenngleich wir mit Yule übereinstimmen, der laut seines an Bruun gerichteten Privatschreibens
in letzterm das Mažar an der Kuma vermuthet, so kann dies
doch bezüglich des erstern Majer oder Majeria keineswegs
der Fall sein, da sich das Vorhandensein von zwei Klöstern
nicht auf eine Stadt, sondern auf ein Land, d. h. auf das Magna
Hungaria der alten Reisenden beziehen muss, da im 12. und
13. Jahrhundert in der sogenannten Tartaria Aquiloniaris das
Christenthum bis zum heutigen Ostturkestan verbreitet war, und
demzufolge auch in Magna Hungaria Anhänger haben musste
und auch hatte. Auf die von Bruun behauptete Identität zwischen dem Mager, Majer, Magroman, Mankirman und Kiew wollen
wir hier nicht näher eingehen, da es hier nur unsere Absicht
war, die geographische Nomenclatur bei Kézai vom Jahre 1282
mit den Angaben der italienischen Mönche am Anfange des
14. Jahrhunderts zu vergleichen.

Wenn daher die ersten ungarischen Chronisten bezüglich
der Geographie der unter dem Namen Scythien angeführten Urheimat der Magyaren, soweit es jenes dunkle Zeitalter ge-
stattete, auf so ziemlich sicherer Fährte waren, wäre es andererseits wieder schwer in Abrede zu stellen, dass ihr geschichtlicher
Bericht über die Einwanderung mit Ignoranz, Confusion und den
wildesten Phantasiegebilden angefüllt ist, und jeder Versuch,
ihren Daten den Schein der Wahrheit zu verleihen, muss als
lächerlich bezeichnet werden. Wunder kann uns dies keinesfalls
nehmen, denn die Tradition war zu jener Zeit schon zu sehr verblasst, die Volkslieder und Erzählungen hatte der christliche
Einfluss schon des letzten Farbenglanzes beraubt, und es ist in
der That zu bewundern, dass trotz einer vier Jahrhunderte hindurch betriebenen gewaltsamen Entnationalisirung in diesem
kunterbunten Chaos altmagyarischer und germanischer Sagenkreise sich wenigstens noch einige Spuren der Originalität erhalten konnten, die gleich schwach glimmenden Funken aus dem
Tohuwabohu hervorleuchteten. Unter diesen Funken verstehen
wir die noch damals in Erinnerung lebenden Sprachmonumente,
welche sich theils auf die Ortsbeschreibung, theils auf die hervorragenden Helden, theils auch auf Sachnamen beziehen und
als wichtige Belege einer vergangenen Bildungswelt unserer Auf-

merksamkeit vollauf würdig sind. Da wir die im Texte des
Anonymus befindlichen Eigennamen schon erwähnten, gedenken
wir hier theils dieselben zu ergänzen, theils auch diejenigen einer
Prüfung zu unterwerfen, die von spätern Chronisten, gleichsam
als Ueberreste der alten mündlichen Tradition, in den durch
christlich-germanischen Einfluss gänzlich umgebildeten und mo-
dernisirten Sagenkreis eingeflochten zu uns gelangten.

Da wir uns bezüglich der Beweisfähigkeit der Eigennamen
schon an anderer Stelle geäussert haben[1], sei hier nur bemerkt,
dass der herrschende Geist, welcher bei den hunnischen, khazarischen und petschenegischen Personennamen zum Ausdruck gelangte, auch betreffs der Personennamen der alten Magyaren
maassgebend ist, und dass sich dies merkwürdigerweise nicht
nur bei den Magyaren des 9. und 10. Jahrhunderts nachweisen
lässt, sondern selbst bis zum 14. und 15. Jahrhundert, da die
Personennamen in den aus jener Zeit stammenden Urkunden
noch sehr häufig einen echt türkischen Sprachcharakter an sich
tragen und selbst die Stelle der christlichen Taufnamen noch
vertreten. Wir können allerdings nicht so weit gehen wie
J. Oppert, der die Behauptung aufstellt, dass es fast beispiellos
sei, dass sich ein Volk im Alterthume zur Bildung seiner Eigennamen einer fremden Sprache bedient habe.[2] Mit Hinblick auf
den altpersischen ‘Cultureinfluss im Magyarischen ist eine solche
Annahme nicht statthaft, doch war die Entlehnung äusserst beschränkt, und mit Ausnahme des arabischen Sultans und einiger
persischen Eigennamen ist die Nomenclatur eine durchwegs türkische, und kann, wenige Fälle abgerechnet, wo die magyarisch-
türkischen Laute durch die lateinische Transscription gleich im
Anfang nur fehlerhaft wiedergegeben wurden, und wo Copisten
selbst diese fehlerhafte Transscription noch entstellt haben, mit
Hülfe der in beiden Sprachen herrschenden lautlichen Gesetze
erklärt werden. In diesem Sinne wollen wir daher ausser der
Chronik des Anonymus noch im Werke Kézai's und in andern
ältern Schriftdenkmälern eine Umschau halten und die sprachliche Provenienz der betreffenden Eigennamen untersuchen.

---

[1] Siehe S. 31.
[2] Il est presque sans exemple qu'un peuple de l'antiquité se soit servi
d'une langue étrangère pour former ses noms propres. „Inscriptions des
Achéménides“ (Paris 1852), S. 103.

Geicha, Geysa (Anonymus), aus welchem das moderne
Gejza entstanden und, wie die fehlerhafte Aussprache zeigt, nicht
durch mündliche Ueberlieferung, sondern durch die Schrift zu den
heutigen Magyaren gelangt ist, wird von K. Szabó der Wahrheit
wol am nächsten stehend gyeics gelesen. In Anbetracht dessen,
dass das anlautende *g* in vielen Fällen mit *j* wechselt (vgl. Jula,
Gula, Gyula, gyümölcs, gimilcs, jimiš) und das Geicha bei Sten-
zel, „Scriptores rerum silesicarum" [1], und auch anderswo Jesse,
folglich mit einem *j* geschrieben ist, kann bezüglich der ältern
Form Jeicha kaum ein Zweifel obwalten. So ist auch die Endsilbe nicht für se, sa oder za, sondern für csa, und noch richtiger für cs, csi zu nehmen, welches letztere aus dem ältern
türkischen či, ži entstanden ist. Die ursprüngliche Form dieses
Wortes ist daher jeicsi, jeiči und bedeutet Bogenschütze,
Bogenmann, von jej, jag = Bogen und dem Suffixe či, aus
welchem auch das magyarische jeics, gyeics ad normam türkisch
seütči, magyarisch szücs, türkisch aačči, magyarisch ács u. s. w.
entstanden ist.

Vajk, der heidnische Name Stephan's des Heiligen, von Pray,
Katona und Szalay für ein Fremdwort gehalten [2], ist nichts
anderes als das alttürkische bajik = reich, mächtig, erhaben,
von der Stammsilbe baj und der Nominalendung ik.

Carolta und Sarolta, Namen der beiden Töchter des Fürsten Gyula in Siebenbürgen, von welchen die letztere die Ge-
mahlin Gejza's und die Mutter Stephan's des Heiligen geworden.
Weil diese Namen mit dem lateinisch-französischen Carlotta und
Charlotte eine zufällige Aehnlichkeit bekunden, sind sie bisher
immer für europäische Fremdnamen gehalten worden. Doch
ist dem nicht so, denn erstens ist es zweifelhaft, ja wenigstens sehr fraglich, ob sich Sarolta und ihr Vater zum Christenthume bekannt haben, und zweitens konnte selbst in diesem
Falle der im Lateinisch-Französischen identische Name nicht beiden Mädchen zugleich verliehen worden sein. Wir halten demnach das Caroldu und Saroltu des Anonymus für genuin magyarische, respective türkische Wörter, indem wir in ersterm karaldi = schwärzlich, bräunlich, in letzterm saraldi =

---

[1] Nach Szalay's „A magyarok története", I, 41.
[2] Pray und Stephan Horváth verfielen auf die sonderbare Idee, im Vajk
das tschechische Vojtech zu entdecken.

blond, gelblich[1] entdecken. Dass nach der nomadischen Anschauung die Frauennamen häufig Farbendefinitionen entlehnt wurden und noch werden, braucht wol kaum erwähnt zu werden. In einem ähnlichen Verhältnisse stehen auch die Namen der beiden Söhne Gyula's

Bua und Buena, richtiger Buera, deren türkischer Sprachcharakter keinen Zweifel zulässt, und die als türkische Namen häufig vorkommen. Bua, in dialektischer Verschiedenheit buga, bedeutet Stier, auch Hirsch, und ist als Sari-buga, Kutlu-buga ein im 12. und 13. Jahrhundert häufig anzutreffender Türkenname. Bukra hingegen, der Bedeutung nach männliches Kamel, war bei den Uiguren stark gebräuchlich. Vgl. Bogra-, Bokra-Chan, Name des im Kudatku Bilik berühmten Fürsten Ostturkestans.

Kerechet (lies Kerečet), bei Kézai: „Auesque Jegerfalc, quae hungarice kerechet appellantur". In der Sprache der heutigen Magyaren ist ein Vogel mit solchem Namen unbekannt. Es fragt sich daher, welcher Sprache dieses Wort angehört, und wir brauchen gar nicht weit zu gehen, um in demselben theils identische, theils verwandte Vogelnamen herauszufinden: a) كرچه kerečc = ein Vogel ähnlich der Schwalbe, bei Baber (S. 365)[2]; b) karčiga, karčia, tatarisch karčia = Falke, Jägerfalke, im persisch erklärten Wörterbuche von Kalkutta, bei Budagow (II, 9) mit dem gleichbedeutenden ястребъ und соколъ, d. h. Falke, übersetzt.

Kadar (bei Kézai: „inter se rectorem unum nomine Kadar") ist nur dem Anschein nach ein Personenname, im Grunde genommen jedoch nichts anderes, als die Bezeichnung einer Würde, und zwar das türkische Aequivalent des lateinischen Rector, denn Kadar heisst der Wortbedeutung nach einer, der abwehrt, der verbietet, vom mongolisch-türkischen kat, kad = verbieten, abwehren.

Bendeguz (Bendacuz und Bendecuz), nach den Chroniken Name des Vaters Attila's, der bei Priscus Mundzukh (Μουν-διουχος)[3] heisst, daher beide Wörter für identisch oder verwandt gehalten wurden. Dieser Ansicht können wir keinesfalls bei-

---

[1] Im heutigen Türkischen bedeutet karaldi, karalti Abenddämmerung und saralti Morgendämmerung.

[2] Warum Budagow dieses Wort (I, 122) als indisch bezeichnet, ist uns nicht ganz einleuchtend.

[3] Siehe das hunnisch-awarische Wort- und Namenregister.

stimmen, da wir in letzterm ein alttürkisches, in ersterm jedoch
eins jener persischen Lehnwörter entdecken, die sich in der
magyarischen Sprache erhalten haben. Bende-guz, nach der
heutigen Transscription بنده کوس sclä; (bende-i-kus), ist ein Personenname von militärischem Charakter und bedeutet „Sklave der
Trommel", gleich dem modernen „kilič-kuli" = Sklave des
Schwertes.

Béla (in dem Chron. Pos. und Chron. Budense, bei Kézai
Vela), Name eines mythischen Hunnenanführers, dünkt uns mit
dem türkischen Bila, Bela des Anonymus, der nebst Bocsu
(das moderne bakšai = Priester, Schriftkundiger) als bulgarischer
Anführer bezeichnet ist, identisch zu sein. Der Wortbedeutung
nach scheint Béla, Bila entweder einem ehemaligen bilcö = Wisser, Kenner entsprungen zu sein, oder es ist mit Biler, Bülar
(Ortsname) identisch.

Buda[1], Name des jüngern Bruders Attila's, ein Wort,
welches in dieser Bedeutung in keiner der türkischen Mundarten
existirt, in welchem sich aber, kraft der Urbedeutung der Stammsilbe bud, but = klein, jung, der eigentliche Wortwerth errathen lässt. So heisst im Čagatischen buta Sohn, Kind, eigentlich das jüngere Kind des Hauses, aus Zärtlichkeit das Kind par
excellence genannt (vgl. Pavet de Courteille, „Dictionnaire tur-
que-orientale", S. 160; ferner Budagow, I, 272), auch das Junge,
in welchem concreten Sinne es auch heute beim Kamel angewendet wird, denn dessen Junges und Füllen heisst buta.
Vgl. ferner budur = kurz, zwerghaft, klein u. s. w.

Turda, ein altungarischer Geschlechtsname von entschieden
türkischem Anklange, vielleicht ursprünglich turdi = standhaft,
stehen geblieben. Vgl. den modernen turkomanischen Namen
Turdi-beg = Herr Turdi oder Prinz Turdi.

Turul, Name des Vogels auf dem Wappenschilde Attila's
(Kézai, S. 22: „Banerium quoque regis Ethelae quod proprio scuto
gestare consueverat, similitudinem avis habebat, quae hungarice turul dicitur"). So wie bei Kerecliet, müssen wir auch hier
bemerken, dass dieses Wort im heutigen Magyarischen unbekannt
ist und sich ebenfalls nur aus dem turko-tatarischen Sprach-

---

[1] Buda wird allerdings von den Byzantinern Blida (Βλήδα) genannt,
ein Name, den wir an betreffender Stelle zu entziffern suchen, doch haben
beide Wörter nichts miteinander gemein.

schatze erklären lässt. Hier finden wir nämlich čagatisch tur-
gul [1] تورغول = ein kleiner schwarzer Falke; torgaj تورزعاى =
Staar, ferner altaisch turuj = Staar (siehe Budagow, I, 744);
aus alledem geht mit Sicherheit hervor, dass die beiden Vogelnamen, welche uns die Tradition erhalten hat, heute noch im
Türkischen vorhanden sind, aus dem Magyarischen aber gleich
vielen andern ähnlichen Wörtern nur nach dem 14. Jahrhundert
verschwunden sein müssen. Auf diese interessante Erscheinung
werden wir später noch häufig zurückkommen.

Chaba, magyarisch Csaba (sprich čaba), Name eines Sohnes Attila's, den die Volkssage aus dessen Ehe mit der Prinzessin Honoria entspringen lässt und zugleich zum Haupthelden
in der sogenannten Csabasage macht. Dass der Grundstoff
dieser Sage, insofern dieselbe den Zusammenhang zwischen den
Hunnen und den später auftretenden Magyaren erwähnt, dem
germanischen Sagenkreise wol weniger entlehnt, als stellenweise
nachgebildet wurde, d. h. in dem Gewande der Erzählung, welches jener Zeit eigenthümlich war, zu uns gelangt sei, ist eine
Ansicht, die wir so lange aufrecht halten, bis die Bezugsquelle
nicht nachgewiesen und die Identität nicht besser sichergestellt
wird, als dies bis heute der Fall ist. Auch uns ist es, wie schon
oft erwähnt wurde, nicht um die Textirung dieser Volksdichtung,
als vielmehr um das in derselben zur Verwendung gekommene
Material zu thun, denn dieses ist entschieden türkisch, und die
betreffenden Namen können entweder als Hauptfiguren einer
alten, vom christlich-germanischen Cultureinfluss nicht berührten
Sage betrachtet werden, oder sie gehören jenem altmagyarisch-
türkischen Sprachschatze an, der, wie sich nachweisen lässt, zur
Zeit der Einwanderung reichlich vertreten war, und nur nach
Annahme des Christenthums immer mehr und mehr verdrängt
worden ist. Um speciell auf Chaba (čaba) zurückzukommen, so
dünkt uns dieses Wort mit dem türkischen čapak = einer, der
einen Einfall macht, ein Krieger, identisch, und zwar ein Nomen

---

[1] Unter den ungarischen Historikern will namentlich K. Szabó (in seiner
Uebersetzung Kézai's, S. 23) in turul eine fehlerhafte Schreibart des ursprünglichen curul erkennen, und letzteres mit dem ungarischen karvaly,
karoly = Rabe identificiren. Herrn K. Szabó dürfte es unbekannt sein, dass
das ungarische karvaly, karvaj mit dem türkischen karga, kargaj = Rabe
identisch ist.

agentis von der Stammsilbe čap, čab (einfallen, angreifen), nach
der alttürkischen Formenlehre, das sich hauptsächlich in uigurischen Sprachmonumenten vorfindet, und im Osttürkischen unter
čapau, čapaul bekannt ist. Die Absorption des auslautenden
Gutturals, d. h. das Verhältniss zwischen čapa und čapak, ist bei
den meisten türkisch-magyarischen Wortgleichnissen eine Regel,
ebenso wie in lautlicher Beziehung das magyarische Boyta mit
dem türkischen Bajtag, das Borzu mit dem türkischen Borzuk
verwandt ist.

Aladár, ebenfalls ein Sohn Attila's, jedoch von der deutschen Krimhild. Mit Vorliebe hat man bisher dieses Wort mit
Ardarikh, dem Namen des Gepidenkönigs, verglichen, natürlich
ohne jeglichen philologischen Anhaltspunkt; aber selbst zugegeben,
dass die Regeln der vergleichenden Sprachwissenschaft dies auch
rechtfertigen würden, sehen wir doch nicht ein, warum wir im
gegebenen Falle das Aladár der ungarischen Chronisten nicht
mit dem persisch-türkischen Worte الآيدار Alaidar, d. h. Fahnen-
oder Regimentsinhaber, Besitzer einer Truppe, folglich Anführer, vergleichen sollten.

Cussid, Name eines der Söhne des fünften Anführers
Kündü, in welchem sich das persische خورشيد Khuršid, ein
Eigenname mit der Bedeutung Sonne, erkennen lässt.

Cupian (Kézai), Cupan (Turóczy), ebenfalls ein Sohn
Kündü's, vgl. das türkische Kopan = der sich Erhebende, eventuell auch Kapan = Ergreifer, Erhascher.

Zu besagten Personennamen könnten sehr leicht noch viele
andere hinzugefügt werden. So z. B. Örs, auch Urs und Urs-ur
(Anonymus), vgl. türkisch uruš = Kampf, und urušur = er
kämpft; Chele, Čele, vgl. türkisch čala, čele = dreinhauend;
namentlich aber die Liste der bei Kézai befindlichen 108 altmagyarischen Geschlechter, von welchen die meisten einen echt
türkischen Anklang und auch eine türkische Wortbedeutung haben. So vergleiche man [1]:

Geschlechtsname.	Turko-tatarisch.
1. Aba	aba = Grossvater,
2. Aga	aga, aka = älterer Bruder,
3. Akus	akuš = (tatarischer Personenname),

---

[1] Siehe Kézai, S. 93.

Geschlechtsname.	Turko-tatarisch.
4. Apuch	abuka, abukan = Urvater,
7. Baroch	baruk = Habe, Vermögen,
9. Bastech	bastik = überrascht,
12. Bikach	bikač = Braut,
16. Borchot	borkut = Adler,
17. Bouch	bouk, boguk = erwürgend, erdrosselnd,
19. Budlu	budlu = der feste Schenkel hat,
20. Buken	büken = der im Hinterhalt Befindliche,
28. Chor	čor = Kolben,
29. Cortold	kortoldi = bewaffnet,
31. Cuplon	kaplan = Tiger,
47. Kán	Chan = Fürst,
48. Karun	karun = Entgegnung,
51. Kyms	kymis = Kumis,
67. Opur	opur = eben,
83. Tatun	tatun = friedlich,
87. Thecule	tököl = Kreis, vollkommen,
93. Ugud	ügüt = Rath,
94. Uz	Uz = der Uze (d. h. der Kumane),
98. Zagur	sagir = traurig,
101. Zemera	semir = reich, fett,
105. Zolok	soluk = der Schöne,
108. Zombor	sömbür = Geräusch.

Wir erlauben uns nun die Frage, wo Kézai, der seine Chronik gegen Ende des 13. Jahrhunderts schrieb, diese Namenliste von untrüglich alttürkischem Sprachcharakter hergenommen habe, welche Namen einer Sprache enthält, mit welcher das christliche Europa erst in den letzten Jahrzehnten bekannt wurde.

Es ist allerdings bezeichnend, dass nicht nur die Mehrzahl der 108 Geschlechtsnamen, sondern auch viele andere in den ältern Urkunden vorkommende Eigennamen in entschiedener Weise das Gepräge des türkischen Sprachcharakters an sich tragen. Doch wir wollen die bei der etymologischen Erörterung des im Texte des Anonymus befindlichen fremden Wortschatzes gebrauchte Vorsicht auch bei den spätern Chronisten beobachten, und unsere diesbezügliche Ansicht, im Vereine mit der Erklärung der ältern magyarischen Ortsnamen, in einer separaten Abhandlung erst dann entwickeln, wenn das betreffende Material

kritisch gesichtet sein wird. Vorderhand werden die angeführten
Daten wol hinreichen, um den Leser zu überzeugen, dass erstens
das Vorhandensein so zahlreicher türkischer Personen- und Sachennamen, denen sich kein einziger Name finnisch-ugrischer Abstammung gegenüberstellen lässt, weder Sache des Zufalls sein
kann, noch auf einen fremden Cultureinfluss zurückzuführen ist,
wie die Vertreter der finnisch-ugrischen Theorie anzunehmen bereit sind; zweitens dürfte sich auch die Ueberzeugung Bahn
brechen, dass, wenn auch einzelne Theile der ungarischen Traditionen und Sagen mit den christlich-germanischen Geistes-
producten jener Zeit verwandt sind, vielleicht in einigen Zügen
denselben nachgebildet wurden, dem eigentlichen Gerippe, nämlich den handelnden Persönlichkeiten, der Stempel asiatischen
Ursprunges keineswegs abzusprechen ist. Einer ähnlichen Erscheinung begegnen wir noch heute bei einem angestellten Vergleiche zwischen den Turkomanen im Südwesten und den Kirgisen im Nordosten der grossen Steppe. Wir gewahren nämlich,
wie am letztgenannten Orte der Islam nach einem jahrhundertelang geführten Kampfe gegen den Schamanenglauben nur dermassen seine allerdings sehr schwachen Wurzeln zu fassen vermochte, dass die Mollas Gesänge moslimisch religiösen Inhalts
zu verbreiten suchten, indem sie der Erzählung einen kirgisischen
Zuschnitt und einigen Haupthelden dieser Dichtungen kirgisische
Namen gegeben haben. So führt ein mohammedanisches Lehr-
gedicht den nationalen Namen Bos Dschiget, und die Haupt-
heldin desselben den Namen Karaschach, d. h. Schwarzhaarige,
während andere Dichtungen ähnlichen Inhalts Altin-Bas (Gold-
kopf), Kümüs ajak (Silberfuss)[1] u. s. w. genannte, kirgisisch ge-
zeichnete Helden in Religionsübungen brilliren lassen. Dies
war bei der importirten Literatur thunlich, an den alten von
der Tradition überlieferten Balladen und Liedern jedoch hat
der fremde Bildungseinfluss nur selten zu rütteln vermocht, weil
die Kirgisen vom Centrum der moslimischen Bildung zu weit
entfernt waren, und die unwirthbare Steppe mit ihren Gefahren
und Entbehrungen den apostolischen Eifer der jungen Achonde
in den Medresses, Bocharas, Samarkands u. s. w. abkühlen
mussten. Ganz anders haben sich jedoch die Dinge bei den

---

[1] Siehe den III. Band von Radloff's „Proben der Volksliteratur der türkischen Stämme Südsibiriens".

Turkomanen gestaltet. Diese Steppenbewohner, obwol viel wilder und unbändiger als die Kirgisen, hält der eiserne Ring moslimischer Bildungswelt schon seit länger als einem Jahrtausend umschlossen, und trotzdem die Lehre des arabischen Propheten auch hier noch nicht sehr tief eingedrungen ist, hat sie doch auf die nationale Richtung gewissermassen zersetzend gewirkt. Von langen und echten Volksdichtungen, wie z. B. die des Kozy Körpös der Kirgisen, ist bei ihnen keine Spur mehr, die Stelle derselben vertritt die Erzählung vom özbegischen Helden „Ahmed Jussuf"[1] und sonstige Phantasieproducte moderner Barden, während nur die unzweifelhaft uralten Sagen von geschichtlicher Bedeutung und namentlich diejenigen von der Einwanderung in die heutige Heimat mit solchen Persönlichkeiten in Zusammenhang gebracht sind, die einen rein turkomanischen Namen haben, wie z. B. Sön Chan, Esen Ili, Ireg Ata, deren ich in meinem Reisebuche[2] Erwähnung gethan habe.

Um nun auf den Bildungsgeist der Magyaren im ersten Jahrhundert nach ihrer Einwanderung in Europa zurückzukommen, müssen wir offen gestehen, dass wir denselben eher mit den diesbezüglichen Verhältnissen der heutigen Turkomanen als mit denjenigen der Kirgisen vergleichen möchten, d. h. wir sind geneigt, den Einfluss des Christenthums auf die Magyaren von weitgehendern und tiefern Folgen begleitet zu betrachten, als dies im ähnlichen Verhältnisse zwischen dem Schamanenglauben und dem Islam der Fall ist. Man muss sich nur in das finstere Glaubensalter des 11., 12. und 13. Jahrhunderts hineindenken, man muss sich nur das vom tollen Rachegefühl und wilden Fanatismus belebte, die Ausrottung jeder leisesten Erinnerungen an die altheidnische Welt bezweckende Treiben der deutschen und italienischen Mönche und Priester vergegenwärtigen, und schliesslich die diesbezügliche Mitwirkung der Landesfürsten, wie die Stephan's, Peter's[3] und Aba Samuel's kennen, um sich eine Vorstellung von jenen Verfolgungen machen zu können,

---

[1] Vgl meine „Čagatischen Sprachstudien", S. 32.
[2] Reise in Mittelasien (Leipzig 1865), S. 260.
[3] Man vergleiche unter andern die hierauf bezügliche Aeusserung Peter's: „Si aliquamdiu sanus ero, omnes Judices, Spectabiles, Centuriones, Principes et Potestates statuam Teutonicos et Latinos terramque Hungariae regni hospitibus adimplens, in dominium tradam Teutonicis." Kézai, S. 40.

welchen der alte Glaube, der Bildungsgeist und die Sittenwelt
der Magyaren ausgesetzt war. Welchen Widerstand das Gros
des magyarischen Volkes diesem von Ausländern geführten und
von einheimischen Fürsten unterstützten Kampfe der Entnationalisirung entgegensetzte, davon haben uns die feindlichen Berichte der Mönche und Priester nur eine leise Andeutung aufbewahrt, denn die bei Endlicher erwähnte Pressburger Chronik
von der Vata-Empörung im Jahre 1047 gibt im Grunde genommen
ein viel zu schwaches Bild jener Anstrengungen, in welchen sich
der kriegerische, ans Nomadenleben gewöhnte Geist der alten
Magyaren gegen die ihm wildfremde Weltanschauung des christlichen Abendlandes offenbart haben musste. Nach den in der
damaligen Sprache erhaltenen Spuren iranischen Cultureinflusses
zu urtheilen, ein Cultureinfluss, auf den wir noch zurückkommen
werden, waren die Magyaren des 10. Jahrhunderts nicht so rauh
und wild, und standen keinesfalls so tief unter dem Niveau des
Bildungsgrades ihrer christlichen Lehrer, wie uns dies letztere
einreden wollen. Der Widerwille und der Kampf gegen die
aufgedrungene fremde Lehre war daher vom Gesichtspunkte der
nationalen Individualität in einem grössern Maasse gerechtfertigt
als die Opposition der Steppenbewohner Centralasiens, denn mit
der Parsicultur, von welcher die Spitzen der heidnischen Magyaren beeinflusst waren, hätte das damalige Christenthum wol
schwerlich einen Vergleich aushalten können. Doch so, wie die
Bildungswelt der Sassaniden trotz eines langwierigen Kampfes
gegen die aufgedrungene Lehre des arabischen Monotheismus
und gegen die mit derselben verbundene Culturwelt sich nicht
lange zu wehren vermochte, ebenso mussten die Magyaren mit
ihren conservativen Bestrebungen und mit ihrer Anhänglichkeit
an die aus Asien mitgebrachte Bildungswelt gar bald unterliegen, und was ihnen von derselben noch zu retten gelang, bestand zumeist nur aus schwachen Erinnerungen an alte Sitten
und Gebräuche, die vereinzelt und im geheimen wol länger gepflegt wurden, als man dies allgemein annimmt, und aus einigen
Personen- und Sachnamen, die uns in den travestirten Traditionen und Sagen übriggeblieben sind. Nur in diesem Sinne
glauben wir besagte Monumente der Vergangenheit verwerthen zu
können, nur so weit und nicht weiter betrachten wir dieselben
als glimmende Funken jener stockfinstern Nacht.

Von diesem Standpunkte ausgehend, können wir daher mit

jenen nicht übereinstimmen, die im Gewebe der magyarischen
Volkssage über die Einwanderung in Ungarn, und namentlich in
der berühmten Csabasage, sämmtliche Grundfäden einem fremden, d. h. christlich-germanischen Ursprunge zuschreiben, und
demzufolge den alten Magyaren jede Fähigkeit und jeden Sinn
für national-geschichtliche Tradition absprechen wollen. Eine
solche Annahme widerspricht im allgemeinen den Lehren der
Völkerpsychologie und im besondern der Geistesrichtung eines
phantasiereichen orientalischen Volkes, wie es das magyarische
war und noch heute ist, eines Volkes, das sich von jeher durch
zähes Festhalten an seiner nationalen Individualität hervorgethan hat, und das im Zeitalter seiner nomadisch-kriegerischen
Existenz gewiss nicht weniger Lust und Vermögen gezeigt haben
muss, eine solche wichtige Begebenheit, wie die seiner Wanderung von Osten nach Westen, in Wort und Lied zu verewigen,
als andere nomadisch-kriegerische Stämme der Gegenwart, die
drei, ja vier Jahrhunderte alte Begebenheiten in Erinnerung
behalten konnten. Wenn daher in die Csabasage die Krim-
hild- und Dietrich-Episode auf ähnliche Weise Eingang gefunden wie z. B. so mancher moslimische Name in die epische
Sage von den kirgisischen oder turkomanischen Nationalhelden,
so darf auf Grund eines solchen Vorkommnisses noch nicht die
ganze Erzählung als unecht oder als fremdes Geistesproduct
verworfen werden. Um letzteres zu thun, müsste man erst die
Bezugsquelle der übrigen Angaben dieser Dichtung genau nachweisen, was bisjetzt noch nicht geschah, denn Hunfalvy's Versuch [1] eines Vergleiches des Nibelungenliedes mit den Angaben
der ungarischen Chronisten ist noch zu fragmentarisch, um uns
von der Identität beider Quellen überzeugen zu können; und
schliesslich müsste noch erklärt werden, woher der germanische
Mönch des 11. oder 12. Jahrhunderts zur geographischen Kenntniss von einem hinter Scythien wohnenden Volke von Corozmin
kam, einer geographischen Kenntniss, die auf etwas mehr als
auf purer Phantasie beruht, und am allerwenigsten den ebenso
fanatischen als ignoranten Mönchen jener Zeit zugemuthet werden kann. Hinter dieser geographischen Notiz steckt nämlich
ein ethnisches Moment, welches keinesfalls übersehen werden
darf. Erstens ist zu bemerken, dass, wenn Csaba auf seine Ab-

---

[1] Die Ungarn oder Magyaren (Wien und Teschen 1881). S. 121—138.

stammung von der griechischen Prinzessin pochend hinweist [1], eine
derartige Verwandtschaft bei den echten Scythen eher für eine
Beleidigung als Verherrlichung des Nationalgefühles angesehen
wird, und dass diese Prahlerei für Csaba noch fernere Folgen
hat, indem er als Halbfremdling sich aus dem Stamme der Kha-
rezmier eine Frau holen muss, aus demselben Kharezm, dessen
Grenzen hart bis an die alte Heimat der Magyaren reichten, und
welches kharezmische Reich auf letztere, wie wir später sehen werden, einen bedeutenden Cultureinfluss ausgeübt hat. Es darf nämlich nicht vergessen werden, dass, indem sich Csaba für die ihm
angethane Schmach speciell durch ein Eheverhältniss in Kharezm
entschädigt, er dadurch seiner hohen Abkunft in doppelter Weise
gerecht wird. Denn Kharezm, oder richtiger Korozmin [2], wie die
magyarische Sage erzählt, stand zur Zeit der Sassaniden und
auch noch nach dem Auftreten der Araber auf der höchsten
Stufe geistiger Bildung, wie wir dies aus dem durch Prof. Sachau
herausgegebenen Werke Abu Rihan's „Athar ul Bakija" (Die be-
ständigen Monumente) am besten ersehen, in welchem von der
Culturblüte des alten Kharezms in der That ganz erstaunliche
Dinge erzählt werden, und zwar von einem Autor, von dem Rawlinson sagt [3]: „The only early arab writer, who investigated the
antiquities of the East in a true spirit of historical criticism."
Wenn daher Csaba von diesem Kharezm oder Korozmin sich eine
Prinzessin als Frau holte, so hat die Mythe ihren Helden mit
einem ganz passenden Glanz umgeben und dadurch in nicht geringem Maasse auch das Volk der Magyaren geschmückt; jedenfalls ein Phantasiegebilde, das keinem christlich-germanischen
Mönche und am allerwenigsten einem Mönche jener Zeit zugemuthet werden darf.

Ausser besagten, im bunten Kleide der Volksdichtung zu

---

[1] Siehe Kézai, S. 33.

[2] Ich kann nicht umhin, hier eine meiner frühern Ansichten rectificirend,
Herrn Prof. Lerch recht zu geben. Ich war nämlich bisher der Meinung, dass
خوارزم Khahrezm von خواه = Wille und رزم = Kampf abstamme.
Dem gegenüber erklärte Herr Prof. Lerch dieses Wort aus خار = nieder
und زمين = Erde, Land; dass kharzemin die richtige Derivation sei,
wird durch das Corozmin der Csabasage am besten erklärt.

[3] England and Russia in the East (London 1875), S. 244.

uns gelangten Reminiscenzen aus einer vergangenen turko-tatarischen Bildungswelt, müssen hierher noch andere Momente, wie
die Benennungen von Würden, Aemtern u. s. w., gerechnet werden, von denen an betreffender Stelle ausführlich die Rede sein
wird, und welche insgesammt darauf hindeuten, dass bei den
Magyaren zur Zeit ihrer Niederlassung in der heutigen
Heimat im staatlichen, gesellschaftlichen und religiösen Leben der in der Sprache am besten zum Ausdruck gelangte türkische Nationalgeist vorherrschend
war, und dass, wie bei derartigen Erscheinungen mit
Sicherheit anzunehmen ist, der tonangebende, bil-
dende Theil des Volkes nicht nur in geistiger, sondern
auch in physischer Beziehung türkischen Ursprunges
gewesen sein muss.

XIV.

Geschichtlicher Ueberblick.

Fassen wir nun die in den ganzen Abschnitten über die Urheimat der Magyaren zum Vorschein gebrachten geschichtlichen
Daten zusammen, und vergleichen wir dieselben mit unsern Ansichten bezüglich der bisher als zweifelhaft angesehenen und oft
bestrittenen Nationalität der vor den Magyaren auf der Bühne der
Weltgeschichte aufgetretenen Völkerschaften ural-altaischer Abkunft, so wird sich dem Auge des unparteiischen Forschers in
der Form eines Gesammtresultats die Ueberzeugung aufdrängen,
dass jene Völkerelemente, die, von der Mitte des 5. Jahrhunderts
christlicher Zeitrechnung angefangen, bis zum 11. und 12. Jahrhundert aus dem Steppengebiete hinter der Wolga und dem
Ural hervorbrechend im südöstlichen Europa so ausserordent-
liche ethnische Umgestaltungen hervorriefen und auf die staatliche Gruppirung unsers ganzen Welttheils von so grossem Einflusse waren, nur als einzelne Ringe einer und derselben,
d. h. turko-tatarischen Völkerkette zu betrachten sind, die sich
als solche Völker noch lange im vorgeschichtlichen Zeitalter in den
besagten Gegenden des alten Mutterwelttheiles herumtummelten

und den Culturmenschen jener Epoche, d. h. den Griechen und
Römern, unter dem vagen Ausdruck „Scythen" bekannt waren.
Wir machen ferner die Wahrnehmung, dass in demselben Maasse,
in welchem der Nebel der Entfernung schwindet und diese
Völkergruppen uns näher kommen, einerseits sich der Kreis
unserer Kenntnisse von ihnen mehr und mehr erweitert, andererseits die vagen ethnischen Benennungen besser definirten und
genauer umschriebenen Geschlechts- und Stammesnamen Platz
machen. So sahen wir, wie Scythen von Hunnen und Awaren
abgelöst wurden, doch auch diese sind nur Sammelnamen im
weitern Sinne des Wortes, sozusagen ein Rahmen des Bildes, auf
dessen dunkelm Grunde sich schon aus den einzelnen verworrenen Zügen der Akatziren, Utiguren, Kuturguren u. s. w. die
Umrisse eines Geschlechts-, Zweig- oder Clanverhältnisses wol
vermuthen, aber nicht feststellen lassen, daher denn auch die
Divergenzen in den Ansichten betreffs dieser ethnologischen
Frage; und in der That fängt auf diesem Gebiete unsers Wissens
erst dann ein stärkeres Licht zu dämmern an, nachdem das Volk
der Bulgaren als ein abgerundetes Ganze in den Vordergrund
getreten ist, und nachdem die verstümmelten Angaben der byzantiner Quellen durch die deutlichere Berichterstattung der
Araber und Perser unterstützt und ergänzt werden. Nach den
Bulgaren, oder auch schon zu gleicher Zeit mit denselben, hören
wir von Khazaren, Petschenegen, Kumanen, Uzen, Ghuzen und
schliesslich von Mażgaren, d. h. von Magyaren, auch Türken
genannt, sodass sich dem Forscher, der mit dieser ethnischen
Klassification ins Reine kommen will, vor allem andern die
Frage aufdrängt, was er denn eigentlich von diesen Haupt- und
Unterabtheilungen zu halten, und ob er die betreffenden Völkergruppen als streng voneinander abgeschlossen, oder als blos
mit der Führerschaft betraute einzelne Zweige oder Clans eines
generisch und sprachlich engverwandten Volkes zu betrachten
habe?

Nun sind wir der Meinung, dass uns ein Einblick in die
ähnlichen Verhältnisse der Nachkommen jener Völker, d. h. der
heutigen Nomaden Centralasiens, am leichtesten ermöglicht, in
das Labyrinth der ethnischen Klassification jener dunkeln Zeit
erfolgreich einzudringen. Hierbei müssen wir zuerst auf den
Entstehungsprocess der Haupt- und Unterabtheilungen, ferner
auf die Art und Weise, wie dieselben benannt werden, reflectiren.

Wie zur Genüge bekannt ist, theilen sich die heutigen Nomaden
a) in Il oder Ulus = Volk, Volksstamm, worunter das Gros verstanden wird; so Türkmen ili (Turkomanen), Ozbeg ili (Özbegen);
b) Uruk[1], wörtlich: Geschlecht, in der Klassification aber als
Clan gebraucht; bisweilen, so z. B. bei Abulgazi, finden wir il
mit uruk verwechselt; c) Tire, wörtlich: Zweig, eigentlich der
engere Verband eines Geschlechtes, die Familie im weitern Sinne
des Wortes. Bezüglich des ersten ist, soweit sich dies geschichtlich nachweisen lässt, eine gewisse Stabilität wahrzunehmen, d. h. die Zahl der Stämme mag sich wol infolge längerer
Kriege oder stattgefundener Colonisation vermindern, dürfte sich
aber heute, wo das Nomadenleben seinem Ende zugeht, wol
schwerlich vermehren, was auch bezüglich der zweiten Klassification der Fall sein mag, während die Tire's einer steten
Fluctuation ausgesetzt sind und oft innerhalb einiger Jahrzehnte
sich vermindern oder auch zunehmen können. Betrachten wir
z. B. die Özbegen, so finden wir, dass die Liste ihrer Clans, wie
eine solche bei dem Autor des im Jahre 1510 verfassten Šeiba-
ninameh vorliegt, einige Namen aufweist, die heute theils unbekannt, theils bei andern östlicher wohnenden Türken anzutreffen
sind, ein Umstand, der sich auch bei den Turkomanen nachweisen lässt, wenn wir nämlich der bei Abulgazi erwähnten[2],
damals im Nordosten und Osten des Kaspisees lebenden Stämme
der Adakli, Hasan-ili und Tevedschi gedenken, die heute theils
gänzlich verschwunden sind, theils aber, in ihrer Zahl herab-
gekommen, sich nur als Tire's vorfinden. Was diese letztern betrifft, so wird ihr Entstehen entweder durch Krieg und sonstige
gewaltsame Ursachen, oder durch eine naturgemässe Erweiterung
des Familienrahmens veranlasst, indem sich eine gewisse Anzahl
von Auls (Gehöfte) auf der Suche nach bessern Weideplätzen
vom Stammzweige trennt, und ein neues Tire bildet, eine Erscheinung, die, wie gesagt, auch unter den heutigen Umständen
im Bereiche der Möglichkeit liegt. Bezüglich der Nomenclatur
der Haupt- und Unterabtheilungen bemerken wir vor allem, dass
die Ils oder Uluse, je nach der politischen Constellation, entweder ihre von alters her bekannten Namen führen, oder nach

---

[1] Bei den Turkomanen werden die Uruks heute mit dem arabischen
Worte taife bezeichnet.
[2] Abulghazi, Edition Desmaisons, S. 210.

jenen Helden benannt werden, die während der geschichtlichen
Umwälzungen ihre Führer waren, oder ihnen durch irgendeine
hervorragende That den Charakter einer nationalen Individualität verliehen haben. Zu erstern müssen die Kirgisen, Kiptschaken und Uiguren gerechnet werden, zu letztern gehören die
Seldschuken nach Seldschuk, die Čagataier nach Čagatai, dem
Sohne Dschengiz', die Osmanen nach Osman, dem Sohne Ergto-
grul's, und die Özbegen nach Özbeg Chan so genannt. Im ersten
Falle haben wir es mit solchen Namen zu thun, deren Wortbedeutung theils mythischen Ursprunges ist, theils von gewissen
Eigenschaftswörtern herrührt, und welche Namen infolge dessen
leicht erklärlich sind. Uigur stammt wahrscheinlich vom türkischen ujgur oder utkur = vereint, verbunden, gehorsam; Kirgiz von kir-gez = Feldwanderer [1], d. h. Nomade; Karakalpak von
kara = schwarz und kalpak = Hut, also Schwarzhütige, die
černi klobuks der russischen Annalisten u. s. w. Im zweiten
Falle sind es lediglich Personennamen, deren Bedeutung sich
wol auch nachweisen lässt, die aber in ihrer Anwendung als ethnische Bezeichnung keiner fernern Erklärung bedürfen. Schliesslich können wir nicht umhin, jener Veränderungen zu erwähnen,
welchen eben die Stammes- und Geschlechtsnamen unterworfen
sind. So hiess z. B. der an Džüži gefallene Theil des Dschen-
gizischen Reiches Kipčak, ein Name, den heute ein im östlichen
Chokand wohnender kleiner Volksstamm führt, und so finden
sich dieselben Benennungen bei den einzelnen Clans verschiedener Völkerabtheilungen. So gibt es z. B. Kungrats, Naimans,
Kiptschaken, Chitais u. s. w. bei Özbegen, Kirgisen, Karakalpaken und Karakirgisen in gleicher Weise.

Wenn wir nun mit besagten Erfahrungen bezüglich der
ethnischen Verhältnisse der heutigen Nomaden Centralasiens an
die Erforschung der Stammes- und Clanverhältnisse ihrer Vorgänger, d. h. der Hunnen, Awaren, Bulgaren, Khazaren, Petschenegen und Madscharen herantreten, so können wir uns vor allem
der Ueberzeugung nicht verschliessen, dass, in Anbetracht der
ewig unwandelbaren Gesetze der Natur, das Leben und Treiben der

---

[1] Radlow („Zeitschrift für Erdkunde", VI, 305) will dieses Wort von
kyrk = vierzig und jüs, züs, dem conventionellen Begriff für Horde, der
Bedeutung nach aber „ein Hundert", ableiten, eine Etymologie, die uns unstatthaft erscheint.

Nomaden jener Zeit sich von demjenigen der gleichartigen Völker
der Gegenwart nur wenig unterschieden haben musste, und dass
demnach unsere heutigen Wahrnehmungen betreffs der verschiedenen Ableitungen und deren Benennungen auch auf dieselben ihre
Anwendung finden können. Dazu gesellen sich noch die äusserst
verworrenen und unzuverlässigen Berichte aus jener Zeit; und wenn
unser in der Bildung so weit vorgeschrittenes Europa bezüglich der
Zusammengehörigkeit der verschiedenartig benannten Türkenstämme und Zweige noch in der jüngsten Vergangenheit leider so
stark im Finstern herumtappte, wie können wir bei Griechen, Arabern, Franken und Germanen eine genaue Bekanntschaft mit den
gleich Unmenschen erscheinenden Steppenbewohnern jener fernen
Zeit voraussetzen? Ob daher Hunnen, Awaren, Bulgaren, Khazaren, Petschenegen und Madscharen einzelne Volksstämme, Geschlechter oder Zweige waren, oder ob diese Namen gleich Seldschuk, Čagatai, Özbeg u. s. w. nur als einfache Personennamen
zu betrachten sind, die von den leitenden Kriegern auf die ihnen
folgenden Scharen übergingen, mit einem Worte, von welcher
Natur das Verhältniss und das Band ihrer gegenseitigen Verwandtschaft gewesen sein mag, darüber können wir wol Hypothesen aufstellen, darüber können wir begründete Muthmassungen
haben, aber wir werden schwerlich im Stande sein, zu positiven,
der Wahrheit wenigstens nahestehenden Daten zu gelangen. Dasselbe Bewandtniss hat es auch mit der Wortbedeutung der einzelnen Völker- oder Stammesnamen, die wir in den betreffenden
Glossarien anführten, ohne jedoch die Ursache einer derartigen
Benennung angeben zu können, denn nur einige derselben, wie
Khazar, Bulgar, Kabar können gleich den Namen Kirgiz und
Kurama der Gegenwart etymologisch erklärt werden, während
andere, durch fremdsprachige Chronisten aufgezeichnet und durch
nachlässige Copisten entstellt, noch immer von dem Schleier des
Zweifels bedeckt sind.

Der Leser wird sicherlich begreifen, dass für uns, die wir
uns mit der Frage des Ursprungs der Magyaren beschäftigen, die
Provenienz und Bedeutung der übrigen Stammesnamen nur von
secundärem, diejenige des Namens der Magyaren aber von pri-
märem Interesse ist. Bei unsern diesbezüglichen Untersuchungen
wollen wir uns vor allem nach dem Alter, richtiger nach dem
Quellengebiete dieses Wortes umsehen, und bei dieser Gelegenheit wird es sich herausstellen, dass wir dasselbe einerseits bei

den magyarischen Chronisten, andererseits bei den noch ältern
arabischen Geographen antreffen. Hinsichtlich der erstern weisen
wir auf den Anonymus hin, dessen Moger uns nur eine schlechte
Transscription des damals schon Magyar lautenden Wortes dünkt,
ebenso wie das griechische Μουαγερ, Name eines utigurischen
Fürsten, der nach Theophanes im Jahre 528 zum Herrscher
dieses Volkes gewählt wurde, auch für ein ursprüngliches Mua-
gyar, Magyar spricht, da sich der Anonymus gleich seinen Vorgängern auch bei andern Eigennamen arge Lautverwechselungen
zu Schulden kommen lässt, und weil man den echt magyarischen Doppellaut *gy = dj* mit lateinischen und griechischen
Buchstaben nicht deutlicher wiederzugeben vermochte. Ein
ähnliches Bewandtniss hat es auch mit dem Mogor der spätern
Chronisten, die ebenfalls Magyar schreiben wollten, aber nicht
konnten, ebenso wie in den Urkunden des 12., 13. und 14. Jahrhunderts immer *g* statt *gy* gebraucht wird; vgl. Nagasu statt
Nagyaszu, Nagtó statt Nagytó, Gumulcheus statt Gyümölcsös,
Garmat statt Gyarmat u. s. w.[1] Moger, Mager oder Mogor sind
daher nichts anderes als fehlerhafte Transscriptionen des ursprünglichen Magyar, und jede an die erstern Lesarten ge-
knüpfte etymologische Combination, also auch diejenige Hunfalvy's[2], der in Moger das esthnisch-wogulische mo = Erde und
das magyarische gyer, ger = Kind (?) entdecken will, muss als
grund- und bodenlos bezeichnet werden. Von den Magyaren
selbst erhalten wir daher bezüglich des Ursprunges und der Bedeutung ihres Namens wenig Aufklärung, wir sind deshalb auf
die Aussagen der orientalischen Schriftsteller angewiesen, die
für uns um so gewichtiger sind, als dieselben den Stempel eines
mehrere Jahrhunderte höhern Alters tragen. Hier begegnen wir
zuerst dem مَجْغَر Madschgar des Ibn Dasta und Ibn Fozlan,
folglich schon in den ersten Decennien des 10. Jahrhunderts, als
die Magyaren erst im Begriffe waren, sich in ihrer heutigen Heimat niederzulassen. Dieses مَجْغَر der ältesten arabischen Geographen wird nun mit geringen Variationen von den nachfolgenden Autoren, richtiger Abschreibern, wiederholt, und nichts

---

[1] In „Thesauri linguae hungaricae ex epocha Arpadianorum" von Jerney
(Pest 1854).
[2] Ethnographie von Ungarn, S. 161—162.

spricht so sehr für unsere óben angegebene Rectificirung dieses
Wortes als der Umstand, dass im Derbendnameh [1], das zur Zeit
des Semiz Girai Muhammed Chan, also gegen Ende des 16. Jahrhunderts verfasst wurde, bei Erzählung der ins 8. Jahrhundert
fallenden res gestae der ersten Khalifen im Nordosten des Kaukasus
von der Existenz einer Provinz Namens Madšar جاذر, die nach
ihren Einwohnern so benannt ist, gesprochen wird; ja wir
erfahren aus besagtem Buche schon von einem Gross- und Kleinungarn, dort nämlich, wo vom حاكم كچى و اولو جاذر, d. h. dem
Gouverneur des kleinen und grossen Madschars, die Rede ist.
Ob sich nun die geographische Nachricht von einem Gross- und
Kleinungarn auf die historisch nachweisbare Spaltung der Magyaren in zwei Theile, von denen der eine nach Westen, der andere
nach Osten, respective nach dem nördlichen Persien, d. h. jenseit des Kaukasus gewandert ist, beziehe, oder ob darunter einerseits die alte Heimat am Ural, andererseits der neue Sitz an
der Donau verstanden sein will, das dürfte schwer zu entscheiden
sein. Genug indess, diese Eintheilung gelangt bei Abulfeda gegen
das Ende des 13. Jahrhunderts und auch bei den europäischen
Reisenden des Mittelalters zum Ausdruck. sie war in Ungarn
von jeher verbreitet, und lebt in der Form einer Sage, die von
einem „ősi haza" (Urheimat) spricht, noch heute im Munde des
Volkes. In den orientalischen Quellen jedoch, namentlich bei
den Historikern der Mongolenkriege, ist nur einfach von einem
Volke Madschar die Rede. und dass mit demselben nicht das
heutige Ungarn. sondern·das Magna Hungaria der mittelalterlichen Geographen gemeint ist, erhellt am besten aus der
Reihenfolge der Länder, unter welchen dasselbe angeführt wird.
So finden wir z. B. bei Abulgazi, der diesbezüglich Raschid-ed-
din nachschrieb. in der Erzählung der Geschichte des fabelhaften
Kipčak Folgendes: بیكیمت بولغانلدین سونك اوروس و اولاق و
ماچار و باشقرد ایللارى یاغى ایردیلار d. h. nachdem er (Kipčak) herangewachsen war, haben sich die Völker der Russen,
Ulaken, Madscharen und Baškiren empört[2]; ferner S. 132 lesen

[1] Siehe Derbendnameh. herausgegeben von Mirza Kazem Bey (Petersburg 1851), S. 6.
[2] Ausgabe Desmaisons, S. 19.

wir, dass sich Džüdži nach der Einnahme von Ürgenž an die
Eroberung der Länder des و بلغار و چرکس و وروس قپپچاق
d. h. Kipčak, Russ, Terkesz, Bolgar, ماچار و باشقرد يورتلارڧ
Madschar und Baškird gemacht hatte, und schliesslich S.
180 wieder von Ländern, die von Madscharen, Baškiren, Russen,
Korol [1] (کورل) und Nemiš (Deutschen) bewohnt sind. Es kann
unter besagten Umständen, da Madschar immer vor Baškir zu
stehen kommt, doch nur von jenem Magyarenlande die Rede
sein, welches Yule in seiner Karte von der ersten Hälfte des
14. Jahrhunderts ganz richtig zwischen die Wolga und den Ural
oberhalb des Baškirenlandes setzt, als von einer Gegend,
wo zur Zeit Raschid-ed-din's allerdings keine Magyaren mehr
waren, die aber als frühere Heimat derselben während des
13. und 14. Jahrhunderts noch den Namen beibehalten hat, so
wie ähnliche Fälle auch heute noch in vielen Theilen Europas
und Asiens nachzuweisen sind, wo einzelne Gegenden nicht nach
ihren jetzigen, sondern nach ihren frühern Einwohnern benannt
werden.

Es steht allerdings ausser Zweifel, dass der ethnische und
geographische Name Madschar vor und selbst nach dem Erscheinen der Mongolen in den nordöstlichen Ländern des Kaspisees lebhaft in Erinnerung gestanden, und bei den türkischen
Völkern jener Gegend sich eines besonders guten Klanges erfreut haben muss. So wie das heroische Gebaren und der Sieg
über die Westländer, den die aus dem Seldschukenheere aus-
geschiedene Fraction der Osmanen erfochten hat, bei den verwandten Nomadenstämmen Centralasiens noch heute, also nach
mehr denn sechs Jahrhunderten in der Erinnerung fortlebt [2],
ebenso muss das erfolgreiche Auftreten der Magyaren im Südwesten Europas bei den Baškiren, Uzen und Kanglis im frischen
Angedenken gewesen sein. Madschar ward zum Schlagworte
jener Zeit, denn sonst wäre es unerklärlich, wie dieses Wort als
Eigenname zu den Dschengiziden kam, von welchen, wie all-

---

[1] Unter Korol, Korol wird das polnische krol = König, richtiger das
Königreich Polen, welches die Mongolen auf ihrem Wege nach der Donau
passirten, vermuthet. Unter Korol wird auch bisweilen Ungarn angeführt,
weil im Magyarischen der König ebenfalls király heisst.

[2] Siehe meine Reise in Mittelasien, S. 261.

gemein bekannt ist, der Sohn Scheïban's, folglich der Grossenkel
des mongolischen Weltstürmers, den Namen Madschar führte [1]
und denselben gewiss nur deshalb annahm, weil sich an ihn ein
gewisser Grad des Glanzes heftete. In diesem Sinne und in
dieser Bedeutung des Wortes lässt sich auch Madschar, der
Name jener Ruinen erklären, die sich an der Kuma, bei der
Vereinigung dieses Flusses mit der Bruyma, befinden, und welche
den Geschichtsforschern Stoff zu den mannichfachsten Erörterungen gegeben haben. Während Pallas, Güldenstädt u. a. in
diesen Ruinen nur die Ueberreste eines ehemaligen Begräbniss-
platzes der Mohammedaner entdecken, wollen andere, namentlich
Klaproth, in denselben die Trümmer einer einstigen Stadt Madschar sehen, ohne in ihren diesbezüglichen Auseinandersetzungen
das eigentliche Räthsel lösen zu können. Bezüglich der Beschaffenheit des ehemaligen Madschars schliessen wir uns entschieden der Ansicht Pallas' an, d. h. wir halten es für einen
auf der Steppe errichteten Begräbnissplatz turko-tatarischer Moslimen, wie es deren zu allen Zeiten gab, so z. B. das Aulia Ata
am mittlern Jaxartes, die Ruhestätte des kirgisischen Heiligen
Ahmed Jesewi, und viele andere vereinzelt dastehende Mausoleen
(Mezarlik) in der Steppenheimat der Kirgisen und Turkomanen.
Madschar dürfte demnach ein Begräbnissplatz gewesen sein, der
nach dem dort begrabenen Helden Namens Madschar so genannt worden ist. Dass Madschar früher, d. h. vor dem Einfalle der Mongolen, keine Stadt war, dafür spricht am besten
die bei Klaproth erwähnte, bei den Tataren noch heute übliche
Benennung Kirk Madschar, d. h. Vierzig Madschar, denn diese
Zahl ist im moslimischen Osten von jeher als quantitative Bezeichnung bei Gegenständen der Verehrung oder Bewunderung
angewendet worden; so z. B. Čihl-ten = vierzig Personen, die
Moses nach der moslimischen Sage erschlagen und wieder ins
Leben gerufen haben soll; čihl-duchteran = vierzig Jungfrauen,
Name eines heiligen Grabes auf der Strasse zwischen Isfahan
und Schiras; čihl sutun, d. h. vierzig Säulen, Name der Ruinen

---

[1] Siehe Abulghazi, S. 182. Der Autor der türkischen Genealogie lässt
zwar unter dem Namen Madschar auch noch einen Prinzen aus dem Stamme
Merkit figuriren, doch weicht er hierin von seiner Hauptquelle, nämlich
von Raschid-ed-din, ab, weshalb wir auch dieser Angabe keine Beachtung
geschenkt haben.

von Persepolis; kirk-er = vierzig Männer, Name einer Festung
in der Krim; kirk-vezir = vierzig Veziere; Kirk-kilisa = vierzig
Kirchen, Name einer Stadt in Rumelien u. s. w. Kirk-Madschar
kann daher unter keinen Umständen etwas anderes bedeuten als
vierzig Madscharen oder Helden, richtiger der Ort, wo diese be-
graben wurden, und kann nur insofern mit der Bedeutung einer
ehemaligen Stadt in Zusammenhang gebracht werden, als einzelne
Fromme ihre Wohnungen in der Nähe dieser Mausoleen auf-
schlugen, ja neben denselben mitunter auch Bazare und Bäder
errichtet wurden, wie dies auch in der That zur Zeit des frommen Özbeg Chan der Fall war; so wenigstens berichtet Ibn Batutah, der Madschar im Jahre 1334 besuchte und dort einen
bedeutenden Handel und moslimische Cultur vorfand. [1]

Wenn wir nun bei Klaproth [2] im Widerspruche mit unserer
Behauptung lesen, dass Madschar auf alttatarisch ein steinernes
Gebäude, und mit طاشتان, d. h. aus Stein, gleichbedeutend sei,
müssen wir mit Bedauern bemerken, dass diese Verdeutschung
des Wortes eine pure Erfindung des an phantastischen Aus-
geburten so reichen Gehirns dieses russisch-deutschen Gelehrten
ist, denn Madschar bedeutet in keiner turko-tatarischen, auch
in keiner ural-altaischen, ja in keiner uns bekannten Sprache
der Welt Steingebäude, ebenso wenig wie طاشتان tašdan speciell in diesem Sinne gebraucht wird, da für diesen Begriff die
verschiedenen Wörter كارگیر kiargir (osmanisch), tim oder tam
(čagatisch), japi oder jepü (turkomanisch) u. s. w. existiren. Was
nun schliesslich die bei Klaproth an erwähnter Stelle gebrachte
Bemerkung anbelangt, dass Madschar in einigen tatarischen
Dialekten einen grossen, vierräderigen Wagen bedeute, so kann
diese Bedeutung nur in der Neuzeit entstanden sein, als nämlich
die Tataren unter Anführung der Beherrscher der Krim in Ungarn und Siebenbürgen einfielen, dort dieses Fuhrwerk kennen
lernten und demselben den Namen des Landes verliehen, ebenso
wie die Osmanen noch heute eine Gattung grösserer Wagen aus
ähnlichen Gründen mit dem magyarischen Namen koču, richtiger kocsi (Wagen), oder hintow = Kalesche (magyarisch hintó)
benennen. Können wir daher auf Grund geschichtlicher Daten
bezüglich des virtuellen Sinnes des Wortes Magyar oder Ma-

---

[1] Voyages d' Ibn Batoutah, II, 375—379.
[2] Reise in den Kaukasus, I, 421.

žar ins Reine kommen, so ist dies mit Bezug auf die Wortbedeutung noch mehr der Fall, indem wir von dem im Worte
Magyar zum Ausdruck gelangten Lautverhältnisse den besten
Aufschluss über den sprachlichen Charakter dieses Eigennamens
erhalten. Vor allem möge bemerkt sein, dass der Doppellaut *gy*
des heutigen Magyarischen innerhalb des verwandten Sprachgebietes, d. h. sowol in den turko-tatarischen als auch in den
finnisch-ugrischen Mundarten, in den meisten Fällen einem *j*, bisweilen aber auch einem *g* entspricht, vgl. magyarisch gyürü, türkisch jüzük (Ring), magyarisch gyúr, türkisch júr (kneten), magyarisch gyűlés, türkisch jiiliš (Versammlung) u. s. w.[1] Da nun
der Doppellaut nicht primitiven Ursprunges ist, sondern von
einer spätern Umgestaltung der Sprachen herrührt, lässt sich
mit Sicherheit annehmen, dass dieses Wort in der ältesten Zeit
nicht Magyar, sondern Majar gelautet haben muss. Als Beweis für die Richtigkeit dieser Annahme kommt uns die türkische Form dieses Eigennamens, nämlich Mažar, am besten zu
statten, da im Türkischen der Doppellaut *ž* (*dsch*) fast immer
aus einem ehemaligen *j* entstanden ist, indem die meisten im
Kirgisischen und Nogaischen mit *ž* anlautenden Stammsilben in
den übrigen ältern türkischen Mundarten mit einem *j* beginnen,
vgl. jol—žol (Weg), jir—žir (Weg), žig—jig (weinen) u. s. w. Das
türkische Wort konnte daher nur aus einem ehemaligen Majar
entstanden sein. So viel betreffs des Lautverhältnisses zwischen
Magyar und Mažar. Was nun die Bedeutung dieses, wie wir
gesehen, schon 528 n. Chr. vorkommenden Eigennamens anbelangt, so ist es, wie in so vielen andern Fällen, wo es sich
um die Erörterung von Eigennamen handelt, auch hier nicht so
leicht ins Klare zu gelangen, und worin sich unsere Hypothese
von denen unserer Vorgänger unterscheidet, das ist die festere
Basis der Lautform, auf welcher dieselbe fusst. Wie schon
A. A. Kunik in seiner Abhandlung[2] hervorgehoben hat, kann es
keineswegs Sache des blossen Zufalls sein, dass verschiedene
türkische Völkernamen jener Zeit auf *ar* enden, als Awar, Khazar, Kabar und Magyar oder Mažar. Dieses *ar*, im Türkischen

---

[1] Bezüglich der finnisch-ugrischen Lautverhältnisse zwischen *j* und *gy*
siehe Budenz, „Magyar-ugor összehasonlitó szótár". S. 177; *j* und *gy* variiren
übrigens auch im Magyarischen, vgl. jó — gyógy, gyón, javon, jou — gyon
(volksthümlich) u. s. w.
[2] a. a. O., S. 728.

die dritte Person des Präsens Indicativi, figurirt bekanntlich
auch als das Suffix der Adjective oder Substantive (vgl. jazar
= der Schreibende, Schreiber, gelir = der Kommende), und in
der That können die Namen Awar, Khazar und Kabar, wie wir
an betreffender Stelle gezeigt haben, auf diesem Wege ihre Erklärung finden. Von ähnlicher grammatikalischer Beschaffenheit
dünkt uns auch das Wort Magyar, richtiger Majar, indem wir
in demselben die Stammsilbe maj, eine lautliche Nebenform von
baj = hoch, mächtig, erhaben, reich, vermuthen, und besagten Eigennamen, mit welchem das noch heute gebräuchliche
türkische bajar = Fürst, mächtig identisch ist, durch Herr-
schender, Mächtiger übersetzen würden. [1] Doch thun wir
dies nur in Form einer Hypothese, obwol wir bezüglich des türkischen Sprachcharakters dieses Wortes nicht den geringsten
Zweifel hegen, dasselbe vielmehr als den Namen eines solchen türkischen Volksstammes betrachten, der als
nördliche Grenzwache am türkischen Völkergebiete
gewohnt hat und, trotz seiner Vermischung mit finnisch-ugrischen Elementen, als ein Mitglied der türkischen Völkerfamilie auf der Bühne der Weltbegebenheiten aufgetreten ist.

Hiermit wären wir zum eigentlichen Kern unserer Studie
gelangt, und es tritt an uns die Pflicht heran, dem Leser die
Gründe, welche uns zur Aufstellung und Aufrechterhaltung vorhergehender Behauptung bewogen haben, möglichst klar darzulegen. Ob nun in der Wortbedeutung von Magyar oder Majar
eine Anspielung auf das politische, militärische oder nationale
Ansehen enthalten, oder ob dieser Name als derjenige eines leitenden Heerführers auf das ganze Volk übergegangen ist, wie
wir dies bei Seldschuk, Özbeg, Nogai und Osman gesehen haben,
das wäre wol schwer zu entscheiden. Genug jedoch, wir halten
die Magyaren für ein Volk turko-tatarischen Ursprunges, erstens,
weil wir auf Grund der in vorhergehenden Blättern angeführten
geschichtlichen Aussagen uns hierzu berechtigt fühlen; denn an-

---

[1] Dass Moger ehedem in der Bedeutung von Fürst, Anführer gebraucht
wurde, beweist der Name Hetu-Moger = die sieben Anführer oder Magyaren. Uebrigens beruht auch der Name Mongol auf einer ähnlichen Etymologie, indem Schmidt („Sanang Setzen", S. 38) und Schott („Aelteste Nachrichten von Mongolen und Tataren", S. 5) dieses Wort von mong = tapfer,
kühn, mächtig ableiten.

genommen, dass der von den Byzantinern gebrauchte Ausdruck
Τοῦρκοί von vager undefinirter Natur, möglicherweise auch als
Sammelname anderer mit den Turko-Tataren verwandter ural-altaischer Völker gelten mag, so kann doch ein derartiger Zweifel
bezüglich der Aussage der arabisch-persischen Schriftsteller, die
in ethnischen Verhältnissen besser Bescheid wussten und die Magyaren ebenfalls als Türken bezeichnen, schwerlich aufkommen;
denn würden die moslimischen Schriftsteller betreffs der Natio-
nalitätsangaben der von ihnen beschriebenen Völker ohne kritische Erwägung vorgegangen sein, warum haben sie z. B. das
ihnen weniger bekannte Volk der بُرطاس oder بُردَاس (Burtas),
in welchem einige die Mordwinen, andere wieder, wie Shojew [1],
die Čuvašen entdecken wollen, nicht ebenfalls als Türken dargestellt, da die verschiedenen Autoren über sie folgendermassen
berichten? El Belchi sagt: و لسان بلغار مثل لسان الخزر و
لبرطاس لسان اخر d. h. Die Sprache der Bulgaren ist gleich der
Sprache der Khazaren, doch die Burtasen haben eine andere
Sprache. Jakut sagt: و لاهل برطاس لسان مفرد ليس بتركى
d. h. die Sprache der Burtasen ist von der türkischen verschieden.
Kazwini erzählt لهم لغات مغايره لجميع اللغات d. h. sie (die Burtasen) haben eine Sprache, verschieden von allen übrigen Sprachen.[2] Kann man daher der Vermuthung Raum geben, dass
sich besagte Quellen eben nur bei den Magyaren geirrt hätten,
und dass eben dieses Volk, dessen Erfolge im südwestlichen
Europa der Aufmerksamkeit der Islamwelt sicher nicht entgingen,
den arabischen Geographen unbekannt geblieben wäre? Zweitens sind es ethnisch-sociale Motive, welche ebenso sehr für die
türkische Nationalität der Magyaren sprechen, als sie die
gegnerische Ansicht von einem finnisch-ugrischen Ursprunge aus
dem Bereiche der Combinationen gänzlich ausschliessen. Bei
dem heutigen Stande der Völkerkunde braucht es wol nicht besonders hervorgehoben zu werden, dass der Mensch, so wie die
Pflanze, mit dem Gepräge des Mutterlandes versehen ist und
nur jener Lebensweise, nur solchen Beschäftigungen nachgehen

---

[1] Shojew, „Izoljedowanija ob inorodzach kazanskoji Gubernij", I. Theil
(Kazan).

[2] Citirt nach den bei Chwolson in „Izwjestija o Chazarach u. s. w.",
S. 67—76 aus besagten Autoren gebrachten Auszügen.

und in der Geschichte nur jene Rolle spielen kann, die mit
seinem Physicum, d. h. mit dem Charakter des Bodens und des
Klimas, unter welchem er geboren wurde und aufwuchs, in
vollem Einklange stehen; und so wie sich der organische Bau
der wilden Bewohner der Wälder und Berge von jeher von demjenigen der Steppenbewohner unterschieden hat, ebenso war dies
auch betreffs der geistigen Eigenschaften, d. h. in socialer und
politischer Beziehung der Fall. Nach diesen unumstösslichen
Gesetzen der Natur hat sich der Mensch auf der weiten, nackten
Steppe von jeher durch seinen Hang nach Abenteuern, sein
kriegerisches Ungestüm und seine Raublust ausgezeichnet; der
Steppensohn oder Nomade hat von jeher danach gestrebt, die
grosse Entfernung seines grenzenlosen Horizontes und den auf
offenem Felde ohne Hinterhalt ihm gegenüberstehenden Feind so
leicht als möglich überwinden zu können, daher er denn auch
schon früh durch Pferdezucht und durch grosse Behendigkeit im
Sattel berühmt war. Nur so geschah es, dass die ural-altaischen
Steppenbewohner schon im grauen Alterthume das Kriegselement
par excellence bildeten, dass sie infolge dieser Vorzüge sowol
den Byzantinern als auch den Germanen in der Kriegskunst im-
ponirten, wie ihre Stammesgenossen später den Semiten und
Iraniern Westasiens Kriegsdienste leisteten. Es kann daher
heute schon mit ziemlicher Sicherheit behauptet werden, dass
die Scythen, Parther, Hunnen, Awaren, Bulgaren, Khazaren und
alle übrigen den griechischen, römischen, byzantinischen, mittel-
alterlich-europäischen Heeren, ja selbst den Bewohnern der
arabischen Wüste gegenüber gestandenen Nomaden dem turko-
tatarischen und nicht dem finnisch-ugrischen Zweige des ural-
altaischen Stammes angehörten. Im entgegengesetzten Falle
hätte die geschichtliche Ueberlieferung, wenngleich noch so dürf-
tig und mangelhaft, es doch gewiss nicht versäumt, den ugrischen
Stamm vielmehr in den Vordergrund zu stellen, denn selbst
der eifrigste Verfechter der finnisch-ugrischen Theorie wird zugeben müssen, dass, während Klio von der türkischen Nationalität jener Völker so zahlreiche Beweise liefert, sie von den
Ugriern oder Oguren nur einzelne, äusserst spärliche, unsichere
und unbedeutende Notizen hinterlassen hat. Wir fragen daher,
wer könnte wol nach dem Gesagten noch die Behauptung wagen,
dass das Volk der Magyaren, welches nach so manchem harten
Strauss mit seinen ihm ebenbürtigen Stammes- und Standes-

genossen, den Petschenegen, sich inmitten des Völkergewimmels
jener Zeit von der Wolga bis zur Donau durchzuschlagen im
Stande war, welches, um eine neue Heimat zu gründen, die bunt-
scheckigen Völkergruppen Pannoniens erst besiegen musste, und
welches schliesslich durch seine Freibeuterzüge den Süden und
Westen des damaligen Europas in Schrecken zu setzen vermochte,
dass ein solches Volk dem friedlichen, nur dem Fischfang und der
Jagd nach Zobeln und Mardern nachgehenden Stamme der Ugrier
angehört hätte? Wie konnte und wie durfte man denn ignoriren,
dass der kriegerische und staatenbildende Geist, der den Magyaren zu ihren Erfolgen verhalf und dem sie ihre Erhaltung
unter fremden Völkerelementen verdanken, im Grunde genommen nur der Ausfluss solcher Institutionen, Sitten und Gebräuche sein konnte, die von einer nomadischen, Viehzucht treibenden und auf der Steppe lebenden Gesellschaft herrühren, und
nicht von einer Gesellschaft, die, in ihrer patriarchalischen Ab-
geschlossenheit in den Wäldern und an den Flüssen verharrend,
sich zu einer heroischen, welthistorischen That nie aufgerafft
hat, und zu einer solchen sich auch nicht aufraffen konnte?

Aus welchem Stande der menschlichen Gesellschaft in Asien
haben sich jene Armeen rekrutirt, die seit geschichtlicher Erinnerung als die Weltstürmer und Eroberer par excellence die
grossen politischen Umwälzungen hervorriefen? Beduinen und
nicht sesshafte Araber waren es, die Mohammed zu seinem Siege
über drei Welttheile verhalfen; Mongolen, Türken und nicht
Tudschiks oder Perser waren es, mit deren Hülfe Dschengiz,
Timur und Nadir ihre gigantischen Reiche gründeten; und so
lässt sich denn auch, von den bekannten Thatsachen auf die
Vergangenheit schliessend, die Behauptung aufstellen, dass das
Heer Árpád's nur aus solchen nomadischen Elementen bestehen
konnte, die, wie ungefähr die heutigen Turkomanen und Kirgisen, durch den belebenden Geist ihrer gesellschaftlichen Constitution zu der Rolle, in welcher sie sich auszeichneten, schon
von Natur befähigt waren. So wie der Bewohner des Binnen-
landes nur selten zum Seefahrer, der Bewohner der Ebene nur
schwerlich zum Bergsteiger qualificirt ist, ebenso konnte der
Mensch finnisch-ugrischer Abstammung mit der ihm eigenen
Lebensweise sich nie zum Krieger und Weltstürmer heraus-
wachsen. Die Geschichte liefert keinen Beweis für einen derartigen saltus in natura, und eben darum muss das Gros der

Magyaren, welches vom alten Pannonien Besitz nahm, dem Ursprunge nach einem nomadischen turko-tatarischen Volksstamme angehört haben. Drittens sind es eben unverkennbare Spuren besagter, d. h. turko-tatarischer Nationalität, welche aus den uns aufbewahrten Ueberresten des Culturlebens der Magyaren während ihrer Einwanderung und nach ihrer Niederlassung in Ungarn zur Erscheinung gelangen. Wir glauben in vorhergehenden Blättern zur Genüge nachgewiesen zu haben, dass nicht nur die Personen- und Würdennamen in der byzantinischen und moslimischen Schilderung der Magyaren von rein türkischem Gepräge sind, dass nicht nur ihre Taktik, ihre Staatsverfassung und der kriegerische Geist, der sie belebte, an das Leben der in der Geschichte später erscheinenden Völker turanischer Abkunft mahnen, sondern dass auch so viele Züge aus ihrem Sittenleben, selbst nachdem sie gewaltsam in den Rahmen der christlich-abendländischen Bildungswelt hineingepresst wurden, noch lange diesen Stempel turko-tatarischer Nationalität bewahrt haben und denselben auch heutzutage nicht verleugnen können. Dieser interessanten Erscheinung ist der letzte Abschnitt unsers Buches gewidmet, wir können aber nicht umhin, der Reihenfolge der von uns angeführten Argumente vorgreifend, in vorhinein zu bemerken, dass besagte Motive, trotz aller Anstrengungen einer gegnerischen Kritik, die von uns verfochtene Theorie in vollem Maasse rechtfertigen, und dass diese Theorie nur deshalb bisjetzt keine Verbreitung finden konnte, weil ihre bisherigen Vertreter auf dem Gebiete der türkischen Sprach- und Völkerkunde viel zu wenig bewandert waren, um von dem Leben der heutigen Nomaden türkischer Zunge auf das Leben ihrer Brüder vor neun Jahrhunderten schliessen zu können, und weil die gegnerische Kritik mit solchen Waffen den Kampfplatz betrat, deren Grundstoff infolge mangelhafter Untersuchung verkannt und deren Schlagfähigkeit bedeutend überschätzt wurde. Hierunter verstehen wir, was der Leser wol leicht errathen wird, das Berufen auf den heutigen Charakter der magyarischen Sprache, und das Bestreben, mit Hülfe desselben auch die Frage der Nationalität entscheiden zu wollen. Der erste Theil unserer Studie, der sich mit den geschichtlichen Beweisen befasst, wäre somit beendigt, und wir können zu dem zweiten Theile derselben, nämlich zur Untersuchung des Zeugnisses der Sprache, übergehen.

ZWEITE ABTHEILUNG.

SPRACHE.

I.

Die Sprache als Klassificationsmittel.

Mit Bezug auf die Sprache als Klassificationsmittel in der Völkerkunde bemerkt der gelehrte Verfasser der Ethnographie von Ungarn [1] Folgendes: „Die Sprache ist die Seele des Volkes; die Geschichte der Sprache somit die Geschichte der Seele eines Volkes. Die Sprache beweist auch die Angehörigkeit, die Verwandtschaft eines Volkes; sie weist demselben untrüglich seine Stelle unter andern Völkern an. Die körperlichen Merkmale können den einzelnen Menschen nur nach seiner leiblichen, thierischen Seite hin charakterisiren, aber niemals ein ganzes Volk kennzeichnen, welchem Individuen der verschiedensten Körpergestaltung angehören können, sobald sie nur dieselbe Sprache reden und dieselben moralischen und socialen Eigenthümlichkeiten haben. In der Ethnographie ist das Zeugniss der Sprache der einzig sicher weisende Führer." Fassen wir nun diese Aussage näher ins Auge, so werden wir finden, dass sie vielseitig angefochten, von bekannten Autoritäten auf dem Gebiete der Völkerkunde widerlegt, und nach eingehender Prüfung der Sachlage auch in der That bei ethnologischen Forschungen, d. h. wo es sich um die Anfänge eines Volkes handelt, nicht als Axiom aufgestellt werden kann. Aus der gegnerischen Schule wollen wir vor allem die schwerwiegenden Worte Peschel's anführen, der in seiner Völkerkunde [2] sich folgendermassen äussert: „Um die vielseitigen Erscheinungen innerhalb des Menschengeschlechts zu sondern und in Gruppen zu ordnen, bedürfen wir Merkmale, die dauernd auftreten. Wenn also die Sprachen sich beständig ändern, nicht blos der Sinn gewisser Lautgruppen sich in bedenklich rascher Zeit verwandelt, sondern auch der Sprachbau

---

[1] Seite 145. [2] Seite 133.

selbst ein anderer werden kann, so sinkt die Hoffnung tief herab, dass die Sprache für Klassificationszwecke uns je Dienste leisten könnte. Wir wissen nur zu genau, dass die Bewohner Frankreichs vor der römischen Herrschaft eine keltische Sprache redeten, diese aber mit einer neulateinischen vertauschten; die Bewohner Deutschlands östlich von der Elbe gehörten vor etwa tausend Jahren zur slawischen Familie; umgekehrt redeten die Bewohner Islands und Norwegens noch vor acht Jahrhunderten die nämliche Sprache. In Island hat sie sich beinahe unverändert erhalten, in Norwegen hat sich aus ihr das Dänische entwickelt u. s. w." Eine ähnliche Ansicht vertreten heute fast sämmtliche Forscher in der Ethnologie, und um zu beweisen, in welchem Lichte die Naturforscher vom physischen Standpunkte die Frage auffassen, wollen wir eine diesbezügliche Aeusserung Agassiz' anführen, der in einer zu den „Indigenous Races" von Gliddon und Nott geschriebenen Vorrede Folgendes bemerkt:[1] „Wenn wir auf einer Karte die geographische Vertheilung der Bären, Katzen, hohlhörnigen Wiederkäuer, Gallinaceen, Enten und anderer Familien beobachten, so werden wir finden, dass, in Uebereinstimmung mit einer auf die menschliche Sprache angewendeten philologischen Evidenz, das Brummen der Bären von Kamtschatka mit dem der Bären von Tibet, Ostindien, Sundainseln, Nepaul, Syrien, Europa, Sibirien, den Vereinigten Staaten, den Rocky Mountains und den Andes nächst verwandt und eins und dasselbe sei, trotzdem all diese Bären, als zu verschiedenen Arten gehörig betrachtet, ihre Stimmen ebenso wenig voneinander entlehnt haben konnten, als die verschiedenen Rassen des Menschen. Dasselbe kann auch von dem Knurren und Miauen der Katzen in Europa, Asien, Afrika und Amerika, und von dem Brüllen des Stieres gesagt werden, deren Arten fast über die ganze Erde verbreitet sind. Dasselbe gilt auch von dem Gackern der Hühner, von dem Schnattern der Enten wie auch von dem Schlagen der Drossel, die insgesammt ihre muntern und harmonischen Weisen in einer klaren und unabhängigen Mundart ertönen lassen, ohne dieselben voneinander geerbt oder gelernt zu haben. Diese Thatsachen mögen nun die Philologen erwägen, sie mögen es einsehen, wie getrennt diese Thiere, die solche engverwandte Systeme der Intonation bekunden, voneinander sind,

---

[1] Ch. L. Brace, The Race of the old World (London 1863), S. 3.

und wenn sie nicht vorsätzlich blind für die Bedeutung der Ana-
logien in der Natur sein wollen, so werden sie wol selbst die
Zuverlässigkeit der philologischen Evidenz bei der genetischen
Ableitung in Frage stellen müssen."

Es muss in der That zugestanden werden, dass, soweit unsere
diesbezügliche Erfahrung auf dem Völkergebiete in vier Welt-
theilen reicht, wir aus den vorhandenen Beispielen immer mehr
und mehr uns überzeugen müssen, von welch trügerischer Natur
und wie wenig zuverlässig die Sprachenähnlichkeit in der Ursprungsfrage der Völker sei. In Amerika ist die Zahl der heute
englisch und spanisch redenden Eingeborenen Afrikas eine beträchtliche, während im ganzen Norden und Nordosten letztgenannten Welttheiles die Sprache der arabischen Halbinsel Verbreitung gefunden, eine Sprache, die vor 1300 Jahren dort noch
kaum bekannt gewesen war. Die Völker Spaniens, Frankreichs,
Englands und Norditaliens bedienen sich heute einer Sprache,
die ihren Vorfahren gänzlich fremd gewesen; dies ist in der
ganzen Länge Ostdeutschlands der Fall, wo vor einigen Jahrhunderten die slawische Sprachengrenze noch weit ins Innere
vordrang, und die heute beinahe gänzlich germanisirt worden ist.
In Ungarn und in Südrussland, in der europäischen und asiatischen Türkei hat das Sprachamalgam nicht minder befrem-
dende ethnische Umgestaltungen hervorgerufen. Einzelne von
Glück begünstigte Kriegerhorden haben theils ihre Sprachen den
von ihnen besiegten Völkern gewaltsam beigebracht, wie wir dies
in Anatolien vor uns sehen, oder haben als Herren und Eroberer
die Sprache der von ihnen Beherrschten und Unterworfenen angenommen, wie aus dem Beispiele der Bulgaren, diesen theilweise slawisirten Ural-Altaiern, ersichtlich ist. Im Norden des
Schwarzen Meeres und des Kaspi-Sees am untern Laufe des
Bug, Pruth, Dnjeper, Dnjester und der Wolga, wo heute das
slawische Element vorherrschend ist, waren früher Nomaden
türkischer Zunge zu Hause, und Khazaren, Petschenegen und
Kumanen sind aus jenen Gegenden fast bis zur letzten Spur
verschwunden, und es darf gar nicht auffallen, wenn wir in den
heutigen Russen eine starke Mischung von Türken, Finn-Ugriern,
Skandinaviern und arischen Slawen vermuthen. Im Norden Persiens haben die türkischen Völkerzüge so manchem iranischen
Stamm den türkischen Sprachstempel aufgedrückt, ebenso wie das
südliche Littorale eine starke arabische Beimischung erhalten hat,

während das eigentliche Perservolk seine Sprache dermassen veränderte, dass es heute keinen Iranier mehr gibt, der das Zend und Pazend, die alte Sprache des Landes, verstünde; ebenso wenig wie die heutigen Bewohner Hindustans im Sanskrit ohne Commentar sich zurechtfinden können. Das ethnische Element Centralasiens ist geradezu aus allen Fugen seines nationalen Ursprungs herausgeworfen und in ein sonderbares Chaos verwandelt worden. Leute mit aufgeschlitzten schiefen Augen, platter Nase, stumpfem Kinn, leibselige Repräsentanten der echten mongolisch-mandschuischen Rasse reden persisch, und zwar das Persische von Ostchorasan, während zahlreiche Anwohner des Jaxartes, die mit schwarzem Kopfhaar und Bartreichthum, mit ihrer schlanken Gestalt, schmalem und langem Gesichte den rein iranischen Typus repräsentiren, nur die Sprache der Türken kennen, und, mit Ausnahme der Galtschas im Gebirge von Samarkand, ihre altiranische Abkunft schon längst vergessen haben. Von ähnlicher Natur sind unsere Wahrnehmungen in Ostturkestan, dessen Einwohner das treueste Gepräge arischer Abkunft tragen und Jahrhunderte schon durchweg türkisch reden, ja selbst das älteste, seiner Cultur wegen bekannte Türkenvolk, nämlich die Uiguren, hatte schon eine starke Beimischung dieses altiranischen Volkes aufzuweisen. Dieser Regel der nationalen Umgestaltung hat selbst die stramm conservative Gesellschaft in China sich nicht entziehen können, indem sie ihre mandschuischen Eroberer in sich aufgenommen, von ihnen höchstens die Sitte des Zopfes entlehnte, und als Entgelt dafür ihnen die chinesische Sprache gab.

Ich glaube, es ist gar nicht schwer, zur Ueberzeugung zu gelangen, dass die Zahl solcher Culturvölker, die im Laufe ihrer geschichtlichen Entwickelung ihre Sprache theils gänzlich gewechselt, theils mit fremdem Wortschatz stark imprägnirt haben, eine viel grössere sei als die derjenigen, welche dem Gebrauche ihrer mit historischer Sicherheit nachweisbaren alten nationalen Mundart treu geblieben wären. In unsern diesbezüglichen Forschungen werden wir zu dem allerdings bizarr scheinenden Schlusse gelangen, dass mit der Annahme einer stabilen Lebensweise wie das ganze Sittenbild, so auch die Sprache eines früher nomadischen Volkes der durch auswärtigen Einfluss herbeigeführten Veränderung am meisten ausgesetzt ist; ein Fall, welcher bei der schon länger sesshaften Gesellschaft, ihre Zahl mag noch so gering sein, nicht mehr so leicht angenommen

werden kann. Die nomadisirende Gesellschaft ist nicht trotz,
sondern wegen der Unstandhaftigkeit ihrer Wohnsitze, d. h. infolge des ewigen Hin- und Herziehens, von einer längern und
intensivern Berührung mit fremden Elementen viel mehr ab-
gehalten als der sesshafte und ackerbautreibende Mensch,
dessen Sprache durch den Factor des fremden Cultureinflusses
allmählichen Veränderungen, eventuell auch einer gänzlichen
Umgestaltung ausgesetzt ist. Dieser Umstand spricht am besten
für den Mischcharakter der Sprachen so vieler heutigen Culturvölker, während er andererseits die Unveränderlichkeit und den
conservativen Charakter der Sprache eines zahlreichen nomadischen Volkes uns erklärlich macht. So haben z. B. die Türken,
als eingefleischte Nomaden, mit Ausnahme einer kleinen winzigen
Fraction, von welcher weiter unten die Rede sein wird, den
Formen- und Wortschatz ihrer Sprache so wenig verändert, dass
trotz der riesigen Ausdehnung des ganzen Gebiets von Thien-
Schan bis zur Adria, und von der Lena bis nach Syrien, die
einzelnen Gruppen nicht als Schwestersprachen, sondern als
Mundarten, ja sogar als wenig voneinander abweichende Mundarten eines gemeinsamen Idioms betrachtet werden können. So
finden wir ferner, dass die einzelnen Türkenstämme im Maasse,
wie sie einer stabilen Lebensweise sich hingaben, ihre Sprache
mit fremdem Wortschatze bereicherten, indem z. B. die osmanischen Sprachdenkmäler vor 400 Jahren noch lange nicht jene
Unzahl persisch-arabischer Wörter aufweisen, von der sie heute
angefüllt sind. Einen weitern Beleg zu dieser Annahme liefern
die Hezares im Paropamisus-Gebirge, eine Schar von Dschengiz
zurückgelassener mongolischer Krieger, die zur Zeit Baber's sich
noch der mongolischen Sprache bedienten, heute aber mit Ausnahme jener winzigen Fraction, die als Kohlenbrenner in den
minder zugänglichen Bergen Herats lebt, schon gänzlich iranisirt
sind. Aber nicht nur auf dem türkischen, sondern auch auf dem
persischen Sprachgebiete lässt sich eine ähnliche Wahrnehmung
machen, wenn wir die am Murgab nomadisirenden Dschemschidis
anführen, deren Dialekt trotz der unmittelbaren Nähe Herats,
dieses alten Cultursitzes, in seinem Formen- und Wortschatze
echter iranisch ist als die Sprache des übrigen Chorasans, und
dieses nur deshalb, weil die Dschemschidis sozusagen die einzigen
Nomaden iranischer Abkunft sind.
  Wenn es nun, wie aus Vorhergehendem ersichtlich, zur Genüge

erwiesen, dass die Veränderlichkeit der Sprache, namentlich bei
dem aus dem Stadium einer primitiven in das einer fortgeschrittenen Cultur übergehenden Menschen, eher als eine bestehende
Regel als eine Ausnahme zu betrachten sei, darf es wundernehmen, wenn nicht nur Physiologen, sondern selbst anerkannte
Sprachforscher [1] der Neuzeit ganz unumwunden der Meinung
Ausdruck geben, dass die Sprache allein nur als ein einzelnes
Moment in der Klassificationsfrage der Menschen zu betrachten
sei, und dass wir demnach vom Zeugniss der heutigen Sprache
eines Volkes noch lange nicht auf seinen nationalen Ursprung
zu schliessen berechtigt sind! Und darf es fernerhin befremden,
wenn wir, von diesem Grundsatze ausgehend, im finnisch-ugrischen
Sprachcharakter der heutigen Magyaren noch keinen genügenden
Beleg für den finnisch-ugrisch-nationalen Ursprung dieses Volkes
finden können? Nach meinem Dafürhalten ist die Sprache, wie
ich mich hierüber in einer meiner frühern Arbeiten schon ausgedrückt [2], allerdings ein sehr wichtiger Factor in Erforschung
der geschichtlichen Phasen eines Volkes, sie hängt allerdings mit
dem Begriffe der nationalen Individualität, soweit dies die Gegenwart anbelangt, engstens zusammen, sie zeigt uns überall die
Art und den Grad des nationalen Verkehrs mit fremden Völker-

---

[1] So sagt Rawlinson diesbezüglich am Schlusse seines Aufsatzes über
Sistan (Journal of the Royal Geographical Society, Vol. 43, S. 291): „The sub-
ject (dass nämlich die mongolischen Hezares persisch reden) however is
one of very great intricacy, and is chiefly of interest in the warning, which
it holds out to ethnologists not to attach too much importance to language,
but merely to consider that as one of the elements of inquiry in determin-
ing the ethnic relations of a tribe or a people." So äussert sich auch
Oppert auf Seite 3 seines Werkes: „Le peuple et la langue des Mèdes",
dort, wo von der Substituirung des Ausdruckes Scythes für Mèdes die Rede
ist, folgendermassen: «A cette époque (1852) je partageais les idées alors
répandues dans le monde savant, et surtout parmi les représentants de la
philologie comparée, a savoir: que la langue était toujours le critérium de
la race, et que les nations étaient toutes ou indo-européennes, ou sémitiques
ou touraniennes. Depuis cette époque le progrès des études philologiques
a montré la fragilité de ces théories, et je suis un des premiers, qui aie
soutenu dans les discours prononcés a l'ouverture de mes cours, que la
langue ne prononce que la présence d'un seul élément dans la composition
ethnographique d'une nation, sans préjuger pour cela la question de la race,
à laquelle le peuple doit appartenir.»

[2] Siehe „Die primitive Cultur des turko-tatarischen Volkes", S. 6—11.

elementen, sie gibt sozusagen das beste Zeugniss für gewisse
Strecken, die ein Volk auf seiner geschichtlichen Laufbahn zurückgelegt, aber sie kann nicht für jenen Spiegel genommen
werden, aus dem wir die frühesten Anfänge des nationalen Lebens ersehen könnten, mit einem Worte: die Sprache ist nicht
die Fackel, welche uns die dunkle Region der Ursprungsgeschichte
eines Volkes allein hinreichend beleuchten kann.

Wenn dem so ist, darf man es uns etwa übel nehmen, wenn
wir auf Grund des Gesagten und mit Hinblick auf das vorher
gebrachte Beweismaterial der Geschichte die Magyaren noch
nicht als ein Volk finnisch-ugrischen Ursprungs betrachten können?
Wir können dies um so weniger thun, da wir der heutigen Sprache
der Magyaren noch lange nicht jenen streng genommenen finnisch-
ugrischen Charakter zugestehen, welcher derselben schon seit
mehr denn einem Jahrhundert von den Philologen beigelegt wird,
indem wir infolge einer eingehenden Prüfung dieser Frage zu
einem von dem Urtheile unserer Vorgänger auf diesem Gebiete
ziemlich abweichenden Resultate gelangt sind. In vollem Be-
wusstsein des schwierigen Unternehmens, gegen eine schon so tief
eingewurzelte Ansicht aufzutreten, wollen wir es doch nicht
scheuen, gegen die beträchtliche Anzahl bedeutender Autoritäten
den Kampf aufzunehmen und unsere nach einer eingehenden
Prüfung des Materials beider Sprachgebiete gesammelten Beweisgründe ins Treffen zu führen. Die Wissenschaft hat die
Sprache der Magyaren in die finnisch-ugrische, d. h. in die nordwestliche, im Gegensatz zur turko-tatarischen, d. h. der südwestlichen, Gruppe der ural-altaischen Sprachen eingereiht, und
indem sie dies gethan, die These aufgestellt, dass das Volk der
Magyaren in sprachlicher sowol als in physischer Beziehung als
integrirender Theil jener Menschenrasse zu betrachten sei, die
in einem in tiefe Dunkelheit gehüllten Zeitalter der vorgeschichtlichen Welt von dem gemeinsamen Stamme der südlichen und
südöstlichen Stammesbrüder sich losgerissen, und in die unwirthbaren Regionen des höhern Nordens gedrängt worden ist. Wir
erlauben uns vor allem die Frage: auf was beruht diese Klassification, und ist diese Ansicht denn wirklich der Ausfluss solcher
wissenschaftlicher Evidenzen, an denen man heute gar nicht mehr
rütteln dürfte und könnte, und die daher als unumstossbare felsenfeste Wahrheiten zu betrachten seien? Hierauf glauben wir
nun mit einem entschiedenen Nein! antworten zu können, und

zwar aus folgenden Gründen. Erstens ist es die Ungleichheit
der organischen Beschaffenheit der beiden in Betracht zu ziehen-
den Sprachgebiete, d. h. des türkisch-tatarischen und des finnisch-
ugrischen, welche den systematischen Vergleich mit einem dritten
Object bedeutend erschwert, ja in vielen Fällen geradezu illusorisch macht. Es ist nämlich zur Genüge bekannt, wie wir
dies auch schon hervorgehoben haben, dass, während die noch
so weit voneinander getrennt existirenden Theile der türkisch-
tatarischen Sprachgruppe durch einen im Formen- und Wortschatz stark ausgeprägten Zug der Gemeinsamkeit sich auszeichnen, die Sprachen der finnisch-ugrischen Gruppe bei weitem nicht
von einer geschlossenen Einheit gekennzeichnet sind, und dass,
abgesehen von dem lautlichen, grammatikalischen und lexika-
lischen Unterschiede, der die Suomis, Esten, Karjalanen, Wepsen
und Liven voneinander trennt, letztere zusammen wieder von
den einzelnen Zweigen der Ugrier, als: Zürjänen, Wotjaken,
Ostjaken, Čeremissen, Mordwinen und Wogulen in einer be-
trächtlichern Weise abweichen, als dies z. B. zwischen Jakuten,
Koibalen, Altaiern und Uiguren einerseits und den Mittelasiaten,
Turkmenen und Westtürken andererseits der Fall ist. Angesichts
einer so ungleichen organischen Beschaffenheit wird es immer
schwer sein, dem zu vergleichenden dritten Object, d. h. dem Magyarischen, den ihm auf Grund lautlicher und grammatikalischer
Affinität gebührenden Platz in der finnisch-ugrischen Gruppe an-
zuweisen, während andererseits sein Annäherungsgrad zum Türkischen sich immer genau bestimmen lässt. Nehmen wir zum
Beispiel die magyarische Stammsilbe száll (= sich auf- oder
niedersteigend bewegen), so werden wir finden, dass Budenz [1]
dieselbe mit dem finnischen saa (venire), estnischen sä (wohin
gelangen), mordwinisch saje (kommen), čeremissisch šu (pervenire), wotjakisch śot (geben), zürjänisch set (geben) und ostjakisch sogopt (bezahlen) vergleichend, den betreffenden Verwandtschaftsgrad bei weitem nicht so anschaulich macht, als
wenn er das magyarische száll dem turko-tatarischen sal (auswerfen, legen, bewegen u. s. w.), welche türkische Stammsilbe auf
dem ganzen Sprachgebiete unveränderlich geblieben ist, gegenübergestellt hätte. Und was von der Stammsilbe száll gilt,
das kann auf eine endlose Zahl anderer Beispiele angewendet

---

[1] Magyar-ugor összehasonlitó szótár, S. 272.

werden; denn überall werden wir die Wahrnehmung machen,
wie unsicher und vage die zwischen dem Magyarischen und Finnisch-ugrischen gemachten Parallelen eben infolge besagter Verschiedenheit sich gestalten, und hierin liegt auch die Hauptursache, dass die eifrigsten Befürworter des ausschliesslich finnisch-
ugrischen Charakters der magyarischen Sprache mit Bezug auf
den engern Anschluss der letztern an die einzelnen Glieder der
ugrischen Familie noch kein sicheres Urtheil abzugeben vermochten, denn während einzelne Theile des Wortschatzes und
der Formen als nächstverwandt mit dem Wogulischen und Ostjakischen sich zeigen, kann ein anderseitiger Grad der innigen
Verwandtschaft mit der Sprache der im äussersten Norden lebenden Lappen wol kaum in Abrede gestellt werden.

Zweitens dünkt uns die bisherige Einreihung des Magyarischen in die ugrische Gruppe auch schon deshalb für anfecht-
bar, weil bei einem solchen Verfahren das Grundwesen der
beiden zu vergleichenden Hauptgruppen noch nicht in jenem
Maasse gewürdigt worden ist, auch nicht gewürdigt werden konnte,
in welchem die Wichtigkeit dieser Frage es erheischen würde.
Wol hat die Sprachwissenschaft bis heute auf beiden Gebieten
Erhebliches zu Tage gefördert, durch Arbeiten der Philologen
und Missionare ist die Kenntniss der finnisch-ugrischen Gruppe
uns schon ziemlich nahe gerückt, es liegen Grammatiken, Wörter-
bücher und Lesestücke reichlich vor, doch sind wir im Studium
des Türkischen noch nicht in gleicher Weise vorgeschritten, und
namentlich birgt der Formen- und Wortschatz des Kirgisischen,
Kara-Kirgisischen, Baschkirischen und der Mundarten anderer Nomaden noch so manches, das eine wesentliche Lücke in unsern vergleichenden Sprachstudien auszufüllen berufen ist. Das
seit Jahrhunderten cultivirte Osmanische ist für unsere diesbezügliche Arbeit von wenig Belang, und die wahre Fundgrube
für unsere diesbezüglichen Arbeiten, ich meine das Türkische
im Norden und Nordosten Centralasiens, ist trotz der sehr
schätzbaren Arbeiten Dr. W. W Radloff's, Ilminski's und Budagow's noch nicht als völlig erschlossen zu betrachten. Dieses
bezieht sich weniger auf den Formen- als auf den Wortschatz,
und bevor letzterer nicht vollständig gesammelt und gesichtet
vorliegt, bevor wir über die Haupt- und Nebenbedeutungen der
einzelnen Wörter nicht vollen Bescheid wissen, sind wir keinesfalls berechtigt, ein endgültiges Urtheil abzugeben, ein Urtheil,

das doch nur auf den Ueberblick des Gesammtmaterials sich basiren kann und darf.

Drittens dürfen wir nicht vergessen, dass selbst in letztgenanntem Falle das Resultat unserer Forschung, durch das in vieler Beziehung sehr fragliche Licht der Etymologie erhellt, immer den Angriffen der gegnerischen Kritik ausgesetzt sein muss, und dass auf keinem Gebiete des menschlichen Wissens der Zweifel mehr zu schaffen hat als eben im Bereiche der Etymologie. Curtius sagt in seiner Einleitung zur Etymologie der griechischen Sprache: „Ueberall ist es dem menschlichen Spürsinne nur vergönnt, bis zu einem gewissen Punkte vorzudringen. Das erste Werden, der eigentliche Ursprung dessen, was er in reicher Mannichfaltigkeit vor sich sieht, was er zu sondern, zu ordnen und in seinem spätern Verlaufe zu begreifen vermag, ist ihm verborgen. Er nähert sich ihm nur mit mehr oder weniger wahrscheinlichen Hypothesen, welche — so unentbehrlich zu den Wissenschaften sie sein mögen — doch der Strenge genauer Forschung entrückt sind und deshalb so leicht zu luftigen Consequenzen führen." — Gestehen wir offen, dass solch ein redliches Selbstbekenntniss bei etymologischen Arbeiten auf dem ural-altaischen Sprachgebiete um so mehr an seinem Platze ist, als der hier zu vergleichende Stoff in der bisjetzt vorliegenden rauhen und ungeschliffenen Form die Adaptirungslust des Forschers wol mehr reizt und antreibt, aber ihn auch weit mehr der Gefahr eines Fehltritts aussetzt, als z. B. auf dem indo-arischen Sprachgebiete, auf dem die emsigsten und begabtesten Arbeiter schon seit geraumer Zeit sich herumtummeln, auf dem bis heute schon so viele Warnungszeichen ausgesteckt sind, und auf dem ungeachtet alles dessen noch so häufig gestolpert und oft so arg gesündigt wird, und wo (wir wollen nur ein Beispiel anführen) die Theorien eines Pott, welche sich früher eines grossen Ansehens erfreuten, heute von vielen schon belächelt werden! — Man mag mir den Vorwurf machen, dass ich mit einem also gearteten Skepticismus auch meinen eigenen Anschauungen jede feste Basis entziehe und mein eigenes Trachten im voraus schon als illusorisch bezeichne. Nun, ich denke mir immer: dass der reinen wissenschaftlichen Begeisterung durch das Nichtaufkommenlassen des Eigendünkels und der Lehre von der selbsteigenen Infallibilität kein Eintrag geschieht, und dass es uns nicht als Sünde angerechnet werden

darf, wenn wir im Hinblick auf die Unsicherheit und auf die
vielen Klippen und Untiefen, welche die Gewässer der Etymologie
ural-altaischer Sprachen heute noch kennzeichnen, auf die bisher zu Tage geförderten Resultate noch nicht als auf felsenfeste unerschütterliche Principien sehen, und die auf Grund letzterer gemachten ethnischen Klassificationen noch nicht unbedingt
anerkennen wollen.

II.
Lautlehre, Form- und Wortschatz.

Dies ist unsere Ansicht im allgemeinen in der Frage bezüglich des heutigen Standes der Sprachvergleichung zwischen den
magyarischen und finnisch-ugrischen Mundarten. Doch, da wir
eine specielle Studie über den Ursprung des magyarischen Volkes
schreiben, so tritt die strenge Untersuchung dieses Verwandtschaftsverhältnisses gebieterischerweise an uns heran, d. h. wir
müssen in die möglichst kleinsten Details der diesfälligen Forschung uns einlassen, um zu sehen, wie weit und auf welche Theile
die besagte Analogie auf die betreffenden Sprachkörper sich
erstrecke, da es nur so möglich ist, dem Leser einen Einblick
in das Gesammtbild zu verschaffen und von der Beweisfähigkeit
der einzelnen Aehnlichkeitszüge ihn zu überzeugen. Zu diesem
Behufe wollen wir das phonetische, grammatikalische und lexikalische Verhältniss der betreffenden Sprachen einer kurzen Prüfung unterziehen und, ohne in die grössere oder mindere Beweiskraft der drei Theile uns hier einzulassen, sofort mit Darstellung
des erstern beginnen.

a) Das lautliche Verhältniss.

Professor J. Budenz, unstreitig die grösste jetzt lebende Autorität auf dem Gebiete der finnisch-ugrischen Sprachen, hat in
seinen bisherigen Arbeiten folgendes Alphabet aufgestellt [1], das mit

---

[1] Ugrische Sprachstudien von Dr. J. Budenz (Pest 1869), S. 3.

einer interlinearen Zugabe der magyarischen und türkischen Laute
sich folgendermassen gestaltet:

finnisch-ugrisch	a, ä, e, i, ï, o, ö, u, ü; k, g, γ, χ, d, ñ; č, c
magyarisch	a, á, e é, i, í, o ó, ö ő, u, ü; k, g, —, —, —, —; cs, cz
türkisch	a, a¹, e, î, i, o, ö, u, ü; k, g, —, kh, —, ñ; č, tz

finnisch-ugrisch	ǯ, z, š, ž; t, d, δ, s, z, n, p, b, f, v, m;
magyarisch	ds, dz, s, zs; t, d, —, sz, z, n, p, b, f, v, m;
türkisch	ž, —, š, ǯ; t, d,˙—, s, z, n, p, b, f, v. m;

finnisch-ugrisch	r, l, ł, λ; ń, l', t', d'
magyarisch	r, l, —, —; ny, ly, ty, gy
türkisch	r, l, —, —, ń, —, t', d'.

Wenngleich ein systematischer und streng wissenschaftlicher
Vergleich zwischen dem Lautverhältnisse obiger Sprachgruppen
bei dem heutigen Stande´ unserer Kenntnisse noch nicht ganz
thunlich ist, übrigens in dieser nicht speciell philologischen
Arbeit auch nicht am Platze wäre, so wird es selbst dem flüchtigen Beobachter nicht entgehen, dass die Lautverhältnisse des
Magyarischen in einigen Punkten denen der finnisch-ugrischen
Sprachen sich nähern, während das Türkische, was die lautliche
Verschiedenheit anbelangt, eine von beiden gewissermassen getrennte Stellung einnimmt.   Dieses kann auf die Vocale, noch
mehr aber auf die Consonanten angewendet werden, von welchen
letztern die mouillirten Laute ń = ny, l' = ly, t' = ty und d'=gy
im Türkischen — wenn wir vom Koibal-Karagassischen und Jakutischen absehen — beinahe gänzlich fehlen; während sie im
Magyarischen und Finnisch-ugrischen einen bedeutenden Wirkungskreis haben.   Noch prägnanter tritt ein solches Verhältniss
bei den Buchstaben *f, v, n, r* und *l* auf, von welchen die Labialen *f, v* als Anlaute im ganzen türkischen Sprachgebiete, nur im
Ostturkestanischen, Karagassischen und Osmanischen vereinzelt,
vorkommen, das anlautende *n,* mit Ausnahme des Koibal-Karagassischen höchstens nur zwei- bis dreimal, *l* und *r* hingegen als
Anlaut, mit Ausnahme des ostkirgisischen Dialekts, nur selten an-

---

[1] Die Verschiedenheit der beiden a-Laute im Türkischen ist so ziemlich dem Magyarischen ähnlich. Das gedehnte á kommt im Türkischen
überall vor, während das kurze runde a vorherrschend im Kirgisischen
anzutreffen ist. Radloff (Bd. IV, S. XVI) vergleicht es mit dem englischen
a in all und versucht es mit oa zu umschreiben.

zutreffen sind; denn dort, wo das *l* oder *r* als ursprünglich von
fremden Sprachen ins Türkische übergegangen ist, hat man diesem,
dem türkischen Sprachgebrauche unaussprechlichen, Anlaute einen
Vocal vorgesetzt.[1] So z. B. ilimun statt limun (Citrone), iliman
statt liman (Bucht), urus statt rus (Russe), uruž statt ruze =
fasten u. s. w. Es unterliegt allerdings keinem Zweifel, dass
selbst im Magyarischen die Stammwörter mit anlautenden *r* und *l*[2]
minder zahlreich sind als die der übrigen Laute; doch spielen
beide eine ganz wichtige Rolle im magyarischen Wortschatze,
und da das anlautende *l* und *r* — wie Budenz richtig bemerkt —
den Ausdruck eines speciell ugrischen Charakters an sich trägt,
so ist dieses einzige Moment hinreichend, dem magyarischen
Lautverhältniss einen in prägnanter Weise zum Ausdruck gelangten finnisch-ugrischen Charakter vindiciren zu können. Wenn
der Wortschatz den Körper, die Grammatik aber die Seele der
Sprache repräsentirt; so kann die grosse Wichtigkeit der phonetischen Bedingungen im Grundwesen der Sprachen noch weniger
unberücksichtigt bleiben; daher die diesbezügliche Verwandtschaft
des Magyarischen mit der Gesammtgruppe der finnisch-ugrischen
Mundarten besonders hervorgehoben werden muss.

Wenn wir nun nach Gesagtem das Vorhandensein eines anlautenden *l* und *r* im Magyarischen als eine speciell finnisch-
ugrische Lauteigenthümlichkeit bezeichnen und die Verwandtschaft
des magyarischen Lautsystems nach dieser Seite hin mit der
finnisch-ugrischen Gruppe feststellen müssen, so stossen wir andererseits wieder auf ein genug wichtiges Moment, von welchem
unsere diesbezügliche Annahme bedeutend modificirt, ja gewissermassen erschüttert wird. Dieses Moment glauben wir erstens in
der Lehre von der Vocalharmonie zu erkennen, welche in der
Sprache der Magyaren und auf dem Gebiete des Turko-tatarischen
mit Consequenz durchgeführt, in den meisten Sprachen der finnisch-
ugrischen Gruppe aber nicht in solchem Maasse anzutreffen
ist. Wie weit die Vocalharmonie, oder die Regel, nach welcher
tieflautige Stammwörter nur mit tieflautigen Partikeln und En-

---

[1] Eine Ausnahme von dieser Regel macht das Kirgisische im Tobolsker
Gouvernement, welcher Dialekt mit Vorliebe selbst dort ein r gebraucht,
wo die übrigen einen Vocalansatz haben. Vgl. rak statt irak = weit, ruk
statt uruk = Stamm, Familie u. s. w.

[2] Magyar-ugor összehasonlító szótár, S. 640.

dungen, hochlautige wieder nur mit gleichlautigen Affixen versehen werden können, im Türkischen und Magyarischen vorhanden ist, im Finnisch-ugrischen hingegen nicht existirt, ist
aus folgenden Beispielen am besten zu erkennen:

Wogulisch.[1]

Egvai ojkai olej Numi Tárom ážen. Tárom jägen aln sitpe
siting apel tarestauesi kér kuali täl'atit jale johtsi.

Ostjakisch.[2]

Iski turpi turing vuat
meleh turpi turing vuat
l'om pahlep pahling entep enteptelä
anzi pahlep pahling entep jersetelä. u. s. w.

Finnisch.

Mieleni minun tekevi
Aivoni ajattelevi
lähteäni laulamahan
saa' ani sanelemahan.

Diesem gegenüber führen wir nun einige Beispiele aus dem
Türkisch-tatarischen und aus dem Magyarischen an. So z. B.:

Altaisch.[3]

Yoldoñda čikpa tädi
Jolgo da kirbä tädi
Attu da kälbä tädi
Adî jok ta kälbä tädi.

Kirgisisch.[4]

Turnalaîn töšlü kul!
tütkölöin köslü kul!
sirkirägän sirkätz kul!
anda ni išiñ par tidi.

---

[1] Aus P. Hunfalvy's „Reguly Antal hagyományai I. Vogul föld és nép",
S. 119.

[2] Hunfalvy, Ethnografie von Ungarn, S. 170.

[3] Aus Radloff's „Proben der Volksliteratur der türkischen Stämme Südsibiriens" (St.-Peterburg 1866), I, 59.

[4] Ebendaselbst, IV, 32.

Baschkirisch.[1]

Kurutdung tenimde kanîmnî
Muhtala kilma żanîm ni
Kaškanaïng kara kîš kübîk
Közkenejing tutu kuš kübîk.

Osmanisch.

Kismetiñ dir gezdiren jerjer seni
Göke čiksañ akibet jerjer seni
Hem anîn ücün dahi derler ana jer
Adamî ol kendi besler kendi jer.

Magyarisch.[2]

Musa! te ki nem rothadó zöld laurusbul
Viseled koszorudat, nem gyönge ágbul
Hanem fényes mennyei szent csillagokbul
Van kötve koronád, holdbul és szép napbul.

Im Magyarischen und Türkischen ist daher die Regel der
Vocalharmonie bis auf einige aus dem Arischen oder Semitischen
entlehnte Fremdwörter strengstens durchgeführt, was bei den
aus dem Finnisch-Ugrischen gebrachten Beispielen wol kaum bemerkt wird, und wir können nicht begreifen, wie O. Donner[3]
dessenungeachtet die Behauptung wagt, dass die Vocalharmonie
im Finnischen, im Karelischen und im Dorpat- oder Werro-
Estnischen mit Consequenz durchgeführt sei.

Als zweites, nicht minder wichtiges Moment gegen den Versuch, das magyarische Lautsystem ausschliesslich an das der finnisch-ugrischen Sprachen enger anzureihen, möchten wir das Vorkommen von doppelten Consonanten als Anlaut bei einigen
der finnisch-ugrischen Sprachen bezeichnen: eine Erscheinung, die
auf dem Sprachgebiete des Türkischen und Magyarischen un-
erhört, ja geradezu unmöglich ist. Wörter wie: krandas, t'ran,
pran, kläne, psi, skam, stan, kšni und škaj, die Budenz
in seinen mordwinischen Mittheilungen anführt[4], kann ein Türke

---

[1] Berezin turetskaja Chrestomatija (Kazan 1876), S. 12.
[2] Aus dem ersten Canto der Zrinyiade.
[3] Siehe Donner, a. a. O., S. 9.
[4] Siehe Mordvin közlések im V. Bande (S. 116 u. 119) der Nyelvtudományi közlemények.

oder Magyare nicht aussprechen, da Wörter mit doppeltem con-
sonantalen Anlaute in der Sprache der letztgenannten Völker
nie vorkommen [1], und wenn Türken und Magyaren so geartete Wörter aus fremden Sprachen entlehnt haben, ist überall
ein Vocal entweder vor oder zwischen die beiden Consonanten
gesetzt worden; so z. B. istakos (Krebs) statt stakos, eskelle
(Landungsplatz) statt skele, scala; iflamur (Linde) statt flamur;
ebenso wie das magyarische karajczár für Kreuzer, garmada
für gromada, istálló für Stall, asztag für stug u. s. w. Als Auslaut lässt sich das Magyarische einen doppelten Consonanten wol
eher gefallen als das Türkische; doch drei- ja vierfache Mit-
lauter nebeneinander, wie z. B. das wogulische luptankv (es
wird geurtheilt), choltv (es wird angezeigt), oder im mordwinischen jovks (Fabel) und jovkst (Fabeln), gehören im Magyarischen und Türkischen zu den Unmöglichkeiten. [2]

Wir könnten hier noch ferner jene dem magyarischen und
türkischen Lautsystem eigenthümliche Neigung zur Veränderung
gewisser tieflautiger Stammsilben in hochlautige, oder umgekehrt,
anführen, wie dies z. B. im magyarischen csal — csel, sarkant —
— serkent, oder im türkischen bakiži — bekči, ajt — ejt, alma —
elma, kaz — gez u. s. w. ersichtlich ist, eine Eigenthümlichkeit,
die in den finnisch-ugrischen Sprachen nicht so prägnant ausgedrückt ist.   Man könnte etwa auch noch andere Beispiele einer
Divergenz zwischen dem Lautsystem des Magyarischen und Finnisch-Ugrischen aufführen; doch würde dies die Grenzen unserer
Studie überschreiten, auch glauben wir mit vorhergehenden Bemerkungen zur Genüge bewiesen zu haben, dass bezüglich des
phonetischen Verhältnisses die magyarische Sprache ebenso wenig
in die finnisch-ugrische als in die türkisch-tatarische Sprachengruppe eingereiht und nicht als eine solche bezeichnet werden
kann, deren Lautcharakteristik prägnantere Züge finnisch-ugrischer als türkisch-tatarischer Verwandtschaft aufweist, und dass
schon dieser erste Theil der gegenseitigen Sprachvergleichung

---

[1] Eine Ausnahme bildet das einzige brak (lassen) im Osmanischen, das
übrigens in Anatolien barak ausgesprochen wird und aller Wahrscheinlichkeit
nach aus einem ursprünglich ural-altaischen rak (vgl. magyarisch rak =
legen) entstanden ist.
[2] Taraczk, palaczk u. a. dgl. sind meistens slawische Lehnwörter und
nehmen noch heute sich schwerfällig im Volksmunde aus.

den unparteiischen Leser vom doppelsprachigen Charakter des
Magyarischen überzeugen wird, d. h. wir werden zur Einsicht
gelangen, dass wir eine Sprache vor uns haben, die
einerseits wol zu den finnisch-ugrischen, andererseits
aber auch zu den türkisch-tatarischen Mundarten hin-
neigt, streng genommen aber, als integrirender Theil
der beiden Hauptgruppen betrachtet, vom Standpunkte
eines engern Verwandtschaftsgrades weder in die eine
noch in die andere Gruppe eingereiht werden kann.
Wir ersehen aus diesem ersten Theile der Sprachvergleichung,
dass die Anhänger der finnisch-ugrischen Theorie das Magyarische
mit einer Sprachengruppe in engern Zusammenhang bringen
wollen, deren Lauteigenheiten theilweise für das Sprachorgan
der Magyaren geradezu eine physische Unmöglichkeit sind und,
wie nach den Naturgesetzen sich schliessen lässt, auch zu
allen Zeiten unmöglich waren. So wenig es zu erwarten ist,
dass eine Katze gackern und ein Huhn miauen wird, ebenso
wenig kann der zu einer bestimmten ethnographischen Klasse gehörende Mensch, dem ein gewisses Lautsystem eigen ist, die
Laute einer verschiedenen Abtheilung des Menschengeschlechts
als die seinigen betrachten und gebrauchen, und — weil im Magyarischen das Lautsystem zweier verschiedener Gruppen der ural-
altaischen Rasse vertreten ist — betrachten wir das Magyarische als zu beiden Gruppen gehörig, folglich als eine
Mischsprache.

b) Das grammatikalische Verhältniss.

Unsere Wahrnehmungen bezüglich des Lautverhältnisses
zwischen der magyarischen und den finnisch-ugrischen Sprachen
werden auch bei einem gegenseitigen Vergleiche der betreffenden
Formen ihre Bestätigung finden. In Anbetracht des Umstandes,
dass der ugrische Theil der in Frage stehenden Sprachengruppe
hinsichtlich seines Formenschatzes durchaus keine geschlossene
Einheit bildet, kann der Versuch eines systematischen Vergleichs
allerdings kein solches Resultat zu Tage fördern, auf dem ein
alle Theile des fraglichen Gebiets umfassende Theorie aufgestellt
werden könnte, wie dies z. B. bei dem streng-einheitlichen Charakter der türkischen Idiome möglich ist, und da ein solches Vorgehen, d. h. ein Vergleich des magyarischen Formenschatzes mit

dem jedes einzelne Idioms der finnisch-ugrischen Gruppe hier
nicht thunlich ist, von den betreffenden Fachmännern bisher
auch gar nicht unternommen ward, folglich von uns auch nicht
erwartet werden kann, so haben wir uns vorläufig bezüglich der
Parallele zumeist ans Wogulische gehalten, das neben dem Ostjakischen unter seinen übrigen Schwestern und Geschwister-
kindern in vielen Punkten dem Magyarischen am nächsten
steht[1], und das, dank einer ebenso klaren als ausführlichen
Arbeit[2] des gelehrten Sprachforschers Paul Hunfalvy, jedermann
zugänglich gemacht worden ist. Wir werden uns selbstverständlich hier nur auf einige der prägnantern Züge beschränken und
wollen beim Hauptworte beginnen. Was uns hier zuerst auffallen wird, das ist die dreifache Zahl des wogulischen Nomen,
welches nämlich einen Singular, Dual und Plural hat, wie das Arabische und Griechische, aber ganz ungleich dem Magyarischen
und Türkischen, welche beide nur einen Singular und Plural
haben. Bezüglich der Pluralbildung *t* und *et* nähert sich das
Wogulische wol einigermassen dem magyarischen Plurallaut *k*,
mehr aber dem Mongolisch-Manžu'ischen, das die Mehrzahl ebenfalls mittels *t* bildet, während die Casusbildung des Magyarischen wieder eine grössere Hinneigung zum Türkischen als zum
Wogulischen bekundet; so z. B.:

magyarisch:	wogulisch:	türkisch:
sör	sar	sira
sör*nek*	sar*ag*	sira*ning*
sör*nek*, sörré	sar*i*	sira*ga*
sör*t*	sar*me*	sira*ni*,

wobei zu bemerken ist, dass das magyarische *nak*, *nek*[3], als Dativ-
suffix mit dem türkischen *ning*, *nunk* und *niñ* nächstverwandt

---

[1] So wenigstens äussert sich Hunfalvy in „Reguly Antal Hagyományai",
S. 325, indem er sagt: „Das Zeugniss der Sprachen beweist daher, dass das
Magyarische unter allen bisher gekannten Sprachen dem Wogulischen am
meisten ähnlich ist."

[2] Dieselbe betitelt sich: „A konda vogul uyelv a Popov S. forditásának
alapján" (Die Konda-Wogul-Sprache auf Grund der Uebersetzung S. Popov's)
und ist im 9. Bande der „Nyelvtudományi közlemények" erschienen.

[3] Wenn Budenz in nak-nek mit Hinweis auf das magyarische nekem
= mir, auf mir, zu mir, ein ursprüngliches finnisch-ugrisches n e k, lappi-

ist, und dass der magyarische Locativ *a—e* und *va—ve* dem türkischen Dativ *a—e*, *ga—ge* am allernächsten steht. Wenn wir nun vom Substantivum zum Zahlwort übergehen, so werden wir finden, dass hier die Annäherung zwischen dem Magyarischen und Wogulischen eine viel stärkere ist, als zwischen dem erstern und dem Türkischen, wie dies aus der folgenden Zusammenstellung ersichtlich wird:

	nordwogulisch:	südwogulisch:	magyarisch:	türkisch (Altai):
1.	äkve	aku	egy	pir
2.	kit	kit	két, kettö	eki
3.	kórom	churum	három	üč
4.	ńile	nile	négy	tört
5.	ät	at	öt	peš
6.	kat	chot	hat	alti
7.	sát	sat	hét	jetti
8.	ńollov	ńololu	nyolcz	sekis
9.	antallu	ontolav	kilencz	tokuz
10.	lou	lov	tiz	on
20.	kus	kus	húsz	jijirmi
30.	vāt	vat	harmincz	ottuz
40.	nelimen	nelimen	negyven	törtön
50.	ätpen	ätpen	ötven	pešön
60.	katpen	chotpen	hatvan	alton
70.	satlau	satlov	hetven	jettön
80.	ńol-sat	—	nyolczvan	segizön
90.	antel-sat	ontolšat	kilenczven	toguzon
100.	sat	šat	száz	jüs ·
1000.	sater	šoter	ezer	müng.

sches ńeik, daher den Grundbegriff von Nase, Vordertheil vermuthet, so scheint er das alttürkische neng, neuk = Eigenthum, Besitz, ganz ausser Acht gelassen zu haben. Es ist dieses neuk heute nur im Uigurischen vorkommend, das, wie Shaw (.,Grammar of the Turki language as spoken in Eastern Turkistan" [Lahore 1875]. S. 11) schon vermuthet, dem magyarischen nak, nek und dem türkischen ning, nung zu Grunde liegt. Ebenso ist das uigurische mening, osmanisch menim = mein, aus men und ning entstanden, und mein steht daher für mein Eigenthum, ebenso seuiug für 'seniň und aniug für aniň, und das magyarische Nomen possessivum unterscheidet sich nur insofern vom türkischen, als es das Personalsuffix nicht vorsetzt, sondern anhängt, indem man nekem (mir), neked (dir) und neki oder nekie (ihm) sagt, was dem alttürkischen

Bei diesem gegenseitigen Vergleiche der Zahlwörter werden
wir vor allem die Wahrnehmung machen, dass die Cardinalia
im Magyarischen mit denen des Wogulischen eine auffallende
Aehnlichkeit haben, ja beinahe identisch sind, was allerdings
einen äusserst wichtigen Beleg zur Verwandtschaft der magyarischen Sprache mit einer gewissen Fraction der ugrischen
Gruppe liefert; obwol wir andererseits auch die Berührungspunkte mit einigen Gliedern des Türkischen nicht ausser Acht
lassen dürfen. Solche sind z. B. die türkischen Cardinalia alti
und jeti[1], welche dem magyarischen hat, hét und hetü sich
nähern; ferner bemerken wir, dass das den wogulischen und
magyarischen Zehnern angehängte ven, van, men, pen im türkischen on (= zehn) noch selbständig vorhanden ist, welches die
Altaier, ungleich den übrigen Türken, noch consequent gebrauchen, und schliesslich sehen wir, dass, während die Finnen
für die nicht als Beiwort gebrauchten Cardinalia keine selbständige Form haben, die Osttürken den Unterschied zwischen
dem magyarischen két und kettö und dem wogulischen kit und
kiti vollständig durchführen; so: pireü (einer), ikeü (zwei), üčeü
(drei) u. s. w.; wie auch das im Finnisch-ugrischen nachweisbare
primitive Siebnersystem heute noch im Čagataischen vorhanden
ist, wo iki kem on = zwei weniger (als) zehn für acht und bir
kem = eins weniger (als) zehn für neun gebraucht wird; ja selbst
im türkischen sekiz = acht und tokuz = neun lässt sich die Zusammenziehung eines ehemaligen seki = eki und siz[1], d. h. zwei

---

neukem (mein Besitz), neukeñ (dein Besitz), neuki (sein Besitz) entspricht.
Nur bei Verschärfung wird im Magyarischen das Personalsuffix vor- und
rückwärts gesetzt. So én-nek-em, te-nek-ed, ö-nek-i. Was die Verwandtschaft des magyarischen Ablativ a, e, rá, ré (világgá = in die Welt, hozoá
= zu sein Haus) mit dem türkischen a, e und ga, ge anbelangt, so ist dieselbe klar genug, um weitere Erklärung entbehrlich zu machen. Was den
Accusativ anbelangt, so nähert sich die wogulische Form me auffallender-
weise dem türkischen ni. Die Wortbedeutung des letztern ist Object,
Etwas.

[1] In dem „Chulassai Abbasi", einem türkischen Wörterbuch, von dem ich
und Herr Amadé Querry in Teheran eine Copie anfertigen liess, und das
als das vollständigste vor 300 Jahren verfasste persisch-türkische Wörterbuch zu betrachten ist, findet sich نيلاو nilau mit چهارم = der vierte
übersetzt, in dem das ugrische ńile (vier) zu erkennen ist.

[2] Ein Beispiel für das Wegfallen des anlautenden Sibilanten ist heute
nur im Jakutischen nachzuweisen.

und ohne, d. h. zwei weniger (als) zehn, und tek-siz[1], d. h. eins weniger (als) zehn vermuthen. Von den magyarischen Wörtern für hundert und tausend wird anderswo die Rede sein. Hier wollen wir nur noch bemerken, dass, während die magyarischen Cardinalia mehr mit den wogulischen übereinstimmen, andere Formen des Zahlwortes sich wieder in merklicher Weise dem Türkischen nähern. So halte ich das magyarische szor, szer (= mal) mit dem türkischen sira = Reihe, Ordnung, für identisch; ebenso wie das magyarische *hatan*, *heten* = zu sechsen, zu siebenen, eine mit dem alttürkischen *altïn*, *jetïn* (= zu sechsen, zu siebenen) gemeinsame Bildung aufweist.

Viel auffallender wird die Aehnlichkeit zwischen dem Magyarischen und Türkischen, wenn wir die Pronomina der drei fraglichen Sprachen nebeneinanderstellen. So die Personalia:

		magyarisch:	türkisch:	wogulisch:
Ich	=	én	men	am
du	=	te, ten[2]	sen	nag
er, sie	=	ö	o	tav
wir	=	mi	miz	man
ihr	=	ti, tin	siz	nan
sie	=	ök	olar	tan.

Von den übrigen Theilen des Fürwortes wollen wir noch auf nachstehende Beispiele der Verwandtschaft hinweisen:

		magyarisch:	türkisch:	wogulisch:
ich selbst	=	magam	makam[3], bojum	amk
wer?	=	ki	kim, ki	chon
was?	=	mi	ni, ne	nar, ne
dieser	=	ez	iš-bu[4], bu	ti, tit
jener	=	az	oš-ol, ol	to, ton.

Was schliesslich die Besitzsuffixe anbelangt, so hat wol

---

[1] Tek (eventuell früher tok) bedeutet auf türkisch einfach, einzeln.

[2] Heute nur als Verschärfung, z. B. in ten-magad = du selbst, dein selbst gebraucht.

[3] Hierher gehört noch das altaische maka = allein, selbst, das aber als pronom. recipr. nicht gebraucht wird.

[4] Oš, Os = dieser kommt selbständig nur im Kirgisischen vor, bei den übrigen Dialekten wird es als Verschärfung dem *bu* oder *ol* vorgesetzt.

Budenz darauf hingewiesen [1], dass diese mit wenigen Ausnahmen sich ganz dem Türkischen und nicht dem Finnischen nähern; doch ist diese Bemerkung nicht auf das Ugrische anzuwenden; denn wie aus folgendem Beispiele ersichtlich:

		magyarisch:	türkisch:	wogulisch:
Mein Messer	=	kés-em	keser-im	käsäj-em
dein	„ =	kés-ed	keser-ing	käsäj-en
sein	„ =	kés-e	keser-i	käsäj-ä
meine	„ =	kés-eim	keserler-im	käsäj-änen
deine	„ =	kés-eid	keserler-ing	käsäj-än
seine	„ =	kés-ei	keserler-i	käsäj-änl
unser	„ =	kés-ünk	keser-imiz	käsäj-u
euer	„ =	kés-etek	keser-ingiz	käsäj-än
ihr	„ =	kés-ük	keserler-i	käsäj-nl
unsere	„ =	kés-eink	keserler-imiz	käsäj-änu
euere	„ =	kés-eitek	keserler-ingiz	käsäj-än
ihre	„ =	kés-eik	keserler-i	käsäj-änl

kann hier die Analogie der Besitzsuffixe weder auf dem einen noch auf dem andern Sprachgebiete prägnanter genannt werden, nur dass im Magyarischen und im Türkischen sämmtliche Fälle in der Ein- und Mehrzahl der Besitzer und des Besitzthums genau gekennzeichnet sind, im Wogulischen hingegen für mehrere Fälle eine und dieselbe Partikel gebraucht wird, daher an Klarheit so manches zu wünschen übrig bleibt. Einen strengtürkischen Charakter verräth hingegen die Genitivbildung des Magyarischen, insofern dieselbe nur mit dem Pronomen possessivum der dritten Person zu Stande kommt. So ataniñ-evi, magyarisch atyának háza = des Vaters Haus, eigentlich sein Haus, wobei noch im Magyarischen und Türkischen das Genitivsuffix gänzlich weggelassen, und atya háza, ata evi gesagt werden kann.

So werden wir auch bezüglich der Postpositionen bemerken, dass die der türkischen Sprache denen des Magyarischen sich mehr annähern als die des Wogulischen, zu welchem Behufe wir folgende Parallele aufstellen:

---

[1] Magyar Akademiai Értesitő, II, 182.

magyarisch:		türkisch:	wogulisch:
unter	= alá, alatt	alt	jol
vor	= elé, elött	eli, eldi	ele
zu	= hoz, hez	kaš, kat	pochnc
mit	= val, vel	bele, bilc, ile	jot
von	= tól, töl	tin, dan	—
bis	= ig	deg, tig	—
statt	= gyanánt	janînda (= neue Art, von jan	—
		= Art und Weise)	
für	= ért, éret	jirde, irde (= an der Stelle,	—
		von jer, er = Ort)	
seit	= óta	öte (seit vergangen)	—
hinter	= far	beri (vergangen)	pär
unterst	= tö	tub	tüve
halb	= fél	pöl, böl (theilen)	pal, puole;
zwischen	= köz	—	koot' u.s.w.

wogegen andere wieder, als:

	magyarisch:	wogulisch:
auf, über	= fölé	palu
aus, hinaus	= ki, kü	koon

mit dem Türkischen gar keine Analogie aufweisen.

Bezüglich des Verbums sei bemerkt, dass die magyarische Infinitivendung *ni* (kap-ni, jár-ni) dem türkischen *mak, mck, ma, me*[1] (kap-mak, kel-mek) viel näher steht als *chv*, die Infinitivendung im Wogulischen (coritachv = verleumden, cargucliv = trauern), ein Laut, der dem türkischen und magyarischen Sprachorgane geradezu unmöglich ist. Was die Bildung der verschiedenen Arten des Zeitwortes anbelangt; so wäre es wol schwer, den stärkern oder schwächern Grad der Analogie dem einen oder andern zu vergleichenden Sprachgebiete zu vindiciren, da die Artenbildung in den finnisch-ugrischen Sprachen nicht so sehr entfaltet ist als im Magyarischen oder gar im Türkischen. Wir wollen uns daher hier nur auf die diesbezügliche Congruenz in den beiden letztgenannten Sprachen beschränken und folgende Beispiele anführen. Das transitive Verbum wird im Magyarischen

---

[1] Ma, me kommt im Uigurischen vor und entspricht dem modernen mak, mck.

und im Türkischen durch eine Einschiebung des Buchstaben *t*
gebildet, z. B. magyarisch und türkisch kap (fangen, bekommen),
kap-at (erhaschen oder fangen lassen); türkisch čap, magyarisch
csap (hauen, schlagen), čap-at (schlagen lassen). Das passivo-
reflexive *l*, welches das Finnische nach Budenz gar nicht kennt,
gelangt im Magyarischen und im Türkischen stark zum Ausdrucke; vgl. magyarisch szó*l* (von szó), körmö*l* (von köröm),
karo*l* (von kar) mit dem türkischen szöjle (von sao, seö), tir-
mala (von tirîmak), öpkele (von opke) u. s. w.

Das Frequentativum wird im Magyarischen durch die Silbe
kal, gal, kel, gel, im Osttürkichen durch *galu, gele* gebildet; z. B. magyarisch járkál = hin- und hergehen, wiederholt gehen; türkisch
bar-gala = hin- und hergehen, mit Unterbrechung gehen. So
wird die Reciprocität in den beiden Sprachen durch *š, s* und *z*
ausgedrückt, während hingegen die Eigenheit des magyarischen
Verbums, nämlich der Gebrauch einer bestimmten und unbestimmten Form, in der ugrischen Sprache, namentlich im
Wogulischen consequent durchgeführt, in den türkischen Sprachen, speciell im Osmanischen[1], nur in schwachen Spuren noch
zu erkennen ist.

Mit Bezug auf die Conjugation des Zeitwortes wird es vor
allem auffallen, dass, während das Wogulische und auch andere
ugrische Sprachen einen Dual aufweisen, im Magyarischen und
Türkischen von diesem keine Spur zu finden ist, und während
die Pluralendung der ersten Person im Wogulischen *w* lautet, im
Magyarischen immer und im Türkischen, speciell im Altaischen,
sehr häufig mittels *k* ausgedrückt wird, z. B.:

altaisch:

tur-um = ich stehe,	tur-uk = wir stehen,
jür-üm = ich gehe,	jür-ük = wir gehen,
jad-îm = ich liege,	jad-ik = wir liegen;

azerbaižanisch:

am = ich bin,	ik = wir sind,
gelir-em = ich komme,	gelir-ik = wir kommen,
sevej-im = ich soll lieben,	sevej-ik = wir sollen lieben;

---

[1] Eine derartige Spur im Osmanischen ist das Präsens und Imperfectum
seve-jor-um, seve-jor-dum im Gegensatze zu sev-er-im und sev-dim. Unsere
Grammatiker haben erstgenannte Form mit ich liebe jetzt übersetzt, doch

im Osmanischen das *k* als Pluralendung nur im Präteritum und
im Präsens des Subjunctivs vorkommt: so vardik (wir sind gegangen), varsak (wenn wir gehen). Als andere Zeichen einer
auffallenden Congruenz zwischen der Conjugation des magyarischen und türkischen Zeitwortes wollen wir noch hervorheben,
dass das Präteritum im Magyarischen und Türkischen mittels
t, im Wogulischen mittels *š* gebildet wird, als:

magyarisch:	türkisch:	wogulisch:
voltam	boldum	olšem (ich bin gewesen),
voltunk	bolduk	olšov (wir sind gewesen);

dass der Imperativ unter anderm im Azerbaižanischen, so wie
im Magyarischen mittels *j* bezeichnet erscheint, als:

magyarisch:	azerbaižanisch:
tanul-j (lerne!)	tani-j (kenne!)
tanul-junk (lasst uns lernen!)	tani-jik (lasst uns kennen!)

und dass schliesslich das magyarische Gerundium *ván*, *ven* im
čagataischen *ban*, *ben* (vgl. magyarisch jár*ván*, čagataisch jori-
ban, magyarisch tüz*vén*, čagataisch tizi*ben*) sein Analogon findet;
ebenso wie das magyarische Participium Praesentis *ó*, *ö* in
der ältern und vollständigern Form im uigurischen *uk*, *uk*, *ük*
nachzuweisen ist: so magyarisch járó, uigurisch jorik = gehend,
magyarisch kelö = aufbrechend, uigurisch kelik = kommend u. s. w.

Schliesslich wollen wir noch auf einige Momente der Wortbildung hinweisen, in welcher einige Affixe einen ganz gleichen
Werth im Magyarischen und Türkischen haben. Solche sind:
at, *et*, *it*, *öt*, *ut*, *üt*, z. B. jár-at (Gang von jár), men-et (Gang
von men); türkisch keč-it (Uebergang von keč), ög-üt (Rath von
ög); *am*, *em*, z. B. magyarisch foly-am (Fluss von foly), kell-em
(Reiz von kell); türkisch tut-am (Griff von tut), jar-im (Hälfte
von jar), öl-um (Tod von öl); *aš*, *eš*, z. B. jár-ás (Gang von jár),
ir-ás (Schreiben von ir); türkisch jor-iš (Lauf von jor), gel-iš
(Kommen von gel); *mány* und *mény*, *mán*, *mén*, z. B. magyarisch
ered-mény (Erfolg von ered), süte-mény (Gebäck von süt); türkisch

---

ist das nicht ganz richtig und Kazembeg ist der Wahrheit viel näher, wenn
er diese Form als determinative bezeichnet. (Siehe Kazembeg's Grammatik der türkisch-tatarischen Sprache, übersetzt von Zenker, S. 81.)

alak-man (Reiterei von alak), kara-man (Bevölkerung von kara =
Volk) u. s. w.

Wir sind dessen uns vollauf bewusst, dass mit den vorhergehenden flüchtigen Notizen bezüglich des Formenschatzes der
zu vergleichenden Sprachen ein endgültiges Resultat durchaus
nicht erreicht werden kann. Von einer derartigen, auf Ausführlich-
keit nur einigermassen Anspruch habenden Arbeit kann innerhalb
des engen Rahmens unserer Studie wol kaum die Rede sein,
und es sollte durch die vorhergehenden Bemerkungen blos der
Beweis geliefert werden: dass, so wie das Lautverhältniss, ebenso
auch der Formenschatz die kategorische Einreihung des Magyarischen in die finnisch-ugrische Sprachgruppe nicht ganz thunlich erscheinen lässt, und dass alle diesbezüglichen Gegenansichten nur auf solche Theorien sich basiren, die, infolge der
bisherigen Voreingenommenheit für eine unfertige und unbegrün-
dete Theorie, bei der äusserst elastischen Natur der vergleichenden Sprachwissenschaft wol unschwer aufgestellt werden konnten,
dem zu Tage geförderten Resultate jedoch noch lange nicht jene
Solidität und alle Zweifel ausschliessende Gewissheit verleihen
konnten, die nur allein beim wichtigen Probleme einer ethnischen
und sprachlichen Klassification maassgebend sein kann.

c) Der Wortschatz.

Ungleich den beiden bisher erwähnten Factoren der Sprachvergleichung bietet der Wortschatz des Magyarischen insofern
einen festern Anhaltspunkt zur Lösung des vorliegenden ethnologischen Problems, als das vorhandene Material nach den Normen des Lautgesetzes sich leichter in zwei verschiedene Theile
trennen lässt, in solche Theile, von denen der eine eben infolge
der prägnant ausgedrückten finnisch-ugrischen Merkmale als zur
besagten Sprachgruppe gehörig bezeichnet, der andere hingegen bei den unverkennbaren Spuren turko-tatarischen Ursprunges eben nur in die turko-tatarische Sprachgruppe eingerechnet werden kann; es tritt mit einem Blicke der Mischcharakter des Magyarischen in seinem Wortschatze in so
evidenter Weise vor Augen, dass eigentlich nur bezüglich der
Quantität und der Provenienz der beiden Theile gestritten werden könnte, wenn nicht die Anhänger der finnisch-ugrischen
Theorie, von einer in philologischen Streitfragen leicht erklär-

lichen Voreingenommenheit irregeleitet, vielleicht auch infolge
nicht genügender Berücksichtigung des turko-tatarischen Wortschatzes, mit einer geradezu unbegreiflichen Halsstarrigkeit die
volle Würdigung der Thatsachen bisher vermieden hätten, und
in der Beurtheilung des Grundwesens dieser Frage so voreilig
gewesen wären. Wenn wir das von der Zeit, dass Sajnovics im
Jahre 1770 seine „Demonstratio idioma Ungarorum et Lap-
ponum idem esse", oder richtiger gesagt, seitdem Gyarmathi
im Jahre 1790 seine „Affinitas linguae hungaricae cum linguis
finnicae originis" veröffentlichte, bis zur Neuzeit entstandene
schon ziemlich reichhaltige Studium der finnisch-ugrischen
Sprachvergleichung näher ins Auge fassen, so wird uns vor
allem auffallen müssen, dass bei den bisher angestellten Vergleichungen der finnisch-ugrische Wortschatz viel mehr Beachtung gefunden hat als der turko-tatarische. Allerdings ist dies
einigermassen dadurch zu rechtfertigen, dass das von fremden
Elementen minder beeinflusste Osttürkische erst in der jüngsten Vergangenheit durch Budagow, „Wörterbuch der türkisch-
tatarischen Sprachen", durch Radloff, „Proben der Volksliteratur
der türkischen Stämme Südasiens", durch die von russischen
Missionaren verfassten Grammatik und Glossar des Altaischen,
durch Böthling's Werk über das Jakutische, durch Shaw's Grammatik des Osttürkischen, und schliesslich durch meine eigenen
anspruchslosen Arbeiten über das Čagataische und Uigurische
der Erkenntniss näher gebracht, während das Finnische schon
längst der Gegenstand eines eingehenden Studiums geworden ist,
wie auch die ugrischen Völker, wenngleich später, den Forschern
infolge der russischen Botmässigkeit besagter Völker besser zugänglich waren als die im Innern Asiens lebenden theils wilden,
theils fanatischen Türken. Aber abgesehen von dieser ungleich-
mässigen Würdigung des zu vergleichenden Materials hat zur
Bildung eines voreiligen und einseitigen Urtheils in dieser Frage
nicht wenig der Umstand beigetragen, dass man, von den in
einzelnen Momenten schärfer hervortretenden Aehnlichkeitszügen
im Formenschatze des Magyarischen und Finnisch-ugrischen irregeleitet, ein solches Verhältniss sozusagen gewaltsam auch auf
das lexikalische Gebiet übertragen wollte und mittels Aufstellung gewisser in lautlicher Beziehung wol, aber in begrifflicher
Beziehung keinesfalls zu rechtfertigenden Theorien selbst solche
Theile des magyarischen Sprachschatzes der finnisch-ugrischen

Gruppe vindiciren wollte, deren türkisch-tatarischer Ursprung
ausser allem Zweifel steht, und auf diese Weise die vergleichende
Sprachwissenschaft gleichsam zum gewaltsamen Hebel einer Lieblingstheorie gemacht hat.

Diese Anklage mag vielen allzu hart und ungerechtfertigt
erscheinen, doch wer eines unparteiischen Einblicks in die bisherigen Arbeiten der magyarisch-finnisch-ugrischen Sprachvergleichung sich befleissigt und ohne besondere Vorliebe für das
eine oder andere Gebiet die bisher zu Tage geförderten Resultate
genau prüfen will, der wird unser Verdict keinesfalls der übermässigen Strenge zeihen können. Um einen derartigen Einblick
zu ermöglichen, wollen wir uns mit dem in dieses Fach ein-
schlagenden Hauptwerk, nämlich dem vom Prof. J. Budenz verfassten und soeben erschienenen „Magyarisch-ugrischen vergleichenden Wörterbuche", soweit dies in den Rahmen unserer
Idee passt, befassen. Prof. Budenz ist nicht nur, wie schon erwähnt, die verdienterweise anerkannt grösste Autorität auf dem
Gebiete der finnisch-ugrischen Sprachen, sondern zugleich auch
ein gründlich geschulter Gelehrter und Philologe vom reinsten
Wasser. Dieses alles müssen wir dem strebsamen und eifrigen
Gelehrten zugestehen, obwol wir uns andererseits des Eindrucks
nicht erwehren können, dass, wenn der Satz „zu viel des Guten"
irgendwo anzuwenden sei, dies bei etymologischen Specialitäten
und noch obendrein auf einem solchen Gebiete, wie das des
Magyarischen, gewiss der Fall ist. Herr Budenz hat nämlich die
Aufgabe sich vorgesteckt, den magyarischen Wortschatz mit dem
vorhandenen Wortschatze der finnisch-ugrischen Sprachen zu vergleichen und aus der gegenwärtigen Verwandtschaft besagter
Idiome so manches bisher verhüllt gebliebene Etymon des Magyarischen herauszufinden. Zu diesem Behufe hat er den lexi-
kalischen Vorrath des Finnischen, Estnischen, Livischen, Lappischen, Tscheremissischen, Mordwinischen, Ostjakischen, Wogulischen, Wotjakischen und Zürjänischen in so eingehender
Weise benutzt, wie bisher keiner vor ihm, und selbstverständlich
mit Hinblick auf das eigentliche Wesen seiner Arbeit den türkisch-tatarischen Wortschatz gänzlich beiseitegelassen. Wäre
es nun Herrn Prof. Budenz gelungen, den in seiner Arbeit besprochenen 996 magyarischen Stammwörtern entsprechende finnisch-ugrische Analogien gegenüberzustellen, und so manche
etymologische Dunkelheit aufzuhellen, wie er dies gethan zu

haben glaubt, und wie dieses mit Hinblick auf die Gründlichkeit
dieses Gelehrten auch zu erwarten wäre, so hätten wir in Anbetracht dessen, dass Curtius in seiner „Griechischen Etymologie" den zu vergleichenden griechischen Wortschatz in weniger
als 700 Thesen vorlegt, die Budenz'sche Arbeit auch schon deshalb als ein endgültiges Resultat hingenommen, weil das Verhältniss der bewiesenen 996 Analogien zu der auf 2400 sich
belaufenden Gesammtzahl der magyarischen Stammwörter[1] überführend genug wirken muss. Nun will es uns aber bedünken,
dass die vom Prof. Budenz besprochenen 996 magyarisch-finnisch-ugrischen Vergleichungen noch einer starken Kritik zugänglich sind, wodurch die Quantität der für bewiesen erachteten
Facta bedeutend verringert, und infolge des herabgeschmolzenen
Zahlenverhältnisses das angestrebte Resultat der Analogie auch
wesentlich erschüttert ist. Um diese unsere Aussage möglichst
evident zu machen, haben wir es für unumgänglich nothwendig
befunden, die besagte Arbeit unsers gelehrten Sprachforschers
einer eingehenden Prüfung zu unterziehen, indem wir die meisten Artikel oder Thesen seines Buches, ja alle diejenigen, welche,
unabhängig von der durch ihn aufgestellten Theorie der Gruppirung, als selbständige Analogien zu betrachten sind, vorgeführt
und dem entsprechenden, oder uns wenigstens entsprechend
scheinenden, türkisch-tatarischen Wortschatze gegenübergestellt
haben. Diesen unsern Versuch, den magyarischen Wortschatz
nach beiden Seiten hin, d. h. mit dem Finnisch-ugrischen und
mit dem Türkisch-tatarischen zu vergleichen, lassen wir nun
unter Beilage III nachfolgen und unsere diesbezüglichen Re-
flexionen sollen hier in den Text unserer Studie aufgenommen
werden, um die Leser mittels einer sozusagen „in nuce", zu-
sammengedrängten Bemerkung zu überzeugen, wie wenig stichhaltig und wie sehr dem Zweifel unterworfen jene Argumente
sich darstellen, auf welchen selbst der gewandteste und gewieg-
teste Vertreter der finnisch-ugrischen Theorie seine Behauptungen
zu begründen vermeint. Das Resultat, zu welchem wir nach
einer derartigen zweifachen Vergleichung gelangt sind, lässt im
Folgenden sich zusammenfassen.

Nach unserm bescheidenen und anspruchslosen Dafürhalten

---

[1] Siehe: „A magyar és finn-ugor nyelvekbeli szóegyezések". Eléter-
jeszti Dr. Budenz József (Pesten 1868). S. 154.

zerfallen die vom Prof. Budenz aufgestellten Wortparallelen in nachstehende vier Klassen oder Gruppen.

1) Solche Wortparallelen, welche in den finnisch-ugrischen und türkisch-tatarischen Sprachen, infolge einer dem Sprachschatze sämmtlicher ural-altaischen Idiome innewohnenden Gemeinsamkeit, statthaft sind, d. h. solche Wörter, in welchen das Moment eines stärkern oder schwächern Verwandtschaftsgrades in lautlicher oder begrifflicher Beziehung den Streit um die Priorität wol nicht immer ausschliesst, das Factum einer nach beiden Seiten hin neigenden Affinität doch kaum in Abrede gestellt werden kann. Wir gestehen es gern zu, dass nach dem wohlbekannten Satze „Philologi certant", und übrigens, auf welchem Zweige des menschlichen Wissens wird jemals eine unbedingte Positivität jeglichen Zweifel auszuschliessen vermögen? wir bei der diesfälligen Kategorie der Wortparallelen der etymologischen Spitzfindigkeit und Haarspalterei noch lange nicht das Thor geschlossen haben; doch glauben wir, es wird selbst der Laie unserer Ansicht beistimmen, wenn wir sein Urtheil in folgenden Beispielen uns erbitten. Wenn Herr Budenz das magyarische gyomor (Magen) mit dem finnisch-ugrischen ńamûr (rund) und ńąmr (ovum) vergleicht, kann man nicht mit demselben Rechte auch das türkisch-tatarische jumur, jumru (Rundung, rund, Faust) hierbei in Betracht ziehen, da die Begriffsanalogie dieselbe und die lautliche Verwandtschaft zwischen *gy* und *ń* gewiss nicht viel grösser und auffallender ist als zwischen *gy* und *j*? Ein ähnliches Verhältniss existirt unter anderm noch im:

Magyarischen:	Finnisch-ugrischen:	Türkisch-tatarischen:
boka (Knöchel) .	pahka (tuber in arboribus)	bogun (Knorre)
buj (sich verkriechen)	puge (kriechen)	buk (sich verstecken)
bö (weit, reich)	pyyleä (solito major)	bol (weit, reich)
csend (Ruhe)	täuänt (stille werden)	tinč (ruhig)
csillog (funkeln)	čolguž (splendēre)	žilla (glänzen)
csuk (claudit)	tukki (verstopfen)	tik, tuk (stopfen, stecken)
dorgál (rügen)	dor (schmieden)	dört (anstossen, stossen)
fed (bedecken)	pänt (decken)	böt (decken)
féreg (vermis)	perik (Ungeziefer)	pürge (Floh)
föz (kochen)	pöš (heiss)	püš (kochen) u. s. w.,

mit einem Worte in 217 Beispielen, die wir in der III. Beilage
angeführt haben und der Beachtung des Lesers empfehlen.

2) Solche Wortparallelen, die infolge eines speciell finnisch-
ugrischen Lautverhältnisses auf dem Gebiete der turko-tatarischen
Sprachen sich nicht vorfinden können, und, wenn auch im Türkischen vorhanden, durch stärkere und prägnantere Spuren finnisch-ugrischer Verwandtschaft sofort auffallen müssen. Dies
sind erstens Wörter mit anlautendem f, v, l, n und r, von
denen erstere in der Lautveränderung des verwandten p, b und
j wol hier und da, letztere aber äusserst selten anzutreffen sind.
Diese mit l, n und r anlautenden Wörter des Magyarischen repräsentiren denn auch den eigentlichen und speciellen Wortschatz
finnisch-ugrischer Provenienz, sie wären nach den Gesetzen des
Sprachphysicums im Turko-tatarischen auch gar nicht zu finden, und ihre entsprechenden Analogien verdanken wir einzig
und allein den Studien der finnisch-ugrischen Sprachvergleichung,
insbesondere aber der Arbeit des Prof. Budenz. Solche sind
unter anderm:

magyarisch:	finnisch-ugrisch:
lélel	lili, li (Seele)
lép	lop (Milz)
lependék	libindi (papilio)
levél	libet (Blatt)
lö	li, lij (jaculari)
lök	lükko (stossen)
napa	anoppi (socrus)
nedv	neite (Nässe)
név	nem (Name)
nö	ne, nen (Weib)
reszket	räsg (zittern)
rö	ru (kerben)
rüh	rehnehe (scabies) u. s. w.

Als in diese Kategorie gehörend rechnen wir zweitens auch jene
Stammwörter des Magyarischen, die, ohne einen speciell finnisch-
ugrischen Lautcharakter zu verrathen, auf letztgenanntem Sprachgebiete mehr heimisch sind als im Türkisch-tatarischen, wo sie
ehedem wol möglicherweise eine Analogie, heute aber theils gar
keine, theils eine nur schwächere aufweisen. Solche sind:

magyarisch:	finnisch-ugrisch:
bir (vermögen, können)	vermi (können)
fa (Holz, Baum)	pu (Holz, Baum)
fal (verschlingen)	pol (auffressen)
falu (Dorf)	paul (Dorf)
fej (melken)	peda (melken)
fél (timere)	pil, pel (timere)
felhö (Wolke)	pilve (Wolke)
fen (wetzen)	pen (Schleifstein)
fog (Zahn)	pank (Zahn)
göz (Dampf)	kvaz (Luft)
háj (Fett)	koja (Fett)
hág (steigen)	kaug (steigen)
hal (Fisch)	kal (Fisch)
hó (mensis)	kuu (luna)
lúd (Gans)	lunt (Gans) u. s. w.

Drittens haben wir in diese Kategorie der Wortparallelen noch jene Stammwörter gerechnet, deren Verwandtschaftsverhältniss, wenngleich mit Bezug auf die Begriffsanalogie in beiden Sprachgebieten nachzuweisen, im Finnisch-ugrischen jedoch viel augenfälliger und viel wahrscheinlicher auftritt als im Türkischen, daher sie als zur erstgenannten Sprachgruppe gehörig bezeichnet werden müssen. Solche sind:

magyarisch:	finnisch-ugrisch:	türkisch:
csip	čepled	činda (kneipen)
far (Hintere)	pari (zurück)	peri (vergangen, rückwärts)
fiu (Sohn)	pi (Sohn)	palu (das Junge der Gans)
halad (progredi)	kulke (progredi)	kalk (aufstehen)
kerék (rund)	kör (Kreis)	gürüng (Kreis, Gesellschaft)
maj (Leber)	májt (Leber)	bajir (Leber)
mély (tief)	mil (tief), melkea (reichlich)	mol (reichlich)
mony (ovum)	muna (ovum)	monžuk (Knauf, Runde)
pödör (drehen)	vüdel (involvere)	bögre (krümmen)
só (Salz)	sa (Salz)	šor (gesalzen)

magyarisch:	finnisch-ugrisch:	türkisch:
szeg (Nagel)	sagge (clavus)	čigi (clavus)
sziv (Herz)	sim (Herz)	sŭj, sŭv (lieben, herzen)
tolvaj (Dieb)	tolma (Dieb)	tala (rauben)
vet (werfen)	vide (säen)	at (werfen) u. s. w.

3) Solche Wortparallelen, die bei genauer Würdigung der lautlichen sowol als begrifflichen Verhältnisse im Finnischugrischen theils schwerfällig, theils gewaltsam und unstatthaft erscheinen, im Turko-tatarischen jedoch dem unparteiischen Auge sich sofort und viel besser empfehlen müssen. Wir gestehen es gern zu, dass auch bei unsern auf diese Kategorie der Wortgleichungen bezüglichen kritischen Bemerkungen der philologische, richtiger etymologische, Hader nicht leicht gebannt sein kann, und dass wir bei so manchen unserer Gegenansichten, inwiefern hier nicht nur die Philologie, sondern auch die Völkerpsychologie ein Wort mitzureden hat, bei weitem nicht mit dem Ausspruche auf Unfehlbarkeit auftreten; doch dass Prof. Budenz bei Aufstellung erwähnter Wortparallelen arg und sehr viel gesündigt, ja dass er, den den ural-altaischen Völkerelementen innewohnenden Geist und deren Sittenleben ganz ausser Acht lassend und ans unglückselige Gängelband der arischen Sprachvergleichung sich viel zu fest anklammernd, bei gewaltsamer Verdrehung der begrifflichen und lautlichen Verhältnisse bisweilen etymologische Monstra hervorgebracht hat, das können wir bei aller unserer Achtung vor seinem unverdrossenen Fleiss und seiner tiefen Gelehrsamkeit nicht unerwähnt lassen. Selbst beim festesten Vertrauen in die philologische Gewandtheit des geehrten Verfassers der „Magyarisch-ugrischen Wortgleichungen", wird es schwer fallen, ja geradezu unmöglich sein, sich die Ueberzeugung zu verschaffen, dass das magyarische köldök (Nabel) dem finnisch-ugrischen kiele (Sprache) oder käldok (chorda, fides) näher stehe als dem türkischen köndök oder köndük (Nabel), dass das magyarische nyak (cervix, collum) dem finnisch-ugrischen nov (moveri), nogom (laufen) näher stehe als dem türkischen jaka (Kragen, oberster Theil), dass das magyarische biz (trauen, vertrauen) dem finnisch-ugrischen maksî (geben) verwandter sei als dem türkischtatarischen büt (glauben, vertrauen) u. s. w. Ein ähnlicher Zweifel besteht fast in sämmtlichen unter dieser Rubrik an-

15 *

geführten Wortgleichungen, von welchen hier auszugsweise nur einige folgen sollen, als:

magyarisch:	finnisch-ugrisch:	türkisch:
beteg, bötük (krank)	vika (vitium)	bitik (zu Ende gehend, siech)
bog (Knoten)	pung (hervorragendes)	bogun (Knoten)
bogyó (Beere)	marja (bacca)	bug, muk (Beere)
bölcs (sapiens)	miele (Sinn)	biliži (Weise)
burok (Hülle)	pur (intrare)	bor, boru (verhüllen)
csap (schlagen)	čuoppe (caedere)	čap (schlagen)
csik (Streifen)	tü, te (Weg)	{čik (Grenzlinie) {čige (gerade)
csün (siechen)	čin (Verlust)	sün (erlöschen)
derü (heiter)	lert (bekannt)	{tere (offen, weit) {sere (klar)
dij (Preis)	toj [1] (Brautpreis)	dej (werth sein)
domb (Hügel)	tomp (Klumpen)	dumbak (Hügel)
gyalog (zu Fuss)	jalka (Fuss)	jajag (zu Fuss)
gyors (schnell)	jar (Kraft)	joriš, jürüs (Lauf)
hajt (treiben)	kujt (impellere)	haita (treiben)
hárs (Linde)	kuore (Baumrinde)	arča (Linde)
haszon (Gewinst)	kasvaime (accretio)	kazan (gewinnen)
kajla gebogen)	kɜg [2] (biegen)	kajil (sich biegen)
kisért (begleiten)	kiskera (zwicken)	kečirt (begleiten)
kosz (Brand)	košk (dicke Binde)	koz (glühende Kohle)
kor (Alter)	korkaa (hoch)	kor (Alter)
köldök, ködök (Nabel)	kialdak (chorda)	kindik (Nabel)
küld (schicken)	kylvä (serere)	kiltör (kommen, machen, bringen)
maga (selbst, allein)	mugor (Leib)	maka (selbst, allein)
nagy (gross)	modde (multus)	naj (sehr, viel, stark)
nyak (Hals, cerva)	ńov (moveri)	jaka (Kragen, oberes Ende)
szín (Farbe, Oberfläche)	tög (scheinen)	sin (Aussehen, Farbe)
szó (Wort)	suj (Stimme)	sau (Wort) u. s. w.

---

[1] Ist vielmehr ein tatarisches Lehnwort, nämlich von toj = Hochzeit.
[2] Ein blos supponirtes Wort.

Es ist dies eine solche Kategorie von Wortparallelen, wo der unparteiische Leser selbst ohne Brille philologischer Fachkenntniss sich sofort überzeugen wird, dass bei der Zusammenstellung derselben vielmehr die Voreingenommenheit für ein bisher aufgestelltes Princip als die auf voller Würdigung der bestehenden Thatsachen gegründete Ueberzeugung stark mitgewirkt hat.

4) Solche Wortparallelen, die weder in den vom Prof. Budenz angeführten finnisch-ugrischen Beispielen noch durch Analogien auf dem Gebiete der turko-tatarischen Sprachen als gerechtfertigt erscheinen, und die in den meisten Fällen, wir wollen uns des gelindesten Ausdrucks bedienen, nur als das Product einer erhitzten etymologischen Phantasie (sit venia verbo!) betrachtet werden müssen. Die Zahl der in diese Kategorie gehörenden Wortparallelen ist glücklicherweise eine nicht sehr grosse; doch wie ein Gelehrter vom Schlage des Prof. Budenz sich dahin versteigen konnte, z. B. das magyarische kiván (wünschen) mit dem finnischen kaipaa (sentio aliquid deesse) zu vergleichen, weil nach seiner Annahme man zu sich ruft, was man sich wünscht oder was einem abgeht, folglich zwischen wünschen, rufen und fühlen eine Begriffsanalogie obwaltet, das ist uns geradezu unbegreiflich! Ebenso räthselhaft dünkt uns die Anreihung des magyarischen mer (audere) an das finnisch-ugrische märge (sagen) und mäert (dringend verlangen), unter dem Vorwande, dass im Begriff wagen ein Selbstbewusstsein der eigenen Kraft und festen Willens enthalten sei, der auch im Sagen und Befehlen zum Ausdrucke gelangt. Auch die Begriffsanreihung zwischen dem magyarischen kéj (Lust) und dem ostjakischen kit (jagen), weil Lust und Trieb mit Laufen und „freier Lauf" in Verbindung gebracht werden kann, klingt etwas abstrus u. s. w.

Mit einem Worte: es erhellt aus diesem unerklärlichen Vorgehen des gelehrten Autors, wie sehr Curtius mit seiner eingangs citirten Anspielung auf die „etymologischen Klippen und Untiefen" recht habe, und wie wahr das tatarische Sprichwort sei: „Mit langen Füssen stolpert man leichter und ärger."

Indem wir bezüglich der vom Prof. Budenz aufgestellten finnisch-ugrischen Wortparallelen in bisheriger Weise urtheilen, sind wir allerdings darauf gefasst, in der gewiss nicht ausblei-

benden Replik oder Gegenkritik von jenem strengwissenschaft-
lichen Systeme zu hören, welches aus dem Lautgesetze der finnisch-ugrischen Sprachen hervorgegangen ist und hier als Richtschnur und als maassgebender Factor gedient hat. Nun, dem
gegenüber müssen wir ein für allemal bemerken: dass, wenn die
wissenschaftlichen Systeme derartig gestaltet wären wie jenes,
mittels dessen Prof. Budenz seine Theorien zu begründen
sucht, es uns um die Resultate auf dem Gebiete des geistigen
Strebens angst und bange werden müsste, weil die vom Prof.
Budenz in den Wortparallelen dritter und vierter Kategorie
beigefügten Interpretationen theils auf die gewagtesten und
durch vage Suppositionen unterstützten Combinationen sich begründen, theils aber, namentlich was die Begriffsverwandtschaft
anbelangt, so gewaltsam und erzwungen erscheinen, dass jeder
unbefangene, von finnisch-ugrischer Voreingenommenheit nicht
verblendete Leser unserm diesbezüglichen Urtheile beistimmen
wird. Zu diesem Behufe wollen wir noch einige Beispiele anführen,
aus welchen die Natur und das Wesen der sogenannten wissenschaftlichen Methode des Prof. Budenz am besten ersichtlich wird.
Im 47. Abschnitte (S. 37 seines „Vergleichenden Wortschatzes")
vergleicht Prof. Budenz das magyarische kor (aetas) und kora
(Zeit) mit dem finnischen korkea (hoch), lappischen korad (acclivis), čeremissischen kuruk (Berg), mordwinischen kïrhka (profun-
dus), zürjänischen kïr (Berg) und ostjakischen kereš (hoch), worauf
nun unter anderm auch folgende Bemerkung folgt: „Im magyarischen kora kann man noch sehr klar den Begriff Höhe wahrnehmen; so z. B. jó korára fölnevekedtek = sie sind hoch aufgewachsen. Nun pflegt man aber nach einem bei vielen Sprachen wahrnehmbaren natürlichen Ideengang das Lebensalter,
d. h. die Wachszeit irgendeines lebenden Wesens nach der bei
demselben bemerklichen Höhe zu beurtheilen und zu benennen;
daher denn auch aetas mit einem altitudo bedeutenden Worte
ausgedrückt ist. Dieser Ideengang findet seine Analogie im magyarischen öreg, das für alt und gross, kis, das für klein und
jung gebraucht wird. Ja selbst dem absoluten und relativen
aetas lässt sich die Etymologie hoch, erwachsen, nachweisen;
so das germanische altha, alda = alt, lateinisch altus (von adultus) u. s. w." Um dies noch mehr zu beweisen, wird als
Analogie das türkische čag angeführt, dem Herr Budenz fälschlich die Nebenbedeutung quantitas beilegt (denn es bedeutet

nur Theil und Bruchstück[1], und welches zugleich auch Zeit bedeutet. Ich frage nun: Würde unter solchen Umständen eine Anreihung des magyarischen k o r an das türkische k o r, k u r = Zeit, Alter sich nicht besser empfehlen, da erstens die lautliche Analogie hier weit augenfälliger ist, und da zweitens auch der Begriffskreis der türkischen Derivata k o r o n (zur Zeit), o-kor = alsdann (magyarisch akkor), kari = alt, korčak (sehr reif oder hoch), korčal (wachsen) u. s. w. dem magyarischen korán (zeitig, früh), koros = alt, korcs = überreif, entartet u. s. w. viel näher steht?

Im 55. Abschnitte finden wir das magyarische köldök = Nabel (auch ködök) mit dem lappischen kiäldak = chorda, nervus, finnischen kiele = lingua, mordwinischen käl = lingua u. s. w. verglichen, und da Prof. Budenz selbst die Anreihung solcher wildfremder Begriffe für „auffallend" (furcsa) hält, so rechtfertigt er seine Methode damit, dass er in Nabel einen herabhängenden dünnen Körper (fityegö vékony test) entdeckt, und denselben daher mit dem ebenfalls herabhängenden dünnen Körper der Zunge (!) vergleicht. Wie leicht hätte Prof. Budenz diesem Nonsens ausweichen können, wenn er statt der finnisch-ugrischen Capricen an das čagataische köndük, kündük = Nabel gedacht und dies mit dem magyarischen köldök verglichen hätte. Im 226. Abschnitte (S. 218) ist das magyarische til, tilt (verbieten) mit dem finnischen sulke (claudere), mordwinischen solgî (zuschliessen) verglichen, und die allerdings kühne Begriffsanalogie folgendermassen motivirt. Nachdem Herr Budenz die Identität des ältern magyarischen til mit dem modernen tilt bewiesen, weist er auf die Analogie der Begriffe prohibere, arcere, vetare und claudere hin (also wiederum die unnatürliche und verhängnissvolle Bezugnahme auf die arischen Beispiele!), indem er die Parallele zwischen arceo und arca (Lade, Verschluss) und arx (Wehre, Schloss) zieht, ja sogar zum deutschen abschliessen (verbieten) und verschliessen seine Zuflucht nimmt. Ich frage nun: Wozu dieses Schweifen in die Ferne, wozu die

---

[1] Čak bedeutet nämlich hauen, schlagen, abhauen, ein Verbalstamm, der, wie dies häufig im Türkischen der Fall ist, als Nomen in der Bedeutung Bruchstück, Theil, das Abgehauene heisst (vgl. turko-tatarisch üj = Zeit, üje = Glied).

bei den Haaren herbeigezogene Analogie, wenn wir dem magyarischen til und tilt das türkische tij und tit gegenüberstellen können, welches gleichfalls tieflautig ist und genau verbieten, abhalten, prohibere, arcere bedeutet?
Im 584. Abschnitte (S. 556) vergleicht Herr Budenz das magyarische vágy (appetere, aspirare) mit dem finnischen selbst
lautlich nur schwer zu vergleichenden vaati (exposcere) und
wogulischen vuoil (wünschen), indem er diesen Vergleich mit der
Annahme motivirt, dass das nicht ausgesprochene Wünschen
in den Zeitwörtern vocare, clamare einen passenden Ausdruck erhält, und dass im Grundwesen der finnisch-
ugrischen Parallelen der Verbalstamm vou, vov, vog
(rufen) zu erkennen sei. Falls wir letztgedachter Begriffsanreihung auch unsere Beistimmung geben wollten; wäre es nicht
thunlicher und leichter, das magyarische vágy mit dem uigurischen bak (Verlangen), bakar (wünschen), jakutischen baga =
Lust, bagar (wollen), čagataischen begen = Gefallen finden, zu
vergleichen?
        Was wir daher im allgemeinen an den Wortparallelen des
gelehrten Autors auszustellen haben, das bezieht sich zumeist auf
die in keiner Weise zu rechtfertigende Anreihung zweier oft
ganz verschiedener, ja bisweilen einander diametral entgegen-
gesetzter Begriffe, wie z. B. Rand und Brust (326 [1]), sich stürzen
und hüpfen (314), fein und arm (286), Flügel und Ruder (281),
laufen und Nacken (430), befehlen und danken (62), Ei und
junger Hund (56), Nabel und Zunge (55), Rinde und Hitze (49),
Dorf und aussen (41), schneefreie Stelle und Gras (574), Heerde
und Fleisch (428) u. s. w., mit einem Worte, solche Monstrosi-
täten auf dem Gebiete der Sprachvergleichung, die nur einer
a priori gefassten Ansicht zu Liebe aufgestellt werden konnten,
und nicht nur den Gesetzen der Sprachvergleichung, sondern
auch selbst der logischen Denkweise widersprechen.
        Diese untrüglichen Zeichen etymologischer Gewaltthätigkeit
treten fast überall bei den erwähnten zwei Kategorien der Wortparallelen auf, und man wird uns keinesfalls einer allzu strengen
Kritik und des absichtlichen Skepticismus zeihen können, wenn
wir fragen: verdient ein etymologisches System, das solche Ab-

_____

[1] Die in Klammern beigefügten Nummern beziehen sich auf die betreffenden Thesen im Budenz'schen Buche.

normitäten zulässt, wol unser unbedingtes Vertrauen? und dürfen wir die auf solcher unsicherer Basis zu Tage geförderten Resultate als jene Leuchte betrachten, von welcher die dunkle Region eines ethnologischen Räthsels erhellt werden kann? Gewiss nicht! Um gegen die Zulässigkeit des vom Prof. Budenz befolgten etymologischen Systems mit grösserm Nachdrucke aufzutreten, müsste man vorerst in einen Vergleich des gesammten türkischen Wortschatzes mit dem magyarischen sich einlassen, eine Arbeit, die hoffentlich nicht lange ausbleiben wird, von der wir aber im voraus hier so viel bemerken können, dass sie erstens eine viel prägnantere Regelmässigkeit in der Lautveränderung beider Sprachen nachweist, als bisher angenommen wurde, und zweitens, dass sie zur Darlegung des Verwandtschaftsverhältnisses zwischen dem magyarischen und türkisch-tatarischen Wortschatze zahlreichere, und, mit Bezug auf den begrifflichen Zusammenhang, viel klarere Beweise liefern wird, als dies in den bisherigen Versuchen auf dem Gebiete der finnisch-ugrischen Sprachen geschehen ist; denn abgesehen von solchen Stammwörtern, die einen speciell finnisch-ugrischen Lautcharakter verrathen, d. h. die mit *h*, *v*, *l*, *n* und *r* anlauten, stehen beinahe zwei Drittel des magyarischen Wortschatzes mit dem Türkischen in engerer Verbindung, können nur mittels desselben etymologisch analysirt und erklärt werden; und beweisen demnach auf unverkennbare Art die grössere Verwandtschaft des magyarischen Wortschatzes mit dem des Turko-tatarischen als mit jenem des Finnisch-ugrischen.

Um uns den Vorwurf der Kurzsichtigkeit oder Parteilichkeit nicht aufzuladen, müssen wir hervorheben, dass diese unsere Bemerkung einstweilen mehr auf den quantitativen als auf den qualitativen Grad der Affinität Bezug habe. Darüber wollen wir vorderhand kein endgültiges Urtheil fällen; denn selbst Wörter, mit welchen die einzelnen Theile des menschlichen Körpers benannt, und mit welchen die auf das primitive Leben bezüglichen Begriffe interpretirt werden, beweisen einen, man könnte sagen, auf beide Sprachgebiete fast gleichmässig vertheilten türkischtatarischen und finnisch-ugrischen Ursprung; daher denn auch jener Grad der Affinität, welchen Herr Paul Hunfalvy [1] dies-

---

[1] Ethnographie von Ungarn, S. 147—153.

bezüglich nachzuweisen sich bemüht hat, wo die türkischen Beispiele ausgeblieben und wo die angeführte finnisch - ugrische
Wortvergleichung noch einer sehr starken Kritik unterliegt.
Ueber dieses interessante und schwerwiegende Moment der magyarisch-finnisch-ugrischen Verwandtschaft wollen wir in der
dritten Abtheilung unserer Studie noch ausführlicher sprechen,
und, um auf unsere vorausgeschickte Bemerkung bezüglich der
grössern und intensivern Verwandtschaft zwischen dem magyarischen und dem türkisch-tatarischen Wortschatze zurückzukommen, können wir es nicht unterlassen, besonders hervorzuheben,
dass wir zu einer derartigen Annahme vorderhand durch das
negative Resultat der magyarisch - finnisch - ugrischen Wortver-
gleichungen uns am meisten berechtigt fühlen. Wenn wir nämlich den Zahlenbestand der in der III. Beilage angeführten magyarischen Stammwörter näher ins Auge fassen, so wird es sich
herausstellen, dass unter den von uns citirten 663 Beispielen auf
die zweite Kategorie, zu welcher wir die nur auf dem finnisch-
ugrischen Gebiete nachweisbaren Analogien rechnen, blos 210,
auf die erste und dritte jedoch, welche die theils fraglichen,
theils entschieden falschen Analogien enthalten, 415, auf die
vierte, d. h. in die Rubrik der phantastischen Etymologien, 28
fallen, und dass demnach der positiven Zahl von 210 magyarisch-finnisch-ugrischen Wortparallelen 453 theils zweifelhafte,
theils entschieden irrige Gleichungen gegenüberstehen.

Wenn daher, wie aus diesem sich ergibt, in der Gesammtzahl von 2400 magyarischen Stammwörtern anstatt der von
Prof. Budenz für bewiesen erachteten 996 Analogien kaum ein
Drittheil aufrecht erhalten werden kann, nachdem der überwiegenden Mehrzahl ein türkischer Ursprung nachgewiesen worden ist, wie muss sich erst das Verhältniss gestalten, wenn
diese Zahlenminderheit der magyarisch-ugrischen Analogien mit
der Zahlenmehrheit der magyarisch-türkischen Analogien verglichen sein wird? Ich weiss es wohl, dass angesichts dieser
meiner Behauptung der seiner Animosität wegen bekannte philologische Eigendünkel mit dem ganzen Apparate seiner für
hieb- und stichfest gehaltenen Theorien gegen uns sich erheben
wird; doch will uns erstens diese Infallibilität aus den vorher
angeführten Gründen keinesfalls einleuchten, und zweitens glauben wir im vollen Rechte zu sein, wenn wir unsern wissenschaftlichen Gegnern die mahnende Bemerkung vorhalten: Man widme

zuerst den türkisch-tatarischen Sprachen dieselbe Aufmerksamkeit, man prüfe und erforsche auch hier den innern Geist der lautlichen und begrifflichen Verhältnisse, und wenn nach einer derartigen, von fachkundiger und unparteiischer Hand verrichteten Arbeit noch immer die grössere und augenfälligere Aehnlichkeit zwischen dem Magyarischen und der finnisch-ugrischen Gruppe bewiesen sein wird, dann bin ich gern bereit, dem Urtheile der gegnerischen Ansicht mich anzuschliessen, eher aber nicht!

III.
Vom magyarisch-türkischen Sprachverhältniss im allgemeinen.

Nun darf es allerdings nicht übersehen werden, dass die Anhänger der finnisch-ugrischen Theorie das Vorhandensein eines türkisch-tatarischen Elements in der magyarischen Sprache keineswegs in Abrede stellen. Auch sie geben zu, dass das Türkische auf das Magyarische einen bedeutenden Einfluss ausgeübt habe; nur wollen die Gegner diesen Einfluss erstens in der Formenlehre der letztgenannten Sprache nicht zugeben, und zweitens wollen sie den im Magyarischen existirenden türkischen Wortschatz theils nur als solche Lehnwörter ansehen, die infolge eines längern Zusammenlebens und der in solchen Fällen unausbleiblichen culturellen Einwirkung vom Türkischen ins Magyarische übergegangen, theils aber für urverwandt erklären, d. h. als einen Sprachstoff betrachten, der aus jener Periode stammt, in welcher die ural-altaische Rasse des menschlichen Geschlechts noch zusammengelebt und in die heute uns bekannten Hauptfamilien der mongolisch-mandschuischen, turko-tatarischen und finnisch-ugrischen Völker noch nicht getheilt war. Da eine derartige Behauptung unserer Annahme von dem Mischcharakter der magyarischen Sprache und des magyarischen Volkes schnurgerade entgegensteht, so wollen und müssen wir die diesbezüglichen Einwendungen einer Prüfung unterziehen und mittels Widerlegung derselben, soweit bei unserer schwachen Befähigung und mit Rücksicht auf das stets mannichfachen

Combinationen unterliegende Wesen der Frage im allgemeinen
dies thunlich ist, der von uns vertretenen Ansicht eine möglichst
feste Basis verleihen. Um bei dem Lautverhältnisse und der
Formenlehre des Magyarischen zu beginnen, so glauben wir
selbst mit unsern schwachen und mangelhaften Anführungen dargethan zu haben, dass die Lehre vom ausschliesslich finnisch-
ugrischen Charakter der betreffenden Theile der magyarischen
Sprache unter keinen Umständen zulässig sei. Wenn wir gleich
dem äusserst wichtigen Momente des Vorhandenseins der *h*-, *l*-,
n- und *r*-Anlaute, der Congruenz der Zahlwörter und des Gebrauches einer bestimmten und unbestimmten Form des Verbums
die vollste Würdigung widerfahren lassen, wie könnte und
dürfte es übersehen werden, dass selbst diesen eminent erscheinenden finnisch-ugrischen Charakterzügen solche speciell türkische Eigenthümlichkeiten, als einzelne Cardinalia (vgl. hat =
alti, hetü = jetü) und die Decimalendung *an*, *en* (vgl. hatvan
= alton, hetven = jettön), sich beimischen? wie könnte und
dürfte man die so augenscheinliche und mit aller philologischen
Kunst unwiderlegbare Congruenz in den Casusendungen, in den
Für- und Nebenwörtern, in den Zeitbildungen der Verba u. s. w.
ignoriren? Man wird mir einwenden, dass die Beweiskraft
meiner oberflächlichen und nicht genug fachmännischen Erörterungen neben den mit grossem Apparate zu Tage geförderten
Evidenzen der gegnerischen Schule von viel zu schwacher Wirkung sei. Nun, hierauf habe ich schon einmal geantwortet und
wiederhole hier nur: dass das Ergebniss dieser hochgehaltenen
philologischen Erörterungen als äusserst erkünstelt und erzwungen bisher auf mich und vielleicht auch auf so manchen unparteiischen Leser nicht überführend zu wirken vermocht habe. Ferner
muss in Betracht gezogen werden, dass, indem die Forscher auf
dem finnisch-ugrischen Sprachgebiete bei dem absoluten Mangel
einer Einheitlichkeit in der finnisch-ugrischen Sprachgruppe
das Beweismaterial auf der ganzen Weite und Breite besagten
Sprachgebiets gesammelt, d. h. die Analogie der einen Form
bei den Ostjaken, Wogulen und Mordwinen, der zweiten bei den
Finnen und Zürjänen, der dritten wieder bei den Lappen vorgefunden haben, sie, im Grunde genommen, der Voraussetzung
Raum geben, dass die Sprache der Magyaren aus jener uralten
Periode stamme, in welcher die Trennung der Finnen von den
Ugriern, ja die Dialektbildung dieser einzelnen Idiome noch

nicht stattgefunden hat. Auf diese Weise müsste denn das Magyarische sozusagen als die Stamm- und Muttersprache der ganzen
finnisch-ugrischen Gruppe betrachtet werden, ein Umstand, der
nicht nur aus ethnisch-politischen, sondern auch aus sprachgeschichtlichen Rücksichten uns unzulässig scheint, da erstens
die Hypothese von einer jahrtausendelangen Stabilität eines
ethnischen Elements geradezu eine Unmöglichkeit, und da zweitens selbst dem Sanskrit, trotz seines hohen Alterthums, auf dem
arischen Sprachgebiete ein solcher Charakter nicht zugesprochen
werden kann, indem, wie bekannt, sein Formenschatz keine
Zeichen höhern Alters als z. B. die des Lettischen aufweist.

Ueber diese Frage des im magyarischen Formenschatze vorherrschenden Geistes wird und kann noch viel gestritten werden;
und ;wenn ich meinerseits gern zugestehe, dass derselbe einen
in gewissen Theilen unverkennbaren finnisch-ugrischen Charakter
an sich trägt, so kann ich mich doch nicht des Eindrucks erwehren, dass auch die türkische Grammatik in demselben bedeutende Spuren zurückgelassen, und dass auch hier der Mischcharakter, natürlich nicht in solchem Maasse, wie beim Wortschatze, zu erkennen sei.

Was nun den nach Annahme der finnisch-ugrischen Theorie
während der historischen Entfaltung als Lehnwörter ins Magyarische gelangten türkischen Wortschatz anbelangt, so sind die
anerkannten Autoritäten auf diesem Gebiete darin einig, dass
derselbe nicht auf directem, sondern auf indirectem oder mittel-
barem Wege, d. h. durch die Sprache der Čuvašen, eines, wie
viele behaupten, heute schon vollständig türkisirten finnisch-
ugrischen Volksstammes, ins Magyarische gedrungen sei. Zur
Bekräftigung dieser Annahme führt Prof. Budenz[1] folgende Beweise vor: Erstens, die dem Čuvašischen eigenthümliche und
auch in einigen magyarischen Wörtern beobachtete Lautveränderung z, r, nach welcher die in den übrigen türkischen
Mundarten mit z auslautenden Silben mit r anzutreffen sind;
so z. B.

čuvašisch:	türkisch:
tuχur	tokuz (neun)
χir	kiz (Jungfer)

---

[1] Nyelvtudományi közlemények, X, 132—134.

čuvašisch:	türkisch:
pur	buz (Eis)
Kür	küz (Herbst)
śjür	jüz (Antlitz)
χor	kaz (Gans)
tuvar	tuz (Salz)
sir	siz (ohne) u. s. w.,

Zweitens, jene Erscheinung in der Lautlehre beider Sprachen, nach welcher gewisse im Türkischen auf *ak*, *ek*, *ik*, *ik*, *uk*, *ük* endigende Wörter im Čuvašischen den Gutturalauslaut verlieren und einfach mit einem Selbstlaut endigen; so z. B.:

türkisch:	čuvašisch:
balik	pola (Fisch)
tuprak	tupra (Ende)
tajak	toja (Stock)
šeprek	šüpre (Hefe)
javruk	sjuro (das Junge der
	Vögel) u. s. w.;

eine Eigenthümlichkeit, welche Herr Budenz auch bei Vergleichung der von ihm als Lehnwörter bezeichneten magyarisch-türkischen Wörter mit dem eigentlichen türkischen Wortschatze entdeckt haben will; so z. B.

magyarisch:	türkisch:
borsó	burčak (Erbse)
gyüzü	jüzük (Ring)
hajó	kajuk (Schiff)
kancsó	kolčak (Krug)
karó	kazuk (Pfahl) u. s. w.

Nun will es uns aber bedünken, dass die von Prof. Budenz und theilweise auch von Hunfalvy angeführten Beweise keinesfalls stichhaltig sind, denn zunächst muss hervorgehoben werden, dass das Čuvašische, wie sich auf Grund geschichtlicher Daten [1] vermuthen lässt, eine türkische Dialektbildung verhältnissmässig jüngern Datums sei, die selbst im 13. Jahrhunderte noch nicht ihren Abschluss gefunden hat [2] und gegen Ende des 8. und zu An-

---

[1] Siehe S. 60.   [2] Siehe S. 61.

fang des 9. Jahrhunderts, zur Zeit nämlich, als die von Hunfalvy behauptete Vermischung mit den für die Vermittler des türkischen Wortschatzes gehaltenen Kabaren vor sich ging, noch lange nicht jene vom ganzen türkischen Sprachgebäude so verschiedenen dialektischen Abweichungen besitzen konnte, in denen sie heute bekannt ist. Wenn daher der geschichtliche Zusammenhang der besagten Annahme im Wege steht, so wird ein selbst flüchtiger Blick in die lautlichen und grammatikalischen Verhältnisse des Čuvašischen von der Unzulänglichkeit dieser Theorie uns desto gründlicher überzeugen. Wir brauchen zu diesem Behufe nur die vom Prof. Budenz gebrachte Arbeit über die čuvašisch-türkischen Lautverhältnisse [1] vorzunehmen, und wir werden sehen, dass die Verschiedenheit in der Lautlehre zwischen dem Čuvašischen und Türkischen nicht nur im besagten *r: z*, sondern auch in vielen andern Erscheinungen zu Tage tritt. So z. B. ist der türkische Anlaut *j* im Čuvašischen theils mittels *sj* ausgedrückt (vgl. čuvašisch sjîmarda = türkisch jumurta [Ei], čuvašisch sjuv = türkisch jag [Fell]), theils auch mittels *k*, als čuvašisch jur = türkisch kar (Schnee), čuvašisch jon = türkisch kan (Blut). Das türkische *a* verwandelt sich im Čuvašischen häufig in *o* oder bisweilen auch in *u*; vgl.:

čuvašisch:	türkisch:
osra	asra (hüten)
oź	ač (öffnen)
ud	at (werfen)
ut	at (Pferd)
tuv	tag (Berg) u. s. w.

Wir finden, dass das türkische *g* im Čuvašischen immer in *v*, das türkische *k* immer in *h* sich verändert, ferner, dass das auslautende türkische *j* im Čuvašischen sowie im Jakutischen und Uigurischen immer *t* wird, und dass schliesslich viele anlautende Vocale des Türkischen im Čuvašischen ein *v* vorgesetzt haben, so z. B.:

čuvašisch:	türkisch:
vil	öl (stechen)
vîr	ora (ernten)

---

[1] Siehe Nyelvtudományi közlemények, III, 234—248.

čuvašisch:	türkisch:
viž	uč (fliegen)
vat	ud (Galle)
vot	ot (Feuer) u. s. w.

Wenn daher diese und noch viele andere Regeln der Lautveränderung den Dialekt der Čuvašen von den übrigen türkisch-
tatarischen Mundarten trennen, kann man das Verhältniss zwischen *r* und *z* als die alleinige čuvašische Lautspecialität
betrachten und darf man dem im Magyarischen vorfindlichen
türkischen Wortschatze, in Anbetracht dessen, dass die Sprache
der Magyaren bei dem vorherrschenden finnisch-ugrischen Lautsystem ebenfalls mit Vorliebe das *z* mit *r* verwechselt, auf
Grund dieser einzigen analogen Erscheinung einen čuvašischen
Ursprung beilegen? Ganz gelinde gesprochen wäre dies der
grösste philologische Widersinn! Wir dürfen nämlich nicht ausser
Acht lassen: erstens, dass das Magyarische eine beträchtliche
Anzahl mit *j* oder *gy* anlautender Wörter türkischen Ursprungs
aufweist, z. B.:

magyarisch:	türkisch:
jut	jit (anlangen)
jár	jori (gehen)
gyül	jûl (sich versammeln)
gyümöcs	jimiš (Obst)
gyürü	jüzük (Ring) u. s. w.,

die nicht mit *sj*, wie im Čuvašischen, anlauten; ja dass besagter
mouillirter Zischlaut dem Magyarischen ganz fremd sei; zweitens, dass die früher erwähnte Vocalveränderung zwischen *o*
und *a*, *a* und *e* oder *o*, sowie die übrigen Momente der čuvašischen Lautcharakteristik im Magyarischen nicht vorkommen, indem die türkischen Wörter daselbst fast durchgängig den ursprünglichen türkischen Lautcharakter beibehalten, d. h. bei
weitem nicht so lautlich entstellt sind als im Čuvašischen;
drittens, dass, so wenig wie das Verhältniss zwischen *z* und *r*
im Čuvašischen streng durchgeführt ist (vgl. türkisch tüz (dulden), čuvašisch tüz nicht tür; türkisch boz (verderben), čuvašisch
puz nicht pur; türkisch sez (fühlen), čuvašisch siz nicht sir; türkisch tengiz (Meer), čuvašisch tiniz nicht tinir), dieses auch dem
Türkischen nicht ganz fremd geblieben sei, wenn wir nämlich

in Erinnerung bringen, dass z. B. das čagataische tüz (dulden) im Uigurischen tür, öre (aufwärts) in öze (auf), üzek in jürek (Herz), das uigurische bor = Wein im Türkischen boza geworden, das čagataische söpse (Besen) im Osmanischen söprü lautet, dass das negative z und s in gelmez oder kilmes im Azerbaižanischen sich in ein r verwandelt hat: daher gelmerem statt gelmezem (ich komme nicht), dass im gegenseitigen Verhältnisse zwischen köz = Auge und kör = sehen, zwischen tözük und töre = Gesetz u. s. w. diese Mouillirung ebenfalls sich wahrnehmen lässt, und schliesslich dass viertens das Magyarische einerseits einen reichhaltigen Vorrath von solchen türkischen Wörtern aufweist, in welchen das z beibehalten wurde, folglich von einer čuvašischen Vermittelung überhaupt keine Rede sein kann, so z. B. magyarisch iz (izibe), türkisch iz = Spur, čuvašisch jír = Spur, magyarisch tüz (aufstecken), türkisch tiz, tigiz (von tig = einstecken, aufpflanzen), und dass es andererseits solche Wörter von unzweifelhaftem türkischen Ursprung enthält, die im Čuvašischen sich gar nicht vorfinden, ja solche Wörter, von denen mit voller Bestimmtheit bewiesen werden kann, dass sie mit der Mundart solcher Türkenstämme Gemeinsamkeit haben, die schon zu einer Zeit bestanden, als das Čuvašische noch gar nicht existirte, wie wir dies bei den Culturmomenten nachweisen werden.

Noch viel weniger zulässig für die Theorie einer čuvašischen Vermittelung des türkischen Wortschatzes im Magyarischen ist das von Budenz angeführte Moment vom Verschwinden des auslautenden Gutturalen. Hier hat der gelehrte Sprachforscher entschieden vergessen, dass die Absorption des auslautenden Gutturalen eine solche Eigenthümlichkeit sei, die nicht nur bei einem Vergleiche des Čuvašischen und Magyarischen mit den übrigen türkischen Dialekten, sondern auch bei einem allgemeinen Vergleiche des Westtürkischen mit dem Osttürkischen ins Auge fallen muss, und dass z. B. das Osmanische mit Vorliebe das ursprüngliche k vor einem nachfolgenden Vocal in g oder j verwandelt (vgl. köpek, köpejim, köpeje u. s. w.) und am Ende des Wortes es ganz ausgelassen hat; so z. B.:

osttürkisch:	osmanisch:	kazanisch:
kuruk	kuru	koro (trocken)
sarîk	sarï	sarï (gelb)

osttürkisch:	osmanisch:	kazanisch:
turuk	doru	turî (hell)
uluk	ulu	olo (gross)
karak	kara (Augapfel)	—
javruk	javru (das Junge)	—

u. s. w.

Aus Besagtem, glaube ich, wird es zur Genüge hervorleuchten,
wie wenig stichhaltig die Theorie einer čuvašischen Deduction
sei. Wir hätten nur noch unsere Bemerkung hinsichtlich der
Ansicht vom urverwandtschaftlichen Charakter des magyarisch-türkischen Wortschatzes zu machen, einer Ansicht, die wir
— gelinde ausgedrückt — sofort als zu den kühnsten Phantasien
gehörig bezeichnen müssen. Wenn wir die Annahme einer Urverwandtschaft auf einzelne Wurzeln oder Stammwörter ausdehnen, so ist dies ein ganz natürliches Vorgehen, da beim gemeinsamen Charakter der ural-altaischen Sprachen die Gemeinsamkeit der Wurzel, bisweilen auch des Stammes sich von selbst
versteht. Doch wenn wir den Begriff der Verwandtschaft auf fertige
Wörter ausdehnen, auf solche Redetheile, welche nur nach dem
Gesetze einer speciellen türkischen Wortbildung entstanden sind,
so verhält es sich hierbei ganz anders, da wir hiermit jenen Zeitpunkt schon überschritten haben, in welchem die Hauptvölker der
heutigen ural-altaischen Rasse, noch in einem Körper vereint,
noch eine gemeinsame Sprache gesprochen hatten. Nun erlaube ich mir die Frage: ist es nicht die Ausgeburt einer sehr
erhitzten Einbildungskraft, bei einem Völkerelemente, wie das
ural-altaische ist, auf dem unsichern Gebiete einer Urexistenz
so weit zurückgreifen zu wollen, nachdem ein ähnlicher Schritt
auf dem sprachgeschichtlichen Felde anderer, durch eine ehr-
würdige Cultur bekannter Völker arischer und semitischer Rasse
noch von niemand gewagt worden ist? Was daher keinem
Forscher auf dem Felde der arischen und semitischen Sprachvergleichung gelungen ist, das sollte auf dem Gebiete der ural-
altaischen Sprachen möglich sein, da wir in den als „urverwandt"
bezeichneten Wörtern wol nichts anderes als hochwichtige Monumente aus dem Zeitalter vor der Sprachscheidung sehen
können und dürfen? Wie diese ehrwürdigen Ueberbleibsel eines
hohen Alterthums beschaffen sein müssen, das wird uns Herr
Budenz wol selbst schwer präcisiren können; doch dass dieselben in jener altersgrauen, prähistorischen Zeit, als die Sprach-

scheidung noch nicht stattgefunden hatte, auch noch keine prägnanten Symptome einer türkischen, finnisch-ugrischen oder mongolisch-manžúischen Wortbildung an sich tragen dürfen: das wird wol a priori zugestanden werden müssen. Nun ist dieses aber keineswegs der Fall; denn wenn wir die vom Professor Budenz in seinem Berichte über meine „Magyarisch-türkischen Wortgleichnisse" als urverwandt (ösrokon) aufgeführten Beispiele näher untersuchen, so wird es sich herausstellen, dass dieselben schon den evidenten und unverkennbaren Stempel des Turcismus an sich tragen, daher aus der Periode nach der Sprachentrennung stammen, folglich das Epitheton „urverwandt" nicht mehr verdienen. Zum Beispiel:

agg = grau, ist ein abstracter Begriff des concreten türkischen ak = weiss, dessen ältere Formen aj (klar, hell), ač (öffnen), aj (öffnen) u. s. w. die Urform dieser Stammsilbe blos vermuthen, aber nicht feststellen lassen.

ál = Trug; áltat = täuschen. Die Stammsilbe al ist eine Nebenform des ursprünglichen türkischen jal = falsch, scheinbar, vgl. jalgan = falsch, jaldiz = Glanz u. s. w. Zweitens ist das dem Stamme angehängte da eine speciell türkische Partikel zur Verbalbildung (vgl. ök—ökte, ang—angda), ebenso wie t die transitive Form bezeichnet. Das magyarische áltat ist demnach mit dem türkischen aldat = täuschen lautlich und begrifflich identisch, und kann daher keinesfalls für eine ural-altaische Urverwandtschaft angesehen werden.

ártani = schaden, uigurisch arta. Urverwandt könnte nur die Stammsilbe ár (eine Nebenform des primitiven kár = Schaden) sein; doch arta ist schon eine türkische Wortbildung, kann also in der vorliegenden Form nicht mehr als urverwandt bezeichnet werden.

áz = nass werden, ist eine Nebenform des ursprünglich türkischen jaš, jas = nass, und als urverwandt kann nur das türkische iz, is (nass), magyarische viz = Wasser. wogulische vit (Wasser), vitin (nass) bezeichnet werden.

bosszú = Groll, bosszankod = sich ärgern. Die Stammsilbe bossz, türkisch boš, bos hat die ursprüngliche und concrete Bedeutung von kochen, sieden, aufwallen, von welchem das abstracte zürnen, böse sein u. s. w. ent-

16*

standen; ist daher gleichfalls speciell türkisch, und nicht ural-altaisch.

cscleked = handeln, thun, ist ebenfalls mit dem türkischen čal, čališ = sich bemühen verwandt; und das čagataische čalik = flink, čalka = sich sputen sind nur abstracte Begriffe des concreten čal = bewegen, rühren, schlagen.

emö = säugend, ist mit dem türkischen emük = saugend (vom em = saugen) nach der normalen Wegwerfung des gutturalen Auslautes der Partikel ük identisch; daher entschieden türkisch und nicht ural-altaisch.

ért = für, wegen, ist mit dem türkischen jerde, jeride = an seiner Stelle (von jer = Ort und dem Locativ-Suffixe de) identisch und ebenfalls entschieden türkisch.

gyül = sich versammeln, im Türkischen jig-il und ji-il von der Stammsilbe jig, ji = Haufe, häufen, und — wie aus der türkischen Verbalform ersichtlich ist — ein türkisches und kein ural-altaisches Wort.

gyerek = Kind, türkisch jauruk = das Junge der Vögel, aber auch der Menschen. Die ursprüngliche Bedeutung dieses türkischen Wortes ist nahestehend, verwandt (von jakuk, javuk, jauk, respective javur, jaur = annähern), daher begrifflich sowol als lautlich ein türkische Formation und nicht mehr uralten ural-altaischen Ursprunges.

haszon = Nutzen, entspricht dem türkischen kazanč = Gewinnst, Nutzen. Nun stammt aber letztgenanntes Wort von kaz = bei, neben, woraus das Reflexivverbum kaz-an = sich beilegen, sich aneignen gebildet ist; daher in seinem Grundwesen entschieden türkisch; u. s. w.

Indem wir in den citirten Beispielen — ein gleicher Maassstab kann bei sämmtlichen 122 „urverwandten" Parallelen des Professor Budenz angelegt werden — die Annahme von Spuren einer Urverwandtschaft als unstatthaft hinstellen, können wir nicht umhin zu bemerken, dass wir auch bezüglich der Distinction, die Professor Budenz zwischen „urverwandt" und „Lehnwort" macht, nicht ganz im Klaren sind; nachdem der gelehrte Verfasser hinsichtlich dieser Frage mit seinem Urtheil jedenfalls zu voreilig war, und keinesfalls mit einem solchen Kriterium auftritt, das eine derartige Distinction rechtfertigen könnte. Um

die Scheidewand zwischen dem im Magyarischen vorhandenen
urverwandten und entlehnten türkischen Wortschatze ziehen
zu können, müsste vorerst das gegenseitige Verhältniss
zwischen den Sprachen der drei Hauptfamilien der ural-altaischen
Rasse, ich meine zwischen dem Mongolisch-Mandžuischen, Türkisch-Tatarischen und Finnisch-Ugrischen, genau erörtert und
bekannt gegeben werden. Doch hiervon sind wir noch sehr weit
entfernt, daher die Annahme einer ural-altaischen Ursprache noch
allzu sehr verfrüht ist und bislang zu den allerkühnsten Hypothesen gerechnet werden muss!

Schliesslich wollen wir auf den Umstand aufmerksam machen,
dass nach den herrschenden Normen der vergleichenden Philologie eine Sprache von der andern zumeist Haupt-, Bei-, Neben-
und Zahlwörter, niemals aber Verba zu entlehnen pflegt, während doch der magyarische Wortschatz nicht nur einige, sondern
vielmehr eine sehr bedeutende Anzahl solcher Zeitwörter
aufweist, deren engere Verwandtschaft mit dem Türkischen ausser
allem Zweifel steht. Solche magyarisch-türkische Zeitwörter
sind erstens einfache Stammsilben von unzweideutigem Verbal-
charakter, als:

magyarisch:	türkisch:
ás	eš, aš (graben)
áz	ez, az (befeuchten)
csap	čap (hauen)
em	em (saugen)
ér	er (werth, rein)
foly	buol (fliessen)
hagy	koj (lassen)
hál	kal (bleiben)
ír	sjîr (schreiben)
jut	jit (gelangen) u. s. w.

Zweitens: solche Zeitwörter, bei welchen nebst der betreffenden
Stammsilbe gewisse, den verschiedenen Arten des Verbums im
Türkischen und im Magyarischen einen gleichen Werth verlei-
hende, Partikeln sich vorfinden, welche — wie schon erwähnt —
ein engeres Verhältniss zwischen beiden Sprachen beweisen.
Solche Zeitwörter sind:

magyarisch:	türkisch:
csikar	čikar (herausnehmen)
söpör	söpür (fegen)
csökken	čökün (abfallen, niederfallen)
dörzsöl	dörsülc (reiben)
fúl	boul, buul (ersticken)
kisér	kečir (begleiten)
gyúr	jaur, juur (kneten)
gyül	·jîîl (sich versammeln)
koslát	košlat (paaren lassen)
nyargal	jorgala (galopiren) u. s. w.

Wir haben von beiden Kategorien nur 20 Beispiele aufgeführt; doch weil deren Anzahl sich bedeutend steigern liesse, so erlauben wir uns die Frage: wie kann die Behauptung eines „Lehncharakters" der türkischen Wörter im Magyarischen angesichts der früher erwähnten Norm aufrecht erhalten werden?

Doch es ist nunmehr Zeit, dass wir — um die Geduld des nicht streng philologisch geschulten Lesers nicht auf die Spitze zu stellen — unsere philologische Controverse zum Abschluss bringen und das Resultat unserer bisherigen Auseinandersetzungen zusammenfassen sollen. Indem wir hervorgehoben — und insoweit es im engen Rahmen dieser Studie thunlich war, auch bewiesen zu haben glauben —, dass das Lautsystem und der Formenschatz des Magyarischen nirgends die Spuren eines vorwiegenden finnisch-ugrischen oder türkisch-tatarischen Sprachcharakters an sich trage, der Wortschatz hingegen in einem nähern Verwandtschaftsgrade zum Türkisch-Tatarischen sich hinneige, haben wir den Doppel- oder Mischcharakter der magyarischen Sprache insofern ausser Zweifel gesetzt, dass — wenngleich mit Bezug auf Qualität und Quantität der einzelnen Bestandtheile die Discussion noch lange nicht geschlossen ist — bezüglich des Hauptwesens dieser Frage jedoch kein Streit mehr obwalten kann. Fehler, in die ein Cassel und noch andere magyarische Sprach- und Geschichtsforscher verfielen, indem sie der Sprache der Magyaren bald jede Gemeinschaft mit den übrigen Idiomen absprachen, bald wieder zu den kühnsten Hypothesen sich verstiegen, — solche crasse Fehler können heute nicht mehr begangen werden. Um was es in erster Reihe sich handelt, das ist die Frage: ob und wo in der Sprachgeschichte im allgemeinen ein analoger Fall von Doppelsprachigkeit sich vorfindet; und ferner: wie sich wol diese Erscheinung zu den in der vergleichenden Sprachwissenschaft als „herrschende Principien" anerkannten Theorie verhält. Ob nun der Grundsatz, dass der Wortschatz noch so sehr gemischt, die Formenlehre aber immer Beweise eines entschieden einheitlichen Sprachcharakters an sich tragen müsse, auch bezüglich des Magyarischen unerschütterlich stehe, darüber könnte wol noch viel und lange gestritten werden, weil die Möglichkeit nicht fern liegt, dass mit Entstehung des heute als magyarisch bekannten Sprachconglomerats sich möglicherweise eine solche Ausnahme vollzogen hat, die in das theoretische Bauwerk der in vielen Dingen nicht Stich haltenden Sprachforschung sich nicht leichterdings hineinfügen lässt; und da wir einmal die Häresie begangen, an die Unfehlbarkeit philologischer Theorien nicht unbedingt glauben zu wollen und zu können, so erlauben wir uns auch bezüglich der Theorien der magyarisch-ugrischen Sprachforscher dies zu thun. Zu diesem sündhaften Vorgehen hat uns einerseits das negative Resultat der bisherigen Sprachvergleichung zwischen den magyarischen und finnisch-ugrischen Mundarten verleitet, andererseits aber der Umstand, dass es Mischsprachen von analoger Beschaffenheit gibt, wovon uns eine kleine Umschau sofort überzeugen wird. Wenn man zu diesem Behufe unter den heutigen Sprachen Europas Revue hält, ist man zumeist geneigt, im Englischen einen analogen Fall von Mischsprache zu entdecken; doch wäre dieses Beispiel nicht ganz zutreffend, da im Englischen — ungeachtet des allerdings bedeutenden Einflusses des Lateinischen und Französischen—die Formenlehre rein germanisch geblieben, die Volkssprache nur wenig beeinflusst worden, und das eigentliche Amalgam mehr im Bereiche der abstracten Begriffe und mehr in der Schriftsprache sich bemerklich macht. Dasselbe ist auch bei andern Mischsprachen, wie z. B. im Osmanischen, der Fall, da — abgesehen von einigen fremden Culturbegriffen und abstracten Wörtern — die Grammatik, ja die Volkssprache noch immer türkisch geblieben, und nur die Literatur mit arabisch-persischen Lehnwörtern angefüllt ist. [1] Ein mehr frappantes Beispiel von

---

[1] Einzelne Ausnahmen machen sich übrigens auch hier schon bemerklich. So finden wir in der osmanischen Schriftsprache čiftlikat جفتلیکات

Mischcharakter liefert schon das Maltesische, welches trotz seines
semitischen Ursprungs vom Griechischen und Italienischen dermassen beeinflusst worden ist, dass es selbst seine Grammatik
nicht unversehrt erhalten konnte, und wo der Wortschatz in
leicht erklärlicher Weise das sonderbarste Gemisch repräsentirt;
ferner die Sprache der Darduis in den Districten von Koli und
Palas, welche theils vom Türkischen, theils vom Afghanischen,
theils wieder vom Tibetisch-Burmesischen stark beeinflusst worden
ist, ein Umstand, der bei vielen andern Sprachen nachgewiesen
werden kann.

Selbstverständlich sind die concreten Fälle von Sprach-
conglomeraten dort am häufigsten anzutreffen, wo zwei wenngleich
dem Urwesen nach verwandte, infolge einer schon sehr früh
stattgefundenen Scheidung jedoch voneinander abgetrennt lebende
Theile einer und derselben Rasse in unmittelbarer Nachbarschaft leben oder durch geschichtliche Revolution sozusagen
ineinander gewaltsam hineingewürfelt wurden. Ein ähnliches
Motiv liegt dem Vorhandensein so vieler Mischsprachen im Innern Afrikas zu Grunde; und so ist es auch gekommen, dass an
der ethnischen Grenzscheide der turko-tatarischen und finnisch-
ugrischen Völker, d. h. entlang dem Uralgebirge, ungefähr vom
55. bis zum 65. Breitengrade, es von jeher an ethnischen und
sprachlichen Conglomeraten nicht gefehlt haben muss. Wie es
diesbezüglich in jenen Gegenden im prähistorischen und selbst
im Anfange des geschichtlichen Zeitalters ausgesehen haben mag,
darüber fehlt uns selbst der geringste Anhaltspunkt; doch dass
auch heute noch dort Mischsprachen angetroffen werden, das
wird aus dem Beispiele des Mordwinischen und namentlich des
Čeremisisschen [1] am besten erhellen. Besonders ist es das letztgenannte Idiom der ugrischen Gruppe, das bezüglich des Misch-

---

= Landgüter, das türkische čiftlik mit dem arabischen Plural اﺗ sebzewat
سبزوات = Grünzeuge, das persische سبزه = grün mit dem arabischen
Plural اﺗ.

[1] In dem von Budenz in Bd. III der Nyelvtud. Közlemények veröffentlichten čeremissischen Wörterbuche ist mehr als die Hälfte der Wörter mit
(στ), d. h. čuvašisch-tatarischen Ursprungs oder Gemeinsamkeit, bezeichnet,
trotzdem wir noch sehr viele Wörter dort antreffen, deren türkischer Ursprung ausser Zweifel steht und die von Professor Budenz mit (στ) nicht
versehen wurden.

charakters seines Formen- und Wortschatzes dem Magyarischen
vorzüglich ähnlich ist, und daher unsere specielle Aufmerksamkeit verdient. Die Sprache der Čeremissen, dieses eine Viertel-
million starken, am linken Wolgaufer von Kazan bis nach Wjatka
sich hinziehenden Volkes, bekundet in ihrer Lautlehre einerseits
einen prägnantern Ausdruck der ugrischen Charakteristik als das
Magyarische, doch ist andererseits die čeremissische Grammatik
so reich an reintürkischen Formen, und namentlich ist der Wortschatz mit reintürkischen Wörtern dermassen überladen, dass
wir die von Professor Budenz in seinen „Čeremissischen Studien" [1]
ausgesprochene Ansicht von einer čuvašischen Provenienz der
meisten dieser Formen und Wörter noch nicht unbedingt annehmen können. Dass viele, ja sehr viele čeremissische Wörter
und Formen aus dem benachbarten čuvašischen Sprachgebiete
stammen, das steht ausser Zweifel; doch liesse sich auch hier,
wie bei der im Magyarischen und Čuvašischen hervortretenden
Neigung zur Verwechselung des *z* mit *r*, die Frage aufwerfen:
ob nicht etwa auch das Čeremissische, indem es den türkischen
Wortschatz annahm, einem den finnisch-ugrischen Lautbedürf-
nissen entsprechenden Gebote huldigend, dasselbe System der
Lautverwandlung befolgte? Nun, hierauf gibt Professor Budenz
selbst die beste Antwort, indem er unmittelbar auf die als čuvašische Lehnwörter bezeichneten 170 Beispiele 99 solche Wörter
folgen lässt, zu denen er wol čuvašische Analogien findet, ohne
dass beide sich ans Osttürkische anreihen liessen. Abgesehen
von dem Umstande, dass die ebengedachte Ansicht des Professor
Budenz nicht ganz richtig ist, denn čeremissisch tagan, čuvašisch tagan = Huf, čeremissisch orem, čuvašisch oram = Gasse,
čeremissisch osal, čuvašisch osal = garstig, čeremissisch čap =
Ruf [2] u. s. w. lauten auch im Osttürkischen taka, oram, usal und
čav —, spricht nicht etwa die Unmöglichkeit einer consequent
durchgeführten Ableitung der für fremd gehaltenen Sprachtheile
für den auffallenden Mischcharakter des Čeremissischen wie auch
des Wotjakischen? und war es nicht eben eine Folge dieses

---

[1] Cseremisz tanulmányok in Nyelvtud. Közlemények, III, 397—470 und
IV, 48—105.
[2] Auf Seite 418 der früher erwähnten Arbeit sagt Professor Budenz von
diesen Wörtern: „De nines a keleti törökben", d. h. sie existiren aber nicht
im Osttürkischen.

Mischcharakters, dass man bezüglich des Čeremissischen ebenso
verschiedener Meinung gewesen wie bezüglich des Magyarischen,
indem es von einigen Sprachforschern zur finnisch-ugrischen,
von andern wieder zur turko-tatarischen Gruppe gerechnet worden ist?

Dort, wo der Mischcharakter einer Sprache von solch inten-
siver, daher auffallender Natur ist, dort wird die genaue Definition
des Grundwesens, die richtige Derivation der einzelnen Bestandtheile, sowie der Versuch einer engern Angliederung wol immer
mit Schwierigkeiten verbunden sein. Bei einem gegenseitigen
Vergleiche des im Čeremissischen und im Magyarischen vorhandenen türkischen Formen- und Wortschatzes wird es sofort einleuchten, dass in ersterwähnter Mischsprache der türkische Sprachstoff sich als fremdartig, ja als ein neueres Lehngut darstellt,
während er im letztern nicht nur durch alte genuine Formen
auffällt, sondern in vielen Fällen auch eine Originalität bewahrt
hat, die zum Studium der Turkologie von grösster Bedeutung ist,
da ohne Kenntniss des Magyarischen das Türkische gar
nicht gründlich erklärt werden kann. Natürlich huldigt
die gegnerische Schule einer ähnlichen Ansicht betreffs der finnisch-
ugrischen Verwandtschaft, und da die Meinungen dermassen
divergiren, so wird dem Ergebniss der zeitweiligen Forschungen
immer ein gewisser Grad von Zweifel und Unsicherheit anhaften,
und dass auf endgültige Lösung nur wenig Hoffnung hier vorhanden sei, beweist unter anderm: erstens die wesentliche Verschiedenheit der Resultate, zu denen wir bei Beurtheilung des
„Vergleichenden finnisch-ugrischen Wörterbuches" gelangten,
eine Verschiedenheit, an der die gegnerische Kritik [1] wol zu
rütteln, die sie aber nimmermehr gänzlich zu beseitigen im
Stande sein wird; zweitens, dass der heute als eifrigster, ja
mitunter als leidenschaftlicher Verfechter der finnisch-ugrischen
Theorie bekannte Gelehrte, nämlich Herr Professor Budenz, es
war, welcher ehedem für das Verwandtschaftsverhältniss zwischen
dem Magyarischen und Türkischen mit solchen Argumenten ein-

---

[1] Um dem Leser von der Art und Weise, besonders aber von der Stich-
haltigkeit derartiger Kritiken einen Begriff zu geben, haben wir unter Beilage IV. den Bericht, den Professor Budenz von meinen magyarisch-türkischen Wortparallelen seinerzeit veröffentlichte, einer kurzen Gegenkritik
unterzogen.

getreten ist [1], die seinen Ansichten bezüglich eben dieser Frage schnurstracks zuwiderlaufen und das Grundgebäude seiner heutigen Theorie jedenfalls stark erschüttern. Es sind allerdings seit jener Zeit etliche zwanzig Jahre verflossen; der Wissenskreis des gelehrten finnisch-ugrischen Sprachforschers hat sich gewiss in solchem Maasse erweitert und das Material seiner neuern Argumente muss gewiss dermassen angewachsen sein, dass nun dieses Einlenken in eine andere Richtung und dieses Desavouiren der frühern Behauptungen bei ihm bona fide und zwar auf Grund wissenschaftlicher Ueberzeugung sich vollzogen hat. Der gelehrte Sprachforscher betont doch selbst, dass er den Satz „mutavi sententiam in meliorem" häufig angewendet habe und auch in der Zukunft noch befolgen wolle, ferner, dass er selbst [2] die Möglichkeit zugebe „nur den dritten, sogar nur den zehnten Theil seiner Forschungen erhalten zu sehen". Ein solches Geständniss däucht uns, in Anbetracht der Schlüpfrigkeit des etymologischen Terrains, ganz natürlich, und gehört nicht zu den Seltenheiten auf dem Felde anderer wissenschaftlicher Forschungen. [3] Dennoch erlaube ich mir die Frage: ist es par exemple möglich, die englische Sprache bei einem noch so flüchtigen Ueberblick als eine solche bezeichnen zu wollen, die zur romanischen und nicht zur germanischen Gruppe gehört, und liefert nicht etwa der Umstand, dass bei der engern Klassification des Magyarischen eine solche Verschiedenheit der Auffassung möglich war und immer noch möglich ist, für unsere Annahme einer nie gänzlich zu bannenden Zweifelhaftigkeit des zu lösenden Problems den eloquentesten Beweis? Wir haben

---

[1] Siehe Török-magyar nyelvhasoulitás és hasoulitó magyar altaji hangtauról. Antrittsrede, gehalten in der ungarischen Akademie am 13. Januar 1862, und erschienen im II. Bande des Magyar Akademiai Értesítő. S. 158 —190.

[2] A magy. tud. Akademia értesítöje, XIV. Jahrgang, Nr. 8, S. 145.

[3] Ich will und muss hier gelegentlich eine meiner eigenen vor zwölf Jahren gemachten Aeusserungen rectificiren. Ich war nämlich früher der Ansicht, dass die finnisch-ugrischen Elemente im Magyarischen in qualitativer und quantitativer Beziehung die stärkern seien, und dass der türkische Einfluss nur von einer spätern Berührung während der geschichtlichen Umgestaltung herstamme. Von dieser Ansicht haben mich meine spätern Studien, namentlich aber das negative Resultat des „Vergleichenden Wörterbuches" von Professor Budenz gänzlich abgebracht.

schon früher hervorgehoben, dass es den Anhängern der finnisch-
ugrischen Theorie bisher nicht gelungen sei, die Sprache der
Magyaren in engere Verwandtschaft zu dem einen oder andern
Zweig der ugrischen Gruppe — von der finnischen konnte
niemals die Rede sein — anzureihen, wir haben gesehen, mit
welch gewaltsamen Mitteln die Vergleichung des Wortschatzes
vor sich gegangen, ferner wie kühn, unsicher, unhaltbar und
phantastisch die angeführten Motive sich darstellen, und wenn
es trotz alledem noch Philologen gibt, welche auf Grund ihrer
bisher zu Tage geförderten Forschungsresultate für den eminent,
ja exclusiv finnisch-ugrischen Charakter des Magyarischen einstehen, so ist dies eine wissenschaftlich-subjective Ueberzeugung,
welcher wir uns nie anschliessen können, und ist dies namentlich ein wissenschaftliches Resultat, welches niemals den Beruf
haben kann, zur Lösung des uns vorliegenden ethnologischen
Räthsels irgendwie beizutragen.

Wären wir daher auch geneigt, die Sprache als Klassificationsmittel in der Völkerkunde zu acceptiren — was beim heutigen
Stande der Ethnologie wol niemand mehr einfallen wird —, so
müssten wir bezüglich des Magyarischen entschieden eine Ausnahme machen, d. h. wir können und dürfen nicht einer solchen Sprache, über deren näherm Verwandtschaftsgrad zu den
Schwestersprachen ein dichter Nebel liegt — ein Nebel, den keine
wie immer geartete Klügelei jemals gänzlich zu zerstreuen vermögen wird —, eine unbedingte Beweisfähigkeit zur Klassification
des Volkes zumuthen.   Würde das Physicum der Magyaren solche
unverkennbare Spuren des finnisch-ugrischen Typus an sich tragen, wie z. B. das der Ćeremissen, von welchen Rittich [1] mit
Recht behauptet, dass sie die Scheidegrenze zwischen dem süd-
finnischen und nordtürkischen Grenzgebiete bilden, so könnte
das linguistische Problem wol leichter gelöst werden.   Der magyarischen Sprache allein kann hier kein entscheidendes Urtheil
zugemuthet werden; sie verbreitet wol ein gewisses Licht über
einzelne Phasen aus der genetischen Geschichte dieses ural-altaischen Wandervolkes, aber sie ist nicht die Seele des Volkes, wie
der gelehrte Verfasser der „Ethnographie von Ungarn" sagt.

Die Helle, welche besagtes Licht verbreitet, d. h. das einzig

---

[1] Materiali dlja Etnografii Rossii, Karauskaja Gubernija, II, 130.

positive Ergebniss der bisherigen Forschungen kann in Folgendem
zusammengefasst werden.

In der Sprache der Magyaren gehört wol ein, sowie in qualitativer, also auch in quantitativer Hinsicht, nur schwer begrenz-
barer Theil der ugrischen Gruppe an und zwar einem solchen
Zweige dieser Gruppe, der auf der südlichsten Grenze des ugrischen Sprachgebiets sich befand und dessen genaues Verwandtschaftsverhältniss zu den übrigen Schwestersprachen sich heute
auch schon deshalb nicht mehr genau bestimmen lässt, weil
einerseits diese letztern seit jener Zeit wesentlichen Umgestaltungen unterworfen waren, und weil andererseits das Magyarische
selbst infolge der mannichfachen und intensivern Einflüsse von
aussen her, denen es auf der Wanderschaft seit dem Verlassen
der ältern Heimat bis zur festen Niederlassung in seinem heutigen Vaterlande ausgesetzt war, so manche Züge seines frühern
Bildes eingebüsst und selbst hinsichtlich seines finnisch-ugrischen
Bestandtheils nicht jenen Grad der innern Affinität bekundet,
der beispielsweise zwischen dem Wogulischen, Ostjakischen und
Čeremissischen sich wechselseitig wahrnehmen lässt. Was hingegen das Verwandtschaftsverhältniss zum Türkischen anbelangt,
so trägt dasselbe unverkennbare Spuren zweier verschiedener
Phasen, folglich auch zweier verschiedener dialektischer Eigenthümlichkeiten an sich, die uns sofort ins Auge fallen werden,
wenn wir den magyarisch-türkischen Wortschatz einerseits mit
dem türkischen Elemente in andern ugrischen Sprachen, namentlich in dem stark turkisirten Čeremissischen, andererseits mit
den heute bekannten Hauptfractionen der turko-tatarischen Mundarten vergleicht. Bezüglich des erstgedachten Falles mögen folgende Beispiele hinreichen, um dem Leser zu beweisen, um wie-
viel reiner und unverfälschter der türkische Wortschatz im Magyarischen als im Čeremissischen sich erhalten habe, trotzdem
die Čeremissen vom eigentlichen türkischen Sprachgebiete sich
viel weniger entfernt haben als die Magyaren. So z. B.:

türkisch:	magyarisch:	čeremissisch:
čok (viel)	sok	šuko
kajta (treiben)	hajt	tajem
tani (lernen)	tanul	tüneman
čerig (Heer)	sereg	sar
kečki (Ziege)	kecske	kaze

türkisch:	magyarisch:	čeremissisch:
kantar (Zügel)	kantár	kandra
oj, öj (Sinn)	agy	ang
sunak (Bremse)	szunyog (Mücke)	šenga (Fliege)
tarak (Kamm)	taraj (Kamm der Vögel)	kekerek
kendir (Hanf)	kender	keñe (Hanf)
vur (schlagen)	ver	kerem
kur (Saite)	húr	kel
kim, ki (wer?)	ki	kö
sîra (Bier)	sör	jerge
ong (Stimme)	hang	juk
šerem (flink)	serény	čer
šor (gesalzen)	só (Salz)	šamak
sîk (eng)	szük	šögör u. s. w.

Mit Bezug auf den zweiterwähnten Fall kann es der Aufmerksamkeit des unparteiischen Forschers nicht entgehen, dass die betonten dialektischen Verschiedenheiten hauptsächlich auf die zwei Hauptfractionen, d. h. auf das Osttürkische und Westtürkische sich erstrecken, indem die türkischen Elemente im Magyarischen der überwiegenden Mehrzahl nach eher zum Osttürkischen hinneigen, und mit Hülfe des letztern viel leichter erklärt und analysirt werden können als mittels des Westtürkischen, dessen Einfluss ein verhältnissmässig neuerer zu nennen ist, und aller Wahrscheinlichkeit nach dem Amalgam der nach dem Westen gezogenen Magyaren mit den sich ihnen angeschlossen habenden Khazaren, Kabaren, Petschenegen und Kumanen zuzuschreiben ist. Hierauf bezügliche Beispiele sind:

magyarisch:	osttürkisch:
Füllen, csikó	cikin, Füllen
Knoten, csomó	čomak, Knaul
ganz, egész	egis, vollkommen
Verstand, ész	es, Verstand
ärmlich, gyarló	jarlik, arm
Leitseil, gyeplö	jeplik, Seil
Rücken, hát	kat, Rücken
Saite, húr	kur, Band
Schlinge, hurok	kuruk, Lazzo

magyarisch:	osttürkisch:
er selbst maga	maka, selbst
gross nagy	naj, sehr
Arm kar	kar, Arm
Farbe szín	sin, Farbe

u. s. w., eine Reihe von Wörtern, die heute ausschliesslich im Altaischen, Uigurischen und Kirgisischen sich vorfinden, im Westtürkischen aber nicht nur heutzutage, sondern schon seit 600 Jahren gänzlich vermisst werden. Dieses allerdings äusserst wichtige Moment in der Ursprungsfrage der magyarischen Sprache ist in erster Reihe durch die schon erwähnte frappantere Analogie zwischen dem türkisch-magyarischen Wortschatze und dem Osttürkischen im allgemeinen bewiesen, eine Analogie, die dergestalt hervortritt, dass wir fast zwei Drittel des türkisch-magyarischen Wortschatzes nur mit Hülfe des Čagataischen, Uigurischen und Altaischen etymologisch zerlegen und verstehen können. Nicht zu übersehen ist auch das Vorhandensein der auslautenden Gutturalen in einigen solchen Wörtern, die in betreffenden Beispielen im Osmanischen, Turkomanischen, Kumanischen und gewissermassen auch im Kazanischen schon verschwinden, während das Magyarische dieselben, d. h. ein *k* oder *g* beibehalten hat. Solche Wörter sind:

osttürkisch:	magyarisch:	osmanisch:
jauruk (Junges der Menschen u. Vögel)	gyerek (Kind)	jauru
čerik (Armee)	sereg (Heer)	čeri
kirag (Rand, Ranft)	kéreg (Rinde)	—
irik (gross, alt)	öreg (alt, gross)	iri
alčik (Lehm)	agyag (Lehm, Thon)	alči

u. s. w.; sowie schliesslich eine beträchtliche Anzahl von andern Lauteigenthümlichkeiten, mit einem Worte: solche Momente, die alle insgesammt darauf hindeuten, dass das Türkische in der Sprache der Magyaren nicht durch die Vermischung mit den Kabaren — wie Hunfalvy vermuthet — sondern theils von einem schon längst verflossenen Zeitalter herstammt, d. h. als urcigen zu betrachten ist, theils aber von einer spätern Periode geschichtlicher Berührung datirt; demnach auch das Magyarische eine solche Sprache vorstellt, die ungleich andern Mischidiomen einen

länger andauernden Umgestaltungsprocess durchgemacht hat, einen
Process, welcher erst nach der endgültigen Niederlassung in Ungarn seinen gänzlichen Abschluss finden konnte.   Wenn wir nach
einer ähnlichen Erscheinung auf dem Gebiete der Sprachen-
gestaltung uns umsehen, so werden wir finden, dass die Bulgaren
z. B. ihre türkische Mundart mit der Sprache ihrer slawischen
Unterthanen auch schon deshalb leichter und schneller vertauscht
haben, weil infolge der Umgebung von compactern arischen Elementen der Verkehr mit den verwandten Ural-Altaiern geringer
und die Isolirung grösser wurde, ein Umstand, der weder bei
den Magyaren seit ihrer Auswanderung aus dem Uralgebiete,
noch bei den Čeremissen und Mordwinen jemals eingetreten war.
Aus dem Gesagten geht also hervor, dass durch die Vergleichung
des Magyarischen mit den verwandten Sprachen der beiden Hauptgruppen nur die einzelnen Phasen der geschichtlichen Entwickelung dieses Volkes, nicht aber die Momente seiner Entstehung,
d. h. seine Genesis, beleuchtet werden kann; denn, wenn das
Zeugniss der Sprache, wie wir eingangs dieses Theiles
unserer Studie nachgewiesen haben, als erstes und
wichtigstes Klassificationsmittel in der Völkerkunde
nicht zulässig ist, so kann dies um so weniger bei einer
solchen Sprache der Fall sein, die infolge ihres Mischcharakters sowol der finnisch-ugrischen als auch der
türkisch-tatarischen Sprachengruppe zugetheilt werden kann, — einer Sprache, über deren Einreihung bisher schon viel gestritten wurde und in Zukunft gewiss
noch gestritten werden wird; — denn die Concordanz
der sieben Cardinalia und die grössere Uebereinstimmung einer objectiven und subjectiven Conjugation
allein dünken uns noch nicht genug kräftige Evidenzen
und schlagende Beweise, welche den nähern Grad von
Verwandtschaft in unfehlbarer Weise bezeugen könnten. Es sind dies eben nur wissenschaftliche Theore-
mata, die wie viele andere noch lange nicht den Stempel
der Untrüglichkeit erhalten haben und lange nicht berechtigt sind, das entscheidende Urtheil in der uns vorliegenden streitigen Frage zu fällen. Vorderhand liegt
natürlich nur das Bild einer stofflichen Vergleichung
als abgeschlossenes Ganze vor; doch wie aus unserer
in der III. Beilage angeführten, ziemlich detaillirten

Kritik ersichtlich ist, strotzt die in der Vergleichung
angewendete Methode nicht nur von der empörendsten
Gewaltthätigkeit, sondern was den begrifflichen Nexus
anbelangt, sogar vom schreiendsten logischen Widersinn; und falls diese Methode auch bei Vergleichung
des Formenschatzes angewendet werden sollte, so steht
uns gar nichts im Wege, das zu erlangende Resultat
auch schon von vornherein zu verdammen und jegliches
Bestreben, das Magyarische an das Finnisch-Ugrische
in engere Anreihung zu bringen, schon im vorhinein
als unfruchtbar und eitel zu bezeichnen.

Um daher dem in unserer Studie angestrebten Ziele näher
zu kommen, wollen wir uns noch an ein drittes beweisfähiges
Mittel, d. i. an die Culturmomente wenden.

Dritte Abtheilung.

CULTURMOMENTE.

EINLEITUNG.

Um die Finsterniss, in welche die Ursprungsgeschichte der
Magyaren gehüllt ist, nach Möglichkeit zu erhellen, haben wir
uns bisher der allerdings nur spärlichen geschichtlichen Daten
und des nur sehr problematischen Zeugnisses der Sprache als
Leuchten bedient. Nun sind aber mit diesen Behelfen die uns
zu Gebote stehenden Mittel noch nicht völlig erschöpft, indem
uns noch ein drittes Moment erübrigt, nämlich die Momente der
primitiven Cultur des magyarischen Volkes, d. h. Sitten und Gebräuche, mit einem Worte die Züge jenes Culturbildes, mit welchen dieses asiatische Volk in Europa erschienen, und die theils
durch die Sprache, theils durch die Aufzeichnungen der zeitgenössischen Schriftsteller uns aufbewahrt worden sind. Die
Frage, welchen Grad von Beweisfähigkeit man im allgemeinen
den Culturmomenten beimessen kann, und wie weit die dunkle
Vergangenheit der ural-altaischen Völker hiermit aufgeklärt
werden kann, brauchen wir hierorts auch schon deshalb nicht
eingehend zu erörtern, da wir unsern diesbezüglichen Anschauungen in einer unserer frühern Arbeiten [1] schon Ausdruck verliehen, und weil wir mit unsern jetzigen Bemerkungen höchstens
nur jene Differenzpunkte zu beleuchten haben, die zwischen dem
primitiven Zustande einer Rasse in ihrer Gesammtheit und dem
eines Stammes oder Zweiges derselben bestehen kann, und weil
schliesslich heute die Ansicht schon überall durchgedrungen ist,
dass zur Lösung ethnologischer Probleme das vergleichende Studium der Culturmomente mindestens von ebensolcher Wichtigkeit

---

[1] Siehe Einleitung zu meinem Buche „Die primitive Cultur des turko-
tatarischen Volkes" (Leipzig 1879).

ist wie die Forschungen auf dem Gebiete der Geschichte und
Linguistik. In unserm früher erwähnten Werke hatten wir uns
als Ziel vorgesteckt, jenes Bild des gesellschaftlichen Lebens zu
veranschaulichen, welches im krystallreinen Glase der turko-
tatarischen Sprachen sich widerspiegelt, folglich das Sittenleben
des türkischen Volkes noch in der Epoche vor der Dialektbildung,
während wir hier mit einem solchen Zweige letzterwähnten Volkes
zu thun haben, von dem es eben bewiesen werden soll, dass es,
trotz einer schon frühern Ausscheidung aus dem Verbande des
gemeinschaftlichen Stammes und trotz seiner längst stattgefundenen Vermischung mit einem verwandten Familienmitgliede,
noch immer so stark ausgeprägte Culturmomente aufzeigt, die
seinen türkisch-tatarischen Ursprung ausser allen Zweifel setzen.

Diesem unserm Versuche gegenüber wird man allerdings die
Einwendung machen können, dass, wenn wir die Sprache als
Klassificationsmittel nicht unbedingt zuliessen, wir bezüglich der
eben nur in Wörtern zurückgebliebenen Culturmomente dies
um so weniger thun dürfen, da das Sittenbild eines Volkes fremden Einflüssen noch mehr zugänglich ist als die Sprache, ja dass
es eben nur die Sitten und Gebräuche wären, die auf die Veränderung eines nationalen Idioms am meisten einzuwirken pflegen,
und, wie die Erfahrung lehrt, auch überall als Hauptvermittler
der Sprachentlehnung gedient haben. Nun wollen wir keinesfalls
leugnen, dass, so wie beim Wort- und Formenschatz einer Sprache,
die Frage der Entlehnung oder des Ureigenthums verschiedenartig gedeutet, und, wie wir dies beim Magyarischen und Ceremissischen sehen, zum Ausgangspunkte verschiedener Theorien
gemacht werden kann, wir ebenso bei Prüfung der nationalen
oder fremden Cultur allerdings auch mitunter auf schlüpfrigen
Boden gerathen und bei etwaigem Uebereifer ebenfalls von der
Gefahr des Strauchelns nicht ganz befreit sind. Glücklicherweise
jedoch gibt es Gesetze, die dem Forscher im erstern sowol als im
letztern Falle den nöthigen Schutz gewähren. So wie bei der
Sprachvergleichung die Analogie der Formen und die Regeln der
Lautveränderung als Regulative dienen, so gibt bei Vergleichung
der einzelnen Culturbilder die Völkerpsychologie den Ausschlag,
d. h. wir können und dürfen beim Sittenbilde eines Volkes nur
jenen Zug für echt und ureigen ansehen, der im Zusammenhang
mit der Bodenbeschaffenheit und klimatischen Verhältnissen seiner
vermeinten Urheimat in Einklang gebracht, und aus den gesel-

ligen Zuständen, die ebenfass nach Boden und Klima sich gestaltet haben, sich erklären lassen. So wie z. B. in der Sprache der Türken und Magyaren Wörter mit doppeltconsonantalem Anlaut als Fremdlinge betrachtet werden müssen, ebenso dürfen wir jene Züge der Cultur, die entweder auf einen höhern oder niedern Breitengrad als den Steppengürtel der centralasiatischen Welt hindeuten, nur als Lehngut ansehen. Im Turko-Tatarischen sind alle jene Thiere und Pflanzen, die aus den alten iranischen Ländern über den Oxus und Jaxartes in die Steppenheimat gelangten, noch heute unter den fremden iranischen Namen bekannt; so wie übrigens im Russischen und im Persischen, theilweise auch im Hindostanischen die durch turko-tatarischen Cultureinfluss geschaffenen Neuerungen noch immer das türkische Sprachgewand nicht abgelegt haben. Da nun das Maass eines Cultureinflusses, d. h. die Aufnahme fremder Culturbegriffe, durch die verschiedenartige physische Beschaffenheit des Menschen und des Bodens bedingt und an gewisse Grenzen gebunden ist, so kann auch von einer totalen culturellen Umgestaltung eines Volkes nur dort und dann die Rede sein, wo bei einer längst stattgefundenen Veränderung des Ursitzes auch die physischen Beschaffenheiten der neuen Heimat eine solche Umgestaltung ermöglichten, d. h. im Geistesleben ehemaliger Montagnarden werden die Culturbegriffe eines Steppen bewohnenden Volkes sich nur dann einbürgern können, wenn erstere schon vor mehrern Generationen vom heimatlichen Gebirgslande in die Ebene gezogen waren. Es ist daher klar und ersichtlich, dass der Sprachentausch oder das Sprachamalgam vor allem in jenen Wörtern sich bemerklich macht, welche die Begriffe der neuen klimatischen Erscheinungen oder die Sitten und Gebräuche des neuen gesellschaftlichen Lebens verdolmetschen, und dass daher in den auf die primitive Cultur der Völker bezüglichen Wörtern nicht nur die klimatischen und territorialen Verhältnisse der Urheimat, sondern auch zugleich die ethnischen und bisweilen sogar die generischen Beziehungen sich abspiegeln. Dort, wo die Absorption eines Volkes durch ein anderes als fertige Thatsache vor uns steht, dort ist die ganze Sprache, daher auch die Begriffe der primitiven Cultur verschwunden. Doch im Falle einer Sprachvermischung verhält es sich ganz anders, denn die Nuancen der Culturmomente stehen mit dem Ursprung und der spätern Entfaltung der Völker im engen Zusammenhange,

indem die einzelnen Culturwörter gleichsam die Monumente der
primitiven Cultur betreffender Völker darstellen, und als die
eigentliche ethnische Grundlage kann nur jenes Volk gelten, in
dessen Sprache die Momente der primitiven Cultur besser und
zahlreicher vertreten sind.

Es ist daher, vom erwähnten Gesichtspunkte ausgehend, dass
wir den Culturmomenten eines Volkes den bedeutenden Grad von
Wichtigkeit beilegen und dieselben für zuverlässige Zeugen in
der Ursprungsgeschichte halten. Es ist namentlich mit Bezug
auf den Gegenstand unserer Untersuchung, dass wir in den Culturmomenten eine solche Leuchte vorfinden, von welcher selbst
die entlegensten Winkel des fraglichen Gebietes mehr erhellt
werden als durch die vergleichende Philologie, da das Wort nur
die Gewandung, die Sitte selbst aber die Substanz repräsentirt.
In dem von uns aufgerollten Bilde wird der Leser daher die
Provenienz der einzelnen Züge des altmagyarischen Culturlebens
sofort erkennen; und während einerseits aus dem Facit gewisser
Thatsachen der Mischcharakter der primitiven magyarischen Cultur sowie der Sprache zum Vorschein kommt, ebenso wird andererseits eine überwiegende Anzahl der Beweisgründe von der
markant turko-tatarischen Charakteristik Zeugniss ablegen, indem wir schliesslich zur Einsicht gelangen, dass, wie wir früher
schon hervorgehoben, die Culturbegriffe ins Magyarische nicht
auf dem Wege der Entlehnung gelangen konnten, sondern als
genuin und ureigen einem solchen Volksstamme entsprangen, mit
dem eben diese Sitten und Gebräuche genetisch verbunden sind.
Dieses gilt, wie gesagt, von der grossen Mehrzahl der Culturbegriffe; doch ist angesichts des schon erwähnten Mischcharakters eine Klassification unvermeidlich, und wenn wir in eine
solche uns einlassen, so werden wir finden, dass in den Momenten
der primitiven Gesittung nebst dem Türkisch-Tatarischen in
erster Reihe das ugrische Element stark vertreten ist, und dass
auch die iranische Bildungswelt aus der Zeit der Sassaniden
wesentliche Spuren zurückgelassen hat, während auf die einzelnen
Phasen der fortgeschrittenen Cultur der zeitweilige Bildungsgeist
der Germanen, Slawen und Byzantiner einen starken Einfluss
ausübte. Hierorts kann selbstverständlich nur vom ersten Theile,
d. h. nur von der primitiven Cultur die Rede sein, und da wir
es, wie schon männiglich bewiesen, mit einem Steppen bewohnenden nomadischen Volke zu thun haben, so wollen wir mit

dem Thierreiche als mit dem Hauptlebensbedingnisse des Menschen auf der ersten Bildungsstufe beginnen.

I.

Thiere.

Zur Bezeichnung des allgemeinen Begriffs von **Vieh** bedient sich das Magyarische, so wie dies bei vielen andern Sprachen der Fall ist, der Umschreibung *Vermögen*, *Habe* und *Gut*, und ist demnach mit *barom* oder *jószág* ausgedrückt. Auch im Türkischen ist ein ähnlicher Ideengang bemerklich, da Vieh mit dem alttürkischen *barum* und *mal* bezeichnet ist. Letzteres Wort مال = Vermögen ist ein arabisches Lehnwort, hat aber dessenungeachtet bis weit unter den Mongolen Verbreitung gefunden, während ersteres, von der Grundbedeutung Habe (bar = besitzen, barum = Besitz), heute nur noch im Kirgisischen in der speciellen Bedeutung von Vieh vorkommt, daher *barumta* [1] = auf Vieh ausgehen und barumtau = baranta = Raubzug, eigentlich Viehraub. Ausserdem hat die Sprache noch ein anderes Wort, nämlich **állat = Thier**, dessen ursprüngliche und ältere Bedeutung Stand, Zustand [2], eigentlich auf den Begriff Viehstand sich bezieht. ebenso wie noch heute bei Viehzüchtern unter dem Worte *Stand* der *Viehstand*, das *Vieh* im allgemeinen verstanden wird. Es ist übrigens charakteristisch, wie wir dies an anderer Stelle schon hervorgehoben [3], dass die Sprache des primitiven Menschen zur Bezeichnung von Sammelnamen viel weniger befähigt ist als zur Bezeichnung der einzelnen Gegenstände, ein Umstand, den wir auf dem uns vorliegenden Gebiete der Forschung mehrmals wahrnehmen werden.

Wenn wir nun untersuchen, welches Hausthier der alten Magyaren zuerst gekannt und als Lebensunterhalt zuerst verwendet wurde, so werden wir nach der heutigen Gepflogenheit im Leben der Steppenbewohner wol bald zur Ueberzeugung gelangen,

---

[1] Vgl. Budagow, I, 221.
[2] Siehe das Wort állat im Magyar Nyelv szótára, I, 270.
[3] Siehe „Primitive Cultur des turko-tatarischen Volkes", S. 50 u. 61.

dass es das **Schaf** gewesen, welches unter den geographischen
und klimatischen Verhältnissen der alten Heimat am besten
gedieh und dort auch noch heute gedeiht, dessen Fruchtbarkeit
dem Menschen einen ergiebigen Born der Nahrung und der
Kleidung zusichert, und dass, soweit in den Steppenregionen
Centralasiens sich nachweisen lässt, von Genus der Argali oder
Kočkar zuerst gezähmt und gezüchtet wurde. Für den Begriff
Schaf gibt es im Magyarischen zwei Wörter, nämlich *birka* und
juh, die sich nur dialektisch voneinander unterscheiden, und von
denen ersteres genuin, etymologisch erklärlich, letzteres jedoch
sich nicht ganz bestimmt eruiren lässt. So wie barom, türkisch
barum, das Vieh im allgemeinen darstellt und Besitz bedeutet,
ebenso entdecken wir in birka die Verdolmetschung desselben
Begriffes nur im Diminutivum, da wir in diesem Worte die Stammsilbe *bir*, türkisch *bar* = Habe, Besitz und die Verkleinerungssilbe *ka* entdecken, und birka demnach den kleinen Besitz, das
kleine Vieh bedeutet, zum Unterschiede von barom, dem Sammelnamen für grosses Vieh, Vieh im allgemeinen. Bezüglich des
Wortes *juh* haben wir nun einen Anhaltspunkt auf ganz fremdem
Sprachgebiete, nämlich im Neupersischen *čuban, žuban* = Schafhirt, zusammengesetzt aus چو *ču, žu* = Schaf und بان *ban* =
hüten, schützen; und da ču, žu in den ältesten persischen Sprachdenkmälern in der Bedeutung Schaf nicht vorkommt, so ist die
Annahme berechtigt, dass dieses Wort, gleich andern aus dem
Bereiche der Steppenfauna ins Persische eingedrungenen Wörtern,
aus türkischer Quelle stammt, ehemals *žu* oder *ju* lautete und
als solches mit dem magyarischen *juh* analog ist. Mit Bezug
auf das Geschlecht und die Altersstadien des Schafes stossen
wir schon auf mehrere Vereinigungspunkte mit dem heutigen
Türkischen. Der **Widder** heisst magyarisch *kos* und türkisch
koč, koš; der **Hammel** magyarisch *ürü*, türkisch (turkom) *ürü*;
das **einjährige Schaf** magyarisch *toklyó*, türkisch *tokli*. Ein
ähnliches Verhältniss ist im Worte für **Wolle** bemerklich, magyarisch *gyapju* vgl. *gyapott*, türkisch *japu, japuk*, der Wortbedeutung nach Hülle, Decke, so wie auch im Worte für **Schafstall**, magyarisch *akol*, türkisch *agul, aul*, hier nicht so sehr
Stall als Gehöfte, Umzäunung bedeutend. Wenn wir nun bemerken, dass die türkischen Nomaden zur Bezeichnung der verschiedenen Altersstadien auch bei den übrigen Nutzthieren eine
genau definirte Nomenclatur besitzen, und dass die magyarische

Sprache diesbezüglich nur beim Schafe und einigermassen auch
beim Rinde diese Eigenthümlichkeit aufweist, so wird es nicht
schwer fallen, zur Ueberzeugung zu gelangen, dass es die erwähnten Thiergattungen waren, auf welche der magyarische Nomade
die Hauptsorgfalt verwendete, und dass eben infolge dessen die
reichhaltigere Nomenclatur, trotz der äusserst bunten Wechselfälle des nationalen Lebens, sich erhalten konnte. Dem Schafe
zunächst wollen wir uns daher mit dem Rinde beschäftigen. Das
Rindvieh führt im Magyarischen den Sammelnamen *marha*, ein
Wort slawischen Ursprungs, das so wie das früher erwähnte *barom*
und *birka*, heute Vieh im allgemeinen, ehedem aber Besitz,
Habe bedeutete, und selbstverständlich verhältnissmässig neuern
Gebrauches ist.[1] Eine grössere Originalität bekundet die Benennung der Geschlechtsverschiedenheit und der Altersstadien
der Hausthiere. Der **Stier** heisst magyarisch *bika*, türkisch *buka*,
buga; der **Ochs** magyarisch *ökör*, türkisch *ököz*, *ököz*; der **junge
Ochs** magyarisch *tinó*, türkisch *tana* (Kalb); die **junge Kuh**
magyarisch *ünö*, *üné*, türkisch *ünek*, *inek* = Kuh im allgemeinen,
ebenso wie das Synonym des letzterwähnten Begriffes im Magyarischen, nämlich *üszö*, *üszöke* (**Kuhkalb**), im türkischen *öszük*
(aufwachsende) eine Erklärung findet; schliesslich das **Kalb** im
allgemeinen magyarisch *borju*, türkisch *puru*, *bozau* und *bozagu*.
Auch die lautliche sowol als begriffliche Analogie der von besagten Thieren erhaltenen Nahrungsproducte ist von Interesse
und soll hier Erwähnung finden. Bezüglich der Fleischspeisen
können wir die Analogie zwischen dem magyarischen **tokány** =
kleingehacktes und geschmortes Schaf- und Rindfleisch und dem
kirgisischen *talkan* = zerbröckelte, zerriebene Mehlspeise von der
Stammsilbe **tal** und **talka** = zerstückeln anführen. Im magyarischen tokány ist daher nicht der Stoff, sondern die Form des
Gerichtes ausgedrückt, und mag sich auf ein früher gebrauchtes
Fleischpulver, d. h. zerriebenes Fleisch beziehen, dessen Existenz
bei den alten Magyaren geschichtlich nachgewiesen werden kann.
Milch heisst magyarisch *tej*, türkisch *süt*, ein Wort, von welchem
nach der normalen Lautveränderung *t—j*, die eben uralte Form
süj sich annehmen lässt, und dass eine solche Stammsilbe thatsächlich bestanden, das beweisen die Wörter *saj* = melken und

---

[1] Verböczi übersetzt res depositae mit letett marha, ferner res mobiles
mit iugó marha u. s. w.; vgl. „A magyar nyelv szótára", IV, 110.

sajïn [1] = Melkschaf, denen die Stammsilbe saj zu Grunde liegt, dessen Urbedeutung herausnehmen, gewinnen (vgl. saïr, saur = herauszichen) den Begriff Milch daher als das Gewonnene, das Herausgenommene darstellt. Hingegen stimmen andere aus der Milch erzeugte Nahrungsstoffe wesentlich miteinander. So das Wort für **Käse** magyarisch *turó*, türkisch *turag*, welches slawische Etymologen irrigerweise aus dem slawischen Verbum tworit (erzeugen) abgeleitet haben, da eben das Entgegengesetzte der Fall ist, weil es ein ins Russische eingedrungenes türkisches Lehnwort ist [2]; ferner **Butter** magyarisch *vaj*, türkisch *maj* (Fett); **Buttermilch** magyarisch *iró*, türkisch *airan*. Als ein wahres Curiosum muss das magyarische Wort für **Fleisch,** nämlich *hús* betrachtet werden, das merkwürdigerweise aus dem Persischen und zwar durch türkische Vermittelung ins Magyarische gelangt ist, wie wir dies aus dem Türkischen Ostturkistans, aus dem alten Sitze der Uiguren, erfahren, wo noch heute Fleisch als Nahrungsstoff *guš* (neupersisch gušt) heisst.

Es mag einigermassen befremden, wenn wir unter den Haus- und Nutzthieren aus dem Zeitalter der primitiven Cultur der Magyaren erst an dritter Stelle das **Pferd** anführen und es als ein solches Hausthier hinstellen, dessen Zucht nicht älter als die des Schafes und Rindes sei. Der Grund für eine solche Annahme liegt ganz einfach in dem Umstande, dass dieser schnellfüssige Einwohner der Steppe, dessen im Urzustande sich befindlicher Bruder im kulan (onager, ein Mittelding zwischen Esel und Pferd) auf den Wüsten Centralasiens anzutreffen ist, ursprünglich nur als Locomobil verwendet und nur später in die Kategorie der türkisch-tatarischen Leckerbissen überging. Dies erfahren wir aus dem betreffenden Worte für Pferd, welches nämlich magyarisch *ló*, ugrisch *lu* und türkisch *lau* [3] und *ulau*, *ulak* heisst. Ulau,

---

[1] Das Verhältniss zwischen sajîn und dem supponirten saj, süj (Milch) existirt auch im gegenseitigen Verhältnisse zwischen dem magyarischen tej (Milch) und tején, tehén (Kuh). Tején statt tehén ist in der Mundart von Csallóköz gebräuchlich und repräsentirt eine Lautveränderung analog der zwischen fejér und fehér.

[2] Vgl. Primitive Cultur des turko-tatarischen Volkes, S. 94.

[3] Auf den Vocal-Ansatz bei den mit l und r anlautenden türkischen Wörtern haben wir schon (S. 207) hingewiesen. Lu steht zu ulau in demselben Verhältnisse, in welchem magyarisch rok — on zum türkischen uruk (anverwandt), kirgisisch rak zum türkischen îrak (weit), magyarisch rüh zum türkischen ürü (Ausschlag) sich befinden.

aus dem das kirgisische lau [1] entstanden, bedeutet wörtlich Fahr-
oder Reitzeug, ein Locomobil (vgl. ula = fahren, reiten; ulakman
= Reiterschaft), zugleich auch ein Lastthier, und wird folglich nicht
nur stricte auf das Pferd angewendet, sondern auch auf ein anderes Last- und Reitthier, d. h. auf den Esel, der in Mittelasien
dieses Wort gleichsam als Ehrentitel erhält, in Azerbaižan aber
geradezu damit benamset ist. Nebst ulak, ulau hat die türkische
Sprache für Pferd das Wort *at*, welches eigentlich Hengst bedeutet, von dem auch eine ältere Form Atkir, Ajgir (im heutigen
Sprachgebrauche Unthier, das Gul-i-bijaban بيابان غول der
Perser) existirt. Mehr entsprechend sind die magyarischen Wörter
für **Hengst,** nämlich *csödör*, vgl. türkisch *čaudur* = junger Hengst,
eigentlich Wicherer von *čau* = Ruf, und *mén* oder *mén-ló*, in
welchem der türkische Verbalstamm *min, men* = steigen, aufsteigen sich erkennen lässt. Mén-lo d. i. das Steig-Pferd, bezieht sich daher auf den geschlechtlichen Act des Pferdes, und
dieser Sprachklarheit gegenüber ist es allerdings befremdend,
dass das Magyarische zur Bezeichnung der **Stute** sich eines
Wortes von zweifelhaftem Ursprunge bedient, nämlich *kancza*,
das einerseits mit dem slawischen *kanica*, andererseits aber auch
mit dem kirgisischen *konači* = Stute im dritten Jahre verglichen
werden kann. Das **Füllen** heisst im Magyarischen *csikó*, türkisch *čiyin*, *čikin* [2] (Abuška), der Wortbedeutung nach das Erzeugte, Herausgekommene vom Verbalstamme *čik* (vgl. kazanisch čiku = Aufgang, Geburt). Dass die alten Magyaren Pferdefleisch und Pferdemilch als Nahrung gebrauchten, dafür sprechen
zahlreiche geschichtliche Beweise, doch die Sprache hat uns
diesbezüglich kein Denkmal zurückgelassen, da diese Sitte nach
Einführung des Christenthums stark verpönt gewesen, und gleich
den übrigen an die alte heidnische Lebensweise erinnernden Momenten gewaltsam ausgerottet wurde, und mit den alten Sitten
müssen auch die hierauf bezüglichen Wörter zu Grunde gegangen
sein. Das noch mehr als das Pferd mit der Natur der Steppen
eng verbundene Thier, nämlich das **Kamel,** magyarisch *teve,*

---

[1] Lau či — Vorreiter, Reiter ist auch in den Chanaten bekannt.

[2] Mit čikin, čiku steht in lautlicher sowol als begrifflicher Analogie
das turko-tatarische čaka = Junge, Kind, das nicht einzeln, sondern als
Synonym mit bala (Kind) im čagataischen bala-čaka — Kinder vorkommt.

türkisch *tive*, *tüve*, über dessen Etymologie wir an anderer Stelle
schon gesprochen [1], hat im Magyarischen den alten genuinen
Namen beibehalten, kann daher nicht dem neuern türkischen,
d. h. osmanischen Cultureinflusse zugeschrieben werden. So wie
die Benennungen der Thiere zumeist einen türkischen Sprachcharakter bekunden, so ist dies auch bezüglich des Sammelnamens **Heerde** der Fall. Für diesen Begriff hat das Magyarische
das Wort *gúlya* = Heerde von Rindern, in welchem ich nach der
Regel der magyarischen Lautverwechselung gy — g [2] ein ursprüngliches gyulya, gyula, respective júla vermuthe, in dessen gedehnter Stammsilbe jú das alte juu = versammeln, anhäufen zu erkennen ist. Aus juu ist juul = sich versammeln entstanden, und
das magyarische gulya ist an die Stelle eines ursprünglichen
juulak = Versammlung getreten.

Indem wir nach den Momenten eines par excellence nomadischen Hirtenvolkes forschen, müssen wir selbstverständlich im
Zusammenhange mit den ersten Nutzthieren auch des **Hundes**
gedenken, der als treuer Begleiter der Hirten schon früh zur
Bedeutung gelangt sein muss. Bei den Namen der verschiedenen
Gattungen dieses Thieres machen wir die Wahrnehmung, dass
die Sprache einerseits mit dem Finnisch-Ugrischen, andererseits
mit dem Turko-Tatarischen Gemeinsamkeit aufzeigt, indem das
magyarische *eb* mit dem ugrischen *ämp*, *ämp* und türkisch *et*,
magyarisch *kutya* mit dem ugrischen *kuta* und türkischen *kücük*
(junger Hund) verglichen werden kann, wobei die stärkere Annäherung ans Finnisch-Ugrische augenfällig wird, während auf
dem speciell türkischen Gebiete nur das magyarische *kopó* =
Jagdhund mit dem osmanischen *kopoj* = Jagdhund und *köpek* =
grosser Hund [3] übereinstimmt. Dieser Umstand deutet darauf
hin, dass der Hund nur nach dem Zusammenleben der Magyaren
mit den Ugriern zur Wichtigkeit gelangte, da erstens dieses
Thier bei letztgenanntem vorzüglich der Jagd nachgehendem
Volke mehr in Ehren stand als bei den nomadischen Türken,
die den Hund wol von jeher gekannt, aber ihn immer als Object

---

[1] Vgl. Primitive Cultur des türkisch-tatarischen Volkes, S. 191.

[2] Namentlich lautet im Palóczen-Dialekte ge nge statt gyenge, gül
statt gyül u. s. w.

[3] kopoj = Jagdhund wird als gleichbedeutend mit zagár von Ahmed
Wefik Efendi in seinem „Lehčei Osmani" S. 933 angeführt.

des Schimpfes und der Verachtung betrachteten (vgl. die Redensart: it din alčak = gemeiner als der Hund; ferner die Composita
in der Nomenclatur der Pflanzen, wo die unbrauchbaren schlech-
ten Gewächse immer mit *it*[1] gepaart werden), ein Umstand, der
nach Ahlquist's Bemerkungen[2] über dieses Thier bei den Finn-
Ugriern nicht nachgewiesen wird. Dasselbe ist auch mit der
Katze der Fall, deren Name *macska* wol mit dem čagataischen
mösük, mäske(Katze) gleichlautet, doch scheinen beide aus arischem
Sprachgebiete entlehnt worden zu sein, da dieses Thier, wie Ahlquist[3] richtig bemerkt, dem Jäger und Nomaden unnöthig, und
ich selbst bin in der That unter Kirgisen und Turkomanen
derselben selten begegnet. Das Gleiche kann auch von der
Ziege bemerkt werden, die magyarisch *kecske*, türkisch *keči,
čeki* und *kečki* heisst und als ein dem Süden und felsigen Regionen angehöriges Thier nur durch Vermittelung arischer Völker
zu den Magyaren und Türken gelangen konnte (vgl. deutsch
Kitz, schwedisch kidde, slawisch kiza u. s. w.), wie dies übrigens
aus der magyarischen Benennung des Ziegenbockes, nämlich bak,
auch ersichtlich ist. Schliesslich darf nicht übersehen werden,
dass so wie die Ziege, mehr in den südlichen Regionen und in
Felsengegenden zu Hause, in der Steppenheimat die Hauptbedin-
gungen der Existenz vermisst, die Katze nur an die festen Wohnsitze gebunden im Kreise der ewig umherziehenden Nomaden
sich nie besonders heimisch fühlen konnte.

Von dieser kurzen und anspruchslosen Skizze über Haus-
und Zuchtthiere wollen wir auf das **Wild**, d. h. wilde Thiere
übergehen. Wenn es der magyarischen Sprache an einer speciellen Bezeichnung des Hausviehes im allgemeinen mangelte, so
darf es nicht wundernehmen, dass wir bezüglich des Begriffes
Wild ein ähnliches Unvermögen entdecken. Das hierauf bezügliche Wort *rad* ist entschieden fremden, d. h. persischen Ursprungs[4] und zwar eines ältern Gebrauches dieser Sprache, was
diese Annahme noch mehr bekräftigt, obwol andererseits die

---

[1] It, et ist ein altes Wort für: untere Theil, unten; daher eten, eden
- Unterste Sitz im Zelte, und etek = Saum.
[2] Siehe „Die Culturwörter der Westfinnischen Sprachen" (Helsingfors
1875).
[3] a. a. O., S. 22.
[4] Siehe dieses Wort in der III. Beilage.

Möglichkeit nicht ausgeschlossen ist, dass die alten Magyaren
für diesen Begriff einen speciellen Ausdruck besassen. Wir haben
schon anderswo [1] darauf hingedeutet, dass auf den Steppenbewohner den ersten und den mächtigsten Eindruck des Schreckens
das Wildschwein ausgeübt haben muss, als ein solches Thier,
das in grossen Haufen in den Niederungen Centralasiens an den
Ufern der Sümpfe und Röhrichte sich aufhält, das durch seine
Kraft und Zahlengrösse, in welcher es zu erscheinen pflegt, im-
ponirt, und wie ich mich an den Ufern des Görgens persönlich
überzeugen konnte, in der That als die schrecklichste Plage des
Menschen in nackter Steppennatur angesehen werden kann.
Hierauf bezüglich sind die türkischen Metaphern tongguz lajin
und kaban dik = von wildem Muth und Ausdauer, wörtlich: dem
Schweine ähnlich, ja hiermit hängt auch der Umstand zusammen,
dass der höchste Titel bei den alten Türken, nämlich Khakan,
Khaan und Khan mit dem mongolisch-türkischen Worte für
Schwein, Eber gleichen Ursprungs ist, dass Toñuz (Schwein)
häufig als Personenname vorkommt (vgl. Thonozuba im petschenegischen Wortregister), und schliesslich, dass noch heute unter
dem magyarischen Worte *kan* das Wildschwein, das Männliche
des Schweines und zugleich auch das Männliche anderer Vier-
füssler verstanden wird, vgl. *kan*-kutya = der Hund, *kan*-macska
= Kater u. s. w. Unter dem magyarischen *kan*, türkischen *kaban*
wurde früher das Schwein im allgemeinen verstanden; dies beweist erstens das Wort kanász = Schweinehirt, sowie juh-ász =
Schafhirt, zweitens das heutige Wort *rad-kan* = Eber, wörtlich
wildes Schwein; und da das heutige Wort für Schwein, nämlich
disznó (Hausschwein), nur mit dem čuvašischen *sosna*, čeremissischen *sasna* in erster Verbindung steht, und von dem weniger gebrauchten *damasz*, *domosz* = Schwein, türkisch *doñus*, osmanisch
domus, *doñuz* noch nicht festgestellt ist, ob es nicht neuerm
osmanischen Einfluss zugeschrieben werden soll, so unterliegt
es kaum einem Zweifel, dass das Schwein als Haus- und
Nutzthier den Magyaren nur später, d. h. nach ihrer Amalgamirung mit den ugrischen Elementen, bekannt geworden, und im
Stadium der primitiven Cultur ebenso wenig zu den Hausthieren
gehörte als bei den übrigen türkischen Völkern, die mit der
Zucht dieses Thieres selbst in der vorislamitischen Zeit sich nicht

---

[1] Siehe „Primitive Cultur des türkisch-tatarischen Volkes“, S. 199.

abgegeben haben. Dies wenigstens lässt auch Herodot in seiner Beschreibung von Scythien, IV, 63 vermuthen, indem er erwähnt, dass die Scythen keine Schweine opfern, auch mit der Zucht derselben sich nicht abgeben. Andere Congruenzen bezüglich der Namen dieses Thieres sind im magyarischen *emse* = **Sau**, türkischen *emči*, *emši* = Säuger und magyarischen *csörke*, tür-*čörpe* = **Ferkel** zu erkennen.

Weniger gefürchtet als das Wildschwein, aber seines die-bischen Charakters wegen gescheut war den Nomaden zu allen Zeiten der **Wolf**, dieser sehr unangenehme Gast aller Thier-züchter, besonders aber der Schafhirten, den wir im Magyarischen unter der Benennung *farkas* antreffen, ein Wort, in welchem das körperliche Kennzeichen dieses Thieres, nämlich die grössere Länge des Schweifes, wodurch der Wolf sich von dem Hunde unterscheidet, zum Ausdruck gelangt ist. Das gegenseitige Ver-hältniss zwischen farkas und dem magyarischen fark = Schweif lässt sich unter anderm in der čuvašischen Benennung dieses Thieres, in vurun chüre = Wolf, wörtlich Langschweif, am besten erkennen, so wie auch der Name eines andern Thieres im Magya-rischen, nämlich szarvas = Hirsch von szarv = Horn, auf diese Weise entstanden ist; in andern türkischen Dialekten ist der Wolf nach seiner Hautfarbe benannt. Was jedoch die andern Raubthiere der Steppe anbelangt, so werden wir die Wahrneh-mung machen, dass der **Tiger** und der **Löwe** den alten Nomaden Centralasiens bekannt gewesen, indem diese einen genuinen Na-men aufweisen, indem das türkische Wort für Tiger *kap-lan* wörtlich das Raubthier und das Wort für Löwe *arslan*, wörtlich das starke Thier [1], bedeutet. In der heutigen Sprache der Ma-gyaren heisst der Löwe ebenfalls *arszlány*, der genuine Name des Tigers jedoch ist abhanden gekommen, und hat sich nur in einem Orts- und Geschlechtsnamen erhalten. [2] Was jedoch den **Panther** anbelangt, der magyarisch *párducz*, türkisch *pars*, *bars* heisst, so stammt er aus dem Süden, wofür das persische Lehn-wort bars بارس am besten spricht.

In einer weitern Umsicht auf dem Gebiete der Steppenfauna werden wir bemerken, dass der **Bär** z. B., der im Leben der ugrischen Völker eine so wichtige Rolle spielte, dass ihm der

---

[1] Siehe „Primitive Cultur des türkisch-tatarischen Volkes", S. 201.

[2] Vgl. Koplon in „Thesauri linguae hungaricae" von Jerney (Pest 1854).

Ehrfurcht bekundende Name Vater, Väterchen verliehen wurde,
im Magyarischen blos unter dem slawischen Lehnworte *medve*
(russisch medwjed) bekannt ist, daher aller Wahrscheinlichkeit
nach den Magyaren in der Urheimat nicht allzu häufig vorgekommen sein mag; wogegen andere Thiere, als der **Dachs,** magyarisch *borz,* türkisch *borsuk,* der **Luchs,** magyarisch *hiuz,* türkisch *as* und *jüz* [1], der **Biber,** magyarisch *hód,* türkisch *kond-uz,*
kunduz, altaisch *kamdu,* die **Spitzmaus,** magyarisch *cziczkány,*
türkisch *siċkan* (Maus), das **Murmelthier,** magyarisch *ürge,* türkisch *ürkä,* der **Frosch,** magyarisch *béka,* türkisch *baga,* der
Windhund, magyarisch *agár,* türkisch (kirgisisch) *igär,* der **Iltis,**
magyarisch *görény,* türkisch *girin* [2], in ihren Namen auf dem türkischen und magyarischen Sprachgebiete vollkommen übereinstimmen. Höchst interessant ist es, dass, so wie das Vogelreich
auf der Steppe nur äusserst spärlich vertreten, da die gefiederten
Bewohner der Lüfte in den sandigen Regionen die zu ihrer Existenz nöthigen dichtbelaubten Bäume nur selten vorfinden, so
auch das Namenverzeichniss der Vögel im Magyarischen einen
vorwiegend fremden Charakter und nur dort Spuren eines genuinen Ursprungs aufzeigt, wo von solchen Vögeln die Rede ist,
die entweder vom Raube leben oder mit Vorliebe in der Steppe
kreischend umherfliegen. So ist der mythische Vogel der Magyaren, mit welchem Attila sein Schild geschmückt haben soll,
nämlich der **Turul,** im türkischen *túrgaul, turaul* = ein kleiner
schwarzer Falke zu erkennen, was auch von dem heute nicht
mehr gebrauchten **kerecset** = Jägerfalk, türkisch *kerċe* (siehe
S. 167) behauptet werden kann. Der **Kranich,** magyarisch *daru,*
heisst türkisch *turna;* die **Trappe,** magyarisch *túzok,* türkisch
túdak; der **Storch,** magyarisch *gólya,* türkisch *gulan;* der **Falke,**
magyarisch *sólyom,* türkisch *ċojlu, ċajlak* [3] und *ċajlan;* der **Habicht,**
Hühnerhabicht, magyarisch *kerra,* türkisch *kere;* der **Sperber,**
magyarisch *karoly* (auch *karvaly*), türkisch *karkara* (Specht) und
kirkaul (Fasan); die **Dohle,** magyarisch *csóka,* türkisch (kazanisch)
ċauka, ċaga; die **Weihe,** Gabelweihe, magyarisch *kánya,* türkisch

---

[1] Hiervon stammt das bekanntere ak-as = Hermelin (wörtlich weisser
Luchs).

[2] Siehe „Lehċei Osmani", II, 1083.

[3] Bei Budagow I, 466 mit „sokol luċšej porodu", d. h. „ein Falke besserer Art" übersetzt.

kanja, ein Raubvogel, dessen Baber bei seiner Beschreibung der
Jagdvögel Indiens Erwähnung thut; während diesen gegenüber
andere mit dem Winter und dem höhern Norden zusammenhängende Vögel, als **Rabe**, magyarisch *holló*, und **Krähe**, magyarisch
varju, mehr den ugrischen Sprachgebrauch bekunden, indem
ersteres im ugrischen *kulla*, letzteres im esthnischen *varñaj* sein
Analogon findet. Wenn wir nicht irren, ist bezüglich der Namen
der einem höhern Breitengrade angehörigen Vögel und namentlich
der Wasservögel dasselbe der Fall. Z. B. deutet die **Gans**, magyarisch *lud*, wogulisch und ostjakisch *lunt*, ceremissisch *ludo*, wie
auch magyarisch *liba* (**pullus anserinus**), finnisch *lapse* entschieden auf finnisch-ugrischen Ursprung hin, ebenso wie der **Fisch**,
magyarisch *hal*, mordwinisch *kal*, finnisch *kala* vom türkischen
Worte für diesen Begriff (balik) schon viel entfernter steht,
während wieder andererseits die mehr einem südlichen Himmels-
striche angehörige **Henne**, magyarisch *tik* oder *tyuk*, türkisch
tauk, eine unzweifelhafte türkische Analogie bekundet.

Wie aus Angeführtem ersichtlich, enthält die zoologische
Nomenclatur so manchen werthvollen Fingerzeig bezüglich der
ersten Stadien des Culturlebens der Magyaren, und wenn wir am
Ende dieses Abschnitts unserer Studie die einzelnen Funken in
einem Lichtstrahl sammeln, so wird der Leser sich überzeugen,
dass mittels einer dermassen zu Stande gebrachten Leuchte die
dunkle Vergangenheit sich wenigstens so gut erhellen lässt, als
mittels der von der Geschichte und der vergleichenden Philologie
zu Tage geförderten Daten.

II.

Das Pflanzenreich.

Wenn wir im vorhergehenden Abschnitte die markante Analogie zwischen den Thiernamen im Magyarischen und Türkischen
dort nachzuweisen im Stande waren, wo es sich um die
Steppenfauna handelt; so wird es ganz natürlich gefunden werden, dass bezüglich unserer Forschungen auf dem Gebiete der
Flora ein ähnliches Verhältniss obwalten wird. Da das Wachs-

thum auf der Steppe ein geringeres und die nomadische Gesellschaft der Bearbeitung des Bodens zu keiner Zeit mit besonderm Eifer oblag, so wird unsere Forschung hier wol ein
dürftigeres, aber nicht minder interessantes Resultat liefern. Die
Magyaren haben im ersten Stadium ihres Culturlebens, trotz
ihres eminent kriegerischen Charakters, und trotz ihrer Eigenschaft als Viehzüchter, mit dem Ackerbau mindestens in solchem
Maasse sich beschäftigt, in welchem andere türkische Nomaden
der Neuzeit, als Kirgisen und Turkomanen, dies zu thun pflegen.
Aeusserst beschränkt und auf das Nöthigste reducirt, bekunden
die Anfänge des agriculturellen Lebens doch einzelne Zeichen
des genuinen Ursprungs; denn die Namen der ersten Nahrungs-
früchte sind ebenso analog mit denjenigen der noch heute auf
der Steppe gebauten Fruchtgattungen, wie die spätern Namen von slawischer und germanischer Provenienz eben auf die
später gemachte Bekanntschaft eines neuen Bodens und Klimas
und mit den Mitteln eines fortgeschrittenen Feldbaues hindeuten.
Von den Cerealien waren es vorzugsweise drei Gattungen, die
dem turko-tatarischen Volke schon in der Urzeit bekannt waren, und deren Namen mit den magyarischen ganz übereinstimmen. Diese sind: erstens der **Weizen,** magyarisch *búza,*
türkisch *búdaj* oder *bugdaj;* zweitens die **Gerste,** magyarisch
árpa, türkisch *arpa;* und drittens die **Grütze,** magyarisch *dara,*
türkisch *darï,* wenngleich der heutige Sprachgebrauch im Magyarischen, von der äusserlichen Form ausgehend, unter besagtem
Namen das geschrotete Korn (vgl. deutsch Gries und Grütze)
so benennt. Das magyarische Wort für **Obst,** nämlich *gyümöcs,*
gyimics, türkisch *jemis* und *jimis* hat geradezu seine genuine türkische Formation beibehalten und bedeutet wörtlich Speise,
Essen, während von den einzelnen Obstgattungen der **Apfel,**
magyarisch *alma,* türkisch *alma,* und die **Birne,** magyarisch
körtve, türkisch *kertme* (Petrarca, Codex, S. 125), in beiden Sprachen noch heute identische Namen haben. Von besagten Obstgattungen ist, so weit mir bekannt, allerdings nur der Apfel auf
dem von uns erörterten geographischen Terrain zu Hause, und
die Birne heute beim Gros des Türkenvolkes mit dem persischen
Lehnworte emrud, amrud benannt, ist das Product eines mehr
südlichen Breitengrades, sodass kertme, körtme nur als ein
solches Wort zu nehmen ist, das später und nur bei Westtürken
in Gebrauch kam. In ähnlicher Weise verhält es sich mit dem

Wein, der trotz seiner südlichen Heimat den Türken und Magyaren schon längst bekannt gewesen sein muss, wofür der gemeinsame Name *bor*, magyarisch Wein, türkisch Wein und Weinrebe (vgl. *bor* = Wein, *borlak* = Weingarten), am besten spricht. Den Genuss des Weines haben Türken und Magyaren also keinesfalls von Fremden erlernt, ebenso wenig wie den des **Bieres**, das magyarische *sör*, türkisch *sîra* und *sera* heisst. Von besonderm Interesse ist die Wahrnehmung, dass die mit der Steppencultur in specieller Verbindung stehenden Pflanzen, die Gewächse des Sandbodens und der Sumpfgegenden, im Magyarischen und im Türkischen gleiche Namen haben. So z. B. das **Schilf** und dessen einzelne Gattungen, deren bezüglich wir folgende Analogien vorfinden. Die **Binse** oder **Rohrkoller** heisst magyarisch *gyékény* (zugleich auch Name der Binsenmatte,) türkisch *jeken*, *zeken*; das **Rohr** magyarisch *nád*, neupersisch *naj* [1]; das **Riedgras** magyarisch *sás*, türkisch (osmanisch) *sáz*: das **Binsengras** magyarisch *kúka*, türkisch *koga* [2] (eventuell *kauka*); und schliesslich die **Wasserfeder** magyarisch *kalagány*, türkisch *kalagaj* = eine fleischige Pflanze aus der Familie der Crassulaceen. Bezüglich des Riedgrases muss bemerkt werden, dass *saz*, altaisch *sas*, eigentlich Sumpfkoth bedeutet (vgl. magyarisch *sar* = Koth), folglich nur auf die Localität Bezug hat, und im Osmanischen wie im Magyarischen auf die daselbst wachsende Pflanze angewendet wurde. Bei der schon erwähnten Dürftigkeit der Steppenflora werden wir unter anderm noch folgenden Beispielen begegnen. Die am Steppenrande und auch im Sande gedeihende **Schlehe** heisst magyarisch *kökény*, türkisch (kirg.) *köken* (von der Stammsilbe kök = blau), der **Wermuth**, magyarisch *üröm*, türkisch *ürcen*, und die noch heute überall gebaute **Erbse** magyarisch *borsó*, türkisch *burčak*, *bursuk* und *pursa*; der **Flachs** magyarisch *kender*, türkisch *kender*, der, wie aus der genuinen Benennung ersichtlich, schon früh gebaut wurde; so auch die **Zwiebel** magyarisch *hajma*, *hagyma*, türkisch (alt.) *sogonu*,

---

[1] Naj oder nej = Rohr verhält sich zu najza, nejze = Lanze, eigentlich Rohrstock, dermassen, wie das turko-tatarische žijde, žide = eleagnus angus zu žida = Lanze, da diese Waffe, aller Wahrscheinlichkeit nach, aus dieser Holzgattung zuerst verfertigt wurde. Dieses Verhältniss allein ist hinreichend, im obenerwähnten für persisch gehaltenen naj ein türkisches Lehnwort zu entdecken.

[2] Bei Budagow (II,85) mit rod kamša = eine Gattung Rohr (typha) übersetzt.

sojno. Hingegen führt das stämmige Gewächs des Culturbodens, nämlich der auf der wasserlosen Steppe nur selten vorkommende und nie besonders gedeihende **Baum**, magyarisch *fa*, einen Namen finnisch-ugrischer Provenienz (vgl. finnisch *pu*, čeremissisch *pu* = arbor), ein Wort, welches diese par excellence Waldbewohner im Magyarischen eingebürgert haben; denn wie wenig sich die Sprache ehedem auf die einzelnen Baumgattungen erstreckte, das beweist unter anderm, dass im Türkischen der Begriff **Wald** theils mittels *orman*[1], der eigentlichen Bedeutung nach Menge, theils mittels *tugaj* (wörtlich Gestrüpp auf zeitweiliger Insel eines Flusses) umschrieben ist, folglich kein genuines Wort aufweist, und ferner, dass mit Ausnahme der **Linde**, magyarisch *hárs*, türkisch *arča*, und der **Esche**, magyarisch *köris*, türkisch (čuvašisch) *kavris*, die übrigen Species wol genuine, aber nur später entstandene Wortbildungen aufweisen.[2] Nächst erwähnten könnte noch angeführt werden das magyarische Wort für **Gesträuch**, nämlich *csalit*, türkisch *čali*; ferner **Brennessel**, magyarisch *csalán*, türkisch *čalan* und *čalgan*; ferner der **Hopfen**, magyarisch *komló*, türkisch *kumlak*, *kumdak*, sowie das **Gras** im allgemeinen *fü*, in welchem wir die turko-tatarische Stammsilbe boj, böj, büj = wachsen, folglich den Grundbegriff von Gewächs entdecken. Doch wir wollen hier, wo es sich um concrete Thatsachen handeln soll, das Gebiet der Etymologie nicht betreten, und mit Hinblick auf die besagte Dürftigkeit der Steppenflora unsere Aufmerksamkeit einem andern Zweige der primitiven Cultur zuwenden.

III.

Wohnung, Kleider und Hausgeräthe.

Wir haben an einer andern Stelle[3] die philologischen Gründe pargelegt, nach welchen die Annahme, dass das magyarische

---

[1] Orman kommt auch im Magyarischen, aber blos als Ortsname vor.

[2] Prof. Budenz versucht unter anderm das magyarische nyirfa oder nyir = Birke aus dem Finnisch-Ugrischen zu erklären; doch wie die meisten, so ist auch diese vermeinte Analogie sehr gewagt (siehe nyir im Appendix).

[3] Siehe ház in Beilage III.

Wort ház [1] (domus) als genuin betrachtet werde, und mit dem deutschen Worte Haus nur eine zufällige Aehnlichkeit habe, in keiner Weise stichhaltig sei. Noch weniger zulässig ist die Analogie zwischen dem magyarischen ház und dem finnisch-ugrischen kota, koti vom culturgeschichtlichen Standpunkte, da eingefleischte Nomaden, wie Magyaren und Türken es waren, mit dem Hause oder mit der festen Wohnung sich nur spät und nur äusserst schwer vertraut machen konnten. Der Türke zieht noch heute überall das luftige Zelt dem schwerfälligen und düsterstimmenden Steingebäude vor, welches letztere er in Centralasien immer noch den Hausthieren überlässt; und welche Mühe es gekostet, den unter Ariern sich niedergelassenen Magyaren an die feste Wohnung zu gewöhnen, darüber geben die civilisatorischen Kämpfe des ersten christlichen Königs der Ungarn das beste Zeugniss. Die Muthmassung, dass die Magyaren das Haus schon in der alten Heimat gekannt, und das Wort ház nach Europa gebracht hätten, muss daher geradezu als ein Nonsens betrachtet werden. Was die Sprache uns diesbezüglich aufbewahrt hat, daraus erschen wir, dass das gemeinsame Wort für Wohnung anfänglich den Begriff Höhle, sammt den Nebenbedeutungen Loch, Vertiefung, Zufluchtsort für Thiere interpretirte und nur später auf den Wohnort der Menschen angewendet wurde. So magyarisch *odu* = **Höhle**; altaisch *odu* = **Stall**; čuvašisch *odar* = **Zufluchtsort für Schafe**; čagataisch *otak* = **Wohnzimmer**; osmanisch *odu* = **Zimmer**; Wörter, die insgesammt von der Stammsilbe *ot, od*, neuere Form *oj* = graben, ausgraben abstammen, von welcher letztern Form auch das čagataische öj, osmanische ev = Haus abgeleitet werden muss. Dass der Begriff Haus, Wohnung und Zimmer bei den türkisch-tatarischen Steppenbewohnern nur mit dem Begriffe Höhle, Schlupfwinkel der Thiere identisch gewesen sein konnte, das muss überdies aus der unsteten, ewig nach bessern Weideplätzen umherirrenden Lebensweise am besten hervorleuchten, und der dem Menschen zur provisorischen Unterkunft dienende Wohnort konnte im Stadium der primitiven Cultur einzig und allein das

---

[1] Ahlquist, der gelehrte finnische Sprachforscher, ist in vielen Dingen minder finnisch gestimmt als seine Fachgenossen in Ungarn, und will unter anderm das magyarische Wort ház mit dem italienischen casa vergleichen.

zerlegbare und leicht transportable Zelt gewesen sein, das **Zelt**, welches bei den türkischen Nomaden die höchste Stufe der Vollkommenheit erreichte, und den andern Völkern Asiens als Musterbild diente. Uebrigens ist Natur und Wesen dieses uralten Wohnortes in dem dafür gebrauchten Wort am besten zum Ausdruck gelangt; denn Zelt heisst auf türkisch *čatma* und *čatir*, *čator*, *šator* [1], von der Stammsilbe *čat*, *šat* = zusammenlegen, zusammenkommen, zusammenpassen, folglich ein Nomen verbale, bedeutend das Zusammenlegbare im Gegensatze zum türkischen *tim*, *tam* = festes Gebäude, Steinhaus. Die Wichtigkeit des Zeltes im Culturleben der Magyaren erhellt aus der noch heute im Magyarischen üblichen Redensart fölszedni a sátorfát = aufbrechen, wegziehen, wörtlich die Zeltstangen aufnehmen, nicht minder aber auch aus den ähnlichen, dem Zelte nachgebildeten Constructionen, die heute unter den Namen *csárda* und *szin* bekannt sind, und nach dem Sprachstoffe zu urtheilen, schon in der alten Heimat gebraucht waren. Beide Wörter repräsentiren den Begriff von Hütte, Schutzdach und unterscheiden sich nur insofern voneinander, als csárda, seinem Ursprunge nach ein persisches Lehnwort, heute im Sinne von Wirthshaus auf der Heide vorkommt, während szin (der Schuppen zur Bergung von Wagen und sonstigen Hausgeräthschaften) mit dem turko-tatarischen *szigin* (altaischen *siin*) = sich bergen, Unterkunft oder Schutz finden, identisch ist. Dies scheint nicht immer der Fall gewesen zu sein, denn dass szin ehedem Hütte, Zelt, auch Wohnort für Menschen bedeutete, dafür spricht der Name *szinhalom* = Zelthügel, ein Ort, auf welchem Árpád während des Lagers unter Erlau sein Hauptquartier aufgeschlagen hatte. Was nun das Wort csárda anbelangt, so ist sein persischer Ursprung ausser Zweifel, denn es stammt von čihar چهار = vier und tag, dag = داغ تاغ Säule, Stange, und wird unter der Form čartag, čardag und čarda noch heute für ein auf vier Stangen befestigtes Schutzdach oder ähnliche Baulichkeit

---

[1] Dieser enge lautliche und begriffliche Zusammenhang veranlasst mich, meine frühere Behauptung bezüglich des genuinen Ursprunges des für persisch gehaltenen Wortes čadir چادر aufrecht zu halten. Das persische čadir mag wol von چهار در čihar dur = vier Säulen stammen, gleich čartag چهار داغ; doch das türkische čatir, čatur reiht sich mehr dem Worte čatma an.

nicht nur in Persien, sondern auch im angrenzenden Kurdistan, im Kaukasus, in Südrussland, in der Türkei und in Rumänien gebraucht; allerdings ein höchst interessantes Moment iranischen Cultureinflusses im Norden und Westen, an welches nur einigermassen die weite Verbreitung eines ähnlichen aus dem Magyarischen entlehnten Wortes erinnert, nämlich das magyarische *szállás* = Quartier, das die Russen und Kirgisen mit kleiner Lautverwechselung, nämlich *śallaś* für Schuppen und Schutzdach gebrauchen. Im allgemeinen unterscheiden sich die letzterwähnten Bauten insofern vom Zelte, als bei diesen nicht der Filz oder die Decke, sondern der Baum oder das Holz das Hauptmaterial bildete, daher denn wir auch im magyarischen *ács* = Zimmermann eine Zusammenziehung des türkischen *ağači*, *aačči* = der Holzmann, der Holzarbeiter[1], der Balkenmann (von agač, aač = Holz, Baum, Balken) vermuthen, woraus wir denn auch ersehen, dass die Anfertigung derartiger Bauten, über die Kunstfertigkeit des Bewohners der holzarmen Steppe hinausgehend, schon früh einen Gewerbszweig bildete.

Wenn wir nun auf den Begriff des Bekleidens und der einzelnen Kleidungsstücke übergehen, so werden von den hierauf bezüglichen Wörtern ruha und gunya als slawische Lehnwörter, und nur viselet = Tracht, Anzug von visel = tragen wird als genuin erscheinen; was übrigens auch im Osmanischen der Fall ist, denn hier wird für Kleid das ebenfalls fremde uruba (ruba, italienisch roba) und das türkische gijim gebraucht. Nicht minder schwach sind unsere Anhaltspunkte bezüglich der Einzelheiten, obwol das heute schon zur Genüge gekannte Bild des Völkerlebens der innerasiatischen Steppenwelt uns vor so mancher irrthümlichen Anschauung bewahren kann. Die verschiedenen sich schnurstracks zuwiderlaufenden Berichte über das Aeussere der in Europa erschienenen Magyaren können heute schon auf das richtige Maass reducirt werden; denn wenn Regino[2] die alten Magyaren geradezu als Halbwilde darstellt, während die

---

[1] Eine ähnliche Formation ist in dem türkischen temirži = Schmied von temir = Eisen vorhanden.

[2] Regino sagt: „Lanac his usus ac vestium ignotus, et quamquam continuis frigoribus afficiantur, pellibus tantum ferinis ac marinis induuntur." Auf ein ähnliches Verhältniss zielen die bairischen Bischöfe, die, des geheimen Bundes mit den Magyaren angeklagt, mit folgenden Worten sich

magyarischen Historiker ihnen wieder eine Nationaltracht, ja einen
gewissen Aufwand von Luxus und Pracht zuschreiben, so muss
die eigentliche Wahrheit nur in der goldenen Mittelstrasse gesucht
werden, d. h. wir müssen das Lebensbild der Nomaden Centralasiens und des südlichen Russlands vor dem Mittelalter uns vergegenwärtigen, um uns davon einen Begriff machen zu können,
wie die Magyaren im 9. und 10. Jahrhundert sich gekleidet und
welches die markanten Kennzeichen ihrer nationalen Individualität
gewesen sein mögen. Eingedenk des Umstandes, dass zur Zeit,
als die alten Magyaren von ihrem Sitze an der Wolga den Weg
nach der heutigen Heimat antraten, die Küstenländer des Kaspisees und des Schwarzen Meeres vom persischen Culturgeiste imprägnirt waren, wie hiervon noch ausführlicher die Rede sein wird,
und gewiss auch Spuren der byzantinischen Bildungswelt an sich
trugen, muss es als ganz natürlich gefunden werden, dass der
eigentliche Bildungsgeist je nach den gesellschaftlichen Ständen
und den Vermögensverhältnissen variirte, und dass das Gros des
Volkes ebenso fest an seinen nationalen Sitten und Gewohnheiten
hing, als die eigentlichen Spitzen der Gesellschaft der verfeinerten
Lebensweise und dem Luxus der im Süden wohnenden Culturvölker
nachgingen, ganz wie wir dies heute und zu allen Zeiten wahrnehmen konnten, dort wo eine nomadische Gesellschaft mit dem
ansässigen Culturmenschen in Berührung kommt. Die aufgehende
Sonne beleuchtet erst die Gipfel und dann den Fuss des Berges,
so fällt auch das aufgehende Licht einer neuen Weltanschauung
zuerst auf die Anführer, Vornehmen und Fürsten, und nur dann
auf das untere Volk. Es ist daher nur im besagten Sinne des
Wortes erklärlich, wenn einige Zeitgenossen die alten Magyaren
als in Häute gekleidete Halbwilde, andere hingegen als mit Gold
und Silber geschmückte und in kostbare Stoffe gekleidete Krieger darstellten und mit ihren diesbezüglichen Widersprüchen
die Eruirung des wahren Sachverhaltes erschwerten. Glücklicherweise ist es eben das sprachliche Gewand der Culturmomente,
von welchem wir die nöthige Aufklärung erhalten, denn so wie
der Ursprung mancher Kleidungsstücke noch heute im gebildeten
Westen aus dem sprachlichen Charakter seiner Benennung er-

---

entschuldigen: „donavimus illis nullius pretiosae pecuniam substantiae, sed
tantum nostra linea vestimenta quatenus eorum feritatem aliquatenus mol-
liremus" (Fejér, „Codex diplomaticus", I, 233).

kenntlich ist, ebenso ist und war dies zu allen Zeiten und überall der Fall. Aus den Wörtern chemise, camicia und camisol
ersehen wir, dass Franzosen und Italiener den Gebrauch des
Hemdes von den Moslimen (قميص) erlernten, gerade wie letztere die bei ihnen modernen Kleidungsstücke Hose und Oberrock pantalun und setri (von surtout) in der Sprache des
Volkes, von welchem sie dieselben annahmen, benennen. Dol-
mán und Csákó haben im ganzen Abendlande den genuinen
magyarischen Namen beibehalten, ebenso wie die Namen der
leichten Cavallerie Huszár und Ulanen [1], von welchen ersterer
aus Ungarn, letzterer aus dem Tatarischen stammt.

Wenn wir uns daher an den Fingerzeig der Sprache halten,
so werden wir mit so ziemlicher Sicherheit darauf kommen,
welche Stoffe und Kleidungsstücke die Magyaren aus ihrer alten
Heimat mitgebracht, welche sie von den Persern und Byzantinern
und schliesslich von Germanen und Slawen annahmen. Wir
wollen vor allem den Begriff **weben, Gewebe** untersuchen, und
wir werden finden, dass dieser im Magyarischen mit *szö*, *szöv*,
im Türkischen mit *sok*, *sou* (altaisch), im Finnisch-Ugrischen mit
sev (flechten) und *säg* ausgedrückt wird, der Urbedeutung nach
jedoch türkisch stecken, hineinstecken bedeutet, während ein
anderes Wort, nämlich das türkische toku = weben, das auch
ins Slawische übergegangen ist, im Magyarischen nur als Haupt-
wort *takács*, türkisch *tokuči* = **Weber** sich erhalten hat. Allerdings deutet die Bekanntschaft mit der Webekunst schon auf
eine fortgeschrittene Cultur hin; denn der mehr ursprüngliche
diesbezügliche Industriezweig hat bei den alten Türken nur die
Zubereitung des Filzes umfasst, ein Stoff, für den das heutige
Magyarische, so auch das Osmanische, keinen genuinen Namen
mehr aufweist. [2] Doch dass dessenungeachtet die Fabrikation
der Leinwand den alten Magyaren schon in Asien bekannt war,
das ist aus dem genuinen Namen der Faserpflanze und des aus

---

[1] Huszár ist ius Magyarische wahrscheinlich aus dem Italienischen, nämlich vom Worte corsaro, corsar gelangt. während Uhlan, ursprünglich oglan,
ohlan = Jüngling, Held, durch polnische Vermittelung nach Europa gebracht wurde, nicht ungleich dem Verhältnisse zwischen dem russischen
kazak und dem türkischen kazak, d. h. Kirgise oder irregulärer Reiter.

[2] Das magyarische nemez = Filz ist mit dem persischen نمد nemed
identisch, und ist während der Türkenherrschaft ins Ungarische gelangt.

derselben erzeugten Stoffes erwiesen [1]; nicht minder aber auch durch den Umstand, dass die Namen einiger zur Garnerzeugung nöthigen Geräthe als **Hanfbreche,** magyarisch *tiló,* türkisch (čuvašisch) *tila;* die **Spindel,** magyarisch *orsó,* türkisch *urĕuk,* identisch und genuin sind. Wie schon erwähnt, ist kender, kendir ein bei den Ungarn und allen turko-tatarischen Völkern gemeinsamer Name für Flachs (canabis). Desgleichen verhält es sich auch mit dem Worte für **Leinwand,** magyarisch *vász-on,* türkisch *bös, pös, bez* (als türkisches Lehnwort im Russischen biaz), in welchem ich die ursprüngliche Form *bör, pör* = winden, spinnen, folglich den Grundbegriff, das Gesponnene, vermuthe. Die Annahme derjenigen Gelehrten, die bez, böz (altaisch), pös für ein arabisches Wort halten, ist daher ebenso grundfalsch als die Behauptung erwähnter mittelalterlicher Chronisten, die den Magyaren die völlige Unbekanntschaft mit diesem Stoffe zumutheten, denn kender (Hanf) und bez (Leinwand) sind nicht nur genuin türkische Worte, sondern als solche auch ins Persische und ins Arabische übergegangen. Dem Filz und der Leinwand zunächst haben theils rohe, theils gegerbte Thierhäute in den Kleiderstoffen der alten Magyaren eine wesentliche Rolle gespielt (vgl. magyarisch *bör* = **Haut, Fell** mit dem türkischen *baru* = Haut, Fell, *börük* = Hülle), namentlich bei den untern Klassen, wie dies bei den Nomaden Centralasiens noch in der jüngsten Vergangenheit der Fall war. Der Kirgise liebt es noch heute, das glänzende Fell der Füllen als Kleid zu verwenden, wobei noch der Schweif als Zierath beibehalten wird; und wenn der heutige Magyare von seinen in Pantherfell gehüllten Ahnen (párduczosösök) spricht, so brauchen wir uns nur jener centralasiatischen Sitte zu erinnern, nach welcher die auf Achtung Anspruch habenden Heiligen und Derwische sich noch heute ein scheckiges Pantherfell anlegen, gerade so wie der Dichter des Scheibani auch die Helden vor den özbegischen Eroberern mit den Häuten männlicher Raubthiere geziert vorbeipassiren lässt. Wozu das Leder ausser der Alltagsbekleidung verwendet wurde, das war eine Art **Panzer,** türkisch *saut, sagit, seüt,* wörtlich der Beschützer, ebenso wie das magyarische *vért* = Panzer mit dem türkischen *bärti* = Decke im Zusammenhange steht, und der

---

[1] Diese Annahme wird auch durch Ammianus Marcellinus bekräftigt, der c. XXXI von den Hunnen sagt: „Indumentis operiuntur linteis."

Handwerker, der diese Lederpanzer[1] bereitete, hiess *saulči*, *scätči*, ein Wort, das im magyarischen *szücs* = Kürschner sich erkennen lässt. Wenn dieser unserer Ansicht gegenüber darauf hingedeutet werden sollte, dass Leo Sapiens in seinem Buche über die Taktik von stählerner Bekleidung der magyarischen Krieger und ihrer Pferde spricht, so konnte diese Bemerkung sich höchstens auf die obersten Anführer beziehen, die derartige Rüstungsstücke aus dem Kaukasus und aus Persien, wo dieser Industriezweig schon damals in Blüte stand, bezogen haben; eine weitere Verbreitung konnten diese Artikel bei den leicht berittenen Magyaren doch kaum gefunden haben, am allerwenigsten aber kann von einer Erzbekleidung der Pferde die Rede sein, da das in der Steppe geborene und erzogene Thier die Last zu ertragen unfähig wäre, und zu einer solchen Annahme vielleicht nur der Umstand Anlass gegeben haben mag, dass das Filzgewand der Pferde auf der Steppe noch heute die Form eines Erzkleides zeigt. Es muss ferner berücksichtigt werden, dass die Türken in Fabrikation des Leders von jeher sich auszeichneten, und dass die Magyaren in diesem Zweige der Industrie keinesfalls zurückblieben. So finden wir, dass im Magyarischen die Begriffe Leder und Haut mit einem und demselben Worte, nämlich *bör*, türkisch *baru* = Haut ausgedrückt werden, während von den Lederarten das magyarische *irha* = Sämischleder im türkischen *jarguk*, *jirgak*, das magyarische *szattyán* = Saffian im persisch-türkischen *sachtian*, und das magyarische *bagaria* = Juchten im osmanischen *bolgari* seine Analogie findet.

Bevor wir jedoch zur Detaillirung der Kleidungsstücke übergehend die verschiedenen Arten der Kopfbedeckung besprechen, müssen wir vor allem constatiren, dass die Magyaren gleich den übrigen Türken des Alterthums lang herabwallendes Haar trugen, dieses eventuell in Zöpfe flochten und nur das Vorderhaupt bis zu den Schläfen rasirten. Diese durch geschichtliche Daten[2] mehrfach bewiesene Sitte wird am besten von der türkischen

---

[1] Matteo Villani sagt in seinen „Croniche" (Triest 1857), S. 202, bezüglich der Lederpanzer der Ungarn Folgendes: „Portano generalmente farcetti di cordovano, i quali continevano per loro vestimenti; e com' è bene unto v' aggiungono il nuovo, e poi l' altro è appresso l' altro, e per questo modo gli fanno forti e assai defendevoli." (Nach einer freundlichen Mittheilung des Prof. Marezali.)

[2] Siehe Procopii, „Historia arcana", c. 7. Theophanii, „Chronographia",

Sprache bestätigt, in welcher das Haar *sač* oder *čač* heisst, der
Grundbedeutung nach **streuen, wallen** (vgl. sač-ak = Franse,
Strähne und sači = das Ausgestreute), während andererseits für
den Begriff Haar zwei concrete Wörter existiren, nämlich *kil*
(Kopfhaar) und *tük* = Körperhaar. So wie unter sačak Franse,
Zwirn- oder Lederflechte verstanden wird, ebenso muss sač mit
der Urbedeutung für Haarflechte oder Zopf[1] gehalten werden,
denn dass diese Sitte bei den Magyaren selbst nach ihrer Niederlassung in Ungarn Mode war, das ersehen wir aus dem Berichte über Vata, den Anführer der ins Heidenthum zurück-
gefallenen Magyaren, der nach Ablegung des Christenthums sich
den Kopf rasirte und more paganico drei Zöpfe trug. Diese
Sitte des Zopftragens, in gewissen Theilen Ungarns noch heute
üblich, kann entschieden auf türkisch-tatarischen Ursprung zurückgeführt werden. Sie war den Osmanen noch im 16. und
17. Jahrhundert eigen, indem der Kopf rasirt und am Scheitel
ein kleiner Zopf gelassen wurde; sie ist noch heute bei den
Türken Persiens und bei den Turkomanen üblich, die ebenfalls
das Vorderhaupt abrasiren und nur hinter den Ohren zwei lange
Zöpfe herabfallen lassen; und dass der Zopf, magyarisch *fürt*
= Locke, türkisch *bürč-ek*, als speciell türkischer Kopfputz
auch im 13. Jahrhundert bekannt war, dafür spricht die geschichtliche Thatsache, dass die Kanglitürken in Samarkand
nach der Einnahme dieser Stadt durch Dšengiz, um den Mongolen zu gefallen, sich sämmtlich in einer Nacht die Haare
abschnitten[2], ja dass es andererseits wieder die mandschuischen Eroberer waren, die in China die Sitte des Zopftragens
einführten. Aus Zusammenfassung der einzelnen Daten erhellt
es nun allerdings, dass, wie wir bei den Mongolen geschen,
einzelne Fractionen von dieser Haarmode sich anschlossen;
woraus sich denn auch erklären lässt, dass die Kumanen vom
Anonymus[3] mit gänzlich abrasirten Köpfen dargestellt werden.
In ähnlicher Weise muss es sich auch mit der Bartsitte verhalten haben. Der **Bart**, magyarisch *szakál*, türkisch *sakul*, so

---

I, 359. Pertz, „Monumenta", I, 599. Luitprandi Legatio in Leonis, „Dia-
coni Historia", S. 251.

[1] Das Tragen von Zöpfen wird auch den Russen zugeschrieben, so
wenigstens berichtet Ibn Haukal.

[2] Siehe Dšuveini's „Tarichi Dschihankuschaj".

[3] Siehe Anonymus, „Belae regis notarius", c. VIII.

wie auch der **Schnurrbart**, magyarisch *bajusz*, türkisch *bijik* und *burut* (eventuell *bujut*), hat im Sittenleben der Türken und auch anderer Asiaten zu allen Zeiten eine wichtige Rolle gespielt, und wenngleich diese Gesichtszierde des Mannes bei den heutigen türkisch-mongolischen Steppenbewohnern durch ein spärliches Wachsthum sich auszeichnet, so kann der Mangel an Bartreichthum bei den alten Magyaren auch schon deshalb nicht angenommen werden, weil wir es mit einer par excellence Mischrasse zu thun haben, die im Haarwuchse, wie in andern körperlichen Vorzügen, sich hervorthat, wie wir dies heute unter ähnlichen ethnischen Constellationen bei Turkomanen, Özbegen und Karakalpaken wahrnehmen, und weil selbst Türkenstämme des Alterthums, z. B. die Petschenegen, wie die arabischen Geographen (Ebu Dolef) berichten, durch starken Haar- und Bartwuchs sich auszeichneten. Wenn daher die Byzantiner uns erzählen, dass die Magyaren sich auch das Gesicht rasirten, so kann dies nur auf den Bart Bezug haben, wie dies heute noch bei den Osmanen üblich, die den Bart nur nach erlangter Selbstständigkeit wachsen lassen, doch nicht auf den Schnurrbart, der als Zeichen der männlichen Reife bei den Türken immer in hoher Achtung stand, gepflegt und geschmiert wurde, wie auf den Steinbildern der Kurgane ersichtlich, von denen manche mit den aufgedrehten Schnurrbärten das Aussehen eines schneidigen Huszaren haben. [1]

Um nun auf die Kopfbedeckung zurückzukehren, so erkennen wir im Worte **Kalpak**, kolpak oder kilpak die älteste Form dieses Kleidungsstückes, wie aus der Etymologie *kil* = Haar (Kopfhaar) und *bak*, *pak* = Binde, Band ersichtlich ist. Der Kalpag, aus dem das slawische Klobuk entstanden, und der auch in andere europäische und asiatische Sprachen übergegangen ist, hatte ursprünglich die Form einer zugespitzten Halbkugel (vgl. die Zeichnungen auf den früher erwähnten Tafeln) und vertrat eigentlich die Stelle einer Kappe, wie dies heute noch bei den Kirgisen der Fall ist[2], über welche der eigentliche Hut die obere Kopfbedeckung war. Ob dies auch bei den Magyaren der

---

[1] Siehe die lithographirte Taf. II bei Jerney und die Beilagen zu Spasski's Artikel „Ueber die Alterthümer Sibiriens in den Zapiski" vom Jahre 1857.

[2] Siehe Budagow, II, 21.

Fall gewesen, mit einem Worte, in welchem Verhältnisse die
verschiedenen Namen der Kopfbedeckungen im Magyarischen,
als **sög** oder **süveg, kucsma, csákó** u. s. w., zu den gleichartigen Begriffen in dem Türkischen stehen, kann vorderhand,
trotz einzelner Anhaltspunkte, auch schon deshalb nicht mit Bestimmtheit nachgewiesen werden [1], weil dieser Theil der Bekleidung, fremden Cultureinflüssen am meisten zugänglich, während
der einzelnen Bildungsstadien der aus Asien in Europa eingedrungenen Nomaden häufigen Umgestaltungen unterlag. Unter
den Kleidern finden wir im Begriffe **Hemd** ein solches Wort,
das auf ein hohes Alter sich zurückführen lässt, wenn wir nämlich das magyarische *ümög* oder *ing, ing* mit dem türkisch-tatarischen *küjnek, gümlck* = Hemd vergleichen, von welchem im Magyarischen der gutturale Anlaut weggefallen und das der Grundbedeutung nach Kleid im allgemeinen, Anzug (von der Stammsilbe
kij, gij = ankleiden, vgl. *kijim, kijimlik* = Anzug) bedeutet.
Unter diesem Worte ist nicht so sehr der heutige Begriff Hemd
als vielmehr Kleid oder Kleidung zu verstehen, so wie das Wort
für **Gürtel**, magyarisch *öv*, türkisch *jüb*, in der Grundbedeutung
für Binde, Band zu nehmen ist. Unter den Oberkleidern deutet
das magyarische *suba* = **Pelz**, dem das türkische *čubba, žübbe*
entspricht, auf einen alten gemeinsamen Namen und Ursprung
hin, da die Stammsilbe *žub* an das analoge *žab, jap* [2] = bedecken,
verhüllen erinnert, und die Grundbedeutung des Wortes so ziemlich
einleuchtend macht; ferner das magyarische *ködmön* = ein **Leibrock**
aus gegerbtem Leder und zwar Schafleder, in welchem sich das
uigurische *ketim* (eventuell *ketmen*) = Bekleidung [3] erkennen lässt;
ebenso erinnert das altmagyarische **kaczagány** = ein Ueberwurf
aus Leoparden- oder Tigerfell an das tatarische *kučagan* = das
Umfassende, der Umwickler, während das Wort für **Mantel**, magyarisch *köpeny, köpenyeg* mit dem türkischen (čagataischen) *ki-
peng, kipej, kepeny* [4]; das magyarische *guba* = **Flauschrock** mit dem

[1] So wie das magyarische sög = Hut zum türkischen šögür = Sonnenschirm, so verhält sich auch das magyarische csákó zum türkischen čaurki,
čagutki = Schirm, Schutzdach. Čalma (Turban) ist ein Lehnwort neuern
Datums.
[2] Von žab, jap stammen überdies žapin und žapinžuk = Mantel.
[3] Vgl. ferner das čuvašische kismen = Oberkleid.
[4] Schon von Baber in seinen „Memoiren" (S. 294) als Regenmantel erwähnt.

kirgisischen *köppö* oder neupersischen *kaba* = Oberrock, das magyarische *zubbony* = Jacke mit dem türkischen *zübün* und *zipun*
(čuvašisch) verglichen werden kann. Schliesslich wollen wir noch
des speciell magyarischen Kleides, des *Dolmány* = ein kurzer
Mantel, Erwähnung thun, indem wir dasselbe dem osmanischen
dholaman[1] = habit de dessous fait en drap (wie Bianchi übersetzt) gegenüberstellen. Wir wollen noch von der Fussbeklei-
dung das Wort für **Schuh**, magyarisch *saru*, türkisch *čaruk*, *sa-
ruk*, und für **Stiefel** anführen, welch letzteres magyarisch *csizma*,
türkisch *čizme*, *čegme*[2] heisst. Unser Vorgehen, indem wir den
meisten ungarischen Kleidungsstücken theils einen genuinen Ursprung nachweisen, theils eine persische Abstammung zuschreiben[3],
mag nur denjenigen befremden, der, den abgeschmackten und
lächerlichen Berichten eines Regino, Luitprand u. s. w. Glauben
schenkend, die alten Magyaren zur Zeit ihres Erscheinens in
Europa als halbnackte Wilde sich vorstellt, und der sein Auge
gewaltsam gegen die Thatsache verschliesst, dass bei der nicht
nur intensiv, sondern auch extensiv weit in die nördlichen Regionen der Kaspi- und Pontusländer sich erstreckenden iranischen Culturströmung bei den dort sich herumtreibenden Nomaden so manche Lichtfunken der Bildungswelt der Sassaniden
Eingang gefunden, und dass daher die Magyaren gleich den
Khazaren, Petschenegen und Kumanen kaum roher und wilder
als die Ansässigen Pannoniens und der deutschen Ostmarken
waren, dass sie gewisse Momente der damaligen asiatischen Bildungswelt mit sich brachten, ja den Nachbarn in der neuen
Heimat in manchen Dingen Unterricht gaben, und nur dort
fremde Culturbegriffe entlehnten, wo es sich um den Feldbau,
Industrie und solche Lebensbedingungen handelte, deren An-

---

[1] Dolaman war der Name eines von den Janitscharen in Friedenszeiten
getragenen Kleides, der Wortbedeutung nach Wickler, Umwickler von do-
lamak - umwickeln.

[2] Der Lautveränderung čegme in čizme scheint die Form cejme voran-
gegangen zu sein, da *k* nur selten, *j* aber häufiger sich in einen Sibilanten
verändert (vgl. türkisch jaj -- jaz, tij -- tiz u. s. w.). Der Wortbedeutung
nach heisst čizme, čezme, čegme = Anzug von ček = ziehen, gleich dem
čagataischen ötük = Stiefel von öt = überziehen, übergehen.

[3] Unter Persisch verstehen wir hier ausdrücklich das Neupersische,
auf welches in Cultursachen das Türkische einen grössern Einfluss ausgeübt
hat, als allgemein angenommen wird.

nahme von Boden, Klima und gesselligen Verhältnissen ihnen
aufgedrungen wurde. Für diese Annahme spricht unter anderm
das Vorfinden genuiner Wörter für Schmuckgegenstände, von
den Magyaren noch vor ihrer Niederlassung in Ungarn gekannt,
und welche nur zu den Nomaden des Wolgagebietes theils aus
Chahrezm, theils aus dem Kaukasus, wo Goldarbeiter und Waffen-
schmiede sich schon damals auszeichneten, gelangten. Hierher
gehören unter andern **Fingerringe**, magyarisch *gyürü*, türkisch
jüzük und (čuvašisch) *sjürü*; magyarisch *csat* = **Schnalle, Agraffe**,
türkisch *csati* = Band (eigentlich der Zusammenfüger); die **Schliesse**,
magyarisch *kapocs*, vom türkischen *kapauči* = zuschliessen; die
Spange, magyarisch *boglár*, türkisch *bag* = Band, *bagla* = binden; die **Perle**, magyarisch *gyöngy*, türkisch *jünźi*, *jinźi*, *inči*;
und schliesslich die **Aigrette**, magyarisch *kótyag* und *kóscay*, in
welchem wir das türkische *kotag* = Schweif, der primitive Zierath
der Türken, daher auch als Fahne gebraucht, erkennen möchten.
Ja sogar der **Spiegel**, magyarisch *tükör*, türkisch (čuvašisch) *tügür* = Spiegel, čagataisch *tökür* = Runde, ist, nach der genuinen
Benennung zu urtheilen, von alters her bekannt, und bestand aus
polirtem Erz in runder Form, wie der Name zeigt und wie aus
jenen Spiegeln ersichtlich, die in den Ruinen des ehemaligen
Grossbulgariens gefunden werden, und die, wie der russische
Archäolog A. Th. Lichatschew bemerkt[1], von $3 - \frac{3}{4}$ Werschok
Durchmesser, überall in runder Form (forma wsegda krug-
laja) vorkommen.

Wir haben diese Bemerkungen vorausgeschickt, um einerseits
die Leser darauf vorzubereiten, dass die grosse Mehrzahl der
Hausgeräthe, von welchen letztern nun die Rede sein wird, infolge des Zusammenhanges mit der festen Wohnung oder steten
Lebensweise, wie es die Natur der Sache mit sich bringt, in der
heutigen Sprache der Magyaren allerdings in slawischen oder
germanischen Lehnwörtern vorkommen, dass hingegen andererseits die Sprache der Magyaren eine nicht unbedeutende Zahl
auch solcher Culturwörter aufbewahrt hat, in denen die frühere
nomadische Existenz sich widerspiegelt und die daher mit den
gleichnamigen Begriffen der heutigen türkischen Nomaden verwandt oder identisch sind. Interessant ist es zu erfahren, dass

---

[1] Siehe Schpilewski, „Drewnije Grooda i drugije bulgarsko-tatarskije
pamjatniki", S. 272.

bei einem diesbezüglichen Vergleiche mit dem ähnlichen Verhältnisse im ·Finnischen, wie dies aus Ahlquist's „Culturwörter"
hervortritt, die Magyaren, nicht so wie die Finnen, nur eine geringe Anzahl von Culturwörtern aus dem Bereiche des ehemaligen
Nomadenlebens in den heutigen Wohnsitzen aufbewahrt, und nicht
so wie ihre Geschwisterkinder im hohen Norden mit fremden
Culturbegriffen eine Masse schwedische, deutsche und russische
Lehnwörter annahmen, sondern vielmehr von den slawisch-deut-
schen Lehrern nur der neuen Bildungswelt bis dahin unbekannt
gewesene Gegenstände sammt deren Namen in ihre Sprache
einführten. Bei unsern diesbezüglichen Betrachtungen müssen
wir selbstverständlich das Augenmerk nicht so sehr auf die Geräthschaften des Hauses, d. h. der steten Wohnung, als vielmehr
auf die des Zeltes richten, die natürlich in Uebereinstimmung
mit den Lebensverhältnissen der Nomaden sich aufs Aeusserste
beschränken. Das wichtigste Object der nomadischen Haushaltung ist der **Kessel**, magyarisch *kazán*, türkisch *kazan*, und mit
diesem zugleich ein kleines Kochgeschirr, der **Hafen**, magyarisch *bögre*. türkisch *bögür* = Hafen, der bauchige Theil, wo
natürlich nur die Begriffsanalogie ausgedrückt ist. während
unter den Wassergefässen, so z. B. der **Schlauch**, magyarisch
tömlö (ältere Form *tulboj*[1]), im türkischen *tulum* = Schlauch.
tömlük = aufgeblasen, *tömlek* = Napf, *tulup* = Ledersack ein
Analogon findet, während das magyarische Wort für **Krug**, nämlich *korsó*, mit dem altaischen *kurčuck*[2] = Sack, Gefäss für
trockene Körper, das magyarische *kulacs*, eine mit Leder über-
zogene Holzflasche, mit dem tatarischen *kulas* = ein hölzernes
Wassergefäss, auch Nachen verglichen werden kann. Schliesslich sei noch das magyarische *bádog* erwähnt, das heute in der
Bedeutung von Blech vorkommt, ursprünglich aber nicht den
Stoff eines Gefässes, sondern ein Gefäss selber bedeutet haben
muss, wofür das türkische *bardag* = Becher einen sichern Anhaltspunkt gibt, so wie der Begriff **Gefäss** im allgemeinen. magyarisch *edény*, türkisch *ediš* = Gefäss, Geschirr (wörtlich ein
Zeug), übereinstimmt, während von den zur Häuslichkeit gehö-

---

[1] Siehe Anonymus, „Belae regis notarius", c. VII.

[2] Das slawische krčak -- Krug ist ein türkisches Lehnwort und nicht
umgekehrt, wie Miklosich annimmt.

renden Geräthen der **Besen**, magyarisch *söprü*, türkisch *söprü*,
die **Tasche**, magyarisch *tarsó*, türkisch *tursuk* = Ledersack, mit
den betreffenden türkischen Wörtern fast identisch sind.

IV.
Krieg und Waffen.

Bei unserer Erörterung der Begriffe Krieg und Friede in
der „Primitiven Cultur des türkisch-tatarischen Volkes"[1] haben
wir darauf hingewiesen, dass die Türken besagten Verhältnissen
des gesellschaftlichen Lebens dermassen Ausdruck verliehen, dass
sie im Worte für Krieg den Zustand des Zerstreuens, des
Zerfalles der Bande der Gemeinsamkeit, im Worte für
Friede hingegen den Zustand der Verbindung, der Vereinigung interpretirten. Dieser schöne und sinnreiche Ideengang ist im Magyarischen nur theilweise zum Ausdruck gelangt,
indem das Wort für **Krieg**, nämlich *háború*, allerdings der Grundbedeutung nach Auflauf, Tumult, mit dem türkischen *kabaruk, kaburti* = Auflauf und *kabar* = anschwellen verglichen werden kann, die genuine Begriffsanalogie sich jedoch nur im Worte
für **Friede** manifestirt, welches magyarisch *béke* heisst und nur
mit Heranziehung des türkischen Wortes *bek* = fest, vereint und
bekik = gebunden etymologisch erklärt werden kann. Wir werden den bezüglich des Kriegswesens in der magyarischen Sprache
vorhandenen Culturmomenten auch schon deshalb eine grössere
Aufmerksamkeit schenken, weil dieser Zug im Leben der ural-
altaischen Steppenbewohner uns einer der wichtigsten dünkt, und
weil die in denselben vorhandenen Punkte der Annäherung zwischen den einzelnen Bruchtheilen wol das beredteste Zeugniss von jenem Verhältnisse ablegen, in welchem die alten Magyaren zum Gros der türkischen Völker gestanden. Der innige
Zusammenhang, den wir in den Begriffen Krieg und Friede zwischen dem Magyarischen und Türkischen nachgewiesen, tritt im
Worte für **Heer** und **Armee**, magyarisch *sereg*, türkisch *čerig*,

---

[1] Siehe S. 21.

serik, noch besser hervor, in einem Worte, dessen concrete Bedeutung Anhäufung, Ansammlung ist, und das von der Stammsilbe *šer*, *ter* (sammeln) entstanden, gleich dem türkischen košun = Armee von koš = zusammenstellen. Hierauf bezüglich ist auch das magyarische Wort für **rekrutiren**, d. h. *toboroz*, dem etymologischen Werthe nach zusammenbringen, zusammenscharen (vgl. čagataisch *topar* und *toparla*[1] = sammeln, altaisch *topor* = verbinden), da die Armeen trotz des eminent kriegerischen Charakters der turko-tatarischen Nomaden heute noch, so wie wahrscheinlich schon ehedem, nur mittels Aufgebotes zusammengebracht wurden, und so wie der türkische *čarši* (Aufrufer) ehedem mit blankem Schwerte die einzelnen Auls durchziehen musste, ebenso war es in Ungarn Sitte, dass der zum Aufgebote beorderte Offizier mit einem von Blut triefenden Schwerte im Lande umherziehen musste. Nebst dem Worte *sereg* hat das Magyarische noch ein anderes Wort für die Anhäufung von Kriegern, nämlich *had*, das, mit dem türkischen kat = Reihe identisch, ursprünglich nur eine Abtheilung von Kriegern bedeutete[2], ebenso wie *csapat* = **Truppe, Heerescolonne**, gleich dem türkischen *čapau*, *čapar* nicht so sehr auf die Körperschaft, als auf deren Dienstleistung sich bezieht, indem besagten Wörtern die gemeinsame Stammsilbe *čap*, *csap* = einhauen, einfallen zu Grunde liegt. Der Leser sieht daher aus besagten Andeutungen, dass bezüglich der Grundbegriffe in den Elementen des Kriegswesens die Magyaren und Türken nicht sehr voneinander differirten, und dieser gleichgeartete Ideengang, ja in vielen Fällen die nicht nur begriffliche, sondern sogar lautliche Analogie der hierher gehörigen Culturmomente werden im vergleichenden Studium der Sitten beider Völker das höchste Interesse bieten. Die **Schlacht**, oder der Act des Zusammenstossens oder Zusammentreffens zweier sich einander gegenüberstehender feindlicher Körper (vgl. das deutsche Treffen oder das franzö-

---

[1] Der Stamm besagten Zeitwortes ist *tobor*, *topar* = vereinen und es wird hiermit sehr fraglich, ob das magyarisch-osmanische *tábor* = Lager slawischen Ursprunges sei, wie allgemein angenommen wird. Es wäre doch höchst sonderbar, dass die kriegerischen Türken und Magyaren in Kriegssachen von den ackerbautreibenden Slawen militärische Kunstausdrücke genommen hätten! Es mag viel wahrscheinlicher das Gegentheil der Fall sein, da طابور *tabor* auch im Chulasai Abbasi vorkommt.

[2] Siehe Beilage III.

sische combat) ist ganz folgerichtig im Magyarischen mit *csatu*, im
Türkischen mit *csati̇̆, catis* = das Zusammentreffen, von *cat*[1] ausgedrückt, ebenso das synonyme *tusa* = Kampf, der Urbedeutung
nach das sich einander Gegenüberstehen, vgl. türkisch *tüs* =
gegenüber und *tüsle, tüste* = sich einander gegenüberstehen, magyarisch *ütközni* = anstossen und *ütközet* = Schlacht, während
der actuelle Begriff des Kämpfens, nämlich *harcz*, türkisch *karga*,
osmanisch *kauga*, die Grundbedeutung von **Zank, Hader** hat,
vgl. tatarisch *kargasa* = Zank. Was sonstige Kunstausdrücke im
Militärwesen anbelangt, so glauben wir im magyarischen Worte
für **Wache**, nämlich *ör* oder *ewr*[2] (nach alter Schreibart), in den
ältern Urkunden mit speculator übersetzt, nicht so sehr den
Grundgedanken des Aufsehens, als vielmehr den des zur Ueber-
wachung des Lagers oder der feindlichen Bewegungen Herum-
streifens, Herumgehens zu entdecken, indem wir *ör, ewr*
mit dem türkischen *öür* = sich in der Runde bewegen, herum-
kreisen vergleichen; dies um so mehr, da, wie persönliche Erfahrung im Kriegsleben der Nomaden Centralasiens uns belehrte,
die Wachposten nicht auf einem Punkte stehen bleiben, sondern
ihre Pflicht des Aufsehens, richtiger Umsehens, mittels Umkrei-
sung des Kriegskörpers erfüllen. Auch bei einer Untersuchung
der einzelnen Chargen im Heereswesen werden wir auf so manche
Annäherungspunkte im magyarischen und türkischen Sprachgebrauche stossen, ja wir werden uns überzeugen, dass die diesbezüglichen Benennungen im Magyarischen nur mittels Zuhülfenahme des türkischen Wortschatzes etymologisch zerlegt und erklärt werden können. Von den militärischen Würden, ja von
den Würden im allgemeinen, da die politische Verfassung eine
streng militärische war, wollen wir zuerst vom **Heerführer**, magyarisch **vezér** sprechen, ein Wort, das nur zufälligerweise mit
dem türkischen und für arabischen Ursprunges gehaltenen وزير
vezir in lautlicher sowol als begrifflicher Beziehung übereinstimmt, aber mit diesem auch schon deshalb nicht identisch sein
kann, weil das Türkische und Magyarische mit besagter Stamm-

---

[1] So heisst es türkisch *catis* = aneinanderstossen, zusammenstossen, kajuk kemige *catti̇̆* = der Nachen ist mit dem Schiffe zusammengestossen.
[2] „Custodes exercituum, qui vulgo eur dicuntur" in einer Urkunde vom
Jahre 1246. „Certi speculatores vulgariter eur vocati" 1392. In Jerney's
„Magyar nyelvkincsek az Árpádok korszakából" (Pest 1854).

silbe noch die Wörter *bösüt, bosut, vezel, vezérnel* (anführen,
führen) aufweist, und weil das Wort vezér noch lange vor der
osmanischen Occupation bekannt war. Aus besagtem Grunde
wäre es auch unstatthaft, das magyarische vezér vom persischen
گزير gezir = anführen abzuleiten, doch ob letztgenanntes Wort
in der That dem für arabisch gehaltenen vezir zu Grunde liegt,
wie G. Hoffmann [1] vermuthet, das wollen wir hier unberührt
lassen. Allerdings klingt es zu sehr poetisch, den Vezir (von
وزر = Last abgeleitet) als Lastträger darzustellen. Nach diesem
verdienen die Wörter *hadnagy* und *jóbágy* zumeist unsere Aufmerksamkeit, da beide den Begriff **Kriegshaupt, Hauptmann,
Vornehmer** interpretiren. Im Worte hadnagy [2] ist sehr leicht
das Compositum von had = Truppe und nagy = gross zu erkennen, folglich der Aufseher einer Truppenabtheilung,
in begrifflicher Hinsicht dem türkischen bölük-baši = Haupt
einer Abtheilung ähnlich. Diesem entsprechend bedeutete das
Wort jóbágy (jobaji, jobbágy, joubagi), im heutigen Gebrauche
subditus, ehedem entschieden einen obern Befehlshaber, oder,
wie Hunfalvy [3] richtig bemerkt „die obersten Würdenträger des
Königreichs", an dessen Stelle später der westeuropäische Ausdruck „barones regni" getreten ist, und dass diese Annahme in
der That die richtige sei, erhellt aus dem innern Werthe dieses
dem Ursprunge nach rein türkischen Wortes, in welchem auf
den ersten Anblick das türkische *jou, jau* = Krieg und *bag. baj*
= Haupt, Oberhaupt, Kriegsoberhaupt, folglich ein dem innern
Werthe und der Composition nach mit hadnagy ähnliches Wort
sich erkennen lässt. Wir müssen hier gelegentlich bemerken,
dass die bei den Byzantinern und Arabern übliche Schreibart
باج παχ, wo dieses Wort als khazarischer Titel vorkommt, als
die ältere und ursprüngliche Form des modernen bej, bij, bi =
Fürst, Oberhaupt zu nehmen ist, denn diese Version hängt mit
der eigentlichen Stammsilbe baj [4] = hoch, oben, vornehm lautlich und begrifflich besser zusammen; und Hunfalvy geht gar

[1] Syrische Akten persischer Märtyrer (Leipzig 1880).
[2] Hodnogy 1214, hodnnogiu, hudnuogiu 1216, hodnogis 1217 nach Jerney's oben angeführtem Wörterbuche.
[3] Siehe Ethnographie von Ungarn, S. 226.
[4] Die heutige Bedeutung vom Hauptworte baj, bej ist Oberhaupt, Au-

nicht zu weit, wenn er dieses Wort in den magyarischen Ortsnamen Oro-bágy, Horto-bágy und Tór-bágy entdecken will.
Alles in allem genommen sehen wir daher, dass die Magyaren
für die obern Militärwürden zwei auf analoger Formation beruhende Namen hatten, die sie aus der asiatischen Heimat mitbrachten; desgleichen auch den Würdennamen **Richter** oder
Kriegsrichter, der in einer aus dem Jahre 1222 stammenden
Urkunde *biloch*, *bilok* heisst und mit dem türkischen biliži, bi-
lüži = Wissender von bil = wissen verglichen werden kann,
schliesslich aber auch als eine schlechte Transscription des noch
jetzt gebrauchten *bölcs*, früher *belcs* = der Weise zu betrachten
ist. Selbstverständlich können solche Culturmomente nur auf das
alte Verfassungsleben der Magyaren Bezug haben, denn die aus
germanisch-slawischer Quelle stammenden Institutionen haben in
den meisten Fällen den fremden Sprachgebrauch mitgebracht.
Vgl. magyarisch ispán, deutsch Gespan, slawisch župan; magyarisch poroszló = Herold, lateinisch pristaldus; magyarisch tárnok,
lateinisch tavernicus; magyarisch nádor = Palatin, slawisch
nadwor u. s. w. Als nicht so sehr zu den Würden als vielmehr
militärischen Ehrentiteln gehörig wollen wir des Wortes **Held**,
magyarisch *hös*, türkisch *kočak* = Held, *koča* = mächtig, gross
erwähnen, als auch des dem Persischen entlehnten levente (لونـد
levend = ein Freiwilliger), das nicht durch osmanische Vermittelung, sondern direct aus Asien stammt.

Wir fahren nun auf dem Gebiete des Kriegswesens in
unserer Untersuchung fort, und wollen mit den **Waffen**, d. h.
mit den Mitteln des Angriffs und der Wehre uns beschäftigen.
Ueber den Ursprung des hierauf bezüglichen magyarischen Wortes, *fegyver* nämlich, sind wir noch immer im Dunkeln, denn
die hypothetische Etymologie von fed (bedecken) und ver (schlagen), folglich eine Hau- und Schutzwaffe, entbehrt um so mehr
der wissenschaftlichen Basis, als das Wort für den ähnlichen
Begriff in den verwandten und nichtverwandten Sprachen auf
einer solchen Formation beruht, die einen ganz verschiedenen
Ideengang bekundet. Im Türkischen heisst Waffe jarak oder
jat-u-jarak (wörtlich Herrichtung) oder altaisch jepsel (von jep
= herrichten); im Lateinischen steht arma mit dem sanskriti-

---

führer, doch haben wir einen evidenten Beweis dafür, dass dessen ursprüngliche concrete Bedeutung Kopf (caput) gewesen; siehe Beilage III.

schen ara-m [1] (passend), im Finnischen ase = Waffe mit asetan [2] = in Ordnung stellen und im Slawischen oružie = Waffe mit orudie = Geräth in nächster Verbindung; und es muss in der That einer ausserordentlichen Lautverwechselung zugeschrieben werden, infolge deren das magyarische Wort für Waffe zum etymologischen Räthsel geworden ist. [3]

Bei der Detaillirung der einzelnen Waffenstücke befinden wir uns hingegen auf einem schon viel sicherern Boden, da es unter den Namen der einzelnen Hau- und Stichwaffen sowie der sonstigen Vertheidigungsmittel nur wenige gibt, die auf ihre ursprüngliche Bedeutung nicht zurückgeführt werden könnten. Wollten wir in Untersuchung der Frage uns einlassen, welches wol die erste Waffe der Magyaren im primitiven Bildungszustande gewesen, so werden wir in Anbetracht der localen Verhältnisse und der ersten Bedürfnisse des Menschen auf der Steppe, der die Erze nur später kennen lernte (siehe weiter unten), zur Einsicht gelangen, dass die ersten Waffen nur jene Gebinde oder Geflechte waren, mit welchen das zu seinem Unterhalte nöthige Wild umstrickt und gefangen werden konnte. Hieher gehören die **Falle** oder **Schlinge**, magyarisch *tör*, türkisch *tor* und *tür* = Netz zum Fangen der Vögel und Fische (vgl. *törle* = umstricken [4]), sowie das **Lazzo**, magyarisch *hurok*, türkisch *kuruk* (von *kur, kor* = ein Band, folglich Gebinde), mit welchem das auf der Steppe umherirrende Vieh eingefangen und gezähmt wurde, eine Waffe, deren sich der ungarische Csikos (Pferdehirt) noch heute bedient, wie der Kirgise auf der centralasiatischen Steppe. Die Falle oder das Netz sind nämlich nicht nur als Geräthe zum Fisch- und Vogelfang zu betrachten, sondern waren ehedem und sind gewissermassen auch noch heute von den Kirgisen auf der Jagd der in den Röhrichten des untern Jaxartes sich aufhaltenden Panther und Löwen verwendet, wo bei einer sinnreichen Vorrichtung das im Netze verstrickte Wild

---

[1] Vgl. Curtius, S. 304.
[2] Vgl. Ahlquist, „Culturwörter", S. 238.
[3] Als muthmassliche Etymologie des magyarischen fegyver wollen wir ein etwaiges fej-ver, d. h. Kopfschläger, eine Composition gleich dem französischen casse-tête oder dem englischen headknocker, anführen. Doch, wie gesagt, dies ist nur eine Combination.
[4] Budagow, I, 387.

durch ein aufschnellendes Beil getödtet wird. Merkwürdigerweise stimmt jedoch die Analogie zwischen dem magyarischen
und türkischen Worte für Netz und Schlinge nur bei der Jagd
auf Vögel und Thiere überein, während das zur Fischjagd gebrauchte Netz, magyarisch *háló*, einen ugrischen Ursprung bekundet, indem dieses Wort mit dem ostjakischen *kolip*, wogulischen
kulup (Netz), verwandt ist. Das bei andern primitiven Völkern
vorgefundene Waffenstück, nämlich die Schleuder, muss auf der
Steppe auch schon deshalb fremd gewesen sein, weil, wie
Peschel [1] richtig bemerkt, die Schleuder nur dort erfunden werden konnte, wo es Steine gibt, an denen die Sandsteppe bekanntermassen arm ist, sodass für diesen Begriff in der Sprache
der Türken es gar kein specielles Wort gibt, denn das hierfür
gebrauchte *taš* heisst wörtlich Wurf, Geschoss. Die Schleuder
führt denn auch im Magyarischen einen fremden Namen, nämlich parittya, das nur spätern, wahrscheinlich slawischen Ursprunges ist. [2]

Besagtem zunächst müssen wir als die eigentliche Angriffs-
waffe den Pfeil und Bogen hinstellen, und zwar als ein solches
Werkzeug, dessen der Mensch im Zustande der primitiven Cultur, ohne mit den Erzen Bekanntschaft gemacht zu haben, in
allen Zeiten sich bediente, und das in den Händen der türkisch-
tatarischen Völker schon im Beginn des geschichtlichen Zeitalters als gefürchtete Waffe angetroffen war. Was Herodot diesbezüglich von den Scythen und die Römer von den Parthern
erzählen, das finden wir im Berichte des Kaisers Leo von den
alten Magyaren wiederholt, indem er sagt: „Das ganze Vertrauen der Türken (d. i. der Magyaren) auf Sieg liegt im Pfeilschiessen. Auf der Flucht bedienen sie sich mit Vorliebe des
Bogens, und besondere Geschicklichkeit im Pfeilschiessen bekunden sie während des Reitens." [3] Wir haben schon früher bei der
Falle gesehen, dass der Steppenbewohner die Schnellkraft in Anwendung brachte; um so mehr muss dieselbe schon im fest-
gespannten Bogen ihm aufgefallen und zu statten gekommen
sein, und wenn es ein Moment gibt, in welchem der türkische

---

[1] Peschel, „Völkerkunde". S. 197.
[2] Möglich, dass dieses Wort mit dem persischen پریدن periden =
fliegen in Verbindung steht.
[3] Caput 51.

Ursprung der ersten Waffen zu Tage tritt, so ist es sicherlich
der **Bogen**, dessen Name im magyarischen *íj*, türkischen *jaj, jej*,
auf einer solchen Stammsilbe beruht, die im Türkischen biegen bedeutet, nämlich ej und aj [1], und das gegenwärtige Verhältniss zwischen dem deutschen Biegen und Bogen, zwischen
dem slawischen **luka** = Krümmung und **luk** = Bogen, zwischen
dem persischen كمر **kemer** = Rundung und كمان **keman** =
Bogen u. s. w. zum Ausdruck bringt. Was hingegen den **Pfeil**,
magyarisch *nyíl*, anbelangt, so steht demselben wol einerseits das
ugrische *ñuol, ñol* (sagitta) am nächsten, doch darf andererseits
nicht übersehen werden, dass die türkische Stammsilbe il. jil[2]
auffahren, schnell reiten bedeutet, und demgemäss zwischen
diesem und dem magyarischen nyil ein ähnliches Verhältniss sich
zeigt wie zwischen dem türkischen ok = Pfeil, eigentlich Geschoss, Wurf und der türkischen Stammsilbe ok, okla = werfen,
schleudern, schiessen. Der **Köcher**, magyarisch *tegez*, türkisch *teges*[3], hat seinen genuinen türkischen Namen beibehalten, denn dieses Wort stammt von tig = Zusammenstecken, bedeutet folglich ein Gefäss zum Hineinstecken oder Aufbewahren
der Pfeile.

Es ist nur in Uebereinstimmung mit der natürlichen Entwickelung der Culturbegriffe, wenn wir annehmen, dass die verschiedenen Hau-, Schneid- und Stichwaffen bei den Völkern
turko-tatarischer Rasse weit früher Eingang gefunden als beim
Menschen in Europa oder im Westen unsers Welttheiles. Angesichts des hohen Alterthums der arischen und chinesischen
Culturwelt und in Anbetracht des Umstandes, dass einerseits besagte Bildungsleuchten, wie es der ewig unveränderliche Lauf
der Dinge mit sich bringt, gegen Norden hin ihre Strahlen sen-
deten, während andererseits die Bewohner der nackten Steppe
immer in der Sucht nach bessern Lebensbedingungen gegen
Süden vordrangen, kann es kaum einem Zweifel unterliegen, dass
die Nomaden der nördlichen Steppenregionen, in der Kunst
Waffen aus Erz anzufertigen unerfahren, so manches aus dem
Süden bezogen, daher denn auch das **Schwert**, magyarisch *kard*,

---

[1] Die tieflautige Form dieser Stammsilbe (aj) kommt im türkischen
ajil = Gurt, Krümmung vor.

[2] Vgl. türkisch jilga = schnell reiten, ilgar = Kurier.

[3] Radloff. III, 1.

da es aus Persien eingeführt worden, den persischen Namen
ﻛﺎﺭﺩ = *kard*[1] beibehalten.   Ghurd heisst nun allerdings im
heutigen Persischen Messer, denn šemšir ist das specielle Wort
für Schwert, woraus nun ersichtlich wird, dass diese Waffe zuerst als Schneid- und Stichwerkzeug aus dem östlichen Kaukasus[2] mit Vermittelung der Khazaren in die Wolgaländer gelangte, und den Magyaren schon lange nach ihrer Trennung vom
Verbande des Türkenthums bekannt geworden war.   Uebrigens
haben auch die Türken kein specielles Wort für Schwert, denn
das heutige hierfür gebrauchte kîlič bedeutet wörtlich der Schnei-
der, von kîl oder kij = schneiden, und hat also früher kîlîčî geheissen.   Schneidwaffen genuiner Benennung sind im Magyarischen
das **Messer**, magyarisch *kés*, türkisch *keser* = Säge, Schnitz-
messer, von der türkischen Stammsilbe *kes*, *kis* = schneiden und
der **Kneif** oder **Taschenmesser**, magyarisch *bicsak*, türkisch *bičak*, von der türkischen Stammsilbe *bič* = schneiden, so auch
das Wort für **Axt**, magyarisch *balta*, türkisch *balta*, *baltu*[3], eine
alte speciell türkische Nationalwaffe, die als Abzeichen der
Tapferkeit an die Beamten des Fürstenhauses verliehen wurde,
vgl. baltaži = Hofpage, eigentlich Axtmann.   Von den verschiedenen Arten der Balta verzeichnen wir aj-balta = Helle-
barde, eine mondförmige Axt mit langem Stiele, und kölük-balta
= eine Axt, deren Rückseite mit einem hammerähnlichen Knauf
versehen ist; was *kölük*, auch *kölünk*, anbelangt, so bedeutet
dies **Klotz**, ein Begriff, der im Magyarischen ebenfalls *kölyü*
heisst.   Eine mit letzterm verwandte Waffe ist die **Keule**, magyarisch *buzogány*, türkisch *buzdogan*, richtiger *bozdurgan*, d. h.
der **Vertilger**, der **Vernichter**, von der Stammsilbe *buz*, *boz*
= zerstören, folglich eine Waffe, von der man schon im dichten
Handgemenge als ultima ratio Gebrauch machte; schliesslich ge-

---

[1] Siehe Johnson, „A persian arabic and english Dictionary", S. 989.

[2] Mas'udi und die übrigen arabischen Geographen nennen ein Land
neben Serir im Nordwesten von Derbend das Land der Zirehgeran, d. h.
Panzerverfertiger, vom persischen ﺯﺭﻩ = Panzer, ein Artikel, in dessen Fabrikation die Einwohner dieses Landes sich besonders auszeichneten.
Derbend war sozusagen das Emporium des Waffenhandels jener Zeit, und
noch heute zeichnet sich der Kaukasus durch seine Stahl- und Silber-
arbeiten aus.

[3] Balta ist lautlich verwandt mit dem türkischen balga = Keule.

hört in diese Kategorie der Waffen noch der **Streithammer**
oder **Stockhammer,** magyarisch *csákány,* türkisch *čakan* = eine
Axt mit langem Stiele bei den Kirgisen, von der Stammsilbe
čak = hauen, schneiden, aus welcher auch das türkische *čaku*
= Messer entstanden ist. Als eine Waffe, die nach der Aussage
Kaiser Leo's bei den alten Magyaren eine wichtige Rolle spielte,
sei schliesslich noch die **Lanze,** magyarisch *dsida,* türkisch und
mongolisch *žida* erwähnt, ein Wort, dessen türkischen Ursprung
wir schon früher nachgewiesen (siehe Note 1 auf S. 277) und das
auch ins Slawische übergegangen ist. Wir haben früher erwähnt,
dass die Türken und Magyaren die Erze nur von den Iraniern
im Süden und von den nördlich wohnenden Ugriern kennen gelernt haben, dass demnach das Steinzeitalter ihnen von viel
längerer Dauer gewesen, das Bronzezeitalter jedoch bemerklich
kurz, von dem bald eintretenden Eisenzeitalter abgelöst wurde.
Wir sehen dies nämlich aus den prähistorischen Forschungen in
dem mit dem Ursitze der Magyaren benachbarten alten Gross-
bulgarien, wo auf Grund angestellter Nachgrabungen erwiesen
wurde, dass Bronzewaffen und Geräthe, als Aexte, Messer, Dolche,
Schwerter, gespitzte Pfeile und Lanzen, in den Ruinen des alten
Bulgariens bisher noch nicht entdeckt wurden, obwol es deren
im Permier Gubernium und im Ural so viele gibt. So äussert
sich der russische Archäolog A. Th. Lichatschew in den Arbeiten
des zweiten Archäologischen Congresses. [1]
    Wie leicht erklärlich, haben die Magyaren nach ihrer Nie-
derlassung in der heutigen Heimat auch andere damals im Westen
übliche Waffengattungen kennen gelernt und dieselben sammt
den fremden Namen angenommen, so z. B. lándsa (Lanze), sza-
blya (Säbel), bárd (Barte), balista (Balliste) u. s. w., doch wird
unsere vorhergehende Notiz wol hinreichen, um den Leser davon zu überzeugen, dass die grosse Mehrzahl der Waffen, deren
die Magyaren sich vor der Niederlassung in Europa bedienten,
nach den genuinen türkischen Namen zu urtheilen, nur einem
Volke türkischen Ursprunges angehört haben könne, und dass
unter den mit Lehnwörtern bezeichneten Waffen nur das Schwert
allein als das Product einer höhern Industrie der südlichen
iranischen Bildungswelt entnommen ist. In ähnlicher Weise ver-

---

[1] Siehe Schpilewsky, „Drewnie Goroda i drugije bulgarsko-tatarskije
Pamjutniki" (Kazan 1877), S. 288.

hält es sich auch mit der **Festung**, welche die jeglicher Maurer-
arbeit unkundigen Steppenbewohner nur bei den von ihnen im
Süden wohnenden Culturvölkern kennen lernten, und daher mit
dem persischen Namen in ihrer Sprache einführten, da das magyarische *vár* (arx) zweifelsohne mit dem persischen بار bar [1] =
Festung, Festungswerk identisch ist. So wie die Khazaren, wie
wir oben gesehen, behufs Erbauung der Festung Sarkel von den
Byzantinern sich Männer erbaten, weil in den Pontusländern
damals die griechische Cultur eines herrschenden Einflusses sich
erfreute, ebenso hatte bei den mehr östlich wohnenden Magyaren von dem östlichen Kaukasus her der iranische Cultureinfluss
sich verbreitet, der mit gewissen der persischen Gesittung entlehnten Neuerungen, wie wir dies noch häufiger gewahren werden,
im Magyarischen persische Sprachmomente zurückliess. Hiermit
will natürlich noch nicht gesagt sein, dass den alten Magyaren
gewisse zur Defensive gehörende Erdarbeiten unbekannt gewesen
wären; denn der Erdwall oder Damm, sowie auch der Graben,
haben von jeher zur Beschützung der auf offener Steppe lagern-
den Heerden gedient, und mögen als solche zum Schutze des
Kriegslagers gebraucht worden sein. Die Sprache wenigstens
gibt uns hierbei einen sichern Anhaltspunkt, denn der **Erdwall**
oder **Damm**, magyarisch *gát*, türkisch *kači* (Damm), sowie das
in der Sprache der Petschenegen bekannte *kata, gata* = Festung
sind genuinen Ursprunges und beruhen auf der Stammsilbe *kat*
= Schicht, ebenso wie das Wort für **Graben**, magyarisch *árok*,
türkisch *arik*, das als Compositum in so manchen ungarischen
Ortsnamen vorkommt, z. B. Árok-szállás (wörtlich Graben-
lager), Árok-alja (wörtlich Grabengrund), Árok-tö (Ort im bor-
soder Comitat) u. s. w. Im Zusammenhange mit der Frage der
Befestigungen bei den alten Magyaren können wir nicht unerwähnt lassen, dass die Ansicht der ungarischen Historiker,
nach welchen im Worte győr, heute ein Ortsname (vgl. Diós-
Győr, Nagy-Győr und Szolga-Győr), ein Analogon des magyarischen gyürü = Ring vermuthet, und die Urbedeutung dieses
Wortes als Festung dargestellt wird, keinesfalls in den Bereich

---

[1] Bar بار = arx kommt auch in der Zusammenstellung بارو ديوار
bar-u-diwar, d. h. Festung und Mauern, vor. Bei Johnson, S. 204, mit
Walls und bulwarks übersetzt.

der grundlosen Hypothesen verwiesen werden kann. Ob dieses
magyarische györ oder gyürü mit den Hringen oder Ringen der
Awaren, von welchen die Geschichtschreiber Karl's des Grossen
berichten, zusammenhänge, wollen wir hier unerörtert lassen;
doch dass györ thatsächlich in der Urbedeutung Ring, Kreis,
Umzäunung genommen werden kann, dafür sprechen linguistische
Beweise, wenn wir nämlich dieses györ nicht mit gyürü, sondern
mit dem türkischen kür, gür, küren, güren كورن = Kreis, Ring,
Truppenabtheilung, Gesellschaft [1] vergleichen. Um auf den Begriff Festung zurückzukommen, sei bemerkt, dass die Türken
selbst heute hierfür noch ein genuines Wort haben, nämlich kur-
gan, von kur = aufrichten lassen, ein Wort, welches auch auf
die aufgerichteten künstlichen Grabhügel Anwendung gefunden,
und auch im Magyarischen noch in der letztern Bedeutung als
korgány, kurgány bekannt ist.

Nach dem, was uns von den zeitgenössischen Schriftstellern
über die Reiterei der alten Magyaren berichtet wurde, und nach
der Aeusserung Kaiser Leo's „Die Türken (d. i. Magyaren) sind
Reiter, und können ihre Pferde auch schon deshalb nicht verlassen, weil sie, die sozusagen auf den Pferden aufgewachsen sind,
zu Fuss nicht Stand halten können", können wir nicht umhin, unsere Aufmerksamkeit auf die mit dem Kriegswesen engverbundene
Reiterei zu lenken. Dass Türken und Magyaren nur im Reiter
den Krieger, ja den Mann im allgemeinen sich vorstellten, das
erhellt am besten aus dem Sprachgebrauch, nach welchem die
Begriffe zu Fuss, gemein, niedrig und geringschätzen mit Wörtern gemeinsamer Stammsilbe ausgedrückt sind; vgl. magyarisch
gyalog = zu Fuss, türkisch jajag = zu Fuss und magyarisch gya-
láz = beschimpfen und türkisch jalang = eitel, leer, nackt, nichts-
würdig, und wie unzertrennlich das Pferd selbst noch heute vom
Steppenbewohner Centralasiens ist, das beweisen zahlreiche Beispiele in der Charakteristik dieser Völker. Dessenungeachtet haben Türken und Magyaren für den Begriff reiten kein specielles
Wort, denn in beiden Sprachen sagt man aufsitzen oder aufs
Pferd sitzen (vgl. magyarisch lóra ülni, türkisch min oder atka
min), was dem schon oft erwähnten Sprachenmangel in Bezeichnung der allgemeinen Begriffe zuzuschreiben ist, während andererseits in den Einzelheiten des Reitzeuges so manche Punkte der

[1] Siehe Budagow, II, 124.

Analogie hervortreten. In dem Worte für **Sattel**, magyarisch
nyereg, türkisch *ejger*, *jeger*, *jeker* und *ejer*, hat offenbar eine
Lautverschiebung zwischen *r* und *g* stattgefunden, eine Muthmassung, die erstens durch einen Vergleich der diesbezüglichen
ugrischen Wörter, als wogulisch *nair*, wotjakisch *ener* und
čeremissisch *örtner*, zweitens durch den Umstand gerechtfertigt
ist, dass im Türkischen der *r*-Anlaut selbst in der Mitte des
Wortes als Silbenanlaut gern vermieden wird. [1] Was die Grundbedeutung dieses Wortes anbelangt, so zeigt die Stammsilbe *ej*,
jej, *jeg* = biegen, umbiegen, dass wir es hier mit dem Begriffe
Bug, **Einbiegung** zu thun haben, vgl. Sattel eines Berges,
oder **Einsattelung**, und dieser Hauptbestandtheil des Reitzeuges ist daher nach seiner äussern Gestalt benannt worden.
Dasselbe ist auch der Fall mit dem **Steigbügel,** magyarisch
kengyel oder *kengyel-vas*, ein Theil des Reitzeuges, das, den Römern und Griechen unbekannt, wie aus den awarischen Funden in
Ungarn ersichtlich, durch Uralaltaier in Europa eingeführt wurde,
und im Magyarischen daher nur aus dem türkischen Sprachschatze erklärlich ist. Hier haben wir (altaisch) *kangaj* eventuell *kengej* = der Schneeschlittschuh, ein Bügel aus Eisen oder
Holz zum Laufen auf dem Schnee, das der Formähnlichkeit
wegen später auf Steigbügel angewendet wurde und auf der
Stammsilbe *kaj* = biegen beruht. [2] Von den andern hierher gehörigen Details seien folgende erwähnt. Das **Pferdegeschirr**
im allgemeinen, magyarisch *hám*, mit der türkischen Stammsilbe
kam = binden eng verwandt, drückt das Bindezeug im weitern
Sinne des Wortes aus, ebenso wie das magyarische Wort für
Leitseil, magyarisch *gyeplö*, türkisch *jeplik*, *jiplük* = **Strick**,
Bindezeug, folglich Gebinde im allgemeinen, von der türkischen
Stammsilbe *jip*, *jöp* = Strick, Band. Von ähnlichem Ursprung
ist auch das Wort für **Zaum** oder **Halfter**, magyarisch *kantár*,
türkisch *kantar*, (kirgisisch) *kangtar*, nämlich von der Stammsilbe
kan, *kang*, einer Nebenform von kam = binden. Halfter oder
Zaum ist daher im strengsten Sinne des Wortes ein Gebinde, ja
besagte Stammsilbe ist auch noch in der Formation eines andern

---

[1] So spricht der Türke bar-jam statt baj-ram (Fest), barjak statt bajrak (Fahne) u. s. w.

[2] Kangal, ursprünglich kangal, kajingal, ist eine Formation gleich der
in sujurgal, tutkal u. s. w.

hierher gehörenden Wortes zu bemerken, nämlich im Worte für
Peitsche oder **Knute**, magyarisch *kancsuka*, türkisch *kančuga*
(mongolisch *ganziga*), in welch letztern Sprachen es jedoch nicht
Peitsche oder Knute, sondern jene dünne Riemen oder Bänder
bedeutet, mittels welcher das leichte Gepäck hinter dem Sattel
aufgebunden wird. Uebrigens ist das speciell türkische Wort
für Peitsche, nämlich kaméi, begrifflich und lautlich mit obigem
verwandt. Alles in allem genommen sehen wir daher, dass bei
Definirung des Reitzeuges im Türkischen sowie im Magyarischen
vom Grundbegriffe des Bindens ausgegangen wurde; ein Ideengang, der auch in einem andern magyarischen Worte für **Zaum,
Kappzaum,** nämlich *fék,* zum Ausdruck gelangt ist, wenn wir
nämlich dieses Wort mit dem türkischen *pek, baj, pak* = Band
einerseits und mit dem magyarischen *békó* oder *béklyó* = die
Schocke, Holzfessel der Pferde, türkisch bek, pek = fest und
baglik oder peklik = gebunden vergleichen. [1]

Nur in der Form einer Muthmassung wollen wir in Anschluss
an das Reitzeug noch des Wagens gedenken. Angesichts unserer
früher ausgedrückten Ansicht [2], dass der Wagen nur eine Erfindung des Waldlandes sein könne, muss das Erfinden des Fahrzeuges im allgemeinen entweder in eine weitere Periode verwiesen,
oder einer im Waldlande wohnenden Fraction des Türkenvolkes
zugeschrieben werden. Am meisten verlockend sind die magyarischen Wörter für eine solche Annahme, wenn wir nämlich das
Wort *kocsi* = leichter Wagen im Gegensatze zu *szekér* = Lastwagen in Betracht nehmen und ersteres mit košiži = Läufer von
koš = laufen, letzteres mit čeker = zieht und čeki = Last in Verbindung bringen. Wir führen dies blos als Muthmassung an,

---

[1] Herr Professor Budenz, der alles, was seinem finnisch-ugrischen Steckenpferde widerspricht, unmethodisch und fehlerhaft bezeichnet, vergleicht das
magyarische fék mit dem finnischen paitse = capistrum equorum, indem er
annimmt, dass der Grundgedanke im Worte Zaum eigentlich Kopf (finnisch
pää) sei, und bezieht sich dabei auf das Akademische Wörterbuch, dessen
Etymologien er in sonstigen Sachen als unter aller Kritik stehend betrachtet.
Die Grundlosigkeit dieser Annahme meines gelehrten Gegners ist aus der
hier gebrachten Zusammenstellung zur Genüge ersichtlich, und dass fék
nicht nur Halfter bedeutet, das beweist der weitere Sprachgebrauch im
Magyarischen, nämlich das Verbum fékez = bezwingen, zähmen, eigentlich
binden.

[2] Siehe „Primitive Cultur des turko-tatarischen Volkes", S. 128.

denn dass selbst im westlichen Europa deutsch Kutsche = französisch coche = englisch coach existiren, das würde dem türkischen Ursprunge dieses Wortes ebenso wenig im Wege stehen
als dem des ebenso nur in Europa verbreiteten Wortes Schabrake
(Pferdedecke), das entschieden vom türkisch-tatarischen žaprak
= Decke stammt. Schliesslich ermuntert zu dieser Annahme noch
der Umstand, dass der Hauptbestandtheil des Wagens, nämlich
die Achse, magyarisch *tengely*, türkisch *dengil*, *tingil*, *tüngül*, mit
einem analogen und genuinen Worte bezeichnet ist, indem beim
primitiven Fahrzeuge des Alterthums und auch noch heute in
Mittelasien die Achse den eigentlich sich drehenden Theil darstellt, was in der Stammsilbe *döng*, *tüng*, *teng* (sich drehen, kreisen) ausgedrückt ist.

Wir wollen diesen Abschnitt über Krieg und Waffen mit
einer kurzen Notiz über einige zum Kriegswesen gehörige Abzeichen und Ausdrücke zum Abschluss bringen. Für den Begriff
Fahne, für dieses im Kriege eine so wichtige Rolle spielende
Abzeichen, scheinen weder die Türken noch die alten Magyaren
je ein genuines Wort gehabt zu haben. Das magyarische *zászló*
ist slawischen Ursprungs und stammt von *zastava*, während das
andere hierfür übliche Wort *lobogó* wörtlich das Wehende, das
Flatternde heisst. Auch die Türken haben für den Begriff Fahne
zwei Wörter, nämlich *sanžak*, der Grundbedeutung nach Spiess,
aus welchem, nach Hinzugabe des Knaufes (munžuk) und des
Rossschweifs, der tug, d. h. die Fahne entstanden; und zweitens
bajrak, richtiger *bajdag*, ein Compositum aus *baj* = Fürst und
dag = Zeichen, folglich ein Abzeichen der Fürsten und obersten
Befehlshaber, vor denen die Fahne auf dem Marsche noch heute
einhergetragen oder im Lager vor dem Zelte aufgepflanzt wird.
Das türkische bajdag = Fahne hat sich im Magyarischen nur als
Eigenname erhalten, da der Anonymus mit demselben (Boytu)
einen kumanischen Heerführer benannt hat. Unter den Musik-
instrumenten spielte selbstverständlich das **Horn** oder die **Po-
saune**, magyarisch *kürt*, die wichtigste Rolle. Dieses Wort ist
in der heutigen Sprache der Magyaren nur insofern erklärlich,
als noch ein anderes mit demselben verwandtes Wort, nämlich kürtő = Röhre, Rauchfang existirt; etymologisch erklärt
kann es jedoch nur mittels des türkischen Sprachschatzes werden.
Hier haben wir nämlich die Stammsilbe *ker*, *keü* und *küü* = hohl,
leer, aus welcher verschiedene auf leere Körper bezughabende

Wörter entstanden sind, wie z. B. *kevek, küvek* = hohl, *kevürge* = grosse Trommel, *köpür, köbür* = Hohlweg, Brücke, und *kää* = Schall, sodass es mit ziemlicher Sicherheit angenommen werden kann, im magyarischen *kürt, kürtö* eine ältere Form *kevürtü, küürtü* oder *köbürtü*, vom causativum *kevür, küür* oder *köbür*, in der Bedeutung etwas Ausgehöhltes oder Schallendes zu vermuthen. Die **Trommel,** magyarisch *dob,* türkisch *dömbek* = Pauke und *top*=Kugel [1], Knaul stammt, wie der genuine Name beweist, aus Asien, was in Anbetracht der Wichtigkeit, welche dieses Instrument im Schamanen-Glauben spielt, gar nicht zu verwundern ist; doch im Kriege hat sie nur insofern eine Rolle gespielt, als sie, gleich der Fahne, mehr als Abzeichen der Fürsten figurirte, vielleicht eher bei religiösen Ceremonien als zur Ertheilung des Commandos diente. Schliesslich sei hier noch folgender mit dem von uns behandelten Gegenstande zusammenhängender Begriffe Erwähnung gethan. **Tapfer,** magyarisch *bátor,* türkisch *batir,* wird vielseitig mit dem persischen بهادر behadir, bahadur (tapfer) in Zusammenhang gebracht. und für ein Wort persischen Ursprungs gehalten. Diese Annahme wird dadurch motivirt, dass der diesbezügliche Begriff im Mongolischen noch heute baghadur lautet, und dass eben dieses baghadur im Sanskrit sein Etymon findet. Ein entscheidendes Urtheil in dieser Frage zu fällen, wäre vorderhand schwer, für uns ist es von Interesse zu wissen, dass dieses Wort von den Magyaren nach Europa gebracht worden ist, daher schon im 8. und 9. Jahrhundert in den Wolgagegenden bekannt gewesen sein muss. Im Juxtaoppositum von tapfer. nämlich **feige,** magyarisch *gyáva.* ist das türkische *jaba, java* = schwach zu erkennen, während der Begriff **siegen,** magyarisch *gyöz,* nur mittels des türkischen *jej* = besser und einem supponirten Verbalstamm *jejüz, jeyüz* = besser sein sich erklären lässt.

—

[1] Die primitive Form der Trommel ist kugel- oder halbkugelartig. letztere, in Europa Kesselpauke genannt, wird noch heute in Centralasien an beiden Seiten des Sattelknopfes befestigt getragen.

V.

Familie.

Wenn wir in den bisher aufgezählten Culturmomenten der magyarischen Sprache einer in markanter Weise hervortretenden Congruenz mit dem Türkischen begegneten, so wird in den Beispielen, die in diesem Abschnitte vorgeführt werden, das Zünglein an der Wage der Analogien sich schon mehr dem ugrischen Sprachgebiete zuneigen, eine Erscheinung, die wir im Schlusskapitel dieses Theiles unserer Studie noch eingehends untersuchen werden. Bevor wir uns jedoch in eine Erörterung der Benennungen der Verwandtschaftsverhältnisse einlassen, ist es unumgänglich nothwendig, uns mit dem Menschen, namentlich aber mit den einzelnen Körpertheilen desselben zu befassen, dies um so mehr, als man nach einer bisherigen Annahme die hierauf bezüglichen Wörter als eminent finnisch-ugrischen Ursprungs bezeichnete und in dieser Thatsache selbstverständlich einen starken Beweis für den eminent finnisch-ugrischen Charakter der magyarischen Sprache finden wollte. Nun lässt es sich allerdings nicht leugnen, wie schon erwähnt, dass in den bezüglichen Benennungen das Finnisch-Ugrische einen vorherrschenden Einfluss zeigt; doch will uns andererseits bedünken, dass man in den bisher auf diesem Gebiete angestellten Vergleichungen nicht genug objectiv vorgegangen, und namentlich, dass man den betreffenden Wortschatz nicht in seiner vollen Ausdehnung betrachtete; denn wäre dies geschehen, so würde das Zahlenverhältniss der Analogien keine solche wesentliche Verschiedenheit aufweisen, wie wir in den bisher von Hunfalvy und Budenz [1] angestellten Versuchen finden. Um Besagtes ersichtlich zu machen, wollen wir folgende Liste der einzelnen Körpertheile in der magyarischen, den finnisch-ugrischen und türkisch-tatarischen Sprachen anführen, und bezüglich der zweiten Sprachgruppe an die Budenz'sche Arbeit uns halten.

---

[1] Siehe Hunfalvy's „Reguly Antal hagyományai", I, 283 und „Ethnographie von Ungarn", S. 147; ferner J. Budenz, „Nyelvtudományi közleménöeky, XVI, 145--153.

Deutsch	Magyarisch	Finnisch-Ugrisch	Türkisch-Tatarisch
1. Kopf	fej	pää, pän	bej, böj
2. Fuss	láb	lajl	ajak
3. Finger	újj	tul'e, tul'	ölü, elü, barmak
4. Schulter	váll	olka	egin, ejin und omuz, onuz [1]
5. Knie	térd, tird	polve	tiz, čir
6. Brust	mell	majl	kögüs, omrau [2]
7. Rücken	hát	selkö	kat (Hintertheil) [3]
8. Bein	csont	takte	szöngek (eventuell szong-ak) [4]
9. Mark, Gehirn	velö	vēlim	bejin, mejin, jilik
10. Auge	szem	säm	köz
11. Ohr	fül	päl'	kulak
12. Nase	orr	ńol	borun, burun
13. Mund	száj	suu, sop, tuos	agiz, avuz, sjuvar
14. Zahn	fog	päng, pong	tiš
15. Zunge	nyelv	ńelm	til, těl
16. Kehle	torok	turr, tur	bugaz, boguz
17. Herz	sziv	sim, šim	jürek
18. Leber	máj	majt	bagîr, bair
19. Lunge	tüdö	šodo, täty	öpke [5]
20. Blut	vér	vere, ver	kan
21. Arm	kar	—	kar, kol
22. Nabel	köldök	—	köndük
23. Haut	bör	—	baru

[1] Budenz citirt für Schulter das čagataische egin, ejin, was jedoch nur bezüglich des Osttürkischen richtig ist, denn im Westtürkischen ist arka = Rücken und omuz = Schulter.

[2] Omrau ist kirgisisch und bedeutet wörtlich Vordertheil.

[3] Kat ist uigurisch und bedeutet Rücken und West gegenüber öng = Vorn und Ost; mit dem Adverbialaffix in ist katin = rückwärts entstanden.

[4] Budenz schreibt süñük, doch söngek ﺳﻮﻧﻜﺎﻚ (Budagow. I, 650) lautet dieses Wort in Mittelasien.

[5] Öpke, ölke ist nur ein localer Gebrauch für Lunge, die eigentliche Bedeutung dieses Wortes ist Zorn, Galle. Im Osmanischen heisst ak-žiger Lunge, eigentlich weisse Leber und kara-žiger Leber.

Deutsch	Magyarisch	Finnisch-Ugrisch	Türkisch-Tatarisch
24. Schnurrbart	bajusz	—	bijik, bujut [1]
25. Hals, Kragen	nyak	—	jaka (Nacken)
26. Knöchel	boka	—	bogun [2]
27. Sohle	talp	—	tapan, taban
28. Rückgrat	gerincz	—	geri [3]
29. Stirn	homlok	—	kamak [4]
30. Lende	derék	—	tirek, terek [5]
31. Nagel	köröm	—	tirmak, tirnak
32. Bart	szakál	—	sakal.

Wenn wir daher die 32 hier aufgeführten magyarischen Benennungen der Körpertheile mit den gleichbedeutenden finnisch-
ugrischen und türkisch-tatarischen Wörtern vergleichen, so wird
sich herausstellen, dass ungefähr 16 derselben eine auffallende
Analogie zu den finnisch-ugrischen, und 16 wieder einen gleichen
Grad von Aehnlichkeit zu den türkisch-tatarischen Beispielen
bekunden, dass nach beiden Seiten hin die enge etymologische
Verknüpfung ausser Zweifel steht, sodass von einer absoluten
oder überwiegenden Verwandtschaft weder auf der einen noch
auf der andern Seite die Rede sein kann, und dass sonach die
Benennungen der Körpertheile im Magyarischen nicht den finnisch-
ugrischen Ursprung, wohl aber den selbst in solchen primitiven Be-

---

[1] Nebst bijik gibt es noch burut, bujut für Schnurrbart.

[2] Die Synonyma von bogun, auch bogum, sind bogau = Hand, Knöchel
und bogav = Knoten.

[3] Vgl. Tauk gerisi - das Rücktheil des Huhnes (Budagow, II, 175).
Siehe ferner Ahmed Wefik, „Lehčei Osmani‟, II; 1082.

[4] Karakirgisisch koibal, das der Budenz'schen Annahme gegenüber entschieden auf der Stammsilbe kom, kam = Hügel, hügelartige Erhöhung
beruht, und mit einem eventuellen komluk = pars protrudens verglichen
werden kann. Vgl. persisch pišane = Stirn und piš = vorn und englisch
forehead.

[5] Tirek heisst speciell das Mittelstück, die Stütze, die Säule; daher
tire, tere, türe = stützen, lehnen. Das Verhältniss zwischen dem magyarischen derék und dem türkischen tirek, direk ist auch im deutschen Lehne
und Lende anzutreffen.

griffen sich manifestirenden Mischcharakter dieser Sprache bekunden. [1]

Von diesem Excurs auf den eigentlichen Gegenstand unserer
Erörterung zurückkehrend, wollen wir vor allem bemerken, dass
das soeben erwähnte Verhältniss der Analogie zwischen den einzelnen Benennungen der Körpertheile auf den beiden Sprachgebieten auch bezüglich der einzelnen Verwandtschaftsgrade hervortritt, mit dem Unterschiede jedoch, dass hier die genaue
Definition auch schon deshalb erschwert wird, weil eine und dieselbe Benennung oft in einem und demselben Dialekte verschiedenartige Anwendung gefunden. Nehmen wir z. B. das Wort **Vater**,
so werden wir finden, dass magyarisch *atya*, türkisch *ata*, ostjakisch *at'a* besagtem Begriffe im allgemeinen entspricht, während andererseits wieder dieses selbe Wort ata kirgisisch Geschlecht, Vormund, baschkirisch älterer Bruder, mordwinisch
alter Mann und finnisch ati = Schwiegervater bedeutet. Desgleichen heisst **Mutter** magyarisch *anya*, türkisch *ana*, ugrisch
anaj, während dasselbe ana oder ene theils für Tante, Schwä-
ger, auch im allgemeinen für Weib, weiblich gebraucht wird.
Bei Vergleichung der hierher gehörigen Nomenclatur ist daher der
Combination ein weiter Spielraum gelassen und, wie in solchem
Falle üblich, die Gefahr des Irrens eine um so grössere. Was
den Begriff **Mensch**, magyarisch *ember*, anbelangt, so ist uns
dessen etymologischer Werth noch immer unbekannt, und alle
hierauf bezüglichen Erklärungen beruhen auf vagen Combinationen [2], während hingegen die Geschlechts-Unterscheidung die
finnisch-ugrische Analogie markanter darstellt, wenn wir das
magyarische *fér*, *férj* = **Mann** mit čeremissisch *pörgö* und türkisch *er*, *erk* (in erk-ek), das magyarische *nö*, *né* = **Weib** mit
dem wogulischen *nè* = Weib und türkischen *naj* = Gefährte vergleichen, oder wenn wir dem magyarischen *him* = **Mann, Männchen** das ugrische *kum* und das mongolische *kümön* = Mann,
Mensch gegenüberstellen. Der allgemeine Begriff **Kind**, magyarisch *gyerek*, steht dem türkischen *jauruk* = das Junge, das Kind,
das magyarische Wort für **Sohn**, nämlich *fi*, *fiú*, hingegen wieder

---

[1] Dass die Benennung der Körpertheile auch anderswo vor dem fremden Spracheinflusse sich nicht bewahren konnte, dafür gibt es Beispiele
im Kurdischen, Tadšikischen und auch im Osmanischen zur Genüge.
[2] Siehe Beilage III..

dem ugrischen *pi, pojku* näher. Unter den Wörtern für **Bruder**
und **Schwester** finden wir, dass das magyarische *bátya*, älterer
Bruder, fälschlich vom Slawischen abgeleitet wird, da das Türkische ein mit diesem analoges Wort kennt, nämlich *baža* =
Schwager und *baži* = Schwester, Wörter, die, in Mittelasien bekannt, doch keinesfalls den Slawen entlehnt werden konnten.
Ebenso kann das magyarische *öcs* = **jüngerer Bruder** mit dem
čagataischen *eči, eži*[1] = Bruder, älterer Bruder, das magyarische
húg = **jüngere Schwester** mit čagataisch *uku, üke* = jüngere
Schwester[2], das magyarische *ángy* = **Schwägerin** mit dem türkischen *jenge* = Schwägerin, das magyarische *déd* = **Aeltervater**
mit dem türkischen *dede* = Grossvater, das magyarische *néne* =
Tante mit dem türkischen *nene* = Mütterchen, Tante u. s. w. verglichen werden; wo hingegen das magyarische *ipa* = **Schwiegervater** im ugrischen *up, appi*, und im türkischen *übe, üpe* (in
übeke von übe und eke), das magyarische *napa* = **Schwiegermutter** im ugrischen *anip*, das magyarische *vö* = **Eidam** im
ugrischen *väng, vävy*, und das magyarische *meny* = **Schwieger-
tochter** im ugrischen *män* das entsprechende Analogon finden.
Es ist übrigens charakteristisch, dass der Reichthum an genuinen
Benennungen der Verwandtschaftsverhältnisse, den wir im Türkischen hervorgehoben[3] und Ahlquist auch im Finnischen rühmt[4],
im Bereiche des Magyarischen sich nicht mehr vorfindet; ein
Beweis dafür, welchen gewaltsamen Umwälzungen die Sprache
und der Bildungsgeist letztgenannten Volkes eben dadurch ausgesetzt war, dass es schon früh inmitten slawischer und germanischer Elemente — sozusagen — sich eingezwängt sah, und des
abendländischen Einflusses selbst im innern Familienleben sich
nicht erwehren konnte. In Anbetracht dieses Umstandes wäre
es auch eine vergebliche Mühe, im heutigen Magyarischen nach
den Spuren der zu alten Zeiten bestandenen Stamm- und Clan-
Verhältnisse zu suchen, ein Verhältniss, das im gesellschaftlichen
Leben der Nomaden Centralasiens von hoher Bedeutung war,
und bei den Magyaren noch lange Zeit nach der Annahme des
Christenthums und der westlichen Cultur eine gewisse Rolle

[1] Budagow, I, 13.
[2] Nach Budagow, I, 146 öke = der jüngere Bruder.
[3] Siehe „Primitive Cultur des turko-tatarischen Volkes", S. 68.
[4] Siehe „Culturwörter", S. 203.

spielte; daher das Hinzufügen zum Eigennamen des üblichen
„de genere…" und daher denn auch die Tradition von sieben
Stämmen [1], hetü Moger, wie der Anonymus erzählt, und von
den 108 Geschlechtern, von welchen der Chronist Kézai noch
gegen Ende des 13. Jahrhunderts berichtet, eine Liste von Eigennamen, die wir der Mehrzahl nach als zur türkischen Sprache
gehörig befunden haben. Von den auf das ethnische Leben bezüglichen Benennungen kann daher als genuin nur das Wort
für **Stamm** betrachtet werden, magyarisch *törzs*. türkisch *tire*
und *töre*, was nun allerdings, mit der magyarischen Stammsilbe
tör = brechen zusammenhängend, eigentlich Bruchtheil, Bruchstück bedeutet, während der andere hierher gehörige Begriff,
nämlich **Adel, edel**, magyarisch *nemes*, von *nem* = Geschlecht,
folglich Geschlecht oder Familie habend, nur im türkischen *man*
(vgl. *man-ap*, *man-apa* = Adel, eigentlich Ahne), zu erkennen ist.
Der diesbezügliche Zusammenhang zwischen Adel (Geschlecht)
und edel (geschlechthabend) ist auch im neupersischen chanedan
= edel, wörtlich einer, der seine Familie kennt, ausgedrückt,
während der Begriff **Ahne**, magyarisch *ös*, nur in der Grundbedeutung von alt zu nehmen, und mit dem türkischen *ozo* =
Vorderer, Alter, finnisch *isä* = Vater zu vergleichen ist.

Wir haben in den vorhergehenden Abschnitten gesehen, dass
die meisten der Würdennamen, wie es der in eminenter Weise
herortretende türkische Bildungsgeist mit sich bringt, von unverkennbar türkischem Sprachcharakter sind, was wir auch bei
den Ehrennamen im Familienleben wahrnehmen können, wenn
wir die Begriffe Herr und Frau näher ins Auge fassen. Herr,
magyarisch *úr*, ist bisher mit dem finnisch-ugrischen *uroh*, *uros*
und *jor* = Ehemann, Mann (vgl. türkisch *er* = Mann, Held) verglichen worden, welch letzteres Ahlquist [2] wieder dem lithauischen
vyras, lettischen virs und lateinischen vir anreiht. Nun will es
uns aber bedünken, dass hier die Begriffsanalogie keine ganz
richtige ist; denn das magyarische *úr* bedeutet in erster Reihe
dominus, Herrschaft (vgl. uruszág = Land, eigentlich Herrschaft, Besitz) und in diesem Sinne des Wortes, d. h. vom Grundgedanken magister, Patron ausgehend, konnte in demselben wol

---

[1] Vgl. den türkischen Ausdruck jeti-ata = Ahnen, wörtlich sieben Väter.
[2] Siehe „Culturwörter", S. 204.

auch das türkische *our*, altaische *uur* = Schutz, Beschützer [1], oder
ur. *ür* = hoch oben vermuthet werden. Mit Bezug auf das magyarische Wort **Frau**, d. h. *asszony*, *akhsun*, *ohszun*, ist schon an
anderer Stelle (siehe Beilage III) bewiesen worden, dass dessen
türkischer Ursprung ausser Zweifel steht, und dass in demselben
nicht so sehr der Grundgedanke Herrin als Weib im allgemeinen zum Ausdruck gelangt ist.

Wenn wir bei Erörterung des Familien- und gesellschaftlichen Lebens von den Begriffen Herr und Frau auf die Benennungen für Diener und Sklave übergehen, so kann es allerdings
nicht blos als Sache des reinen Zufalls betrachtet werden, dass
das Magyarische für letztgenannte Worte kein genuines Wort
hat, und für Diener des slawischen *szluga* (magyarisch szolga),
für Sklave hingegen des germanischen *rab* (von Raub) sich bedient, gerade so wie der Türke, der für Diener das arabisch-
persische *chidmetkiar*, und für Sklave das persische *bende* oder
arabische *jesir* gebraucht. Dies berechtigt keinesfalls zur Annahme, dass die alten Magyaren, die von den gleichzeitigen
Schriftstellern als die schrecklichsten Menschenräuber dargestellt
werden, die Begriffe Diener und Sklave nicht gekannt haben.
Das nicht; aber wir haben vollauf Ursache an der Wahrheits-
liebe der bornirten Chronisten jener Zeit zu zweifeln; denn aus
dem Umstande, dass die Magyaren für die Begriffe **Diener** und
Sklave erst in Europa Wörter entlehnt haben, wird es ersichtlich, dass, wie wir dieses bei den ähnlichen Begriffen in den
Culturmomenten der Türken hervorgehoben [2], das Verhältniss der
Diener oder Sklaven in der strengpatriarchalischen Form des
gesellschaftlichen Lebens bei weitem nicht jene Rolle spielte wie
bei der in römischer Tyrannei und Herrschsucht entarteten Gesellschaft des Abendlandes. So wie die Türken für Diener und Sklave
nur ein einziges genuines Wort besitzen, nämlich *kul*, der Wortbedeutung nach Höriger, ebenso kennt das magyarische hierfür
nur ein genuines Wort, nämlich *inas*, der Grundbedeutung nach
der kleine, der junge, folglich eine Art Lehrling, Page (vgl. tür-

---

[1] Our nach der arabischen Transscription اوغور ogur, wird in den Dic-
tionnairen zumeist mit Zufall übersetzt. Dies ist entschieden ein Irrthum,
denn our heisst Schutz, Hut. So: Allah our ola = Gott befohlen! uraz =
glücklich und kirgisisch örös = Hutweide, ein Ort in der Nähe des Zeltes,
wo auch das Vieh unter Aufsicht weiden kann (Budagow, I, 128).

[2] Siehe „Primitive Cultur des turko-tatarischen Volkes", S. 126.

kisch ini = klein, inag = kleiner Fürst, Thronfolger); ebenso wie
apród = Page von apró = klein abstammt. Von ethnischem, zugleich aber von historischem Interesse ist das Vorhandensein eines
türkischen Wortes im Magyarischen für den Begriff **Freund**,
Genosse, ich meine das so vielfach erörterte türkische *bejtaš*,
der Wortbedeutung nach Kopfgenosse, eins jener auf die Freundschaft bezüglichen Composita, die aus der Silbe *daš* oder *dar*
und einem der Körpertheile entstanden sind; so *kafa-dar* (Schä-
delgenosse), *arka-daš* (Rückengenosse), *kojun-daš* (Busengenosse),
karin-daš (Bauchgenosse), die insgesammt Freund, und nur letzteres Bruder bedeuten. Dieses türkische *bejtaš* oder *bajtaš*, vom
alttürkischen baj, bej = Kopf, wird im heutigen Osmanischen
irrigerweise begtaš ausgesprochen, und hat, merkwürdig genug,
schon in Persien Verbreitung gefunden, daher man in diesem
Lande es für identisch mit paje-daš (Antheilhaber) hielt, ebenso
wie die Magyaren es von baj = Elend und társ = Genosse ab-
leiteten, und daraus einen „Freund im Unglück" herauslesen.

Als hierher gehörig wollen wir zum Schluss einige auf Geburt und Tod bezügliche Begriffe noch anführen. Die auf **Geburt** oder **gebären** bezüglichen Wörter sind im Magyarischen
mit *szül*, im Türkischen mit *tul* oder *töl* [1] ausgedrückt (vgl. altaisch *töl* = Geburt, Geschlecht, und *töldö* = gebären von Thieren,
ferner magyarisch *szül* = gebären, *szület* = geboren werden), während **sterben**, magyarisch *hal*, finnisch-ugrisch *kal*, *χal*, türkisch
öl, *vil*, **tödten** hingegen magyarisch *öl*, türkisch *öl-gür* oder *öl-dür*
heisst. So haben auch einige mit letzterwähntem Begriffe zusammenhängende Wörter einen prägnant türkischen Charakter,
der sofort auffallen wird, wenn wir erwähnen, dass **Grab**, magyarisch *sir*, mit dem türkischen *čiyir*, *čir* oder *siri* = Grube,
Furche, ferner das magyarische *verem* = **Grube** mit dem türkischen *oro*, *ora*, *oram* = Graben verwandt, der **Sarg**, magyarisch
koporsó, mit dem türkischen *koburžak* = Kiste, Schachtel geradezu
identisch ist.

---

[1] tul oder töl stammt ursprünglich aus der Zusammenziehung des
heute nicht mehr gebräuchlichen tog-ul, toul = geboren werden, welchem
die Stammsilbe tug = entstehen, aufkommen zu Grunde liegt.

VI.

Verfassung.

Wenn magyarische Historiker, von den Gefühlen einer leicht-
begreiflichen Pietät für die nationale Vergangenheit geleitet,
über das Entstehen, den Geist und die geschichtliche Entwickelung der altmagyarischen Constitution in tiefgehende Studien sich
einlassen, so können derartige Speculationen selbstverständlich
sich nur auf das Zeitalter der Anführer, nicht aber auf jene
Zeit beziehen, in welcher die Magyaren auf ihrer Wanderung
aus der alten Heimat nach Pannonien begriffen waren. Die
Verfassung der Magyaren in der alten Heimat war um kein Haar
anders als die Bedingungen des gesellschaftlichen Lebens, in
welchen die türkischen Nomaden Centralasiens und der Pontusländer vor dem Einfalle der Mongolen gelebt, und in welchen
die Kirgisen und Turkomanen noch gegen Mitte des vergangenen
Jahrhunderts sich befanden. In der mir gegenüber gemachten
Aeusserung eines turkomanischen Graubartes: *„Bibaš Chalk bo-
lamiz icimizde her kes padšah boladir"* = „Wir sind ein kopf-
loses Volk, bei uns ist jeder ein Padischah", liegt der eigentliche Grundgedanke der Verfassung der alten Magyaren wie auch
der übrigen Steppenbewohner türkischer Zunge, und von demselben ist nur dort und dann abgegangen worden, wenn irgendein
Nomadenvolk, durch eine geschichtliche Begebenheit oder durch
sonstige Motive im gewöhnlichen Gange des Alltagslebens gestört,
sich zu einer ausserordentlichen That gedrängt sah. So wie der
Stamm der Karluk im Nordosten, jener der Kanglis im Nordwesten und der Stamm der Turkomanen im Süden des heutigen
Centralasiens, nur durch das Auftreten der Mongolen unter Dšengiz
von der ruhigen Existenz eines Hirtenvolkes auf die Bahn der
weltstürmenden Begebenheiten gedrängt, sich auf eine Zeit lang
einem Führer unterwarf und auf dessen Befehl sich in Bewegung setzte, ebenso haben die sieben oder acht Stämme der
Magyaren nur dann erst dem Oberbefehle Árpád's sich unter-
geordnet, nachdem sie im damaligen Völkergetriebe von den
Petschenegen zum Aufsuchen einer neuen Heimat theilweise gezwungen, auf ihren Wanderungen in fremden Landen und im
Kampfe gegen fremde Völkerelemente die leitende Suprematie
eines Einzelnen anzuerkennen sich genöthigt sahen. Was Kaiser

Konstantin von dem diesbezüglichen Anrathen des Khazaren-
fürsten erzählt, das mag nur insofern richtig sein, als die Magyaren die Khazaren als ein Türkenvolk, welches zu jener Zeit
bezüglich des staatlichen Ansehens, der Macht und Bildung sich
eines gewissen Rufes erfreute, sich zum Muster nahmen; ganz so,
wie dies unter ähnlichen Verhältnissen bei den Özbegen und
Kazaken geschah, die bei Umgestaltung der vollends nomadischen
Gesellschaft in eine halbnomadische und bei Begründung des
staatlichen Lebens die bereits stabilisirten Regierungsformen der
benachbarten Türkenländer angenommen haben. Von dieser
Annahme ausgehend müssen wir es ganz natürlich finden, dass
z. B. die Doppelregierung, von welcher Konstantin, Ibn Dasta
und Ibn Fozlan bei den Bulgaren und Khazaren berichten, auch
bei den Magyaren eingeführt wurde, und so wie die Chakane
besagter Länder die Regierung mit einer Art Reichsverweser
oder Majordomus theilten, ebenso stand dem Fürsten der Magyaren ein Karchas und Gylas zur Seite, über deren genauen
Wirkungskreis wir allerdings nie ganz im Klaren sein werden,
deren grösserer oder kleinerer Machteinfluss aber jedenfalls von
der individuellen Befähigung des eigentlichen Fürsten in solchem
Maasse abhing, in welchem z. B. die Stellung eines Vezirs, Kus-
begis oder Inaks im mittelalterlichen Asien von der Persönlichkeit des Chans oder Emirs abhängig war.

Es ist daher selbstverständlich nur ein eitles Bestreben, aus
dem Wortlaute der auf die Anfänge der Magyaren bezüglichen
kargen Daten über die Machtsphäre des obersten Fürsten und
über das Verhältniss der Stammesoberhäupter zu demselben in
weitläufige Combinationen und Hypothesen sich einlassen zu
wollen. Wer Zeit und Musse zu solchem Theoretisiren hat,
dem wollen wir sein Vergnügen nicht verleiden. Wir können
nicht umhin bei Beurtheilung der Regierungsverhältnisse der
Magyaren im 9. Jahrhundert an die ähnlichen Verhältnisse der
Türken und Mongolen uns zu halten, und glauben daher, dass
die Autorität der magyarischen Fürsten von Árpád angefangen
in solchem Maasse zunahm, in welchem das magyarische Volk
von der nomadischen Existenz sich ab- und der sesshaften Lebensart zuwendete, und dass im Zusammenhange mit diesem
allmählich sich vollziehenden Processe der Europäisirung das
Selbständigkeitsgelüste der einzelnen Stammesoberhäupter sich
nach und nach verminderte. Das Gleiche scheint auch mit der

zur Zeit der Einwanderung noch in voller Kraft bestandenen
Stammes- und Geschlechtseintheilung der Fall gewesen zu sein,
ein Verhältniss, das der nomadischen Existenz einer Gesellschaft
wol zusagte, der Idee einer staatlichen Einheit jedoch gefähr-
lich war und dessen Macht gebrochen werden musste. [1] Es ist
nicht ohne Interesse, wenn wir diese Erscheinung im Staatsleben
der Magyaren mit dem ähnlichen Zustande anderer Türkenvölker
vergleichen, da wir die Wahrnehmung machen, dass die Magyaren noch in der Mitte des 12. Jahrhunderts, zur Zeit Bela's II. [2],
also nahezu volle dreihundert Jahre nach ihrem Verlassen der
alten Steppenheimat, ans Clansystem mit eiserner Consequenz sich
anklammerten, während bei den Tataren in der Krim und an
der Wolga von den frühern Stamm- und Geschlechtsverhältnissen
schon zur Zeit, als die Russen Kazan eroberten, nur wenig Spuren
mehr vorhanden waren — wenigstens begegnet man solchen in
der Geschichte der Kasimiden [3] äusserst selten —, und bei den
Osmanen kaum hundert Jahre nach ihrer Trennung von den
Seldšukiden jede Erinnerung an die frühere Stammes- oder Geschlechtseintheilung gänzlich verschwunden war.

Unsere Ansicht bezüglich der Machtsphäre des obersten
Fürsten kann auch auf die Frage der Regierungsform angewendet
werden. Autokratisch konnte das magyarische Regierungswesen
erst zur Zeit des Königs Stephan werden, als der germanisch-
römische Bildungsgeist einerseits beim Volke die aus Asien mitgebrachten Anschauungen bedeutend modificirt, und andererseits
bei dem unter hierarchischem Einflusse stehenden Stephan das
Gelüste nach Selbstherrschaft erweckt hatte. Bis dahin jedoch
scheint die alte patriarchalische Regierungsform der türkischen
Nomaden sich streng erhalten zu haben, d. h. ein Föderativsystem, in welchem die Macht unter den einzelnen Stammeshäup-
tern getheilt war, die an den obersten Landesherrn sich nur dann
zu wenden hatten, wenn zufolge einer grössern gemeinsamen Gefahr der engere Anschluss als Nothwendigkeit sich herausstellte.
Die verschiedenen und zahlreichen Einfälle der alten Magyaren

---

[1] Vgl. Kerékgyártó, Magyarország Mivelődésének története (Pest 1860),
S. 236.

[2] Horváth Mihály, Magyarok története, I.

[3] Izsljedowanie o kasimowskich Czarach i czarewitschach, von W. W.
Weljaminow Zernow (St. Petersburg 1863).

in Deutschland, Frankreich, Italien und in das oströmische Reich
während der Regierung der Heerführer — falls wir hier den Ausdruck „Regierung" gebrauchen dürfen — wurden seitens der
Stammesoberhäupter, vielleicht auch nur seitens gewisser Truppen-
führer (hadnagy), ganz auf eigene Faust unternommen, gerade
so wie einzelne Serdare oder Batirs der Turkomanen und Özbegen ohne Mitwissenschaft des Chans Jahrhunderte hindurch
bis tief ins südliche Persien Einfälle machten, entweder auf ihren
Irrfahrten auf das Haupt geschlagen und vernichtet wurden, wie
dies den Magyaren 955 bei Augsburg geschah, oder mit Beute
reichlich beladen heimkehrten, in welchem Falle sie den Ertrag
ihrer Abenteuer untereinander vertheilten und noch theilen, gerade so wie dies bei den von ihren Raubzügen glücklich heim-
kehrenden Magyaren im 10. Jahrhundert üblich gewesen sein muss.
Diesen kriegerischen Bewegungen der alten Magyaren irgendwelche hochtragende politische Motive, als Grenzerweiterung, einen
schon damals existirenden Widerwillen gegen das Deutschthum
oder Neugierde [1] zuzuschreiben, dünkt uns geradezu lächerlich,
da wir in denselben den ganz naturgemässen Ausfluss localer
und ethnischer Verhältnisse finden. Die aus den asiatischen
Steppen in die unmittelbare Nachbarschaft ansässiger Germanen,
Slawen, Italiener und Griechen gelangten magyarisch-türkischen
Nomaden hatten selbstverständlich ihren Hang nach Abenteuern,
ihre Gier nach Schätzen und nach den Industrieerzeugnissen
sesshafter Menschen solange bethätigt, bis letztere sich zur Defensive aufrafften und den Eindringlingen den Weg verrammten,
wie wir dies zu allen Zeiten und an allen Orten sehen, wo eine
nomadische Gesellschaft in unmittelbaren Contact mit einer ansässigen gelangt; und so wie in den meisten Fällen die erstere
von der letztern gezähmt, bisweilen sogar absorbirt wird, ebenso
ist dies bei den alten Ungarn der Fall gewesen, die einerseits
von der allmählich sich kräftigenden Defensive ihrer Nachbarn,
andererseits von den christlich-germanischen Civilisationsarbeiten
daheim gebändigt und mürbe gemacht, nach Verlauf von kaum
hundert Jahren [2], diese ins Fleisch und Blut aller Nomaden ge-

---

[1] Vgl. die Zusammenstellung der diesbezüglichen verschiedenen Ansichten bei Kerékgyárto, „Magyarország Mivelödésének története", S. 344—45.
[2] Bezüglich der Liste der magyarischen Invasionen im Westen und
Süden vgl. Rössler, Rumänische Studien, S. 168—183, und Kerékgyártó,
a. a. O., S. 344—362.

drungene Sitte aufgaben und den neuen Lebensbedingungen —
allerdings nur mit dem grössten Widerwillen — sich angepasst
haben. Da wir schon auf den Seitenweg historischer Betrachtungen gelangt sind, so wollen wir auch gelegentlich die verschiedenen Zahlenangaben ins Auge fassen, welche sowol mit
Bezug auf die Gesammtzahl der Magyaren bei ihrem Erscheinen
in Europa alf auch bei Detaillirung ihrer Streifzüge gegen Westen bei den einzelnen Chronisten und Historikern figuriren.
Bezüglich des ersten Falles sprechen die alten Chronisten, als
Kézai, Thuróczi und andere, zumeist von 216000 Kriegern, oder
mit Hinzurechnung der Familien, Diener und des sonstigen Gefol-
ges, von 870000, wie Kerékgyárto[1], oder von einer Million, wie
Schwartner[2], Szalay[3] und andere annehmen, während wir mit
Bezug auf die Zahlengrösse der einzelnen magyarischen Streifzüge unter anderm bei deutschen Chronisten von 60000, ja
sogar von 90000 ungarischen Reitern lesen, die 955 auf dem
Lechfelde ihren Untergang durch deutsche Tapferkeit gefunden
hätten. Abgesehen davon, dass diese und derartige Zahlenangaben an die lügnerischen Berichte der alten Griechen von
den Millionen Persern erinnern, wird der Kenner der Geschichte
der Vergangenheit und Gegenwart der Türkenvölker Asiens wol
bald einsehen, dass hier auf der einen sowol als auf der andern
Seite Phantasie und Patriotismus mehr als wissenschaftliche
Ueberzeugung im Spiele waren, und dass man, um der Wahrheit nahe zu kommen, diese Zahlen ungewöhnlich stark reduciren
müsse. Wie arg man es in Europa sowol, als auch in Asien
mit den „Nomadenheeren" oder mit den sogenannten türkisch-
mongolischen Kriegerhaufen übertrieben habe, erhellt am besten
aus den riesigen Zahlen, in welchen die arabisch-persischen Historiker des Mittelalters von den Scharen Dšengiz-Chan's reden,
trotzdem es nun geschichtlich bewiesen ist, dass, wie Gregoriew[4]
mit Recht bemerkt, jenes Heercorps, welches Dšengiz von Samarkand zur Verfolgung Ala-eddin's ausschickte, nach drei Jahren
von der Wolga in die Mongolei zurückkehrte, nachdem es während dieses Zeitraums Chorasan, das nördliche Persien, Azer-

---

[1] a. a. O., S. 28.
[2] Statistik des Königreichs Ungarn, I, 2.
[3] Magyarország története, J. 11.
[4] Siehe „Russische Revue", VI. 336.

baidžan, Grusien, Armenien, die Länder am Kaukasus, die Krim und die Wolgagebiete verheert, Hunderte von Städten erobert und im Felde einigemal zahlreiche Heere der Georgier, Lesgier, Tscherkessen, Polowzen und an der Kalka die vereinigten Streitkräfte der russischen Fürsten geschlagen hatte, dass dieses Heer im ganzen aus zwei Tuman, d. h. 20000 Kriegern bestanden habe. In ähnlicher Weise sprechen die Byzantiner von 800000 Petschenegen und von 600000 Uzen, welche von der Wolga an die Donau kamen, obwol es zur Genüge bekannt ist, dass die von der Wolga entflohenen Awaren, welche Ost- und West-Rom verheerten und eine lange Zeit hindurch ganz Mitteleuropa beherrschten, nur in einer Anzahl von 20000 Familien. also höchstens 100C00 Köpfen, von dem sie zurückfordernden türkischen Chakan angegeben werden. „Die Furcht sieht viel", sagt ganz richtig das Sprichwort, und wenn der durch die aussergewöhnliche Erscheinung des Uralaltaiers erschreckte Westländer von Hunderttausenden dort spricht, wo es vielleicht nur Zehntausende gegeben, so müssen wir diesem psychischen Zustande Rechnung tragen und dürfen seinen Zahlenangaben fast nie Glauben schenken. Die Bevölkerung der innerasiatischen Steppen war zu keiner Zeit viel zahlreicher, als sie heute ist, und da die zeitweiligen Schwärme, welche sie aussandte, auch nicht viel grösser sein konnten als die Reiterhaufen, welche dem Heere eines Dšengiz oder Timur sich anschlossen, so ist es geradezu absurd, die von der Wolga nach Pannonien eingebrochenen Magyaren auf eine Million zu schätzen, oder deren einzelne Raubzüge auf 60000 zu veranschlagen, zumal es obendrein angesichts der damaligen Culturzustände gar nicht einzusehen ist. wie solch riesige Heere in den dünnbebauten Gegenden Mann und Thier verpflegen konnten. Die Zahlengrösse der aus Asien in Europa eingedrungenen Magyaren ist allerdings von hoher Wichtigkeit für unsere Studie, doch haben wir leider wenig Hoffnung hier mit positiven Daten auftreten zu können. und wir werden übrigens auf ebendiese Frage noch zurückkommen.

Zum eigentlichen Gegenstand unserer Forschung zurückkehrend wollen wir daher bemerken. dass wir, sowie bezüglich des Zahlenverhältnisses, ebenso auch in andern Dingen bei Erforschung der innern Zustände der alten Magyaren uns getrost an das heutige oder an das jüngstvergangene Leben der centralasiatischen Nomaden halten können. und hiermit das Conterfei

der altmagyarischen Regierungsform in den heutigen Gepflogenheiten letzterwähnter Völker suchen müssen. Die Frage daher,
ob die Regierungsform unter Árpád monarchisch oder streng
despotisch gewesen sei, muss auch schon deshalb als eine müssige
betrachtet werden, weil bei Nomaden, nach den Grundbedin-
gungen der Gesellschaft zu urtheilen, nur das Föderativsystem
als einzige Regierungsform möglich ist, dies aber auch nur dort
und dann, wo die Interessengemeinsamkeit stark genug ist, das
im Naturell der Nomaden liegende Gefühl einer unbändigen
Willensfreiheit wenigstens einige Zeit lang zu unterdrücken. In
solchen Fällen, die in der Geschichte durch das Erscheinen
glücklicher und begabter Heerführer hervorgerufen wurden, hat
es auch unter Vorsitz des siegreichen Helden gemeinsame Be-
rathungen in Angelegenheit der zu unternehmenden Schritte gegeben, folglich eine **Volksversammlung** oder **Versammlung**, magyarisch *gyülés*, türkisch *jîilîš*, *jigîlîš* (von jig = sammeln, jîil
= sich versammeln, daher jîgîlîš oder jîilîš = Versammlung),
oder auch **Rath**, magyarisch *tánács*, türkisch *taniš* = sich be-
rathen, Berathung, wie dies in den *Kuriltai* der Mongolen unter
Dšengiz geschah, oder in den *Küren* der Türken, ein Wort,
das seiner heutigen Bedeutung nach = Gesellschaft, Versammlung ist, ehedem aber auch Truppenabtheilung, Regiment bedeutete [1], und in gewissen Theilen des türkischen Sprachgebiets noch
den Begriff Gespräch [2], Berathung ausdrückt. Nun wäre es allerdings eine viel zu kühne Hypothese, wenn wir in diesen Ver-
sammlungen eine Art gesetzgebenden Körpers entdecken sollten,
wie dies seitens der ungarischen Historiker bisher geschah, die
zumeist den grossen Fehler begingen, vom Geiste der Zeit und
der Gesellschaft, in welcher sie lebten, auf die Zustände eines
asiatischen Volkes in der Vergangenheit schliessen zu wollen.
Das Gesetz war bei den uralaltaischen Völkern, sowie bei andern Gesellschaften von ähnlichem Culturgrade, nur ein Gewohn-
heitsgesetz, denn die Grundbedeutung des hierfür im Magyarischen und Türkischen existirenden Wortes, nämlich magyarisch
törvény (bei welchem *vény* als ein Collectivsuffix zu nehmen ist),

---

[1] „Il ulus Mogulistan kurenha kerde" = „er hat Land nud Leute von
Mongolien in Truppen oder Kreise getheilt", sagt Scherefeddin S. 128 in
seiner „Zafernameh".

[2] Siehe كورهٔ in meinen „Čagataischen Sprachstudien", S 329.

türkisch *töre*, ist eigentlich das Aufgekommene; ebenso wie das türkische Synonym von töre, nämlich *toka* [1], dem Wortwerthe nach als **Gebrauch** (vgl. magyarisch *szokás* = Gebrauch) zu nehmen ist, und von tok = aufstehen, aufkommen abstammt, ebenso wie der Begriff **Recht** = dexter und jus, magyarisch *joy*, im türkischen *ony* = dexter sein Analogon findet.

Bezüglich anderer hierher gehöriger Begriffe verdienen im Magyarischen die Wörter *biró* = **Richter** (ursprünglich bira, denn man sagt birá-ja, birák) und *birsáy* = Geldsumme, eigentlich **Richterspruch** [2], unsere Aufmerksamkeit als solche, die — unzweifelhaften genuinen Ursprungs — schon aus Asien nach Europa gebracht wurden, und entweder durch das türkische *bairi* = der Alte oder, was wahrscheinlicher ist, durch ein alttürkisches *burau, borau, buraul* = Vorsteher, von der Stammsilbe *bor, bur* = vorangehen, vorstehen, sich erklären lassen. Demzufolge muss biró nicht so sehr im Sinne von Richter denn als Vorsteher zu nehmen sein. Ferner das Wort für **Zeuge**, magyarisch *tanú*, türkisch *tanuk*, ein Nomen agentis aus dem Verbalstamme *tani* = kennen, wissen, folglich ein Mitwissender, ein Wort, das in beiden Sprachen wol aus dem Persischen (danisten) übernommen ward.

Schliesslich soll, als in diese Rubrik gehörig, das altmagyarische Wort für **Ordnung, Anordnung, Gesetz**, nämlich *szer* [3], türkisch *sira* = Reihe, Anordnung angeführt werden.

---

[1] Töre ve toka كوره و توره (magyarisch **tör-vény** és **szok-ás**) ist der übliche Ausdruck für Gesetz im Alttürkischen, besonders im Uigurischen, und Budagow irrt, wenn er (I, 400) letztgenanntes Wort nach der irrigen Angabe des „Calcuttaer Wörterbuches" mit Oberhaupt (Glawa) übersetzt.

[2] Schon die Leichenrede bringt „birsag nap" oder „borsag nap" für Weltgericht; ferner findet sich dieses Wort in einer aus dem Jahre 1239 stammenden Urkunde: „X marcas pro birsagio solvat", so wie in einer andern aus dem Jahre 1316 stammenden Urkunde in folgender Textirung: „Dominus Rex Karulus Praelatorum et regni sui baronum salubri usus consilio super facto exactionis iudiciorum seu birsagiorum tale statutum fecit." Jerney, Thesaurus linguae hungaricae, S. 16.

[3] „Et locum illum, ubi haec omnia fuerunt ordinata, Hungari secundum suum idioma nominaverunt seerii" sagt der Anonymus im XL. Abschnitte, daher der Ortsname Puszta-szer zwischen Csongrád und Szegedin, wo angeblicherweise die erste ungarische Nationalversammlung in der neuen Heimat gehalten wurde.

21*

VII.

Die Welt und das Alltagsleben.

Wir wollen in Anbetracht der Elasticität des im Titel stehenden Begriffes in diesem Theile unserer Forschung nur auf jene Culturmomente uns erstrecken, die in den frühern Abschnitten unerwähnt geblieben, und behufs Ergänzung des darzureichenden Bildes hier Platz finden sollen. Es sind daher nur fragmentarische Skizzen, welche wir einfügen, und wir wollen vor allem mit den Naturerscheinungen beginnen, als mit solchen Objecten, denen der schlichte Bewohner der Steppe einen Namen verliehen, der mit dem Eindrucke dieser äussern Erscheinungen übereinstimmt.

Für den Begriff **Himmel** hat der Magyare zwei verschiedene Wörter, nämlich *ég* und *menny*, von welchem ersterer sozusagen den materiellen oder verkörperten, letzterer hingegen den geistigen Himmel darstellt. Diese für den Ideengang eines primitiven Menschen höchst sinnreiche Auffassung erklärt sich am besten, wenn wir zuerst das magyarische *ég* (coelum) mit dem magyarischen Verbalstamm *ég* (ardere) vergleichen, und diesem als passende Analogie das türkische *jang* = brennen und *tang* [1] = Morgenröthe, aus welchem **tangri** = Himmel entstanden, gegenüberstellen, wodurch nun das Factum erhellt, dass der wirkliche Himmel eigentlich den Grundbegriff des scheinenden Körpers oder Lichtraumes ausdrückt, gleich dem türkischen tengri, tangri [2], während menny, altungarisch mönhi oder munhi (vgl. türkisch mög, meng = Ewigkeit) das Ueberirdische, jakutisch möngge = Himmel, das vi vocis oben, Höhe bedeutet, auf die Höhe und auf das Ueberirdische sich bezieht; und wirklich ist im Magyarischen der Ausdruck „himmlischer Vater" nicht mit égi atya, sondern mit mennyei atya, gleich dem uigurischen mengki ata = Gott, himmlischer Vater, wiedergegeben; ebenso wie der Betende „Mi atyánk, ki vagy mennyekben" und nicht „egekben" [3], oder wie man égi háboru = Gewitter

---

[1] Die Lautverwechselung j—t ist im Türkischen eine ganz normale.
[2] Siehe „Primitive Cultur des turko-tatarischen Volkes", S. 150.
[3] Dass heisst „Vater unser, der du bist im Himmel".

(wörtlich Himmelslärm) und nicht menyci-háboru sagt. Wir können daher getrost in der einen Benennung des Himmels, nämlich in ég, die concrete Bedeutung von Lichtraum, Helle und Licht entdecken; ein Ideengang, der auch im Begriffe Welt, magyarisch *világ* [1], zugleich auch Licht, türkisch *ačun*, Welt, das Klare, Offene, von *ač* = offen, klar, sich widerspiegelt; sowie dies im gegenseitigen Verhältnisse zwischen dem slawischen *swjet* = Welt und Licht ersichtlich ist. So werden wir das gegenseitige Verhältniss zwischen *világ* = Welt, Licht, und *rilloy* = glänzen, entdecken, ein Verhältniss, dass auch in der Wortbildung des türkischen *žolduz, jolduz* [2] = Stern, *žaldiz* = Glanz und *čil* = glänzend, sich hervorthut, da in sämmtlichen Begriffen der Naturmensch, dem äussern Eindruck der hellen und strahlenden Himmelskörper folgend, in seiner Sprache nur diesem allein Ausdruck verleiht.

Dort, wo der fremde Cultureinfluss auf diesen primitiven Ideengang nicht in so starkem Maasse zu wirken vermochte, wie dies z. B. bei den Türken der Fall ist, dort ist dieser Ideengang insofern mit Consequenz durchgeführt, dass als Juxta-oppositum der Begriffe Welt, Licht, Oeffentlichkeit sich auch noch eine genuine Benennung für Unterwelt mit der Umschreibung von Dunkelheit, Geschlossenheit erhalten hat, wie wir dies im türkischen *tamuk* = **Hölle, Unterwelt** sehen, wofür das Magyarische heute nur das slawische Lehnwort pokol = Hölle aufweist, ehedem aber, wie wir weiter unten sehen werden, ein genuines Wort gehabt hat.

Wie es der insbesondere bei gewissen primitiven Begriffen stark hervortretende Mischcharakter der Sprache mit sich bringt, finden die magyarischen Benennungen für **Sonne** und **Mond** auf dem türkischen Sprachgebiete eine schwächere Analogie als auf dem finnisch-ugrischen, obwol auch hier die Verwandtschaft mehr vom Standpunkte der begrifflichen als lautlichen Aehnlichkeit

---

[1] In lautlicher Beziehung ist das magyarische világg einerseits mit dem finnischen valkea = lucidus, wogulischen vol'g = glänzen, andererseits mit der türkischen Stammsilbe jil, jol, jal = scheinen, glänzen, hell sein, verwandt.

[2] Osmanisch jildiz = Stern von der Stammsilbe jil, zil = glänzen, aus welchem mit dem Adjectivsuffix ak, ag ein jillag, zillag = glänzend, ähnlich der magyarischen Wortbildung in esil-lag = Stern, gemacht werden kann.

festgestellt werden kann. Was das magyarische *nap* = Sonne
anbelangt, so hat Professor Budenz ganz recht, wenn er diesem
das osttürkische *noci* = lux und *nova* = albus nicht ohne weiteres
gegenüberzustellen wagt, und wenn er anstatt dieser lieber
eine Stammsilbe *tsb*, *nsb* von der Grundbedeutung splendere,
ardere annimmt [1], jedenfalls eine Hypothese, die durch das ähnliche Verhältniss zwischen dem türkischen kuj, küj = brennen,
und kujaš, küješ [2] = Sonne wol gerechtfertigter ist; aber es bleibt
immerhin nur eine Hypothese, die noch lange nicht hinreicht,
für „nap" ein concretes Analogon zu entdecken. Mit dem magyarischen *hó* = mensis und *hold*, *hód* = luna und *hugy* = stella
ist es schon besser bestellt, indem mit diesen das finnische *kuu*,
mordwinische *kov*, *kou* = luna, mensis, und das zürjänische *kožul*,
ostjakische *χus* = stella eine prägnante Aehnlichkeit bekunden. In
sämmtlichen Wörtern ist die Grundbedeutung scheinen, strahlen,
erhellen u. s. w., was übrigens auch beim türkischen *aj* = Mond
der Fall ist [3]; doch steht hier der engere Anschluss des Magyarischen an die Gruppe der finnisch-ugrischen Sprachen ausser
allem Zweifel. Was die Anwendung der hier fraglichen Begriffe
anbelangt, so gebraucht der Magyare das Wort *nap*, wie der
Türke das *kün* für Sonne und Tag, während jedoch im Türkischen *aj* = Mond und Monat heisst, hat der magyarische
Sprachgebrauch für luna = hold und für mensis = hó, hónap
angenommen; andererseits findet der magyarische Ausdruck *éjjel-
nappal* = Tag und Nacht (wörtlich bei Nacht und bei Tag), nicht
wie das europäische jour et nuit, im türkischen *geže-gündüž*
(ebenfalls bei Nacht und bei Tag) sein volles Analogon.

Was das **Gestirn** oder die einzelnen Sternbilder anbelangt,
so haben magyarische Gelehrte, namentlich Ipolyi und Lugossy [4],
den Versuch gemacht, deren Benennungen, als gönczöl szekere (ursa
major), téj-út, szalma-út, országút oder hadak utja (Milchstrasse),

---

[1] Siehe Magyar-ugor összehasonlító szótár, S. 391.

[2] Aus küješ ist das osmanische güneš, ursprünglich güjneš = Sonne
entstanden, und nicht aus gün = Tag, wie allgemein geglaubt wird, denn
letzteres hat ursprünglich küjün (brennend, scheinend) geheissen.

[3] Vgl. mein „Etymologisches Wörterbuch der turko-tatarischen Sprachen", §. 5.

[4] Ersterer in seiner „Magyar Mythologia", S. 266—275; letzterer im
V. Jahrgang, 1. Band des „Uj Magyar Muzeum".

kaszások (Orion), fiastyuk (Plejaden) u.s.w., zu erklären, und deren
auf den nationalen Mythus und Aberglauben bezüglichen Werth
darzulegen. Diese Arbeiten haben vom ethnographischen Standpunkte aus, insofern sie Daten für den magyarischen National-
mythus enthalten, allerdings einen nicht zu unterschätzenden
Werth; doch muss ich offen gestehen, dass dieselben einen nur
schwachen Anhaltspunkt geben, falls wir die in den magyarischen
Benennungen der Sternbilder sich manifestirende Geistesrichtung
mit der diesbezüglichen Auffassung und Anschauung der turko-
tatarischen Völker oder der Uralaltaier im allgemeinen vergleichen wollen. Die magyarischen Benennungen der Sternbilder
beruhen zumeist auf solchen Motiven, die nicht mehr aus der
ersten Bildungsphase, d. h. aus der nomadischen Existenz stammen, wie dies bei andern bisher erörterten Culturmomenten der
Fall war, sondern sie bekunden vielmehr schon die Periode
des sesshaften Lebens, da *fiastyuk* (die Gluckhenne), *kaszások*
(Sensenmänner) u. s. w. solche Bilder sind, die nur dem sesshaften und ackerbautreibenden Menschen vorschweben konnten,
und nicht die Periode der nomadischen Existenz, wie z. B. bei
den Steppenbewohnern, die im Nordstern einen eisernen Pflock
(folglich ein Zeltgeräthe), im Kleinen und Grossen Bären das
Phantasiegebilde von sieben Räubern, die einem präch-
tigen Schimmel nachstellen, zu entdecken wähnen.[1] Was
an die orientalische, speciell turko-tatarische Denkungsart einigermassen erinnert, das erstreckt sich höchstens auf die Benennung
hadak utja (wörtlich Heeresstrasse) und *szalma-ut* (Strohstrasse).
Bezüglich der erstern ist die Möglichkeit nicht ausgeschlossen,
da die Milchstrasse von Nordost gegen Südwest sich hinzieht,
eine Reminiscenz der in derselben Richtung aus Asien nach
Europa eingewanderten Magyaren zu erkennen, denn es liegt ein
ähnlicher Ideengang den türkischen Namen für Milchstrasse,
kuš-joli (wörtlich Vogelweg[2]) und *hažilar-joli* (wörtlich Pilger-
strasse) zu Grunde, während der Ausdruck *szalma-út* oder
szalmahullató-út, wie Lugossy[3] angibt, an das westtürkische *sa-*
man ogrisi (wörtlich Strohdieb) und an das persische *kahkešan*

---

[1] Siehe hierauf bezüglich meine „Primitive Cultur des turko-tatarischen Volkes", S. 154.

[2] Auch bei den Finnen heisst die Milchstrasse linnuvata, d. h. Vogelweg.

[3] Vgl. Lugossy, a. a. O., S. 128.

(wörtlich Strohzieher) erinnert, wonach dieses Himmelsgebild mit
jener Strasse verglichen wird, auf welcher Stroh transportirt
wird und wo die abfallenden Strohhalme eine Wegspur hinterlassen.[1] Sonstige Momente einer Congruenz wären, wie gesagt,
nur schwer zu entdecken, und es erübrigt nur noch zu untersuchen, ob denn die Magyaren in der alten Heimat hierfür keine
genuinen, den dortigen Natur- und Lebensverhältnissen angemes-
senen Benennungen hatten, und wie es kam, dass dieselben durch
andere mit den neuen Lebensbedingungen zusammenhängende
Ausdrücke ersetzt wurden. In diesem Punkte werden uns die
analogen Wahrnehmungen auf andern Gebieten der Völkerkunde
den besten Aufschluss geben. Wir brauchen nämlich nur die
stamm- und sprachverwandten Kirgisen und Özbegen anzuführen,
und wir werden sehen, dass, während die erstern bei Benennung
der Sternbilder und Zeiteintheilung, streng an die klimatischen
Verhältnisse der Steppe und ans Nomadenleben sich haltend,
die uralten genuinen Ausdrücke bewahrt, die letztern schon nach
kurzer Zeit unter dem mächtigen Einflusse der iranischen Cultur
die nationalen Benennungen aufgegeben haben. Bezüglich der
alten Magyaren kann ein ähnlicher Fall angenommen werden,
da der Islam auf der Steppe nie mit jener durchgreifenden
Wirkung aufgetreten war, mit welcher das Christenthum die
nach allen Seiten von heterogenen Elementen eingeschlossenen
Magyaren ergriffen, daher die asiatische Weltanschauung gar
bald zum Weichen gebracht hat, und, soweit nur thunlich, selbst
die leiseste Erinnerung an das Heidenalter auszurotten bemüht
gewesen ist.

Mit Bezug auf das **Wetter** und die **Himmelserscheinungen**
wollen wir bemerken, dass gewisse Ausdrücke, wenngleich nicht
in lautlicher, doch in begrifflicher Beziehung, im Türkischen und
Magyarischen übereinstimmen. So der **Donner**, magyarisch *menny-*
dörgés, und nicht ég-dörgés, wodurch der mythisch-religiöse
Charakter des Donners hervorgehoben ist, wörtlich Himmels-
geräusch, türkisch *kök köráltä* = Donner, wörtlich Himmels-
geräusch. **Blitz** heisst auf magyarisch *villám*, mit dem Grundgedanken scheinen, glänzen (vgl. *villog. villan, világ*), was
auch vom türkischen *jildirim* und *išin* = Blitz gesagt werden
kann, wenn wir ersteres mit *jilla* = glänzen, *jaldiz* = Glanz, Ver-

---

[1] Vgl. meine „Primitive Cultur des turko-tatarischen Volkes", S. 156.

goldung, letzteres mit *isik* = hell und *isma* = scheinen vergleichen. Der Begriff **Regnen** heisst magyarisch *esö esik*, wörtlich das Fallende fällt, so auch türkisch *jagmur jagar*, was wörtlich ebenfalls das Fallende fällt bedeutet. Der **Hagel** heisst magyarisch *jég-esö* (Eisregen) türkisch *tonglu jagmur* (gefrorener Regen).

Gehen wir hingegen von den Sternbildern und dem Wetter zur **Zeiteintheilung** über, so werden wir finden, dass hier, wo durch den häufigern Sprachgebrauch die einzelnen Begriffe mehr consolidirt und das Zerstörungswerk schon minder leicht geworden, sich auch verhältnissmässig mehr genuine Ausdrücke, mehr an die primitive Lebensweise erinnernde Wörter erhalten konnten. Die **Zeit**, magyarisch *üdö, idö*, türkisch *üd, üt*, mongolisch *üdor*, repräsentirt dem innern Wortwerthe nach den Grundbegriff von Bruchstück, Bruchtheil, daher unter diesem Worte eigentlich eine Fraction der Totalität, d. h. der Ewigkeit, zu verstehen ist, wie dies aus dem gegenseitigen Verhältnisse zwischen dem türkischen *ċak* = zerhauen, zerstückeln und *ċak, ċag* = Zeit ersichtlich ist.[1] Es gibt ausser diesem im Magyarischen noch ein anderes Wort für Zeit, nämlich *kor*, türkisch ebenfalls *kor*; doch dieses bezieht sich mehr auf die vorgerückte Zeit, auf das Alter, vgl. magyarisch *késö-kor*, türkisch *keċ-kor* = die späte Zeit.[2] Von dem bei den Türken noch heute üblichen grössern Zeitmaasse, als z. B. der zwölfjährige Cyklus, kann im Magyarischen auch schon deshalb keine Spur sich vorfinden, weil dieser zu den Türken eigentlich aus China kommende Gebrauch erst spätern Datums und selbst in dem 1305 entstandenen Glossar des Petrarca-Codex noch nicht vorhanden ist. Bei der Benennung des grössten Zeitmaasses, nämlich im Begriffe **Jahr**, bekundet das Magyarische genau denselben Ideengang, den wir anderseitig bei Erklärung des betreffenden türkischen Wortes hervorgehoben[3], wenn wir nämlich zu diesem Behufe das magyarische *év* = Jahr dem magyarischen *ir* = Bogen gegenüberstellen, und mit diesem das Verhältniss zwischen dem

---

[1] Vgl. ċagataisch *üje* = Zeit und Glied und altaisch *üjele* = zerstückeln, eintheilen.

[2] Die hierauf bezüglichen Derivata siehe in Beilage III oder §. 74 meines „Etymologischen Wörterbuches".

[3] Vgl. „Primitive Cultur des turko-tatarischen Volkes", S. 163.

türkischen *ijl, il, jil* = Jahr und *ijil* = sich kreisen, sich biegen, ferner lateinisch annus und annulus (Ring) und hebräisch šana = Jahr und mišna = Wiederholung vergleichen. Im magyarischen Worte für Jahr liegt daher der Grundgedanke von „Bogen" oder Cyklus, worunter selbstverständlich nicht die tellurische Bewegung — denn zu dieser Auffassung ist der schlichte Sinn des primitiven Menschen nicht hinreichend — sondern die Wiederholung der verschiedenen Jahreszeiten verstanden werden muss. Was nun diese letztern anbelangt, so bekundet das Magyarische eine in begrifflicher und auch in lautlicher Hinsicht unverkennbare Aehnlichkeit mit dem Ugrischen und mit dem Türkischen, und es beruhen die betreffenden Wörter allerdings auf einem solchen Ideengange, welcher einerseits noch aus dem Zeitalter der nomadischen Existenz stammt, andererseits aber auch einen evidenten Beweis für den Mischcharakter des Magyarischen liefert. Während nämlich die Begriffe **Winter**, magyarisch *tél*, ugrisch *tele, teli*, und **Frühling**, magyarisch *tavasz*, ugrisch *tovi, toja*, die Analogie mit dem nördlichen Sprachgebiete beweisen, bekunden andererseits die Benennungen des **Sommers**, magyarisch *nyár*, türkisch *jaz, jaj, sjor*, und des **Herbstes**, magyarisch *ösz*, türkisch *kös, göz*, eine Verwandtschaft mit dem Türkischen, und es deutet der begriffliche Zusammenhang um so mehr auf die nomadische Lebensweise hin, als in *jaz, jaj* die Grundbedeutung von „Ausbreiten, Ausdehnen"[1] liegt, indem zu dieser Jahreszeit der im Winter eng zusammengezogen lebende Viehzüchter wieder in die Lage kommt, mit seiner Heerde über die Steppe sich auszubreiten, und weil im Türkischen · *kös* = Herbst, *kösü* = Schneid- oder Schurzeit (eigentlich *koj-kösü* = das Scheren der Schafe), von *kös, kes* = schneiden herstammt. Bei den Nomaden Centralasiens hat sich allerdings die alte, mit der nomadischen Existenz zusammenhängende Zeitrechnung[2] noch

---

[1] Diese Grundbedeutung von ausdehnen liegt auch dem magyarischen nyáj = Heerde zu Grunde, indem ich in diesem Worte eine Benennung der auf der Weide ausgebreiteten Heerde vermuthe, gegenüber der Ansicht des Prof. Budenz, welcher auf den sonderbaren Einfall gerieth, das magyarische nyáj = Heerde mit dem ugrischen ñogo = Fleisch zu vergleichen, weil Fleisch sowie Heerde den Inbegriff von Fülle, Dicke, Menge (!) geben. Siehe Budenz, „Magyar-ugor összehasonlító szótár", S. 403.

[2] Siehe „Primitive Cultur des turko-tatarischen Volkes", S. 161.

bis auf den heutigen Tag erhalten; doch dies war z. B. bei den
Kumanen schon nicht mehr der Fall, denn die Namenliste der
Monate im Petrarca-Codex[1] zeigt schon einen starken moslimisch-
arabischen Einfluss, und bei den Türken der Oxusländer und
des westlichen Asiens ist schon jede Spur von den alten Monaten
verschwunden. Von den übrigen hierher gehörigen Benennungen
wollen wir noch erwähnen, dass für die Begriffe Tag und Sonne
im Magyarischen (nap), ebenso wie im Türkischen, ein und dasselbe Wort (kün = Tag und Sonne) existirt, dass der Begriff
Morgen auf der Grundidee früh, frühzeitig beruht, vgl. magyarisch reg = mane und régi = alt, rege = Märchen, mit dem
türkischen irte = mane und irteki = Märchen, und dass demnach das Vorhandensein eines ehemaligen türkischen ireg = frühe
Zeit angenommen werden kann, aus welchem das magyarische
reg = mane entstanden ist.[2] Das Wort für Mittag, magyarisch dél, dil, zugleich auch Süd, erinnert an das türkische zilli
= warm; das Wort für Abend, magyarisch est, altungarisch
eset (Fall), hängt mit dem Untergange, Sinken oder Fallen der
Sonne zusammen, gleich dem türkischen bati = West von bat
= untergehen, und schliesslich reiht sich das magyarische éj =
Nacht an das wogulische et und lappische ija = nox an; also
wieder prägnante Spuren des Mischcharakters, denen wir übrigens
häufig noch begegnen werden.

Nachdem wir mit den obern Regionen des Himmels und der
Himmelskörper uns beschäftigt haben, wollen wir auf der Erde
eine kleine Umschau halten, und vor allem die Bemerkung vorausschicken, dass der Begriff Erde, magyarisch föld, vom deutschen
Feld abstammt, daher nur mittels eines Lehnwortes bezeichnet
ist. Dieses auffallend erscheinende Unvermögen der Sprache ist
auch anderswo bemerklich, wenn wir anführen, dass das finnische
Wort für Acker, Ackerfeld, nämlich pelto (estnisch pöld, lappisch
pöldo), auch vom deutschen „Feld" stammt, und dass unter der
diesbezüglichen türkischen Benennung, nämlich jer, jir = Erde,
der Grundbedeutung nach Raum, Räumlichkeit (magyarisch
ür = Raum) zu verstehen ist. Was gewisse auf die äussere Er-

---

[1] Siehe die vom Grafen Kuun veranstaltete Ausgabe, S. 81.
[2] Prof. Budenz vergleicht mittels gezwungener Etymologie das magyarische reg mit dem ostjakischen riñm = Dunkelheit, Nebel, und will folglich die Begriffe Helle und Dunkelheit als analog hinstellen.

scheinung der Erde bezügliche Benennungen anbelangt, sehen wir, dass der Begriff **Berg,** magyarisch *hegy,* im finnischen *kärke* = cuspis, apex, eine nur sehr zweifelhafte Analogie findet [1]; wohingegen andere hierher gehörige Begriffe, als **Hügel,** magyarisch *hal-om,* türkisch *kol,* **Niederlassung,** magyarisch *aszó* [2], türkisch *ašak* = nieder, **Ebene,** magyarisch *sík,* türkisch *čiy* = gerade, eben und *šiy* = platt [3], wegen prägnanter Analogie auffallen, während **Thal,** magyarisch *völgy,* nach der ältern Form *vuelge, velghe* [4], von der Grundbedeutung fossatum, folglich als Graben, Vertiefung zu nehmen, mit dem türkischen *balga, belge* = graben, aushöhlen verwandt, in merklicher Weise dem türkischen Sprachgebiete sich nähert. So auch andere hierher gehörige Begriffe, als **Sand,** magyarisch *homok,* türkisch *kumak* = Sandhügel und *kum* = Sand, der **Lehmboden,** magyarisch *agyag,* türkisch *alčik,* ferner einige mit dem Steppenboden und der dortigen Cultur zusammenhängende Begriffe, als der **Brunnen,** magyarisch *kút,* türkisch *kutuk,* der **Graben,** magyarisch *árok,* türkisch *arik,* schliesslich das **Brennmaterial auf der baumlosen Steppe,** nämlich magyarisch *tözey,* türkisch *tezek,* von der Stammsilbe *töz, tez,* der Grundbedeutung nach Feuer, das ein gegenseitiges Verhältniss bekundet gleich dem türkischen *ot* = Feuer und *otun* = Brennholz.

Von ziemlich ähnlicher Natur werden unsere Wahrnehmungen sein, wenn wir unsere Aufmerksamkeit den auf die Gewässer bezüglichen Benennungen zuwenden. Für das magyarische *folyó* = **Fluss,** eigentlich Fliessendes, finden wir nirgends eine Analogie; denn die hierauf bezügliche Combination des Prof. Budenz, der eine ugrische Stammsilbe pɜg (currere) und pɜg-l annimmt, ist allzu kühn und unstatthaft; hingegen ist das Wort für **Meer,** magyarisch *tenger,* türkisch *tengiz, tingiz,* ebenso entschieden türkisch als das Wort für **See,** magyarisch *tó, tav,* ugrisch *tüü, teü, tür,* unzweifelhaft dem nördlichen Sprachgebiete angehört. Schliess-

---

[1] Vgl. Budenz, „Magyar-ugor összehasonlitó szótár", S. 96.

[2] In einigen Ortsnamen, als Hosszú-aszó, Aszó-fő, Szik-szó u. s. w., vorkommend.

[3] čiy kommt nur im Kazanischen (Budagow, I, 478) mit dem Adverbialsuffix in čigin vor, während íj = glatt mit dem Suffix dam in šijdam sich vorfindet.

[4] Siehe Jerney, „Thesauri linguae hungaricae", S. 157.

lich sei noch erwähnt, dass im magyarischen Worte für **Insel** = *sziget* das türkische *siy* = seichte Stelle im Wasser, Untiefe zu erkennen ist; ebenso wie in dem hierher gehörigen Begriffe **Schiff,** magyarisch *hajó*, türkisch *kajuk*, eigentlich „das Gleitende‥ von kaj = gleiten, die Analogie mit dem Türkischen ausser Zweifel steht.

Wie schon eingangs dieses Abschnittes erwähnt, beabsichtigen wir von den in der magyarischen Sprache vorhandenen Culturmomenten nur jene Beispiele in Betracht zu ziehen, die in dem von uns entworfenen Bilde des Sinnens und Trachtens dieses Volkes in seiner frühern Culturperiode eine Lücke auszufüllen berufen sind, und unter diesen soll den ersten Platz der **Handel** einnehmen. Indem wir auf diesen Gegenstand übergehen, muss vor allem untersucht werden, mit wem denn eigentlich die Magyaren in ihrer alten Heimat Handel trieben, da trotz der nomadischen Existenz, in welcher sie lebten, derartige Transactionen schon früh stattgefunden haben müssen. Hierauf bezüglich erhalten wir nun von den hierher gehörigen Culturmomenten der Sprache so manchen werthvollen Fingerzeig, indem die Grundbedeutung der auf den Handel sich beziehenden Wörter uns die Ueberzeugung verschafft, dass die Magyaren in den frühesten Zeiten mit Völkern türkischer Zunge Handelsverkehr trieben, dass sie erst später, wie es die Natur der Sache mit sich bringt, mit den theils aus Chahrezm, theils über den Kaukasus und den Kaspisee aus Iran gelangenden persischen Kaufleuten in Berührung kamen, und dass der commercielle Verkehr mit ihren nördlichen Nachbarn, d. h. den Ugriern, sich nur auf solche Pelz- und Erzwaaren erstreckte, die als specielles Product und Erzeugniss jener Gegenden den Weg nach dem Süden gefunden hatten. Wir gelangen zu einer solchen Annahme nicht auf dem Wege der Phantasie oder kühner Combinationen, sondern ganz einfach unter der sichern Leitung linguistischer Thatsachen, wie solche zu allen Zeiten und selbst heute noch den Ausschlag geben; denn so wie z. B. gewisse in der deutschen Sprache vorhandene commercielle Ausdrücke als Bank, Conto, Scala, Bankrott, Strazze u. s. w. den Beweis liefern, dass das deutsche Volk zuerst mit Italienern in Handelsverbindungen gestanden und von diesen auch so manche commercielle Ausdrücke annahm, oder so wie die arabischen Namen

gewisser in Europa eingeführten Gewürze, als Ingwer (arabisch
žinžiber, italienisch zenzever), Kampher (arabisch kafur, italienisch camphora), Pfeffer (arabisch biber), Safran (arabisch
zafran), Zucker (arabisch-persisch šeker) u. s. w., uns belehren,
dass diese durch Vermittelung arabischer Kaufleute zu uns gelangt sind, ebenso gibt der diesbezügliche Sprachschatz im Magyarischen in untrüglicher Weise Aufschluss über Quelle und
Richtung der Handelsbewegungen des magyarischen Volkes während der vorgeschichtlichen Periode.

Der Begriff **Handel, handeln** ist im Magyarischen mit *ke-
resked* ausgedrückt, ein Wort, das auf dem Verbalstamm *keres*
= suchen, türkisch *karaš* = umherschauen beruht; folglich im
Frequentativum der magyarisch-türkischen Reciprocitätsform *keres,
karaš* [1] und, interpretirt dem innern Wortwerthe nach, die Handlung des continuirlichen, auf Erwerb gerichteten Hinundher-
wandelns oder Hinundhersuchens bezeichnet. Diesen Ideengang
finden wir auch in dem diesbezüglichen Worte des benachbarten
Sprachgebietes ausgedrückt; so führt in Mittelasien der Kaufmann den persischen Namen „saudakar", wörtlich ein Melan-
choliker, d. h. Umherirrender, und in der That konnte der auf
der Steppe lebende primitive Mensch den nach Handel und Ge-
winn umherziehenden Menschen sich auch gar nicht anders vorstellen. Der Türke im Westen hat den Begriff „Handel" schon
besser umschrieben, denn er gebraucht hierfür das Compositum
ališ—veriš, d. h. kaufen, verkaufen (wörtlich: nehmen, geben),
doch der Osttürke und der central-asiatische Nomade kennt diesen Ausdruck nicht; ihm ist nur der Begriff des Kaufens, Ein-
kaufens geläufig, und hierfür hat er das specielle Wort *alu*, uigurisch *alku* = Kauf, Einkauf, ein Wort, das noch heute im magyarischen *alku* = **Handel** vorhanden ist, und aus dem der Türke
aluči, *alkuči* = Käufer, der Magyare alkusz = Unterhändler,
Händler, Mäkler gemacht hat. Wir begegnen daher hier einer
merkwürdigen Congruenz der Ideen, nach welchen der Grundbegriff des Handels nicht so sehr im „Verkaufen", sondern im

---

[1] Prof. Budenz leitet das magyarische keres = suchen von kér = bitten ab, weil man magyarisch megkeresni = bitten, d. h. ersuchen, sagt, und
weil ein derartiger begrifflicher Nexus auch im zürjänischen korš = bitten
und suchen vorliegt. Ich glaube, die Begriffe „umherschauen" und
„suchen" seien verwandter als die Begriffe „bitten" und „suchen".

„Einkaufen" besteht, weil dieses das eigentliche Desideratum, den Wunsch und das Verlangen des Nomaden bildete, wofür auch der Umstand spricht, dass der Begriff „verkaufen" im Türkischen nebst *vir* = geben (magyarisch *ad* = geben, verkaufen) noch mit *sat*, d. h. verwerfen, verschleudern, ausgedrückt ist, woraus das Nomen agentis *satiči, satkuči* = Verkäufer, magyarisch *szatócs* = Kleinhändler entstanden ist.

Dass nach dieser in der Sprache zum Ausdruck gelangten Auffassung der Handel sich zuerst als Tauschhandel präsentirt, ist eine ganz natürliche Folge der Sachlage; und es kann daher nicht befremden, dass der Begriff **Tausch, tauschen** im Türkischen mittels *dejiš, tejiš, tijiš*, eigentlich sich gegenseitig aufwiegen oder werth sein, im Magyarischen mittels *csere* ausgedrückt ist, in welchem letztern Worte ich deshalb den Begriff von „Kauf" vermuthe, weil ein mit demselben verbundenes Compositum, nämlich *csere-bere* = Schacherei und *csere-berél* = schachern an das ähnliche türkische Compositum alu-beri (ališberiš) erinnert, wobei das stofflich unbekannte magyarische csere mit dem türkischen alu, das magyarische *bere* mit dem türkischen *beri* = **Lohn** von *ber* = geben, verkaufen, übereinstimmt, wobei wir noch hinzufügen wollen, dass der Begriff Lohn, magyarisch *bér* mit dem türkischen *beri, biri* = Lohn, Abgabe identisch ist. Für den Begriff **Preis** hat das Magyarische zwei Wörter *ár* und *dij*, von welchen das erstere von Ahlquist [1] und Budenz als analog mit dem finnischen arvo = Preis hingestellt wird, wobei ich jedoch das türkische aar, aîr = werthvoll mit in Anbetracht ziehe, während das magyarische *dij* entschieden mit dem türkischen *dej* = werth sein, gleich sein (hiervon das concrete dejer = Werth) in engster Verbindung steht. Den Begriff **Geld** drückt der Magyare mit dem slawischen Lehnwort *pénz* (von penjaz) aus; doch hat die Sprache hierfür auch ein türkisches Wort besessen, nämlich das alte *akcsa* [2], türkisch *akče* = Silber und Geld; während schliesslich das magyarische Sammelwort *áru* = **Waare** mit dem türkischen *aaruk, agruk* = Gepäck, Habe, Vermögen identisch ist.

---

[1] Culturwörter, S. 186.
[2] Akcsa kommt in der ältesten Bibelübersetzung vor. So: „nem josz ki innen, mig nem megadod az utolsó akcsát", nach Hunfalvy's Angabe im Aufsatze „A kún vagy Petrarka-Codex", S. 45, citirt.

Was nun den auf diesen Theil der Culturmomente bezüglichen persischen Spracheinfluss anbelangt, so wird vor allem das magyarische *vásár* = **Markt**, persisch bazar بازار, unsere Aufmerksamkeit fesseln, als ein solches Wort, mit dem die Ungarn noch vor ihrer Niederlassung in der heutigen Heimat bekannt waren, wofür am besten der Umstand spricht, dass der Name eines Tages, nämlich *vasárnap* = **Sonntag**, wörtlich Markttag, mit demselben in Verbindung steht, und da die Osmanen denselben Tag in der Woche ebenfalls mit *bazar-güni*, d. h. Sonntag oder Markttag bezeichnen, aller Wahrscheinlichkeit nach dies auf eine beiden Völkerstämmen gemeinsame Sitte sich beziehen muss. Diese Uebereinstimmung in der Bezeichnung eines und desselben Wochentages als „Markttag" findet sich nur bei den Magyaren und den Osmanen, bekanntermassen einem Bruchtheil der im 9., 10. und 11. Jahrhundert im Nordosten des Kaspisees lebenden Ghuzen oder Kanglis, vor, ist hingegen weder bei den nach Süden gezogenen Stammesverwandten noch bei den Kumanen gegen Ende des 13. Jahrhunderts mehr anzutreffen [1], und muss auf die Gemeinsamkeit eines solchen Zuges im Sittenleben dieser Völker sich beziehen, über welchen wir vorderhand uns in keinerlei Hypothesen einlassen wollen. Dem Worte Markt zunächst ist der Begriff **Schatz**, magyarisch *kéncs, kincs*, persisch *genz* گنج, dem persischen Handelseinflusse zuzuschreiben; ebenso wie die Zahlwörter **hundert**, magyarisch *száz*, persisch *sad*, und **tausend**, magyarisch *ezer*, persisch *hezar*, welche der iranische Cultureinfluss nicht nur zu den Magyaren und andern ugrischen Völkern getragen hat, denn „hundert" ist noch im Mordwinischen mit *sada*, im Wogulischen mit *sat* und im Ostjakischen mit *söt* ausgedrückt, sondern selbst bei den Gothen in der Krim hatte diese Benennung sich eingebürgert, von deren Sprache der bekannte Gesandte Busbeck am Hofe Solejman's ein Wörterverzeichniss veröffentlichte, in welchem auf gothisch *sada* = hundert und *hazer* = tausend bezeichnet ist, und an eine ähnliche Wortentlehnung erinnert, nämlich an das *Iiljada* = Tausend der Südslawen, das von den im Süden wohnenden Griechen, d. h. von χιλιάδα herstammt.

---

[1] Sowol die Türken Centralasiens als auch die Sprache der Kumanen haben hierfür das persische j e k š e m b e یکشنبه (Codex Cum.: je sembe) gebraucht.

In ähnlicher Weise ist auch ins Magyarische das Wort *tö-
mény* = **sehr viel,** zahllos, gelangt, in welchem das uigurische
tömen [1] = zahllos zu erkennen ist, oder das zu den im Magyarischen nachweisbaren genuinen alttürkischen Wörtern gehört.
Die Frage, welche Zweige der Industrie mit genuinen Benennungen bezeichnet und als solche angenommen werden können,
welche von den Magyaren noch in der alten Heimat gepflegt
wurden, ist in den vorhergehenden Blättern schon dahin beantwortet worden, dass der frühe Bestand des Handwerkes der
Kürschner, Zimmerleute und Weber ausser Zweifel gestellt
ist, und als Ergänzung der diesbezüglichen Notizen sei noch angeführt, dass die **Schrift** ebenfalls schon längst bekannt gewesen
sein muss, weil die hierauf bezüglichen Begriffe genuine Namen
führen. Wir erfahren aus letztern, dass es im Grunde genommen
zweierlei Arten des Schreibens gab, nämlich eine des Schreibens
mit Farben, welche im Magyarischen mittels ir, türkisch (čuvašisch) sjir, jaz und (jak) surui, ausgedrückt ist und der Grundbedeutung des Wortes nach eigentlich streichen, schmieren.
färben bedeutet; daher das gemeinsame Etymon in den Wörtern (osmanisch) *sürme* = Schminke, Linie, (altaisch) *sür* = zeichnen, streichen, Bild, magyarisch *ir* = schreiben und *ir* = Salbe.
eigentlich Schmiere, und in vielen andern analogen Begriffen, die
unter §. 159 meines „Etymologischen Wörterbuches" angeführt
sind. Zweitens hat es von jeher noch eine Art Schrift mittels
Einschneidens, Gravirens und Aushauens gegeben, eine
Annahme, die durch das türkische *bit, bet, pič. peč* = schreiben.
betik, piči = Schrift, magyarisch *betü* = **Buchstabe,** begründet
wird, da diese Stammsilbe, nämlich *bit* oder *bet*, vi vocis schneiden (vgl. die neuere Form *bič* = schneiden) bedeutet. und da in
Uebereinstimmung mit dieser Grundbedeutung der beiden Verbal-
stämme die Begriffe Angesicht, Gesicht. Form und Bild auf dem
türkischen Sprachgebiete abwechselnd mit besagten Stammsilben
ausgedrückt sind (vgl. jakutisch *sirai* = Gesicht, čagataisch čiraj
= Gesichtsfarbe mit türkisch *bet* oder *pet* = Gesicht), und schliesslich, da das vorbererwähnte altaische *pič. peč* = schreiben. zeichnen
noch im magyarischen *fest* (fest-t) = **malen** sich erkennen lässt. In
der heutigen Sprache der Magyaren hat sich noch die Erinnerung
an eine andere alte und primitive Schreibart erhalten. nämlich

---

[1] Vgl. das Glossar in meinen „Uigurischen Sprachmonumenten".

ans **kerben**, magyarisch *ró*, *rov*, finnisch-ugrisch *ru* = hauen, türkisch *ur* = hauen, graben, das zur Aufzeichnung von Zahlen beim Volke noch üblich ist. Wir begegnen hiermit einem Ideengange, der einerseits auch in andern Sprachen zum Ausdruck gelangt ist[1], andererseits aber durch die auf den ältern türkischen Denkmälern befindlichen Aufschriften und Zeichnungen, wie z. B. in den verschiedenen bisher geöffneten Kurganen, begründet ist, da dieselben, nach den Forschungen Spasski's[2] zu urtheilen, theils mit Farben gezeichnet sind, theils in Gravirung vorliegen; daher denn auch der Begriff **Bild**, magyarisch *kép*, türkisch *keb*, *kep*, (jakutisch) *kiäb*, bei Magyaren und Türken mit einem und demselben Worte ausgedrückt wird.

Da wir eben von Schrift und Zeichnung reden, so wollen wir in kurzem die Benennungen der verschiedenen **Farben**, magyarisch *szin*, türkisch (altaisch) *sin*, erwähnen, hinsichtlich welcher das Magyarische den schon oft betonten sprachlichen Mischcharakter bekundet. Während z. B. in **gelb**, magyarisch *sárga*, türkisch *sarig*, *sari*, und in **blau**, magyarisch *kék*, türkisch *kök*, der türkische Ursprung ausser Zweifel steht, finden wir in **schwarz**, magyarisch *fekete*, ostjakisch *pegde*, uigurisch *pek*, schon die Neigung nach beiden Sprachgebieten hin. Mit letzterm türkischen Worte hängt auch das magyarische *pej* = **braun** (von Pferden) zusammen, und in **weiss**, magyarisch *fehér*, *fejér*, lappisch *pújes*, türkisch *bor* = Kreide und „schimmelfarbig", ist ebenso schon der finnisch-ugrische Einfluss überwiegend, wie in **grau**, magyarisch *szürke*, türkisch *suru*, *soro*, lappisch *čuorkok*. *čuorre*, ostjakisch *sur*, zürjänisch *zor*, der grössere oder kleinere Verwandtschaftsgrad nur schwer zu bestimmen wäre.

Nächst der Schrift und den Farbennamen wollen wir noch der **Musik** und der **Musikinstrumente** erwähnen, da die hierauf bezüglichen Wörter auf einen uralten Nexus mit den Turko-Tataren hindeuten. Das magyarische *cseng*, *zeng* = tönen, lauten ist mit dem türkischen *čengi* = Musikant, Musik verwandt; wie das altaische *jatik*, *jatigan*[3] = ein achtsaitiges **Musik-**

---

[1] Vgl. griechisch γράφω mit dem gothischen graba, deutsch Grube.

[2] Vgl. dessen in Zapiski der kaiserlich russischen Geographischen Gesellschaft von 1857 erschienene Arbeit.

[3] Siehe Narodi Rossij (Petersburg 1880), S. 276. wo jatigan als Musikinstrument angeführt ist.

instrument, an das magyarische *játék* = Spiel erinnert, während
das magyarische *koboz* = Violine mit dem türkisch-tatarischen
kobuz = zweisaitige Violine geradezu identisch ist. Von sonstigen
Spielen ist unter den Magyaren heute nur noch die Spur des
bei den Nomaden Centralasiens beliebten **Knöchelspieles** (ašik
ojunu [1]) zu entdecken, doch wunderbarerweise nur im Worte
koczka = **Würfel,** welches slawischen Ursprunges ist und von
kostka = Beinchen abstammt. Es unterliegt daher keinem Zweifel, dass, so wie die Kirgisen sich heute am Spiele mit den
Schlüsselbeinen der Schafe ergötzen, auch die Magyaren es ehemals thaten, und so ist vom primitiven „Beinchen" die Benennung auf das europäische mittelalterliche Würfelspiel übergegangen.

Und wie gesagt, diesen Wahrnehmungen vom Mischcharakter
der primitivsten Begriffe werden wir am meisten dort begegnen,
wo es sich um solche Begriffe handelt, die auf die allerersten
Anfänge der Familien und des gesellschaftlichen Lebens wie auf
Dinge und Erscheinungen der äussern Natur sich beziehen, in
welchen Fällen von der absoluten Präponderanz einer finnisch-
ugrischen oder türkisch-tatarischen Analogie unter keinerlei Umständen die Rede sein kann. In hierauf bezügliche Beispiele
noch weiter einzugehen, hiesse geradezu in die Arbeit eines magyarisch-finnisch-ugrischen und turko-tatarischen vergleichenden
Wörterbuches sich einlassen, für welches Unternehmen jedoch
der Rahmen dieser Studie allerdings zu enge ist, und welches
in Beilage III, was das finnisch-ugrische Sprachgebiet anbelangt.
schon gewissermassen Beachtung gefunden hat. Von diesem Gesichtspunkte ausgehend, finden wir die von Paul Hunfalvy in
seiner „Ethnographie von Ungarn" (S. 150—153) gebrachten Beispiele theils ungenügend, theils einseitig, da in dieser Liste eben
solche zum primitiven Leben gehörende Culturmomente fehlen.
deren prägnant hervortretender türkischer Charakter ausser
Zweifel steht. Wir wollen daher von einer diesbezüglichen Arbeit jetzt gänzlich absehen und unsere Aufmerksamkeit nur noch
einem allerdings höchst wichtigen Zuge im Sittenbilde der alten
Magyaren, und zwar der Religion zuwenden.

[1] Bezüglich des Ašik ojunu siehe meine „Skizzen aus Mittelasien". S. 86.

VIII.

Religion.

Nichts ist natürlicher, als dass die Religion der alten Magyaren oder der heidnische Glaube, mit welchem sie in ihrer heutigen Heimat erschienen, das Interesse der mit dem frühen Zeitalter dieses Volkes sich befassenden Gelehrten am meisten wachgerufen, dass über diesen Gegenstand sehr viel geschrieben, gerathen und debatirt, und selbstverständlich in dieser Frage auch die meisten Irrungen begangen wurden. Theosophische und theogonische Speculationen waren zu allen Zeiten ein beliebtes Thema bei den Gelehrten des Ostens und des Westens; denn hier bewegt sich der Geist im grenzenlosen Raume höherer Regionen, die Phantasie kann frei ihre Zügel schiessen lassen, und weil man die Berührung mit der allen Zweifel ausschliessenden Objectivität weniger zu fürchten hat, hat schon mehr als ein Forscher durch das bunte Gewebe der gewagtesten Theorien und kühnsten Combinationen sich bemerklich gemacht. Nun fällt es uns am allerwenigsten ein, an dieser Stelle an dem noch in der Pflege befindlichen jüngsten Kinde der Wissenschaft, nämlich am Studium der vergleichenden Mythologie, Kritik zu üben, noch weniger aber fühlen wir Lust zu untersuchen, inwiefern man berechtigt sei, den in Religionssachen sich offenbarenden schlichten Ideengang des Naturmenschen als Material zum Aufbau gewisser Systeme der Theosophie zu verwenden, da wir uns der Ueberzeugung nicht erwehren können, dass der auf der niedrigsten Stufe geistiger Bildung stehende Mensch in seinen bezüglich der Kosmogonie zum Ausdruck gebrachten Ideen in vielen Fällen nicht jene Richtung verfolgte, sehr häufig auch nicht an jene hochwichtigen Momente dachte noch denken konnte, die seitens des in philosophischen Speculationen geübten Forschers der Neuzeit ihm zugemuthet werden. Möglich, dass bei einigen Völkern von arischer oder semitischer Abkunft, angesichts des hohen Alterthums ihrer Bildungswelt, die diesbezüglichen Combinationen statthaft und mittels angestellter Vergleichungen ihrer Religionen auf diesem Gebiete des menschlichen Sinnens und Trachtens so manches Räthsel gelöst und so manche Wahrheit ans Tageslicht gebracht werden wird,

doch dünkt es uns ein sehr gewagtes Unternehmen, in Vergleiche
bezüglich der Religionsbetrachtungen der viele Jahrtausende alten
Arier mit jenen der aus dem Stadium primitiver Cultur erst jüngst
herausgetretenen Uralaltaier sich einzulassen, und noch weniger
könnte es gutgeheissen werden, aus den bei Ariern oder Semiten
erlangten Resultaten auf die frühesten Religionsverhältnisse der
Turko-Tataren oder Finn-Ugrier schliessen zu wollen; denn so
verschieden, wie die physische Beschaffenheit der Berge und Thäler unter dem heissen Himmel Indiens, vom Klima und Boden
der centralasiatischen Steppen, oder des hagern sonngebräunten
Hindu von der Natur und dem Aussehen des Kirgisen und Turkomanen ist, ebenso unterscheiden sich auch die theo- und kos-
mogonischen Anschauungen dieser Menschen unter heterogenen
Himmelsstrichen, und so sind auch die auf einzelnen ethnischen
Gebieten entstandenen Religionen voneinander verschieden.

Weil dies unsere Ueberzeugung ist, stimmen wir mit
A. Csengery bezüglich des Vorwurfs, welchen er in seinem geist-
reichen Essay [1], „Ueber den alten Glauben der Magyaren“, denjenigen macht, die in ihren Forschungen auf diesem Felde bald
in semitische, bald in indogermanische Parallelen sich ein-
liessen, vollkommen überein. Wir gestehen es gern zu, dass
die diesbezügliche Arbeit Christian Engel's [2], welche, auf Sajnovics, Wöldik und Fischer sich stützend, richtiger gesagt, von
der engern Verwandtschaft des Magyarischen mit den finnisch-
ugrischen Sprachen ausgehend, der alten magyarischen Religion
einen finnisch-ugrischen Charakter verleihen will, als ein ent-
schiedenes Zeichen des Fortschrittes aufgefasst werden muss. Dennoch erlauben wir uns, noch einen Schritt vorwärts zu machen, d. h.
den klimatischen und anthropologischen Unterschied nicht nur
auf dem weiten Gebiete zwischen Ariern und Uralaltaiern, sondern im engern Raume der letztern, d. h. zwischen Magyaren
und Finn-Ugriern zu constatiren, und zwar aus dem ganz einfachen Grunde, weil die geographische Entfernung, welche die
Arier von den Uralaltaiern trennt, nicht viel grösser ist als
diejenige, durch welche die einzelnen Glieder der letzterwähnten

[1] Vgl. „Történeti tanulmányok Csengery Antaltól“, I. 71.
[2] Danielis Cornides etc. Commentatio de Religione veterum Hungarorum edidit, suamque de Origine Hungaricae Gentis dissertationem adjecit
Christianus Engel (Viennae 1791).

Menschenrasse voneinander geschieden sind und, soweit es nach
sprachlicher Evidenz sich annehmen lässt, auch schon in uralter
Zeit voneinander geschieden waren. Hätte das in den vorhergehenden Blättern dargelegte Resultat unserer Forschungen uns nicht
die Ueberzeugung verschafft, das trotz des Mischcharakters der
magyarischen Sprache, laut des geschichtlichen Nexus und laut
des wichtigen Zeugnisses der Culturmomente, die alte Heimat
der Magyaren nur an die Nordgrenze des türkischen Völkergebietes, nicht aber weiter hinauf in den höhern Norden, d. h.
an die eigentlichen Sitze der Finn-Ugrier, zu verlegen sei, so
hätten wir auch keinen Augenblick gezögert, wie viele andere
Züge des ethnischen Lebens, so auch den der Religion nur bei
den Finn-Ugriern zu suchen. Doch wer kann und wollte es bezweifeln, dass unter den gegebenen Umständen, d. h. dort, wo
die meisten Momente der Cultur einen unverkennbaren türkischen Ursprung aufweisen, die mit der Religion zusammen-
hängenden Begriffe nicht auf eine ähnliche Quelle zurückzuführen
seien, oder, um klarer mich auszudrücken, wer würde die Behauptung wagen, dass eine asiatische Gesellschaft, die in ihrer staatlichen Verfassung, in ihrem Kriegswesen und in allen ihren Sitten und Gebräuchen den rein türkischen Volksgeist zum Ausdruck
gebracht, eben in den Religionsanschauungen, die im Osten zu
allen Zeiten mit den innersten Regungen des Alltagslebens enge
verbunden waren, eine finnisch-ugrische Geistesrichtung verfolgt habe?

Wir müssen es nämlich hervorheben, dass die Ansicht, als
hätten jene Völker des Alterthums, die von der Geschichte unter
den Namen Scythen, Hunnen, Awaren u. s. w. erwähnt werden,
und die wir unter dem Sammelnamen „uralaltaische Rasse" in
Finn-Ugrier und Turko-Tataren eintheilen, zu einer nicht nur
dem Grundwesen, sondern sogar den einzelnen Nuancen nach
gemeinsamen Religion sich bekannt, von uns keinesfalls getheilt
wird, und vielleicht nur von wenigen getheilt werden kann,
da nach dem heutigen Stande der Ethnographie die Thatsache
festgestellt ist, dass der Mensch nicht nur bezüglich seines Phy-
sicums, sondern auch bezüglich seiner geistigen Individualität
mit den territorialen und klimatischen Verhältnissen des von
ihm bewohnten Bodens auf das engste verbunden ist, und dass
sonach bei einer so wesentlichen Verschiedenheit der Breitengrade, wie die zwischen den Steppen Centralasiens und der hi-

storisch nachweisbaren Heimat der Ugrier, noch mehr aber der
Finnen, nicht nur eine Verschiedenheit des körperlichen Habitus
und der Sitten, sondern auch der geistigen Tendenz, der Mythen,
des Volksaberglaubens, der äussern Eindrücke der Natur, daher
auch der Religionsauffassung, bestanden haben muss, und dass
schliesslich demzufolge, falls wir die Religion der Uralaltaier
mit dem gemeinsamen Namen „Schamanismus" benennen, es
jedenfalls einen specifisch finnisch-ugrischen und ebenso auch
türkisch-tatarischen Schamanismus gegeben hat. Diese Distinction
kann unsers Erachtens auch schon deshalb nicht ignorirt werden, weil es erstens die Natur der Sache mit sich bringt, und
zweitens weil die hierauf bezüglichen, allerdings nur kargen,
aber desto wichtigern Monumente, die in den geistlichen
Würdennamen der Awaren, als Tudun, Bokolavr und Taisan[1],
uns hinterlassen wurden, infolge des sprachlichen Charakters die
türkische Provenienz dieser Titulaturen ausser Zweifel gestellt
haben, daher denn auch der Bestand eines Schamanenthums von
speciell turko-tatarischer Färbung nachgewiesen ist.

Indem wir diese Bemerkungen vorausgeschickt haben, wollen
wir insbesondere auf das irrthümliche Vorgehen hindeuten, mit
welchem die neuesten Forscher in der Frage nach dem Ursprung
der Magyaren, bei Erörterung des altmagyarischen Glaubens, fast
immer von den Sagen und Mythen der Finnen Aufschluss zu erlangen hofften, und hiermit sich nicht minder einseitig und vor-
eingenommen zeigten als so manche ihrer Vorgänger, die, ohne
jegliche Sach- und Fachkenntniss, dem lockenden Phantasiegebilde zulieb, den Urglauben der Magyaren aus den Veden, aus
dem Zendavesta, aus der Bibel und weiss der Himmel aus was
allem noch erklären wollten. Fürwahr, ein Hunfalvy, Csengery
und Barna ist ebenso wenig zu entschuldigen als ein Cornides,
Kállay, Jerney und Ipolyi; auf der einen sowol als auf der
andern Seite ist man vom unrichtigen Gesichtspunkte ausgegangen, kein Wunder also, wenn man auf beiden Seiten in

---

[1] In Tudun, wie der seitens der Awaren am Hofe Karl's des Grossen erschienene Gesandte genannt wird, erkennen wir das türkische (altaische)
tujun = Priester. Bocholavr (siehe Hunnisch-Awarisches Wortregister), ist
mit böküler = Zauberer identisch, während Taisan, bei Theophylactus mit
ϑιὸς ϑεοῦ übersetzt, eine Gräcisirung des türkischen taiši = Priester, Schriftkundiger ist.

gleicher Weise geirrt hat. Es ist daher leicht begreiflich, dass
wir, von den Beispielen gewarnt, in unsern diesbezüglichen Forschungen der grössten Vorsicht und der strengsten Objectivität
uns befleissigen werden, dass wir, vor allem jeder theosophischen
Speculation aus dem Wege gehend, in Untersuchung der Frage,
ob die alten Magyaren Mono- oder Polytheisten waren und ob
sie ausschliesslich dem Schamanismus oder dem Parsiglauben
angehörten, uns gar nicht speciell einlassen werden, und, anstatt
mit dem luftigen Bau kühner Hypothesen uns abzugeben, lieber
nur jene Culturmomente registriren und untersuchen wollen, die
gleich einem flimmernden Stern aus der alten Glaubenswelt in
der heutigen Sprache der Magyaren sich noch erhalten haben,
und von denen manches einzelne Wort uns viel beredter dünkt
als die bislang veröffentlichten, auf gewaltsamen Wortdenteleien
und blossen Phantasien beruhenden dickleibigen Dissertationen.

Wir wollen mit dem Begriffe Gott, magyarisch *Isten*, beginnen, welches Wort wir trotz aller bisherigen Gegenansichten
als ein persisches Lehnwort betrachten, das mit dem يزدان
ايزدان izdan oder izden des Parsiglaubens identisch ist.

Was zur Erörterung dieses Wortes bisher vorgebracht wurde,
könnte beinahe einen kleinen Band füllen, und die theils von
ungenügenden Sachkenntnissen, theils auch von halsstarriger Voreingenommenheit ausgehenden Theorien liefern einen traurigen
Beweis für die aus absichtlicher Verblendung der Gelehrten ent-
stehenden Irrungen. Während Hunfalvy z. B. dieses Wort früher
vom finnischen isä == Vater, Alter und einem türkischen ten,
teng = Himmel (?) ableitete, neuestens wieder [1] der Vermuthung
Raum gibt, dass dieses Wort dennoch das auf türkischem Wege
ins Magyarische gelangte persische jezdan sei, will Budenz mittels einer gewaltthätigen Etymologie hierin das finnische isä =
pater und das magyarische Diminutivum ken, aus welchem ein
„ten“ geworden sei (!), erkennen, und stellt den Begriff „Gott“
daher als „Väterchen“ hin. Wir haben unsere Einwendung bezüglich dieses etymologischen Widersinnes schon anderwärts [2]
dargelegt, und wollen zur Orientirung des nicht philologisch geschulten Lesers hier nur so viel erwähnen, dass eine persische
Benennung für den Begriff „Gott“ nicht nur bei den Turko-

---

[1] Ethnographie von Ungarn, S. 176.
[2] Vgl. Beilage III.

Tataren, wo noch heute ein Ize[1] (für ein ehemaliges Izde, Izden) von der Bedeutung „Gott" bekannt ist, sondern auch bei andern nichtpersischen Völkern des arischen Stammes eine überaus weite Verbreitung gefunden hat, indem das Wort Chudaj, Chuda == Gott in östlicher Richtung bis nach Jasin und Barogil gedrungen ist, wo die Siah-pusch-Kafirs ihre Gottheit mit Khudaji bezeichnen[2], in nördlicher Richtung hingegen, d. h. unter Ural-altaiern, bis weit nach Sibirien, wo die Altaier, Teleuten und Koibalen am Sajan und am Quellengebiete des Jenissei für den Namen der höchsten Gottheit nur das persische *kudaj* kennen.

Die Art und Weise nun, wie dieses Wort vom Centrum iranischer Cultur aus eine solche weite Verbreitung finden konnte, ist unsers Erachtens sehr leicht erklärlich, wenn wir nämlich in Betracht ziehen, dass die iranische Bildungswelt einerseits noch im Gewande des Parsismus weit in Turan ein-gedrungen (vgl. Ebu Rihan Albiruni's Bericht über das alte Chahrezm), andererseits aber während der islamitischen Pe-riode sozusagen der einzige Factor der Gesittung unter den Tür-ken im Norden des Jaxartes geworden ist, wohin die persisch redenden Mollahs mit der Lehre des Islams zugleich auch den Namen der moslimischen Gottheit nicht mit dem arabischen *Allah*, das der Kirgise auch heute noch *Alda* ausspricht, sondern mit dem persischen *Chudaj*, türkisch *Kudaj*, importirten. Was speciell die Tataren Südsibiriens anbelangt, so ist es geschicht-lich erwiesen, dass während der Regierung Kötschüm Chan's (1556–1600), welcher dort den Islam mit Gewalt einführte, tadschikische Mollahs aus Buchara bis ins Quellengebiet des Jenissei ihre Missionsreisen ausdehnten, daher der Gebrauch des Wortes *Chudaj* im Altaischen leicht erklärlich ist.

In derselben Weise nun, wie dieses *Chudaj*, *Kudaj* von mos-limischen Iraniern in so weite Ferne bis zur Grenzscheide des mongolischen Elements getragen ward, und mit demselben zugleich auch der Begriff eines alleinigen Gottes unter Turko-Tataren Verbreitung gefunden hat, in ebenderselben Weise muss dies auch bezüglich des Wortes *Izdan* der Fall gewesen sein, mit dem Unterschiede jedoch, dass die Verbreitung dieses Wor-

---

[1] Vgl. Budagow, I. 184.
[2] Siehe Notes on the Chigani and neighbouring tribes of Kaferistan in den „Proceedings of the Royal Geographical Society". III, 292.

tes Jahrhunderte früher noch unter den Sassaniden, und zwar
durch Vermittelung jenes Cultureinflusses vor sich gegangen war,
der nicht nur Jezdan, sondern noch andere Momente der iranischen
Gesittung, deren wir schon in den frühern Abschnitten erwähnt
haben und noch weiter erwähnen werden, im Norden des Pontus und des Kaspisees unter den dort nomadisirenden Türken
zurückgelassen hatte. Das Wort „Izdan" muss nicht nur bei
den Magyaren, sondern auch bei den Petschenegen und theilweise auch bei den Khazaren Eingang gefunden haben; denn
dass es bei den Uzen und Kumanen, die eine und dieselbe
Sprache hatten, bestand, das ist aus dem Petrarca-Codex erwiesen, nach welchem *Jezdä* noch im 13. Jahrhundert auf Kumanisch „Gott" hiess, wie aus folgender Stelle ersichtlich: *keldi
friste iesdä* (statt iezdan[1]) *ayti kutöäčiyä*, d. h. „es kam der
Engel Gottes und sagte dem Hirten". Mit Hinblick auf die
Pluralendung des Wortes Izdan oder Jezdan, von welchem
übrigens auch die Singularform Izid ازيد Gott bedeutet, könnte
wol leicht der Combination Raum gegeben werden, dass mit demselben der Begriff „Götter" ausgedrückt, und dass folglich in
demselben der triftigste Grund zur Annahme von Polytheismus
bei den alten Magyaren enthalten sei. Wir wollen jedoch, wie
gesagt, nicht in die Fehler unserer Vorgänger verfallen, die wie
Kállay[2] z. B. aus einzelnen Stellen beim Anonymus und Theophylactus, um die Magyaren von der Schmach des Polytheismus reinzuwaschen, den Glauben an einen Gott beweisen wollen; dies um so weniger, als nach unserm Dafürhalten aus dem
Vorhandensein dieses persischen Lehnwortes in der magyarischen
Sprache die Verbreitung des Parsiglaubens auch schon deshalb
noch nicht bewiesen werden kann, weil, wie wir eben noch heute
sehen, die Altaier und Eleuten die höchste Gottheit ebenfalls
mit dem persischen Worte „Kudaj" benennen, und ihrem Glau-
bensbekenntnisse nach dennoch dem Schamanismus treu geblieben sind, ebenso wie die Bergbewohner Kafiristans ihre heidnische Gottheit „Khudaji" nennen. So wenig daher, wie die

---

[1] Friste iesdän ist keine türkische, sondern persische Wortbildung,
nach dem lateinischen angelus domini. So wie iesdän ist auch friste, richtiger feriště = Engel, ein persisches Wort (siehe „Codex Cumanicus" herausgegeben vom Grafen Kuun, S. 159).

[2] F. Kállay, „A Pogány Magyarok vallása" (Pest 1861), S. 19.

Annahme des persischen Izdans den Parsismus der Magyaren bedingt, ebenso wenig kann aus einer anderseitigen Benennung der Gottheit, nämlich aus dem magyarischen *teremtö*, d. h. Schöpfer, auf die altmagyarische Mythologie geschlossen werden, wie es Hunfalvy thut[1], der besagtes Wort mit dem wogulischen *tarom* = Himmel in Zusammenhang bringen und eine Analogie in der Glaubenslehre beider Völker begründen will. Wir haben schon an anderer Stelle[2] hervorgehoben, dass der *tarom* der Ugrier aus einer Zusammenziehung des türkischen tañrîm, tarım = mein Gott! mein Himmel! entstanden, daher mit dem Begriffe „Schöpfer" und „erschaffen" nichts gemein hat, und wollten wir auch diesbezüglich in Combinationen uns einlassen, so bietet doch der türkische Sprachschatz einen günstigern Anlass hierzu, wo der Verbalstamm *törc*, *töret* = erschaffen, erzeugen dem magyarischen *teremt* = erschaffen sich weit mehr annähert, und wo im „Kudatku Bilik *töretilmis töretkeni*" = der Schöpfer des Erschaffenen, d. h. Gott, magyarisch *teremtés teremtöje*, eine stereotype Redensart zu finden ist.[3]

Nicht besser würde es uns ergehen, wollten wir bezüglich des im Türkischen synonymen Begriffs „Gott" und „Himmel", denn *tengri, tangri, tingri* werden abwechselnd für Gott und Himmel gebraucht, uns in weitgehende Hypothesen einlassen, da eine derartige kosmogonische Anschauung dem Naturmenschen im allgemeinen eigen ist, den, wie Csengery[4] richtig bemerkt, nichts so sehr zur Bewunderung hinreisst als der Himmel mit den leuchtenden Himmelskörpern, aus welchem der erschreckende Donner und zuckende Blitz zu ihm dringt, und von welchem der Sonnenstrahl und Regen, Hagel und Stürme, mit einem Worte, soviel Segen und Unheil zu ihm herabgelangt. Der Himmel war daher von jeher der Inbegriff der Furcht und des Wunders, mit welchem Ideengange übereinstimmend das Türkische den Begriff staunen mit einem Worte ausdrückt, dessen Stammsilbe auch dem Worte Himmel und Gott zu Grunde liegt, denn *tang* heisst bewundern, anstaunen und zugleich Licht, Morgenröthe, respective Himmel oder Gott, wie wir

[1] Ethnographie von Ungarn, S. 158.
[2] Primitive Cultur des turko-tatarischen Volkes, S. 153.
[3] Vgl. Uigurische Sprachmonumente. S. 61.
[4] Siehe Tanulmányok, S. 76.

schon oben nachgewiesen haben. [1] Von der Art und Weise, wie
diese gefürchtete oder verehrte Macht personificirt und benannt
worden, auf mythologische Analogien schliessen zu wollen,
wäre daher kein ganz zuverlässiges Mittel; denn wir sehen z. B.,
dass die Altaier neben Kudaj auch noch einen im Himmel wohnenden höhern Gott *Abiaš* [2] kennen, und dass die Uiguren neben
Tangri die oberste Gottheit noch mit *okan* [3], čagataisch *ogan*, benennen. Hunfalvy hat sich daher vergebliche Mühe gegeben,
das zweifelhafte [4] magyarische *ukkon* mit dem finnischen *ukko*
= Hauswirth, ehedem Name einer Gottheit, zu vergleichen, da
obenerwähntes türkisches *okan* ihm besser zu statten gekommen
wäre. Wir dürfen daher nur solche mythologische Analogien
in Betracht ziehen, wo ausser dem sprachlichen Charakter der
hierauf bezüglichen Culturmomente die Conformität des Sittenlebens der betreffenden Völker uns einen sichern Anhaltspunkt
gewährt, denn wir laufen sonst Gefahr, in der Sucht nach Gleichnissen über ethno- und geographische Grenzen hinweg auf
fremde Gebiete uns zu verirren, wie dies leider bisher vielfach
geschehen ist.

Indem wir uns die Untersuchung der altmagyarischen Glau-
benszustände zum Zwecke stellen, müssen wir vor allem jene
Gleichgültigkeit in Religionssachen vor Augen haben, welche den
uralaltaischen Steppenbewohner zu allen Zeiten kennzeichnete
und ihm gewissermassen heutzutage noch eigen ist. So wie die
Khazaren während ihrer Machtperiode die verschiedenen Glaubensformen nicht nur duldeten, sondern in gleicher Weise be-
rücksichtigten und achteten, wie wir dies nach dem Zeugnisse
Ibn Haukal's und anderer arabischer Reisender wissen, ebenso
ist selbst der heutige Nomade Centralasiens trotz des tausend-
jährigen Bekehrungswerkes der Mollahs noch immer ein laxer

---

[1] Siehe S. 324.

[2] Von Aba = Vater und vielleicht von einem ältern aš, eš, altmagyarisch ös = Ahne?

[3] Das türkische okan, nkan stammt von ok. uk, verstehen, wissen und
bedeutet vi vocis der Allwissende.

[4] Ich sage zweifelhaft, weil das von Hunfalvy für mythologischen Ursprunges gehaltene ukkon (vgl. „Ethnographie von Ungarn", S. 161) von
einem andern Gelehrten für uccon, eine Abkürzung des lateinischen usu-
capionis, gehalten wird.

Befolger der Lehre Mohammed's und huldigt den Reminiscenzen des heidnischen Aberglaubens viel lieber als den Vor-
schriften des Korans. Der Annahme des Islams haben Turkomanen, Ghuzen und Özbegen sich nicht lange geweigert, ebenso
wenig wie es die Petschenegen im Alterthume thaten, welche nach
Al Bekri's Aussage[1] schon im Jahre 400 (1009—1010) von einem
als Gefangener bei ihnen eingekehrten Moslem, der zugleich
Rechtsgelehrter war, sich bekehren liessen; doch wie lange und
in welchem Grade sie dem Islam anhingen, ist, nach dem heutigen Glaubenseifer der Nomaden zu urtheilen, noch sehr in
Frage gestellt. Bezüglich des moslimischen Glaubensbekennt-
nisses der Nomaden jener Zeit wollen wir bemerken, dass auch
den Magyaren diese Religion nicht unbekannt blieb, wofür der
Umstand spricht, dass die Magyaren den Mohammedanern den
Namen „Böszörmény"[2] gaben, und da die Kirgisen noch heute
„Busurman"[3] statt Muselman gebrauchen, was nach der Lautverwechselung b, m und l, r ganz normal erscheint, so kann wol
die Annahme gewagt werden, dass diese identische Benennung
noch aus jener Zeit stamme, in welcher die Magyaren mit den
türkischen Steppenbewohnern in näherer Berührung gestanden
haben.

Es ist daher die Möglichkeit nicht ausgeschlossen, dass
unter den Magyaren, bei ihrem Erscheinen in Europa, sich auch
Bekenner des Islams vorfanden, und dass einzelne sich schon
früh auch dem Christenthume zuwandten; dass daher die von
uns erwähnte Gleichgültigkeit, welche auch Horváth in seiner
Geschichte des ersten Jahrhunderts des Christenthums[4] in Ungarn
hervorhebt, ausser allem Zweifel steht.

Wo daher dies der Fall ist, dort kann von einem den Ge-
sammtkörper der Nation umfassenden Religionswesen nur schwer-

---

[1] Siehe Excerpte von Defrémery im „Journal Asiatique", IV. Serie,
XIII, 467.
[2] Wir finden den Namen Böszörmény als Ortsbenennung jener Gegend
in den Niederungen Ungarns, wo früher die Ismaeliten (Mohammedaner)
wohnten, und Herr Réthy hat recht, wenn er in seiner Schrift „Magyar
pénzverő Izmaeliták és Bessarabia" (S. 21) das magyarische Böszörmény mit
Muselman für identisch erklärt.
[3] Budagow, I, 322.
[4] Michael Horváth. „A kereszténység első százada Magyarországon",
S. 36.

lich die Rede sein; ebenso wenig dürfen wir uns mit der
Hoffnung schmeicheln, aus den einzelnen Funken der Culturmomente eine Fackel uns verschaffen zu können, die über
die Glaubensverhältnisse der alten Magyaren ein für die vorurtheilsfreie Kritik hinreichendes Licht verbreiten würde.
Wir wollen daher in unserer Erörterung keine Theorien begründen, kein altes Religionssystem darlegen, sondern die
congruenten Züge darstellen, und von diesem Standpunkte
ausgehend, die Frage der **Götzenanbetung** und des **Feuercultus** der alten Magyaren untersuchen. Ob die alten Magyaren Götzen angebetet haben, macht namentlich den frommen christlichen Forschern recht viel Sorgen; ebenso, wie es
Abulgazi, den frommen moslimischen Geschichtsschreiber empört,
dass seine Vorfahren in Erinnerung der verstorbenen Mitglieder
der Familie, und wahrscheinlich auch berühmter Helden, an den
Grabstätten der letztern steinerne oder hölzerne Bildsäulen an-
brachten, dieselben in grosser Achtung hielten und bisweilen,
wenn die Zärtlichkeit überaus gross war, sogar in den Zelten
selbst aufbewahrten, denselben Speisen vorstellten, sie verehr-
ten u. dgl.[1] In dieser als Todsünde von dem türkischen Historiker
bezeichneten Sitte sind nun allerdings jene Statuen zu entdecken,
welche vom Bereiche der altaischen Gebirge, im Quellengebiete des
Jenissei, auf der Nogaischen Steppe, an den Ufern des Dnjepers und
des Azowschen Meeres, als zu den Kurganen gehörig vorgefunden,
von den Gelehrten seit Pallas und Spasski eingehend untersucht,
und von den Uralaltaiern nur insofern angebetet wurden, inwiefern
das Kreuz als das Symbol der Leiden Christi noch heute von den
Christen verehrt wird. Die Verehrung dieser mit den Kurganen,
richtiger mit den in denselben begrabenen Familienmitgliedern
-zusammenhängenden Denksteine, kann sonach nicht als ein mit
dem Fetischismus identischer Götzendienst, sondern als eine
pietätsvolle Sympathie für den Dahingeschiedenen betrachtet
werden, ein Cultus, der noch heute in der streng patriarchalischen turko-tatarischen Gesellschaft zum Ausdrucke gelangt,
wo seit Einführung des Islams die Stein- und Holzbilder vor den
Kurganen oder Joskas, wie sie auf der Hyrkanischen Steppe
heissen, wol gänzlich verschwanden, die Achtung vor den Grab-
hügeln jedoch heute noch besteht, und dem Schreiber dieser

---

[1] Abulgazi. Ausgabe Desmaisons. Text S. 11.

Zeilen ist es mehr als einmal begegnet, dass er auf seinen
Wanderungen in der Turkomanen-Steppe sammt seiner Reise-
gesellschaft vom Pferde steigen musste, sobald auf der weiten
Ebene einer dieser Joskas sichtbar ward.

Dies war der Ursprung der Götzenanbetung bei den Ural-
altaiern, und in besagtem Sinne muss auch dieser Cultus bei
den alten Magyaren aufgefasst werden, dessen Spuren bei allen
Fractionen erwähnter Rasse nachzuweisen sind, und speciell bei
den Magyaren noch nach ihrer Niederlassung in Ungarn sich
vorgefunden hatten, wenn den Chronisten jener Zeit Glauben zu
schenken ist. So berichtet Aloldus im Jahre 1046: „Andreas
et Leventa ad idololatriam proni regnum a suis similibus capiunt"
und Paris Pápai berichtet: „Hungaris veteribus fuit in more, ut
sponsus suae dilectae idolum alicujus dei argenteum donaret in
signum contracti matrimonii"[1], oder wie dies aus der noch
heute üblichen Redensart „a faképnél hagyni" = im Stiche lassen, wörtlich beim Holzbilde lassen, ersichtlich ist.

Was nun den Namen der **Götzen** anbelangt, so kennt die
magyarische Sprache hierfür zwei Wörter, nämlich *bálvány*.
Götzen im allgemeinen, und *bábu* = Puppe, geschnitztes Bild.
Beide werden dem Ursprunge nach für slawische, respective russische Lehnwörter gehalten, was uns jedoch nicht ganz richtig scheint.
denn das russische *bolvan* ist selbst ein Lehnwort und stammt
vom persischen پهلوان *pehlivan, pahlivan*, einem Wort, das noch
heute im türkischen Munde pahlivan, palvan lautet und eigentlich Held, Heiliger, Athlet bedeutet. *Palvan* oder *pehlivan* ist
der Plural von pahlav پهلو, also ähnlich dem Verhältnisse zwischen *ized* und *izdan* = Gott und Götter, oder dem heute im
Islam gebräuchlichen *evlia* = Heiliger, eigentlich die Heiligen,
und hat daher unter dem Begriff „Heiliger" auf die in Verehrung stehenden Statuen bei den uralaltaischen Völkern allerdings erst später Anwendung gefunden. Ebenso wenig können
wir *bábu* für ein russisches Lehnwort erklären; denn erstens ist
dieses Wort den verschiedensten Sprachen gemein, und zweitens
kommt es im Magyarischen (vgl. babám, meine Theuere) und im
türkischen baba als „Väterchen", Titel der Achtung, Liebe und
Ehrenbezeugung vor, es brauchte daher nicht erst einem frem-

---

[1] Nach Kállaj. S. 30—31. citirt.

den Sprachgebiete entlehnt zu werden. So wie im magyarischen
Worte für „Götzen" die Grundidee des „Starken, Grossen und
Mächtigen" zum Ausdruck gelangt ist, denn palvan, pahlivan bedeutet auch Athlet; ebenso beruht der Name einer andern Persönlichkeit im magyarischen Mythus auf einer ähnlichen Auffassung.
Es ist dies der **Riese**, magyarisch *óriás*, der in den Märchen
und Sagen eine hervorragende Rolle spielt und, dem Ursprunge
des Wortes nach geurtheilt, noch aus jener uralten Zeit datirt, in welcher Magyaren und Türken einen gemeinsamen
Stamm gebildet haben. Oriás ist nämlich ein Compositum
gleich dem altaischen Abiaš (Gott und Urahne) und besteht
aus *ori*, türkisch *uri*, *ori*, *üri* = hoch, gross und *aš*, *aša* = Vater,
und so wie *Abiaš* kann auch *óriás*, türkisch *uri-aš* oder *ori-aša*,
in der Bedeutung „grosser Vater" genommen werden.

Ein dem Götzendienste ähnliches Verhältniss dünkt uns bei
dem oft erwähnten **Feuercultus** der Magyaren obzuwalten.
Unsere diesbezüglichen Nachrichten beruhen zumeist auf den
Berichten der arabischen, richtiger „moslimischen" Reisenden,
als Ibn Dasta, Ibn Fozlan, Mas'udi, Al-Bekri u. a., deren Aussagen aber auch schon deshalb nicht „ad litteram" zu nehmen
sind, weil nach der damaligen Auffassung jeder Nichtmohamme-
daner als dem Parsicultus angehörig, also für einen Feueranbeter, Gebr oder Mežusi, gehalten ward, und weil der Moslem
überhaupt, selbst noch heute, bei der Qualificirung Andersgläu-
biger, nicht eben mit besonderer Genauigkeit zu Werke geht,
und unter anderm auch den Hindu z. B. *mežusi* = Feueranbeter nennt. Allerdings unterliegt es keinem Zweifel, dass
so wie die Naturerscheinungen das schlichte Gemüth des primitiven Menschen zur Verwunderung hinreissen, dies bezüglich des
Feueranbeters um so mehr der Fall gewesen sein muss; daher
denn auch Spuren des Feuercultus bei sämmtlichen Völkern der
Erde nachzuweisen sind.

Was nun speciell die Uralaltaier anbelangt, so begegnen
wir noch heute in Centralasien, namentlich in Chiwa, der Sitte
der Feuerreinigung in Form eines während des Noruzfestes
(Frühlingsäquinoctium) abgehaltenen Spieles, bei welchem die
Jugend über ein aus Reisstroh angezündetes Feuer springt oder
dasselbe umtanzt. So wird es ferner, besonders bei den Nomaden, für eine grosse Sünde gehalten, ein Licht auszublasen oder
heisse Speise zu blasen, noch mehr aber ins Feuer zu spucken.

welches überhaupt nicht mittels Wasser, sondern mittels darauf-
gelegter Erde ausgelöscht werden darf, und nichts kennzeichnet
diese alte Sitte so sehr, als die grenzenlose Achtung, welche von
den Türken aller Zeiten und aller Stämme dem **Feuerherde**
stets gezollt wurde und noch heute gezollt wird. *Ožagim jikti*
= er hat meinen Herd niedergerissen ist gleichbedeutend mit
dem Ausdrucke er hat mir Haus und Hof zerstört; bei
den Osmanen wurde mit ožak = Herd das Janitscharencorps
bezeichnet, und bei den Nomaden Centralasiens wird es als Beleidigung angesehen, wenn man im Zelte den Rücken dem Herde
zugewendet den Hausherrn anspricht.

Was zur Achtung des Feuers bei den alten Magyaren noch
beigetragen haben mag, das ist die Sitte der Todtenverbrennung,
von welchem, als von einem bei allen Türkenvölkern jener Gegend
vorherrschenden, Gebrauche die arabischen Reisenden wiederholt
Erwähnung thun, wovon die heutige Sprache der Magyaren
durch die Redensart *se híre se hamva*, d. h. keine Nachricht und
keine Asche ist von ihm übrig (wenn von einem Verschollenen
die Rede ist), noch Zeugniss gibt. So erzählt auch der Mönch
von St.-Gallen, dass die Magyaren bei diesem Kloster zwei
Leichen verbrannt haben, und dennoch kann im Hinblick auf
die alttürkische Sitte, die Todten in der Erde zu bestatten, die
Leichenverbrennung blos theilweise im Gebrauche gewesen [1] und
vielleicht nur dem parsischen Cultus entlehnt worden sein.

Es darf daher in Anbetracht erwähnter Thatsachen nicht
befremden, wenn wir den Nachrichten über Götzen- und Feuercultus der alten Magyaren keine besondere Wichtigkeit beilegen,
und den altmagyarischen Glauben uns als einen solchen vorstellen, dessen einzelne Züge in jenem Bilde aufzufinden sind,
das die Byzantiner vom Schamanismus der Hunnen und Awaren,
das Pallas von den Völkern Südsibiriens entworfen hat, und
welches gewissermassen noch bei den heutigen Altaiern sich vorfindet. Was die letztern anbelangt, so besteht allerdings neben dem
obersten Gott Kudaj noch der Name der Gottheit *Kairakan* [2] (von

---

[1] In einer ähnlichen Weise berichtet Al Bekri von den Burtas (Mordwinen?)
طَائِفَة مِنْهُم تُحْرَق ثُلَاتُهَا و اخَر تَدْفِنْهَا d. h. ein Theil dieses Volkes
verbrennt seine Todten, ein anderer begräbt sie. Defrémery im „Journal
Asiatique", XIII. 461.

[2] Siehe Grammatika altaiskago Jazika, S. 185.

kaira = gutmüthig sein und *kan* dem Participium praesentis), wovon noch im magyarischen *karakán* = Muthwille, gute Laune,
eine Erinnerung vorhanden ist, während es anderseitig noch eine
beträchtliche Zahl von Untergöttern oder Schutzgöttern, Patronen
gibt, welche, unter dem Namen اى, اَى *ee*, *eje*, *eye* = Herr, Gott
bekannt, im Mythus der Altaier eine wesentliche Rolle spielen.
Es gibt nämlich einen *tu-eezi* = Berggeist, *jiš-eezi* = Waldgeist,
su-eezi = Wassergeist u. s. w., die man an bestimmten Orten verehrt, ebenso wie dies die alten Magyaren noch zur Zeit des
heiligen Ladislaus thaten, denn hierauf bezieht sich das (im
Decret, I, c. 22 enthaltene) Verbot: „Quicunque ritu gentilium
juxta puteos sacrificaverint, vel ad arbores et fontes et lapides
obtulerint, reatum suum bove luant." Bei den Altaiern gibt es
noch einen *eelu-kiši* = ein von Dämonen besessener Mensch, von
welchem es jedoch nicht immer vorausgesetzt ist, dass er die
Personification des Bösen sei, denn die Bosheit oder der böse
Geist heisst *kara* (wörtlich schwarz) und *üj-karazi* heisst der
„Böse Geist", der im Hause nach dem Tode eines Menschen
zurückbleibt, bis man durch reiche Spenden, Opfer oder Zauberformeln ihn verscheucht, eine Religionssitte, die an Kazwini's
Bericht (nach Ibn Fozlan) über die Türken erinnert, die zum
Staunen des persischen Kosmographen einen Sommergott, Winter-
gott, Regengott, Viehgott u. s. w. hatten.

Was nun die Benennung erwähnter **Geister**, nämlich das
türkische *eje*, *eye*, uig, *ete*, *ite* anbelangt, so findet sich dieselbe
auch noch im Magyarischen vor, und zwar im Compositum *egy-
ház* = Kirche, Gotteshaus von *egy* = Gott und *ház* = Haus, und
dass *egy* in der That mit dem Begriffe **Gott, heilig** identisch
sei, dafür spricht ein topographisches Monument, nämlich das
im ödenburger Comitate befindliche Hegy-kö [1], in einer aus dem
Jahre 1366 stammenden Urkunde *Egy-kü*, welches zu deutsch
„Heiligenstein" heisst, wobei „heilig" als eine Uebersetzung des
magyarischen „egy" dasteht. Dass das altmagyarische *egy* gleich
dem türkischen *eye*, *eje* von heute Gott oder Herr bedeutete,
steht ausser Zweifel, und nicht nur bei den Magyaren war dies
der Fall, sondern auch noch bei den Kumanen, in deren zu uns
gelangtem Sprachmonumente, nämlich im „Codex Cumanicus", wir

---

[1] Ethnographie von Ungarn. S. 165.

an zwei Stellen[1] *jich-ov* anstatt *igc-ör* mit templum, daher
Gotteshaus oder Herrenhaus. übersetzt vorfinden. Es ist, glaube
ich, in Uebereinstimmung mit diesen *egc*, *igc* der heutigen Schamanen, dass die Aussage des Theophylactus: „Turcae (d. h.
Ungarn) admodum stolide ignem colunt aëremque et aquam ve-
nerantur", aufzufassen und zu erklären ist; und wenn wir die
angedeutete Parallele weiter verfolgen, werden wir finden, dass
auch bezüglich der Gottheiten des Bösen, oder der Götter der
Unterwelt, eine wesentliche Congruenz zu entdecken sei. Wir
haben schon erwähnt, dass der alttürkische Mythus eine Hölle,
tamuk (der Wortbedeutung nach das Verschlossene, das
Dunkle[2], und als deren Gegensatz ein Paradies, *ucmak* (von
uc, dessen Grundbegriff = oben, aufsteigen) kennt, und wollen
nur noch hinzufügen, dass die höchste Gottheit der Unterwelt
den Namen *erteng* führt, ein Wort, in welchem wir ein Analogon
des magyarischen *ördög*, *ürdüng* = Teufel entdecken, und welches nach unserer anspruchslosen Ansicht ursprünglich *örtük*
(von *ört* = verhüllen, verbergen, bedecken) = der Heimliche, der
Verborgene gelautet haben muss, ebenso wie wir dies im altaischen *körmös*, *körümes* = Teufel, unreiner Geist, der Wortbedeutung nach der Unsichtbare[3] vorfinden, oder wie wir in einem
andern unterirdischen Gotte der Altaier, nämlich im *töröngüi*,
töröng, das magyarische *tereng*, *töröng* vermuthen, welches letztere heute wol nicht mehr selbständig vorkommt, sondern blos
im Compositum *terengette* (Ausruf des Zornes und der Verwunderung) noch gebraucht wird, und unsers Dafürhaltens gleich
ördög-adta (der vom Teufel Gegebene), *eb-adta* (der vom Hunde
Gegebene u. s. w. aus *tereng-adta* entstanden[4] sein dürfte.
Wie *ördöng* den Grundgedanken „heimlich, verborgen" ausdrückt, ebenso bedeutet „tereng" auf Türkisch „tief". Im Zusammenhange mit der Geisterwelt der Altaier wollen wir die
interessante Erscheinung erwähnen, dass bei diesem Volke der
Glaube an ein Doppelwesen der Seele vorherrscht, nach welchem

---

[1] Vgl. „Codex Cumanicus", herausgegeben von Kuun. S. 158 und 198.

[2] Siehe §. 177 in meiner „Etymologie der turko-tatarischen Sprachen".

[3] Schiffner's Ableitung dieses Wortes vom Chormuzd der Perser dünkt
uns aus sprachlichen und sachlichen Rücksichten keinesfalls stichhaltig.

[4] Das akademische Wörterbuch der magyarischen Sprache will in terengette eine Variante von teremtette erblicken, eine Annahme, der wir aus
obigen Gründen nicht beistimmen können.

23*

im Menschen ein *tin* und ein *söne*, eventuell *süne, sünej*, existirt.
Ersteres repräsentirt das thierische Leben, mit dessen Erlöschen die körperliche Existenz aufhört, letzteres hingegen das
geistige Leben, daher die bösen Geister den *tin* wegnehmen
können, ohne dass der Mensch nach dem Tode geistig zu leben
aufhört, denn das *süne* ist unsterblich. Die Herausgeber der
„Altaiska Grammatika"[1] übersetzen dieses süne im Russischen
mit *swoistwennaja duša*, d. h. eigentliche Seele, folglich das personificirte Leben, und wir glauben nicht fehlzugehen, wenn wir
in diesem süne das magyarische *személy*, ältere Form *zömel*,
eventuell *zömej*, heute mit **Person, Individualität** übersetzt,
wiederfinden, bei welchem nur eine Verwechselung verwandter
Begriffe stattgefunden zu haben scheint. Jedenfalls erhalten wir
durch dasselbe einen wichtigen Beitrag zum Religionsleben des
ural-altaischen Volkes.

Es liegt in der Natur der Sache, dass die Anhänger eines
noch so primitiven Glaubens an diese früher erwähnten Geister des Guten und Bösen, um deren Gunst zu erwirken oder
deren Zorn abzuwenden, mit Gebeten, Spenden und Opfern sich
wendeten und zur Vermittelung zwischen dem Menschen und der
heimlichen gefürchteten Macht sich schon frühzeitig einer Priesterklasse bedient haben müssen. Es sind daher die Benennungen der diesbezüglichen Begriffe im Magyarischen und im
Türkischen, die wir untersuchen, beziehungsweise miteinander
vergleichen wollen. Für den Begriff **beten** hat weder der Magyare noch der Türke ein genuines Wort, denn so wie das altaische *märgü* = beten, Gebet dem mongolischen *murgun* = Verehrung entlehnt ist, ebenso dünkt uns das magyarische *vimád,
imád* = beten, anbeten nichts anders als das slawische *vimodl-it*
= ausbeten, ein Gebet hersagen, wie es durch Vermittelung slawischer Missionare ins Magyarische gelangt ist; trotzdem Budenz.
welcher um ein Derivationssystem nie verlegen ist, in der
Stammsilbe *vim* (!) ein ugrisch-wogulisches *vou* = rufen, bitten
entdeckt, aus dem ein supponirtes *vogim, vsjm* entstanden sein
mag[2], und trotzdem Hunfalvy in seiner „Ethnographie von
Ungarn"[3] dieses Wort aus dem čeremissischen *jumo* = Gott und

---

[1] Siehe S. 253.
[2] Budenz, „Magyar-ugor összehasonlító szótár", S. 815.
[3] Siehe S. 160.

ult = bitten ableitet, womit natürlich auch Budenz nicht übereinstimmt. Ich meinerseits wage hier nur mit einer Hypothese aufzutreten, doch verdient die Ansicht meiner gelehrten Gegner wol auch keine andere Bezeichnung, und im besten Falle muss der Ursprung des magyarischen *vimád* = beten als zweifelhaft hingestellt werden. Hieraus darf nun allerdings nicht gefolgert werden, dass den Ungarn der Begriff „beten" unbekannt gewesen wäre, denn einer solchen Annahme widerspricht das Vorhandensein zahlreicher Gebete bei den heutigen Schamanen, von welchen manche sogar schön genannt zu werden verdienen [1], nicht minder aber der Bericht Ekkehard's [2] von den in das Kloster St.-Gallen einfallenden Magyaren, von welchen es heisst: „Horridissime diis suis omnes vociferantur, clericus autem linguae eorum bene sciolus (propter quod cum etiam vitae servaverant) cum eis valenter clamabat." Wenn wir daher über den Begriff „beten" im Dunkeln gelassen werden, so geht es uns bezüglich der **Opfer** und der mit denselben verbundenen Einzelheiten schon viel besser. Dieser Begriff ist im Magyarischen mittels *áldoz* ausgedrückt, das von *áld*, dem Verbalstamm für das Wort **segnen, preisen**, stammt, weshalb denn auch aus dem wörtlichen Zusammenhange schon ersichtlich wird, dass in der Handlung des Opferns die der Lobpreisung ausgedrückt werde, und dass segnen, preisen und opfern identische Begriffe seien, wie dies durch einen Vergleich auf dem verwandten Sprachgebiete noch augenfälliger wird. Auf dem türkischen Sprachgebiete besitzen wir nämlich die Stammsilbe *aly*, *alk* mit dem Inbegriffe segnen, prei-

---

[1] Vgl. Radloff, „Proben der Volksliteratur der türkischen Stämme Südsibiriens", I, 217, wo ein Schamanengebet sich befindet, aus dem wir hier folgende Stellen anführen:

„Du Abiaš, du Fürst Himmel, da oben!
Der du auf der Erde das Gras hervorgerufen,
Der du am Baume die Blätter hervorgerufen,
Der du die Waden mit Fleisch bekleidest,
Der du Haare am Kopfe erzeugest,
Du Schöpfer der Erschaffenen,
Du Himmel-Gott des Existirenden!
Gott, der du die Sterne hervorgebracht;
Ihr siebzig Fürsten, die ihr den Vater erhöhet,
Du grosser Fürst, der du die Mutter erhöhst!" u. s. w.

[2] Pertz, „Monumenta", II, 105.

sen, daher das Verbum *alga* = segnen, *algaiš*, *algiš* = der Segen,
magyarisch *áldás* und jakutisch *algaččі* = Segner, ferner *and*,
ant = Schwur, feierliches Versprechen, schliesslich das Verbum
olša, *ölše* = eine Reverenz machen, hochachten, die insgesammt
mit dem magyarischen *áld* einen prägnantern Verwandtschaftsgrad bekunden als das wogulische *jolt* = schaffen, *jąlt* = beschuldigen und *jolent* = bitten, mit denen Budenz, uneingedenk
der grossen Verschiedenheit in begrifflicher Hinsicht, das fragliche magyarische Wort vergleicht.

Fassen wir nun das gegenseitige Verhältniss dieser magyarischen und türkischen Wörter näher ins Auge, so wird aus dem
Wortnexus der magyarischen Beispiele ersichtlich, dass hier zu
alten Zeiten die Lobpreisung Gottes und die Darbringung von
Opfern ganz identische Begriffe waren, und dass die Erinnerung
an diesen Religionsritus sich in der Sprache der Magyaren weit
besser erhalten hat als z. B. bei den Türkenvölkern, in deren
Sprache der Begriff opfern heute nur in paraphrastischer Benennung vorkommt, wenn wir nämlich auf das Uigurische hinweisen, in welchem der Ausdruck juk-etti = er hat geopfert,
wörtlich „er hat vernichtet", häufig gebraucht wird.

So:

> „juk etti atasika aš sub ögüš
> čikaika üledi köb altun kömüš [1]

das heisst: „Er opferte seinem verstorbenen Vater viele Speisen und
Getränke, und theilte unter die Armen viel Gold und Silber aus."
Doch wie gesagt, nur die Sprache ist sich bei den Magyaren in
den diesbezüglichen Momenten consequenter geblieben, denn
was den Act des Opferns selbst anbelangt, so lebt dieser noch
heute in Erinnerung bei den Nomaden Centralasiens, die beim
Auslassen des Pferde- oder Schaffettes den ersten Löffel Schmalz
ins Feuer giessen, womit demselben ein Opfer dargebracht wird,
ebenso wie es in Ungarn noch heute Sitte ist, beim Wasser-
schöpfen aus dem vollen Kruge einige Tropfen in den Brunnen
zurückzugiessen, um gleichfalls dem Brunnengeiste eine Spende
darzureichen. [2] Die Nomaden Centralasiens pflegen ferner dem
Geiste des Dahingeschiedenen in der Form von **Gastmahlen,**

---

[1] Siehe „Uigurische Sprachmonumente" und das „Kudatku Bilik", S. 109.
Vers 17.

[2] Vgl. Szabó Károly, „Kisebb történelmi munkái", 1, 329.

türkisch *toj*. magyarisch *tor*, Opfer zu bringen, wobei namentlich das geweihte Speisestück ijis, altaisch îjik, čuvašisch jîrich [1], eine grosse Rolle spielt; und so war es noch in den ersten Decennien dieses Jahrhunderts bei den Kirgisen Sitte, dass zu Ehren des Verstorbenen dessen Lieblingspferd getödtet, gekocht und verzehrt wurde, nachdem die Beine des Thieres am Grabe verbrannt worden waren.[2] Bei den Magyaren ist selbstverständlich die Opfersitte gleich nach der Annahme des Christenthums abhanden gekommen, dass sie jedoch ehedem bestanden habe, dafür spricht die Aussage des Theophylactus, laut welcher die Türken (Τοῦρϰοι, d. h. Magyaren) zuerst Pferde opfern, so wie auch der Bericht des Anonymus von dem nach heidnischer Sitte geschlachteten fetten Pferde, und viele andere Stellen, welche auf diesen religiösen Gebrauch hindeuten.

Mit der alten Sitte des Opferns im Zusammenhange steht noch der heutige Brauch der Nomaden Centralasiens, aus der vollgefüllten Reisschüssel oder aus dem Milchnapfe einige Körner, beziehungsweise Tropfen, nach rückwärts zu werfen, bevor man zum Genusse der Speise sich anschickt, ein Aberglaube, der unter dem Namen sačik, d. h. Ausstreuung, richtiger libatio, bekannt, und vom alten Glauben insofern auf das moderne Leben übergegangen ist, als gewisse Spenden, die bei feierlichen Gelegenheiten vertheilt werden, den Namen *sačik* führen. Ferner hängt mit der Opfersitte noch die Heiligkeit des Bechers oder der Schale zusammen, bei den Türken *ajak* genannt, die, wie aus mehrern Stellen im Kudatku-Bilik ersichtlich, zu jenen Insignien gehörten, welche nebst Fahne, Siegel und Trommel die oberste Fürstenwürde bezeichneten. Mit der Heiligkeit des Bechers hat es folgende Bewandtniss. Bei den Schlachtopfern wurde bekanntermassen überall und immer das Fleisch der Opferthiere entweder vom Publikum oder von den Priestern verzehrt und in den meisten Fällen wurde den betreffenden Göttern oder Geistern entweder irgendein Leckerbissen oder das Blut der geschlachteten Thiere vorgesetzt, beziehungsweise geopfert. Bevor dies geschehen, scheint der Opfernde oder scheinen die Opfernden an den den Göttern vorgesetzten Gefässen genippt zu haben.

---

[1] Siehe Zolotnitzki, „Karnewoi čuvaško russkij Slowar", S. 150.

[2] Siehe Lewchine, „Description des hordes et des steppes des Kirghiz-Kazaks", S. 365.

was den eigentlichen Opferact darstellte; daher kommt es auch,
dass in Erinnerung an diese Sitte, nicht nur bei Uralaltaiern,
sondern auch bei andern Völkern der Erde das Bluttrinken als
gleichbedeutend mit der feierlichen Betheuerung oder dem Schwur
angesehen ward, dass bei den Türken der Becher zum heiligen
Gegenstande wurde, und dass schliesslich Türken sowol als Magyaren, nachdem die Opfersitte abgekommen war, im gemeinsamen Trunke anderer Flüssigkeit ein Aequivalent des feierlichen
Gelöbnisses oder Schwures sahen und heute noch sehen.[1] Hierin
liegt die Ursache, dass im Türkischen der Begriff **schwören**
mit *and-ičmek* oder *jemin*[2] *ičmek*, wörtlich „Segen trinken, den
Segenstrunk trinken", ausgedrückt wird, wovon das Nomen verbale *and-ičkü* = Schwur, d. i. Segenstrunk, heisst, ein Compositum, von welchem auch im Magyarischen sich eine Spur erhalten

---

[1] Wie lange die Sitte des Bluttrinkens bei Magyaren und Türken sich
erhalten habe, ist aus folgender bei Pečevi vorkommenden, aus dem Jahre
1541 datirenden Episode am besten ersichtlich. Besagter Historiker erzählt nämlich von Arslan paša, dem Statthalter von Ofen und Eroberer
von Totis und Villány, Folgendes:
   „Eines Tages ordnete ein grossherrlicher Befehl im ganzen Reiche einen
Festtag an. Auch in Ofen waren die Strassen, Plätze und Bazare reichlich geschmückt und jeder gab sich nach seinem Vermögen den Ver-
gnügungen hin. Dieser Pascha von bizarrem Charakter durchstreifte die
öffentlichen Plätze und fand im mittlern Bazar in der Nähe der Mittel-
džami einen armen Christen, der auf einem Misthaufen eben mit dem Braten eines Stückes Lunge sich beschäftigte. Beim Herannahen des Pascha
sprang der Arme erschrocken auf und entfernte sich. Doch der Pascha
liess sich daselbst nieder und mit den Worten: «Das ist nun einmal ein
zur Unterhaltung ganz passender Ort!» liess er den Armen zurückrufen.
Dieser, ein christlicher Tagelöhner, wurde bald herbeigerufen; der Pascha
liess sich mit ihm in ein Gespräch ein, und als er mit dem Manne mehrere
Glas Wein geleert hatte und ziemlich erhitzt war, sprach er: «Verzeih, dass
ich deine Ruhe gestört!» Der arme Ungläubige war ganz erschrocken und
vermochte kaum zu reden. Worauf der Pascha fortfuhr: «Höre du, willst
du meine Bruderschaft (Kardašlik) annehmen?» Was konnte wol dieser dagegen einwenden? Er schnitt sich sofort in den Finger, und nachdem sie sich gegenseitig das Blut geleckt hatten, wurden sie
Freunde" u. s. w. (Der Begriff **Blut lecken** heisst bei Pečevi **kan jala.**
Kan-kardaš = Blutsbruder wird noch heute für „Busenfreund" gebraucht.)
   [2] Jemin ﻳﻤﻴﻦ ist ein arabisches Wort und bedeutet Segen. Das osmanische *jemin ič* bedeutet daher dasselbe wie das magyarische *áldomást
inni*, d. h. Segen trinken.

hat, indem das magyarische *eskü* = Schwur nichts anderes ist
als das türkische *ičkü* = Trunk, richtiger Segenstrunk; ja noch
mehr, selbst die Perser haben im Begriff „Schwören" einen ähnlichen Ideengang befolgt, denn im Neupersischen heisst „schwören" *soukend chorden* = einen Schwur trinken, wobei ich in
der Endsilbe des mir etymologisch unbekannten „soukend" ein
end. and vermuthe. Uebrigens hat diese Analogie der Begriffe
schwören und Segenstrunk trinken selbst im heutigen
Sittenleben der Magyaren sich insofern erhalten, als beim Abschliessen irgendeines Vertrages oder Kaufes und beim Gelöb-
nisse der Freundschaft die betreffenden Parteien den gemeinsamen Becher leeren, richtiger den Segenstrunk trinken,
was auf Magyarisch *áldomás* oder *áldumás*, wie der Anonymus
schreibt [1], heisst und ehedem auch für ein gesetzliches Zeugniss
gegolten hat. Bei den heutigen Türken Centralasiens hat die
Sitte des Segenstrunkes nicht mehr ihre volle Bedeutung; doch
am Hofe der Chane von Kipčak spielte der Segenstrunk beim
Krönungsceremoniell noch eine Rolle, denn wir lesen bei Abulgazi [2], dass man Batu Chan, als er auf den Thron von Kipčak
erhoben ward, zum Zeichen der Krönung den Becher dargereicht
habe, und als er denselben leerte, hatte er den Act des feierlichen Gelöbnisses vollzogen. Es unterliegt keinem Zweifel, dass
der Becher bei den Uralaltaiern das eigentliche Symbol des
Glaubens und der Frömmigkeit darstellte, daher fast auf sämmtlichen Statuen der Kurgane, vom Sajanischen Gebirge bis zum
Dnjepr, die Verstorbenen mit einem in beiden Händen gehaltenen Becher gezeichnet sind, folglich in einer Stellung, die nach
der religiösen Auffassung jener Völker mit den auf mittelalter-
lich-christlichen Grabsteinen befindlichen knienden Figuren
identisch ist. In beiden Fällen herrscht die Absicht vor, die
Menschen in gottgefälliger Positur. d. h. in der Gebetsverrich-
tung darzustellen.

Im Zusammenhange mit dem Begriffe segnen, preisen wollen
wir dessen Juxta-oppositum, nämlich *átok* und *átkoz* = Fluch,
fluchen untersuchen. Prof. Budenz kommt in seinem „Etymologischen Wörterbuche" (S. 732) auf den sonderbaren Einfall, die
Wörter segnen und fluchen von einer und derselben Stammsilbe

[1] Et more paganismi fecerunt aldumas, c. 16.
[2] Abulgazi, Ausgabe Desmaisons, S. 170.

abzuleiten, indem er in beiden die Grundidee sagen, befehlen,
stark sagen (?) vermuthet und bei Fluchen ein starkes Sagen mit
schlechter Absicht (?) annimmt, ja zu diesem Behufe das wogulische *jalt* = beschuldigen, zürjänische *jol'* = schelten und *jor*
= fluchen nebeneinanderstellt. Ohne Herrn Budenz auf diesem
phantastischen Wege zu folgen, sehen auch wir in „fluchen“
den Grundbegriff von „sagen“, aber in solchem Sinne, wie dies
im magyarischen *igéz* = bezaubern (von *ige* = Wort, Rede) sich
vorfindet, d. h. eine „Verwünschung“, indem wir im magyarischen
átok das türkische *aituk* = das Sagen, die Rede entdecken, dies
um so mehr, da noch heute die Redensart *kara-aituk* = Schelt-,
Fluchwort (wörtlich schwarzes Wort) allgemein bekannt ist.
Mit dem *kara* = schwarz hängt auch noch das türkische *karga*
= fluchen, schelten und das magyarische *káromkod* = fluchen
zusammen. Auf dem nächstliegenden, persischen Sprachgebiete
wird „fluchen“ ebenfalls durch die Umschreibung „einen schlech-
ten Wunsch geben“ (bed dua kerden) ausgedrückt.

Wir haben früher auf den Zusammenhang der Priesterklasse
mit den Gebeten und Opfern hingedeutet, und wollen daher
sehen, wie weit die Spur der erstern in den Culturmomenten der
magyarischen Sprache nachzuweisen sei. Von den *kam*, die im
Schamanenthume der Türken eine so wichtige Rolle spielen, und
die selbst den Hunnen nicht unbekannt waren, wie aus den Namen *Es-kam* und *ata-kam* ersichtlich[1], ist im heutigen Magyarischen nur insofern eine Spur zu finden, als wir im Worte *kanta*
in der székler Mundart = **Quacksalber** das altaische *kamta* =
einen *kam* (Schamanen) fungiren lassen, durch Zauberspruch sich
heilen lassen, erkennen, daher magyarisch kanta-ir = Quacksalbe,
Zaubertrank und *kontár* = Pfuscher, welche Bedeutung dieses Wort
erst nach Annahme des Christenthums erhalten hat. „Kam“ als
selbständiges Wort kommt nicht vor, denn dafür haben die ersten
Bekehrer zur Genüge gesorgt; doch, dank den mythologischen
Reminiscenzen des ungarischen Volkes, sind uns die Namen
zweier Priesterwürden aufbewahrt worden, die bezüglich dieses
Punktes einige Helle verbreiten.

Unter diesen verstehe ich erstens das Wort *tátos* = Zauberer, mit welchem der magyarische Volksglaube noch heute
die buntesten Märchen und Wundersagen in Verbindung bringt,

---

[1] Siehe betreffende Wörter im Hunnisch-Awarischen Wortregister.

wie aus der fleissigen und sehr verdienstlichen Arbeit Ipolyi's [1]
ersichtlich ist, ein Wort, dessen Ursprung Hunfalvy [2] unbekannt geblieben, weil ihm noch der erklärende Schlüssel fehlt. Wol ist
es auch uns nicht gelungen, jeden Zweifel über Ursprung und
Bedeutung dieses Wortes zu bannen; doch glauben wir der Lösung des Räthsels etwas näher getreten zu sein, indem wir ein
türkisches Beispiel aufgefunden haben, welches begrifflich und
lautlich demselben nahe steht und dessen etymologischen Werth
erklärt. Es ist dieses das mittelasiatisch-türkische *jajči*, kirgisisch *čajši* = Zauberer, Wahrsager, Regen-, Wind- und Sturm-
macher [3], mit einem Worte, eine mystische Persönlichkeit, wie
sie nur aus dem alten Schamanenglauben sich erhalten haben
konnte.

Von *jajči* ist die Stammsilbe *jaj* = öffnen, ausbreiten, klarlegen, ein Grundbegriff, welcher einerseits mit der Klarlegung,
Offenbarung geheimer Dinge wol zusammenhängen, andererseits
aber auch auf das Oeffnen der Opferthiere sich beziehen mag, und
dem magyarischen Worte *tátos* deshalb als Analogon zur Seite
gestellt werden darf, weil auch von *tátos* die Stammsilbe *tát* =
öffnen, klarlegen, welches nach der Regel der Lautwechselung
zwischen *j* und *t* mit dem türkischen *jaj* ganz übereinstimmt.
Nach unserm Dafürhalten war der „tátos“ der alten Magyaren,
so wie der „jajči“ und „kam“ der heutigen Türken, eine Art
Opferpriester oder Haruspex, der das Opferthier geschlachtet,
aus dessen Eingeweiden oder verkohltem Schulterblatte prophezeit, die Gebete vorgesagt, die Zauberformeln und den eigentlichen Gottesdienst verrichtet hat. Solche Priester und Wahrsager hatte Attila an seinem Hofe, wie aus dem Berichte des
Priscus hervorgeht, die er, wie Jordanis berichtet, vor dem unglücklichen Treffen bei Châlons um göttliche Offenbarung be-
frug; solche waren die *Tulun* (modern türkisch *tujun* = Priester)
und *Bokolacr* (*bökäler*) der Awaren, solche die *Bakhsis* [4] der

---

[1] Ipolyi, „Magyar Mythologia“. S. 234—237.
[2] Ethnographie von Ungarn, S. 165.
[3] Siehe Budagow, II. 346, der dieses Wort von jada = Zauber ableitet,
was uns noch höchst fraglich scheint.
[4] Unter bakhši versteht man heute bei den Nomaden Centralasiens
einen fahrenden Sänger oder Troubadour, Schreiber, zugleich auch
Quacksalber und Zauberer, der von den Mollahs als Repräsentant des Ur-

Mongolen vor ihrer Annahme des Buddhismus, und ein solcher war schliesslich der Rebell Vata, welcher den alten heidnischen Glauben der Magyaren einführen wollte und von dem Thuróczi berichtet, dass er mit den Teufeln sich verbunden. Uebrigens sei nebenbei bemerkt, dass — nach der politischen Mission des Tuduns am Hofe Karl's des Grossen zu urtheilen — diese Priester in der nomadischen Gesellschaft der frühern Zeiten einer solchen Stellung sich erfreuten wie die Priester anderer Religionen jener Zeiten.

Ausser dem besagten kennt das Magyarische noch ein anderes Wort für **Wahrsager** und **Zauberer**, nämlich *javas, javos* oder *jós*, von der Stammsilbe *jav, jau*, von welcher im Türkischen nur das Causativ *jour, jór* = prophezeien, auslegen vorhanden ist, dem ebenfalls das Etymon *jau, jou* zu Grunde liegt; und dem magyarischen *javos, jós* = Wahrsager entspricht in der That das türkische *jaurči* respective *jauči* = Zeichen- oder Traumdeuter, d. i. Wahrsager. Bezüglich des Grundbegriffs dieser Stammsilbe „jau" vermuthe ich in derselben das türkische *jak*, magyarisch *jó* [1] = gut, passend; daher im Magyarischen javasol = anrathen, rathen, nämlich das Gute andeuten. Es wäre allerdings von aussergewöhnlichem Interesse, über die Verschiedenheiten der einzelnen Functionen der türkischen *jajči* = Zauberer, *jorči* = Wahrsager, und *kam* = Schamane mindestens so viel Bescheid zu wissen, als wir bezüglich des magyarischen *táltos* und *javos* aus den vorhandenen Resten der Mythologie zu erfahren im Stande sind; doch leider hat der Islam, gewissermassen auch der Buddhismus, auf die alte Glaubenswelt der Türkenvölker nicht minder verheerend eingewirkt als das Christenthum in Ungarn, und es ist in der That nur die vergleichende Sprachwissenschaft, welche, obwol oft unzulänglich in ethnologisch-historischen Fragen, uns hier, wo es sich um die Deutung der Gesittung, um das Sinnen und Denken des Menschen handelt, einigen Aufschluss zu geben im Stande ist.

Wie schön und wie klar präsentirt sich unter anderm der

---

glaubens stark angefeindet wird. Bezüglich bakhšai, als des ältern türkisch-magyarischen Personennamens, sei erwähnt, dass dieses Wort noch bis zum 15. und 16. Jahrhundert in Ungarn als Personenname in der Form Baksai, Baxai vorgekommen, und als Familienname heute noch vorkommt.

[1] Vgl. Beilage III und §. 122 in meinem „Etymologischen Wörterbuche."

Ursprung und die Bedeutung des Begriffes **Zauber** bei den Völkern turko-tatarischer Abstammung! Wir hören z. B., wie der Türke von dem vom Zauber behafteten Menschen sagt: „Er ist gebunden", ebenso wie er den Act der Entzauberung mit „auflösen und entbinden", „losmachen" umschreibt. Wenn wir nun die bezüglichen Wörter miteinander vergleichen, so werden wir finden, dass türkisch *bag*, magyarisch *bog* = Band, Knoten zum türkischen *baji*, *böjü*, *büjü* = Zauber, magyarisch *báj*, *büv* = Zauber, in unverkennbarer Verwandtschaft stehen, und dass die Wörter:

magyarisch:	türkisch:
bájol	*bajil* [1], *bajla* = bezaubern
büvöl	*büjüle* = zaubern

in engster Verknüpfung sich befinden; wir werden finden, dass im Begriffe Ohnmacht, türkisch „*bajil*", magyarisch „*ájul*" (von welchem blos der labiale Anlaut weggefallen ist) vom Grundgedanken der Bezauberung ausgegangen wurde, weil die betreffenden Völker im Zustande der Ohnmacht eine Art Bezauberung zu entdecken glaubten, und schliesslich werden wir finden, dass das türkische Wort für **Eule**, nämlich *baj-kuš* = Zaubervogel [2], auf mythologischer Basis beruht, indem dieser lichtscheue Bewohner der Lüfte mit den zauberhaften Gespenstern der finstern Nacht in Zusammenhang gebracht worden ist. Wie aus diesem im Begriffe „Zauber" zum Ausdruck gelangten Grundgedanken des „Bindens" ersichtlich ist, haben die turko-tatarischen Völker den Zauber als das Band irgendeiner geheimen Macht sich vorgestellt, eine Annahme, welche durch andere mythologische Ausdrücke im heutigen Magyarischen bekräftigt wird. So z. B. der magyarische Ausdruck *kötés*, *megkötés* [3] = Bezauberung, wörtlich „das Binden", woraus der Aberglaube die Unfruchtbarkeit der Neuvermählten sich erklärt, indem man diesen Zustand einem im Bette der Neuvermählten gefundenen Knäuel Zwirn oder

---

[1] Vgl. Pavet de Courteille, Dictionnaire turco-orientale. S. 156, und Budagow, I, 232.

[2] Für **Eule** gibt es im Türkischen noch ein anderes Wort, nämlich ügü, üjü, in welchem ebenfalls der Grundgedanke Zauber ausgedrückt ist, denn lautlich verhält sich üjü zu büjü (Zauber) ebenso wie das magyarische ájul zum türkischen bajil.

[3] Ipolyi, „Magyar Mythologia". S. 401.

sonstigen Knoten zuschreibt, und wo die Phantasie dem in Vergessenheit gerathenen Urglauben zu Hülfe gekommen ist; so auch das magyarische *vajakol*, von den ältern Lexikographen mit „incantare" übersetzt, in welchem ebenfalls das türkische *bajkala* = öfters binden oder zaubern zu erkennen ist.

Indem wir diese einzelnen Momente aus der Religion und dem Mythus der alten Magyaren mit den vorhandenen Zügen aus dem Glaubensbilde der Türken verglichen haben, schmeicheln wir uns noch keineswegs mit der Hoffnung, die Liste der betreffenden Analogien erschöpft zu haben; denn hierzu fehlen uns vor allem die erforderlichen Daten auf dem Gebiete der turkotatarischen Völkerkunde, wo einerseits die Zeit und der blinde Glaubenseifer buddhistischer und moslimischer Bekehrer so vieles der Vernichtung preisgegeben hat, und andererseits die Wissenschaft noch lange nicht so thätig war wie bei den diesbezüglichen Culturmomenten der Magyaren, wo — abgesehen von den frühern Leistungen — die Arbeit Ipolyi's das möglichst vollständige Compendium der auf die magyarische Mythologie bezüglichen Angaben bringt, eine Arbeit, mit deren etymologischer und theosophischer Tendenz wir keinesfalls übereinstimmen können, die wir aber dennoch vom Standpunkte der Materialiensammlung als höchst verdienstvoll hinstellen müssen. In einen systematischen Vergleich der Mythologie dieser beiden Fractionen der uralaltaischen Völker werden wir uns dann erst einlassen können, wenn das Alterthum der Türken mindestens in solchem Maasse durchforscht sein wird wie das Alterthum der Magyaren. Wir wollen daher unsere bisherigen Bemerkungen nur noch mit zweien solcher Momente ergänzen, die im Volksmythus der Magyaren eine wichtige Rolle spielen und, wie leicht erklärlich, bisher mannichfache Auslegung gefunden haben. Hierunter verstehen wir erstens das magyarische Wort für **Hexe,** nämlich *boszorkány*, die Vorstellung von einem dämonischen Geiste in der Person eines alten Weibes, das nur Böses anstiftet und mit all ihrem Thun und Trachten dem Menschen nur Schaden und Aerger verursacht. Man hat dieses Wort bald für slawischen Ursprungs gehalten, uneingedenk dessen, dass vielmehr die Slawen dasselbe, wie so manches andere, von den Magyaren entlehnt haben, bald wieder für persischen Ursprungs, indem man es mit dem persischen بزرگان buzurgan = die Grossen, die Weisen

verglich. Es war schade, die Analogie in so weiter Ferne suchen
zu wollen, denn erstens deutet die Endung kány (vgl. buzogány,
kalogány, kaczagány) auf türkischen Ursprung hin, und zweitens
ist der diesem Bilde zu Grunde liegende Ideengang in der Wortbedeutung selbst am besten zum Ausdruck gelangt, denn die
Stammsilbe *bos* und *bos:* hat im Magyarischen sowol als
auch im Türkischen den Grundbegriff von ärgern, zürnen
(vgl. mein „Etymologisches Wörterbuch", §. 218), von welcher
das Causativ im Türkischen *bosur* = jemand ärgern, und mit
Hinzufügung der Participialendung *gan*, *kan* das ursprüngliche
bosurkan = „eine die jemand ärgert" entstanden ist. Das magyarisch-türkische *boszorkány* oder *bosurgan* muss daher als ein
solcher unterirdischer böser Geist oder Dämon betrachtet werden,
der, dem Mythus beider Völkerfractionen gemeinsam, bei den
Magyaren in Erinnerung geblieben, bei den Türken aber in Vergessenheit gerathen ist. Desgleichen dünkt uns auch der Fall
mit dem magyarischen Worte für **Drache,** nämlich *sárkány*, welches vom persischen *čarkan* چرکن Plural von چرك = Drache
entsprungen und im Osttürkischen nur in *sar*, *šar* = Drache
(Papierdrache) sich erhalten. aus dem türkischen Mythus aber
gänzlich verschwunden ist.

Das dritte Wort, mit welchem wir denn auch diesen mythologischen Ueberblick schliessen wollen, ist das magyarische *tündér*
= **Fee,** die in den Märchen und Volkssagen eine besonders wichtige Rolle spielt, und, wie Ipolyi [1] richtig bemerkt. den Inbegriff
der seltsamen, wunderbaren, uralten Epoche der Glückseligkeit
ausdrückt. So wie bei boszorkány liegt auch hier im Worte
selbst der Sinn und die Bedeutung des mythologischen Bildes.
denn der markante Charakterzug der Fee ist die plötzliche Erscheinung, eine phantastische Lichtgestalt im bunten Gewebe der
Märchen und Sagen, und die Stammsilbe dieses Wortes, nämlich
tün oder *tüng*, drückt im Magyarischen und im Türkischen den
Grundbegriff von scheinen, erhellen und erstrahlen aus. Vgl.
türkisch *tünglük* = das Lichtloch in den Zelten, das oben an-
gebrachte Fenster, auch Helle, Licht; so *aj-tünlük* = Mondschein.
ferner die analoge Bildung im persischen روزن *ruzen* = Fenster,
und روشن *rušen* = hell, licht; ja est ist eine Variante dieser

---

[1] Magyarische Mythologie. S. 57.

Stammsilbe. nämlich *tin*, *teng* und *tang*, die wir im Worte *tingri*,
tengri und *tangri*, d. h. Gott und Himmel wiederfinden. Es ist
mir daher unbegreiflich, wie Hunfalvy [1] die Abstammung dieses
Wortes noch immer nicht einleuchten, und wie er in seiner
unglückseligen Voreingenommenheit für die von ihm aufgestellte
finnisch-ugrische Theorie den Kern des Wortes, nämlich *tün*,
ausser Acht lassen und in *dér*, welches halb Suffix, halb
Stammwort ist, das finnische *tar*, *tür* = Fee(?) entdecken will!
Im magyarischen *tündér*, welches nach dem Gesetze der Lautwechselung zwischen nd und ng früher *tüngér* gelautet haben
mag, ist uns daher das interessanteste Monument geblieben, das
nur auf der östlichen Grenze des türkischen Sprachgebietes,
nämlich im Mongolischen, noch in einer analogen Bedeutung
vorkommt, wo unter dem Namen *tenggeri* die überirdischen Geister
und unter dem Ausdruck „das Reich der tenggeri" das Jenseits,
die ewige Seligkeit verstanden wird. (Vgl. ‎تنگری nach Jülg [2]:
Himmel, Himmels-, Weltgeist, Gottheit, Geister, Genien — himm-
lische, irdische, gute und böse.)   Kann es daher wundernehmen, wenn wir unter dem magyarischen *tündér* ein älteres
tüngér respective *tüngüri, tengeri* vermuthen? Wenn aber auch im
Worte tündér ein solches Monument aus dem Mythus des ural-
altaischen Stammes sich erhalten hat, das noch aus der Periode
vor der stattgefundenen Trennung sich datirt, so kann dies
doch mit Bezug auf jene Anschauungen und auf jenen Sagenkreis, welchen die heutige Volksmythologie der Magyaren um die
„Fee" gesponnen hat, keineswegs der Fall sein; denn diese tragen das Gepräge der slawisch-germanischen Sagenwelt, und es
ist daher nur der Name, dem ein asiatischer Ursprung nachgewiesen werden kann.

---

[1] Ethnographie von Ungarn, S. 166.
[2] Die Märchen des Siddhi kür, S. 192.

IX.

Das Zeugniss der Culturwörter.

Nachdem wir in den vorhergehenden acht Abschnitten eine
grosse aber keinesfalls erschöpfende Anzahl von magyarischen
Culturwörtern vorgeführt haben, wollen wir dieselben zuvörderst
vom Standpunkte des sachlichen Gehaltes aus untersuchen, um
dann, in die Erörterung des Ursprungs dieser Sprachmonumente
uns einlassend, das zu Tage geförderte Resultat um so sicherer
und erfolgreicher bei Lösung des uns vorgesteckten Problems
verwerthen zu können. Bei einem Gesammtüberblick der einzelnen und allerdings nur fragmentarischen Züge des von uns
gezeichneten Bildes wird dem Auge des Lesers zuerst die bedeutende Anzahl von Haus- und Nutzthieren, sowie auch die
auf das Gebiet der Viehzucht sich erstreckenden Einzelheiten
auffallen, die in untrüglicher Weise auf einen solchen Breitengrad hindeuten, der seit undenklichen Zeiten und noch in der
Gegenwart von Völkern türkischer Zunge bewohnt ist, daher
denn auch betreffende Sprachmonumente mit den entsprechenden
türkischen Wörtern nicht nur als verwandt, sondern bisweilen
selbst als analog sich darstellen. In den mannichfaltigen Benennungen des Hornviehes und der Schafe z. B. finden wir den
Beweis, dass die Magyaren schon lange vor ihrem Aufbruche
gegen Südwest diesen Zweig der Viehzucht gekannt, und dass die
territorialen Bedingungen ihrer Heimat im vorgeschichtlichen
Zeitalter von einer Natur gewesen, welche die Schaf- und
Rinderzucht ermöglichte, daher gewissermassen verschieden von
der Steppenheimat der heutigen Kirgisen und Turkomanen, auf
deren Boden nur das Schaf, das Kamel und das Pferd gedeiht.
nicht aber das Rind, da letzteres nur bei den am Nordrande
Irans und in den waldigen Flussdeltas lebenden Tekkes und Karakalpaken vorkommt.

Die Annahme Ahlquist's[1], dass die Ungarn vor Berührung
mit den Slawen mit der Schafzucht sich nicht abgegeben hätten.
ist daher keineswegs stichhaltig. Wir haben vielmehr reichliche
Beweise des Gegentheils. so z. B. in den Detailwörtern *ürü. toklyó*.

---

[1] Culturwörter, S. 11.

VÁMBÉRY, Der Ursprung der Magyaren.   24

gyapjú, die heute nur noch im Osttürkischen bekannt sind,
und nur aus einer alten Periode des Zusammenlebens sich datiren können. Ein ähnliches Bewandtniss hat es auch mit den
Namen der wilden Thiere, namentlich aber der Raubvögel,
die geradezu in überraschender Weise mit den türkischen Namen
betreffender Vögel vollkommen übereinstimmen, ja in vielen Fällen
im Magyarischen jene Formen beibehalten haben, welche heute
auf dem türkischen Sprachgebiete nur mehr sporadisch noch anzutreffen sind und durch ihr Vorhandensein im Magyarischen
dem Forscher auf dem Gebiete der Turkologie bisweilen zu Hülfe
kommen. Als Beispiele diene unter anderm Folgendes. Der heutige Osmane nennt die Ziege keči, der Mittelasiate hingegen
ečki, da er infolge dialektischer Eigenheit vor auslautenden Vocalen den Guttural gern beibehält. Vergleicht man nun dieses
osmanische keči mit dem čagataischen ečki, so wird man allerdings auf die Vermuthung kommen, dass bei ersterm am Schlusse,
bei letzterm hingegen am Anfange der Kehllaut abhanden gekommen, eine Vermuthung, die sich nur dann als richtig erweisen
wird, wenn wir das magyarische kecske, das in seiner ältesten
Form vorliegt, in Betracht ziehen.

So werden wir auch in unsern Betrachtungen über die aus
dem Pflanzenreiche vorliegenden Beispiele zur Ueberzeugung gelangen, dass die alten Magyaren die ersten Anfänge in der Bebauung des Feldes nicht nach ihrer Niederlassung in der
heutigen Heimat, auch nicht unter der Anleitung der Slawen
gemacht haben (wie dies bisher allgemein angenommen wurde),
sondern dass gewisse, ja die hervorragendsten Fruchtgattungen
ihnen schon in ihrem alten Wohnsitze in Asien wohlbekannt waren,
indem sie Weizen, Gerste und Grütze noch heute mit jenen
Namen benennen, unter welchen diese Fruchtgattungen im Innern der asiatischen Steppenwelt seit jeher bekannt sind. Wir
haben an verschiedenen Stellen unserer bisherigen Schriften es
hervorgehoben, dass der noch so sehr eingefleischte Nomade dort,
wo die Umstände es gestatteten, d. h. wenn von hinreichenden
Bewässerungsmitteln unterstützt, behufs Erbauung von Pferde-
futter, Hülsenfrüchten, Melonen u. dgl. sich zu allen Zeiten mit
etwas Ackerbau beschäftigt hat und sporadisch noch immer damit
sich beschäftigt. Das Gleiche muss auch bei den alten Türken
und Magyaren der Fall gewesen sein, und wenn bei letztern von
einer slawischen Anleitung im allgemeinen die Rede sein kann,

so darf dies nur auf die Vervollkommnung, beziehungsweise
Erweiterung des einschlägigen Arbeitskreises, auf die Bekanntschaft mit den zum erspriesslichern Anbau erforderlichen Geräthen
und Werkzeugen sich beziehen, indem die unter einem neuen
Klima und auf neuem Boden gedeihenden Pflanzen fremde Namen erhielten, ganz so, wie dies noch heute selbst bei den in
der Cultur weit vorgeschrittenen Völkern vorkommt. die — um
z. B. von den Engländern zu sprechen — so manche indische und
chinesische Gewächse mit ihren indisch-chinesischen Namen ins
Englische einführen, und bei denen Wörter wie Tiffin (spätes
Frühstück), Panka (Vorrichtung zur Ventilation in Indien)
u. s. w. ganz geläufig geworden sind. Bezüglich des Pflanzen-
reichs muss ferner noch bemerkt werden, dass es namentlich
die Nomenclatur der Steppenflora ist, wo die Congruenz zwischen dem Magyarischen und Türkischen besonders ins Auge
fällt; so der Name des Rohrs, des Riedgrases, der Binse.
des Binsengrases und der Wasserfeder, während andererseits von den Baum- und Obstgattungen im Magyarischen nur
diejenigen genuine Namen aufzeigen, die in der Nordhälfte der
mittelasiatischen Steppe gedeihen; denn während z. B. der Apfel
und die Birne eine mit dem Türkischen gemeinsame Benennung
haben. führt die Pflaume im Magyarischen schon einen fremden.
d. h. slawischen Namen. woraus nun mit Sicherheit gefolgert
werden kann, dass diese Obstgattung den Türken damals noch
nicht bekannt gewesen und dass er ik. ürük [1] (türkisch Pflaume)
spätern Ursprungs sei. Trotz der äusserst beschränkten Anzahl
der hierher gehörigen Culturwörter sind die vorhandenen Beispiele doch hinreichend. mehr als ein Vorurtheil bezüglich der
sogenannten Barbarei der in Europa eingefallenen Magyaren zu
bannen; Leute, die für die Begriffe Flachs, Hanfbreche.
weben u. s. w. genuine Wörter hatten. die die Zubereitung des
Weins und Bieres kannten und betreffende Wörter in der
eigenen Sprache bildeten. müssen doch etwas besser gewesen
sein als jene abschreckenden Ungeheuer, als welche die alten
Magyaren von ihren Zeitgenossen im christlichen Abendlande
geschildert werden.

Dieser Abstand zwischen der eigentlichen Sachlage und dem

---

[1] Die Grundbedeutung von ürük ist Beule. Geschwulst. wahrscheinlich in Anspielung auf die Form dieser Frucht.

Berichte der germanischen Chronisten jener Zeit tritt um so
greller hervor, wenn wir, den Inhalt des Abschnitts über Wohnung, Kleidung und Hausgeräthe einer Erwägung unter-
ziehend, zur Einsicht gelangen, dass den alten Magyaren noch
vor ihrer Niederlassung in ihrer heutigen Heimat die Handwerke
des Kürschners, Webers und Zimmermanns bekannt gewesen,
dass sie so manche in Asien noch heute unverändert gebliebene
Kleidungsstücke mit genuinen turko-tatarischen Wörtern benannten, ja dass sie viele solche Kleider und Luxusgegenstände mit
sich nach Europa brachten, die alsdann später auf die von ihnen
unterjochten sesshaften Slawen sammt den betreffenden magyarischen respective turko-tatarischen Benennungen übergegangen
sind. Solche sind: köpöny (Mantel), zubbony (Röckchen), csákány
(Stockhammer), cserge (Zigeunerzelt), komló (Hopfen), árok
(Graben), akol (Stall) u. s. w. (siehe Beilage V), die als magyarisch-türkische Lehnwörter im Slawischen eingebürgert, und
nicht, wie im Gegensatze Miklosich und andere Forscher seither
vermeinten, von den Slawen übernommen worden sind. Wir sind
glücklicherweise hinaus über jenes Zeitalter alberner Vorurtheile,
in welchem alles Asiatische als wild und barbarisch stigmati-
sirt wurde, nur deshalb, weil es asiatisch und nicht christlich-
europäisch ist. Heute weiss es alle Welt, dass der sogenannte
schreckliche Hordenführer Timur (Tamerlan) ein Fürst war,
welcher den Künsten huldigte und die Wissenschaften reichlich
unterstützte, welcher trotz der Anschwärzungen seiner Gegner
das Epitheton „edelgesinnt" weit mehr verdient als so mancher
christliche Fürst des Mittelalters, und es dürfte nur wenigen
unbekannt sein, dass Soliman I., der Eroberer Ungarns und Be-
droher Wiens, viel aufgeklärter und gebildeter war als so manche
seiner Zeitgenossen auf den europäischen Thronen. In ähnlicher
Weise verhält es sich mit den grauenvollen Zügen, in welchen
die Thaten Attila's geschildert und in welchen das Bild vom
Einfalle der Magyaren im Südosten Europas gewöhnlich gezeichnet
wird. Es ist nicht nur möglich, sondern auch höchst wahrscheinlich, dass das Gros der Truppen Árpád's und der heute-
gierigen Kriegerhaufen unter der Regierung der Heerführer mit
jenen Attributen der Wildheit aufgetreten ist, mit welchen die
Nomaden in der Armee eines Dsengiz oder Timur den sesshaften friedfertigen Bewohnern fünf Jahrhunderte später Schrecken
eingejagt haben; doch würde es höchst ungerecht sein, den man-

nichfachen und vielseitigen Cultureinfluss zu ignoriren, der an
jener nomadischen Gesellschaft infolge einer jahrhundertelangen
Berührung theils mit der iranischen, theils mit der byzantinischen Bildungswelt haftete, und mit dem, wie aus verschiedenen
Beispielen ersichtlich, sie im alten Pannonien auftraten. Wir
werden über diesen Gegenstand noch ausführlicher sprechen und
wollen hier nur erwähnen, dass die Annahme, als hätten die
Slawen gewisse Culturgegenstände durch Vermittelung der Magyaren kennen gelernt, keinesfalls in den Bereich der Unmöglichkeit zu verweisen sei, ebenso wenig es geleugnet werden
kann, dass die christlichen Magyaren von den türkischen Osmanen,
die als barbarische Heiden angesehen wurden, thatsächlich mehr
als eine Sitte sich angeeignet haben.

Es liegt ganz in der Natur der Sache, dass die auf das
Regierungs- und Kriegswesen bezüglichen magyarischen Culturwörter in einem prägnant türkischen Sprachcharakter sich
darstellen, weil der herrschende Bildungsgeist von einem eminent
turko-tatarischen Typus war und weil in Anbetracht der staatlichen und gesellschaftlichen Ordnung der Khazaren, deren Fürst
von den arabischen Geographen (so Beladhori) der Türkenfürst
par excellence genannt wird, die den benachbarten, auf einer
minder hohen Culturstufe stehenden Nomaden türkischer Zunge
als Muster dienten, wie dies seinerzeit bei Seldšukiden, Özbegen
und Osmanen der Fall war, auch kein anderer Fall anzunehmen
ist. Zu den wenigen Lichtstrahlen, welche dieses Feld beleuchten,
gehören die Wörter: magyarisch sereg, türkisch čerig (Heer),
magyarisch vezér, türkisch vezir (Heerführer), magyarisch jobbágy, türkisch jau-bagi (Hauptmann) u. a. m. Besonders er-
giebig sind die auf die Waffen bezüglichen Culturmomente, wenn
wir erwägen, dass beinahe sämmtliche Hieb- und Stichwaffen
in alten unverfälschten türkischen Wörtern sich vorfinden, und
dass etliche unter denselben, wie hurok (Lazzo), csákány
(Streithammer), tegez (Köcher), heute nur bei den Kirgisen, als
bei den von fremden Spracheinflüssen meist verschont gebliebenen
Türken, vorkommen. Höchst lehrreich ist das Vorhandensein
persischer Lehnwörter auf dem hierher bezüglichen Gebiete des
magyarischen Culturlebens, als z. B. der Wörter kard (Schwert)
und vár (Festung), denn wir ersehen aus denselben, dass die
Türken schon im vorgeschichtlichen Zeitalter dem iranischen Cultureinflusse zugänglich waren und solche Objecte des Krieges,

die nur auf dem Wege grösserer Kunstfertigkeit zu erlangen
waren, schon früh von ihren südlichen Nachbarn annahmen.
Wenn die alten Bulgaren ihre ersten Moscheen von Arabern aus
Bagdad sich erbauen liessen, und wenn Khazaren behufs An-
legung ihrer ersten Festung nach Byzanz sich wandten, so ist die
Annahme nicht ausgeschlossen, dass andere mehr östlich woh-
nende Türken in diesem Punkte sich ebenfalls an das sassanidische Iran wendeten, und merkwürdigerweise enthält das Magyarische so manchen wichtigen Beleg zu diesem ehemaligen
Völkerverkehr, da in demselben solche persische Sach- und
Eigennamen vorkommen, welche in der Sprache anderer Türkenvölker heute nicht mehr existiren.

Den Waffen zunächst sind auch die einzelnen Benennungen
des Pferdegeschirrs von einem überwiegend türkischen Sprachcharakter; denn wenngleich das magyarische Wort für Pferd,
das, wie aus dem Türkischen ersichtlich, im Grunde genommen
den Begriff Reitthier interpretirt, dem betreffenden ugrischen
Worte ähnlicher ist, so haben die auf Reitzeug bezüglichen Wörter schon den eminent türkischen Charakter besser
bewahrt, weil die Ugrier als Kriegs- und Reitervolk sich nie
besonders hervorthaten, wenn wir gleich ausnahmsweise das Beispiel der Mérier gelten lassen wollen, und weil es eben nur
Türken waren, die zu allen Zeiten den übrigen Asiaten als wahre
Prototype im Kriegs- und Reiterwesen voranleuchteten. Und
was wir mit Bezug auf Krieg und Waffen gesagt haben, das hat
auch mit Hinsicht auf das Regierungswesen seine volle Gültig-
keit. Dass der Magyarenfürst Khakan genannt wurde, dass es
unter den magyarischen Würdennamen einen künde, julau
(Γυλας), bilici (Βουλεζου), karakao (Καρχας) u. s. w. gab, dass
schliesslich noch nach der Niederlassung in der heutigen Heimat
die Würde der jóbágy bekannt und der Gebrauch der Eigennamen Zoltán (Sultan), Töhötöm (Tehemten), Aladár (Alaj-
dur), Levente (Levend) üblich gewesen, alles dies ist ein viel
zu gewichtiger Beweis für den von persischen Cultureinflüssen
theilweise imprägnirten türkischen Stempel des staatlichen und
geselligen Lebens, und für dessen Umfang und dessen Tragweite.

Wir sind im allgemeinen der Ansicht, dass das Culturbild,
wie es von der Leuchte der in den vorhergehenden Abschnitten
gegebenen Sprachmomente erhellt wird, nicht aus der Wander-
periode der Magyaren, d. h. nicht von der Zeit ihres kurzen

Aufenthaltes in Lebedien und Etelkuzu sich herdatirt, sondern
jenes Leben veranschaulicht, welches dieses Volk noch in seinem
alten Sitze zwischen dem Ural und der Wolga geführt hat; denn
erstens war in den vorher erwähnten Gegenden zur Zeit, als die
Magyaren sich daselbst aufhielten, eher der griechisch-byzan-
tinische als türkisch-persische Bildungsgeist vorherrschend, und
wie aus dem Berichte Ibn Dasta's ersichtlich ist, standen die
Magyaren auch mit den Pontus-Griechen und mit den Byzantinern
im geschäftlichen Verkehr. Zweitens sprechen gewisse auf den
Handel wie auch auf die Religion bezügliche Culturwörter
persischen Ursprungs dafür, dass die Berührung mit den Iraniern
zur Zeit der Sassaniden noch während der Blütezeit des alten
Charezm's stattgefunden haben muss; denn wie die Berichte der
nach dem mittlern Wolgastrom gezogenen arabischen Reisenden
beweisen, lief die Hauptverkehrsader zu den Bulgaren, Petschenegen, Baschkiren und Mažaren nicht auf der verhältnissmässig
kürzern Route via Derbend, sondern vom untern Oxuslaufe via
Džordšanie oder Kürkendš, wie die Araber die alte Hauptstadt
Charezms nannten, durch das Steppengebiet der Ghuzen (d. h.
Turkomanen) und der Baschkiren. Auf diesem Wege müssen die
iranischen Kaufleute, vielleicht auch die Missionare des Parsiglaubens, zu den Uzen und Petschenegen, die zu einem und
demselben Stamme gehörten, sowie auch zu den Magyaren vorgedrungen sein, und auf diesem Wege konnten Culturwörter, als
isten (persisch izdan), Gott, bálvány (persisch palvan) Götze,
kénes (persisch genè), Schatz, vásár (persisch bazar), Markt
u. s. w. im Magyarischen Eingang gefunden haben.

Doch damit soll noch nicht gesagt werden, dass die Türken
und Magyaren gewisse auf den Handel bezügliche Ausdrücke
nicht aus dem eigenen Sprachschatze gebildet hätten, denn die
Mehrzahl der hierher gehörigen Culturwörter ist genuin, als
ár (Preis), alku (Handel), bér (Lohn), dij (Preis) u. s. w., und
noch mehr kann diese Behauptung bezüglich der Religion der
alten Magyaren und Türken gemacht werden, wo die Namen
der ersten Gottheiten und der religiösen Gebräuche theils mit
rein türkischen Wörtern bezeichnet, theils mit solchen Wörtern
benannt sind, bei deren Stammsilbe und Bildung das türkische
Gepräge ausser Zweifel steht. Auch hier drängt sich an uns die
Wahrnehmung heran, dass die betreffenden magyarischen Culturwörter nur im Osten des türkischen Sprachgebiets, und zwar in

der Mundart der heutigen Nomaden anzutreffen sind, denn ördög
(Teufel), egy (Gott), óriás (Riese) u. s. w. können heute nur
theils dem čagataischen, theils dem altaischen Sprachschatze vindicirt werden; das Gleiche ist auch mit tátos und jós (Zauberer)
der Fall, sodass man keinesfalls fehlgeht. wenn man annimmt,
dass die Culturmomente bezüglich der Religion, des
Krieges, der Regierung und des geselligen Lebens als
Ueberreste jener Epoche des nationalen Lebens der
Magyaren zu betrachten seien, in welcher sie mit den
nächstverwandten türkischen Völkerelementen, d. h.
mit den Uzen oder Ghuzen, den Kanglis und den Baschkiren in Nachbarschaft und durch die Bande eines
sämmtlichen türkischen Nomaden jener Zeit und jener
Gegenden gemeinsamen Sittenlebens vereint gewesen
sind.

Was nun den Gesammtanblick dieses Sittenbildes anbelangt, so ergibt sich auf Grund unserer bisherigen Erörterungen
Folgendes.

Die Magyaren des vorgeschichtlichen Zeitalters führten ein
nomadisches Leben, wie die Kumanen im 12. und 13. Jahrhundert. Sie züchteten alle jene Nutzthiere, die noch heute auf
den centralasiatischen Steppen vorkommen, auch war ihnen alles
jenes Wild bekannt, welches die Nomaden zwischen der Emba
und dem Ural noch heute kennen. So wie letztere haben auch
sie theilweise Ackerbau betrieben und jene Gewerbe gepflegt.
die zum täglichen Lebensunterhalt unumgänglich nothwendig sind.
und den Steppenbewohnern seit unvordenklichen Zeiten eigen
waren. Feste Wohnsitze haben die alten Magyaren nicht gekannt,
und nur verschiedene Gattungen der Zelte waren es, unter welchen sie gegen des Wetters Unbill Schutz suchten. Die Kleider
waren bei der überwiegenden Anzahl der Bevölkerung wol aus
Schaffellen und aus den Häuten erlegter Thiere angefertigt; doch
scheinen die Vornehmen und Reichern schon früh die Tracht
und die Luxusgegenstände der im Süden wohnenden Culturvölker
angenommen zu haben, wozu sie theils auf dem Wege des Tausch-
handels, theils durch kriegerische Einfälle und freiwillige Spenden
gelangten. Was speciell die Handelsverbindungen anbelangt, so
deuten die Culturmomente nur auf eine südliche und südöstliche
Richtung hin; für einen Verkehr mit den schon früh handels-
beflissenen Russen oder Slawen liegt keine Spur vor; denn was

die Magyaren aus der Sprache der Russen entlehnten, das ist
viel spätern Ursprungs, und die auf den Handel bezüglichen Begriffe sind zumeist türkischer und nur ausnahmsweise persischer
Provenienz. Am meisten spricht für diese Annahme das magyarische Wort für Russe, nämlich *orosz*, welches trotzdem, dass der
Anlaut *r* dem magyarischen Organ nicht eben schwer fällt, wie
dem türkischen, dennoch mit dem vocalischen Ansatz *o* vorkommt,
ganz so wie auf letztgenanntem Sprachgebiete, wo der Russe
ebenfalls *urus* heisst; woraus sich nun folgern lässt, dass die
ethnische Bezeichnung *orosz* nur spätern Ursprungs und türkischer Provenienz ist.

Die alten Magyaren haben, wie wir an betreffender Stelle
schon hervorgehoben, das Gewerbe des Webers, Kürschners
und Zimmermanns gekannt, nicht minder aber auch das des
Goldarbeiters, denn die Sprache hat hierfür ein genuines Wort,
nämlich *ötvös, öntvös*, eigentlich *Giesser*, das eine dem Türkischen
ähnliche Formation hat; denn *kujumži* = Goldarbeiter bedeutet
vi vocis Giesser, von *kuj* = giessen respective *kujum* = Guss.
Auch die Kunst des Schreibens, Malens und Gravirens war den
alten Magyaren schon in der Urheimat nicht unbekannt, denn
die Sprache hat genuine und genau unterscheidende Wörter
für diese Begriffe, und wenngleich keine wie immer gearteten
Schriftdenkmäler übriggeblieben sind — der fanatische Blödsinn
germanisch-slawischer Bekehrer hatte für deren Vernichtung eifrigst gesorgt — so kann beinahe mit Sicherheit angenommen
werden, dass sie mindestens solche Schriftzeichen gebraucht
haben, welche als alttürkische Monumente an den steilen Felsen-
ufern des untern Jenissei sich vorfinden und von Klaproth, Spasski
und andern Gelehrten untersucht worden sind: ich sage „mindestens", denn dass die alten Magyaren, deren Kriegsverfassung
die Bewunderung der Byzantiner erweckte, und die durch ihre
patriarchalisch-staatliche Macht zu den tüchtigsten Zöglingen der
Khazaren heranwuchsen, ihre eigenen Schriftzeichen nicht auch
zu anderweitigem Gebrauche verwendet hätten, wäre wol schwer
in Abrede zu stellen. Bezüglich der Religion lässt sich nach
den spärlichen Beweisen der hierher gehörigen Culturmomente
wol annehmen, dass die alten Magyaren gleich den übrigen Turk-
völkern jener Zeit dem Schamanenglauben angehörten, was namentlich durch die Existenz der unterirdischen Gottheiten, ör dög
und tereng, begründet werden kann; doch ob die Magyaren

angesichts des unzweifelhaften parsischen Religionseinflusses sich
wenigstens theilweise zur Lehre Zoroaster's bekannten, das wäre
jedenfalls schwer zu constatiren. So wie bei den Khazaren und
Petschenegen, ebenso war auch bei den alten Magyaren der
Indifferentismus in Religionssachen ein markanter Zug ihres
Nationalcharakters, ein Zug, der übrigens sämmtlichen Völkern
turko-tatarischer Abstammung vor Annahme des Islams eigen
war; denn so wie die Mongolen nach ihrer Eroberung Westasiens
wegen Religionsunterschiedes niemand anfeindeten oder behel-
ligten, und Christen, Juden und Moslimen einen gleichen Schutz
angedeihen liessen, ebenso konnten unter den Khazaren die Anhänger der drei verschiedenen Glaubensformen friedlich nebeneinander leben, ebenso wurden die unterjochten Slawen Pannoniens ob ihres christlichen Glaubens von den magyarischen Siegern
nicht im mindesten beeinträchtigt; die Geschichte weiss wenigstens nichts von Religionsverfolgungen, und die fanatischen Chronisten jener Zeit, die solche wahrlich nicht verschwiegen hätten,
berichten eben vom Gegentheil.

Dies wären im allgemeinen die Hauptzüge, in welchen man
sich das Sittenbild der alten Magyaren zur Zeit ihres Erscheinens
in Europa vergegenwärtigen könnte; und da es nicht auf den
Vorstellungen einer erhitzten patriotischen Phantasie, sondern
vielmehr auf den durch sprachliche Monumente begründeten
trockenen Thatsachen beruht. so dünken wir uns wol für berechtigt, von demselben auf die Culturzustände dieses aus Asien
in Europa eingedrungenen Volkes zu schliessen und den Schluss
zu ziehen: dass die Berichte eines Otto von Freisingen, eines
Luitprand. des Mönches von St.-Gallen und anderer Chronisten
jener Zeit, als Ausgeburt einer von Furcht und Hass stark auf-
geregten Einbildungskraft, den Magyaren entschieden unrecht
thun. und dass die letztern, wenngleich in Gesittung und Religion
von den in Pannonien ansässigen Slawen verschieden, doch keinesfalls jene unmenschlichen Wilden waren, als welche sie geschildert
werden. Die Furcht malt in schwarzen Farben. die Ignoranz
aber in noch schwärzern!

X.
Von den slawischen, persischen und finnisch-ugrischen Culturwörtern.

Somit hätten wir denn unsere Besprechung der magyarischen Culturwörter mit Bezug auf deren Tragweite als Beweismittel auf dem Gebiete der Ursprungsfrage beendet, und es erübrigt uns nur noch, auf jene etwaigen Einwendungen zu reflectiren, die einerseits bezüglich der von uns angewendeten Methode, andererseits aber mit Hinsicht auf die Zulässigkeit des von uns erlangten Resultats, als Klassificationsmittel, gemacht werden könnten. Angesichts der von gegnerischen Seiten aufgestellten Behauptung, dass der türkische Wortschatz im Magyarischen nur entlehnt sei und sich eben nur auf Culturwörter erstrecke, wird zur Bekämpfung unserer Ansicht sich wol kaum ein besseres Mittel darbieten als der Hinweis auf die slawischen Culturwörter im Magyarischen, die von dem slawischen Gelehrten Dr. F. Miklosich [1] auf eine übermässig hohe Zahl angeschlagen werden, ohne dass es deshalb jemand eingefallen wäre oder einfallen konnte, die Sprache der Magyaren mit dem Slawischen in einen engern Verwandtschaftsgrad zu bringen. Es ist daher vor allem nothwendig, uns nach dieser Seite hin zu rechtfertigen, und da wir mit der Frage, ob der türkische Sprachschatz im Magyarischen entlehnt sei oder nicht, an einer Stelle unserer Studie uns schon befasst haben, so wollen wir hier unser Augenmerk hauptsächlich auf besagte Arbeit des slawischen Gelehrten richten, und namentlich die kritische Sichtung der sogenannten slawischen Elemente im Magyarischen versuchen. In Anbetracht des Umstandes, dass Professor Budenz 2400 magyarische Stammwörter annimmt, müsste nach Angabe des Dr. Miklosich, der im Magyarischen 956 slawische Wörter entdeckt haben will, der slawische Antheil fast halb so gross sein, als der eigentliche magyarische Wortschatz im ganzen gewesen, wonach denn auch die Sprache der Magyaren, deren finnisch-ugrischer und turko-tatarischer Mischcharakter ausser Zweifel steht, bei einer so beträchtlichen Anzahl Lehnwörter slawischer Provenienz — ganz

---

[1] Siehe „Die slawischen Elemente im Magyarischen", Denkschriften der Kaiserlichen Akademie der Wissenschaften. Philosophisch-historische Klasse. XXI, 1—74.

abgesehen von den deutschen Lehnwörtern — geradezu mit dem
Charakter des erdenklich buntesten Kauderwelsch bezeichnet
werden müsste. Nun ist dies aber bei weitem nicht der Fall,
denn die Studie des gelehrten Slawisten beruht einerseits auf
einer fehlerhaften Auffassung im Grundgedanken, und zeigt andererseits in der Ausarbeitung Mängel und Fehler auf, die
von einer nicht genügenden Berücksichtigung des Quellenmaterials herrühren, demzufolge denn auch das zu Tage geförderte
Resultat durchaus nicht als unbedingt hingenommen werden
kann. Unter fehlerhafter Auffassung des Grundgedankens verstehen wir in erster Reihe die ungenaue Distinction zwischen
„Lehnwörtern" und „Fremdwörtern", indem wir unter den erstern die in alle Schichten des Volkes eingedrungenen und
im nationalen Wortschatz schon eingebürgerten Wörter verstehen, zu den letztern jedoch nur solche Wörter zählen, welche
entweder als Theile irgendeiner technischen Nomenclatur nur der
Literatursprache angehören, oder von rein localer Beschaffenheit
sind und nicht als gemeinsames Gut der nationalen Mundart
betrachtet werden können. Als slawische Lehnwörter im Magyarischen betrachte ich: ablak, abrak, abrincs, asztal, bajnok,
beretva, beszéd, bolha, barázda u. s. w., die jedem Ungar geläufig sind, während ich für Fremdwörter z. B. folgende halte,
als: abanajcz, angor, beláka, bervény, bobujicska, ckebabala, gor-
nyik, barák. izlot, izsgáncz u. s. w., die möglicherweise in einigen
in unmittelbarer Nähe des slawischen Sprachgebiets befindlichen
magyarischen Gegenden ausnahmsweise verstanden werden, dem
Gros der magyarischen Nation jedoch als total fremd
erscheinen, da derartige Worte nicht einmal unter der Rubrik
„Provinzialismen" angeführt werden können. Was wir daher an
der Arbeit des Dr. Miklosich auszustellen haben, das ist hauptsächlich sein Nichtbeachten dieses Unterschiedes, wodurch
denn auch ein Drittel, wenn nicht die Hälfte der in
seinem Register aufgeführten Wörter wegfallen, d. h.
als solche betrachtet werden müssen, die im Magyarischen theils als Fremdwörter vorkommen, theils aber
heute schon gänzlich unbekannt sind.

Was wir unter nicht genügender Berücksichtigung des Quellenmaterials verstehen, das bezieht sich zumeist auf jene Wörter,
die entweder, als zum türkischen Wortschatz gehörig, als Ur-
eigenthum des Magyarischen angesehen werden müssen, oder als

spätere Lehnwörter türkischen Ursprungs entweder unmittelbar
aus dem Türkischen, oder mittelbar aus dem Südslawischen ins
Magyarische eingedrungen sind. Wir haben vorläufig über fünfzig
solcher, irrigerweise für slawisch gehaltener, türkisch-magyarischer
Culturwörter aus dem Miklosich'schen Register ausgeschieden,
welche wir unter Beilage V folgen lassen, und wobei wir von
nachfolgenden Grundsätzen ausgegangen sind: Erstens können
Wörter wie bélyeg, bika, csap, csata, déd, árok, kender u. s. w.
auch schon deshalb nicht für slawisch gehalten werden, weil sie
nach den Gesetzen der Wortbildung, wie auch infolge ihrer Verbreitung auf dem ganzen weiten türkischen Sprachgebiete, unzweifelhaft türkischen Ursprungs sind, und deren Slawisirung
nur auf einer gewaltsamen und irrigen Etymologie beruht, so
z. B. das selbst bei Mongolen und Ostturkestanern übliche Wort
kender = Hanf, das Miklosich vom slawischen kadr = kreiseln (?)
ableiten will, oder árok = Graben, das von der türkischen Stammsilbe ar, or = schneiden vi vocis Einschnitt bedeutet und in
dieser Form selbst den Uiguren im 9. und 10. Jahrhundert schon
bekannt war. Zweitens ist das Vorhandensein eines Wortes
im Serbischen oder Kroatischen noch lange kein Beweis für dessen
slawischen Ursprung, zumal es bekannt ist, dass beide Idiome
eine ganz respectable Anzahl türkischer Wörter aufnahmen, die
nicht nur in den Volksgedichten, wie den „Pjesme Kačičove",
sondern selbst in den von puristischer Tendenz beseelten Werken
eines Gundulić vorkommen. Dasselbe gilt gewissermassen auch
vom Russischen, in welchem es eine Menge tatarischer Wörter
gibt, und wenn Dr. Miklosich (344) koszor = Gartenmesser, (270)
köpeny = Mantel, (370) kerecset = Falke für slawisch hält, weil
diese Wörter im Serbischen und Russischen vorkommen, so hat
er den slawischen Ursprung der betreffenden Wörter noch lange
nicht bewiesen, da es eine Zeit gab, wo Slawen in Cultursachen
bei Tataren in die Schule gingen, und weil andererseits selbst
ein noch so ungebildetes Volk auf das culturell ihm überlegene
einzuwirken vermag. Es sind allerdings auf serbisch-kroatischem
Wege ins Magyarische türkische Culturwörter gelangt, als csiz-
madia, haramia, dalia u. s. w., welche vom osmanischen čizmedži,
harami und deli abstammen, und durch die Endsilbe a die slawische Vermittelung bekunden, ebenso wie die Osmanen via
Serbien magyarische Wörter annahmen, als varuš (Vorstadt),
hintov (Kutsche), hajdut (Räuber) u.s.w. Diese tragen insgesammt

den untrüglichen Stempel der slawischen Vermittelung an sich,
was jedoch von den nach der Ansicht Miklosich's ins Magyarische
gelangten slawischen Fremdwörtern nicht behauptet werden
kann. Drittens gibt es eine Klasse Lehnwörter persischen
Ursprungs im Magyarischen, die nicht durch osmanische Vermittelung übernommen worden sind, sondern noch aus jener
Zeit stammen, als die alten Magyaren mit Iraniern in persön-
lichem Verkehr standen. Solche sind bólvány, kard, pad und
csésze, für deren directe Abstammung aus dem Persischen der
Umstand zumeist spricht, dass einige dieser Wörter im Magyarischen viel correcter ausgesprochen werden als im Slawischen,
ja sogar correcter als im Osmanischen und Neupersischen. Als
Beispiel diene das magyarische csésze, das osmanisch kase,
persisch keese lautet; so auch magyarisch kard, das heute in
Persien غورد = ghurd geschrieben und ausgesprochen wird[1],
trotzdem es ehedem kard lautete.

Trotz alledem fällt es uns allerdings auch nicht im mindesten
ein, den bildenden Einfluss der Slawen auf die alten Magyaren
zu ignoriren oder absichtlich zu verkleinern. Nein, ein solches
Bestreben wäre nur der Ausfluss eines blinden Chauvinismus!
Es ist klar und unverkennbar, dass das aus Asien in Europa
eingedrungene Reitervolk der Magyaren, trotz all der mannichfachen Spuren seiner asiatischen Bildungswelt, bezüglich der
europäischen Gesittung und mit Hinsicht der auf dem fremden
Boden und unter fremdem Klima Pannoniens vorgefundenen
Lebensweise, nicht nur im Thier-, Pflanzen- und Mineralreiche,
sondern auch in der Nahrung, Kleidung, Wohnung, im Handwerk und namentlich im Regierungs- und Religionswesen, zahlreiche neue Begriffe kennen lernte, für welche es auch den
fremden Namen angenommen und diesen höchstens nur in lautlicher Beziehung seiner Muttersprache angepasst hat. Es ist
ganz natürlich, dass die grösste Zahl der hierauf bezüglichen
Entlehnungen im Thier- und Pflanzenreiche so wie auf dem Gebiete der Handwerke im allgemeinen auf die Mittel eines sesshaften Lebens sich erstrecket. Die Slowenen im Südwesten und
die Slawen im Norden und Nordosten haben, theils als Sklaven
und Freigelassene, theils als Missionare, Handwerker und Be-
amte, hier Erstaunliches geleistet, und es darf nicht wunder-

---

[1] غورد ghurd bedeutet heute Messer, das alte کرد kard aber Schwert.

nehmen, wenn im wilden Andrange der Wortneuerungen von den
Magyaren mitunter auch solche Entlehnungen gemacht wurden,
die in ihrer nationalen Mundart schon vorhanden, folglich nicht
unumgänglich nothwendig waren. Beweise hierfür sind unter
anderm solche Wörter wie lakoma, csatora, barát, kulyak,
nyavalya u. s. w., Begriffe, welche auch mittels der genuin
magyarischen Wörter tor, kulacs, pajtás, ököl und betegség
ausgedrückt werden könnten, deren Entlehnung aus dem Slawischen daher, abgesehen vom Nutzen einer schwachen Nuanci-
rung, gar nicht von nöthen gewesen wäre.

Wie gesagt, wir finden den slawischen Spracheinfluss auf
das Magyarische ganz natürlich, und unsere Einwendung bezieht
sich auch nur auf die Zahlenangabe der Miklosich'schen Studie,
wo von den angeblich 956 Beispielen beinahe die Hälfte gar
nicht magyarisch ist, wo über 50 dem türkischen, und vielleicht
doppelt so viel dem finnisch-ugrischen Wortschatz vindicirt werden können, sodass von besagten 956 Wörtern höchstens
ein Drittel slawische Lehnwörter im Magyarischen genannt werden dürfen.

Ausser dem Slawischen haben die Magyaren in Cultursachen
auch noch von andern arischen Sprachen Entlehnungen gemacht:
so namentlich vom Deutschen und vom Persischen, vom erstern
natürlich erst nach ihrer Niederlassung in Pannonien, und vom
letztern noch in ihrer alten Heimat, wie wir schon des öftern
erwähnt, durch iranische Kaufleute, die theils über den Kaukasus,
theils über Charezm in die den iranischen Ländern angrenzenden
Steppenregionen zu den dortigen türkischen Nomaden vordrangen,
wie dies in den darauffolgenden Jahrhunderten bis herab zur
Gegenwart geschah; daher denn auch, wie wir schon anderweitig [1]
hervorgehoben, die Türkenvölker dem Iranier, welchen sie zuerst
als Kaufmann kennen lernten, den Namen Sart gaben, ein Wort,
das seiner Grundbedeutung nach Fremder, Reisender bedeutet,
ebenso wie andere Türken den sesshaften Fremden tat oder
im Diminutivum tačik (daher der Name Tačik = der iranische
Autochthone Mittelasiens) hiessen, und wie die in Pannonien
eingedrungenen Magyaren dem sesshaften Slawen den Namen
tót gaben. [2] Durch historische Belege hinsichtlich des frühen

---

[1] Siehe meine „Primitive Cultur des turko-tatarischen Volkes", S. 106.
[2] So nannten die Tataren in der Krim die dort vorgefundenen Gothen

staatlichen Verkehrs zwischen der iranischen Krone und dem
Türkenvolke im Norden des Kaspisees kann diese Annahme nur
insoweit unterstützt werden, als wir authentische Nachrichten [1]
besitzen von den Beziehungen des in Iran von 491—531 regie-
renden Kubad Schah und noch mehr von jenen seines Sohnes
Nuschirvan zum Chakan der Khazaren, wo wir bald von blutigen
Kriegen, bald von Verschwägerungen und Allianzen lesen; denn
dass die türkischen Steppenbewohner als unmittelbare Nachbarn
des Sassanidenreiches den Iraniern viel zu thun gaben, steht
ausser allem Zweifel. Der Lauf der geschichtlichen Begebenheiten an den Nordgrenzen Iran's scheint sich immer gleich geblieben zu sein. In der Neuzeit waren es Turkomanen, Mongolen und Özbegen, im Alterthume Khazaren, Haitaliten, Bewohner Dehistans oder Ghuzen und sonstige Türken, welche die
culturbeflissene, sesshafte Bevölkerung beunruhigten und Anlass
zu zahlreichen Wirren sowol im Nordosten, d. h. in Transoxanien.
als auch im Nordwesten, d. h. im Kaukasus, gaben. Doch nicht nur
zur Zeit Kubad's und Nuschirvan's, sondern noch lange vor denselben muss. wie es die Natur der Sache mit sich bringt, zwischen Persern und Uralaltaiern ein gegenseitiger freundlicher
Verkehr bestanden haben, denn schon bei Priscus lesen wir von
kriegerischen Absichten Attila's gegen Persien, ja selbst der
Name des Vaters Attila's, nämlich Balamir, scheint ein persisches
Lehnwort, d. h. bala = hoch und mir = Fürst, zu sein, sodass
wir keinesfalls eine zu kühne Hypothese aufstellen, indem wir
annehmen, dass die persischen Culturwörter ins Magyarische
nicht durch türkische Vermittelung, sondern durch directen
Verkehr mit Persern gedrungen seien, zumal im blühenden Handelsverkehr, welcher vom 7. bis zum 10. und 11. Jahrhundert
zwischen Asien und dem Osten Europas existirt hat, und infolge
dessen man sogar im hohen Norden unsers Welttheils arabisch-
persische Münzen findet, zumeist durch die Perser durch das
Land der Khazaren vermittelt worden war. Diese unsere Ansicht wird selbstverständlich bei den Verfechtern der finnisch-
ugrischen Theorie in der Ursprungsfrage der Magyaren auf den

---

that, der Turkomane von Merw nennt den Iranier that, und der Kipčake
seinen ganz sesshaften Stammesgenossen ebenfalls Tat.

[1] Vgl. Derbend-Nameh, S. 4—9; Geschichte der Perser und Araber zur
Zeit der Sassaniden. Aus der arabischen Chronik des Tabari von Th.
Nöldeke, S. 157 und 167.

schroffsten Widerstand stossen, da diese von einer Berührung
der Magyaren mit dem sassanidischen Persien auch schon deshalb nichts wissen wollen, weil dies einen gewaltigen Strich
durch ihre geographischen und historischen Hypothesen machen
würde, und da man bei einer solchen Annahme die alte Heimat
der Magyaren bedeutend südlicher, etwa hart an die Marken
des heutigen Gouvernements von Orenburg, verlegen müsste. Nun,
meine geehrten Herren Gegner können ganz ruhigen Muthes den
unmittelbaren Verkehr zwischen Magyaren und Iraniern zugeben,
wir sind nicht gewillt, mit Jerney, Cornides und andern den phantastischen Zug ins Partherland anzutreten; denn dass die persischen Elemente ins Magyarische nicht durch türkische Vermittelung (wie sie annehmen), sondern auf directem Wege gelangt sind,
davon werden sie sich wol überzeugen, wenn sie erwägen, dass
erstens dieselben schon von alters her in der Sprache der Magyaren eingebürgert sind, nachdem die meisten solche Begriffe
interpretiren, für welche die Magyaren kein genuines Wort aufweisen. Zu den persischen Lehnwörtern im Magyarischen zählen
wir folgende:

magyarisch:	deutsch:	persisch:
Isten	Gott	irdan
bálvány	Götze	Pahlivan
sárkány	Drache	čarkan
levente	Freiwillige	levend
vásár	Markt	bazar
ezer	tausend	hezar
száz	hundert	sad
csésze	Schale	keese
vár	Festung	bar
vad	Wild	bad
csárda	Einzelhof	čardag
kéncs	Schatz	genč
juh	Schaf	žu, ču
párducz	Panther	pars
hús	Fleisch	gušt
pad	Bank	pad
nád	Rohr	naj
Cusid	Khuršid	Churšid
Töhomtöm	Tuhutum	Tehemtem
Bendeguz	Bendeguz	Bendekus.

ungefähr 20 Culturwörter, von denen einige auf die allerprimitivsten Begriffe des Alltagslebens oder auf Religionsgegenstände
sich beziehen, während andere geschichtlich nachweisbare Personennamen enthalten, und von denen die meisten in andern
türkischen Mundarten gar nicht vorkommen; folglich eine türkische Vermittelung ganz und gar ausgeschlossen ist.
Zweitens ist unsere Annahme eines directen Verkehrs zwischen
Magyaren und Persern auch dadurch erwiesen, dass andere mit
dem magyarischen Idiom gleichgeartete und verwandte Sprachen
eben dadurch, weil ihr Gebiet sich höher nach Norden oder
weiter gegen Westen erstreckt, nur solche persische Lehnwörter
aufweisen, bei denen die tatarische oder russische Vermittelung
ganz ausser Zweifel steht, daher verhältnissmässig neuere Ac-
quisitionen sind, was von den persischen Lehnwörtern im Magyarischen nicht gesagt werden kann. Als eine mit dem magyarischen Sprachidiom gleichgeartete und verwandte Sprache wollen
wir das Ceremissische anführen, dessen Wortschatz beinahe zu
zwei Dritteln türkisch ist, und in welchem folgende persische
Lehnwörter sich befinden, wie:

čeremissisch:	deutsch:	persisch:
kösten	Keule	kisten
küsé	Sack	kise
čaršó	Zelt	čarsuj
paj	Antheil	paj
šandál	Leuchter	šamdan
čan	Seele	žan
šinžer	Kette	zenžir
taza	gesund	taze
tos	Freund	dost
tušman	Feind	dušman
türüs	ganz	durust
nezér	arm	nažar
raš	richtig	rast

im ganzen 13 Beispiele[1], von welchen die fünf ersten aus dem
Russischen, wo sie auch noch heute vorkommen, die andern
hingegen aus dem Tatarischen entlehnt wurden, was auch bei

---

[1] Diese Beispiele habe ich dem früher citirten čeremissischen Wörterbuche des Professors Budenz entnommen, wo ausserdem noch oza = Kaufmann, als von choža abstammend, für persischen Ursprungs gehalten wird.

den im Ceremissischen nicht minder zahlreichen arabischen Lehnwörtern der Fall ist; während die Sprache der alten Magyaren
ausser dem Personennamen Zoltán kein einziges arabisches
Lehnwort aufzeigt. Wir wiederholen daher: der unmittelbare
Verkehr der alten Magyaren mit Iraniern kann · nicht im mindesten bezweifelt werden, und wird unter anderm auch von Porphyrogenitus bestätigt, indem er erzählt, dass die Magyaren
noch in Lebedien die Bundesgenossen der Khazaren in allen
Kriegen waren, folglich auch an den in jene Zeit fallenden Kriegen
der Khazaren gegen Derbend und Azerbaiżan theilgenommen haben.

Schliesslich hätten wir noch auf den allerwichtigsten Punkt
in diesem Theile unserer Studie zu reflectiren, nämlich zu untersuchen, welche Rolle und Stellung die magyarischen Culturwörter finnisch-ugrischen Ursprungs in der von uns erörterten
Frage einnehmen, d. h. ob sie, in qualitativer oder quantitativer
Beziehung den hier besprochenen türkisch-magyarischen Beispielen gleichkommend, das diesfällige Resultat unserer Forschung bekräftigen, abschwächen oder refutiren. Nun, die hierauf
bezügliche Antwort wird der geneigte Leser am besten aus der
unter Beilage VI gebrachten vergleichenden Liste entnehmen, in
welcher nahezu **zweihundertundsechzig** solche Culturmomente
aufgezählt sind, deren betreffende Wörter im Magyarischen und
Türkischen theils analog, theils nahe verwandt sind, während die
Zahl der entsprechenden Analogien auf dem Gesammtgebiete der
finnisch-ugrischen Sprachen sich nur auf **einundvierzig** beläuft.
Wenn man gegen diese auffällige Disproportion in dem Zahlen-
verhältnisse die Einwendung machen wollte: das Magyarische
hätte noch zahlreiche anderseitige Culturwörter finnisch-ugrischer
Provenienz, die hier nicht aufgenommen wurden, so wollen wir
die von uns schon gemachte Bemerkung in Erinnerung rufen.
dass die hier angeführten türkisch-magyarischen Beispiele —
weit entfernt vollständig zu sein — vielleicht nur ein Drittel.
höchstens die Hälfte des Gesammtmaterials repräsentiren, und
dass selbst bei etwaiger Completirung das Misverhältniss der
Zahlen keinesfalls schwinden wird. Streng genommen darf dies
den in culturgeschichtlichen Dingen bewanderten Forscher auch
gar nicht überraschen: am allerwenigsten darf es in linguistischer

---

Dies ist jedoch ein Irrthum, denn erstens stammt oza vom russischen
chozjain respective choza = Herr. Wirth. und zweitens ist choża türkischen
und nicht persischen Ursprungs.

Beziehung auffallen, da — wie schon bemerkt — zwei Drittel des
magyarischen Sprachschatzes mit dem Türkischen enge verwandt
sind, und nur ein Drittel mit dem finnisch-ugrischen. Bezüglich
des culturgeschichtlichen Moments wird es jedermann sofort
einleuchten, dass angesichts der grundverschiedenen Lebensbedingungen, welche das steppenbewohnende, mit Viehzucht sich
beschäftigende Reitervolk der Türken von den in Wäldern und
sumpfigen Gegenden sich aufhaltenden, nur dem Fischfang und
der Jagd nachgehenden Menschen finnisch-ugrischer Abstammung
trennen, eine Vergleichung der gegenseitigen Culturverhältnisse
nur schwer möglich sei, und dass wir hier sowol als dort scharf
ausgeprägte typische Eigenheiten zu berücksichtigen haben. So
finden wir in der That, dass, während die magyarisch-türkischen
Culturwörter auf das Thier- und Pflanzenreich eines südlichern
Breitengrades sich beziehen und das Gebiet des Kriegs- und
Regierungswesens, der Gewerbe, der Bekleidung, Beköstigung
und der Religion fast ausschliesslich beherrschen, die finnisch-
ugrischen Culturwörter im Magyarischen zumeist auf solche Begriffe sich beziehen, die mit dem Boden und den klimatischen
Verhältnissen eines nördlichen Breitengrades und mit den dortigen Lebensbedingungen des Menschen verbunden sind. Wir
wollen dies durch einige Beispiele illustriren. Während die Namen der Haus- und Nutzthiere fast durchweg türkisch sind,
finden wir die Namen des Raben, der Gans, des Baum- und
Steinmarders u. s. w. von eminent finnisch-ugrischem Charakter:
und noch auffallender wird dies bezüglich der Pflanzennamen,
der Hausgeräthschaften und der Religion, obwol — offen gestanden — die betreffenden magyarisch-finnisch-ugrischen Wortgleichnisse noch lange nicht so frappant erscheinen als die magyarisch-
türkischen. So sind z. B. die Namen der Metalle, wie des Gol-
des, Silbers, Zinns, Eisens und Bleis, im Magyarischen
vorwiegend finnisch-ugrisch, und in der That, es fehlen dem
Türken für diese Begriffe selbst heute noch genuine Wörter,
denn das türkische *temir* (Eisen) bedeutet dicht, fest, das türkische *altïn* (Gold) = das röthliche, das türkische *akče* (Silber)
= das weissliche u. s. w., was nun auch mit der Natur der
Sache übereinstimmt, da die nördlicher wohnenden Ugrier mit
den verschiedenen Erzgattungen schon früher Bekanntschaft machten, als der Türke auf der Steppe, wo gar keine Erze vorkommen.
  Das einzige Gebiet, auf welchem die Analogien der Cultur-

wörter sich so ziemlich die Wage halten, ist jenes der Erscheinungen der äussern Natur und des Familienlebens, mit einem
Worte, solcher Begriffe, die auf die allerprimitivsten Anfänge
der menschlichen Existenz sich beziehen, und aus dem intimen
Verkehr, in welchem die magyarisch-türkischen Sieger zu den
von ihnen besiegten Finn-Ugriern gestanden, sich gewissermassen
erklären lassen. Hier ist es nun allerdings schwer, ja beinahe
unmöglich, ein entscheidendes Urtheil zu fällen, d. h. dem einen
oder andern Sprachgebiet den Vorrang einzuräumen, da wir in
unsern diesbezüglichen Erörterungen auf das strittige und zuweilen auch schlüpfrige Feld der gewaltsamen Sprachvergleichung
gerathen, ein Feld, auf welchem — nach unserer Ueberzeugung —
die Anhänger der finnisch-ugrischen Theorie so oft und so arg
gesündigt haben. Doch um dem Leser von der in dieser Richtung hervortretenden Zweiseitigkeit der Sprache einen Begriff
zu geben, wollen wir hervorheben, dass erstens einzelne dieser
Begriffe an und für sich den doppelten Sprachcharakter bekunden.
So z. B. das Wort für Wurzel, welches sowol in türkischer (vgl.
gyök, türkisch kök) als auch in finnisch-ugrischer Form (vgl.
gyökér, wogulisch jekur) vorliegt. Das Gleiche ist bei hauen
und einschneiden der Fall, wenn wir nämlich das magyarische
ver mit dem türkischen vur (schlagen) und ró mit dem finnisch-
ugrischen ru (hauen) vergleichen. Was nun zweitens die Verschiedenheit der einzelnen Sprachgebiete anbelangt, so werden
wir folgende Wahrnehmungen machen: a) Jahreszeiten; hier
stimmt das magyarische tél (Winter) und tavasz (Frühling) mit
dem ugrischen tel und tovi, während nyár (Sommer) und ösz
(Herbst) mit dem türkischen jaz, jaj und kös übereinstimmen.
b) Naturerscheinungen; hier stimmt das magyarische viz
(Wasser), felhö (Wolke), tó (See). jég (Eis) mit dem finnisch-
ugrischen vit, pilvi, tu und jää oder jang, während das magyarische szél (Wind), dér (Reif), hó, hav (Schnee) und tenger
(Meer) wieder mit dem türkischen sil oder sel, kir, kar und
tengiz übereinstimmen. c) Familienleben, wo magyarisch
atya (Vater) und anya (Mutter) mit dem türkischen ata, ana
und mit dem finnisch-ugrischen ata, anaj gemeinsam, und
während das magyarische gyerek (Kind), bátya (älterer Bruder), öcs (jüngerer Bruder), déd (Aelternvater) und néne (Tante)
mit dem türkischen jauruk, bači, čči. dede und nene nahe
verwandt ist, findet das magyarische fiu (Sohn), ipa (Schwieger-

vater) und vö (Eidam) nur im finnisch-ugrischen pi, appi und
väng oder vävy sein Analogon.

In ähnlicher Weise verhält es sich auch mit jenen Begriffen,
die Hunfalvy in seiner Ethnographie von Ungarn (S. 148) unter
dem Titel „Natürliches und sittliches Leben" anführt, bei welchen
ebenfalls den magyarisch-finnisch-ugrischen Wortgleichnissen eine
gleiche Anzahl von magyarisch-türkischen Wortparallelen gegenübergestellt werden kann, und wo es ebenfalls schwer fallen
dürfte, den stärkern oder schwächern Grad der gegenseitigen
Verwandtschaft zu beweisen.

Schliesslich kann es der Aufmerksamkeit des Forschers nicht
entgehen, dass nicht nur gewisse Begriffe im Magyarischen durch
zwei synonyme Wörter wiedergegeben sind, wovon das eine zur
finnisch-ugrischen, das andere zur turko-tatarischen Sprachengruppe gehört, sondern dass selbst die ethnische Benennung der
Nation in zwei voneinander ganz verschiedenen Namen vorliegt;
nämlich in Magyar, welches entschieden türkisch ist, und in
Unger, Uger oder Ugr, wie die Slawen die Ugrier nannten,
ein Umstand, wodurch der Mischcharakter des Magyarischen
wol am besten bewiesen ist.

Wären die türkischen Culturwörter im Magyarischen nur
von solcher Natur, wie z. B. die früher erwähnten slawischen,
oder wie die arabisch-persischen Lehnwörter im Osmanischen,
oder gar wie die durch den römischen Cultureinfluss im alten
Anglo-Sächsischen zurückgebliebenen lateinischen Wörter, d. h.
solche, die nur auf den höhern Grad des türkischen Cultureinflusses sich beziehen, und die trotz eines jahrhundertelangen
Gebrauches durch ihr fremdes Gewand immer bemerklich bleiben,
mit einem Worte, nicht so zahlreich und in den Geist der betreffenden Sprache nicht so tief eingedrungen, als dies im gegenseitigen Verhältnisse zwischen dem Magyarischen und Türkischen
der Fall ist, und könnte man dem gegenüber nachweisen, dass
die finnisch-ugrischen Culturmomente in hervorragender Weise auf
Begriffe der primitiven Lebensart und auf die archaischen Zustände der Gesellschaft sich beziehen, so würden wir, mit den
Vertretern der finnisch-ugrischen Theorie übereinstimmend, ohne
weiteres diese türkischen Culturwörter für Lehngut halten, und
die ganze Erscheinung dem schon oft sich wiederholt habenden culturgeschichtlichen Einflusse eines gebildetern Volkes auf
seinen minder gebildeten Nachbar zuschreiben. Doch, ange-

sichts des anderseitig schon betonten sprachlichen Verhältnisses, namentlich aber im Hinblick auf das früher erwähnte Zahlenverhältniss zwischen 250 magyarisch-türkischen und 41 magyarisch-ugrischen Culturmomenten, können wir nicht umhin, hier eben nach einer tiefer liegenden Ursache uns umzusehen und aus diesen culturgeschichtlichen Belegen einen solchen Beweis für den turko-tatarischen Ursprung des magyarischen Volkes zu entdecken, wie wir diesen beim Lichte der historischen Daten gefunden, und wie wir eben, kraft der linguistischen Argumente, den eminent finnisch-ugrischen Charakter der magyarischen Sprache zu verneinen uns berechtigt glaubten.

Schlussbemerkung.

1.

Nach dem, was wir bezüglich der Beweisfähigkeit der auf drei verschiedenen Gebieten gesammelten Daten gesagt haben, wird es wol überflüssig werden, unsere Ansicht von der türkischen Nationalität der Magyaren noch deutlicher auszusprechen oder mittels weiterer Evidenzen zu unterstützen. In der Schlussfolgerung, welche dieser letzte Theil unserer Studie sich als Ziel vorgesteckt, gedenken wir vielmehr die einzelnen Lichtstrahlen zu einer Fackel zu winden, um mit einem derart erlangten intensivern Lichte das Gesammtbild der Frage zu beleuchten und aus den hervorragenden Zügen das vermeinte Resultat unserer Forschung um so heller darstellen zu können. Eingedenk der wesentlichen Verschiedenheit, welche das Ergebniss unserer Arbeit von jener so mancher unserer Vorgänger trennt, finden wir es unablässig nothwendig, darauf hinzudeuten, dass wir weder von irgendeiner bizarren absonderlichen Idee geleitet sind, noch in unserer Ansicht so ganz isolirt dastehen, da so manche geachtete und gelehrte Forscher auf dem Gebiete der Ethnologie, wenngleich nicht auf demselben Wege, d. h. ohne das Quellenmaterial in seiner vollen Ausdehnung berücksichtigt zu haben, doch zu einem ähnlichen Resultate gelangt sind. Unter den letzterwähnten Ideengenossen kann hier selbstverständlich nur von jenen die Rede sein, welche, den Anforderungen der

modernen Wissenschaft entsprechend, bei der Begründung ihrer
Theorien historische und linguistische Fachkenntnisse, nicht aber
gewisse aus nationaler Eitelkeit stammenden Voreingenommen-
heiten zu Hülfe genommen haben. Unter diese zähle ich in erster
Reihe den russischen Akademiker A. A. Kunik [1], welcher in seiner
schon früher erwähnten Schrift über den Ursprung der Magyaren sich folgendermassen äussert: „Die ursprünglichen Magyaren
gehörten ohne Zweifel irgendeinem türkischen, wahrscheinlich
khazarisch-türkischen Geschlechte an, das dem Religions- und
Sitteneinflusse irgendeines iranischen Stammes, nicht lange vor
den Sassaniden, oder während der Regierungszeit derselben unterworfen war. Ihre türkische Muttersprache haben die Fürsten
und Vornehmen des Magyarenvolkes gänzlich (?) verloren, nachdem sie schliesslich ihre eigene Sprache mit der ihrer zahlreichen
Unterthanen finnischen Ursprungs vertauschten, wir wie ein ähnliches Beispiel bei den süddeutschen Franken in Gallien und
bei den türkischen Bulgaren in Mösien vor uns haben."

Diese Ansicht vom Entstehen der ungarischen Sprache motivirt der benannte russische Gelehrte mit der Annahme, dass
„irgendein finnischer (finnisch-ugrischer?) Stamm noch vor
Gründung des russischen Reiches von einem türkischen Stamme
erobert worden, welcher dann später auf den Steppen aus diesen Finnen ein Reitervolk machte, ihnen kriegerischen Geist und
den Hang nach räuberischem (?) Leben einflösste und sie nach
Ungarn führte, wo sie, zum Christenthume bekehrt, allmählich
auch die geistigen Eigenschaften der Türken angenommen haben".
In ähnlicher, wenngleich nicht in derselben Weise äussert sich
H. H. Howorth in seinem vor dem dritten internationalen Congresse der Orientalisten zu Petersburg 1876 gehaltenen Vortrage
über die türkische oder ugrische Abstammung der Khazaren, in
welchem er, von der Nationalität der Magyaren sprechend, Folgendes sagt: „... Es bildet einen Theil meiner Theorie, die Behauptung aufzustellen, dass die eigentlichen Magyaren in der
That Türken waren. Ich glaube nicht, dass sie das Gros des
magyarischen Volkes ausmachten, aber dass sie, wie uns Konstantin berichtet, Eindringlinge waren, die einer höhern Rasse
angehörten und dann die herrschende Klasse (dominante caste)
wurden. Ihre Bildung und ihren ritterlichen Geist hatten sie

---

[1] Siehe O turskich Petscheuegach etc., S. 728.

bewahrt, doch ihre Sprache verschwand gleich der der ebenfalls
zahlreichen und bedeutenden Petschenegen und Kumanen. Nur
ihr Name blieb übrig, gleich jenem der Mandschus in China,
und so wie letztere, haben auch sie die Sprache ihrer an Zahl
weit stärkern Genossen, nämlich der Ugrier, oder der eigentlichen Magyaren angenommen."[1] In seinen weitern Ausfüh-
rungen will Herr Howorth die Magyaren noch als von den Khazaren abhängig hinstellen, und will er in ihnen die sogenannten
„Schwarzen Khazaren" gegenüber den „Weissen", d. h. den echten
oder herrschenden Khazaren, entdecken, und, obwol es seinen verschiedenartigen Angaben bezüglich der eigentlichen Magyaren (Ma-
gyars proper und Hungarians proper) an Klarheit gebricht, so sehen
wir doch, dass seine Schlussfolgerung, mit Bezug auf den Mischcharakter der aus Türken und Ugriern entstandenen magyarischen Nation, unserer eigenen Ansicht so ziemlich nahe steht.

Schliesslich können wir nicht unerwähnt lassen, dass selbst
der finnische Gelehrte Castrén in seinen „Ethnologischen Vorlesungen über die altaischen Völker"[2], selbstverständlich nur in
der Form einer Hypothese, es für glaublich hinstellt, dass die
Baškiren Nachkommen der Ungarn seien, wobei der verdienstvolle Sprachforscher sich allerdings auf die irrigerweise
angenommene Verwandtschaft der Namen Mažgar und Ba-
schart oder Poscatir stützt, andererseits aber bei dem unzweifelhaft türkischen Ursprunge der Baškiren die ugrische Abkunft der Magyaren dennoch in Frage stellt.

Im Zusammenhange mit der Ursprungsfrage der Baschkiren,
deren nahe Verwandtschaft mit den Magyaren ausser allem Zweifel
steht, wollen wir hier noch der Aeusserung des italienischen Ethnographen St. Sommier erwähnen, der in Uebereinstimmung mit
Youferow die ugrische Abstammung der Baschkiren mit Recht
angreift, und in seiner Schrift „Fra i Baschiri" (S. 43) bemerkt:
„Ich bin der Ansicht, dass die Baschkiren von den Ostjaken zu

---

[1] The Khazars were they Ugrians or Turks? im „Travaux de la troi-
sième session du Congrès international des Orientalistes" (Pétersbourg 1876).
Tome deuxième sous la redaction du Baron Victor de Rosen (Pétersbourg
et Leyde 1879), S. 146.

[2] M. Alexander Castrén's Vorlesungen über die altaischen Völker, nebst
samojedischen Märchen und tatarischen Heldensagen, im Auftrage der kaiserlichen Akademie der Wissenschaften herausgegeben von A. Schiefner (St.-
Petersburg 1857), S. 131.

trennen seien, und dass man ihnen sowie auch den Magyaren turko-tatarischen Ursprung beilegen müsse."
Wir können und dürfen es uns allerdings nicht verhehlen,
dass die Zahl derjenigen Forscher, welche im Gegensatze zu
unserer Annahme in den Magyaren ein Volk finnisch-ugrischer
Abstammung erblicken, eine viel grössere sei; doch angesichts
der in vorhergehenden Blättern dargelegten Argumente kann
weder die Anzahl noch die Autorität der gegnerischen Ansichten
in Betracht gezogen werden. Die zur Lösung des vorliegenden
ethnologischen Problems angewandten Principien mögen noch so
sehr voneinander abweichen, eins jedoch bleibt sicher und ausgemacht, dass, während wir behufs Kräftigung unserer Theorie
aus den geschichtlichen und insbesondere culturhistorischen Daten so zahlreiche und so schwerwiegende Beweisgründe anführen
können, die Vertreter der gegnerischen Theorie nur über einige
sehr matte und kaum nennenswerthe, gewaltsam herbei-
geschleppte Argumente verfügen. Wir begegnen in den Berichten
der byzantinischen Schriftsteller, der arabischen Reisenden, noch
mehr aber in den ersten Chroniken der Magyaren, und in den
auf die Anfänge des staatlichen und geselligen Lebens bezüglichen Culturmomenten hundertfachen beredten Zeugnissen für
die türkische Nationalität der Magyaren, während auf dem
finnisch-ugrischen Quellengebiete kein einziger Personen- und
Würdenname, keine einzige politische, religiöse oder sociale Institution sich vorfindet, die in irgendwelchem finnisch-ugrischen
Sprachgewande zu uns gelangt und die in wörtlicher Beziehung
mit Zuhülfenahme des finnisch-ugrischen Sprachschatzes erklärt
werden könnte. Unter besagten Verhältnissen kann daher der
Vorwurf, unsere Theorie von der Abstammung der Magyaren
auf allzu luftige Hypothesen begründet zu haben, uns nicht im
mindesten treffen, denn der einzige Punkt, den die von uns an-
gekündete Leuchte nicht zu erhellen vermag, ist jenes ferne Zeitalter, in welchem die nationale Entstehung der Magyaren stattgefunden, sowie auch die Art und Weise, in welcher diese erste
genetische Periode in der Entstehungsgeschichte der Magyaren
vor sich gegangen ist. Hier, an der eigentlichen Wiege des
Volkes, tappen wir im Dunkel herum, d. h. die Grenzen des
alten Ugriens oder Jugriens mögen nach Lehrberg vom 56. bis

---

¹ Ethnographie von Ungarn, S. 172.

zum 67. Breitengrade im östlichen Ural, oder nach Hunfalvy[1] an die beiden Abhänge besagten Gebirges zwischen der Petschora, Kama, mittlern Wolga und dem Ob, unterem Irtisch und Jaik, verlegt werden, wir können nicht umhin, diese geographische Definition für ebenso vag und unsicher zu bezeichnen, als wir jedweden Versuch, das Gemark der Urheimat der Magyaren auf irgendeinem Theile dieses nicht zu bestimmenden Ugriens näher angeben zu wollen, als ein in jeder Beziehung eitles Vorhaben hinstellen müssen. Wollte man dieses Ugrien oder Jugrien einer streng wissenschaftlichen Kritik unterziehen, so würde sich herausstellen, dass diese geographische Benennung vor allem nur bei einigen russischen Chronisten sich vorfindet, und dass sowol die Ugoren des Theophylactus Simocatta, als auch die zweifelhafte Composition von Hunugur bei Jordanis, welche Hunfalvy als historische Belege citirt, als aus dem 6. und 8. Jahrhundert stammend, sich mit vieler Wahrscheinlichkeit auf den weit ältern geographisch-ethnischen Namen Uigur und Uigurien beziehen, da es heute schon zur Genüge bewiesen ist, dass die ersten christlichen Missionare schon im 4. Jahrhundert n. Chr. ihr Bekehrungswerk bis über Merw und Bochara nach dem unter Uigurien bekannten westlichen China ausgedehnt haben[1], dass unter diesem Namen nicht blos Westchina, sondern der ganze Norden Mittelasiens von jeher bekannt gewesen, worauf sich das „Ogur" des Jordanis und das „Ugor" im Briefe des Khazarenkönigs beziehen, und dass demnach die Möglichkeit nicht ausgeschlossen ist, unter dem Ugorien des Theophylactus Simocatta auch die Ländereien am obern Ural mit inbegriffen zu sehen. Bei einer solchen Annahme ist es natürlich nicht sehr gewagt, auch beim Jughria des Nestor, welcher erst im Jahre 1100 schrieb, auf eine ähnliche Begriffsverwirrung zu stossen, ja demselben Fehler auch bei den spätern russischen Chronisten zu begegnen, dies zumal, da ich in Uebereinstimmung mit Castrén[2] in Uigur einen solchen Sammelnamen sehe, der Türken sowol als Finnen in möglicher Gemeinschaft gehört, und da Klaproth's Beweise mit Bezug auf die nothwendige Trennung der Uiguren von den Ugriern, namentlich sein Citat aus Abulgazi, theils falsch, theils absichtlich verdreht, keines-

---

[1] Vgl. diesbezüglich den „Preliminary Essay" in Yule's „Cathay and the way thither", I, xxxii fg.

[2] Ethnologische Vorlesungen. S. 91.

falls danach angethan ist, um seine Theorie des Ugrierthums
zu bekräftigen.

Doch wie gesagt, wir wollen, der Zergliederung dieser heiklen
Frage ausweichend, Ugrien oder Jugrien, diesem Lieblingskinde
der Klaproth'schen Phantasie, vorderhand nicht zu Leibe gehen,
und hier nur bemerken, wie schwer und unsicher es sei, in diesem an und für sich noch fast utopischen Ugrien die Grenzen
der magyarischen Urheimat zu vermuthen, geschweige denn sie
genau präcisiren zu wollen. Der wesentliche Unterscheidungs-
punkt zwischen meiner Ansicht und der des gelehrten Verfassers
der „Ethnographie von Ungarn" kann daher nur folgender sein:
Hunfalvy sieht in den Magyaren einen finnisch-ugrischen Volksstamm, der am südlichen und südöstlichen Grenzpunkte des
ugrischen Völkergebietes in unmittelbarer Nachbarschaft der
Türken gewohnt und infolge dieser langen und intensiven Berührung prägnante Spuren des türkischen Einflusses an sich
trägt, während ich in den Magyaren, eben in umgekehrter Weise,
einen türkischen Volksstamm entdecke, der an den nördlichen
und nordöstlichen Marken des turko-tatarischen Völkerelements,
gleichsam als Vorposten am Berührungspunkte des dort zu-
sammenstossenden ugrischen Völkergebietes, sich aufhielt und
aus demselben Grunde, welchen Hunfalvy annimmt, tiefgehende
Spuren des ugrischen Verkehrs aufweist. Hierin culminirt die
eigentliche Divergenz unserer Ansichten, und da unsere Studie
eben mit jenen verschiedenartigen Beweisgründen sich befasste,
mittels welcher wir unsere eigene Ansicht zu bestärken und jene
unserer Gegner zu widerlegen bemüht waren, so erübrigt uns
noch in der Schlussfolgerung auf jene Art und Weise zu reflectiren, in welcher wir uns die einzelnen Phasen des Umgestaltungsprocesses vorstellen, d. h. das unter „Magyaren" bekannte
ethnische Amalgam auf seiner Wanderung vom vermuthlichen
Ausgangspunkte bis an die Donau und Theiss zu begleiten, um
aus den Ursachen und Folgen seiner mannichfaltigen Schicksale
auf dieser langen Irrfahrt die einzeln Züge seines Ursprungs-
bildes thunlichst beleuchten zu können.

2.

Vor allem aber die Frage, ob die unzweifelhaft gewordene
ethnische Verschmelzung schon im Anfang des geschichtlichen

Zeitalters stattgefunden, oder ob dieselbe noch aus dem grauen,
unerforschlichen Alterthume datirt? In unserer hierauf bezüglichen Antwort könnten wir wol, wie Cassel[1] dies gethan, auf
jene Stelle bei Theophylactus uns beziehen, welche von einem
Volke „Ogur" spricht, das am Til (Itil = Wolga) wohnt und von
den „Turcis" besiegt worden ist. Doch derartige vage und unsichere Daten dürfen unsers Erachtens nicht als Basis zur Begründung einer wissenschaftlichen Theorie genommen werden.
Die leicht begreifliche Ignoranz der Byzantiner in ethnischen
Detailfragen ist viel zu auffallend, als dass wir solche leichterdings hingeworfene Daten als Eckstein im Gebäude unserer
Theorie verwenden dürften, und wenn es etwas gibt, was in
diese Periode pechschwarzer Finsterniss einen Lichtfunken zu
werfen vermag, so ist es höchstens der Charakter der im Magyarischen existirenden finnisch-ugrischen Sprachelemente, der
bemerkenswerthe Umstand nämlich, dass die finnisch-ugrischen
Bestandtheile des Magyarischen nicht dem Ugrischen, nicht dem
Finnischen, auch nicht einem speciellen Zweige dieser Mundart
allein, sondern der Gesammtgruppe angehören, d. h. es ist im
Magyarischen nicht nur das Wogulische, Ostjakische, Mordwinische und Ceremissische, sondern auch das Finnische, Estnische
und Zürjänische, ja sogar das Lappische im hohen Norden vertreten, woraus denn nun mit Sicherheit zu folgern ist, dass
die Aneignung dieses finnisch-ugrischen Sprachschatzes
nur in jenem, aller Combination entrückten, fernen
Zeitalter erfolgen konnte, in welchem die heute und
schon vor Christi Geburt getrennt und geographisch
weit voneinander zerstreut lebenden Zweige des finnisch-ugrischen Stammes in einem Körper vereint bestanden hatten.

Wir bezeichnen dieses Zeitalter absichtlich als ein jeder
chronologischen Combination fern entrücktes, weil wir selbst bezüglich der Trennung der drei Hauptstämme der ural-altaischen
Rasse nur sehr dunkle Ahnungen haben und vorderhand nur
so viel vermuthen können, dass Finn-Ugrier und Tungusen länger
zusammen lebten als die Türken, indem, wie schon erwähnt, die
Sprache der beiden erstern Fractionen solche Annäherungspunkte
aufzeigt, die im Türkischen nicht mehr vorhanden sind.

[1] Magyarische Alterthümer, S. 147.

Nebst dieser unserer Hypothese können wir nicht umhin,
auch die bei andern Forschern zum Ausdruck gelangte Ansicht
zu berücksichtigen, welche den Amalgamirungsprocess auf eine
verschiedene Art erklären und als einen in verhältnissmässig
jüngerm Zeitabschnitte stattgefundenen betrachten. Es sind dies
namentlich Kunik, Howorth und Fessler, die in den Magyaren
einen solchen Türkenstamm entdecken, der zur Zeit der Kha-
zarenherrschaft oder, wie Fessler vermuthet, zwischen dem 5. und
8. Jahrhundert, irgendein finnisch-ugrisches Volk unterworfen,
und trotz seiner Stellung als Sieger die Sprache der Besiegten
angenommen hat, während er in politischen und socialen Dingen
seinen türkischen Nationalgeist bewahrte, ja letztere mit demselben gleichsam imprägnirte. Es hat diese Annahme so manches
plausible Argument für sich, da, wie wir in den Culturmomenten
nachgewiesen, im Kriegswesen, in der Verwaltung, in Religionssachen und im geselligen Leben die sprachlichen Ueberreste vorwiegend türkisch sind, und da die auf dem Wege der Tradition
in die ersten Chroniken gelangten Würden- und Personennamen,
wie auch Sachnamen, ebenfalls ein unverkennbar türkisches Gepräge bekunden. Man könnte, als auf analoge Fälle, auf die
mandschuischen Fremdwörter im Chinesischen, auf die türkischen
im Persischen, auf das Normanisch-Französische im Englischen
und auf andere Sprachen hindeuten, deren Völker mit der politischen Unterjochung auch den culturellen Einfluss der Besieger
sich gefallen lassen.mussten. Doch wer von einer solchen Auffassung ausgeht, der müsste erstens nachweisen, ob es in dem
geschichtlichen Zeitalter einen solchen finnisch-ugrischen Volksstamm geben konnte, in dessen Sprache die ganze Gruppe der
Finn-Ugrier vertreten war, was wir eben sehr bezweifeln. Zweitens
müssten streng genommen nur die Culturwörter allein als fremdes, d. h. türkisches Sprachgut betrachtet werden, ein Sprachgebiet, von welchem das Magyarische nicht beeinflusst worden,
wie dies die Vertreter der finnisch-ugrischen Theorie folgerichtig
auch thun. Doch ist dem nicht also, wie wir zur Genüge nachgewiesen haben. Die türkischen Sprachspuren greifen viel tiefer
ins Magyarische hinein; sie sind auf sämmtlichen Gebieten des
Alltagslebens und in den primitivsten Begriffen der menschlichen
Existenz stärkstens vertreten, sind daher kein fremdes Sprachgut
und können daher am allerwenigsten nur von den Einführern
einer fremden Culturwelt herühren. Sie setzen unbedingt ein

älteres und intensiveres Zusammenleben voraus, ein Zusammenleben, dessen Zeitpunkt zu bestimmen vorderhand uns jeglicher
Anhaltspunkt fehlt, ja schliesslich ein Zusammenleben, über
dessen Zeitdauer und Beschaffenheit die vergleichende Linguistik
allein uns schwerlich Aufschluss zu geben im Stande sein wird.
Dass die türkische Fraction im magyarischen Volke von jeher
die geistig überlegene, in politisch-socialen Dingen die tonangebende war, das lässt sich schwer in Abrede stellen, doch
wie es gekommen, dass diese herrschende Klasse ihre Sprache
von der Sprache ihrer Untergebenen dermassen beeinflussen liess,
und namentlich wie es sich zugetragen, dass ohne die in solchen
Fällen unvermeidliche Absorption des einen Theiles durch den
andern das Türkische sowol als auch das Finnisch-Ugrische unversehrt sich erhalten konnte, das wird wol immer zu den ethnologischen und philologischen Räthseln gehören. Die Erforschung der allerersten Anfänge des magyarischen Volkes ist also
nicht minder schwer als ähnliche Bestrebungen in der genetischen
Geschichte anderer Völker.

Diesem zunächst wollen wir uns mit der Frage beschäftigen,
ob die Magyaren als solche schon in jenem Völkergedränge sich
befanden, das unter der Führung des hunnischen Welterschütterers gegen das östliche Europa sich gewälzt, d. h. ob die Magyaren schon unter Attila's Fahnen in Pannonien und im übrigen
Westeuropa gekämpft, und wie weit der ungarischen Volkssage
von der Verwandtschaft mit den Hunnen eine historische Wahrscheinlichkeit innewohnt. Auch hierauf können wir nur mit
einer Hypothese, aber mit einer schon weit mehr begründeten
Hypothese Antwort geben. Wir brauchen zu diesem Behufe nur
an ein ähnliches historisches Moment, nämlich an das Erscheinen
der Mongolen im westlichen Asien und im östlichen Europa zu
denken, um zur Ueberzeugung zu gelangen, welche tiefgehende
Folgen das Auftreten eines begabten, vom Kriegsglück begün-
stigten Heerführers selbst auf die ethnisch und geographisch
weit entfernten Theile der Nomadenwelt auszuüben im Stande
war. Im Heere Dsengiz Chan's bildeten nämlich die Mongolen
in numerischer Beziehung den kleinsten Theil, während die sogenannten Hülfstruppen, Mandschus. Tungusen und Uiguren vom
Osten, Teleuten und Altaier vom Norden. schliesslich Kanglis.
Turkomanen, Kumanen und zahlreiche andere generisch unbekannte kriegerische Zeltbewohner vom Westen der Alten Welt

zu ihren Reihen gezählt haben. Politischer Druck und Hang
nach Abenteuern hat nothgedrungen alle Glieder der wandern-
den Welt jener Zeit elektrisirt und es ist kaum erdenklich, dass
irgendein Theil unberührt bleiben und vom mächtigen Völker-
strom nicht mitgerissen werden konnte. Und was unter Dšengiz
geschah, das muss auch bei dem acht Jahrhunderte früher aufgetretenen Attila der Fall gewesen sein. Wir pflegen die Streit-
macht dieses nicht minder befähigten Kriegers oder das ethnische
Hauptelement, worauf er sich gestützt, mit dem Sammelnamen
„Hunnen" zu bezeichnen, ein Name, der letztern nur schwerlich
bekannt gewesen sein mag, und unter welchem wir, wie eingangs
erwähnt, Turko-Tataren vermuthen. Doch so wie das Banner des
Dšengiz fast sämmtliche mit den Mongolen sprachlich und ge-
schlechtlich verwandte Völkerschaften vereinigte, so hatten auch
dem Befehle des hunnischen Welterschütterers, dessen Heer von
der Wolga aufgebrochen, gewiss sämmtliche im Norden und Nordosten dieses Flusses hausende Nomaden gehuldigt, und wir jagen
keinem leeren Phantasiegebilde nach, wenn wir annehmen, dass
auch die Magyaren diesem Heere sich angeschlossen haben, die
Magyaren, die noch im 9. und 10. Jahrhunderte von den arabischen Reisenden als ein Kriegervolk par excellence geschildert
worden sind. Man mag uns den Vorwurf machen, dass dies nur
eine Hypothese sei, doch ist etwa die gegnerische Ansicht, die
jedwelchen Nexus zwischen Hunnen und Magyaren kurzweg
leugnet, auf historischen Thatsachen begründet?

Dass die Magyaren an den Hunnenzügen sich betheiligt
haben, unterliegt daher kaum einem Zweifel.

Von besagten Muthmassungen ausgehend, können wir mit
denselben Beweisgründen auch an die Erörterung der Frage uns
machen, ob die Magyaren zum Verlassen ihrer alten Heimat an
der Wolga in der That nur von den Petschenegen oder sonstigen
Völkerschiebungen gedrängt wurden, wie Konstantin und die ara-
bischen Geographen annehmen, oder ob es 'die alte Sage von der
Verwandtschaft ihrer Fürsten mit Attila und von dessen zerfalle-
nem Reiche im Westen gewesen, die den zweiten Zug nach der
Donau, d. h. die Niederlassung in Pannonien, veranlasst habe.
In dieser Frage theilen wir dem Hauptwesen nach in solchem
Maasse die Ansicht von Pray, Katona, Cornides, Engel und
Fessler, in welchem wir die Behauptung von Schlözer, Thunmann,
Roessler und Hunfalvy als den Ausfluss eines Ideenganges, der

die ethnische Charakteristik der fraglichen Völker ganz unberücksichtigt gelassen, entschieden zurückweisen müssen. Es
fällt uns am allerwenigsten ein, die hierauf bezüglichen Angaben
eines Anonymus oder Kézai „ad litteram" zu nehmen, und noch
weniger auf das plumpe Machwerk der sogenannten Hunnensage
schwören zu wollen. Wir glauben, ja man könnte sogar die Behauptung wagen, dass die alten Magyaren die ethnische Bezeichnung „Hunnen" nie nennen gehört, daher auch nie gekannt
haben. Aehnliches mag auch bezüglich des Personennamens
„Attila" der Fall gewesen sein, denn bei den Mongolen ist nur
Temudšin und nicht Dšengiž-Chan als Nationalheld berühmt.
Doch wir glauben nicht, ja wir halten es für absolut unmöglich,
dass die Tradition von einem frühern und ältern Zuge nach
dem Südwesten, von den glorreichen Waffenthaten und dem
Kriegsglücke der Stammesverwandten und der eigenen Vorfahren
im Laufe von zwei oder drei Jahrhunderten bei den Magyaren
schon dermassen verblasst oder gar in Vergessenheit gerathen
wäre, dass dieselbe beim Verlassen der alten und Aufsuchen der
neuen Heimat unter den übrigen Beweggründen nicht mit-
gespielt hätte. Nein, wer Asiens Völker und namentlich wer
den streng conservativen Geist der turko-tatarischen Nomadenwelt kennt, der wird nie derartigen Suppositionen Raum geben
können. Dass die kurze Zeitspanne von zwei oder drei Jahrhunderten die Erinnerung an die ruhmvolle Vergangenheit bei
den kriegerischen Nomaden nicht zu beeinträchtigen vermag,
dies sehen wir in der Frische und in der Lebhaftigkeit, in welcher bei den Mongolen z. B. der Name Temudšin's nach 600 Jahren, bei den Turkomanen der Zug ihrer seldšukischen Brüder,
d. h. der Osmanen, nach Anatolien nach Verlauf von 700 Jahren
in der Erinnerung fortlebt. Wir begegnen andern, ähnlichen
Verhältnissen auf den verschiedensten Punkten und bei den verschiedensten Völkern Asiens, wo das Gedächtniss weder durch
Schrift noch durch Steinmonumente unterstützt ist, wo dennoch
die Ueberlieferung das Bild der Vergangenheit in staunens-
werther Frische erhält, und wir sehen nicht ein, warum das alte
Asien von dem modernen sich dermassen unterschieden und
warum die Magyaren beim Verlassen des wolga-uralschen Binnen-
landes von der ähnlichen Bewegung ihrer Ahnen vor etlichen
Jahrhunderten nicht gewusst, und ob die Schilderung von dem
bergumschlossenen und von mächtigen Strömen durchzogenen

üppigen Weidelande, als auch von den diesem Lande anwohnen-
den Völkern mit friedlicher Beschäftigung und reich an den
Segnungen des sesshaften Lebens, bei ihnen in Liedern und Sagen,
daher auch im Gedächtnisse nicht fortgelebt hätte. Nur auf
dem Wege einer unparteiischen Kritik, nur bei voller Würdigung
des ethnischen Sachverhalts werden wir daher zur Einsicht gelangen, dass in der Streitfrage mit Bezug auf den historischen
und ethnischen Nexus zwischen Magyaren und Hunnen auf beiden Seiten geirrt wurde. Der Standpunkt, den jene magyarischen
Historiker einnehmen, welche auf Grund der verworrenen Daten
der ersten Chronisten diesen Zusammenhang im Gewande historischer Sicherheit darstellen, ist ebenso ungerechtfertigt und unrichtig als der Hunfalvy's, welcher in seiner „Ethnographie von
Ungarn" [1] Folgendes sagt: „Wer die Hunnen für directe Vorältern
der Magyaren und die Sprache der beiden Völker für identisch
hält, der ahnt gar nicht jene vielen und grossen Klüfte, denen
man zwischen Hunnen und Magyaren begegnet." Beim absoluten
Mangel an geschichtlichen Daten sind es nur linguistische, noch
mehr aber ethnographische Beweise, aus denen sich auf die Verwandtschaft der Hunnen mit den Magyaren schliessen lässt.

3.

Sind wir nun einmal betreffs der innern Motive des Ma-
gyarenzuges nach dem Westen der Erkenntniss so ziemlich nahe
gekommen, so wird es wol unschwer werden, mit denselben
auch die äussern Beweggründe, von welchen die Byzantiner
und Araber uns berichten, in Einklang zu bringen. Wir werden
nämlich sehen, wie inmitten des mächtigen Völkergeschiebes und
Gedränges in der damaligen Nomadenwelt, im Norden des Pontus
und des Kaspisees, der Aufbruch der Magyaren gegen Westen,
beziehungsweise gegen Südwesten unvermeidlich geworden, ja
gleichsam mit der hervorragendsten Begebenheit jener Zeit engstens verkettet war. Unter dieser Begebenheit verstehen wir
hauptsächlich nicht so sehr das Erscheinen und Auftreten, sondern vielmehr das politische Erstarken des Islams, der um diese
Zeit nach einem mehr als zweihundertjährigen Kampfe gegen die
Khazaren im Norden des Kaukasus, wovon das Derbendnameh

---

[1] Siehe S. 255.

ausführlich berichtet, endlich die Macht der letztern gebrochen, und ohne sich selbst in jenen Gegenden festsetzen zu können, zu neuen politischen und ethnischen Configurationen Anlass gegeben hatte. Solange die Macht und das Ansehen der Khazaren an der untern Wolga intact geblieben und solange diese den benachbarten Nomaden türkischer Zunge theils durch das staatliche Ansehen Respect einflössten, theils diesen unruhigen Rittern der Steppe in ihren zahlreichen Kriegen gegen Persien und Byzanz, später aber gegen das Chalifat, Beschäftigung gaben, ward selbstverständlich die Ordnung der Dinge nicht wesentlich gestört, und der türkisch-khazarische Staat bildete sozusagen den Wellenbrecher im leichterregbaren Meere türkischer Nomadenvölker. Nun wurde aber, wie wir eben bemerkten, in der ersten Hälfte des 3. Jahrhunderts der Hedschra dieser khazarische Fels durch das häufige Anprallen der moslimischen Eroberungswuth endlich gestürzt, kein Wunder daher, wenn das vorher erwähnte Wellenmeer über sein Haupt zusammenschlug und die türkischen Völkerwogen in wilden Aufruhr geriethen, in einen Aufruhr, wodurch der im Aufblühen begriffene Handelsverkehr vom moslimischen Asien bis zum fernen Skandinavien und Finland gänzlich unterbrochen und vernichtet worden ist.[1] Die Ersten, welche in der zweiten Hälfte des 3. Jahrhunderts aus den bisherigen Schranken hervorbrachen, waren die Ghuzen der arabischen und die Uzen der byzantinischen Historiker, die aus ihren alten Sitzen zwischen der Emba und der Ostküste des Kaspisees gegen Norden des besagten Meeres und bald darauf in die Gegend zwischen der Wolga und dem Dnjeper vorgerückt sind. Diesen folgten vom Osten her die Kanglis und Karluks, die früher an den nordöstlichen Ausläufern des Tien-Schans gewohnt hatten. Mit einem Worte, durch den herausgefallenen Stein der Khazarenmacht war das ohnehin lockere Gefüge nicht nur im Osten und Westen, sondern auch im Norden ins Rollen gerathen und

---

[1] Diese interessante Erscheinung im Handelsleben des Mittelalters bildete die 15. Frage auf dem dritten Internationalen Congresse der Orientalisten in Petersburg 1876. Wie aus der diesbezüglichen zwischen Grigoriew, Chwolson, Howorth und Harkavy gepflogenen Debatte ersichtlich, war die Majorität der Ansicht, dass der Sturz der Khazarenmacht auf den Handel zwischen Asien und dem Norden Europas störend gewirkt hat (siehe „Trudi tretjago mezhdunarodnago ssjezda", I, LXV fg.).

26*

zum gänzlichen Einsturze gebracht, und inmitten dieses ethnisch-
politischen Tohuvabohus konnten auch die Magyaren auf ihrem
vermeinten Ursitze zwischen dem Ural und der Wolga nicht
länger beharren, sie wurden in diesem chaotischen Völkergeschiebe
zu einer neuen Wanderung gezwungen.

Die Frage, warum diese Wanderung keine nördliche, auch
keine östliche, sondern eine südliche, beziehentlich süd-
westliche Richtung genommen, ist ebenfalls leicht zu beantworten. Nach einer bisher beobachteten allgemeinen Regel im
Wanderleben der Völker ist die Migrationslinie vom kalten und
unwirthlichen Norden nach dem wärmern und angenehmern Süden ebenso häufig und natürlich, als die umgekehrte Richtung
vom Süden nach Norden selten und unnatürlich; die letztere
Richtung wird nur von solchen Völkerfragmenten gewählt, die
hierzu von einer erdrückenden Uebermacht gezwungen, demnach
keine freiwillige Wanderung, sondern vielmehr eine Flucht an-
treten, und da die Magyaren theils wegen ihrer Anzahl, theils
infolge des ihnen innewohnenden kriegerischen Geistes und Heldensinnes zu einer solchen desperaten Wanderung sich keinesfalls genöthigt sahen, so wird es bald einleuchtend, dass sie an
einen Zug in den unwirthlichen Norden, wohin sich nur die
kleinern Völkerfragmente finnisch-ugrischer Abstammung flüch-
ten mussten, nicht zu denken brauchten, auch nicht gedacht
hatten.   Anders geartete, aber nicht minder wichtige Motive
lagen dem Gedanken an einen Wanderzug in der östlichen Richtung im Wege. Erstens mag es die früher erwähnte Tradition
von dem einstigen Zuge nach dem Westen gewesen sein, der als
Sporn zu einem erneuerten Zuge in besagter Richtung wirkte;
zweitens standen der Wanderung nach Osten, respective Südosten
ausserdem noch materielle Hindernisse im Wege. In Anbetracht
dessen, dass die territorialen Verhältnisse nach dieser Richtung
hin, nämlich eine weite, weite Ebene, auf welcher Steppen,
grasreiche Triften und Sumpfgebiet miteinander abwechseln,
dem Geschmack und den Bedürfnissen der Nomaden zwar vollauf entsprochen hätten, so standen einem solchen Vorhaben politische Bedenken im Wege; denn vor allem hätten die Magyaren
mit den dort schon wohnenden Ghuzen, Kanglis und Karluks,
welche zusammengenommen an Zahl und Macht ihnen weit überlegen waren, den Kampf aufnehmen müssen, und führwahr, die
nordöstliche Küste des Kaspi- und Aralsees und das nackte

Steppengebiet im Norden des Jaxartes hätte sich um so weniger
dieser grossen Mühe gelohnt, wenn wir erwägen, dass ein Durch-
brechen des Steppengürtels, d. h. ein Erreichen des transoxanischen
Culturrayons, damals zur Blütezeit der Samaniden, unmöglich gewesen wäre. Ob der Umstände bewusst oder unbewusst, haben
also die Magyaren ganz folgerichtig gehandelt, indem sie auf
ihrer Wanderung den Weg nach Südwesten eingeschlagen haben.
Und so zogen denn die Magyaren auf ihrem Marsche über Lebedien und Etelkuzu der heutigen Heimat zu, in jenes Land,
von welchem sie schon gewusst, vielleicht auch auf dem Marsche
in Erfahrung gebracht, dass sie daselbst ebenfalls weite und
reiche Weideplätze vorfinden und die altgewohnte Existenz des
Wanderlebens würden fortsetzen können. Wie lange sie auf
diesen Stationen jeweilig verharrten, das wird unsers Erachtens
die geschichtliche Forschung, wenigstens am Lichte der bisjetzt
zur Verfügung stehenden Quellen, schwerlich jemals festzustellen
vermögen. Dort, wo, um z. B. vom Aufenthalt zu Lebedien zu
sprechen, die eine Quelle (Konstantin) von drei Jahren spricht
und diese Angabe von den verschiedenen Geschichtsforschern
bald für zweihundert (Thunmann) und bald wieder für dreihundert Jahre erklärt wird (Dankovszki), dort kann eigentlich
auch nicht die geringste Hoffnung zur Klärung des Dunkels vorhanden sein. Für ebenso steril und zwecklos halten wir jene lang-
athmige Discussion, die bezüglich des während des Marsches stattgefundenen Anschlusses der stammverwandten Völker, als Kaba-
baren, Kumanen und Khazaren, unter den verschiedenen Aus-
legern des Porphyrogenitus, Nestor und Anonymus bisher geführt wurde und wahrscheinlich auch ferner noch geführt werden
wird. Wenn auf der einen Seite, wie z. B. von Schlözer, Thunmann, Büdinger und Roessler, dem unerbittlichen Magyarenhasse
zulieb betreffende Stellen des Quellenmaterials mit Gewalt dahin
ausgelegt wurden, um die Subordination der Magyaren unter die
Khazaren zu beweisen, so sind auf der andern Seite wieder zur
Vertheidigung der beleidigten Nationalehre nicht minder grosse
Irrthümer begangen worden. Dieser übel angewandte Eifer der
Gelehrten hat leider der Wissenschaft stets mehr geschadet als
gefrommt. Eine absichtlich verdrehte und gewaltsame Interpretation wird den absoluten Mangel an positiven Daten nie ersetzen, denn ohne feste Grundlage kann selbst der noch so eifrig
beseelte physisch robuste Mann festen Fuss nicht fassen. Die

Einzelheiten über den Zug der Magyaren von der Wolga bis
zur Donau werden daher noch lange in Dunkel gehüllt bleiben
und jeglicher Versuch zur Erhellung dieses Dunkels kann nur
dann erfolgverheissend werden, wenn wir die spärlichen und unsichern Daten der Chronisten theils mit der allgemeinen Welt-
lage jener Zeit und jener Gegenden, theils mit dem zu allen
Zeiten sich treu gebliebenen Geiste der nomadischen Gesellschaft
in Einklang zu bringen versuchen. Von dieser Ansicht ausgehend müssen wir daher bemerken: dass die Wanderung eines
Nomadenvolkes, falls es auch die Richtung und das Endziel seiner
Wanderung schon von vornherein festgestellt hat, was übrigens
nur selten anzunehmen ist. von ganz anderer Natur sei als der
Zug irgendeines Heeres, das den Forschern der magyarischen
Alterthümer vorgeschwebt hat. In solchen Fällen hat man bei
den Nomaden von jeher die Begriffe čerig = Heer oder Wehr-
kraft und köč = Familie oder Gesinde strengstens voneinander
geschieden, indem das Heer, nicht nur Tage, sondern wochen-
und monatelang von den Familien getrennt, das Feindesland
jagend und kämpfend durchschwärmte und sein Gefolge erst
dann an sich zog, nachdem der Sieg es zum unbestrittenen Besitzer des Bodens gemacht hat. Gewisse Mongolenstämme unter
Džengiz waren mehr als zehn Jahre von ihren Familien getrennt;
die Armee des Özbegenführers Scheibani liess erst nach vier-
jährigen Kämpfen in Transoxanien ihre am untern Jaxartes ver-
bliebenen Familien nachkommen, und dass die Magyaren in ungefähr ähnlicher Weise vorgingen, das beweist ihr zur Hülfe Ar-
nulf's gemachter erster Einfall in Ungarn, während dessen sie ihre
Familien in Etelkuzu zurückliessen. Der grosse Zug von der
Wolga durch Lebedien und Etelkuzu muss daher in ähnlicher
Weise vor sich gegangen sein und macht demnach jedwelche
Combination bezüglich einer genauen örtlichen und zeitlichen
Definition schon a priori unmöglich. Nicht aus Deductionen
von den verworrenen und lückenhaften Angaben eines Konstantin
und Anonymus, sondern aus der allgemeinen Sachlage wird es
ersichtlich, dass die Magyaren auf ihrem Zuge nach Südwesten
nicht unter der Botmässigkeit der Khazaren gestanden hatten,
denn eben der Sturz der Khazarenmacht war es, welcher die
Völkerverschiebung hervorrief und den Zug der Magyaren ermöglichte. Eine gestürzte Khazarenmacht hat es nicht vermocht. das kriegstüchtige Magyarenvolk unter ihr Joch zu beu-

gen, vielleicht kaum zu einer Allianz zu bewegen, wie K. Szabó
annimmt.[1] Was nun den Anschluss der Kabaren des Konstantin und
der Kumanen des Anonymus an das Gros der siegreich vor-
dringenden Magyaren anbelangt, so dünkt es uns, wie bereits
erwähnt, gar nicht schwer, die verschieden lautenden Angaben
besagter Hauptquellen zu vereinen. Dieser Anschluss muss als
eine ganz natürliche Folge des siegreichen Vordringens betrachtet und kann zu allen Zeiten im Migrationsleben der Nomaden
nachgewiesen werden. Es ist das Bild eines mächtigen Stromes,
der alles, was des Widerstandes unfähig, mit sich fortreisst, und
da nach Aussage der Geschichte selbst Russen, die damals kein
nomadisches Leben führten, unter Leitung der Magyaren die
Wanderung antraten, so darf es nicht auffallen, dass Kabaren
oder Kumanen oder, wie die einzelnen Nomadenfractionen sonst
immer heissen mochten, zu den Magyaren sich gesellten, ebenso
wenig wie es auffallen kann, dass zur Zeit des Batu'schen Zuges
nach Ungarn pontische Türkenvölker das Gleiche thaten, denn
hätten die Magyaren von den Russen unter Kiew oder von der
Macht eines andern sesshaften Volkes eine Niederlage erlitten, so würde ein solcher Anschluss gewiss nicht stattgefunden haben.

Es ist eben dieser Umstand, d. h. unsere Unkenntniss von
der ethnischen Beschaffenheit und von der Quantität derjenigen
Völkerschaften, welche sich den Magyaren angeschlossen haben,
der die Erforschung der numerischen Grösse des Magyarenheeres
und Volkes auf dem Marsche und während der Besitzergreifung
von Ungarn geradezu illusorisch macht. Wir mögen die diesbezüglichen Angaben des Chronicon Budense, Kézai's oder Thuróczi's zur Basis nehmen, so muss jedenfalls die Gesammtzahl
von 215000—216000, oder gar 300000, wie Fessler[2] annimmt,
waffenführenden Kriegern nur als die Ausgeburt der Phantasie
betrachtet werden. Schon die runde Zahl von 30000, welche
jedem der sieben Hauptstämme zugeschrieben wird, trägt an und
für sich den Stempel grosser Unwahrscheinlichkeit, wenn nicht
der Unwahrheit, weil es zu keiner Zeit Nomaden geben konnte,

---

[1] Biborban született Konstantin munkái, im Magyar Akademiai Értesitö, I, 115.
[2] Die Geschichten der Ungarn und ihrer Landsassen. I. 256.

deren einzelne Stämme eine gleiche numerische Stärke aufzuweisen im Stande waren, und weil diese aussergewöhnliche
Höhe der Gesammtzahl, wie wir schon an anderer Stelle hervorgehoben, weder in den Rahmen ethnischer Combinationen passt,
noch weniger aber mit den zur damaligen Zeit in den Pontusländern herrschenden culturellen Zuständen vereinbart werden
kann. Erstens hat die Geschichte kein Beispiel aufzuweisen,
nach welchem ein Nomadenheer von solcher Stärke in compacter
Form und zu gleicher Zeit einem und demselben Ziele entgegen-
gestrebt hätte. Vor allem müssen wir bemerken, dass bei der nackten und
armen Natur der Steppenländer, d. h. ohne Ackerbau und Industrie, die Nomaden im allgemeinen sich nicht so leicht vermehren können wie sesshafte Völker. Nicht minder beeinträch-
tigend auf die Vermehrung wirken der ewige Zank und Hader,
das stete Ringen mit den Elementen und besonders die socialen
Misbräuche, sodass, wenn auch die heutigen Steppenregionen auf
der grossen Ausdehnung von der Mandschurei bis zum Kaspisee
über fünf Millionen Seelen beiderlei Geschlechts zählen, dies im
Grunde genommen nur der calmirenden Wirkung des abendländischen Einflusses, welcher die frühere Bekriegung der Nomadenstämme untereinander erschwert oder unmöglich macht,
zugeschrieben werden kann. Wir müssen ferner berücksichtigen,
dass eine Million Nomaden in keinem Falle 300000 streitbare
Männer liefern kann, da eine Familie oder ein Nomadenzelt, in
welchem fünf Köpfe angenommen werden, zumeist nur einen
waffenfähigen Mann zu stellen vermag. Zweitens ist es schwer,
davon eine Vorstellung sich zu machen, wie diese zwei- oder
dreimalhunderttausend Krieger, die, wie schon erwähnt, von
ihren Familien und Heerden getrennt einherziehen mussten, in
den damals dünnbevölkerten Uferländern des Dnjepers und
Dnjesters für sich und für ihre Pferde Nahrung finden konnten,
da es einem Eroberungsheere wol öfters an Zeit gebricht, durch
Jagdbeute sich zu ernähren, und wie der wenigstens viermal
stärkere Haufen der Nachfolger, folglich die über eine Million
starke Zahl der Angehörigen mit ihren auf mehrere Millionen
Stücke sich belaufenden Heerden in diesen von Reiterhaufen arg
zugerichteten Gegenden sich erhalten konnte? Dieses alles zusammengefasst, dünkt uns, gelinde gesprochen, eine absolute
Unmöglichkeit, denn wenngleich die europäischen Geschicht-

schreiber die Kriegerzahl der mongolischen Feldzüge in ähnlicher Weise darstellen, so braucht man nur die viel kleinern Zahlen eines Dšuveini und Raschid-ed-din in Betracht zu ziehen, um die Uebertreibungen der ebengenannten Historiker einzusehen.

4.

Es würde zu weit führen, wollten wir in dieser ethnologischen und nicht historischen Studie bezüglich der verschiedenartigen vagen und unbegründeten Angaben in Betreff der Kopfzahl der Magyaren und der mit diesen eingewanderten verwandten Stämme der Petschenegen und Kumanen uns noch in weitere Erörterungen einlassen. So viel steht fest und ausgemacht, dass das eigentliche magyarische Element während seiner ganzen Wanderung in numerischer sowol als auch in moralischer Beziehung tonangebend war, ungleich dem mehr als vier Jahrhunderte später eingetretenen Verhältnisse während des Mongolenzuges von der Wolga nach der Donau, wo im Heere Batu's, selbst nach der kühnsten Berechnung, auf einen Mongolen wenigstens acht Nichtmongolen, d. h. Turko-Tataren, kommen, und wo nur das Prestige der glänzenden Waffenthaten im östlichen und mittlern Asien dieser kleinen Minorität die leitende Rolle zu sichern vermocht hat. Ansonst ist es höchst bemerkenswerth, dass die Marschroute Batu's und Árpád's fast eine und dieselbe war. Batu zog bekanntermassen mit dem Gros seines Heeres über Volhynien und Galizien durch den Karpatenpass über Munkács und Ungvár ins nordöstliche Ungarn ein, während ein anderes Corps, von Subutai und Küjük geführt, über die Walachei durch den Ojtoser Pass in Siebenbürgen einfiel und von da, via Grosswardein, zur Vereinigung mit dem Batu'schen Heere vorrückte.[1] Fassen wir nun dieses Moment des Mongolenzuges näher ins Auge, so wird die Differenz in den Angaben Konstantin's und des Anonymus, von welchen ersterer die Magyaren an der untern Donau über Siebenbürgen, letzterer über Munkács in die heutige Heimat einrücken lässt, wol leicht ausgeglichen werden. Wir geben nämlich auf Grund der historisch sichergestellten Details vom Marsche Batu's der Vermuthung Raum, dass die Magyaren gleichfalls von zwei Richtungen her, nämlich von Nord-

---

[1] Vgl. Howorth, „History of the Mongols", I, 146 und II, 48.

ost und Südost, in Pannonien eindrangen, dass also der Bericht des Anonymus keineswegs der historischen Glaubwürdigkeit entbehre, wie K. Szabó [1] behauptet, auch nicht der Unwahrheit gezichen werden könne, wie Rössler [2] es thut, dessen chronologische Argumente ebenso wenig stichhaltig sind wie seine Lieblingsrecitationen vom grausigen Schrecken der Magyaren vor den fürchterlichen Petschenegen, die erstens gar nicht so fürchterlich, und zweitens etwa blos im Stande waren, dem südlichen Theile des Magyarenheeres Besorgniss einzuflössen. Die diesbezügliche Differenz zwischen dem Anonymus und Constantinus Porphyrogenitus mag nur so entstanden sein, dass ersterer, dessen Werk mit all seinen Fehlern und Lücken dennoch auf Tradition beruht, vom Zuge Árpád's und der Hauptarmee (welcher selbstverständlich länger in der Volkserinnerung fortgelebt hat) berichtet, während Konstantin in seinem Berichte nur des in der Flanke operirenden Theils des Magyarenheers Erwähnung thut: folglich durch seine Berichterstatter nur von einer Fraction, und zwar von der südöstlichen Fraction der Magyaren erzählen hörte, welcher in leicht erklärlicher Weise das Gros des Petschenegenvolkes numerisch überlegen war, daher eben dieser Bruchtheil der Magyaren demselben auszuweichen bestrebt war, sonach Konstantin's Erzählung von der ausweichenden Bewegung der Magyaren erklärlich wird.

Uebrigens gestehen wir es gern zu, dass bezüglich der vorausgeschickten Bemerkungen über die allerersten Anfänge der Magyaren, über ihre Zahlenstärke, ihre Bundesgenossen, sowie über die Richtung und Etappen auf ihrer Wanderung, die wissenschaftliche Discussion noch lange nicht geschlossen sein wird. Für die Ethnologie sind diese Momente von unzweifelbarer Wichtigkeit; doch um so wichtiger bedünken uns die Folgen der schon als abgeschlossene Thatsache sich darstellenden Besitzergreifung des Landes, d. h. jenes merkwürdige Verhältniss, welches aus dem Zusammenleben der Eroberer und ihrer Bundesgenossen mit den in Pannonien bereits vorgefundenen Völkerschaften herausgewachsen ist und auf dem Gebiete der Ethnologie kaum seinesgleichen findet. Um dieses Verhältniss seinem vollen Werthe nach würdigen zu können, müssen wir vor

---

[1] Magyar Akademiai Értesitő, I, 130.
[2] Rumänische Studien, S. 198.

allem, ohne Berücksichtigung der politischen Sachlage, die ethnischen Configurationen in Pannonien im 9. Jahrhundert uns
vergegenwärtigen. Dem Hauptwesen nach war das damalige
Pannonien von arischen Völkerelementen bewohnt. Auf dem
ganzen nördlichen Theile, bis zu den Flüssen Wag und Gran
im Westen, und bis zu den Niederungen der Theiss im Osten,
haben Slawen gewohnt, und zwar Slawen, die zu jener Zeit an
die compacte Masse ihrer Brüder einerseits über das heutige
Ostdeutschland bis zum Baltischen Meere, andererseits über
Polen und Russland bis weit nach Kiew hin sich anlehnen
konnten. Dasselbe nationale Element war unter verschiedenen
Namen, als Serben, Bulgaren, Dalmaten und Kroaten auch im
ganzen Süden des Landes verbreitet, während im Westen, mit
Ausnahme der deutschen Ansiedler, Slowenen hausten, die zu
jener Zeit über Kärnten und Krain nach Tirol hinein bis zum
Quellengebiet der Drau reichten, da nach den neuesten Forschungen selbst Windisch-Matrei, nördlich von Lienz im Puster-
thale, zu den slawischen Colonien gehört hat. Schliesslich
wohnten selbst an den östlichen Marken des Landes bis nach
Orsowa theils Bulgaren, welche selbstverständlich damals schon
ganz slawisirt gewesen, theils andere Slawen, welche aus Moesien
dahin eingewandert waren. Es gab wol ausserdem noch einzelne Völkerfragmente gothischer, khazarischer und romanischer
Abkunft, vielleicht auch andere unter dem unbestimmten Sammelnamen Awaren bezeichnete kleinere ethnische Bruchtheile; doch
die erdrückende Mehrheit war arischer, rücksichtlich slawischer Abkunft, Slawen, die ebendamals auf dem Punkte standen, zu einem mächtigen, vom Baltischen bis zum Aegäischen
Meere und vom Don bis weit über die Elbe hinaus reichenden
Körper sich zu vereinen, und für die es, wie Palaczky sehr
richtig bemerkt, das grösste nationale Unglück gewesen, dass
die Magyaren gleichsam wie ein trennender Keil zwischen sie
hineingefahren sind. Was daher für den Ethnologen von höch-
stem Interesse ist, und was wir darum auch mit dem Epitheton
„beispiellos in der Geschichte" bezeichnen, das bezieht
sich in erster Linie auf das merkwürdige Factum, dass die Magyaren trotz ihrer Minderzähligkeit die numerisch gewaltig überlegenen Feinde unterjochten, und noch mehr, dass sie, trotz der
erdrückenden Mehrzahl der gegnerischen Elemente und trotz des
gefährlichen Anstürmens und auch endgültigen Sieges fremder

Cultureinflüsse, dennoch ihre ethnische Individualität zu wahren
und aufrecht zu erhalten vermochten. Für diese ethnologische
Erscheinung wäre es schwer, auf der ganzen Weite und Breite
der asiatischen Welt ein Analogon zu finden, und selbst das
Verhältniss der Römer im westlichen Europa könnte nicht als
Beispiel angeführt werden, da die römischen Eroberer, trotzdem
sie ihre Muttersprache den Iberiern und Galliern aufgedrungen
hatten, in nationaler Hinsicht dennoch schliesslich in den letztern
aufgegangen sind. Was nun speciell Asien anbelangt, so finden
wir z. B. in China, dass die Mongolen, welche nach einem, von
Dšengiz bis Kublai, d. i. von 1227—71 dauernden Kriege mit
verhältnissmässig kleinern Truppenkörpern die Macht der Sungs
gebrochen und zu Herren des riesigen chinesischen Reichs sich
gemacht hatten, dennoch kaum hundert Jahre lang sich auf dem
Throne zu Cambaluc, richtiger Khanbalig, zu behaupten vermochten, und als mit dem Sturze der Yuen- oder mongolischen
Dynastie die Mings sich erhoben, da war schon vom Volke des
Dšengiz kaum eine Spur mehr vorhanden. Das Gleiche ist mit
den heutigen Beherrschern Chinas, nämlich mit den Mandschus,
der Fall, die trotz der politischen Suprematie auf das chinesische
Element nicht im mindesten einzuwirken vermögen, sondern im
Gegentheil in dem letztern allmählich aufgehen. Und was die
Mongolen im Osten Asiens nicht vermochten, das gelang ihnen
noch weniger im Westen, wo sie aussergewöhnliche politische
und sociale Umgestaltungen hervorriefen und wo, trotz des langen
Bestandes der mongolischen Herrschaft an der Wolga, in Kiptschak,
in Persien, in Transoxanien und in Ost-Turkestan die Mongolen
selbst bald in den von ihnen besiegten Völkerelementen aufgegangen sind.

Wenden wir unsern Blick dem Geschicke früherer Eroberer
zu, so werden wir finden, dass die Bulgaren in den Reichen ihrer
slawischen Unterthanen in Moesien, die Warägen in denen ihrer
russischen Unterthanen spurlos verschwanden, und dass mit
Ausnahme der Osmanen, die nur im Schutze der eigenen
gewaltsam eingeführten Bildungswelt sich zu erhalten
vermochten, es kein Volk gegeben hat, welches trotz
der Minderzahl und trotz der Annahme fremder Gesittung des ihm unterworfenen Volkes seine nationale Individualität intact bewahren konnte.

5

Forschen wir nun nach den Ursachen dieser geradezu phä-
nomenalen Erscheinung, so wird es sich herausstellen, dass dieselben, dem Grundwesen nach von verschiedener Natur, sowol
aus der ethnischen Beschaffenheit der Eroberer als auch aus
der socialen und politischen Lage der Eroberten hervortreten
und im Lichte historisch-philosophischer Erwägungen wol unschwer erklärt werden können. Pannonien bot in der ersten
und noch mehr in der zweiten Hälfte des 9. Jahrhunderts alles,
nur nicht das Bild der politischen und ethnischen Einheit dar,
sondern gerieth vielmehr durch die in der westlichen Hälfte
wüthenden erbitterten Kämpfe zwischen Slawen und Deutschen,
die um die Oberherrschaft rangen, nicht minder als durch kirch-
liche Wirren, in die ärgste Zersplitterung, während in der östlichen Hälfte, da wir mit Hunfalvy [1] ein Theiss-Bulgarien für die
Phantasiegeburt J. Ch. Engel's halten, selbst der Schatten einer
stabilen Regierung gefehlt haben muss, und Bulgaren, Khazaren
und sonstige unbekannte Völkerschaften, unter der zweifelhaften
Obrigkeit der Fürsten Zalán und Murót auf den Niederungen
eine halb- oder vielleicht ganz-nomadische Existenz fristend, in
politischer und socialer Beziehung von den nordöstlich in der
Moldau hausenden Petschenegen sich wol wenig unterschieden
haben mögen. Es war eben noch das Bild jener unfertigen Zustände, an welchen der awarische Feldzug Karl's des Grossen in
Pannonien nur wenig zu verändern vermochte, welcher sich vergebens bemüht hatte, die ethnischen Fragmente zwischen den
Karpaten und der Adria mit dem Kitte der christlichen Religion in Einen Körper umzugestalten, da Asiens Grenzen damals
nicht am Ural oder in den Pontusländern, sondern an der Theiss
sich befanden, und da auf der nur wenig unterbrochenen Kette
von Steppen und triftenreichen Ebenen, die vom Altai durch
das Innere Asiens bis an die Donau sich erstrecken, das unruhige
Meer turko-tatarischer Nomaden auf- und niederbrauste. Zweihundert Jahre nach Karl dem Grossen gelang dieses Werk der
politischen Krystallisation wol der kräftigen Hand eines Stephan
des Heiligen; doch als die Magyaren auftraten, war Pannonien
nicht nur politisch und ethnisch stark getheilt, sondern in seiner

---

[1] Hunfalvy, Die Ungern oder Magyaren (Wien und Teschen 1881), S. 11.

Mitte befand sich die Grenzscheide zwischen der europäischen
und asiatischen Welt, und dieses Zusammentreffen zweier selbst
damals schon mächtiger Gegensätze musste den Eindringlingen
jedenfalls zu statten gekommen sein. Hieran anknüpfend darf
auch jener hervorragende Charakterzug der grössern Kriegstüchtigkeit, der abgehärtetern Lebensweise und des intensiven
Hanges nach Abenteuern nicht übersehen werden, der den Magyaren, diesem von der Steppenwiege weg auf die Bühne der
Weltgeschichte mit urwüchsiger Kraft tretenden Volk, zum Siege
über Pannoniens Völkerschaften verholfen hatte, wo sie der sesshaften, Ackerbau treibenden Bevölkerung schon durch das fremdartige Aussehen Furcht und Schrecken einflössten, wo sie hingegen die ganz- und halbnomadischen Bewohner der pannonischen
Niederungen bald für sich gewinnen und für ihre fernern Pläne
verwerthen konnten.

Was nun die Eroberer selbst anbelangt, so fehlt uns allerdings auch der geringste Anhaltspunkt, ihr numerisches Verhältniss zu dem ihrer petschenegischen und kumanischen Bundesgenossen auch nur im entferntesten und annäherungsweise sicher-
stellen zu können, da die runde Zahl von 100000, welche die
magyarischen Historiker den Petschenegen und Bulgaren beilegen,
sowie die der 200000 Khazaren und Kumanen, doch nur auf
höchst vagen Muthmassungen beruhen. Jedem Zweifel enthoben
ist blos der Umstand, dass die von der Wolga als fertiger Nationalkörper aufgebrochenen Magyaren trotz der während des
Marsches ihnen angeschlossenen, uns numerisch unbekannten
Verbündeten, immer die leitende Rolle behielten, und dass von
ihnen schwerlich behauptet werden kann: dass sie selbst nur
die stählerne Spitze des Speers, ihre Bundesgenossen aber den
Schaft vorgestellt hätten. Eine solche Annahme ist wol bei den
Mongolen, bei den Magyaren jedoch keineswegs zulässig, von
welchen erstern es bekannt ist, dass Dšengiz dem Dšüdši nur 4000[1]
eigentliche Mongolen zurückgelassen hatte, aus welchem Kern
sich die Goldene Horde und die grosse Armee Batu Chan's gebildet hatte. Ob Kabaren, Kumanen oder Petschenegen, ob
unter Kiew, ob in Lebedien oder in Etelkuzu, so haben stamm-
verwandte beutelustige Kriegerhaufen sich doch nur einem solchen

---

[1] So wenigstens zeigt die Armeeliste bei Wassaf. Vgl. Howorth, History
of the Mongols, II, 36.

Heere anschliessen können, in dessen numerisch überlegenen Reihen Sieg und eventuell auch Schutz anzuhoffen war. Diese Bundesgenossen, durch die Bande der Blutsverwandtschaft, der Lebensweise, der Religion und der politischen Tendenz mit den Magyaren vereinigt, hatten an dieselben nach dem Auftreten in Pannonien um so enger sich angeschlossen, als die Gemeinsamkeit der Interessen und die auf feindlichem Gebiete beide in gleicher Weise bedrohende Gefahr der gänzlichen Vernichtung von einem Sondergehen und einer, bei Nomaden leicht um sich greifenden Insubordination in gebieterischer Weise abriethen. Wir geben daher keineswegs einer seichten Hypothese Raum, wenn wir annehmen, dass der ethnische Unterschied zwischen Petschenegen, Kumanen und sonstigen Türken, dann zwischen Magyaren schon während der Regierungszeit Zoltán's (907—947) sich allmählich zu verlieren begonnen hatte, dass die in Gemeinschaft unternommenen Züge ins westliche und südliche Europa die ethnische Scheidewand immer mehr und mehr schwinden machten und dass schliesslich zur Zeit Stephan's des Heiligen die früher erwähnten türkischen Elemente, wenn nicht gänzlich, doch grösstentheils in den Magyaren schon aufgegangen waren. Wie J. Jerney [1] auf Grund eingehender Studien nachweist, sind die Petschenegen von der Besitznahme bis zur Regierung Stephan's des Heiligen in vier verschiedenen Zeitabschnitten in Ungarn eingewandert und, wie theils aus den Urkunden, theils aus der topographischen Nomenclatur sich bestimmen lässt, haben sie in grössern Abtheilungen in den Comitaten Wieselburg, Oedenburg, Eisenburg, Raab, Csanád und Weissenburg sich niedergelassen, während kleinere Fractionen im ganzen Lande herum zerstreut waren. Wol datiren die auf die petschenegischen Colonien bezüglichen Documente sich erst vom Anfang des 13. Jahrhunderts und nur auf Grund der Chroniken und der geographischen Nomenclatur könnten frühere Daten angenommen werden; doch haben wir allen Grund anzunehmen, dass die Petschenegen im 12. und wahrscheinlich auch schon im 11. Jahrhundert, mit dem rein magyarischen Elemente engstens verwachsen, bei den wichtigsten politischen Missionen eine Rolle spielten. Sie bildeten nämlich die Grenzwächter im Westen des Landes, wo die vom deutschen Reiche

---

[1] Jerney János, Keleti utazása, I, 227—271.

her drohende Gefahr den kräftigsten Arm erheischte; sie ver-
sahen den Dienst der sogenannten „speculatores" oder „spicula-
tores" und bekleideten die hervorragendsten Aemter, und dieses
alles ist kaum wol anders erklärlich, als dass sie schon in frü-
hester Zeit mit den Magyaren verschmolzen waren, ja sozusagen
zu Magyaren κατ᾽ ἐξοχήν sich herausgebildet hatten.

Aehnliches lässt sich auch von Kumanen annehmen, die
unter dem russischen Namen Polowzen (magyarisch palócz) schon
zur Zeit der Besitzergreifung mit den Magyaren erschienen[1],
und deren Einwanderung in Pannonien erst vor dem Einfall der
Mongolen 1239, richtiger aber nach der 1279 begonnenen gewaltsamen Colonisirung ihren Abschluss gefunden hat. Die
meisten magyarischen Historiker wollen natürlich diesen Sachverhalt nicht anerkennen, indem sie trotz der unwiderlegbaren
Beweise des Türkenthums der Petschenegen und Kumanen letztere immer nur für solche Stämme halten, deren Sprache vom
Magyarischen höchstens dialektisch verschieden war; doch wird
die übel angewandte Nationaleitelkeit kaum im Stande sein, die
mannichfache Evidenz der Thatsachen zu entkräften.[2] Der Unterschied kann höchstens nur dieser sein: dass man in Ungarn
vor dem Einfall Batu's den Bundesgenossen die generischen
Namen besenyő, bessi oder bisseni, palócz, kún oder cumani
und kozár gegeben, nach dem Einfall Batu's jedoch sich zugleich auch des durch die Mongolen, in Asien sowol wie in
Europa, geläufig gewordenen Sammelnamens Tatár (Tatare)
bedient hat, und zu letzterm noch Sarazenen und Neugaren[3]

---

[1] Hunfalvy (Ethnographie, S. 237) will von dem russischen Sprachcharakter
des Wortes Palócz, und mit Hinblick auf den Umstand, dass die russischen
Jahrbücher der Paloczen erst im Jahre 1061 Erwähnung thun, die Einwanderung dieser Polowczen in Ungarn erst in die Zeit nach Ladislaus I.
versetzen. Uns dünkt dieses Argument nicht stichhaltig genug. Das spätere
Datum der russischen Chronisten allein ist noch kein Beweis dafür, dass
die Polowczen in der Mátra nicht mit den Ungarn zugleich eingewandert
seien. Sie hiessen Polowczen, weil sie auf slawischem Gebiete sich den
Magyaren anschlossen, ebenso wie ihre Brüder Kumanen (kúnok) genannt
wurden, weil sie aus dem alten Kumanien, d. h. aus der heutigen Moldau
und Walachei einwanderten.

[2] Vgl. S. 97 und das petschenegische Wortregister, in welches wir,
da wir Petschenegen und Kumanen für einen und denselben Stamm halten,
auch kumanische Wörter aufgenommen haben.

[3] Dieses Neugar hat den Historikern besonders viel Kopfzerbrechen

hinzufügte. Doch wie die ethnische Nomenclatur auch immer
gelautet haben mag, so steht es ausser Zweifel, dass, so wie v o r
dem Eindringen der Magyaren in Pannonien einzelne Völkerfragmente aus dem bewegten Meere der turko-tatarischen Nomadenwelt in den Pontus- und Kaspigegenden über die Kar-
pathen nach den Theiss-Niederungen geworfen wurden, was aus
der Ansiedelung der Khazaren unter Marót zur Genüge erwiesen
ist, ähnliche Vorkommnisse auch nach dem Festsetzen der Magyaren nicht ausbleiben konnten und selbstverständlich erst
dann gänzlich aufhörten, nachdem einerseits in der nördlichen
Hälfte West- und Mittelasiens die Nomadenflut eingedämmt und
die Dinge einer allmählichen Consolidirung entgegengegangen
waren, was nach dem Sturze der Mongolen geschah, während
andererseits in Ungarn selbst durch Stabilisirung des Christenthums, durch die Einführung westlicher Sitten, Gebräuche und
Einrichtungen, mit einem Wort, infolge der Europäisirung des
Landes die Zuströmung neuer nomadischer Elemente unstatthaft
und unmöglich geworden. Was daher volle vier Jahrhunderte
hindurch aus dem nordwestlichen Theile der asiatischen Steppen
und Ebenen, bald in kleinern, bald in grössern Haufen nach
den Niederungen Ungarns strömte, das hat d u r c h d i e und m i t
d e n Magyaren zu einem staatlich, gesellschaftlich und sprachlich
homogenen Körper sich vereinigt, und aus diesem Amalgam ural-
altaischer Völker ging das Magyarenthum von heute hervor,
nachdem es auf leicht erklärbare Weise auch die in Pannonien
vorgefundenen Khazaren und sonstige aus der Awarenzeit übrig-
gebliebene verwandte Völkerelemente in sich aufgenommen hatte.

Wenn wir daher d i e e r s t e g e n e t i s c h e P e r i o d e des magyarischen Volkes in jenes kaum geahnte ferne Zeitalter versetzen, in welchem seine Vermischung mit einem finnisch-ugrischen
Stamme stattgefunden, so kann als z w e i t e g e n e t i s c h e Pe-

---

verursacht. J. Chr. Engel lässt sie aus Thrazien kommen. Hammer und
nach ihm Jerney wollen in denselben die Nogaj oder Nokais erkennen,
was wol nicht bei letzterm, aber um so mehr bei ersterm auffallen muss,
da er doch wissen konnte, dass Nöker oder Nöger نوکر, ein vom Mongolischen stammendes Wort in der Bedeutung von S o l d a t, K r i e g e r, bei
Wassaf häufig vorkommt, und dass dieses Wort noch heute in Mittelasien
und in Persien für Soldat, Kriegsknecht gebraucht wird (vgl. mein Čagat.
Wörterbuch und Budagow, II, 296).

riode nur jener Zeitabschnitt angenommen werden, welcher
zwischen dem 9. und 11. Jahrhundert verflossen und in welchem
letzterwähnte Verschmelzung vor sich gegangen war.

6.

Wer unbefangen und frei von allen, aus welcher Quelle
immer fliessenden Vorurtheilen die Entstehung des magyarischen
Nationalelementes in Ungarn dermassen auffasst, d. h. wer in
seinen Betrachtungen über die zweite genetische Periode dieses
Volkes die Beschaffenheit der integrirenden Theile in Rechen-
schaft zieht, dem wird der Verschmelzungsprocess ganz natürlich
erscheinen und der wird schliesslich auch für dieses vorher erwähnte ethnologische Räthsel ganz leicht die nöthige Auflösung
finden. Hätte das magyarische Element zur Zeit der Besitzergreifung Pannoniens nicht den in qualitativer und quantitativer Beziehung tonangebenden Factor, oder bildlich gesprochen,
nicht jenen Kern gebildet, um welchen die verschiedenen verwandten Elemente sich krystallisirten, so wäre es ihnen ungefähr ebenso ergangen wie den Bulgaren, Mongolen, Mandschus
u. s. w., welche ungeachtet der militärischen Superiorität von den
durch sie besiegten Massen verschlungen und absorbirt worden
sind. Aber es gibt auch noch andere Factoren, die hier mitgewirkt haben, und zu diesen gehört in erster Reihe die Zeit
und die Musse, in welcher dieser Krystallisationsprocess vor
sich gegangen, nicht minder aber auch die politischen und socialen Umstände, die ihn hervorgerufen und begünstigt haben.
Die Mongolen z. B. sind sozusagen im Sturmschritt vom Osten
Asiens nach dem Westen geeilt. Sie warfen in ihrem Sieges-
rausche alles über den Haufen und an eine Mongolisirung der
mit ihnen doch so nahe verwandten turko-tatarischen Bundesgenossen war unter keinen Umständen zu denken. Der Zug der
Magyaren von der Wolga bis an die Donau thut sich eben im
Gegentheil durch einen langsamen, nicht so sehr spontanen, als
vielmehr von den Umständen gebotenen graduellen Fortschritt
kennzeichnend hervor. Bezüglich der Zeitdauer der Wanderung[1]

---

[1] Nach dem Anonymus (Cap. VIII) soll der Aufbruch von der Urheimat 884 erfolgt sein, was K. Szabó (Kisebb történelmi munkái, I, 118)
auf 887 rectificirt, um dieses Datum mit dem ein Jahr später, d. h. 888

nach Lebedien, des Aufenthaltes daselbst und in Etelkuzu, werden wir noch lange im Finstern herumtappen; doch war dieselbe jedenfalls viel länger als die, welcher die Mongolen zum Marsche vom Thien Shan bis zur Wolga benöthigten, und es hat demnach diese längere Zeitdauer, wenngleich nicht die Amalgamirung, doch die Assimilirung der petschenegischen und kumanischen Verbündeten ermöglicht, sodass wir kaum fehlgehen, indem wir annehmen, dass letztere schon unter Árpád als theilweise magyarisirt zu betrachten seien. Im Laufe der nun folgenden Jahrzehnte muss die Gefahr der abenteuerlichen Unternehmungen nach allen Theilen des Abendlandes dieses Bündniss noch mehr befestigt haben, und kaum waren die neu angekommenen Elemente dem magyarischen Nationalkörper einverleibt, als bereits wieder neue Nomadenhaufen theils freiwillig, theils von aussen her gedrängt, eintrafen und successive den in Besitz eines grossen und schönen Landes gelangten Stammesverwandten sich anschlossen. In der geschichtlichen Ueberlieferung finden wir nur sehr schwache Andeutungen über diesen ganz natürlichen Verlauf der Begebenheiten. Constantinus Porphyrogenitus hat, ungeachtet er fast Zeitgenosse dieser Begebenheiten war, von diesem Verhältniss gar keine Ahnung, und er hat darüber, mit Ausnahme des Anschlusses der Kabaren, nichts berichtet. Die magyarischen Chroniken verbreiten schon etwas mehr Helle, denn sowol der Anonymus als auch Kézai und Thuróczi sprechen ganz klar von petschenegischen und kumanischen Einwanderern unter Árpád, Taksony und Géza. Aus der Stephanlegende des Bischofs Hartwik erfahren wir von petschenegischen Ankömmlingen unter Stephan, und auch die Ladislauslegende (Cap. VI)

---

erfolgten magyarischen Einfall in Bulgarien in Einklang zu bringen, in welch letztern Jahre denn auch zugleich die Aufsuchung, respective die erste Betretung Pannoniens durch die Magyaren stattgefunden haben soll. Bezüglich des Jahres der ersten Besitzergreifung, nach Regino's Angabe im Jahre 889, mag wol wenig Zweifel obwalten, doch wie nun dieses Datum mit dem dreijährigen Aufenthalt in Lebedien und mit der mehrjährigen Niederlassung in Etelkuzu zu vergleichen sei, wird nur schwer einleuchtend. Nach unserm Dafürhalten muss der Aufbruch aus der Urheimat viel früher erfolgt sein, da es absolut unmöglich ist anzunehmen, dass bei den damaligen politischen Wirren ein Nomadenheer und noch dazu ein Nomadenvolk diese weite Entfernung in drei oder gar in einem Jahr zurückgelegt habe.

27*

berichtet von einem versuchten Einfall der Petschenegen von
der Walachei her. Andere ähnliche Erscheinungen sind auf
ewig der Vergangenheit anheimgefallen; doch, wie schon erwähnt,
dauerte der Zufluss bis zu Ende des 13. Jahrhunderts, und weil
derselbe blos allmählich stattgefunden, so hat er das Magyarenthum gekräftigt und ist selbst zur mächtigsten Stütze der magyarischen Staatsidee geworden.

Nachdem wir die hochinteressante Frage, wie es den Magyaren gelungen sei, ihre nationale Individualität inmitten der zahlreichen Verbündeten und noch zahlreichern unter ihre Herrschaft
gebrachten Ansässigen Pannoniens aufrecht zu erhalten, in vorhergehender Weise zu erklären versucht haben, wollen wir uns
auch das Bild des socialen und politischen Lebens vergegenwärtigen, welches Ungarn im 10. Jahrhundert darbot, um daraus
auch auf die einzelnen Phasen der im nächsten, 11. Jahrhundert,
vor sich gegangenen Umgestaltungen folgern und die weitern Motive der ethnischen Metamorphose in Pannonien verfolgen zu
können. Mit dem Quellenmaterial, auf welches wir in den diesbezüglichen Betrachtungen uns stützen wollten und möchten,
ist es leider noch ärger bestellt als mit den Angaben aus der
Zeit vor und während der Besitzergreifung, denn was die
gleichzeitigen Chronisten, als Regino, Ekkehard, Luitprand und
andere berichten, sind doch nichts weiter als erbärmliche, von
mittelalterlich-christlichem Blödsinn und Böswilligkeit strotzende,
ganz belanglose Andeutungen, aus welchen der Forscher so viel
wie gar nichts lernen kann. Wir handeln daher weit besser,
wenn wir, an die bisher befolgte Methode uns haltend, die „res
gestae" der Magyaren in Pannonien während des 10. Jahrhunderts im Lichte jenes politischen und socialen Geistes beurtheilen, der die turko-tatarischen Nomaden aller Zeiten charak-
terisirte, der bei den mongolischen Eroberern unter ähnlichen
Verhältnissen zum Ausdruck kam und der auch in den Hand-
lungen der Magyaren die eigentliche Triebfeder bildete. Was
unsern Wahrnehmungen sich zu allererst aufdrängen muss, das ist
die leichtbegreifliche Consequenz, mit welcher die Magyaren
und ihre Verbündeten in Pannonien, wie gesagt, an den damaligen Ostgrenzen Europas ihre frühere in Asien angewöhnte
nomadische Lebensweise fortzusetzen bestrebt waren, und dieselbe auch nahezu anderthalb Jahrhundert hindurch wirklich
fortgesetzt haben. So sehen wir, dass die Eroberer gleich nach

ihrem Erscheinen im Lande, nicht beachtend die in ihre Gewalt
gebrachten festen Wohnsitze der Ansässigen, deren Anzahl allerdings noch sehr spärlich war, mit ihren Heerden nur jenen
Ebenen zueilten, die von den südlichen Ausläufern der Karpaten, vom obern Theissgebiet in südwestlicher Richtung hin
bis zum linken Drauufer sich hinziehen. Hier mussten die Magyaren sich ganz heimisch gefühlt haben, denn manche Theile
besagter Niederungen gleichen in der That den Steppenregionen
Centralasiens, so z. B. der wüste, von Sandhügeln besäete Strich
zwischen Keczel und Halas in Kumanien, während wieder andere
Flussgelände, so namentlich an der Theiss, mit den Ufergegenden des untern Jaik und Jaxartes auffallende Aehnlichkeit
haben. Ohne das fruchtlose Werk einer ganz genauen chronologischen Ermittelung fortzusetzen, wird aus dem Zusammenhange
der verschiedenen Daten ersichtlich, dass die ersten Jahre nach
der Besitzergreifung Pannoniens nicht nur auf die endgültige
Besiegung der dortigen an der Zahl nur geringen hülf- und rath-
losen Völkerfragmente, sondern auch zur Unterbringung der
hinter dem Heere einherziehenden Heerden und Gefolge verwendet wurden, nachdem diese in verhältnissmässiger Sicherheit
sich befanden, dann erst machte sich der kriegs- und abenteuer-
lustige Theil der Nation, zu welchem bei Nomaden die Alters-
klasse von 18 bis u 50 Jahren gezählt werden kann, auf, um
in einzelnen grössern oder kleinern Truppenkörpern in die benachbarten Länder einzufallen. In Pannonien selbst hatte der
Schrecken der ersten Ueberrumpelung genügt, um die unterjochten Elemente in Schach zu halten; namentlich kann dies
bezüglich der zu allen Zeiten friedlich gestimmten Slawen behauptet werden, denen die Magyaren den Namen tót, mit dem türkischen tat = friedlich, friedfertig[1] identisch, gaben, ebenso wie die
innerasiatischen Türken dem iranischen Autochthonen den Namen tat oder im Diminutivum tatčik (جِيبَك تَاب), d. h. Tad-
schik beilegten und, sowie die Krim-Tataren die dort vorgefundenen ansässigen Gothen und Genuesen ebenfalls „That"[2]
benannt haben.

---

[1] تَاب tat heisst nach Budagow (I, 329) jeder Städtebewohner und
Sesshafte.

[2] Siehe W. Tomaschek. „Die Gothen in Taurien", S. 5.

Diese Heerzüge der Magyaren, die nach den meisten Quellen
im Jahre 898 begonnen und mehr als ein halbes Jahrhundert
hindurch gedauert hatten, müssen denn auch als eine ganz natürliche Folge des gesellschaftlichen Geistes der in unmittelbare
Nähe von Landsassen gerathenen Nomaden betrachtet werden.
In einer von Viehzucht lebenden Gesellschaft kann der Mensch
im thatkräftigen Alter nicht lange der Trägheit fröhnen; im
Schatten der Zelte weilen nur die Kranken und Alten. Der
grasenden Heerde nachzuziehen und die Verrichtung sonstiger
Hausarbeiten sind Pflichten, die nur dem schwachen oder weiblichen Theile der Gesellschaft obliegen. Der Mann sucht andere
Beschäftigung; sein auf der grenzenlosen Ebene umherschwei-
fendes Auge ist leicht durch die seltsamsten Phantasiegebilde
erhitzt, in seiner Brust regt sich ein schwärmerischer Thaten-
durst, eine Gier nach Schätzen und nach den Segnungen der
Culturgegenden, welche der Sesshafte nie kennt, und wenn dieser
innere Hang noch obendrein von solchen Umständen begünstigt
wird wie die, welche die damaligen politischen und socialen
Verhältnisse der benachbarten Länder boten, so ist es leicht erklärlich, dass die entfesselte Leidenschaft in den abenteuer-
lichsten Irrfahrten und in den verwegensten Waffenthaten sich
gefallen konnte. Von dieser Auffassung ausgehend, finden wir
es ganz natürlich, wenn einzelne magyarische Truppenkörper
bald (922) bis nach Apulien vordrangen, bald wieder über
Deutschland und Frankreich bis nach Spanien Einfälle machten,
denn die baškirischen Reiter, von welchen Masu'di im Reiche
der Ommajaden erzählt, müssen entschieden als Magyaren betrachtet werden. Erstens vermochten die erbärmlichsten Zustände im benachbarten deutschen Reiche, die zerklüfteten Herr-
schaften der angrenzenden Slawenvölker und die verlotterte
Wirthschaft im byzantinischen Südosten der eindringenden Flut
keinen Damm entgegenzusetzen. Zweitens musste das fremdartige Aussehen dieser urwüchsigen Kinder der asiatischen
Steppenwelt auf Slawen, Germanen, Franken und Italiener von
einer nicht nur verblüffenden, sondern geradezu vernichtenden
Wirkung gewesen sein. Die Magyaren siegten nicht nur infolge
ihrer grössern physischen Kraft, denn an körperlicher Behendigkeit kann der Sesshafte sich nie mit dem Nomaden messen,
sondern auch infolge des intensivern Heldensinnes und grösserer
Kriegstüchtigkeit. Sie erschienen in Europa auf jenen flüch-

tigen, abgehärteten, unansehnlichen Rossen, die noch heute auf
der Kirgisensteppe die Bewunderung des Soldaten wachrufen,
und aus deren mit dem arabischen Pferde erfolgten Kreuzung
die ausgezeichnete Rasse der Turkomanenpferde hervorgegangen
ist. Sie brachten Waffen mit, die aus den damaligen berühmten
Werkstätten des Kaukasus hervorgegangen oder wenigstens nach-
gemacht waren und neben den plumpen und massiven Hieb-
und Stichwerkzeugen des damaligen Europas sich ungefähr
ebenso ausnahmen wie unsere heutigen Hinterlader gegenüber
dem auf einer Gabel ruhenden Luntengewehr der Centralasiaten.
Zu den wesentlichen Vorzügen gehört noch die Geschicklichkeit
in der Handhabung von Pfeil und Bogen, dieser par excellence
turanischen Waffe, namentlich aber die strenge Disciplin und
ausgezeichnete Taktik, die nicht nur den Byzantinern, sondern
auch dem culturell höher stehenden Khalifenhofe imponirte, sodass alles in allem genommen der Erfolg der ersten magyarischen
Heerzüge in Deutschland und in Italien weniger aus den Local-
verhältnissen der angegriffenen Länder, als aus den individuellen
Vorzügen der Angreifer selbst hervorleuchtet.

Und weil dies unsere volle Ueberzeugung ist, so dünken
uns, wie schon einmal erwähnt, jene Zahlen, in welchen die
magyarischen Heerzüge von den zeitgenössischen Chronisten geschildert werden, als von Furcht und Schrecken potenzirt, folglich
als viel zu hoch angeschlagen. Zu einem Einfall in Oesterreich,
Baiern und in die Lombardei war damals eine Reiterschar von
3—4000 Reitern vollauf hinreichend, um den Sieg an ihre
Fahnen zu heften. Wir haben gesehen, wie 20000 Mongolen
ganz Asien vom Osten bis zum Westen durchflogen, Asien, welches damals besser gerüstet und kampffähiger war als Europa
im 10. Jahrhundert; ja wir haben Beispiele aus der Neuzeit
vor unsern Augen, dass 3—400 Turkomanen in Persien, wo sie
alles nur keine neue Erscheinung sind, von ihrer Steppenheimat
bis über Isfahan, also dieselbe Strecke wie von Ungarn bis zum
Rhein, ihre Raubzüge ausgedehnt und reichlich mit Beute beladen zurückkehrten. So wie der Turkomane fünf, bisweilen
auch acht vom Schrecken gelähmte Perser in Fesseln zu schlagen
und als Gefangene fortzuschleppen im Stande ist, ebenso konnten
die Magyaren auf ihren Heerzügen eine ihnen vielfach überlegene Anzahl von deutschen oder slawischen Gefangenen mit
sich fortschleppen, denn die Blitzesschnelle ihrer Bewegungen

und die Furcht, welche sie einjagten, müssen Wunder geleistet
haben. Und trotz alledem dünken uns, wie die Zahlenangaben,
ebenso auch die Schilderungen ihrer thierischen Wildheit höchst
übertrieben und stark im Widerspruch mit dem zu allen Zeiten
stereotypen Sittenbilde der Nomaden. Wenn einzelne, auf kühne
Abenteuer ausgehende nomadische Reiterhaufen, fern von den
Ihrigen und umgeben von steter Gefahr, das Schwert in solchem
Maasse walten liessen, wie dies der christlich-fromme Karl der
Grosse auf seinem Feldzuge gegen die Awaren that, wo nach
Aussage Eginhard's das ganze Awarenland in eine menschenleere
öde Wüstenei verwandelt wurde, so wollen wir die Anklage wegen
Kriegerrohcit, wofür selbst unser 19. Jahrhundert sich noch des
beschönigenden Ausdrucks „c'est la guerre" zu bedienen sich nicht
entblödet, keinesfalls mildern. Doch dass die alten Magyaren
Menschenfleisch gegessen und Menschenblut getrunken hätten,
wie dies Regino [1] und andere Chronisten erzählen, das müssen
wir deshalb als eine alberne Mär bezeichnen, weil es zu gar
keiner Zeit menschenfleichessende türkische Nomaden gegeben
hat und weil der Bluttrank, worunter nur der Trank des Blutes
der Opferthiere verstanden werden muss, als heiliger Religions-
brauch eine Rolle gespielt hat und im Alltagsleben niemals
vorgekommen ist. Ebenso grundfalsch und erdichtet ist die
weitere Anklage, dass die alten Magyaren die Kirchen nur deshalb zerstörten, weil es Kirchen waren; denn hätte sie ein solcher antichristlicher Fanatismus beseelt, so würden sie mit der
Kirchendemolirung in ihrem eigenen Lande begonnen haben,
wovon doch nirgends berichtet wird, und selbst die später auftretende antichristliche Bewegung ist nur im Interesse des nationalen Conservativismus, nur gegen die anmassenden und über-
müthigen Civilisatoren der westlichen Bildungswelt in Scene gesetzt worden. Die Schwächen und Vorzüge des menschlichen
Charakters sind immer dieselben gewesen. So wie Arabschah,
der syrische Biograph Timur's, die Persönlichkeit dieses Welterschütterers, für dessen Liebe zur Kunst und Wissenschaft zahlreiche Beweise sprechen, mit den allerschwärzesten Farben der

---

[1] Der prümer Abt ist so freundlich, uns sogar von der medicinischen
Wissenschaft der alten Magyaren zu berichten, indem er sagt (II, 20):
„Corda hominum ut ajunt pro remedio devorant."

wildesten Barbarei zeichnet, und so wie das ohnmächtige Rachegefühl der Besiegten im allgemeinen sich immer nur durch An-
schwärzung und Verleumdung der Sieger bemerklich machte,
ebenso ist dies gegenüber den Magyaren geschehen, die, weil
Nomaden und schlichte Kinder der Steppe, einerseits infolge
des patriarchalischen Geistes, welcher die nomadische Gesellschaft
beseelt, andererseits infolge der unverkennbaren Spuren iranischer Bildungswelt [1], keinesfalls die gehässigen Epitheta ihrer
europäischen Gegner verdienen. Sie waren im körperlichen
Habitus, in Sprache, Glauben und Denkungsweise von ihren
Feinden verschieden, woraus aber noch nicht folgt, dass sie wilder und barbarischer gewesen seien als letztere.

7.

Wenn daher der Schrecken und das Ungewöhnliche in der
Erscheinung der Magyaren denselben in den ersten Decennien
des 10. Jahrhunderts immer zum Siege verhalf und der Sieg
dieselben zu neuen Unternehmungen ermunterte, so ist nichts
natürlicher, als dass infolge ihres wiederholten Auftretens die
anfangs betroffenen Gegner sich theils an den Anblick gewöhnten,
theils auch, mit der Strategik der Eindringlinge vertrauter geworden, ihnen allmählich das Handwerk zu legen im Stande
gewesen sind. Abgesehen vom unglücklichen Treffen bei Merse-
burg (934) und von andern kleinern Schlappen und Nieder-
lagen, welche die Ungarn bei ihren Invasionszügen erlitten, datirt
der erste grössere Sieg der Deutschen sich eigentlich erst aus
den Jahren 948 und 950, als Herzog Heinrich von Baiern, Otto's I.
Bruder, zweimal sie besiegt und sogar bis nach Ungarn hinein
verfolgt haben soll. Hierauf folgte im Jahre 955 die grosse
Niederlage der Ungarn am Lechflusse, wo nicht so sehr die in
Stahl und Eisen gehüllte schwere Reiterei, auch nicht die tak-
tische Ueberlegenheit der Deutschen, wie Rössler [2] annimmt,
sondern der obengedachte Umstand den Ausschlag gab. Der
Zauber war nun gebrochen, das Waffenglück der Magyaren fing
zu erlöschen an, und wenn sie gleich von jetzt ab das Thor zu
ihren Einfällen nach Westen verrammt sahen und ihre Züge nun

---

[1] Vgl. S. 387.
[2] Romänische Studien, S. 180.

häufiger nach Südosten richteten, so ist es doch schwer zu
verkennen, dass sie in der zweiten Hälfte des 10. Jahrhunderts
sowol den urwüchsigen aus den asiatischen Steppen mitgebrachten
Kriegsgeist eingebüsst hatten, als auch durch stete abenteuerliche
Unternehmungen numerisch schon geschwächt waren. Die ge-
lichteten Reihen der alten Einwanderer mögen sich wol mittels
der in Pannonien vorgefundenen Autochthonen und Verbündeten
zeitweise ergänzt haben; doch der Geist, welcher diesem auf
fremde Kräfte gestützten Heereskörper innewohnte, war lange
nicht mehr der altasiatische. Klimatischer Einfluss und unaus-
gesetzte Berührung mit der fremden Sittenwelt mussten nothgedrungen selbst auf den verstocktesten Conservativismus zersetzend
wirken, denn der Mensch unterliegt ebenso wie die exotische
Pflanze all jenen Umgestaltungen und Veränderungen, welche
ein fremder Himmelsstrich und ein fremder Boden bedingt.
Diese Periode der materiellen und moralischen Metamorphose
hat demnach bei den Magyaren in den letzten Decennien des
10. Jahrhunderts begonnen, und trotzdem es ungemein schwer
ist, die Zeitdauer des Processes dieser Umgestaltung, d. h. deren
Anfang und Ende genau zu bestimmen, so kann man doch kühn
die Behauptung wagen, dass dieser Process zwei volle Jahrhunderte in Anspruch genommen, da sonst der Autor der Emmerich-
Legende, welcher bekanntermassen zu Anfang des 12. Jahrhunderts gelebt[1], nicht gesagt hätte: „Erst in unserer Zeit hat
Pannonien, ehedem durch die Sitten des Heidenthums verun-
staltet, den wahren Glauben angenommen.“
    Wäre dieser Abschnitt in der Geschichte der Magyaren nicht
so überaus arm an zuverlässigen Daten, und hätten die zeitgenössischen Schriftsteller in ihrem frommen Abscheu vor allem
Unchristlichen sich nicht die Mühe gegeben, jedwelche Reminiscenz aus dem heidnischen Sittenleben zu unterdrücken, so würden wir uns in der glücklichen Lage befinden, aus den zeitweiligen Aufzeichnungen sowol die einzelnen Phasen dieses Umgestaltungsprocesses als auch die Art und Weise, wie dieselben

---

[1] Dies erhellt nämlich aus der Aussage (c. VII), dass der Autor mit
dem Prinzen Álmos, einem jüngern Bruder König Koloman's, der gegen
1110 über Konstantinopel nach Jerusalem ging, in erstgenannter Stadt sich
aufgehalten hat (vgl. Note 2 in der durch K. Szabó veranstalteten ungarischen Ausgabe dieser Legende, S. 45).

vor sich gegangen sind, eingehend besprechen zu können. Doch
leider ist dieser ganze Abschnitt in die pechschwarzeste Dunkelheit gehüllt. Clio hat uns nur Berichte über die hervorragende
politische Begebenheit, über den apostolischen Eifer Stephan's des
Heiligen und seiner Nachfolger, und nichts, gar nichts über
das innere Leben und Treiben des Magyarenvolkes jener Zeit und
über seine Stellung zu den alten Landsassen Pannoniens und
zu der ihm aufgedrungenen fremden Gesittung hinterlassen.
Nur auf dem Wege der Vergleichung der damaligen Zustände
Ungarns mit ähnlichen Erscheinungen auf ethnisch verwandten
Gebieten kann hier und da das Dunkel gelichtet und eins oder
das andere erklärt werden. So sind wir zu der Annahme berechtigt, dass der Magyare und mit ihm vereint der Petschenege
und Kumanier während des ganzen 10. Jahrhunderts der alt-
herkömmlichen nomadischen Lebensweise treu geblieben waren,
indem der Magyare das Zelt der festen Wohnung, das Schwert
der Pflugschar und die schamanische Opfersitte der christlich-
katholischen Messe vorzog. Dem Feldbau, welchen er schon in
der Urheimat gekannt hatte, konnte er wol nicht auf lange
fern bleiben; doch die Bebauung des Bodens wurde um diese
Zeit, als der Arm noch des freien Mannes viel würdigern Beschäftigungen dienen konnte, nur den Halbfreien[1] und Sklaven
überlassen, und nur als die Grenzen des bisherigen Tummel-
platzes sich immer mehr zusammenzogen, und als das Schwert
allein nicht mehr den Lebensunterhalt zu sichern vermochte,
dann erst wandte sich die untere Schicht des Volkes, diejenige,
welche die alttürkische Sprache kara, d. h. schwarz, alias
dichte Menge nennt, dem Pfluge zu, indem an Stelle der
ganz-nomadischen nun die halb-nomadische Existenz trat, mit
einem Wort, jenes gesellschaftliche Leben, das wir heute in
Centralasien bei den Özbegen vor uns sehen, wo die Herren-
klasse noch immer gern die Rosse tummelt, in Zelten wohnt
und dem Waffenspiele obliegt, während die untere Klasse, von
persischen und ehedem auch von russischen Sklaven unterstützt,
von den iranischen Autochthonen unterrichtet, die Agricultur
bereits ziemlich gut betreibt. Wenn daher der Anonymus den

[1] Nach Kézai soll selbst diesen verboten gewesen sein, sich von dem
Ertrag des Bodens zu nähren, indem sie auf die nomadische Kost hingewiesen wurden.

Magyaren dieser Zeit die Errichtung von festen Bauten, so z. B.
das Gehöft Árpád's auf der Insel Csepel, zuschreibt, so kann
sich dies höchstens nur auf derartige Bauten beziehen, denen
wir noch heute bei den Özbegen und Karakalpaks begegnen,
die zumeist aus Vorrathskammern und Stallungen bestehen, inmitten welcher das Zelt, der beliebte Wohnort der Freien, sich
befindet. Diese halbnomadische Existenz kann bei den Magyaren, und selbstverständlich nur unter gewissen örtlichen Bedingungen, erst in der zweiten Hälfte des 10. Jahrhunderts ihren
Anfang genommen haben; denn. auf den Heiden und in den
Niederungen zwischen der Theiss und Donau hat die streng
nomadische Lebensweise sich länger erhalten. So lässt sich
wenigstens aus einer Stelle (Cap. XII) in der Biographie des
heiligen Gerhard vermuthen, wo es heisst: das die neubekehrten
Magyaren ihm Pferde, Rinder, Schafe und sehr viele Teppiche
zum Geschenk darreichten, lauter Präsente, die einen streng-
nomadischen Charakter der Spender voraussetzen und Schreiber
dieser Zeilen noch lebhaft an jene Geschenke erinnern, mit
welchen die heutigen Nomaden Centralasiens die Gunst der
heiligen Männer des Islams auf der Steppe sich zu erkaufen
suchen. Ja selbst im 12. Jahrhundert hat diese halbnomadische Lebensweise noch stellenweise fortgedauert, denn Otto
von Freisingen, der 1147 Ungarn bereiste, berichtet: „Die Ungarn wohnen den Sommer und Herbst über grösstentheils unter
Zelten, ihre Häuser und Städte sind armselig, meistens aus Rohr,
selten aus Holz und nur wenige aus Stein gebaut."
Die Zeitdauer, in welcher die nomadische Gesellschaft in
eine sesshafte sich umwandelt, hängt theils von der ethnischen
Individualität des betreffenden Volkes, theils von den geographischen Verhältnissen der neuen Heimat ab. Dies kann auch
hinsichtlich der übrigen Momente des Umgestaltungsprocesses behauptet werden. Die Veränderungen im materiellen Leben ziehen
unbedingt auch Veränderungen im geistigen Leben oder umgekehrt nach sich, wie wir dies aus zahlreichen Beispielen in der
Völkergeschichte des ural-altaischen Asiens ersehen können. Was
nun bei derartigen vergleichenden Betrachtungen auffallen muss,
das ist die verhältnissmässig grössere Zähigkeit und der stram-
mere Conservativismus, welchen die Magyaren im Vergleiche zu
ihren andern Stammes- und Schicksalsgenossen in Asien bekundeten. Dass die Magyaren im Verlaufe von kaum hundert Jahren

aus eingefleischten Nomaden in Halbnomaden und in Sesshafte
sich umgestalteten, während Kirgisen, Mongolen und Turkomanen
z. B. nach tausendjähriger unmittelbarer Nachbarschaft mit Culturvölkern noch immer ein Wanderleben fristen, das wird uns
leicht erklärlich, wenn wir erwägen, dass den letztern auf der
gigantischen Ausdehnung ihrer Steppenheimat ein grösserer Spielraum verstattet ist und sie nur von der einen Seite her dem
Einflusse des Culturrayons ausgesetzt und sogar von dieser einen
Seite her zu einer gewaltsamen Niederlassung nie gezwungen
wurden, während der neuen Heimat der Magyaren, deren Steppen
und Ebenen auf drei Seiten von Bergen umschlossen sind,
die Hauptbedingung eines unbeschränkten Wanderlebens
vollends abging, und weil sie obendrein noch solche Nachbarn
erhielten, welche mit der fremden Cultur ununterbrochen auf sie
einstürmten. An einen Widerstand gegenüber zwangsweise durch-
geführter materieller Umgestaltung war also nimmermehr und
unter keinerlei Umständen hierlands zu denken. Desto mehr
verdient aber jener Widerstand unsere volle Beachtung, mit
welchem die Magyaren denjenigen Maassregeln sich widersetzten,
die auf die moralische Umgestaltung, nämlich auf die Umgestaltung der Sitten, Gebräuche und altehrwürdigen Institutionen,
mit einem Worte, des eigentlichen Geistes des Magyarenthums gerichtet waren. In diesem heiligen Eifer nun überstrahlt
der Magyare seine Brüder und Stammesgenossen in Asien all-
insgesammt durch sein mächtig imponirendes nationales Selbst-
gefühl. Während der Buddhismus trotz seiner strengphilanthro-
pischen Grundsätze, nach welchen sogar die Tödtung des kleinsten Insekts als Sünde gilt, bei den früher kriegerischen Nomaden
im Norden Chinas in verhältnissmässig kurzer Zeit Eingang gefunden; während der Islam unbändige Steppenbewohner, wie
die Türken Mittelasiens und die Beduinen der arabischen Wüste
zu Özbegen, Kuramas, Osmanen, Syriern u. s. w. im Verlauf von
kaum vier Decennien umzuwandeln im Stande war, hat das
Christenthum mehr als anderthalb Jahrhunderte gebraucht, um
bei den Magyaren feste Wurzel zu fassen und sie der tief im
Nationalgeiste eingewurzelten Sitten und Weltanschauungen zu
entkleiden. Es ist wol wahr, die Lehren Buddha's und Mohammed's konnten als asiatische Producte den Asiaten leichter
mundgerecht werden; doch zweihundert Jahre unter fremdem
Himmel und umringt von fremdartigen Elementen sollten doch

hinreichend gewesen sein, um die schroffsten Gegensätze aus-
zugleichen, dürfte man vermeinen. Und dennoch war letzteres nicht der Fall. Vor allem der merkwürdige Umstand, dass
erst während der Regierungszeit Geyza's (972—997), folglich
erst hundert Jahre nach der Einwanderung in Pannonien, schüch-
terne Bekehrungsversuche gemacht wurden, trotzdem auf Grund
einzelner Daten, die von den Bekehrungsversuchen der Byzantiner sprechen, es sich annehmen lässt, dass die Magyaren schon
in Etelkuzu vom Christenthume hörten, und trotzdem sie in der
neuen Heimat von Christen sozusagen umringt waren.

Was nun den harten Kampf anbelangt, welchen der heilige
Stephan im Interesse des neuen Glaubens gegen sein eigenes
Volk zu führen hatte, so lassen die diesbezüglichen Daten, namentlich der Text der kleinen und grossen Legende[1], wol nur
einzelne Momente desselben durchblicken; doch bedarf es keiner
besonders regen Einbildungskraft, um sich den Widerwillen zu
vergegenwärtigen, mit welchem die Magyaren von ihrem alten Glauben ab und dem neuen Glauben sich zuwandten. Bei Franken,
Germanen und Slawen hat die Annahme des Christenthums im socialen und politischen Leben keine wesentlichen Veränderungen
hervorgerufen; bei den Magyaren hingegen war der Uebertritt
gleichbedeutend mit dem radicalen Umsturz alles früher Bestandenen; denn nicht nur theosophische Speculationen, sondern
die Weltanschauung im allgemeinen, die Sitten, die Gebräuche,
die Kleidung und Nahrung, ja alles und alles musste vom Grund
aus verändert oder gänzlich der Vergessenheit anheimgegeben
werden. Wer nun das turanische Asien genau kennt, — wer es
weiss, welche wichtige Rolle Kleinigkeiten, wie z. B. das Tragen
des Kopfhaars und des Bartes, die Tracht der Kleider, ja bisweilen auch eines Knopfes oder einer Spange, im Leben dieser
schlichten Kinder der Steppe spielt, wer die felsenfeste Zu-
versicht auf den alten Aberglauben, auf Geister und Götter des
mit der Natur und dem Menschen eng verwachsenen Schamanen-

---

[1] Das Leben des heiligen Stephan liegt in der Beschreibung Hartwik's,
des Bischofs von Regensburg, aus dem Anfange des 12. Jahrhunderts
vor. Ausserdem gibt es noch eine grosse und kleine aus derselben Zeit
stammende Legende bei Endlicher, die K. Szabó 1865 in ungarischer
Uebersetzung veröffentlicht hat. Die Hartwik-Legende hat I. Érdy unga-
risch 1854 herausgegeben.

cultus kennt; nur der wird es begreiflich finden, welche Ueber-
windung, ja Selbstverleugnung es die alten Magyaren gekostet
haben muss, um an der Leitschnur eingebildeter und fanatischer
slawisch-germanischer Mönche aus der Geisterwelt Asiens in die
Finsterniss des christlichen Mittelalters hinüberzuwandern. Ich
sage Finsterniss, denn ich theile nicht die Ansicht derjenigen,
die die Magyaren als leibhafte Wilde darstellen, und kann auch
deshalb die Vorzüge des mittelalterlichen Christenthums über
dem Naturglauben der Steppenbewohner blos darin anerkennen,
dass ohne dasselbe die Europäisirung des magyarischen Volkes
unmöglich gewesen wäre.

Allein, wenngleich in den innern Ursachen und Beweggründen dargelegt, so kann diese Anhänglichkeit der Magyaren an
ihren alten Glauben und ihre alten Sitten, besonders aber das
überall so stark zum Ausdruck gelangte Gefühl der nationalen Individualität nicht genug bewundert werden. Wol muss
Stephan und nicht Árpád als der Begründer des heutigen Ungarns betrachtet werden; doch wer möchte es in Abrede stellen,
dass dieser Fürst, der in seinem apostolischen Eifer ohne allen
Vorbehalt zahlreiche Ausländer ins Land berief, in dessen Gesetzen und Verordnungen auch nicht das geringste nationale
Moment zu erkennen ist, ja, der vielmehr dem vielsprachigen
Staate gegenüber dem einheitlichen nationalen den Vorzug
gab, dass dieser Fürst wol leicht den völligen Untergang des
Magyarenthums herbeigeführt hätte, wenn das Volk selbst nicht
zum starken nationalen Selbstbewusstsein erwacht wäre und
gegen die gänzliche Absorption durch die ihm numerisch überlegenen Civilisatoren sich mannhaft gewehrt hätte? Dieses
mächtige Gefühl der Gegenwehr, von dem die antichristlichen
Aufstände unter Kupa (richtiger Kopán) im Jahre 998 und unter
Vatta (1047) nur einzelne Beweise liefern, indem die im Innern
des Volkes verborgene Bewegung von den zeitgenössischen Chronisten ungekannt, unbeachtet und auch verschwiegen ward, muss
demnach nicht in dem Sinne ausgelegt werden, wie dies z. B.
in der Gegenwart bezüglich des Islams geschieht. So wie den
Mongolen, ebenso war auch den Khazaren, Petschenegen und
Magyaren der Religionsfanatismus gänzlich fremd, und letztere
haben nicht gegen die Lehre Christi, sondern gegen die Ent-
nationalisirungstendenzen der Bekehrer sich aufgelehnt, in deren
Augen das magyarische Urwesen und Heidenthum identische Be-

griffe waren. Die Bulgaren Mösiens, welche gegenüber den byzantinischen Bekehrern sich indifferenter verhielten, gingen daher
auch bald in der Masse des sie umringenden slawischen Elementes unter, während die Magyaren, dank dem mächtigen Gefühle der nationalen Individualität, inmitten der in numerischer
Beziehung ihnen zwei-, ja dreifach überlegenen fremden Nationalkörper sich auch noch damals zu erhalten vermochten, als ihre
ethnische Charakteristik schon gänzlich verschwunden war, und
als die unablässig einwirkenden christlichen Civilisationsbestre-
bungen sie auch hinsichtlich der Gesittung und Weltanschauung
innerhalb des Rahmens der westlichen Cultur hineingepresst und
mit den autochthonen oder ältern Bewohnern Pannoniens vereinigt und verschmolzen hatten.

Und diese Liebe und Anhänglichkeit an die nationale Individualität, in welcher keine aus der asiatischen Steppenwelt in
die Culturzonen Asiens und Europas gelangte Gesellschaft in
solchem Maasse sich ausgezeichnet hat wie die Magyaren, hat
in diesem Volke merkwürdigerweise bis in die Neuzeit fortgelebt,
ja sie hat trotz der starkveränderten ethnischen und gesellschaftlichen Constellationen mit derselben Kraft sich bewährt und
dieselben günstigen Resultate zu Tage gefördert. Die moralische
Kraft, welche den heimatbegründenden Magyaren über Petschenegen, Kumanen, Khazaren und die übrigen Stammverwandten
und Fremden in Pannonien zur Suprematie verholfen, dieselbe
Kraft lebt noch in den Magyaren der Neuzeit inmitten des
zahlenstärkern slawischen, romänischen und deutschen Elements
nach tausend Jahren ungeschwächt fort. Die Befähigung zur
Staatenbildung hat wol auch andern Völkern turko-tatarischer
Abstammung nicht gefehlt, denn von China angefangen bis zum
Balkan hin sassen bis zur Neuzeit, und sitzen selbst noch heute
zumeist türkisch-tatarische Dynastien auf den Thronen Asiens;
doch die Macht der Staatenerhaltung hat nur der Magyare
bewahrt. Der Magyare, welcher trotz seiner asiatischen, beziehungsweise turko-tatarischen Abkunft in Europa heimisch geworden, ja diesem Erdtheil wichtige Dienste geleistet und angesichts der unausbleiblichen Umgestaltungen im Osten unsers
Erdtheils noch wichtigere Dienste zu leisten berufen ist.

Vierte Abtheilung.

BEILAGEN.

— — --

Die Turko-Tataren.

Eine ethnographische Skizze.

Unter dem Sammelnamen „Turko-Tataren" verstehen wir sowol die südlichen, d. h. die von Turfan und Aksu über Centralasien, Persien, Südrussland und das Osmanische Reich sich erstreckenden Fractionen dieses Volkes, als auch den nördlichen Theil, der, aus kleinern Fragmenten bestehend, vom Quellengebiet des Ob und Jenissei angefangen bis zur Lena sich hinaufzieht. Auf einem Flächenraume wohnend, dem an geographischer Ausdehnung und an Mannichfaltigkeit des Klimas und Bodens die Heimat keines andern Volkes der Erde gleichkommt, bilden die Turko-Tataren heute nur die einzelnen Bruchtheile eines ehemals compact gewesenen ethnischen Körpers, eines Körpers, der, vom wilden Geiste des Wanderlebens und vom steten Hange nach Abenteuern beseelt, einerseits als Ursache der grossartigen Umwälzungen bei den ihm benachbarten Völkern gedient, andererseits aber auch den Keim zu seiner eigenen Zerklüftung und Zerspaltung in sich getragen hat. Der Sammelname Turko-Tataren, dessen wir uns bedienen, ist daher nur ein wissenschaftliches Schlagwort, eine Benennung, die dem betreffenden Volke selbst fremd ist, das sich in den meisten Fällen beim generischen Namen nennt und das Wort „Türke" in solchem Sinne auffasst, wie wir das Wort „Mensch", was auch ganz folgerichtig ist; denn „türk" bedeutet, wie wir anderswo nachgewiesen haben, in der That „Mensch", „Geschöpf". Besagtes Verhältniss bezieht sich jedoch mehr auf das östliche oder minder verfälschte Türkenthum; denn wenn wir einen Turkomanen, Özbegen, Kazaken und Kirgisen nach seiner Nationalität befragen und hinzufügend bemerken, ob er Türke sei, so pflegt derselbe in den meisten Fällen dies bejahend als selbstverständlich hinzustellen. Und dieses Verhältniss muss schon sehr alt, ja uralt sein. Soweit die geschichtliche Erinnerung hinaufreicht, kommt die ethnische Bezeichnung Türk, Τούρκοι, zuerst bei den Byzantinern vor, namentlich im Berichte des Zemarchus von seiner Reise nach dem Altai oder Ektag. Den Arabern ward dieser Name erst dann geläufig, nachdem sie theils auf Missionsreisen, theils bei ihrer Eroberung Transoxaniens mit diesem Volke in Be-

rührung gekommen waren; so ersehen wir wenigstens aus dem Bericht
Ibn Dasta's und Ibn Fozlan's, wie auch aus dem Tarichi-Tabari und
dem später entstandenen Tarichi-Narschachi, während die erste türkisch
geschriebene Quelle, in welcher der Name Türk vorkommt, nämlich
das Kudatku Bilik, bekanntermassen erst aus dem 11. Jahrhundert
stammt, da in diesem uigurischen Text das Wort „Uigur" kein einziges mal, das Wort Türk hingegen mehrmals vorkommt.

Was nun den Namen Tatar anbelangt, so soll dieser ursprünglich
jenem mongolischen, folglich nichttürkischen Volke angehört haben,
das in Ostsibirien in der Nähe des Baikalsees wohnte[1] und auf den
von Dšengiz Chan nach dem Westen unternommenen Feldzügen in
den vordersten Reihen des Mongolenheeres sich befand, weshalb die
Tataren mit den eigentlichen Mongolen identificirt wurden und im
Westen und Nordwesten Asiens sowie im Osten Europas der Name
„Tatar" anstatt Mongol oder Mogol in Gebrauch kam. Zu uns
nach Europa ist der Name durch russische Vermittelung gedrungen,
richtiger gesagt, durch die ersten europäischen Reisenden, welche in
Russland die Mongolen unter diesem Namen nennen gehört, wo man
noch heute mit demselben den Mohammedaner im allgemeinen bezeichnet, während bei uns im Mittelalter der Name „Tatar" oder „Tartar"[2]
in dem Sinne „Skythe" oder „Barbar" gebraucht worden ist. Nicht ausgeschlossen ist die Möglichkeit, dass der Name „Tatar" von Anatolien
aus über Byzanz zu uns gelangt sei; da, wie Scherefeddin in seinem
Zafername-i-Timur berichtet, eine Fraction der Tataren unter dem Namen تاتار ﻗﺮﻩ, d. h. schwarze Tataren, durch Helagu nach Kleinasien
an die Grenze Syriens verpflanzt, vom Sultan Jildirim Bajezid später
in der Umgebung von Ak-Schehir und Kara-Hissar angesiedelt wurde,
und da diese Tataren durch ihre schnelle Reiterei sich auszeichneten,
so wurden sie zu Postdiensten verwendet, und noch heutzutage heisst
ein Postillon auf Osmanisch Tatar. Uebrigens, was auch immer
der Ursprung dieses Namens sei, so viel ist sicher, dass wir keine
historischen Belege dafür haben, wonach diese ethnische Bezeichnung
von irgendeinem westtürkischen Volke selbst gebraucht worden wäre,
und sogar die Nogai und kazanischen Tataren sind mit dieser Benennung nicht zufrieden und betrachten dieselbe noch immer als eine
Beleidigung oder als einen Spottnamen.[3] Es ist mir nicht genau be-

---

[1] Prichard, The Natural History of Man, 1, 207, nennt den Bogirsee
im Osten Mongoliens.

[2] Die Verwandlung des Wortes tatar in tartar wird Ludwig dem
Heiligen von Frankreich zugeschrieben, der, als er von den Verheerungen
Dšengiz Chan's gehört, ausgerufen haben soll: „Erigat nos, mater, coe-
leste solatium, quia si proveniant ipsi, vel nos ipsos, quos vocamus Tar-
taros, ad suas tartareas sedes, unde exierunt, retrudemus, vel ipsi nos
omnes ad coelum advehant" (nach Prichard, Physical History of Mankind,
IV, 278. 332).

[3] Siehe Ostroumow, „Perwij opit' slowarja narodno-tatarskago jazika"
(Kazan 1876), S. 10.

kannt, in welchem Verhältniss diese Schwarzwald-Tataren zwischen der Katunja und der Bija, und die Lebed-Tataren am Karaköl in Südsibirien, von deren Literatur uns Radloff im ersten Bande seines schönen Werkes einige Proben liefert, zu diesem Namen stehen; ebenso wenig wissen wir, warum Rittich in seiner Ethnographie Russlands [1] die türkischen Elemente Südsibiriens unter der Bezeichnung: „Sibirische Tataren" vorführt.

Es geht demnach aus Gesagtem hervor, dass unter Tatar keine ethnisch-specifische Bezeichnung verstanden werden darf, und dass dieses Wort, ungleich dem Sammelnamen Turk oder Türk, einem aus Misverständniss entstandenen Gebrauch entsprungen, bei einigen durch Russland in Europa bekannt gewordenen Fractionen des Türkenvolkes Anwendung gefunden hat. Nur in diesem Sinne kann die Bezeichnung Turko-Tataren aufgefasst werden.

I.

Bei unserer Absicht, eine in den engen Rahmen dieser Studie passende ethnographische Skizze vom turko-tatarischen Volke zu entwerfen, wollen wir, an die von uns vorgeschlagene Eintheilung in eine nördliche und südliche Fraction uns haltend, zuerst nach dem Norden uns wenden und die sogenannten sibirischen Tataren vorführen. Allererst die Altaier oder die Bewohner des Altai und ihre östlichen Nachbarn, von welchen Radloff [2] ganz richtig bemerkt, „dass sie aus einem Gemisch von Stammresten bestehen, welche die Geschichte in jene Berge gedrängt und die hier im bunten Durcheinander wohnen. Alle diese Stämme und diese Stämmchen sind sehr wenig zahlreich und bieten, da sie nicht seit allzu langer Zeit hier sich zusammengefunden, trotz ihrer geringfügigen Zahl eine ganze Reihe von sehr bedeutenden Dialektennuancen dar. Jedes Volksbewusstsein ist vollständig aus ihrem Gedächtniss verschwunden. Sie kennen nur ihre Geschlechtsnamen, oder nennen sich nach den Gebirgen oder Flüssen, an denen sie wohnen".

Die Altaier wohnen im Kreise von Biisk und Kuznetzk im Gouvernement von Tomsk und zerfallen a) in Teluten oder Telenget, wie sie sich selbst nennen, b) in Altaier oder Oirot und Altai-kishi (Altai-Mann), wie sie selbst sich nennen, c) in Schoren, von den Russen Kondomzen genannt, weil sie theilweise am Laufe des Kondomi-Flusses wohnen, d) in Schwarzwald-Tataren, die sich auch Tuba-kishi oder Jiš-kishi (d. h. Waldmann) nennen und zwischen der Katunja und Bija wohnen, e) in Lebed-Tataren an der Mündung des Lebed, eines östlichen Nebenflusses der Bija, und f) in die Sojoten auf dem Abhange des Sajanischen Gebirges, nach Rittich [3] ein ursprünglich

---

[1] Siehe Petermann's Mittheilungen, Ergänzungsheft Nr. 51.
[2] Proben der Volksliteratur der türkischen Stämme Südsibiriens, III (Uebersetzung), S. 13.
[3] a a. O., S. 35.

finnisch-samojedisches Volk, das, von einer höhern Cultur herabgesunken, heute als rohe Nomaden auf chinesischem Gebiet am Karaköl, wie Radloff[1] bemerkt, sich aufhält. Ausser diesen erwähnen die Verfasser der „Altaiskago Gramatika" als zu den Altaiern gehörig noch der Kumandinzen oder Kumandi-kishi, wie sie selber sich benennen. Nach den Altaiern sei der eigentlichen sibirischen Tataren, welche die Flusssysteme des Om, Irtisch und Tobol bewohnen, noch Erwähnung gethan, die je nach den Verwaltungskreisen, zu welchen sie gehören, oder nach der geographischen Lage ihrer Wohnorte Barabiner (Baraba), Taraer (tarlik), Toboler (Tobolik) und Tümäner (Tümellik) Tataren sich nennen.[2] Nach Rittich's Behauptung[3] haben hier früher samojedische und finnische Völker gewohnt, mit denen die später Dazugekommenen sich vermischten, daher das im Physicum sichtbar hervortretende Amalgam, eine Erscheinung, mit welcher auch die verschiedenartige Lebensweise zusammenhängt, denn der grösste Theil von ihnen ist ansässig und nur ein kleiner Theil nomadisirt. Da sie den Cultureinflüssen der Mohammedaner Mittelasiens und Südrusslands ausgesetzt waren, hat der Islam unter ihnen schon seit dem 16. Jahrhundert Verbreitung gefunden, und nur die Barabiner auf der Barabasteppe zwischen dem Ob und dem Irtisch sind erst in der Neuzeit zum Islam bekehrt worden und haben noch viele Sittenzüge aus dem Schamanencultus bewahrt. Ziehen wir nun östlich vom Tom weiter, so begegnen wir in den am obern Laufe des Jenisseiflusses gelegenen Steppengegenden, in der Ausdehnung von Krasnojarsk bis zu den Höhen des Sajanischen Gebirges, den Katschinzen, Sagaiern, Kizilzen, Koibalen und Karagassen, welche letztern zwischen den Flüssen Oka, Uda, Birjussa und Kan wohnen.[4] Zu diesen zählt Radloff[5] noch die Beltiren, Kamasinzen, Küerik, Ketsik und Tsolim-Tataren, die, alle insgesammt gering an Seelenzahl, ein sonderbares Gemisch ehemaliger Samojeden, Kalmüken und Ostjaken darstellen und heute schon gänzlich turkisirt sind.

Das letzte nach dem hohen Norden vorgeschobene Glied des turko-tatarischen Stammes bilden die Jakuten, die sich selbst „Sachalar" nennen, und von den Ufern der mittlern Lena, ungefähr vom 60. Breitengrad nördlich bis zum Eismeer, westlich bis zur Chatanga und östlich bis in das Tschuktschengebiet, 150° östlicher Länge (von Paris) sich verbreiten.[6] Wann und aus welchen Ursachen dieses Türkenvolk in jene unwirthbaren Gegenden verschlagen worden, konnte bisher nicht ermittelt werden. Nur linguistische Argumente gestatten die Annahme, dass die Jakuten in keinem Zusammenhange mit den sibirischen

[1] Siehe I, 15.
[2] Radloff, IV, 11.
[3] a. a. O., S. 34.
[4] Schieffner in seiner Vorrede zu Castrén's „Koibal-karagassische Sprachlehre", S. 5. 6.
[5] a. a. O., II, 9.
[6] Rittich, S. 25.

Tataren stehen, d. h. nicht von diesen abstammen, sondern in einem uralten uns fern entrückten Zeitalter von derjenigen Fraction der ostasiatischen Türken sich losgetrennt haben müssen, die lange vor Christi Geburt im Norden des Thien-Schan gewohnt haben und uns unter dem Sammelnamen „Uiguren" oder „Türken aus Ostturkestan" bekannt sind.

Die Sprache dieser Uiguren repräsentirt das älteste und am wenigsten entstellte Türkische, dessen genuiner Formen- und Wortschatz in den einzelnen Dialekten sich zerstreut vorfindet, und weil das Jakutische ausser einigen mit dem Uigurischen gemeinsamen Regeln der Lautverwandlung einen ähnlichen, wenngleich nicht identischen Reichthum an alten Wörtern und Formen aufweist, so kann man die Annahme wagen, dass die Jakuten in uralter Zeit nach dem hohen Norden verschlagen und seitdem keiner Berührung mit den dazwischenliegenden Mitgliedern der grossen Türkenfamilie ausgesetzt waren. Erst in der Neuzeit zum Christenthum bekehrt, huldigen sie doch noch im geheimen der frühern Götterlehre; so wenigstens theilte der Jakute Porjadin in einer Sitzung vom 5. April 1877 der St.-Petersburger Geographischen Gesellschaft mit; aber sie sind stark im Niedergang begriffen und Rittich bemerkt nicht mit Unrecht: „Auch bei der Schilderung dieses Volkes hat der Ethnograph das Gefühl, dass er einen Nekrolog schreibt. Vom Russenthum umschlungen, sind sie stark im Niedergang begriffen."

Was nun das Zahlenverhältniss der erwähnten Theile der Nordtürken anbelangt, so finden wir, dass Rittich in seiner oft genannten Schrift im Gouvernement Irkutsk 1900, im Gouvernement Jenisseisk 20500 [1], im Gouvernement Tomsk 13000, im Gouvernement Tobolsk 26592 = zusammen 61992 sibirische Tataren zählt, was, die 80000 Jakuten in Jakutsk dazugerechnet, eine Gesammtzahl von 141992 Seelen ergibt.

Von diesen zu verschiedenen kleinen Zweigen gehörenden ethnischen Fragmenten bekennt mehr als die Hälfte sich noch immer zum Islam, während der übrige Theil aus Christen und Schamanen besteht. So ist es wenigstens noch heute der Fall; doch mit Hinblick auf den steten und energischen Fortschritt der Russen werden diese Völker wol bald ihre nationale Individualität einbüssen und im Russenthum aufgehen.

II.

Den südlichen Theil des turko-tatarischen Völkergebietes wollen wir der leichtern Uebersicht wegen in eine südöstliche und südwest-

---

[1] Diese 20500 finden wir bei Schieffner in folgende Völkerschaften getheilt:

	männl.	weibl.	zusammen
Koibalen	635	493	1128
Katschinzen	3460	3119	6579
Sagaier	3897	4011	7908
Kisilzen	2282	2080	4362

folglich die Gesammtsumme von 19977 Seelen, wozu noch 543 Karagassen kommen, also zusammen 20520 Seelen.

liche Gruppe theilen, indem wir als Grenzgebiet die Wolga und den
Kaspisec, mit einem Wort ungefähr den 46. Längengrad (östlich von
Paris) annehmen. Zu den

südöstlichen Türken

gehören in erster Reihe die Ostturkestaner, d. h. türkischen Bewohner der ehemaligen und heute wieder Chinesischen Tatarei, auf den
südlichen Abhängen des Thien-Schan bis in die Thalgegenden des von
Shahidullah nach Jarkend und Choten sich herabsenkenden Karakorum-
Gebirges. Es sind dies zumeist Abkömmlinge der alten Uiguren mit
einer starken Beimischung özbegischen Elementes aus Chokand, nomadi-
sirender Kirgisen und der iranischen Autochthonen aus den Städten.
Da man zu den Ostturkestanern nicht nur speciell Türken, sondern
auch Tadšiken und einige Fractionen der Bevölkerung von Pamir
rechnet, so ist es allerdings schwer, die Zahl der eigentlichen Türken
genau anzugeben. Wir finden nämlich bei Forsyth [1] die Gesammtzahl
von 15 Städten respective Districten mit 1,015000 veranschlagt, wovon jedoch 14000 Pakhpuluker und 17000 Sarigküller als nicht zur
türkischen Nationalität gehörig in Abzug gebracht werden müssen, sodass wir bei einem Vergleich obiger Gesammtzahl mit der Angabe
Kuropatkin's [2] von 1,200000 keinesfalls irregehen, wenn wir die Zahl
von einer Million Ostturkestanern in unsere Liste aufnehmen, in
welche selbstverständlich die 40000 [3] Tarančis am Ili nicht eingerechnet
werden, daher man bona fide 1,040000 Ostturkestaner annehmen
kann. Nach den Ostturkestanern wollen wir zu den

Kirgisen

übergehen, die noch heute in numerischer Beziehung sowol als infolge
des strammen Conservatismus das grösste nomadisirende Element ausmachen, indem sie vom Karakorum bis zum mittlern Ischim in der
Richtung von Süden nach Norden auf einer nahezu 400 geographische
Meilen weiten, und vom untern Wolgagebiet bis zum Jarkendfluss in
der Richtung von Nordwest nach Südost auf einer nicht minder weiten
Strecke sich vorfinden, und zwar überall dort, wo Steppenländer und
grasige Thäler ihnen und ihren Heerden Nahrung liefern. Man theilt
die Kirgisen in Kirgis-Kazaken und in Kara-Kirgisen, auch Burüten
genannt oder echte Kirgisen, wie sie Schott [4] nennt. Die schon

---

[1] Report of a Mission to Yarkand in 1873 (Calcutta 1875), S. 62.
[2] Oberst Kuropatkin, „Kaschgaria-istoriko-geografičesko Očerk stranii"
(St.-Petersburg 1879), S. 25.
[3] Kostenko in seinem Turkestanskij Kraj (I, 326) nimmt nur
36265 Tarančis an. Wir haben die Angabe Rittich's angenommen.
[4] W. Schott, „Ueber die echten Kirgisen". Aus den Abhandlungen
der königl. Akad. d. Wissenschaften zu Berlin 1864 (Berlin 1865).

so oft beschriebenen Kirgis-Kazaken, oder rundweg Kazaken, wie sie sich selbst heissen, zerfallen bekanntermassen in drei, d. h. in eine kleine, grosse und mittlere Horde (auf kirgisisch dschtis == 100), und füllen das ethnische Gebiet zwischen dem Jaxartes und dem Ural nahezu gänzlich aus, während letztere, nämlich die Karakirgisen, vom semirjetschensker Gebiet über den Osten Ferganas und den Pamir hinweg bis zu den nördlichen Ausläufern der Karakorumkette sich hinziehen. Mehr in der körperlichen Physiognomie als in der Sprache voneinander abweichend, scheinen diese beiden Fractionen der Kirgisen seit Urzeiten auf besagten Theilen Innerasiens heimisch gewesen zu sein. Schon Zemarchus erwähnt ihrer auf einer Reise nach dem Altai als ungefähr auf denselben Steppen nomadisirend, wo sie sich heute befinden; denn nur die generische Nomenclatur, nicht aber die Heimat dieses Volkes scheint im Laufe der Jahrhunderte, ja vielleicht der Jahrtausende, Veränderungen unterlegen zu sein. Kirgis sowol als Kazak bedeuten wörtlich Wanderer, Nomade, und hat in ethnischer Beziehung ungefähr denselben Werth wie Türk = Mensch. Die Kirgis-Kazaken waren daher lange vor Dzengiz Herren der grossen Steppe im Norden des Jaxartes, sie kämpften unter den Fahnen des letztern sowie unter den Fahnen Timur's, sie hatten im 16. Jahrhundert sogar eine Herrscherrolle gespielt, bis sie schliesslich im Laufe der letzten 100 Jahre unter russische Botmässigkeit gebracht wurden. Am stärksten sind sie heute in den Gebieten von Semirjetschensk, Semipalatinsk, Turgai, Akmolinsk, Sirderja und Arals vertreten, und geben insgesammt die Zahl von 2,299366 nach Rittich, von welchen nach der Angabe Kostenko's 1,462693 auf das russische Turkistan fallen, und da die Kirgis-Kazaken ohne Ausnahme Russland unterstehen, so mag diese Zahlenangabe für richtig gelten. Bezüglich der Kara-Kirgisen ist es zur Genüge bekannt, dass die Russen deren Bekanntschaft erst im vergangenen Jahrhundert am obern Jenissei machten, obwol die Chinesen nach Schott [1] schon im 13. Jahrhundert sie dort vorgefunden hatten. Wie ihre Brüder im Westen haben sie stets am Ostrand der centralasiatischen Steppen gewohnt, mit dem Unterschiede jedoch, dass sie auch die Gebirgsregionen nicht verschmähten und mit Heerden die grasreichen Stellen der Altaigletscher aufsuchten, sowie sie im allgemeinen ein mehr exclusives Leben geführt, an den politischen Weltstürmen sich nicht in solchem Masse betheiligt haben wie die Kirgis-Kazaken. Die Seelenzahl der Kara-Kirgisen beträgt nach Rittich 324100, wovon der grösste Theil auf das Gebiet von Semirjetschensk fällt, und da hierin weder die Kara-Kirgisen unter Chinas Botmässigkeit noch die am Pamir mit eingerechnet sind, so geht man kaum fehl, die Gesammtzahl auf 350000 anzuschlagen, was mit den Kirgis-Kazaken zusammen die Summe von 3,649366 Kirgisen geben würde. Nach diesen wollen wir die

---

[1] Ueber die echten Kirgisen, S. 431.

Turkomanen

als ein par excellence nomadisches Volk anführen, das sich stets durch einen unbändigen Hang zum Wanderleben hervorgethan, und von welchen wie von den Kirgisen behauptet werden kann, dass sie auf ihrer heutigen Heimat sich schon seit Jahrtausenden befinden. Letztere ist hauptsächlich jene Steppenregion, die am linken Ufer des Oxus, von der nördlichen und östlichen Küste des Kaspisees angefangen, in westlicher, respective südwestlicher Richtung gegen den Paropamisus und den Hindukusch sich hinzieht, und auf welcher es unsers Wissens nie andere Nomaden als Turkomanen gegeben hat, trotzdem auch bei ihnen die Möglichkeit einer andern ethnischen Bezeichnung im Alterthum nicht ausgeschlossen ist. Da Schreiber dieser Zeilen über Turkomanen in seinen frühern Schriften sich wiederholt geäussert, so sei hier nur hervorgehoben, dass die von ihm vor 20 Jahren veranschlagte runde Zahl von **1,000000** auch noch heute mit wenig Unterschied sich als stichhaltig erwiesen hat, und nur in der nächsten Zukunft können wir hierüber von den Russen, die heute Herren des Landes sind, genauere statistische Daten erlangen. In die Rubrik der centralasiatischen Nomaden türkischer Nationalität gehören schliesslich noch die

Karakalpaken,

von denen allein es nachgewiesen werden kann, dass sie in der Vergangenheit eine andere Heimat innegehabt und nur von den politischen Begebenheiten dorthin gedrängt wurden, wo sie sich heute befinden. Schon Nestor erwähnt ihrer unter dem Namen Tschorni-klobuk, d. h. Schwarzhüte, was auf türkisch kara-kalpak heisst, im Vereine mit den Polowzen, Uzen und Turkomanen als Grenznachbarn der Russen. Später haben sie eine Zeit lang in Kazan geherrscht, und während sie in der ersten Hälfte des vergangenen Jahrhunderts noch an den Syrmündungen wohnten, leben sie heute grösstentheils am Oxusdelta und sind nur sporadisch im Zerefschanbezirk anzutreffen. Infolge der russischen Eroberungen in jener Gegend steht die Colonisirung der Karakalpaken in der Umgebung von Tschimbaj auch schon deshalb für die nächste Zukunft zu erwarten, weil ihr Nomadenthum immer ein gemässigtes war, indem sie nie auf besonders weiten Wanderrayons sich bewegten und mit ihren vorzüglich aus Rindvieh bestehenden Heerden sich auch nicht bewegen konnten. In generischer Beziehung scheinen die Karakalpaken ein Gemisch von Kirgisen und Petschenegen zu sein, denn während sie in den Gesichtszügen sich mehr zu erstern als zu den Turkomanen hinneigen, erinnert der stärkere Haar- und Bartwuchs sehr an das von den Arabern entworfene Bild der Petschenegen. Ihre Zahl beträgt ungefähr **70000**, wovon gegen 52000 auf das Amuderjagebiet, und die übrigen auf Ferghana und auf den Zerefschandistrict fallen. [1]

---

[1] Dies ist Kostenko's neuere und richtigere Angabe. Rittich nimmt 100000 Seelen an.

Hiermit hätten wir die Skizze vom nomadischen Theile der östlichen, richtiger südöstlichen Türkenwelt so ziemlich beendet, und
hat nur die Aufzählung der theils halb, theils ganz sesshaften Bevölkerung fraglicher Nationalität zu folgen, in welcher wir zuerst der

Özbegen

als der eigentlich herrschenden Volksklasse Erwähnung thun. Streng
genommen kann Özbeg heute nicht so sehr für eine ethnische, als
vielmehr politische Benennung genommen werden, da seit ihrem Erscheinen in den Oxusländern am Anfang des 16. Jahrhunderts so
manche Bruchstücke des türkischen Völkerelements diesen Namen angenommen, und die eigentliche özbegische Bevölkerung einer von den
politischen Begebenheiten abhängigen Fluctuation ausgesetzt war. Für
Özbegen pur sang gelten daher diejenigen von Chiwa und Bochara,
während die im alten Chanate von Chokand, nach Kostenko 45000,
nicht mehr als reine Özbegen betrachtet werden können. Dieses nicht
genau definirbare ethnische Verhältniss mag wol dazu beigetragen haben,
dass einige Ethnographen die Özbegen mit den türkisch-iranischen
Mischvölkern identificirten, z. B. Rittich, indem er Özbegen und Sarten
unter einer und derselben Rubrik anführt, was entschieden ein Fehler
ist. Die Özbegen, von denen die meisten Landbewohner, viele sogar
noch Halbnomaden sind, wohnen der grossen Mehrzahl nach am linken
Oxusufer, und zwar von Kunduz angefangen bis nach Kungrat, und
halten, nebst andern echt türkischen Sitten, an ihrer Eintheilung in
Geschlechter und Clans noch so ziemlich fest. Nur eine geringe An-
zahl von ihnen wohnt am rechten Oxusufer, namentlich in dem zu
Bochara gehörigen Schehri Sebz und in Karschi. Eben deshalb, d. h.
weil sie zu den halbindependenten Chanaten gehören, ist es schwer, ihren
Zahlenbestand genau anzugeben. Rittich ist hier ganz unzuverlässig,
und Kostenko kann nur insofern verwerthet werden, dass wir seine
Angabe von 182120 Özbegen unter russischer Botmässigkeit registriren.
Zu dieser kann jedoch nur annäherungsweise die Zahl von 800000
Özbegen Chiwas und von circa anderthalb Millionen in Bochara und
im afghanischen Turkestan hinzugerechnet werden, sodass wir vielleicht
nicht fehl gehen, wenn wir insgesammt 2,500000 Özbegen annehmen.
In einer der der Özbegen ähnlichen gesellschaftlichen Bedingung befinden sich auch die

Kiptschaken

im Norden Ferghanas, namentlich im Bezirk von Endidschan, wo sie
eine halbnomadische Existenz führen. Die Kiptschaken, von Kuhn[1] zu
den Kirgisen gerechnet, dürfen mit dem gleichlautenden Kiptschak,
Name des Mongolenreiches zwischen der Wolga und dem Aral, nicht
verwechselt werden, denn dieser Name hat eine alte generische Be-

---

[1] Alexander Kuhn, Das Gebiet Ferghana, das frühere Chanat von
Chokand. Russische Revue, VIII, 352.

deutung und kommt als solcher auch noch heute bei Özbegen und Kazaken vor. Kostenko hat nach officiellen Daten ihre Zahl auf **70107** veranschlagt.

Dieses wären ungefähr die rein türkischen Elemente Centralasiens oder der östlichen Fraction dieses Volkes, wozu aber auch die türkischen Mischvölker gerechnet werden müssen, d. h. jene, die theils aus der Vermischung zwischen Kirgis-Kazaken und andern lange früher schon ansässigen Türken, theils aber aus dem zwischen Türken und den iranischen Autochthonen stattgefundenen Amalgam hervorgegangen sind. Zu erstern gehören die

Kurama

oder Kuramintzen, wie die Russen schreiben, ein vollständig ansässiges Volk an den Ufern des Tschirtschik und des Angren, seinem ethnischen Ursprunge nach theils aus verarmten und zur Niederlassung gezwungenen Kazaken, theils aus Sarten und vielleicht auch Özbegen entstanden, und heute den arbeitsamsten Theil der Bewohner des mittlern Jaxartes ausmachend. Ihr Name kurama, richtiger kouroma, heisst auf Türkisch Mischung. Ihre Zahl wird verschiedenartig angegeben, bei Rittich[1] finden wir 159500, bei Kostenko **77301**, welche letztere Angabe als neuern Datums und von einem Mitgliede des russischen Generalstabs in Turkestan herrührend, uns die richtigere scheint. An Zahl bedeutend grösser, auch in ethnischer Beziehung viel wichtiger sind die

Sarten,

aus einer Vermischung der iranischen Autochthonen mit den Türken hervorgegangen, und zwar schon im Laufe der frühern Jahrhunderte, denn wir finden diesen Namen schon im Kudatku Bilik in der Bedeutung von Kaufmann angeführt, weil um diese Zeit und noch früher Kaufleute persischer, richtiger iranischer Nationalität aus dem Oxuslande unter den Türken den Handel pflegten, weshalb denn auch später für Handelsmann und Iranier das Wort Sart in Gebrauch kam, ein Wort, das alttürkischen Ursprungs ist und dem Grundwesen nach wandeln, hin- und hergehen bedeutet. Lorch[2] ist daher entschieden im Irrthum, wenn er auf dem Wege einer ganz widersinnigen Etymologie Sart mit Jaxartes oder dem altiranischen ksatra in Zusammenhang zu bringen sucht, da angesichts der mongolisch-türkischen Provenienz dieses Wortes eine gewaltsame Ableitung aus dem Iranischen gar nicht von nöthen ist. Die Benennung von Kaufmann ist dann später auf Ackerbauer, d. h. Nichtnomaden im allgemeinen übergegangen und solchergestalt mit

---

[1] a. a. O., S. 33.
[2] Siehe Russische Revue, 1872, S. 30—31.

Iranier oder Autochthone identificirt worden.[1] Wir haben daher in den Sarten ein Volk iranischen Ursprungs, das mit Türken vermischt heute durchweg türkisch spricht, dabei aber viele Spuren seines Urtypus bewahrt hat, ungleich seinem nächststehenden Verwandten, dem Tadšik, der mit der schärfer ausgeprägten iranischen Charakteristik auch die iranische Sprache noch bewahrt hat. Die Sarten sind heute am zahlreichsten in Ferghana und in den südlichen Bezirken des Syrderjagebietes, wo sie ungefähr 22 Procent der ansässigen Bevölkerung ausmachen. Ihre Gesammtzahl im russischen Turkestan wird von Kostenko auf 690305 veranschlagt, und wenn wir hierzu noch Stammesgenossen in Chiwa und Bochara rechnen, so bekommen wir leicht die runde Zahl von 900000. Um nun das Bild von den halbnomadischen Türken im Südöstlichen dieses Völkergebiets zu vervollständigen, wollen wir schliesslich noch der

Baschkiren

Erwähnung thun, die das nördlichste Glied der von uns vorgeschlagenen Gruppe bilden und in ihren heutigen Wohnsitzen in den Gouvernements Orenburg, Perm, Wjatka und Ufa eigentlich auf der Grenze des echten Türkenthums gegenüber den von nun an beginnenden Ugriern sich befinden. Schon dieser geographische Sachverhalt macht es erklärlich, dass die Baschkiren unverkennbare Spuren des ugrischen Typus an sich tragen, weshalb sie denn auch als ein ursprünglich ugrisches Volk, das später turkisirt ward, hingestellt werden. Diese Auffassung ist nicht richtig, wir haben vielmehr in den Baschkiren ein Mischvolk turko-tatarischer und ugrischer Abkunft zu erblicken, welches, seinem Grundwesen nach türkischer Nationalität, durch Vermischung mit den benachbarten Ugriern, wahrscheinlich Ostjaken und Zürjänen, so manche Rasseneigenheit der letztern angenommen hat, ohne dabei sein Nationalidiom zu verändern, wie dies die Magyaren im Alterthum gethan, welche infolge eines engern Verkehrs, vielleicht auch wegen der grössern Anzahl ugrischer Elemente, die sie in sich aufgenommen, dem Habitus sowol als auch der Sprache einen Mischcharakter verliehen haben. Die Baschkiren werden schon von den ersten arabischen Reisenden erwähnt. Früher waren sie politisch theils mit Bulgaren, theils mit Kazanen vereint, in der Mitte des 16. Jahrhunderts geriethen sie unter Russlands Herrschaft und erst in der Neuzeit haben sie begonnen, ihre nomadische Lebensweise in eine halbnomadische umzuwandeln. Sie sind grösstentheils Mohammedaner und ihre Anzahl beträgt ungefähr 500000 Seelen.

III.

Bei Besprechung der dritten Gruppe, d. h. der südwestlichen Fraction des turko-tatarischen Völkerelements, betreten wir insofern

[1] Auf ähnlicher Grundlage beruht auch die andere türkische Benennung

ein bereits sichereres Terrain, weil hier eine schon mehrere Jahrhunderte alte russische Verwaltung und die verhältnissmässig grössere
Nähe zum Abendlande ein intensiveres Licht verbreitet haben, und
die Vergangenheit sowol als auch die Gegenwart wiederholentlich
zum Gegenstand eingehender Forschungen gemacht worden sind.
Hier vertheilt sich das türkische Element unter Russland, Persien und
dem Osmanenreich, und da wir auf unserer Wanderung von Nordost
nach Südwest zu ziehen gedenken, so wollen wir bei Russland, und
zwar bei den

Tataren

beginnen, unter welchem Sammelnamen wir diejenigen Türken verstehen, die im Gouvernement Kazan wohnen und von den Russen den
Namen Tatar, Tatarín, erhalten haben, sich selbst aber nach ihrer Religion Muslem oder Musulman nennen. So wie die ganze türkische
Bevölkerung des südlichen Russlands aus den buntesten Elementen
dieses Volkes zusammengewürfelt, je nach den politischen Umwälzungen
mit dem ethnischen Namen auch die generischen Bestandtheile verändert, demzufolge eine historisch-kritische Klassification nur schwer
möglich ist, so ist dies auch bei den tatarischen Bewohnern Ka-
zans der Fall. Die Annahme, nach welcher der grösste Theil der
heutigen kazaner Tataren aus ehemaligen Einwohnern Alt-Bulgariens besteht, die namentlich nach der Verwüstung Bolgars und Biljärs durch die
Heere Dšengiz' und Timur's sich nach dem Westen zurückgezogen
hätten, hat wol die meiste Wahrscheinlichkeit für sich, obwol es andererseits wieder schwer wäre, den vom Süden aus stattgefundenen Zufluss zu ignoriren, da in den endlosen Kriegen und Wirren gewiss
auch andere Elemente hierher geworfen worden waren. Der starke
Mischcharakter der kazaner Tataren ist also ausser allem Zweifel.
Heute werden sie gewöhnlich in moslemische und christliche Tataren
getheilt. Erstere haben trotz einer schon dreihundertjährigen russischen Unterthanenschaft von ihrer Anhänglichkeit am Islam und
von ihrer asiatischen Denknngsart nur wenig nachgelassen, und an
eine Absorbirung durch das herrschende Element ist auch im entferntesten nicht zu denken. Ihre Zahl beläuft sich nach Rittich [1] auf
482809 Seelen, und sie zeichnen sich im ganzen genommen durch Nüch-
ternheit, Rührigkeit und seltenen Fleiss aus. Neben diesen sind noch die
christlichen Tataren oder Kereschen, wie sie selber sich nennen,
der Anzahl nach 27901, zu erwähnen, welche, schon durch Iwan den
Schrecklichen gewaltsam getauft, bis in die Neuzeit jedoch sehr laxe
Befolger der christlichen Lehre waren. Die Gesammtzahl der Tataren beträgt also 510710 Seelen. Schliesslich wollen wir noch hierher die Mesch-

---

der iranischen Autochthonen, nämlich tat und tadsik, das, wie schon erwähnt, von tal = friedlich abstammt.

[1] Materiali dlja etnografij Rossij, II, 19.

tscherjaken[1] ziehen, d. h. jenen Theil dieses Volkes, welcher den tatarischen Typus trägt, und wenn auch aus einer starken Mischung zwischen Ugriern und Türken hervorgegangen, dennoch heute der türkischen Sprache sich bedient; sie leben in den Gouvernements Orenburg, Samara, Perm, Ufa und Kazan[2] und belaufen sich ungefähr auf 128000 Seelen. Wenn wir daher die vorhergehenden Daten zusammenfassen, so wird sich herausstellen, dass von den Baschkiren, d. h. vom Grenzgebiet des östlichen Türkenthums bis zum äussersten nordwestlichen Punkt 638710 Menschen turko-tatarischer Sprache und Abstammung wohnen, die, zumeist Moslimen, der grossen Mehrzahl nach ein ansässiges Leben führen.

Was wir bezüglich des generischen Ursprungs der sogenannten Kazanen-Tataren sagten, dass sie nämlich aus den infolge politischer Umwälzungen stark durchmengten und umhergeworfenen einzelnen Bruchtheilen früherer Armeen hervorgegangen, das kann auf die sogenannten

Nogai- und Krimtataren

noch mehr angewendet werden. Dass wir es hier nicht mit ethnischen, sondern mit politischen Benennungen zu thun haben, das wird vor allem aus dem Namen Nogai ersichtlich. Nogai, aus der fürstlichen Familie der Goldenen Horde, war bekanntermassen ein Urenkel Džengiz', indem sein Vater Tatar ein Sohn Džüdši's war. Nogai hat schon 1259 in der zur Verheerung Polens ausgeschickten Armee sich ausgezeichnet[3], und als er nach dem Tode Batu's und nach der Thronbesteigung Berke's zum obersten Befehlshaber über die Streitkräfte von Kipčak gemacht wurde, da hatten die unter ihm versammelten Krieger türkischer Nationalität seinen Namen auf solchem Wege sich beigelegt, wie dies die Seldšuken, Džagataier, Özbegen und Osmanen thaten. Ein ähnliches Verhältniss liegt der Benennung der beiden Hauptstämme der Nogais, nämlich der Stämme Mansur und Noruz, zu Grunde, da es zu allen Zeiten bei den Türken Sitte gewesen, den Namen eines glücklichen und beliebten Anführers im Kriege als eine ethnische Bezeichnung anzunehmen und sich gleichsam zu identificiren. Dass die oben genannten türkischen Völkerelemente auch in frühern Jahrhunderten in den Niederungen am rechten Ufer der Wolga bis zum Azow hin gewohnt, das steht ausser allem Zweifel. Nur die verschiedenen

---

[1] Man leitet gewöhnlich Meschtscher vom altrussischen Matschjar, richtiger Maschar ab, das bis heute im tatarischen مِشَر sich erhalten hat, ein Volk, das man für die Ueberreste der ehemaligen Meschtscheren halten kann (siehe Weljaminow Zernow, Geschichte der Kasimiden, I, 31). Der Name Matschar hat viele verleitet, dieses finnisch-türkische Volk mit den Magyaren zu identificiren, doch liegt für eine solche Annahme gar kein plausibler Grund vor.
[2] Rittich gibt im II. Bande seiner Materiali die Zahl der Meschtscherjaken in Kazan auf 2684 an.
[3] Siehe Howorth, History of the Mongols, Part II, Division II. S. 1011.

Namen und die generischen Bestandtheile der einzelnen Völkerschaften sind Veränderungen unterlegen, indem an Stelle der Uzen, Petschenegen, Khazaren und Kumanen vom 8. bis zum 13. Jahrhundert nun Kipčaken, Özbegen, Nogaier, Kunduren u. s. w. getreten waren. Heute sind die Nogaier theils als Halbnomaden, theils als Sesshafte in grösster Anzahl im Gouvernement Stawropol am Terek und in Dagestan anzutreffen, und deren Zahl wird von Rittich [1] auf 95041 veranschlagt, welche im Vereine mit den übrigen verwandten Tataren dieser Gegend eben nach Rittich's Angaben sich auf 120000 Seelen belaufen. Zu diesen kommen noch die ebenfalls von Rittich auf 80000 veranschlagten Krimtataren, die von den Nogais im Osten durch eine grössere Culturfähigkeit sich auszeichnen und schon im 16. Jahrhundert als Ackerbau treibende Bevölkerung bekannt waren. Ihre Zahl hat in auffallender Weise abgenommen, denn nach der Volkszählung im Jahre 1793 gab es in der Krim 157125 Tataren, die heute infolge steter Auswanderung bis auf die Hälfte herabgeschmolzen sind, was einen sonderbaren Contrast bildet zu der in Zunahme begriffenen tatarischen Bevölkerung von Kazan. Indem wir in diesen zwei Hauptgruppen, nämlich in Nogai- und Krimtataren, die türkische Bevölkerung des südlichen Russlands von der Wolga bis zum Dnjeper zusammenzufassen suchen, haben wir selbstverständlich kleinere Fractionen, so z. B. die Kundurs, nach Wahl 11000 Seelen zählend, als zu den Nogais gehörend, mit eingerechnet und im allgemeinen mehr die geographische Lage als die generischen Details berücksichtigt. In diesem Sinne wollen wir trotz der sich widersprechenden Angaben die Gesammtzahl der Nogaier und Krimtataren auf **200000** veranschlagen.

Wir gehen nun vom südwestlichen Wolgagebiet zu den

Čuwašen

über, die am mittlern Laufe besagten Flusses im Westen des Gouvernements Kazan wohnen und eins der interessantesten Mischvölker finnisch-ugrischer und turko-tatarischer Provenienz darstellen. Rittich will dies in Zweifel ziehen, indem er in den Čuwašen die alten Burtasen erkennt und als deren ältere Heimat die Ufer des Oxus in der Nähe der Khazaren — die Richtigkeit dieser Behauptung sei in Frage gestellt — annimmt, von wo aus sie einige persische Sitten mitgebracht haben sollen, so z. B. die Sitte der Noruz, während sie als khazarische Reminiscenz den Namen des Samstags, nämlich arnakon [2], das heisst Ruhetag, bezeichnet. Dieser Theorie gegenüber betrachten wir die Čuwašen als einen Theil der alten Bulgaren, der in verhältnissmässig neuerer Zeit, das heisst im 7. Jahrhundert nach Christus, vom Gros seiner Stammesgenossen sich getrennt und mit dem zu damaliger Zeit dort vorgefundenen ugrischen Volke sich

---

[1] Siehe Petermann's Mittheilungen, a. a. O., S. 11.
[2] Materiali dlja etnografij Rossij, II, 45.

vermischt hat. In Anbetracht der sehr geringen ugrischen Elemente, welche der Formen- und Wortschatz der čuwašischen Sprache aufweist, können die linguistischen Beweise, welche die Annahme der Vermischung mit irgendeinem heute schon unbekannten ugrischen Volke gestatten, kaum in Betracht gezogen werden. Das Čuvašische, seinem Grundwesen nach echt türkisch, weicht in seiner Laut- und Formenlehre allerdings von den übrigen Dialekten dieser Sprachgruppe am meisten ab, und die diesbezügliche Divergenz wird noch lange ein Räthsel bleiben. Doch die Sprache bildet nur ein Moment in ethnologischen Forschungen, und weil das Sittengemälde der Čuvašen mit dem anderer Osttürken so viele congruente Züge aufweist, und weil wir die Čuvašen mit den Burtas der Alten nicht zu identificiren vermögen, so müssen wir in denselben nur ein Volk türkischer Abkunft entdecken, und zwar solche Türken, die schon früh dem Wanderleben entsagt, ihre alten nationalen Sitten länger und besser bewahrt haben als ihre südlichen Stammesgenossen, und dem iranischen Cultureinflusse, im Verein mit den Wotjaken, Mordwinen und Ceremissen, zumeist erst seit der Zeit nach dem Niedergang der Khazarenmacht ausgesetzt gewesen sein konnten. Obwol dem Namen nach Christen, findet in der Glaubenslehre der Čuvašen sich noch heutigen Tages das reichste Material der alttürkischen Mythologie vor, und die diesbezüglichen Forschungen Sbojew's, Fuchs', Zolotniczki's, Berezin's [1] und Rittich's sind äusserst interessant.

Die Gesammtzahl der heutigen Čuvašen, mitinbegriffen diejenigen des Gouvernements Orenburg, beläuft sich auf etwa 600000 Seelen.

Wenn wir nun vom untern Wolgagebiet nach Transkaukasien uns wenden, so müssen wir des kleinen Völkchens der

Kumüken

oder Ghazi-Kumüken, d. h. Helden-Kumüken gedenken, die am westlichen Ufer des Kaspisees vom Sulak bis nahe an Derbend mit Nogaiern untermischt wohnen. Es ist ein kriegerisches Bergvolk, das schon in der Mitte des 16. Jahrhunderts sich den Russen unterworfen haben soll und jedenfalls vom Kubangebiete schon früh hierher verschlagen worden ist. Ihre Zahl beläuft sich nach Rittich auf 71968 Seelen. Sie bilden unsers Erachtens das südlichste Glied der ehemaligen Pontus- und Wolgatürken, und unterscheiden sich demnach von den

transkaukasischen Türken,

die, wie es sich geschichtlich nachweisen lässt, theilweise erst im 11. und 12. Jahrhundert, d. i. gelegentlich der Seldšuken-Invasionen

[1] Die Titel der betreffenden Werke lauten: W. Sbojew. Zamjetki o Čuwašach (1865); A. A. Fuchs, Zapiski o čuwašach i Čeremisach kazanskoj gubernij; A. J. Zolotnitzky, Karnjewoj čuwaško-russkij slowar (Kazan 1875); A. Rittich, Materiali dlja etnografij Rossij (Kazan 1870) und Berésine in den Zapiski der kaiserl. Universität zu Kazan (1852).

von Azerbaiżan aus nach dem Kaukasus vordrangen, theilweise aber
noch viel später, d. i. im 16. und sogar im 18. Jahrhundert hierher
versetzt wurden. Die Zeit, in welcher die türkische Völkerflut vom
turanischen Hochlande aus über Nordpersien nach Kleinasien und
Syrien hin sich zu ergiessen begonnen hatte, ist in Anbetracht dessen,
dass am Hofe zu Bagdad türkische Hülfstruppen schon in frühern
Zeiten verwendet worden sind, nicht so leicht festzustellen; doch
brach die mächtige Strömung erst unter Leitung der Nachkommen
Seldšuk's ein; diese setzte allenthalben kleinere Fragmente ab, und da
diese im Laufe der Zeit immer mehr und mehr sich ausbreiteten, so
ist nichts natürlicher, als dass einzelne Zweige von Azerbaiżan aus
ihren Weg über den Araxes bis zum Kur gefunden hatten. Dieses
Verhältniss wird am besten ersichtlich aus dem Umstande, dass einzelne ·
Turkstämme, so z. B. die Schahsewen, Karapapak, Dšanbegli, Imamli,
Bigdilli, Afschar u. s. w. in verschiedenen Theilen Irans sowol als auch
in Transkaukasien sich vorfinden, während es von andern geradezu
nachgewiesen werden kann, dass sie unter den Sefiden und gegen Ende
des verflossenen Jahrhunderts vom Südosten des Kaspisees dahin
versetzt worden sind. Bei dieser unserer Annahme ist allerdings
nicht die Möglichkeit ausgeschlossen, dass auf der im Mittelalter stark
belebten Strasse von der Wolga nach dem Kaukasus über Derbend
einzelne Fragmente der khazarisch-türkischen Bevölkerung schon früher
nach dem Albanien der Alten, d. h. bis zum heutigen Gouvernement
von Baku vorgedrungen seien, wie dies N. von Seidlitz [1] auf Grund
der Aussage des armenischen Chronisten Kagankatwazi vermuthet;
doch lässt sich dies nicht feststellen; die heutigen Türken Transkaukasiens sind mit denen Irans sprachlich engstens verbunden, und die
khazarische Abkunft kann sich höchstens auf die Türken jener fernen
Zeiten beziehen. Die heutige türkische Bevölkerung Transkaukasiens
vertheilt sich in die Gouvernements Tiflis, Baku, Elisabethpol (Gümri),
Eriwan und Kars und beläuft sich im ganzen auf circa 900000
Seelen, die trotz einer mehr als hundertjährigen russischen Herrschaft
an Religion, Sitten und Gebräuchen nicht im mindesten sich verändert
haben. An diese schliessen sich in socialer und ethnischer Beziehung die

iranischen Türken

an, d. h. jene Türken, die im Westen, Norden und auch sporadisch
im Süden Irans sich vorfinden, und deren Einwanderung sich grössten-
theils aus dem Zeitalter der Seldšukiden und Mongolen datirt.
Am compactesten ist das türkische Element Irans, welches von dem
Türkenthum Transkaukasiens nur politisch getrennt ist, in Azerbaiżan,
Hamadan und im Chamse vertreten, während es mit Persern vermischt,

---

[1] Siehe Russische Revue, XV, 218, im Aufsatze: „Historisch-ethnographische Skizze des Gouvernements Baku."

mit Ausnahme des Ostens und Südostens, fast allenthalben anzutreffen
ist. An den erstgenannten Orten repräsentirt das Türkenthum lange
schon die sesshafte Bevölkerung, und nur einzelne Stämme, wie die
Afscharen in Urumija, die Mahmudlu in Meragha, die Karapapaks in
Solduz, die Schahsewen in Zendšan u. s. w. treiben im Nordwesten
Irans als Ilat, d. h. Halbnomaden sich herum. Folgend den vom
ethnographischen Standpunkte aus noch immer interessanten Daten
Sir Justin Shiel's [1] finden wir türkische Stämme noch in Mazendran
(Dšanbeglu, Imamlu, Usanlu-Afschar), in Kerman (Afschar-Karai) und
in Fars, wo die Kaschkai gegen 40000 Zelte zählen sollen. Die bei
Shiel nach Hörensagen gegebenen Zahlen sind keineswegs zuverlässig,
denn diese Ilat, zumeist aus der Zeit der Helagiden und Ilchaniden
stammend, bedienen sich sonderbarerweise noch immer jener Zahlenangaben, unter welchen sie vor Jahrhunderten schon bekannt waren,
und die, wie ich mich persönlich überzeugt habe, mit dem wahren
Sachverhalt sehr im Widerspruch stehen. In generischer Beziehung
sowie in der Sprache unterscheiden die Türken Irans sich wenig voneinander, und da sie nicht den eigentlichen Osttürken angehören, sondern von den unter Seldšuk vom Norden des Aralsees aufgebrochenen
Türken abstammen, mithin integrirende Theile der ehemaligen Uzen
und Kanglis ausmachen, so bilden sie in ethnischer Beziehung gleichsam die Verbindungskette zwischen den Turkomanen und den Osmanen.
Was den Zahlenbestand der heutigen Türken Irans betrifft, so ist es
mit Hinblick auf die unsichern statistischen Daten über die Gesammt-
bevölkerung Persiens ausserordentlich schwer, eine Zahl festzustellen.
Aller Wahrscheinlichkeit nach variirt die Bevölkerung Irans zwischen
5 und 6 Millionen, und da von diesen mindestens ein Drittheil auf die
türkische Nationalität fällt, so wäre es nicht allzu gewagt, wenn wir
2 Millionen iranischer Türken annehmen.

Die Osmanen,

unter welchem Namen wir nicht die in der Neuzeit in Gebrauch gekommenen politischen Sammelnamen sämmtlicher Nationalitäten des
Ottomanischen Kaiserreichs, sondern speciell die Türken verstehen,
bilden einerseits den zumeist nach dem Westen vorgeschobenen Ring
in der grossen Kette der turko-tatarischen Völkerschaften, andererseits
aber auch den seines nationalen Urtypus zumeist entkleideten Theil
dieses vom hohen Norden Asiens nach Europa sich erstreckenden
Volkes.
Ob der als Stammvater der Osmanen bekannte Seldšukenhäuptling
Sulejman Schah bei seinem Erscheinen in Anatolien 25000 oder 30000
Krieger mit sich geführt, ob die später sich ihm anschliessenden Stammes-

---

[1] Glimpses of life and Manners in Persia by Lady Shiel (London 1856),
S. 496—401.

verwandten eine grössere oder kleinere Anzahl Türken ihm zugeführt
haben, so viel bleibt unter allen Umständen ausgemacht und steht fest,
dass die heutigen ottomanischen Türken das erdenklich bunteste Völkerconglomerat ausmachen, eine sonderbare Mischung von Arabern, Persern, Armeniern, Griechen, Slawen, Kaukasiern und sonstigen Elementen,
unter welchen nur ein sehr geringer Procentsatz türkischen Blutes vorhanden ist.

Im Rahmen eines gemeinsamen Glaubens gewaltsam zu-
sammengepresst, haben die fremden Bestandtheile auch Sitten, Gebräuche und Sprache ihrer Eroberer angenommen; doch mit Bezug
auf die physischen Merkmale fiele es selbst dem kühnsten Forscher
schwer, irgendwelche Spuren der Rassenhomogenität zu entdecken.
Wir glauben nicht fehlzugehen, indem wir annehmen, dass es nur
ein verschwindend geringer Theil der seldšukisch-türkischen Krieger
gewesen, die unter den Autochthonen sich vermischt, das Schwert mit
dem Pfluge vertauscht hatten, denn die Eroberer blieben stets ihrem
alten Handwerke treu, und das Gros der heute Ackerbau treibenden
Osmanen ist theils aus den turkisirten Autochthonen, theils aus fremden Sklaven hervorgegangen. Dies beweisen am besten die nahezu
eine halbe Million zählenden Turkomanen und Jürüken in Kleinasien,
die schon seit dem 14. Jahrhundert auf dem heute von ihnen bewohnten Gebiete sich herumtreiben und, weil von den Umständen
begünstigt, noch immer eine nomadische Existenz fristen. Es ist daher
nur in Kleinasien, wo das Türkenthum sich vermehren und feste
Wurzel fassen konnte, in Europa vermochte das Schwert der Eroberer
nur das Werk der Mohammedanisirung zu vollführen, nicht aber auch
zugleich jenes der Turkisirung und, trotz einer mehr als 500jährigen
Herrschaft hat die Zahl der eigentlichen Osmanen in der europäischen
Türkei nie mehr als 600000 betragen, während man auf dem asiatischen Theile des Reiches wol nicht, wie Ubicini 13 Millionen, jedenfalls aber 10 Millionen Türken annehmen kann, die zumeist der sun-
nitischen Sekte angehören und zu den Sesshaften zu rechnen sind.

Wenn wir nun die in dieser flüchtig hingeworfenen ethnographischen Skizze angeführten Zahlenangaben zusammenstellen, so werden
wir sehen, dass

141992	. . . . sibirische Türken
1,040000	. . . . Ostturkestaner
2,299366	. . . . Kirgisen
350000	. . . . Kara-Kirgisen
1,000000	. . . . Turkomanen
70000	. . . . Kara-Kalpaken
2,500000	. . . . Özbegen
70000	. . . . Kiptschaken
77301	. . . . Kurama
900000	. . . . Sarten
500000	. . . . Baškiren
638710	. . . . Tataren
200000	. . . . Nogaier

600000	.	.	.	.	.	.	Ćuvašen
71000	.	.	.	.	.	.	Kumüken
900000		.	.	.	.	.	transkaukasische Türken
2,000000	.	.	.	.	.	.	iranische Türken
10,000000	.	.	.	.	.	.	Osmanen

23,358369

oder die runde Zahl von circa 24 Millionen Menschen turko-tatarischer Nationalität geben, von denen vielleicht ein Viertheil als eigentliche Nomaden, die übrigen drei Viertheile aber als ausschliesslich ackerbautreibend zu betrachten sind.

Der Religion nach bekennt sich nur ein sehr kleiner Theil zum Schamanismus, ein noch kleinerer zum Christenthum, während die überwiegende Mehrzahl dem Islam ergeben ist.

Ohne uns hier in weitgehende historisch-ethnographische Betrachtungen einzulassen, können wir nicht umhin, diese kurze Skizze mit der Bemerkung zu schliessen, dass unter den verschiedenen Theilen des Menschengeschlechtes die Turko-Tataren allein es sind, die nach einer mehr als ein Jahrtausend hindurch gespielten bedeutenden Rolle in der Weltgeschichte nun, vom Geiste der abendländischen Bildung fast gänzlich gebrochen, einer wesentlichen Umgestaltung unterliegen müssen. Die Grenzen der zum nomadischen Leben geeigneten Länderstriche werden immer enger und enger, und der jahrhundertelang fortarbeitende Colonisationsprocess wird vielleicht schon in der zweitnächsten Generation seinen Abschluss finden. Das Türkenthum des Mittelalters und der vorgeschichtlichen Zeit, von welchem in dieser Studie so oft die Rede ist, wird bald nur in den schwächsten Zügen noch vorhanden sein.

Beilage II zur ersten Abtheilung, Seite 122.

Die Reise des Mönchs Julian nach Gross-Ungarn.

Die Reise des Mönchs Julian nach Gross-Ungarn, deren Bericht sich als Beilage zum Liber censuum camerae apostolicae (Blatt 445) in der vaticanischen Bibliothek vorfindet, hat in Gelehrtenkreisen so viel Staub aufgewirbelt und ist zum Ausgangspunkt so vieler Combinationen in der Geschichte des Ursprungs der Magyaren gemacht worden, dass wir uns angesichts der Wichtigkeit, welche dieser Bericht für unsere Studie besitzt, sozusagen genöthigt sehen, den Inhalt dieses Schriftstücks einer eingehenden Prüfung zu unterwerfen, und den eigentlichen Sachverhalt, soweit es das vorhandene Quellenmaterial erlaubt, klar darzulegen. Dieser Bericht wurde bekanntermassen zuerst von dem Piaristen Joseph Innocenz Dezsericky, der sich als Assistent beim Ordensgeneral in Rom aufhielt, entdeckt und unter dem Titel: „Josephii Innocentii Desericii de initiis ac majoribus Hungarorum, Budae 1748" veröffentlicht. Diese Ausgabe hat Georg Fejér im IV. Bande, vol. I, S. 50—57, seines Codex diplomaticus Hungariae benutzt. Zum dritten mal hat Endlicher diesen Bericht mit all seinen Fehlern in den „Rerum Hungaricarum Monumenta Arpadiana" (San Galii 1849), herausgegeben, während Theiner denselben in die „Vetera Monumenta Historica Hungariam Sacram Illustrantia", Tom. I, (Romae 1859), wol mit der grössten Genauigkeit, aber mit allen Fehlern der Originalhandschrift aufnahm. Nach all diesen Ausgaben hat nun Karl Szabó [1], dem wir die vorhergehenden Notizen entnehmen, eine ungarische Uebersetzung besagten Schriftstücks veranstaltet, die sich, wie alle Arbeiten des verdienstvollen magyarischen Gelehrten, durch diplomatische Genauigkeit auszeichnet und daher von uns als Grundlage unserer Erörterung genommen worden ist.

Zweck und Ziel dieser Reise, über welche nicht Julian selbst, sondern der Mönch Richard berichtet, in welchem Szabó das Oberhaupt des Ordens in Ungarn vermuthet, war bekanntlich das Aufsuchen der alten Heimat der Magyaren, da es verlautete, dass die in der

---

[1] Magyarország történetének forrásai (Pest 1860), S. 87—88.

letztern zurückgebliebenen Ungarn noch Heiden wären, und deren Bekehrung der kirchlichen Behörde Ungarns, oder, wie Szabó annimmt, eventuell auch Béla IV. am Herzen lag. Man hatte zu diesem Behufe früher vier Mönche entsendet, von denen nur ein einziger, Namens Otto, insofern Erfolg hatte, als er von magyarisch sprechenden Heiden und von deren Heimat Nachrichten einholte; in diese Heimat aber selbst zu gelangen blieb ihm versagt. Mit der Absicht, Reisegefährten zu finden, kehrte er nach Ungarn zurück, wo er, nachdem er seine Erlebnisse erzählt hatte, von den Mühseligkeiten der Reise gebrochen, alsbald starb. Hierauf wurden abermals vier Mönche ausgesandt, die sich Haar und Bart nach heidnischer Sitte schoren, weltliche Kleider anlegten und über Assan-Bulgarien und Rumänien auf Kosten König Béla's IV. nach Konstantinopel reisten. Von hier gelangten sie über Meer nach einer 34tägigen Reise nach Zichien in die Stadt Matrika, deren Fürst sich zum Christenthum bekannte und hundert Frauen hatte. Die Männer dieses Landes lassen sich schöne Bärte wachsen und rasiren das Haupt mit Ausnahme der Vornehmen, die als Zeichen ihres Standes hinter dem linken Ohr ein wenig Haare stehen lassen. Hier weilten die Reisenden 50 Tage und setzten dann mit Hülfe der ersten Frau des Königs ihre Reise fort. Nun ging die Reise über eine Steppe, wo weder Menschen noch Häuser existirten, dreizehn Tage lang, nach deren Ablauf sie in ein von Heiden und Christen bewohntes, Alania genanntes Land gelangten. Hier hat jedes Dorf seine eigene Regierung, Krieg und Hader zwischen den einzelnen Dörfern sind an der Tagesordnung, daher eine grenzenlose Unsicherheit in Handel und Wandel. Die Christen haben sonderbare abergläubische Vorstellungen, doch steht das Kreuz in hoher Achtung bei ihnen und bei den Heiden. Aus Furcht vor den Tataren (rectius Mongolen) konnten sich die Mönche hier keine Reisegefährten verschaffen, zwei von ihnen kehrten daher zurück und nur zwei blieben dort, nachdem sie vergebens den Versuch machten, zwei ihrer Gefährten als Sklaven zu verkaufen, um den Erlös zur Weiterreise zu verwenden.

Endlich konnten die beiden Mönche in Gesellschaft von Ungläubigen aufbrechen und gingen 37 Tage lang durch die Steppe, sich im ganzen mit 22 in Asche gebackenen Broten ernährend und unsägliche Mühen ertragend, namentlich weil der eine krank wurde und dem andern die Pflege desselben oblag. Am 37. Tage kamen sie ins Land der Saracenen, welches Vela genannt wird, in die Stadt Bundaz, wo sie bei niemand Unterkunft fanden und trotz der Kälte auf offenem Felde verbleiben mussten. Der gesunde Mönch nährte seinen kranken Gefährten mittels Almosen, die er in der Stadt reichlich erhielt, namentlich von dem Landesfürsten, der ihnen als Christen gern Almosen gab, weil weder der Fürst noch seine Unterthanen ein Hehl daraus machten, dass sie bald Christen und Untergebene der römisch-katholischen Kirche werden wollten. Von Bundaz gingen sie in eine andere Stadt, wo der kranke Mönch, Namens Bernhard, seiner Krankheit erlag, und der andere, Namens Julian, in die Dienste eines saracenischen Geistlichen trat, der eben im Begriff war, nach Gross-Bulgarien zu reisen. Mit diesem gelangt nun Julian nach Gross-Bulgarien, das er als ein grosses mächtiges Reich schildert, dessen Einwohner insgesammt Heiden sind. In diesem Lande spricht man allgemein von der bevorstehenden Bekehrung zum Christenthum und von der Anerkennung der Obermacht der römischen Kirche. In einer Stadt dieses Landes, die 10000 Krieger zu stellen vermag, ist der Mönch einer Frau begegnet, die aus dem Lande war, welches er suchte und die man dorthin verheirathet hatte. Diese Frau gab dem Mönch Aufschluss über den nun einzuschlagenden Weg, indem sie behauptete, dass er nach zwei Tagereisen (bei Theiner: decas dietas) das von ihm gesuchte Land der Magyaren sicherlich auffinden werde. Dies war auch in der That so, denn er fand sie (d. h. die Ungarn) am grossen Fluss Ethil, und als sie ihn als Magyaren erkannten und verstanden, da freuten sie sich sehr und führten ihn in den Häusern und Dörfern herum und erkundigten sich über den König und über das Land der christlichen Verwandten. Was immer auch der Mönch vom Glauben und sonstigen Dingen erzählte, dem schenkten sie ein williges Ohr, denn ihre Sprache war vollkommen magyarisch, und sie verstanden sich gegenseitig ganz gut. Diese Magyaren sind Heiden, die von Gott gar nichts wissen, aber auch keine Götzen haben, sondern so leben wie die wilden Thiere. Der Ackerbau ist ihnen unbekannt, indem sie sich von Pferde-, Wolfs- und ähnlichem Fleisch ernähren und Pferdemilch und Blut trinken. Sie sind reich an Pferden und Waffen und sehr flink im Kriege. Aus den Traditionen der Alten ist ihnen bekannt, dass die Magyaren von ihnen abstammen, doch wo sich die letztern jetzt befinden, das wissen sie nicht.

Die tatarische Nation ist ihnen benachbart, sie haben auch mit derselben Krieg geführt, doch weil sie die Magyaren nicht zu besiegen vermochte, ja im ersten Kampf sogar selbst besiegt wurde, haben sie sich miteinander vereinigt und in Gemeinschaft funfzehn Länder verwüstet. In diesem Lande der Magyaren traf der Mönch mit den Tataren zusammen und auch mit dem Gesandten des tatarischen Fürsten, der magyarisch, russisch, kumanisch, deutsch, saracenisch und tatarisch sprach und der auch erzählte, dass das fünf Tagereisen entfernte Tatarenheer gegen Deutschland zu ziehen beabsichtige und nur noch der Truppen gewärtig sei, die der Fürst zur Verheerung Persiens ausgesandt habe. Dieser Gesandte erzählte ferner, dass es jenseit des Reiches der Tataren noch ein Riesenvolk gibt von ungeheurer Körpergrösse, welches auch auf dem Punkte ist loszubrechen und alles zu verwüsten.

Nachdem der Mönch dies vernommen, beschloss er, trotz der Bitten der Magyaren, noch länger bei ihnen zu verbleiben, nach Ungarn heimzukehren. Erstens befürchtete er, dass auf die Nachricht einer Bekehrung der asiatischen Magyaren die dazwischenliegenden Völker sich beunruhigen und die Communication abschneiden würden. Ferner befürchtete er, dass seine Entdeckung im Falle seines etwaigen Todes daheim unbekannt bleiben würde. Er trat daher auf einem kürzern Weg, den ihm die Magyaren anriethen, drei Tage vor dem

Johannesfeste die Rückreise an und gelangte, nachdem er einige Tage zu Land und zu Wasser gereist war, zwei Tage nach Weihnachten in seine Heimat, wobei er den Weg durch Ruthenien und Polen zu Pferd zurückgelegt hatte. Auf der Rückreise passirte er zu Wasser funfzehn Tage hindurch das Land der Mordwinen, die er als ein grausames, wildes Volk schildert. Auf die Nachricht ihrer Wahrsager, dass sie Christen werden müssen, wenden sie sich an den Fürsten Gross-Lodomeriens um Geistliche, wovon dieser jedoch nichts wissen will, indem er antwortet: „Das geht den römischen Papst an, da die Zeit nicht mehr fern ist, in der wir alle die Obrigkeit der römischen Kirche werden anerkennen müssen."

Dies ist der kurze Inhalt des Reiseberichts, und indem wir uns in die Erörterung der hier vorgebrachten Thatsachen einlassen, ist es nothwendig, uns zuerst bezüglich der Jahreszahl oder des Zeitpunktes im allgemeinen, in welchem diese Reise stattfand, Gewissheit zu verschaffen. Im Bericht selbst sind hierüber gar keine positiven Angaben vorhanden, und wenn die ungarischen und ausländischen Historiker dessenungeachtet theils die Jahreszahl 1236, theils 1237 und 1239 annehmen, so ist dies nur mit Hinblick auf jene Stelle geschehen, die von der abzuwartenden Rückkehr der vom Tatarenfürsten zur Verheerung Persiens ausgeschickten Truppen spricht, und der zufolge K. Szabó, sich auf Hammer[1] stützend, die Jahreszahl 1236 annimmt. Nun will uns aber diese Folgerung keineswegs stichhaltig erscheinen. Erstens will es uns nicht einleuchten, aus welchen Gründen der Tatarenfürst, unter dem doch nur Batu Khan verstanden werden kann, zu jener Zeit von der mittlern Wolga aus, also von einer ziemlich weiten Entfernung, nach Persien Einfälle machen sollte, da doch damals nach dem Tode Dselal-ed-din-Menkbirdi's sich schon ganz Persien unter Oktai im mongolischen Besitze befand, und da sogar der nordwestliche Theil dieses Landes, nämlich Erdebil und Gendsche, 1235 von den mongolischen Streifzüglern theils verwüstet, theils unterjocht worden war. Zweitens ist eine solche Annahme um so weniger gerechtfertigt, weil nach dem 1235 gefassten Beschluss Oktai seinen Neffen Batu zur Ueberschreitung der Wolga und zur Eroberung des östlichen Europas freiwillig das Commando über die Invasionsarmee anvertraute und zu jener Zeit zwischen beiden gar keine Rivalität bestehen konnte. Drittens ist es zur Genüge bekannt, dass eben im Jahre 1237 Menkü und sein Bruder Büdžik, die Befehlshaber des linken Armeeflügels, die im Norden des Kaspisees und in der angrenzenden Steppe wohnenden Kumanen angriffen und aufs Haupt schlugen, also gerade zur selben Zeit, als Batu seinen Marsch nach Westen antrat und, nachdem er die beiden Fractionen der Burtasen, d. h. die Mokša- und Erza-Mordwinen besiegt hatte[2], sich auf dem Wege nach Rjazan befand. Viertens kann sich die Angabe bezüglich der Einfälle der Mongolen in Persien im

---

[1] Geschichte der Goldenen Horde, S. 101—105.
[2] D'Ohsson. II, 113.

Jahre 1237 weder auf eine von der Wolga aus expedirte noch auf
eine unter dem Befehl Subutai Bahadur's gestandene Armee, wie Howorth vermuthet[1], sondern nur auf jenes Corps beziehen, das um
diese Zeit in Transkaukasien operirte und seine Streifzüge bis nach
Bagdad und Irak Adšemi ausgedehnt haben mag. Fünftens wird die
Confusion hinsichtlich dieser Jahreszahl noch grösser, wenn wir bei
Wolff lesen[2], dass Béla IV., auf die 1237 in Ungarn verbreitete Nachricht vom Herannahen der Mongolen, Julian ein zweites mal nach Asien
gesandt, und dass der Mönch um jene Zeit sowol Gross-Ungarn als
auch Gross-Bulgarien schon im endgültigen Besitze der Mongolen gefunden hat.

Wie gesagt, es gehört ein ausserordentlicher Sanguinismus dazu,
die Reise Julian's zur Aufsuchung der Urheimat der Magyaren in das
Jahr 1237 verlegen zu wollen. Wenn wir daher infolge dieses nie
aufzuklärenden chronologischen Zweifels auch bezüglich des ganzen Berichtes ein wenig stutzig gemacht werden, muss unser Mistrauen noch
mehr wachsen, wenn wir die eigentlichen, allerdings nur kargen Daten
geographischen und sachlichen Inhalts untersuchen, richtiger gesagt
mit andern auf diese Gegend bezüglichen und aus jener Zeit stammenden Notizen vergleichen. Um ein genaues Urtheil fällen zu können,
ist dies unbedingt nöthig, daher wir auch die Mönche auf ihrer Reise
Schritt für Schritt begleiten wollen. Dass die vier Dominicanerbrüder
33 Tage dazu brauchten, um von Konstantinopel nach Zichia, richtiger
nach dessen Hauptstadt Matrika, dem heutigen Kertsch, zu gelangen, ist
in Anbetracht des Umstandes, dass Byzantiner, Genueser und Vene-
tianer schon damals einen regen Handelsverkehr nach jener Gegend
hin unterhielten, und dass Segelschiffe diese Strecke in höchstens 10
oder 15 Tagen zurücklegten, allerdings sehr auffallend. Doch bei
Seereisen, wo Incidenzien unberechenbar sind, kann keine strenge
Kritik geübt werden. Wir wollen daher diese Angabe unangefochten
lassen und uns lieber nach der 13tägigen Route umsehen, welche die
Reisenden, um nach Alanien zu gelangen, durch eine Steppe, wo es
weder Menschen noch Häuser gibt, befolgten. Unter der Benennung
Alanien ist bekanntlich schon gegen Ende des 6. Jahrhunderts jener
Theil des nordöstlichen Kaukasus erwähnt worden, der sich der Kuma
und dem Terek entlang um die nördlichen Ausläufer der kaspischen
Berge hinzieht, denn Zemarchus ist auf seiner Rückreise durch Alanien
zum Phasis und von da nach Trebisond gegangen. Nach Ptolemäus
(VI, 14) wohnten die Alanen in der Nähe des Aralsees, doch sollen
sie 40 v. Chr. an den untern Don gezogen sein, wo sie sich den
Hunnen anschlossen und sich theilweise an den Kriegen Attila's in
Europa betheiligten[3], theilweise sich in den besagten Niederungen
niederliessen, wo die Mongolen sie noch vorfanden, gegen Ende des

---

[1] History of the Mongols, II (Division I), S. 95.
[2] Geschichte der Mongolen von den frühesten Zeiten bis zum Tode
Ogotai's, S. 269—274.
[3] Yule, „Cathay and the ways thither", II, 316.

13. Jahrhunderts aber in nationaler Hinsicht kaum mehr bestanden haben, trotzdem Plan Carpin, Rubruquis, Josafat Barbaro und, wie wir sehen, auch unser Reisebericht derselben noch unter diesem Namen Erwähnung thun. Ob die Alanen, wie Klaproth meint, in den Osseten aufgegangen sind, wäre schwer zu entscheiden, ebenso gewagt wäre es auch, die Grenzen dieses Alaniens im 13. Jahrhundert näher bestimmen zu wollen, denn die Handelsstrasse von der Krim und von Tana nach dem Kaspisee ging mehr im Norden, und soviel wir wissen, hat nur Ibn Batutah 1330 einen Theil dieser Strecke besucht, indem er von Azow nach Madschar vordrang, um von da nach Bişdag (Fünf Berge) am Fusse des Kaukasus, wo damals Özbeg Khan seine Sommerzelte hatte, zu gelangen.

Um nun zu der Route unserer Reisenden zurückzukehren, so stimmt ihr Bild von den anarchischen Zuständen Alaniens allerdings mit den damaligen politischen und socialen Verhältnissen des Kaukasus, die bis zur Neuzeit immer dieselben waren, vollkommen überein, und unter dem christlichen Volke kann man getrost die Georgier, noch besser die Mingrelier und Imretier verstehen, nur das Christenthum des Fürsten in Matrika, dessen Nationalität, wie Heyd[1] richtig bemerkt, einigem Zweifel unterliegt, klingt jedenfalls etwas sonderbar. Minder verständlich ist uns aber die 13tägige Reise von Matrika nach Alanien, da wir nicht wissen, welcher Punkt dieses weiten Steppengebietes hier eigentlich gemeint sei, und da wir im allgemeinen darüber ganz im Dunkeln gelassen werden, ob Julian und Bernhard (die zwei andern Gefährten waren von Zichien aus nach Ungarn zurückgekehrt), auf dem südlichen oder auf dem nördlichen Wege nach Alanien reisten. Soviel uns aus den Berichten späterer Reisenden bekannt ist, war die Ostküste des Schwarzen Meeres mit den nördlichen Ufern des Kaspisees durch zwei Strassen verbunden, von denen die nördliche von Tana nach Hadschi Tarchan, dem Citracan der Italiener und dem heutigen Astrachan ging, und auf welcher man nach Pegolotti[2] 25 Tage mit Ochsenwagen fahren musste, während die zweite oder südliche, die Ibn Batutah verfolgte, sich von Matrika aus über Madschar an der Kuma hinzog und nur um weniges kürzer gewesen sein dürfte als die erste. Da nun Julian seine Landreise von Matrika antrat, so konnte er so wie sein arabischer Nachfolger nach hundert Jahren nur den letzterwähnten Weg eingeschlagen haben und in diesem Falle muss es um so mehr befremden, dass er als Magyare der Station Madschar, eines damals schon berühmten Ortes, keine Erwähnung thut und uns überhaupt jenen Ort im weiten Alanien gänzlich verschweigt, von welchem aus er seinen Weg nach Norden gerichtet hat. Ueber diesen Weg erfahren wir nur so viel, dass es 37 Tage dauerte, bis er und sein Gefährte in die Stadt Bundaz des Saracenenlandes, welches Vela genannt wurde, gelangten. Vor allem sei die Frage gestellt, was kann unter Vela und Bundaz verstanden werden? Wir glauben nicht irrezugehen, wenn

---

[1] Geschichte des Levantehandels, I, 225.
[2] Yule, „Cathay and the ways thither", II, 287.

wir im erstern den Namen der Stadt Bilar, Belar oder Bülar[1], im letztern den Namen des Volkes und Gebietes von Burtaz oder Burtas erkennen, also in beiden Fällen eine arge Begriffsverwirrung, denn Belar ist kein Land, sondern eine Stadt, und Bundaz nicht der Name einer Stadt, sondern derjenige eines Volkes. Dass Bilar, Belar oder Bülar nicht mit Bolgar verwechselt werden dürfe, wie dies Yule bisher gethan, ist aus Frachn's Abhandlung: „Bülariae urbis origo atque fata"[2] zur Genüge ersichtlich, denn die beiden Städte stehen nur insofern miteinander in irgendeiner Beziehung, als Bülar von frühern Einwohnern der Stadt Bulgar an der Stelle des heutigen Bilarsk gegründet wurde, welches schon 1293 diesen Namen geführt haben muss, dies beweist wenigstens eine Münze, die von Tuda Mengü Khan im erwähnten Jahre und Orte geprägt worden ist.[3] Von Bülar, mit welchem das „terra Bular" des Anonymus (c. LVII) identisch ist, hat sich die Colonisation des türkisch-bulgarischen Elementes weiter nach Westen erstreckt, indem dessen Bewohner nach Kazan übersiedelten, nachdem Timur erstgenannten Ort zerstört und seine Einwohner vertrieben hatte, wie dies aus der tatarischen Handschrift „Dastani Aksak Timur" und aus der mündlichen Ueberlieferung des Scheref-ed-din Bolgari ersichtlich wird.[4] Was nun Bundaz oder richtiger Burtas anbelangt, so erfahren wir aus den Berichten der arabischen Geographen, die mit Burtas zumeist ein Volk und das von demselben bewohnte Land bezeichnen, dass dieses Volk, wie Ibn Dasta[5] erzählt, an den Ufern der Wolga in der Nachbarschaft der Khazaren wohnte, und weder Häuser noch Städte hatte. Aehnliches berichtet El Belchi, und wenngleich Edrisi[6], wie Chwolson richtig bemerkt, auf ihrem Gebiet Städte anführt, so scheint dies nur eine Verwechselung der Angaben desselben Autors bezüglich Bolgars zu sein, ein Fehler, in den auch Jakut verfallen ist, wie dies schon Frachn[7] nachgewiesen hat.

Nachdem wir das bisher unverständlich gebliebene Vela und Bundaz richtiggestellt zu haben glauben, wollen wir dem nun allein gebliebenen Julian auf seiner Reise weiter folgen und vor allem darüber unserer Verwunderung Ausdruck verleihen, wie es gekommen, dass er zuerst nach Bülar und dann in das südlicher gelegene Burtas gerieth, um von hier wieder umkehrend nach Gross-Bulgarien zu gelangen. Diese äusserst confuse Textirung des Berichtes würde allein hinreichen, um die Glaubwürdigkeit desselben zu erschüttern, um so

---

[1] Wadding gibt in einer Liste unter dem Datum 1314 Beler, was unserm Bela. Vela am nächsten kommt (Siehe Yule, Cathay, S. 234).
[2] Fundgruben des Orients, V, 210—212.
[3] Catalogue des monnaies du cabinet numismatique de l'université de Kazan, dressé par le prof. Berésine (Kazan 1850), S. 2, Nr. 97.
[4] Siehe Spilewsky, Drewnije Goroda u. s. w., S. 57—59.
[5] Chwolson. Izwjestija, 71, 19, 73.
[6] Géographie d'Edrisi, II, 404.
[7] Drei Münzen aus dem 10. Jahrhundert; in den Mémoires de l'Académie de St.-Pétersbourg, Série V, I, 203.

mehr, da er für die Strecke von Alanien (?) nach Bundaz, d. i. Burtas,
37 Tagereisen rechnet, welches laut der Aussage Istachri's von Itil,
der Hauptstadt der Khazaren, 20 Tagereisen entfernt liegt, und da
Ibn Batutah die Strecke von Bišdag am Fusse des Kaukasus bis zu
dem nördlicher gelegenen Bolgar in einem Zeitraum von nur 10 Tagen
zurückgelegt hat. Nicht minder discreditirend wirkt der Umstand,
dass der Mönch den Namen der Stadt, die er nach Bundaz besuchte,
gänzlich verschweigt, dass er uns den Namen des Ortes schuldig bleibt,
welchen er in Gross-Bulgarien besuchte, ein Land, das er uns mit vielen
reichen Städten als gross und mächtig darstellt, trotzdem man, wie
aus der fleissigen Arbeit des russischen Archäologen Spilewsky hervorgeht, im Grunde genommen nur die Städte Bolgar, Suwar, Bülar,
Košan, Alt- und Neu-Kazan und Tubulga Atasi annehmen kann, von
welchen zwei letzterwähnten jedoch erst im Anfange des 14. Jahrhunderts historische Belege zu finden sind. Dass sich Gross-Bulgarien
zur Zeit Julian's nicht mehr als grosses und mächtiges Land präsentiren konnte, wird uns um so mehr einleuchten, wenn wir erwägen,
dass die Mongolen den ersten Einfall in Bulgarien schon gegen Ende
des Jahres 1223 machten, und dass nach verschiedenartigen Kämpfen
zwischen den von den Russen unterstützten Bulgaren und Mongolen,
letztere unter Subutai eben im Jahre 1237, zur Zeit des angeblichen
Besuches Julian's, die Hauptstadt Bolgar überfielen, sämmtliche Einwohner niedermetzelten und diesen im Mittelalter hochberühmten Markt-
platz für Pelzwaaren dermassen zerstörten, dass Bolgar nie wieder
aufgebaut werden konnte.[1] Dieses Factum allein, nicht minder aber
der Umstand, dass die Mongolen an den Grenzen Bulgariens eben im
Frühjahr 1237 ihr grosses Rendezvous zum Feldzuge nach Europa
hielten, daher diese Gegend von Reisenden damals kaum besucht werden konnte, lassen die Angaben Julian's in einem sehr zweifelhaften
Licht erscheinen. Dazu gesellt sich noch ein anderer geographischer
Schnitzer bezüglich der Lage des von ihm gesuchten Gross-Ungarns.
welches er in einem Zeitraume von zwei Tagereisen von einer
grossen Stadt in Bulgarien erreicht haben will, nachdem er von einer
in dieser grossen Stadt angetroffenen Ungarin hierauf bezügliche Nachrichten eingeholt hatte. Wo lag und wie hiess, so fragen wir uns,
diese grosse Stadt, die allein 10000 Krieger ins Feld zu stellen vermochte, ferner wie konnten die Magyaren nach einer zwei- oder gar
zehntägigen Reise (denn Theiner liest decas dictas) an den Ufern des
grossen Etil, d. h. der Wolga angetroffen worden sein, da doch Bolgar
selbst an der Wolga lag und Magna Hungaria sowol auf der catalanischen Karte, als auch auf der Mappa Mundi des Fra Mauri als
am obern Lauf des Jajiks gelegen verzeichnet ist?

Man könnte, um den geographischen Widersinn im Berichte Julian's
darzulegen, noch auf seine Andeutung betreffs der vier Tagereisen
weiten Entfernung des Mongolenheeres von Gross-Ungarn hinweisen,

---

[1] Howorth. I. 138.

wo doch die Grenzen Gross-Ungarns kaum geahnt und von Julian
nicht im mindesten erwähnt werden. Man könnte hervorheben, wie
unglaublich und unmöglich es sei, dass er 15 Tage lang flussabwärts,
d. h. an der Wolga durchs Land der Mordwinen zog, von denen, wie
Rubruquis bemerkt, nur der eine Theil, nämlich die Merdas, an die
Wolga grenzte, nach Rittich's Annahme[1] in den heutigen Gubernien von
Pensa und Simbirsk, daher auf einer Strecke, die thalwärts höchstens
fünf, keinesfalls aber funfzehn Tage beansprucht. Wir glauben jedoch
in vorhergehenden Notizen zur Genüge bewiesen zu haben, dass die
geographischen Andeutungen des Mönches Julian, an das Licht der
mittelalterlichen Geographie Asiens gehalten, die Glaubwürdigkeit des
ganzen Berichtes höchst fraglich erscheinen lassen. Zu diesem Umstande gesellt sich noch der mannichfach auftretende sachliche Widersinn, von dem folgende Proben genügen werden. Vor allem der Widerspruch, der sich in der Behandlung der Reisenden in Bundaz zeigt, wo
ihnen die Unterkunft in der Stadt verweigert wird, sodass sie bei starkem
Frost auf dem Felde, also im Freien wohnen müssen, während der
Bericht einige Zeilen weiter von der Wohlthätigkeit der Bundazer
spricht und erzählt, dass der König, hocherfreut über seine christlichen
Gäste, ihnen reichliche Almosen spendet und sich äussert, dass sie bald
alle zur römisch-katholischen Kirche übertreten werden. Ein Mohammedaner oder gar ein Mordwine jener Zeit, denn für solche werden
die Burtasen von einigen gehalten, will römisch-katholisch werden!
Das klingt jedenfalls sehr sonderbar. Am meisten muss uns jedoch
frappiren, dass der ebenso patriotisch als katholisch begeisterte Mönch
mit den von ihm am Etil aufgefundenen Landsleuten magyarisch conversiren kann, und dass letztere über Volk und König ihrer christlichen Brüder Erkundigungen einholen. Es ist wol zu begreifen, dass
diese Angabe Julian's bei den patriotisch gesinnten Historikern Ungarns, wo die Sage von den in Asien zurückgebliebenen Brüdern schon
vor Jahrhunderten in der Erinnerung lebte, vollen Glauben fand, doch
bei wissenschaftlichen Fragen darf nationale Sentimentalität nie geduldet
werden, und wir erlauben uns die Frage, ob es denn überhaupt möglich ist, dass ein Magyare in der Mitte des 13. Jahrhunderts die
Sprache seiner eventuell in Asien zurückgebliebenen Landsleute verstehen konnte? Vor allem muss erwogen werden, dass es mindestens
400 Jahre sind, seit die Trennung stattfand, und noch dazu vier Jahrhunderte so reich an politischen und socialen Umgestaltungen. Das
magyarische Volk an der Donau hat während dieser Zeit seine zweite
genetische Periode durchgemacht und seine Sprache war infolge der
Vermischung mit Petschenegen, Khazaren, Deutschen und Slawen so
wesentlichen Veränderungen ausgesetzt, dass eine Verständigung zwischen beiden Partcien nur von jenen vorausgesetzt werden kann, die
eben das Factum dieser zweiten genetischen Periode und deren ethnische, sociale und sprachliche Folgen in Abrede stellen. Das arge

---

[1] Materiali dlja Etnografij Rossij, II, 218.

Dunkel, in welches die ethnischen Detailfragen im wolga-uralischen Binnenlande während des 13. und 14. Jahrhunderts gehüllt sind, mag die Phantasie wol aneifern, nach den kühnsten Combinationen herumzutappen, dem unbefangenen Forscher jedoch muss es ewig schwer fallen anzunehmen, dass eine Fraction, und noch dazu eine gewiss kleine Fraction des in Asien zurückgebliebenen Magyarenvolkes, inmitten der mächtigen Stürme der ethnischen Elemente jener Zeit und Gegend sich 400 Jahre lang unversehrt erhalten haben konnte. Was dieser Dichtung, denn als solche müssen wir den Reisebericht hinstellen, zu Grunde lag, war die in der Mitte des 13. Jahrhunderts noch frische Tradition von der im heutigen Baschkirenlande gewesenen Urheimat der Magyaren, eine Tradition, die bei dem Anonymus, Kézai und andern ihren Ausdruck fand und noch in spätern Zeiten in der Erinnerung der Magyaren lebte, und der zufolge auch Rubruquis die Sprache der Baskatir, d. i. Baschkiren, mit derjenigen der Magyaren für identisch erklärt, denn dass der Verfasser des Julian'schen Berichtes den Anonymus und eventuell auch andere Chroniken genau gekannt hat, steht ausser allem Zweifel.

Hätte Julian die asiatischen Magyaren in der That aufgefunden, wie er dies gethan zu haben angibt, so wäre sein Bericht über diese Entdeckung nicht so mager ausgefallen, denn er würde sich wol auf mehr erstreckt haben als auf vage Andeutungen, von denen einige noch obendrein grundfalsch sind. Dass die im Zustande der wilden Thiere lebenden, den Gottesbegriff ganz entbehrenden heidnischen Magyaren den Vorträgen des katholischen Mönches mit willigem Ohr lauschten, das ist allerdings ein Anachronismus, den wir nur auf Rechnung des Religionseifers des frommen Reisenden schreiben wollen; die Sprache Julian's klingt hier nicht anders als die Odorico's von Pordenone, der in den ersten Decennien des 14. Jahrhunderts Asien bereiste und dem die Bekehrung von 20000 Mohammedanern zugeschrieben wird. [1] Dass Julian bei Burtasen, Mordwinen, asiatischen Magyaren, ja überall eine Begierde nach dem Katholicismus findet, wollen wir ihm nicht verargen; doch wenn er uns erzählt, dass seine Stammesgenossen an der Wolga den Begriff „Gott" nicht kennen und dessenungeachtet keine Götzendiener sind, so finden wir dies ebenso wenig der eigentlichen Sachlage entsprechend als seine Schilderung vom Genusse des Wolfsfleisches und der Sitte des Bluttrinkens, die er bei den Magyaren angetroffen haben will. Der Wolf, ein bei den Nomaden zu allen Zeiten gefürchtetes und verabscheutes Thier, daher auch Flüchtling und Räuber genannt, hat unserm Wissen nach ebenso wenig wie der Hund je als Nahrung gedient, und was das Bluttrinken betrifft, so haben wir schon an einer andern Stelle [2] auf die Irrthümlichkeit dieser Annahme hingedeutet.

Wir können daher nicht umhin, von besagten geographischen und

---

[1] Yule, „Cathay and the ways thither". S. 7.
[2] Siehe S. 424.

sachlichen Widersprüchen ausgehend, den Bericht über die Reise Julian's als apokryph hinzustellen, denn wenn wir auch die Möglichkeit zugeben, dass die Mönche zur Aufsuchung der Ursitze der alten Magyaren über Konstantinopel nach Matrika vordrangen, obwol auch über diesen Theil ihrer Reise so gut wie gar nichts gesagt wird, halten wir doch die angebliche Weiterreise nach Vela, Bundaz und Gross-Ungarn für unwahr und erdichtet; das ganze Machwerk dünkt uns nichts anderes als eine in den spätern Jahrhunderten auf Grund der magyarischen Chroniken und der Reiseberichte Plan Carpin's und Rubruquis' durch irgendeinen patriotischen magyarischen Missionär verfertigte Compilation, aus welcher weder die Geographie des mittelalterlichen Asiens, noch die von uns behandelte Frage nach dem Ursprung der Magyaren den geringsten Nutzen zu ziehen vermag. Es darf vor allem nicht vergessen werden, dass, wenn die Reise Julian's nach Gross-Ungarn in der That stattgefunden hätte, dies die erste Nachricht gewesen wäre, die das Abendland von jenen bis damals kaum gekannten Gegenden der Alten Welt erhielt, da Plan Carpin erst zehn Jahre später von seiner Mission am Hofe Küjük's heimkehrte, und Rubruquis erst Ende Juni 1255 von der Rückreise in Antiochien angelangt war. Von den spätern Reisenden haben Johann von Montecorvino 1280—90, Odorico da Pordenone circa 1320 und Johann von Marignolli 1339 die Wolgagegend besucht, und da alle diese Reisen, von der 1260 gemachten Reise der Brüder Polo gar nicht zu sprechen in mehr oder minder ausführlichen Berichten über Land und Leute vorliegen, muss es wirklich befremden, dass der Bericht von der Reise Julian's, dem Inhalte nach äusserst belanglos, in geographischer und ethnographischer Hinsicht selbst von den schlichtesten, mit Märchen durchwobenen Erzählungen seiner angeblichen Nachfolger weit übertroffen wird.

Wenn wir gleich den Bildungsgrad und das Interesse für Länder- und Völkerkunde bei den in Frage stehenden Mönchen auf die erdenklich niedrigste Stufe stellen, so dürfte es doch schwer halten, dafür einen Erklärungsgrund zu finden, wie es gekommen ist, dass sie von ihrer langen Wanderung nur fünf und noch obendrein verstümmelte geographische Namen mitbrachten, von solchen Gegenden, wo ihre durchaus nicht mehr gebildeten Nachfolger so viel Neues zu sehen und dem Abendlande zu berichten hatten.

Beilage III zur zweiten Abtheilung, Seite 223.

Das vergleichende Wörterbuch der magyarischen und ugrischen Sprache, von welchem im Texte die Rede ist, erstreckt sich auf folgende Idiome letzterwähnter Sprachengruppe: finn. = finnisch, est. = esthisch, liv. = livisch, lp. = lappisch, cer. = ceremissisch, mord. = mordwinisch, ost. = ostjakisch, wog. = wogulisch, wotj. = wotjakisch und zürj. = zürjänisch. Bezüglich der Transscription der einzelnen Lautzeichen verweisen wir den Leser auf das auf Seite 206 gegebene Alphabet mit der Bemerkung, dass q = a (englisch all oder das magyarische a); i = dem tieflautigen russischen ы; y (finnisch) = ü; aa, ee = gedehnte Vocale á, é, desgleichen auch ä, ē, ö, ŝ und š = ein supponirtes, bisher noch nicht zu bestimmendes o und ö; χ = deutsch ch; ñ = ng (singen); $\check{c}$ = tsch; $\check{z}$ = dsch; c = tz; z = dz; š = sch; $\check{z}$ = französisch j, während durch den Apostroph über d', t' s', z', c', z', z', n', r' und l' die Mouillirung betreffender Laute ausgedrückt werden soll. Was nun die Lautzeichen in den von uns beigefügten türkischen Wörtern anbelangt, so habe ich mich an die in meinen bisherigen Arbeiten auf dem Gebiete der Turkologie adoptirte Transscription gehalten, indem ich i = tieflautiges i, $\check{c}$ = tsch, $\check{z}$ = dsch, š = sch, kh und k = k und ch schrieb.

Bezüglich der dialektischen Verschiedenheit der türkischen Sprachgruppe muss unter t. t. türkisch-tatarisch im allgemeinen, unter osm. = osmanisch, uig. = uigurisch, cag. = cagataisch, az. = azerbaižanisch. kaz. = kazanisch, trk. = turkomanisch, alt. = altajisch, k. k. = koibalkaragassisch und jak. = jakutisch verstanden werden.

Die einzelnen Bezugsquellen sind zumeist in solchen Fällen angegeben worden, wo das zur Beweisführung gebrauchte Material als weniger bekannt supponirt worden ist. In Anbetracht dessen, dass die Norm der Lautveränderung bei vergleichenden Sprachstudien mit Recht als Hauptpfeiler angesehen wird, lassen wir hier einzelne der Hauptmomente des gegenseitigen Lautverhältnisses zwischen dem Magyarischen und Türkischen folgen.

Wenn ich in meinem etymologischen Wörterbuche der türkisch-tatarischen Sprachen nachgewiesen, dass die Stammsilbe zumeist aus drei Lauten, nämlich aus einem an- und auslautenden Consonanten nebst inlautendem Vocal besteht, als bar, kil, jaz, so kann ein ähn-

liches Verhältniss auch beim Magyarischen vermuthet werden, und so wie
im Türkischen scheint auch hier bei einer mit einem Vocal anlautenden Stammsilbe der primitive consonantale Anlaut verloren gegangen
zu sein. Vgl. türkisch alau — jalau (Flamme), az — jaz (irren), egir
— tegir (kreiseln), iz — kiz (heiss, warm), ile — bile (mit), av — kav
(jagen); magyarisch omol — bomol (zusammenstürzen), izgat — bizgat
(reizen), kár (Schaden) — árt (schaden) — ein Verhältniss, das wieder
andererseits in zahlreichen Beispielen zwischen dem Magyarischen und
dem Türkischen nachgewiesen werden kann. Vergleiche magyarisch ak
— türkisch tak (hängen, bleiben, haften), magyarisch éd — türkisch dad
(Süsse), magyarisch akar — türkisch bakar (volle), magyarisch hosszú
— türkisch uzun (lang), magyarisch haszon — türkisch asíg (Nutzen)
u. s. w. Wenn wir mit der Eruirung dieses gegenseitigen Lautverhältnisses zwischen dem Magyarischen und Türkischen fortfahren, so werden
wir finden, dass unter den Labialen das anlautende magyarische *b*, mit
Ausnahme des altaischen Dialekts, dem türkischen *b* entspricht (vgl.
bolyg — bulga, bíz — büt, boszu — boši), während bei den finnisch-ugrischen Beispielen in den meisten Fällen ein p vorkommt. Auch die
Verwechselung zwischen den anlautenden *b* und *m* zeigt viel mehr Momente im Magyarisch-Türkischen als im Magyarisch-Finnisch-Ugrischen.
Vgl. magyarisch bankó — mankó (Krücke), bozog — mozog (sich bewegen),
batyú — motyó; türkisch ben — men (ich), buz — muz (Eis), begin —
mejin (Gehirn). Was hingegen das im Magyarischen anlautende p betrifft, so kommt dies im Türkischen, mit Ausnahme des Altaischen und
des Ostturkestanischen nur äusserst selten vor und entspricht in solchen
Fällen einem *b*.

Im gegenseitigen Verhältnisse der Gutturalen bemerken wir vor
allem, dass der *h*-Anlaut im Magyarischen häufig, im Türkischen nur
selten vorkommt, und in letzgenannter Sprache einem *k* entspricht; vgl.
magyarisch hál (übernachten) — türkisch kal (verbleiben), magyarisch
haszon (Nutzen) — türkisch kazan (gewinnen), magyarisch hát — türkisch kat (Rücken, rückwärts), während das anlautende *g* im Magyarischen nicht besonders häufig, im Türkischen nur im Osmanischen
vorkommt, wo es die Stelle eines ehemaligen *k* vertritt. Letzterwähntes
Verhältniss lässt sich auch im Magyarischen nachweisen, wenn wir
nämlich gazdag — kazdag (reich), göny — köny (Thräne), gamó — kamó
(Haken) u. s. w. nebeneinanderstellen.

Die Dentalen *t* und *d* wechseln als Anlaute in beiden Sprachen
gleicherweise ab, und zwar nähert sich in dieser Beziehung das Magyarische mehr dem Ost- als dem Westtürkischen, welches oft dem *t*
gegenüber dem weichern *d* den Vorzug gibt; vgl. magyarisch teg,
čag. töng, osm. dün (gestern), magy. töv, čag. töb, osm. dib (Grund):
magy. tele, čag. tolu, osm. dolu (voll) u. s. w. Was die Lautveränderung
anbelangt, so finden wir das *t* mit dem verwandten *z*, *sz* und *č*, einigemal auch mit *k* abwechselnd; vgl. magy. dörög — zörög, türk. dirilti
— zirilti (Geräusch); magy. törül — türk. sür (wischen, reiben); magy.
tüz (Feuer) — türk. kiz (Hitze, Wärme); magy. dermed — kermed (erstarren), türk. tirim — kirim (Bruchstück).

Als Auslaut wechselt *j* häufig mit *t*, z. B. čag. tij, uig. tit (verbieten),
čag. boj (Höhe), uig. bot, was auch bisweilen als Anlaut geschieht. So
osm. jaltra, alt. taltra (glänzen), jalpak—talpak (flach), jang = brennen,
tang = scheinen u. s. w. So wechseln auch die Zischlaute *š*, *s* und *z*
theils untereinander, theils auch mit den verwandten Diphthongen *č*, *ž*
und *ž*, desgleichen nach Verschiedenheit der einzelnen Dialekte, als nach
deren Gesammtverhältniss zum Magyarischen, wie dies aus zahlreichen
Beispielen in den folgenden Analogien ersichtlich ist. Wir hätten nur
noch bezüglich der speciell ugrischen Laute im Magyarischen, d. h.
bezüglich des *gy*, *l*, *ly*, *ny*, *r* und *ty* zn bemerken, dass denselben trotz
ihrer Fremdartigkeit im Türkischen dennoch eine Regelmässigkeit der
Verwandlung nachgewiesen werden kann. So entspricht dem magyarischen *l* im Türkischen ein *j*, vgl. magy. láng (Flamme) — türk. jang
(brennen), magy. lassú (leise, langsam)—türk. jaš (heimlich, leise),
magy. lap (Fläche)—türk. japa (flach); dem magyarischen *gy* ein türkisches *j*, vgl. magy. gyül (sich versammeln)—türk. jül (sich versammeln), magy. gyalog—türk. jajag (zu Fuss), magy. gyáva (feig)—türk.
jaba (schwach); dem magyarischen *ny* ein türkisches *j*, vgl. magy. nyes
—türk. ješ (hobeln), magy. nyár—türk. jaz (Sommer), magy. nyal—
türk. jala (lecken); ja sogar bezüglich des im Türkischen ganz fremden *r*
kann in einigen Fällen nachgewiesen werden, dass dieser Laut im Türkischen mit einem Vocalansatze sich vorfindet; vgl. türk. irak—kirg.
rak (weit); magy. rokon (anverwandt) — türk. rug und uruk (anverwandt); magy. ró (kerben)—türk. oro (graben), wobei sich allerdings
die nicht uninteressante Frage noch aufwirft, ob das *r* vor der Sprachscheidung als Anlaut bestanden, oder ob die nach dem Norden gezogenen Theile des ural-altaischen Stammes den Selbstlaut vor dem *r*
weggelassen.

Mit dieser kurzen Bemerkung über das Lautverhältniss zwischen
dem Magyarischen und Türkischen lassen wir die im Texte besprochenen
vier Kategorien der Budenz'schen Wortgleichnisse folgen.

Erste Kategorie.

d. h. solche Wortparallelen, die in den finnisch-ugrischen und turko-
tatarischen Sprachen in gleicher Weise statthaft sind.
(217 Beispiele.)

779. *ad, ád, od* = geben, verkaufen.

finn. *anta* = geben, überlassen	čag. *ada* = geben, spenden, schenken,
lp. *radde* = geben	geloben; *ode* = zahlen
wotj. *ud* = reichen	*adag*, *adak* — Gabe, Spende,
mord. *andi* = speisen.	Theil, Jahreszeit und Insel.

In seiner Kritik über meine magyarisch-türkischen Wortparallelen
(Nyelvt. közl., X, 93) hält Budenz *adag* für die türkische Uebersetzung
des arabischen *nezr*, und leitet es von *ata* = geheissen, respective von *at*
= nomen ab. Um dieses zu beweisen, hält er auch die Uebersetzung von
Portion, Theil, in welcher wir *adag* bringen, für fehlerhaft, natürlich weil

dieses nicht in seinen Kram passt. Wir halten natürlich unsere frühere Behauptung aufrecht, und dass *adag* nicht irrigerweise mit Portion, Theil übersetzt sei, dafür wollen wir andere hierauf bezügliche Beweise anführen.

So Budagow I, 19, wo اول mit *dar* (Gabe), *wremja goda* (Jahreszeit), ferner mit *ostrow* (Insel), und Pavet de Courteille, wo اول erstens mit voeu, dont on s'acquitte par des aumônes, ferner mit saison und ile übersetzt ist, was doch nur schwer möglich wäre, wenn *ada* von *ad = nomen abstammen würde. *At = nomen für Etymon des *ada ata = spenden anzusehen ist daher um so mehr irrig, wenn wir erwägen, dass die arabische Uebersetzung des türkischen Lexikographen, nämlich نذر, den Grundgedanken des Spendens, Gebens und Verleihens, nicht aber des Versprechens und Verheissens in sich schliesst, wie Herr Budenz vermuthet.

777. *acsarog* = grimmig sein.

wog.	*oč* = ergrimmen	kar.	*aču* = Zorn
wotj.	*vož* = Zorn	čag.	*ačig* = Zorn, zürnen
finn.	*viha* = ira		*ačukla, ažikla* = zürnen.
lp.	*vasse* = odium		
mord.	*azar* = wüthend.		

790. *akad* = hängen bleiben, stecken bleiben.

finn.	*takistu* = haften, festsitzen	t. t.	*tak* = anhängen, zufügen
ést.	*takista* = befestigen		*takin* = hängen bleiben
wog.	*tägep* = hängen bleiben		*tokun* = anstossen.
ost.	*tagarla* = hängen bleiben		
zürj.	*takal* = einsinken.		

792. *al* = unten befindlich, der Untere, Untertheil.

finn.	*ala* = Unterraum	t. t.	*alt* = unter, unterer Theil !
	alla = unten	kirg.	*alši* = unterer Theil (im Knöchelspiele ašik genannt). Vgl. magyarisch *alsó* = der Untere.
ést.	*ala* = Unterraum		
mord.	*ala, al* = Untertheil		
čer.	*ül* = pars inferior		
zürj.	*ul* = Untertheil		
ost.	*vol* = Fundament		
lp.	*vuolle* = inferior.		

801. *által* = trans, ultra.

ost.	*ulti* = über etwas (*u. navîrmata* = überspringen)	čag.	*öte* = seit, jenseits, nachher; *öt* = übergehen, vorübergehen
wog.	*ulte, ult* = über (*katel ult joχtali* = er kommt jeden zweiten Tag)		*ötrü* = gegenüber.
	uilt, ult = danach.		

805. *anya* = Mutter.

wotj.	*anaj*	= Mutter.	t. t.
wog.	*ängu*		*ana, ene* = Mutter.
mord.	*aña*		

806. *ángy* = glos, fratria.

wog.	*une* = Frau des ältern Bruders.	t. t.	*enge, jenge* = Frau des ältern Bruders, Schwägerin.

810. *ár* = pretium; *árvs* = pretiosus.

finn. *arco* = pretium estimando con-stitutum
est. *arva* = schätzen, rathen, meinen
lp. *arvo* = pretium
mord. *arse* = denken
zürj. *art* = Ueberschlag machen
wog. *ärtel* = bestimmen.

t. t. *air, aar* = schwer, werthvoll, theuer, kostbar.
Die Stammsilbe dieses Wortes ist *ag, ak; agir* oder *air* ist zugleich Verbalstamm von *airla* = schätzen, achten.

813. *arasz* = Spanne.

wog. *tqrqs* = Spanne.

kirg. *karis* = Spanne.

821. *asz* = arescere; *aszszu* = aridus, siccus.

wog. *tqs* = trocknen; *tqsem* = trocken
ost. *sos* = trocknen
est. *taheda* = trocken
mord. *tusta* = dick, geronnen.

t. t. *issi, issik* = heiss, warm; *issit* = erwärmen; *issin* = sich wärmen.

826. *atya* = Vater.

ost. *at'a*
wog. *äže aže*
wotj. *ataj* } = Vater
čer. *ači*
mord. *at'a* = alter Mann.

t. t. *utu*
alt. *aču* } = Vater.
k. k. *atu, ada*

820. *áz* = madescere, humescere.

wog. *jos* = nässen
ost. *losta* = nass machen.

t. t. *jaš* = nass
ezil = nässen
izgar = Nässe.

482. *basz* = coire cum foemina.

mord. *paski* = coire cum foemina
finn. *puske* = stossen, stechen
lp. *poskete* = purgere
wog. *put, pät* = stechen.

t. t. *bas* = drücken, stürzen, über-fallen.
(Vgl. magy. *fasz* = penis mit *basz* = coire cum foemina und t. t. *sik* = penis mit *sik* = coire cum foemina.)

483. *bégy, bögy* = ingluvies, ventriculus avium.

mord. *pekä* = Bauch
finn. *päkiä* = caro crassior
est. *päkk* = Ballen
ost. *puka* = Kropf.

kirg. *bagir* = Bauch (Budagow 1, 233)
čag. *bagir* = Brust der Vögel (vgl. *bagrî kara* = Schwarzbrust).
Auch im Magyarischen ist *begy* in erster Reihe auf den Magen der Vögel angewendet.

486. *bír* = besitzen, Kraft haben, etwas vermögen; *birkoz* = luctari; *biró* = Besitzer.

zürj. *vermi* = können, vermögen
wotj. *vormi* = überwinden
wog. *vërm* = vermögen
perm = ertragen.

t. t. *bar* = haben, besitzen
barim = Besitz
kirg. *barum* = Vieh, Besitz (vgl. magy. *barom* = Vieh, Besitz)
čag. *bajri* = alt, Alter, reich, Besitzer.

Während in den ugrischen Beispielen das Vermögen und Können, ist in den türkischen das Besitzen, Haben zum Ausdruck gelangt.

491. *boka* = Knöchel.

finn. *pakku* = tuber in arboribus, | t. t. *bogun* = Knoten, Knorren.
tumor in corpore |
mord. *pov* = Knopf. |

493. *bonyolód* = sich verwickeln.

wotj. *biń* = umwinden | t. t. *bončuk, monžuk* = Knauf
bińalt = wickeln | *bök, böng* = flechten, winden
ost. *pañi* = Knäuel | (vgl. بوكمق Budagow I, 286).
pañi = aufwinden |
wog. *muñilt* = aufwickeln |
čer. *mundura* = glomus. |

504. *buj, buv* = sich verkriechen, sich verstecken.

ést. *puge* = kriechen, schlüpfen | čag. *buk** = sich verstecken, auf der
lp. *puvkče* = in aquam se mergere. | Lauer sein
| *bugĕi* = der sich versteckt, der
| Auflaurer.
| * In meinem „Etymolog. Wörter-
| buche" ist *buk* irrigerweise zur Stamm-
| silbe *bak* = scheu gerechnet worden.

498. *bö, böv* = copiosus, amplus, prolixus.

finn. *pyyleä* = solito major, ingens | t. t. *bol* = amplus, copiosus, prolixus
ést. *väli* = frei, offen | *bolluk* = Reichthum, Fülle
lp. *mälked* = satis, multum. | čag. *baj* = reich.

508. *büz* = Gestank, *büdös* = stinkend.

finn. *mätä* = putridus | čag. *pis* = stinkend, schmuzig
ést. *mäda* = Eiter. | *pis koku* = übler Geruch.

384. *cseleked* = handeln, thun.

finn. *hääli* = operosum discursare. | t. t. *čalka* = sich rühren, sich be-
| wegen, sich sputen.
　　Wir stimmen mit Budenz vollkommen überein, dass *csel* nicht so sehr
das Moment des Handelns, sondern das Anschicken zu einer Handlung,
das Sichrühren ausdrückt, und ebendeshalb haben wir dem magyarischen
csel das türkische *čal* gegenübergestellt.

385. *csend, csönd* = Ruhe, Stille.

wog. *läuänt* = stille werden | čag. *tinč* = ruhig, stille
ost. *teviń* = still, ruhig | kaz. *toučuk* = ruhig, abgestanden
finn. *tyvy, tyvene, tyventy* = trau- | (von Wasser)
quillum fieri. | t. t. *tin, ton* = ruhen, ausruhen
| *tinčle* = ruhig werden.

386. *csepp, csöpp* = tropfen; *csepeg* = stillare.

wotj. *šapik* = Tropfen | t. t. *čöb, čöp* = Körper in kleinge-
čer. *čev* = stillare | hacktem, zerbröckeltem Zu-
finn. *tippa* = gutta. | stande
| čag. *čöprek* = ein kleines Stück.
　　Csöpp ist im Magyarischen nicht nur für gutta, sondern auch in der
Bedeutung von klein, gering gebraucht. Vgl. *egy csöpp ember* = ein
kleiner Mensch.

390. *csillag* = Stern; *csillog* = funkeln, schimmern.

čer.	*čolguž* = splendere	kirg.	*žilla* = glänzen; *žolduz* = Stern;
finn.	*selkeä* = clarus		*žili* = wärmen, *žilit* = erwärmen.
ėst.	*sel'ge* = rein, klar	uig.	*julak* = Fackel
lp.	*čälget* = purus	čag.	*jillak* = glänzend
ost.	*sel* = weiss		*jildirim* = Blitz
wog.	*šali* = weiss, glänzend.	osm.	*čil* = funkelnd (*čil akče* = neues
			d. h. funkelndes Silber).

392. *csipö* = coxa Hüfte.*

finn.	*häppää* = pars dorsi tuberosa	t. t.	*sap* = der dicke untere Theil
	ad scapulas		mehrerer Gegenstände, so
ėst.	*saps* = Vorderbug der Pferde		z. B. Stengel bei Pflanzen,
lp.	*čäpot, čäpet* = collum.		Griff bei Waffen u. s. w.
wog.	*sip* = Hals.		

* Nach Budenz den Grundbegriff **pars protrudens corporis** enthaltend.

395. *csomó* = nodus, tuber.

finn.	*solme, solmu* = nodus	t. t.	*čuma* = Pestbeule, Pest
lp.	*čuolm* } Knoten.	čag.	*čom* = vereint, dicht, alle
mord.	*sulma* }		*čumak* = Keule, Knauf
			čom, čun = sich ducken, sich
			baden.

403. *csuk* = claudere, einschliessen, einstecken.

finn.	*tukki* = verstopfen, verschlies-	čag.	*tik, tuk* = verstopfen, verschlies-
	sen		sen; *tokta* = hemmen
ėst.	*tukki* = drängen, stopfen		*tok* = satt, voll.
zürj.	*tupki* = zustopfen.		

255. *dér* = Reif, *dermed* = erstarren.

finn.	*tyrmiä* = rigidus, vix flexibilis	čag.	*kirau* = Reif, Frost
ost.	*tarim* = hart.		*kir* = grau (vgl. *dér* = Reif,
			deres = grau).

256. *dorgál* = rügen, züchtigen.

zürj.	*dor* = schmieden	t. t.	*tört, dürt* = stossen, anstossen,
mord.	*čurc* = sich schlagen		anspornen
lp.	*toro* = pugnare	kaz.	*tört* = zerstossen, zerhauen
finn.	*tora* = jurgium, rixa.	trkm.	*dürti* = Stachel zum Anspornen
			der Thiere
		uig.	*tarikla* = zürnen.

842. *él* = Schärfe, Schneide.

wog.	*elmi* = Schneide	osm.	*bile, bele* = schärfen, wetzen
	elmin = scharf.	čag.	*bileö* = Schärfe.

Das magyarische *él* und das ugrische *el* kann nur aus einem ehemaligen *bel*, das noch heute im Türkischen sich vorfindet, entstanden sein.

848. *elö* = vorderer; *elé* = vor; *elöl* = voran.

finn.	*ete* = locus anticus, quod ante	čag.	*eli* = vor; *ilej* = der vordere
	ėst.		Theil
lp.	*ant* = vor		*alın, elin* = zuvor
zürj.	*il* = Ferne	uig.	*ilik* = der erste, Prinz
wog.	*eli* = vor	osm.	*ilk* = zuerst.
ostj.	*jel* = vorderer.		

849. *em* = lactere; *emlék* = mammae; *emse* = Sau;
eme = femella.

finn.	*ime*		
ost.	*em*		
zürj.	*nimal*	} = saugen
lp.	*namme*	
finn.	*eme* = mater	
ost.	*ima* = Weib	
zürj.	*eñ* = Frau.	

t. t. *em, im* = saugen
     emzik = Sauger
     emčik = Brustwarze, Brust
     ene = Mutter.

850. *ember* = Mensch, Mann, eigentlich der herangewachsene
Mann als Gegensatz zu *gyerek* = Kind.

Hunfalvy will im magyarischen Worte für Mensch, auf die wogulische
Mythe sich stützend, die den Menschen als einen Sohn der Luft betrachtet,
das wog. *elm* = Luft und finnisch-ugr. *ger* = Kind entdecken. Der Erd-
geborene wäre bei den Magyaren demnach ein Himmel- oder Luft-
geborener, eine Hypothese, die erstens begrifflich sehr kühn scheint, und
zweitens auch nicht lautlich ganz zu rechtfertigen ist, da das inlautende *m*,
wie aus andern Beispielen ersichtlich, sich häufig in *mb* oder in *mg* verwandelt (vgl. *ám — ambolyog, rom — rombol). Mb* und *mg* sind daher nur
als Lautassociation zu betrachten; *ember* scheint daher aus einem ursprünglichen *emer* oder *emger* entstanden zu sein, und kann nicht für ein Compositum gehalten werden. Von dieser Ansicht ausgehend, erblicke ich in
der Stammsilbe *em, emb*, richtiger *emg*, das t. t. *cm, emge* = sich abmühen,
sich plagen, und in *ember* oder *emger* ein Nomen verbale von der Bedeutung einer der sich plagt, der sich bemüht, da in diesem ein Ideengang
ausgedrückt wird, der der alten nomadischen Denkungsweise besser entspricht, als die auf mythologischer Basis beruhende luftige Supposition.
(Vgl. lateinisch *vis — vir;* türkisch *erük* (Kraft), *er* (Mann); persisch *merd*
(Mann); deutsch *mord(mann);* slawisch *muč* (Mann), *mužit* (plagen) u. s. w.)
Budenz will besagten Derivationen gegenüber in *ember* ein finnisch-ugrisches
em, emb (grösser von *enä, ine* = gross) und *er* (Mann), folglich die Bedeutung von *mas magnus* „erwachsener Mann" als Gegensatz zu *gyerek* entdecken, in welch letzterm er die Bedeutung von „kleiner Mensch", „junger
Mensch" vermuthet. Wie ersichtlich, sind alle drei Derivationen nur auf
Combinationen gebaut und die endgültige Lösung des räthselhaften Wortes
ist noch der Zukunft anheimgegeben.

856. *ének* = Lied, Gesang.

finn. *ääne* = vox hominum et ani-
     malium, sonus
lp. *jäna* = vox, sonus.

čag. *ön* = Stimme, Laut
    önle = rufen
kirg. *en* = Stimme, Laut
alt. *ün* = Stimme
t. t. *inle* = ächzen, winseln.

In begrifflicher Hinsicht vgl. osm. *čagîr* = rufen und singen; čag. *žar*
= Ruf; kirg. *žir* = singen.

860. *epe* = Galle.

mord. *säpä*	
zürj. *söp, sep*	} = Galle.
finn. *sappe*	
ost. *sip*	

čag. *öpke* = Zorn, Galle (im bildlichen
    Sinne), *öt* = Galle.

864. *erdö* = Wald (der Grundbedeutung nach Menge, Haufen, wie Budenz richtig annimmt).

ost.　*arat* = Anzahl, Menge
wog.　*ari* = viel.

čag.　*or* = Anschwellung
osm.　*orman* = Wald
t. t.　*ordu* = Haufe, Ansammlung von Menschen, Horde.
In *orman* sowol wie in *ordu* ist der Inbegriff von Menge, Ansammlung ausgedrückt und beiden liegt die Stammsilbe *or* zu Grunde.

871. *es* = fallen, herabfallen.

wog.　*is* = herabsteigen
zürj.　*us* = fallen
finn.　*istu* = sedere
mord.　*oza* = sich setzen
čer.　*voz* = cadere.

t. t.　*düs, tös* = fallen, herabfallen
　　　　us (unten in dem Worte *ašak*
　　　　= herab, unten)
kirg.　*öš* = abnehmen, schwinden.

In Anbetracht dass die trilitteralen Stammsilben die ältere Form repräsentiren, was auch Budenz zugibt (Magy.-ugor összehas szótár, S. 765), muss das türk. *tös* als primitiver angesehen werden.

876. *ész* = Verstand, Klugheit; *eszmél* = reputare; considerare; *esmer, ösmer* = erkennen.

wog.　*os, es* = Verstand
ost.　*ož* = Verstand, Urtheilsvermögen.

čag.　*is, es* = Verstand, Sinn
　　　　islik = verständig
osm.　*ismarla* = empfehlen, in Sinn bringen
　　　　us = Verstand, Geschicklichkeit.*
　　　* Vgl. *ismer*.

879. *év* = Jahr.

finn.　*ikä*
mord.　*ie, i*
čer.　*i* ⎱ = Jahr.
lp.　*juke*

t. t.　*il, jil* = Jahr.

512. *facsar* = auswinden, ausringen.

finn.　*puserta* = comprimere
čer.　*pizir* = premere
zürj.　*piźirt* = ausdrücken
ost.　*pazirt* = drücken
wog.　*piškärmät* = zwicken.

t t.　*bas* = drücken, von welchem ein wol heute ungebräuchliches *basar* (vgl. *čih — čikar*) als Causativum angenommen werden kann, das dem magy. *facsar* näher steht als das ugr. *puser*, *piźir*, *puźir* u. s. w.

525. *fed, föd* = bedecken, verdecken, zudecken.

wog.　*pänt* = decken, bedecken
zürj.　*pödli* = verschliessen
finn.　*peittä* = tegere
lp.　*bäitte* = verdecken.

uig.　*böt* = decken, verhüllen
　　　　bötür = Deckel, Schleier
kirg.　*büten* = fremd, unbekannt (verhüllt?)

527. *fehér, fejér* = albus.

lp.　*päjes, päjok* = albus.

čag.　*bor* = Weisse, Kreide.

528. *fej, fö* = caput, apex, principalis; *fel, föl* = summum, sursum.

finn. *pää* = caput, extremitas
ést. *pea (pä, pe)* = Kopf, Giebel
mord. *pe* = Ende
lp. *paije* = supernus
wog. *pän* = caput
ost. *päñ* = Finger.

osm. *bej* = Fürst, Oberster
alt. *pÿ* = Oberhaupt
t. t. *baj, bej* = Kopf (kommt jedoch
in dieser Bedeutung nur im
Compositum *bejtaś* = Kopf-
gefährte, Genosse vor. Siehe
S. 315).

531. *fekete* = schwarz.

ost. *pegde, pegda* = schwarz.

nig. *pek* = schwarz (vgl. mong. *beke*
= Schwärze, Schmidt, Mong.
Wörtb., S. 105).

Weil es infolge stattgefundener Lautverschiebung ein sporadisches *feteke*
gibt, will Budenz als Stammsilbe nicht *fek*, sondern *fet* anerkennen, vergisst
aber, dass das magyarische *pej* = braun mit *fek*, *fekete* zusammenhängt,
daher ein auslautendes *t* statt *k* nicht angenommen werden kann.

532. *fekiisz, feksz* = liegen.

čer. *pükt (munusto p.)* = incubare
ovis
wotj. *puk* = sitzen, sich setzen
zürj. *pukal* = sitzen.

alt. *pök* = sich bücken, sich beugen
pükte = umlegen, niederlegen
(vgl. magy. *fektet* = niederlegen).

533. *fél* = dimidius, dimidium.

lp. *pele* = dimidius, dimidium
mord. *pälä, pele* = halb, Hälfte
čer. *pēle* = dimidium
ost. *pelak* = Hälfte

alt. *pöl* = theilen, *pölük* = Abtheilung
kirg. *böle (kardaś)* = Halb(bruder).

543. *féreg* = vermis.

wog. *pērik* = Ungeziefer
ost. *pariñ, p. voj* = Spinne.

t. t. *pürge, pire* = Floh.

544. *férj, fér (för)* = maritus, vir.

čer. *pörgö* = Mann, männlich
ergä = Knabe
finn. *yrkö* = Mann.

osm. *erkek* = Mann, männlich
t. t. *er* = Mann, männlich.

556. *fogy* = decréscere, diminui, consumi.

ést. *pudu* = mangeln, fehlen
finn. *puuttu* = deesse
čer. *puč* = decrescere.

alt. *püt* = zu Ende gehen, ausgehen.

562. *forog* = sich drehen, kreisen; *fordul* = sich herum-
drehen; *förgeteg* = tempestas.

finn. *pyöry* = vertigo
pyörö = sese volvens
ést. *pör* = Drehung
mord. *pureŕa* = drehen
čer. *pör* = sich drehen
zürj. *bergal* = sich drehen
wog. *per* = drehen, wenden.

t. t. *bor, bur* = winden, kreisen;
burgu = Bohrer
osm. *firla* = kreiseln
firtina = Sturmwind
alt. *porogon* = Sturm
kaz. *bor* = wenden, drehen
borol = sich wenden, sich umkehren.

564. *fos* = dünner Koth von Menschen und Thieren.

ost. *poš* = Koth, Unrath
wog. *poži* = merda
finn. *paska* = excrementum ventris
lp. *paik, paika* = stercus
čer. *pušked* = Durchfall haben
mord. *piskeze* = idem.

osm. *fiški* = Dünger, Koth der Thiere.

566. *fö* = kochen, sieden; *föz* = kochen.

mord. *pije, pi* = kochen
zürj. *pöš* = heiss, glühend
wotj. *poš* = kochen
čer. *puž, puž (vül)* = sudor (eigentlich Hitzwasser)
wog. *pajt, pēt* = kochen.

t. t. *päš, piš* = kochen, braten, sieden, reif werden
jak. *bus* = gekocht; *busar* = kochen
kirg. *püs* = kochen, braten, heraureifen.

568. *fúj, fü* = blasen.

ost. *pū*
wog. *puo, pul* blasen, aufblasen
zürj. *pöl'al*
mord. *pura* = wehen, blasen
čer. *pu* = flare
finn. *puhka* = anhelatio.

t. t. *pula, püle* = blasen, anhauchen

579. *füst* = Rauch.

wog. *posim*
ost. *puziñ* Rauch.

osm. *pus* = Höhenrauch, Rauch.
(Im Lehčei Osmani folgendermassen umschrieben: هوائذك رؤى
أرضه ياصلنان دومانى d. h. ein
Rauch, der sich in der Luft über die
Erde verbreitet. Siehe S. 370 a. a. O.)

80. *gazdag, kazdag* = reich, wohlhabend.

finn. *kasea* = gross, zahlreich
koso = reichlich
mord. *kožä* = reich.

t. t. *kaz-an* = gewinnen, sich bereichern.

Da Herr Budenz an der Stammsilbe *kaz* den Grundbegriff zahlreich, reichlich entdeckt, so darf neben dem finuisch-ugrischen *kaz, kos* wol auch das t. t. *kaz* in Betracht kommen.

87. *gugg* = hocken, *gugorod* = niederhocken.

finn. *kykky* = hockende Stellung
lp. *čokkete* = niedersetzen.

t. t. *čök* = sich niedersetzen, setzen
čökük = was sich setzt (von Gebäuden).

Nächst dem lappischen *čok* kann wol auch das türkische *čök* hier in Betracht kommen.

184. *gyakor* = häufig.

ėst. *sagarik* = der Inbegriff des
Dichten und Häufigen.

t. t. *sokur* = blind, dicht
osm. *sagir* = taub (der Wortbildung nach auf ähnlichem Motive der Dichtheit und Geschlossenheit beruhend).

186. *gyér* = undicht, schütter, selten.

ést. *sore* = dünn, undicht
finu. *harva* = rarus
mord. *sura* = undicht
wotj. *šer* = selten.

t. t. *sejr-ek, sirek* = undicht, schütter
sire = dünu, undicht machen.

191. *gyomor* = Magen.

ost. *ńumir* = rund
wog. *ńqmr* = ovum.

t. t. *jumru* = rund, ruudeu.

Falls wir die Begriffe Magen uud Rundong, Runde identificiren wollen, so bietet sich das turko-tatarische *jumru* wol besser zu diesem Behufe dar.

183. *gyönyörü* = lieb, reizend; *gyönyör* = Freude.

mord. *kenär* = Freude.

uig. *köndär* = erfreueu
čag. *köngül* = Herz, Lust, Freude.

189. *gülöl, gyülöl* = hassen.

finn. *hylkää* = repudiare, rejicere
ést. *ülga* = Ekel
lp. *čolle* = exspuere
mord. *selge* = speien
zürj. *sölal* = spucken.

čag. *jau* = Feind; *jaula* = anfeinden.
kirg. *jeü* = Feind; *jeüle* = anfeinden.

Ob hassen, verachten, verabscheuen mit der diesem Begriff Ausdruck verleihenden äussern Handluug des Spuckens identificirt werden kann, muss noch dahingestellt bleiben; jedenfalls lässt das *ü* im Magyarischeu cinen chemaligen Doppellaut vermutheu.

88. *hab* = Welle, Schaum.

wog. *kump* = Welle
ost. *χump* = Welle.

alt. *kum* = Welle
kirg. *kompai* = anschwelleu, aufwalleu.

153. *habar* = miscere, agitare, turbare.

mord. *čovora* = mischeu, mengen
zürj. *sor* = mischen
ést. *tubra* = quirleu
finn. *suurukse* = fariua cibo fluido immisceenda.

t. t. *kabar* = aufwalleu, anschwellen.
in die Höhe kommen, iu Aufruhr kommen
čag. *kar* = mischen, vermischen, vermengen.

Kar verhält sich zu *kabar* so wie das magyarische *kan* zu *kaban* (Eber), ebenso lässt sich auch die begriffliche Analogie vou beiden ersteru, nämlich aufrühren und mischen, aueinander anreihen.

154. *háboru* = Auflauf, Tumult, Krieg.

mord. *sumbra* = turbidus
ést. *samp* = Verwirrung
ost. *sump* = Faselei.

čag. *kaburti* = Auflauf, Getöse
kabaruk = Auflauf, Anschwellung
kabar = auflaufen, anschwellen.

89. *had* = Truppe, Geschlecht, Sippschaft.

finu. *kunta* = complexus, collectiv
lp. *godde* = Land
wog. *kant* = Truppe
zürj. *köd* = mit.

Wenn Herr Budeuz das zürj. *köd* = mit hier in Betracht zieht, so dürfte deuu auch das
t. t. *kat* = hiuzufügen, geselleu, vereineu
nicht ausser Acht gelassen werden.

Uebrigens dünkt uns *had* die Grundbedeutung von Heeresabtheilung,

respective der Reihe einer Armee zu haben, daher die Nebenbedeutung von
Familie, Geschlecht, daher auch der Titel *had nagy* = Oberster einer Truppenabtheilung, Vorsteher eines Bezirks, wie die Autoren des akademischen
Wörterbuches richtig vermuthen. In dieser Auffassung des Wortes muss
had mit dem türkischen *kat* = Reihe, Schicht verglichen werden.

90. *hág* = steigen, übersteigen, aufsteigen.

wog. *kang* = steigen, aufsteigen	kirg. *kang, kangir* = umhersteigen.
ost. *χoñ* = klettern	
zürj. *kaj* = hinaufgehen.	

91. *hagy* = lassen, verlassen, liegen lassen.

lp. *kvode* = verlassen	čag. *koj* = lassen, liegen lassen
mord. *kadi* = lassen, verlassen	osm. *koj* = legen
čer. *kod* = verlassen	uig. *kot* = liegen lassen, loslassen,
ést. *kadu* = verloren gehen	ablassen.
zürj. *kol'* = lassen	
wog. *kul'* = lassen	
ost. *χaj* = wegwerfen.	

Das von Budenz in dieser Rubrik angeführte magyarische *kagyap* =
speien würde ich lieber mit t. t. *kaji* = erbrechen vergleichen. Was die
Begriffsanalogie zwischen dem magy. *hagy* (lassen) und dem türk. *koj* (legen)
anbelangt, so wollen wir bemerken, dass im Magyarischen *hagy* ehedem in
der Bedeutung von festsetzen, bestimmen gebraucht worden ist. Vgl.
napot hagyni = einen Tag bestimmen im „Magyar szentek legendai" von
F. Toldy, S. 87.

155. *haj, héj* = cortex, crusta, Fett, Schmer.

wog. *sau* = Fell	t. t. *kij* = Rand, Ufer
ost. *söχ* = Haut, Rinde,	alt. *kuju* = Grenze, Rand, Ufer.

Ein ähnliches Verhältniss waltet auch ob bei

156. *haj* = Haar.

wotj. *si* = crinis	t. t. *kil* = Haar.
finn. *hiukse* = Haar	

99. *hal* = sterben.

finn. *kuole* ⎫	t. t. *öl* = sterben.
mord. *kuli* ⎪	
čer. *kol* ⎬ = sterben.	
wog. *kal, kol* ⎪	
ost. *χal* ⎭	

157. *halk* = leise, sachte, gemach.

lp. *suolga* = leise, sachte	čag. *aluk* = betrübt, düster.
zürj. *čöl* = schweigsam	
finn. *hilja* = tacitus.	

102. *hall* = hören.

finn. *kuule* ⎫	t. t. *kul-ak* ⎫ = Ohr, folglich hören.
lp. *kulle* ⎪	uig. *kul-kak* ⎭
mord. *kul'e* ⎪	Vgl. *köz* = Auge mit *kör* =
čer. *kol* ⎬ = hören.	sehen.
zürj. *kil* ⎪	
wog. *χol* ⎪	
ost. *χul* ⎭	

160. *hely* = Ort, Platz, Stelle.

finn.	*tila* = locus	osm. *il, el* = Ort, Land, Provinz
lp.	*tilje* = occasio.	*Rum-ili* = das Land der Griechen, Rumelien
		kirg. *il* = Niederlassung, Dorf (vgl. Budagow, I, 203).

123. *hervad* = welken, verwelken.

finn. *korcenta* = ustulare, deurere
lp. *krorb* = incendium
mord. *kirhta* = brennen. Im Falle die Begriffe b r e n n e n und w e l k e n vereinbar sind, so kann eben mit demselben Rechte das

t. t. *koz* = Brand, glühende Kohle; ferner
kuru = dürr werden, welken

in Betracht kommen.

122. *hév, hé, hö* = fervidus, calidus, calor.

ést.	*kē* = kochen, heiss sein, glühen	t. t. *kaj-na* = kochen, sieden
finn.	*keittä* = kochen	alt. *köö* = heiss, warm.
čer.	*kü* = maturescere, coqui.	

162. *híj, héj, hézag* = eitel, leer, Raum, Zwischenraum.

finn. *sija, sia* = locus, spatium.
lp. *saje* = Ort, Raum.

tat. *küj* = schwach, gering; *küjre*= schwach werden
k. k. *ki* = Sünde, *kilyg* = sündhaft.

Ob die Begriffe eitel, leer mit Raum, Zwischenraum zu vergleichen wären, ist noch immer fraglich, doch dass infolge der Begriffsanalogie zwischen schwach, gering und eitel dem magy. *híj* das türk. *küj* viel näher stehe als das finn. *sija*, das ist auf den ersten Anblick ersichtlich.

126. *hív, hü* = fidus, fidelis.

mord. *keme, käme* = glauben, trauen.

t. t. *güv-en* = Zutrauen haben, vertrauen.

163. *hó, har* = Schnee.

lp. *snere* = Schnee
finn. *suri* = Winterszeit.

t. t. *kar* = Schnee
čag. *kaj* = Schneegestöber (von letzterm *kajiš* oder *kiš* = Winter).

129. *ho, hol, horá* = wo, wohin, *ha* = wenn, *hány* = wieviel.

ost. *χo, χoje, χoj* = quis
wog. *χou* = quis, *χol* = wo
finn. *ku-ka* = quis, *kus* = wo, *kui* = wie.

t. t. *ki, kim* = quis; *kaj* = welch; *kaj-da* = wo, wohin; *kajdag* = wie, *ka-čau* (von *kaj čagan*) = wann.

133. *hólyag* = Blase.

finn. *kuula* = bulla aquae
ést. *kubl* = Pustel, Beule
lp. *koppale* = pustulare.

t. t. *koruk, kuuk* = Blase, Geschwulst.

Von der Stammsilbe *kor, kob* (aufstehen) kann eine Form *korul, koul, kuul* und von dieser *koulag, kuulag* (magy. *hólyag*) angenommen werden.

136. *homlok* = Stirn.

wotj.	*kim* = Stirn, *kimes* = Schädel	k. k.	*kamak* = Stirn
zürj.	*kim* = Augenbraue	az.	*kabak* = Vordertheil (vgl. pers.
lp.	*kulme* = palpebrae		*piš* = vor und *pišane* = Stirn;
ostj.	*χulim* = Augenbraue.		ferner engl. *forehead* = Stirn).

Budenz' Versuch, das magyarische *homlok* von *kulm* = Vordertheil und *luk* = Bein abzuleiten, muss als gewaltsam und unstatthaft verworfen werden.

142. *hosszu, hoszju* = lang.

wog.	*kosä* = lang, *kosät* = weit	t. t.	*uzun, usun* = lang
zürj.	*kuź* = lang		*uzak, usak* = weit.
čer.	*kužo* = lang.		

144. *hoz* = zu, an, bei.

ost.	*χoža* = zu, an.	čag.	*kaš* = bei, an, neben
		uig.	*öz* = zu.

145. *húgy* = urina, lotium.

finn.	*kuse* = urina, lotium	t. t.	*süd-ük, sid-ik* = urina.
lp.	*kožža* = lotium		
čer.	*kuž* ⎫		
zürj.	*kuž* ⎬ = urina.		
wog.	*kuš* ⎪		
ost.	*χos* ⎭		

Wenn Herr Budenz das magyarische *hab* (Welle) mit dem finn.-ugr. *sopt, šow* (Welle) vergleicht, warum sollten wir nicht hier der Stammsilbe *hugy* das t. t. *süd-ük* gegenüberstellen?

148. *húny, kún, kúm* = schliessen, zumachen (die Augen).

ost.	*χaú* = blinzeln	čag.	*kam* = zubinden, zuschliessen.
wog.	*koń* = zuschliessen (Augen)		
zürj.	*kuń* ⎫ = zumachen.		
čer.	*kum* ⎭		

151. *húz* = ziehen.

ost.	*χúš* = anziehen	čag.	*oz, uz* = verlängern, in die
wog.	*kqš, kas* = ziehen.		Länge ziehen, vorausgehen
			uzun = lang.

887. *igaz* = rectus, juxtus, verus.

finn.	*oikea* = rectus	uig.	*ongai* = rectus.
mord.	*vide, vidä* = gerade		
čer.	*vik* = rectus.		

Nach Budenz lässt das magyarische *iga* ein ehemaliges *inga*, respective *rangs* vermuthen, und wenn dem so ist, warum dürfte man in diesem Falle das t. t. *ong* = recht, *ongaj* = rectus, gerade nicht neben dem finn. *oikea* als mindestens ebenso analog hinstellen?

901. *ip* = Schwiegervater.

wog.	*ŭp* = Schwiegervater, Schwager	uig.	*übej, übeke* (eventuell *öpe, öpeke*)
ost.	*ŭp* = Schwiegervater, Schwager		= Schwiegervater
lp.	*vuoppa* = socer	čag.	*übeke* = Grossvater.
finn.	*appe* = socer.		

915. *izzó* = fervens, fervidus.

wog.	*is-*, *isim* = heiss
	isil = warm werden
ost.	*vizila* = sich entzünden
zürj.	*özji* = brennen
lp.	*acek* = ignitus
mord.	*eźe* = sich wärmen.

čag. *is* = Brand (*is tej* = anbrennen);
isiģ = warm
osm. *issi* = heiss; *issit* = wärmen
iz, *is* ist nur eine secundäre Form
des ursprünglichen *kiz* (Wärme).

168. *jár* = gehen, wandeln.

lp.	*jorre* = circumire; *jorra* =
	sich drehen
čer.	*jer* = orbis
zürj.	*jor* = Zaun
ost.	*joeert* = drehen.

uig. *jori* = gehen, wandeln
jorik = Gang
osm. *jüri* = gehen.

Wenn Herr Budenz dem magyarischen *jár* die Bedeutung von Herumgehen gibt, so geschieht dies nur wegen der gewaltsamen Annäherung an das finnisch-ugrische *jor*, *jer*, das im Grunde genommen mit *gor*, *ger* (rund) verwandt, mit dem magyarischen *jár* = gehen nichts gemein hat.

169. *játék* = Spiel.

ost.	*jantk*, *jantχ* = spielen
est.	*juttu* - Gespräch, Unterhaltung
mord.	*jofta* = erzählen
čer.	*jod* = fragen.

alt. *jatigan* (von *jat*) = ein Musikinstrument, wörtlich Spieler,
Aufspieler, von einem ehemals
bestandenen, heute aber nicht
mehr bekannten *jatik*.

Gegen die Analogie des ostjakischen *jantk* ist nichts einzuwenden, um so mehr müssen wir die begriffliche Analogie der übrigen ugrischen Beispiele beanstanden, da Gespräch, Erzählung von Spiel doch verschieden sind.

173. *jo, jav* = gut; *joģ* = dexter; *jonkább* = magis; *gyógyul* = sanari; *jaros* = Wahrsager.

wog.	*jomas* = bonus
ost.	*jem* = gut, dexter; *jemin* =
	sanctns
wot.	*umoj* = gut
čer.	*jumo* }
finn.	*jumala* } = Deus.

čag. *jak* = gut, schicklich (eine
Stammsilbe, von welcher *jak*
= gut sein, behagen, *jakiš* =
sich ziemen, *jaur* = wahrsagen
gebildet sind); *sag* = dexter,
gesund, genesen; *ong* = dexter.

176. *jö, jü* = kommen, herannahen, werden.

ost.	*jiv* = kommen, werden
	jig, *ji* = gehen
wog.	*ji* = kommen
čer.	*jevate*, *jivat* = tempus transigere
lp.	*jitte* = provenire
finn.	*itä* = germinare.

čag. *jau*, *jauv* = kommen, herannahen; *jaruk*, *jauk* = nahe
kirg. *žönü* }
chiv. *jönä* } = kommen.

4. *kan-ál* = Löffel.

wog.	*kön* = schöpfen
zürj.	*gumolt* = schöpfen.

čag. *kum-gan* = Gefäss zum Schöpfen,
Eimer.

6. *kap* = greifen, fassen, bekommen.

finn.	*kaapaa* = erfassen, ergreifen
mord.	*kaped'e* = erhalten, fangen.

t. t. *kap* = erfassen, erhaschen, fangen.

Wie Herr Budenz das gedehnte finnische *kaapaa* mit dem kurzen magyarischen *kap* vergleichen kann, ist uns nicht ganz einleuchtend.

**17. *kel, kél* = gehen, aufstehen, aufgehen; *kelt, költ* =
aufstehen machen.**

lp. *kale* = überschreiten
finn. *käy* – gehen
wog. *kual* = aufstehen
ost. *kil* = aufstehen
wotj. *kiniľt* = bewegen
mord. *küle* = gehen.

t. t. *kalk-k* = aufstehen, aufgehen
kel, kil = kommen, gehen,
gel herannahen
čag. *keltür* ⎱ = kommen machen,
kiltür ⎰ bringen.
osm. *getir* ⎰

18. *kell, köll* = müssen, taugen.

finn. *kelpaa* = taugen
čer. *kül* – müssen
wotj. *kul* = nöthig
wog. *kalen* – tauglich.

čag. *ku, kü*, eine Partikel, mit welcher das Müssen, Nöthigsein
ausgedrückt wird, die aber
selbständig nicht vorkommt.

23. *kér* = bitten; *kérd* = fragen; *keres* = suchen.

zürj. *kor* = bitten, einladen
wotj. *kur* = bitten
finn. *kerjää* = betteln.

jak. *körd-üö* = fragen
kaz. *kelja, küle* = bitten, beten.

24. *kéreg* = Baumrinde.

finn. *kärnä* = Rinde
wog. *ker* – Rinde
čer. *kür* = dicke Rinde.

t. t. *kir-ag* = Aussenseite, Rand.
Vgl. deutsch Rand und Rinde.

32. *kerély* = stolz, arrogant.

finn. *keimeä* = elate se gerens, caput
superbe jactans.

uig. *kevenž* = Zutrauen
kevez, küvez = stolz.

33. *kerés, kevis* = gering, wenig.

finn. *keires* – levis, keviä – leicht
zürj. *kipid* – leicht
ost. *kabak* – leicht.
Die lautliche Analogie zwischen
kerés und ost. *kabak* dünkt uns etwas
zu kühn.

uig. *kemiš* = gering
kemišmek – geringschätzen
kaz. *kim* – klein, gering
kime = klein oder gering werden
kimet = verkleinern
alt. *kem* = Fehler, Mangel.

37. *kígyó, kilgyó* = Schlange.

finn. *kaljame* = glatt, schlüpfrig
kaljo – langer und schmaler
Stock.

t. t. *kajau, kajgau* – glatt, schlüpfrig
kaj = gleiten, glitschen
čag. *žijau* = Schlange
kel = kahl, glatzköpfig.

46. *kopács* = putamen nucis; *korad* = putamine solvi.

mord. *kura* = Rinde, Kruste
ést. *koba* – Kieferrinde
lp. *kuop* = Schimmel.

t. t. *kabik, kabuk* – Rinde, äussere
Schale
kobul = sich abschälen, die Rinde
oder Haut abwerfen, und hiervon *korul* – sich verändern.

54. *kö* = Stein.

finn. *kive* ⎫
ost. *keri* ⎪
wog. *keu* ⎬ – Stein.
wotj. *ko* ⎪
čer. *kü* ⎭

t. t. *kaja* – Fels, Stein.
In den altmagyarischen Sprachdenkmälern kommt *kö* als Fels vor,
denn das moderne *szikla* ist slawischen Ursprungs.

60. *köröm* = unguis, ungula; *karmol, körmöl* =
unguibus ferire.

zürj. *kirim* = Hand, Faust
mord. *kurmes* = hohle Hand
lp. *korbmo* = klettern.

t. t. *tirn-ak* = unguis (früher *tirm-ak*,
daher) *tîrmala* = klettern.

Die finnisch-ugrische Analogie des magyarischen *köröm* kann nur in
lautlicher Beziehung gutgeheissen werden, doch nicht begrifflich, da Hand,
Faust und Nagel sich wesentlich voneinander unterscheiden, und nicht nur
die Hand, sondern auch der Fuss Nägel hat.

63. *köszörül* = schleifen, wetzen.

zürj. *kesli* = schleifen
finn. *koske* = aciem securis reficio
mord. *kockere* = kratzen.

kirg. *kazi, kasi* = kratzen, schaben
kaspak = das vom Boden des
Kessels Abgekratzte.

65. *köt* = binden; *kötél* = Strick.

finn. *kytke* = numella ligare
ést. *küte* = Halfter für Rindvieh
lp. *katke* = colligare.

osm. *kit* = fest, gebunden
jak. *kötöl* = Halfter
čag. *kati* = hart, fest
katla = befestigen
osm. *kij* = binden (*Nikiah kij* = Ehe-
bund schliessen).

67. *köz* = intervallum, spatium.

finn. *keske* = media
lp. *kaska* = Mitte
zürj. *kezin* = zwischen
mord. *keska* = Hüfte
wog. *koot'l* = Mitte
čer. *kedal* = Lende.

čuv. *χoža, χoš* = zwischen
kirg. *kasik* = Hüfte.*

*Mitte des Körpers, eine Ana-
logie, die sich zu obigen so verhält,
wie das mord. *keska* zu den übrigen
finnisch-ugrischen Beispielen.

75. *kutya* = Hund.

wotj. *kuča* = Hund
wog. *kuša* = Hund
mord. *kut'ka* = das Junge des Hundes.

čag. *kučuk, küčük* = das Junge des
Hundes (streng zu unterscheiden von *kičik* = klein).

730. *lak* = habitare, degere.

finn. *lakkaa* = subsistere, cessare, de-
sinere
mord. *lotka* = stehen bleiben.

čag. *lak, lag* = Ort, Wohnort
lakla = wohnen, sich nieder-
lassen
t. t. *lakum* = ausgehöhlter Gang, Mine
(vgl. *oj* = ausgraben und *öj* =
Haus).

Hierher gehört auch das magyarische *lak* = essen, schmausen (*lakada-
lom* = Festessen, Hochzeit), das zu *lak* = wohnen dermassen sich verhält
wie das turko-tatarische *tok* = satt werden zu *tok* = stehen bleiben, dessen
transitive Form *togur, tour, tur* sich wieder an das magyarische *tór* = Festessen anreiht.

732. *láng* = flamma.

finn. *loimu* = starke Flamme
leimaa = lodern.

t. t. *jan* = brennen, aufflackern
osm. *jangin* = Feuersbrunst
kirg. *žangak* = feurig.

735. *lap* = Fläche, Platte, Blatt; *lapos* = eben, flach.

finn. *lappea* = latus et planus
 lappia = flache Seite.
ést. *lapp* = flach
čer. *lapa* = palma manus
mord. *laps* = flach
ost. *lopsaχ* = Teller, Schüssel.

t. t. *japalak* = flach
 japrak, japurak = Baumblatt,
 Laub.

736. *láp* = Lache, Ueberschwemmungsterrain.

finn. *lampe* = lacus minor
lp. *lubbek* = palus.

čag. *lapa* = Brei, Morast.

737. *lassú* = tardus, lentus.

lp. *lossed* = gravis, onus, pondus.

čag. *jašun* = heimlich, verborgen,
 sachte
 jašur = verstecken. etwas verheimlichen.
 Heimlich und langsam sind in vielen
 Sprachen identische Begriffe.

743. *legény* = juvenis.

wog. *lengä* = jung verheirathet.

t. t. *jengi, jangi* = jung. neu
 jegit (ursprünglich *jengit*) =
 Jüngling
 jegitlik = Heldensinn.
 (Vgl. russisch *mladi* = jung mit
 mladeczki = tapfer.)

752. *lep* = obtegere, obruere; *lepel* = tegmen.

wog. *lēp, lep* = bedecken
wotj. *lip* = bedecken
čer. *lebed, lered* = tectum.

t. t. *jap, jep* = bedecken. verhüllen
 japak = Deckel. Hülle.

762. *ló* = equus.

wog. *lä* } ← Pferd.
ost. *lori* }

kirg. *lau, lav* = untergelegte Pferde,
 Vorspann
 lauži = Vorreiter.
 (Die Bedeutung Pferd ist hier nur
 im weitern Sinne zu nehmen, ebenso
 das mit vocalem Anlaut versehene
 ulav, ulak = Reitthier, Pferd. Vgl.
 S. 269.)

635. *makacs* = halsstarrig.

zürj. *mug* = eigensinnig, nachden-
 kend.

kirg. *muk* = geizig. begierig
alt. *mukau* = der sich härmt.

638. *mar* = beissen.

finn. *murta* = frangere
ést. *murda* = idem
ost. *murt* = idem
zürj. *murjaš* = anbeissen.

alt. *mura* = abnehmen, schwach
 werden.
 (*közi muradi* = sein Auge ist
 gebrochen.)

642. *márt* = tunken, tauchen.

wog. *mär* = untertauchen
zürj. *mört* = hineinstecken.

čag. *mal* = tunken. eintauchen
kaz. *man* = tunken.

31 *

643. *más* = alius; *másik* = alter.

finn.	*muu* = alius	t. t.	*baška, paška* = anderer, fremder
lp.	*mubbe* = alter	uig.	*basa* = anderer; *basaki* = fremd,
wog.	*mōt* = alius		anders
zürj.	*möd* = anderer	kirg.	*baska* = verschiedene (*iki baska*
čer.	*molo* = alius.		= zwei verschiedene Dinge).

Die Verwandtschaft zwischen dem finnisch-ugrischen *to* (jener) und *toise* (anderer), auf welche Budenz die Analogie zwischen dem magyarischen *más* und einem supponirten *mu* begründet, ist im Türkischen zwischen *bu* = dieser und *baš* leichter nachzuweisen.

651. *men* = ire, abire.

wog.	*min*	uig.	*meny* } = gehen, eilen
ost.	*men*	čag.	*mang* }
wotj.	*min*	alt.	*mengde* = eilen
lp.	*manne* } = ire, abire.		*mengdeš* = eilig.*
finn.	*mene*		* Die Analogie von eilen und
mord.	*mäne*		gehen ist auch im Verhältniss zwi-
čer.	*mi*		schen magy. *gyors* (eilig) und türk.
			joriš (gehen) nachzuweisen.

652. *menül, menyül* = luxari, ausrenken, ausbiegen.

mord.	*mäne* } = biegen, umbiegen	t. t.	*mög, möng* = biegen
ost.	*mēnd* }		*mögrü* = gebogen, krumm
wog.	*mänit* = reissen.		(*mög* ist eine Variante mit la-
			bialer Lautveränderung von
			bök, bük.)

654. *menny* = coelum.

mord. *menel, menil* = Himmel.

uig. *möng, meng* = Ewigkeit, das Ueberirdische, und im religiösen Sinne Himmel, daher *mengki ata* = himmlischer Vater, Gott.

jak. *mängge* = unsterblich, ewig; *mängge tanara* = himmlischer Gott, zum Unterschiede von dem unterirdischen Gott.

660. *met, metsz* = schneiden.

finn. *mätkää* = hinschlagen, hin- schmeissen.

bin- | kirg. *meče* = geschlachtetes (Vieh, oder ein Theil desselben), wahrscheinlich von *meč, bič* = schneiden, hauen.

426. *néz, níz* = sehen, ansehen, schauen.

finn.	*näke*	mong. *nidon* = Auge
mord.	*näje*	*nidü* = sehen, schauen.
ost.	*ni* } = sehen.	
wog.	*negl, nejl*	

Néz ist, wie Budenz richtig bemerkt, ein Frequentativum in der ursprünglichen Form von *nej-z* (ugrisch *nägssk*), doch dürfte gelegentlich das mongolische *nidon, nidü* nicht übersehen werden.

427. nö, né = uxor, foemina; nöszik = uxorem ducere.

mord. *ni*
wog. *në, ne, neu* } – Weib
ost. *ne, ni* }
finn. *neite* = virgo
lp. *neita* = filia
zürj. *nil* = Mädchen.

t. t. *nene* = Mutter
alt. *naj, nai* = Gefährte (vgl. *katuš* = Gefährte mit *katun* = Weib)
najilaž = sich zueinandergesellen (heirathen?)
k. k. *naid'e* = Freund.

989. nö = crescere.

ost. *čnim* = wachsen
wog. *jäni* = gross; *jänim* = wachsen
lp. *ädna, ädnak* = multus
mord. *ine* = gross.

čag. *öň, ön** = wachsen
öngen = hoch, aufgewachsen
en = Breite, Dicke.
* Dasselbe lautliche Verhältniss wie zwischen dem magy. *nö* und dem türk. *öň* ist auch zwischen dem magy. *nyü* und dem türk. *öü* (Wurm) zu bemerken.

429. nyájas = blandus, comis.

lp. *nalge* = sapidus, dulcis
finn. *naukea, naukia* = dulcis, amoenus.

t. t. *jaj* = glatt, fein; eine Stammsilbe, von welcher entstanden
čag. *jajin* = färben, zieren;
kirg. *jajpak* = glatt.

432. nyal = lecken.

lp. *nolo* = lingere
wog. *ngluj*
ost. *nolij*
zürj. *nul* } = lecken.
finn. *nuole*
mord. *nola*

t. t. *jala* = lecken.

431. nyál = Speichel; nyálka = Schleim.

ost. *noňil* = Rotz, Schleim
mord. *nolga* = Rotz
est. *nol'g* = Rotz der Pferde
lp. *naule* = limus
zürj. *nult* = das Grüne auf stehendem Wasser.

čag. *jelim* = Leim, klebrige Substanz
jalin = Geifer, Speichel.
Bei Nevai: *bari agizidu tilbe itdek jalin* = Sein ganzer Mund, gleich einem tollen Hunde voll Speichels.

436. nyárs = Spiess.

wog. *narši* = junger Ausschlag im Walde
ost. *norsi* = Gesträuch.

t. t. *jara* = verwunden
jariči = Verwunder.

440. nyer = gewinnen.

ost. *nerem* = wegnehmen
wog. *iir* = herausziehen
mord. *nelge* = wegnehmen.

čag. *jeng* = besiegen.

Der Grundbegriff von *ny* ist nach dem Wörterbuch der Ungarischen Akademie: etwas nach Wettkampf, Kraftanstrengung etc. erlangen, und in diesem Sinne entspricht es besser dem t. t. *jeng*, der Grundbedeutung nach Vortheil erringen, als dem finnisch-ugrischen Begriffe von herausnehmen.

441. nyers = roh.

wog. *nar* – roh
ost. *nar* = roh, kahl, nackt
zürj. *nar* in *nar-bord* = Fledermaus.

t. t. *jar* - nackt, arm in *jarli* = arm, armselig
osm. *jarasa* = Fledermaus.

445. *nyil* = sich öffnen; *nyit* = öffnen.

wog. *nit* = gebären
　　nol = sich abtrennen
　　nulm = Wunde
ost. *nolimt* = sich mausen
　　nulem = Wunde.

t. t. *jail, jajil* = sich verbreiten, sich
ausdehnen, sich öffnen.

451. *nyugod* = ruhen; *nyugat, nyugot* = Untergang der Sonne, West.

ést. *nukku* = schlummern
finn. *nukku* = obdormiscere
lp. *nokke* = obdormiscere
mord. *nura* = obdormiscere
zürj. *dugdi* = aufhören
wog. *nuatlaχt* = ruhen.

kaz. *joko* = Schlaf; *jokla* = schlafen
　　joklat = einschläfern
čag. *jukla* = schlafen.

Trotz der augenfälligern Verwandtschaft des t. t. *jok, juk* mit dem magy. *nyug* halte ich doch die ganze Parallele für fehlerhaft, da ich in *nyug* den Grundbegriff von niederlegen, niedersinken, t. t. *jik*, erblicke.

455. *nyuvad* = suffocari.

finn. *juuttu* = deficere viribus.

Budenz supponirt eine ältere Form *nsg, nsb,* von welcher die Stammsilbe *ju* entstanden. Uns dünkt das t. t. *jut* = Verderben, Untergang, Seuche, das die passive Form eines frühern *ju* repräsentirt, wol näher zu stehen.

456. *nyuz* = schinden, abhäuten.

lp. *nuore* = pellem detrahere
wog. *nuj* = schinden
ost. *naχs, nagas* = abschälen.

t. t. *jüz* = schinden, die obere Hülle
abziehen (von *jüz, jüs* = Aeusseres, Aussenseite, Antlitz).

458. *nyü, nyö* = sich abwetzen.

mord. *nevile* = sich abnutzen
čer. *niald* = permulcere
ést. *nülge* = schinden
finn. *nylke* = schinden.

t. t. *jol, jul* = hobeln, glätten.

917. *ó, ov* = alt; *avul* = alt werden.

lp. *obme, ome* = vetus
finn. *ammo* = alte Zeit
mord. *umok* = längst.

t. t. *oval* = zerbrechen
kirg. *ovak* = zerbrochen
čag. *obra* = verfallen, verderben.

Da das magyarische *o* nur auf das Alter von Sachen, nicht aber von Personen Bezug hat, so glaube ich in dessen Grundbedeutung den Begriff von abnützen, verfallen und verkommen zu entdecken.

918. *odú, odu* = Höhle, Loch.

finn. *onte* = cavus
mord. *unda* = Höhlung
ost. *ont* = das Innere
wog. *unter* = uterus
lp. *cuord* = hohl.

alt. *odu* = Zimmer, Wohnung, Schuppen
　　odula = Unterkunft finden
uig. *otu* = ausböhlen; *otuk* = Loch
čag. *uj, oj* = ausböhlen
　　ojuk = Loch; *nja* = Nest
osm. *oda* = Zimmer.

920. *okád* = vomere, auswerfen.

ost. *ögöt* = auswerfen
ügol = speien
wog. *äjt* = brechen.

čag. *ok* = Wurf, Geschoss
okla = werfen
kaz. *okši* = sich erbrechen, speien.

Budenz ist sehr im Irrthum, wenn er seinen halsbrecherischen Theorien zulieb das magyarische *okránd* = sich ekeln hierher rechnet, denn dieses ist mit dem t. t. *ikren, igren, ijren* = sich ekeln identisch.

925. *oldal* = Seite.

wog. *aütil* = Rippe, Seite
ost. *oñti-lü* = Rippe.

t. t. *jandak, jandaj* = zur Seite stehend, von *jan, jañ* = Seite.

927. *olvad, olu* = liquescere.

finn. *svlaa*
ést. *sula*
mord. *sola*
čer. *šol*
zürj. *sil*
wog. *tol*
} = liquescere, liquefieri.

jak. *ul* = schmelzen, thauen
ular = liquefieri
čag. *öl, äl* = nass, Meer.

Während die ugrischen Beispiele überall einen anlautenden Zischlaut aufweisen, sind die türkischen, gleich dem magyarischen *ol*, durchwegs ohne Sibilans.'

932. *orr, ór* = Nase, Schnauze, Schnabel.

finn. *turpa* = Schnauze
mord. *tirva, turva* = Lippe
čer. *türvö* = labium
ost. *torip*
zürj. *tirp*
} = Lippe.

t. t. *burun* = Nase, Vorgebirge
čag. *burut* = Schnauze, Schnurrbart.

In den finnisch-ugrischen Beispielen ist es das anlautende *t.* in den türkischen das anlautende *b*, welches im magyarischen *orr* fehlt. Der Grundgedanke von *o* ist eigentlich hervorragender Theil. Vgl. türkisch *burun* = Vorgebirge.

935. *oszol, oszlik* = sich theilen, auseinandergehen; *oszt* = vertheilen.

wog. *oχsä* = Stück
oχsät = zerhauen
finn. *osa* = pars, portio.

čag. *oš, uš* (Stammsilbe in *ušak*) = klein
uša = zertheilen, zerstückeln
ušal = sich zertheilen, sich zerstückeln.

939. *öcs* = jüngerer Bruder.

ost. *apsi*
wog. *apši*
} = jüngerer Bruder.

čag. *ači, eči* = älterer Bruder
kirg. *eče* = älterer Bruder.

Begrifflich steht das finnisch-ugrische, lautlich das türkische Beispiel dem magyarischen *ö* näher.

951. *örvény* = vortex; *öröl, örle* = molere; *örül* = delirare.

Den in vorhergehenden Begriffen zum Ausdruck gelangten analogen Ideengang erkennen auch wir an, doch während Budenz, mit Ausnahme der auf den Begriff delirare bezüglichen finnisch-ugrischen Beispiele, nur in

erzwungenen von weiter Ferne hergeholten Gleichnissen sich ergehen muss,
finden wir in folgenden türkischen Beispielen, als

čag. *ögür, ügür* = drehen, wenden
      ögürül, öñrül = sich kreiseln,
      sich drehen
      irram = Behendigkeit

ein minder erzwungenes und passendes Etymon.

952. *ös* = avus (ältere Form *is*).

ost.	*is*	= alt	
wog.	*is*		
finn.	*isä* = pater		
čer.	*izäj* = frater senior		
mord.	*ocä* = patruus		
zürj.	*iẑid* = gross		
lp.	*aččc* = pater.		

alt. *ozo* = Alter, Vergangenheit
      cski = der Alte
čag. *iski* = alt, *üski* = alt
kirg. *cšc* = älterer Bruder.

954. *ösz* = autumnus.

finn. *syksy*
mord. *soks*
čer.   *seže*
lp.   *čakča* ⟩ = Herbst.
wotj. *sizil*
ost.   *sus*
wog.   *täkus*

t. t. *kös, küs, güz* = Herbst.

955. *ösz* = canus.

čer.   *ošu* ⟩ = albus
mord. *aksa*
zürj. *jeẑid* = weiss, rein.
    Wir stimmen mit Budenz überein,
dass die vollkommnere Form im mord.
aksa vorhanden sei, daher wir das

t. t. *akče, akše* = weisslich
alt.   *aksu* = weisslich, grau
auch in Betracht ziehen. Vgl. *öz* =
canus im Apuška.

958. *öv* = cingulum, Gürtel.

čer.   *üstö* = cingulum
lp.   *auvc* = cingulum
zürj. *vöñ* = cingulum.

čag. *üp, jüp* = Band, Strick
osm. *ip* = Strick.

    Dass Strick, Band und Gurt identische Begriffe seien, das ist durch das
Verhältniss zwischen dem türkischen *kur* = Band und *kur* = Gürtel am
besten bewiesen.

689. *rak* = niederlegen, ponere (bauen, aufführen ist nur eine secundäre, bildliche Bedeutung dieses Wortes).

finn. *rakenta* = labore parare, .
       struere
zürj. *rekti* = rein machen, aufräu-
       men.

osm. *brak* = liegen lassen, loslassen
      brakinti = etwas Weggelegtes,
      Liegengelassenes.

    Budenz findet (siehe S. 104 seiner Kritik über meine Wortgleichungen)
die Begriffsanalogie zwischen niederlegen und loslassen nicht statthaft,
während er sonderbarerweise niederlegen für identisch mit labore parare
hält (?!).

701. *renyhe* = piger, deses.

finn. *rohmia* = inhabilis et tardus. | kirg. *iren* = faul sein, trage sein
irenž = träge.

Das *i* in *iren* kann gleich andern vor *r* befindlichen Vocalen (vgl. *rak*
—*irak*, *ruk*—*uruk*) als unterstützender Anlaut betrachtet werden.

710. *ró*, *rov* = kerben, einkerben.

čer.	*ru* = hauen, caedere	t. t. *ur*, *or* = schlagen, hauen,
finn.	*rako* = fissura, rima	schneiden
ést.	*ragu* = Riss, Spalte	*uram*, *uram* = Gasse (eigentlich
wog.	*rat* = schlagen.	Zeile, Einschnitt)
		kirg. *or*, *ur* = Graben, Kanal.

340. *sarló*, *solló* = Sichel.

zürj. *čarla* |
wotj. *śurlo* | = Sichel.

čuv. *šorla* = Sichel.

Uns dünkt die ältere magyarische
Form *sallò*, *csallò* (daher *csallo-
köz* = das Sichelland, d. h. die frucht-
reiche Insel Schütt) die correctere,
indem wir hier die Stammsilbe *šal*,
čal = hauen, schneiden entdecken.

342. *seb* = Wunde.

finn. *hempeä* = weich, weichlich, | t. t. *čap.* = hauen, schlagen, ein-
zärtlich. | hauen.

Ich vermuthe im magyarischen *seb* den Grundbegriff Hieb, Einschnitt
infolge eines Hiebes.

343. *seb* = Schnelligkeit.

lp. *čabče* = festinanter et ex om- | t. t. *čap* = eilends geben oder reiten,
nibus viribus eniti. | einfallen in ein Land
| osm. *čab-uk* = eilig, schnell.

Bezüglich der verschiedenartigen Bedeutung der Stammsilbe چاپ
siehe Budagow 1, 451.

345. *segit* = helfen, beistehen.

mord. *čungode* = helfen |
lp. *sagge* = trahere. |

Wir stimmen der Ansicht Budenz' bezüglich der Begriffsanalogie zwischen Helfen und Ziehen vollkommen bei, daher wir dem finnisch-ugrischen
Beispielen das t. t. *ček* = ziehen gegenüberstellen.

346. *sejt* = ahnen, spüren, wittern.

wotj.	*šediśk* = fühlen	osm. *sez* = ahnen, wittern.
čer.	*šinž* = scire, nosse	
finn.	*tietä*	
lp.	*tete*	= scire.

360. *sorvad* = abwelken, abzehren.

finn. *surkene*, *surehtu* = flavescere | kirg. *sorlu* = elend, unglücklich.
(ut herba desecta) |
surkea = miser, *suru* = moeror | Ist von Budagow 1, 642 mit *sor*
ést. *sure* = sterben, absterben. | = Salzboden in Zusammenhang ge-
| bracht.

375. *sülу, sül* = Warze, feigenförmiger Auswuchs.

finn. *syylä* = Warze
liv. *sögl, sügl* = Warze
mord. *čilgä* = Warze.

t. t. *sivil, siil* = Warze, und von diesem das moderne mit Diminutivum versehene *sivil-že, sivil-žik*.

269. *szab* = schneiden, verschneiden.

lp. *cape* = in partes minusculas concidere
ost. *sub, sob* = Stück, Lappen
wog. *sup* = Stück
mord. *sapi* = zerhacken.

t. t. *sap* = einhauen, einschneiden *sapla* = einrennen, impfen *čap* = schlagen, hauen
alt. *sapi, sapa* = Theil.

273. *szakad* = rumpi, lacerari; *szak* = Theil, Abtheilung.

ost. *suk* = Bruchstück
zürj. *žugal* = zerbrechen
lp. *cuoke* = rumpere
finn. *sukku* = in Stücke zerschlagen.

čag. *čak*=Maass, Eintheilung,Stunde (als Theil des Tages) *čak* = zerhauen, zerschneiden
kirg. *sak* = zerstückeln.

280. *szárad* = trocknen; *száraz* = trocken.

ost. *sör* = trocken werden
wog. *sur* = austrocknen
zürj. *sural* = etwas trocknen.

kaz. *sorok* = trocknen, dürr werden.

284. *szeg, szög* = Nagel, clavus.

finn. *sänke* = pars culmi
lp. *sagge* = clavus ligneus
wotj. *čog* = Nagel.

čag. *čök, čük* = penis *čigi, čivi* = Nagel

285. *szeg* = frangere, rumpere.

zürj. *čeg* = brechen, zerbrechen
ost. *senk* = schlagen
wog. *säkvet* = brechen
čer. *ši* = percutere.

t. t. *čak* = zerschlagen *čöküč*
osm. *čekič* } = Hammer
kirg. *sok* = aushauen
čag. *čokum* = Stössel, Keule.

289. *szel* = scindere, dissecare.

lp. *čale* = dissecare, scindere *čulle* = schneiden
čer. *šel* = dissecare
wog. *sil* = spalten
wotj. *selep* = Span.

t. t. *čal* = hauen, zerbauen *čala* = Hälfte, halb
kirg. *sala* = halb
osm. *čalim* = Schneide, alles was eine Schneide oder Schärfe hat.

292. *szenny* = Schmuz, Fleck.

mord. *sämen* = Rost
čer. *seme* = niger
zürj. *sim, sim* = Rost
wog. *semel* = schwarz
finn. *himiä* = subobscurus, colore fuscus.

Rost und Schmuz oder Rost und schwarz sind keinesfalls identische Begriffe, und mit demselben Rechte, mit dem Budenz das ugrische *seme, sim* und *semel* = Rost und schwarz hier in Betracht zieht, könnte man auch das türkische *seng, čeng, čang* = Staub, Schmuz als mit dem magyarischen *szenny* verwandt darstellen.

294. *szer* = Reihe, Ordnung.

ost. *sir* = Ordnung, Regel
wog. *sir* = Art, Beschaffenheit, Weise
zürj. *ser* = Gewohnheit.

osm. *sira* = Reihe, Ordnung
alt. *sür* = Maass.

296. *szid* = schelten, fluchen.

mord. *sudi* = verfluchen
sudo = fluchen
čer. *sud, süd* = jubere
sudal = maledicere.

t. t. *süg, sög, söj* = schelten, fluchen.
Der lautliche Nexus zwischen *g* und *j* wie auch zwischen *j* und *d* oder *t* ist im Türkischen zu wiederholten malen nachgewiesen.

297. *szigoru* = streng, knapp, dürftig, hager.

čer. *seger* = angustus.

t. t. *sik* = eng
sikarak = mehr eng.

Budenz' Annahme bezüglich der Verwandtschaft zwischen dem magyarischen *szigoru* und *szegény* (arm) ist auch im Türkischen bei Vergleichung des *sik* (eng) mit *zügürt* (arm) wahrzunehmen.

303. *szirt* = Genick.

wotj. *cirti* = Hals
zürj. *surdi* = Rücken.

t. t. *sirt* = Rücken, oberer Theil, eigentlich der obere schmale Theil eines Körpers, so *dag sirti* = Bergrücken, Grat.

Hier vergleicht Budenz die Begriffe Hals mit Genick, mir aber wirft er es als Fehler vor, wenn ich das t. t. *jaka* = Genick. Kragen mit dem magyarischen *nyak* = Hals vergleiche (vgl. Jelentés V. A. magyar. török szóegyezéseiről, S. 150).

313. *szö, szöv* = weben.

ost. *sēv* = flechten
sēu = Haarflechte
wog. *säg* = flechten
säu = Zopf
zürj. *čöč'ki* = weben.

kaz. *ceg, čig* = weben
kirg. *seg* = weben
alt. *sok* = weben.

318. *szú* = Holzwurm.

lp. *suoks* = vermis
mord. *suks* = Wurm
čer. *suks* = vermis
wog. *sqü, sou* = Holzwurm.

t. t. *sogulže, sogulžan* = Wurm (von der Stammsilbe *sog, suk, sug* = hineinstechen, aushöhlen*).
* *sog* verhält sich zu *sogulža* wie das magy. *szög* = Winkel zu magy. *szugoly* = angulus.

320. *szunnyad, szunyókál* = schlummern; *szunyi* = schläfrig.

zürj. *sunal* = schlummern
čer. *sanall* = einschlafen
ost. *sunit* = ruhig.

čag. *sün* = erlöschen, vergehen. So *ažigi sündi* = sein Zorn ist ausgegangen, eingeschlafen (Budagow I. 638).

322. *szúr* = stechen.

čer. *sur* = stechen
ėst. *curk* = stechen.

t. t. *sür* = stechen, hineinstecken
kirg. *sur, sór* = hineinstecken (ein Causativum von *sok*, daher von *sogur, sour – súr*).

324. *szurok* = Pech; *szurkos* = pechig, harzig;
szurtos = schmuzig.

zürj. *sir* = Harz, Theer, pix liquida
(der Grundbedeutung nach
Schmiere, daher *sir* auch =
klebrig *).

t. t. *sür* = schmieren
sürme = Schmiere, Schminke.
kirg. *surik* = Farbe, Schmiere, Zinnober.

* Aus diesem Grunde betrachte ich als hierher gehörig das magyarische *szurtos* = schmuzig, beschmiert, und nicht wie Budenz zu *szürke*.

329. *szürke* = grau, aschgrau.

lp. *čuorkok, čuorre* = canus
ost. *sur* |
zürj. *zor* | = grau.

čuv. *suru* = grau
kaz. *soro* = grau
alt. *suru* = grau.

194. *talál* = finden, treffen.

finn. *tule* = venire, advenire, contingere
čer. *tol* = venire.

alt. *talda* = herausfinden
talal = sich erweitern, sich öffnen.

In den türkischen Beispielen kann das magyarische *t* sich nicht minder leicht erklären lassen als im Finnisch-Ugrischen, wo Herr Budenz ad normam der Begriffsanalogie zwischen dem slawischen *chodit* = gehen und *nachodit* = finden, lateinisch *venire* und *invenire*, die Analogie entdecken will.

195. *talp* = planta pedis, basis.

lp. *tuolpa* = flach, planus
finn. *talla* = lamina.

t. t. *tala* = Ebene, Fläche
taban = Sohle, untere Theil.

199. *tapogat* = betasten, antasten.

finn. *tapaa* = nach etwas fassen, packen, finden, treffen
lp. *toppe* = prehendere.

čag. *tap* = finden, erlangen, erreichen.

203. *tart* = halten, anhalten, dauern.

Budenz sondert vom magyarischen *tart* den Auslaut *t* ab und vergleicht *t a r* mit dem finnischen *tarttu* = sich an etwas anhalten und *tarma*. Diesem gegenüber stellen wir das

čag. *tart* = dauern, anhalten (in secundärer Bedeutung) ziehen, anziehen, leiten, führen, halten an der Hand
kaz. *turtum* = Neigung.

214. *tele* = voll; *tel* = voll werden; *tölt* = füllen.

wog. *tagle* = voll; *taul* = voll werden; *tault* = anfüllen.
ost. *teliñ* |
finn. *täyte* | = voll.

t. t. *tolu* = voll; *tol* = voll werden; *toltur* = füllen.

227. *titok* = Geheimniss; *titkol* = verheimlichen.

wog. *tujt* = verstecken, verbergen.

t. t. *tut* = halten, zurückhalten.

234. **toll, tolu** = penna, pluma.

mord.	*tolga*	
lp.	*tolke*	
finn.	*sulka*	= Feder.
ost.	*togol*	
wog.	*taul*	
zürj.	*til*	

t. t. *tuj, tug* = Feder
čag. *tüle* = Feder (der Vögel)
alt. *tolo* = Federn bekommen (Budagow I. 403).

235 u. 239. **tom, töm** = stopfen, stampfen.

čer. *tem* = implere, satiare
lp. *tälmo* = calcare, opprimere.

kirg. *tompa* = sich anfüllen, anschwellen
t. t. *tumla* = sich verbergen
tim = fest, dicht.
Hierher kann auch das türk. *töm*,
čöm = sich ducken, untertauchen gerechnet werden.

243. **tör** = brechen.

finn. *särke* = in minuta frangere
lp. *sare* = findere
wotj. *ser, sert* = brechen
wog. *taur* = klein stossen.

t. t. *tirim, dirim* = Bruchstück. ein
abgebrochener Theil
kir = brechen
tóra = zerstückeln.

Das türkische *tora* kann zu dieser Gruppe mit demselben Rechte wie das wogulische *taur* gerechnet werden.

244. **töröl, törül** = wischen, abwischen; **törszöl** = reiben.

čer. *turž* = perfricare
ost. *tard* = scheren
wog. *särt* = reiben, schmieren
finn. *hiertä* = manibus fricare.

t. t. *sür, sürge* = reiben, schleppen,
treiben; *sürgü* = Schminke
sürgü-taši = Wetzstein.
osm. *dörsele* = reiben.

242. **tör** = gladius, ensis, subula (nach Budenz vom Grundbegriffe Spitz, hervorragender Theil).

finn. *terä* = Schärfe, Schneide, Spitze
est. *tera* = Schneide, Spitze
čer. *tür* = margo, ripa
wotj. *tir* = Beil.

t. t. *tür* = Vordertheil, hervorragender Theil.

246. **tud** = wissen, können.

finn. *tunte* = sentire
lp. *tobde* = sentire, cognoscere,
intelligere
wotj. *tod* = wissen
mord. *soda* = wisscu.

nig. *tut* = vernehmen, empfinden,
fühlen
čag. *tuj* = vernehmen, empfinden,
hören.

250. **tüz** = Feuer.

wog.	*taut*	
ost.	*tuget, tut*	= Feuer.
finn.	*tule*	
wotj.	*til*	

t. t. *ot* = Feuer
kiz = Wärme, Hitze, Feuer.

Wenu Herr Budenz den Wechsel zwischen *t* und *k* in *telek* und *köl* (§. 251) und auch an andern Orten zugibt, warum dürften wir nicht magy. *tüz* mit t. t. *kiz* vergleichen? Was unsern Vergleich mit dem türk. *ot* anbelangt, so stehen die ugrischen Beispiele allerdings viel näher dem magy.

tüz, und *ot* reibt sich nur insofern dem wog. *taut* und ostj. *tut* an, als dem türk. *ot* der anlautende Consonaut abhanden gekommen ist, denn dass ein solcher existirt hat, kann nach der der bei den zweilautigen Stammsilben gemachten Wahrnehmung wol kaum bezweifelt werden.

964. *ún* = ekeln; *undok* = eklich; *undor* = Ekel.

zürj. *um* = überdrüssig werden. | čag. *undor* = ekelhaft.

So wie das türkische *um* (Mehl) von *ogum* (das Zerriebene) stammt, so leitet Budenz auch ganz richtig das *ún* (fastidium) von einem ehemaligen *ovǎn, agǎm* (sich erbrechen, vomere) ab. In diesem Falle bietet sich aber das türkische *ogum* (siehe *okád*) als nicht minder passendes Beispiel dar.

965. *unszol* = clamore impellere, cohortari.

finn. *ano*		čag. *onda* = anrufen, ausrufen
lp. *ano, adno*	= petere, begehren.	*on, ön* = Laut, Stimme.
mord. *ana*		

966. *úr* = dominus, herus.

finn. *uroho* = vir adultus
ost. *urt* = Herr, Edelmann, Freier.

Budenz vermuthet im finn. *uroho* einen Zusammenhang mit dem finn. *ukko* = senex, was wol möglich ist, da in lautlicher Beziehung das türk. *uur* auch von *ogur* stammt.

t. t. *our, uur* = Schutz, Beschützer
trkm. *uraz* = Gott, Beschützer (vgl. *Uraz-berdi*, Personenname, die Uebersetzung vom persischen خداداد = Deodatus).

967. *úsz* = nare, natare.

finn. *ui*		t. t. *üz, jüz, jüs* = schwimmen.
mord. *uje*		
čer. *ej*		
zürj. *uj*	= natare.	
wog. *uj*		
ost. *ŭd'*		
lp. *vuoje*		

Wir stimmen mit Budenz überein, dass das *s*, im Magyarischen und im Türkischen ein Frequentativum, nicht zur Stammsilbe gehört. Doch eben diese ähnliche Form macht die Anreihung des magyarischen *úsz* an das türkische *jüs, üz* noch mehr plausibel, zumal im Magyarischen und Türkischen die Grundbedeutung des Verbums, nämlich das Verbleiben auf der Oberfläche (vgl. türk. *uz, üs* = oben) ausgedrückt wurde, was bei den finnisch-ugrischen Beispielen wenigstens nicht bekannt ist.

970. *utó* = postremus, ultimus; *után* = post.

wog. *jujt (juit)* = der Hintere,
    jutl = spät
ost. *jou, juu* = Hintertheil.

Wie ersichtlich, vermuthet Budenz in *jou* oder in dem supponirten *jǎgǎ* den Begriff pars postica, von welchem ein *jujt* und, nach Verschwinden des anlautenden *j*, ein *ujt — ut* entstanden. Die ganze Erklärung strotzt von vagen Suppositionen, und ich sehe nicht ein, warum man in solchem Falle nicht das magyarische *öte, óta* = seit, ver-

gangen, in zeitlicher Beziehung rück-
wärtig, in Betracht ziehen, und mit
dem

čag. *öte* = seit, vergangen, rückwär-
tig, hinterer
kirg. *ötej* = nach, vergangen, seit (*bis
kün ötej* = nach 5 Tagen)
vergleichen sollte.

972. *ük, ik* = avia.

finn. *eukko* = avia, anus
lp. *akko* = Grossmutter.

čag. *eke-će* = ältere Schwester (von
eke und *eće* = Schwester)
eke = älterer Bruder (Pavet de
Courteille, S. 28).

973. *ül* = sedere.

wog. *unl* = sitzen
ost. *omis* = sich setzen
zürj. *ulös* = Sitz, Stuhl
čer. *olmo* = locus quo quis sedet.

t. t. *ol-turmak* = sitzen (eigentlich
oli-turmak = sich sitzend befinden, da *tur* der Grundbedeutung nach nicht für stehen,
sondern sein zu nehmen ist).

975. *üszö, üszü, üszke* = juvenca, bucula.

finn. *vasa* = einjähriges Renthierkalb
mord. *raz, vaza* = Kalb
lp. *mese* = vitulus
wog. *mis* = Kuh
zürj. *mös* = Kuh.

So wie Budenz vermutheu auch wir in *üszö* ein Diminutivum von *üsz*,
und es ist letzteres, das wir mit dem türkischen (alt.) *uj, üj* = Kuh, uigurischen *üt, üd* = Stier vergleichen möchten.

976. *üszög* = Brand, Kornbrand.

Siehe *izzó*.

čag. *issik, issig* = warm, heiss.

978. *üz* = verfolgen, nachjagen.

wog. *vojent* = verfolgen, *oj* = laufen
ost. *rozat* = treiben
zürj. *voj* = durchgehen
finn. *aja* = agere, pellere
lp. *vuoje* = agere.

t. t. *iz* = Spur; *ize* = nachspüren
čag. *izle* = verfolgen, suchen.

Nach Budenz ist hier das Etymon iu *voj* = currere, fluere und in dessen
Frequentativum *rajz* zu suchen, aus dem das magyarische *üz* entstanden
sein soll. Wenn wir schou solchen kühnen Etymologien nachjagen, ist es
nicht angezeigter, das türkische *ak, ik* (fluere) und das concrete *akiš, akinć*
= Lauf, Verfolgung, aus welchem das osmanische *akinži* = Verfolger entstanden, zum Ausgangspunkte zu nehmen?

979. *üzen, izen* = sagen lassen, melden.

ost. *juzin* = Wort, Rede
jasta = sagen
mord. *azi* = sagen.

čag. *üze* = Wort, Rede
uig. *üći, üzi* = Wort, Gerede
üćeš = Wortwechsel.

Welche Bedeutung dem *en* oder *u* im magyarischen *üzen* beizulegen sei,
das ist nicht ganz einleuchtend, aber auch Budenz ist die diesbezügliche
Aufklärung schuldig geblieben.

585. *raj* = butyrum.

finn. *roi*
mord. *vaj*
čer. *ü*
lp. *vuoj*   = Fett, Butter.
zürj. *vij*
ostj. *voj*
wog. *vaj*

čag. *maj* = fett, Butter.

591. *vall* = bekommen, gewinnen, davontragen.

wog. *voil* = nehmen
 vät = pflücken
finn. *otta* = sumere, arripere
lp. *oste* = amere
zürj. *vot* = baccas carpere.

t. t. *al* = bekommen, erhalten, nehmen, fassen.

592. *rar* = Schorf, Grind.

wotj. *ur* = Geschwür, Eiter
mord. *uro* = Geschwür.

t. t. *ur* = Geschwür, Geschwulst,
 Anhöhe.

593. *rár* = warten, erwarten.

wog. *ür* = warten, hüten
ost. *uralta* = acht geben
mord. *varźa* = beschen.

osm. *our* = Schutz, Hut, Wache.
 (*our ola* st. *Allah our ola* =
 Gott sei Beschützer!)

599. *vég* = finis, extremum, confinium.

mord. *ingel* = Vordertheil
 ingelä = vor, vorn
finn. *viimehe* = postremum, ultimum.

osm. *eü* = zumeist, äusserst (Partikel
 zur Bildung des Superlativs).

Wenn im magyarischen *vég* wirklich der Grundgedanke vom hervorragenden äussersten Endtheile des Körpers ausgedrückt ist, wie Budenz
annimmt, so darf neben dem mordwinischen *ingel* das turko-tatarische *öng*
= vor, *eng* = äusserst, Partikel für den Superlativ, um so eher in Betracht
kommen.

602. *velö* = medulla, Gehirn.

ost. *velim*
wog. *valem*
zürj. *vem*   = medulla.
finn. *ytime*
mord. *ud'eme*
lp. *addem*

t. t. *bejin, mejin* = Gehirn.

Mit Ausnahme des anlautenden *l* in der Stammsilbe nähert sich das
turko-tatarische Beispiel viel mehr dem Finnisch-Ugrischen als dem Magyarischen.

603. *vén* = senex.

finn. *vanha*
est. *vana*   = alt.

t. t. *bön, bun* = altersschwach
 bunu = altern, hinfällig werden.

605. *rer* = schlagen.

zürj. *vart* = schlagen, dreschen
lp. *verde* = caedere.

osm. *rur*
čag. *ur*   = schlagen.

607. *vés* = eingraviren, einschneiden.

finn. *veitse* = culter
reistä = cultro scindere

est. *vesta* = behauen

ost. *vaš* = aushauen, schneiden

zürj. *öžan* = Meissel
vušt = schaben.

t. t. *bič* — schneiden, einschneiden
bički = Säge
bičak = Messer (vgl. magyarisch
bicsak = Messer).

612. *vét* = vorbeigehen, verfehlen, sich versündigen.

finn. *rälttä* = vitare, evitare

lp. *relte* = irritum et falsum fieri
vältte = fehlschlagen.

t. t. *öt* — vorbeigehen, vorübergehen
ötün = sündigen, einen Fehler
begehen.

609. *vesz, rész* = verloren gehen, umkommen, zu Grunde
gehen; *reszt* = verlieren, verderben.

zürj. *voš* = umkommen, verderben

wotj. *išt* = verlieren

ost. *vuš* — ein Ende haben

wog. *uos* = sterben; *uost* — verlieren

finn. *väsy* = lassari

lp. *reše, vešes* = imbecillis.

t. t. *bosz, boz* — verderben, zu Grunde
richten, zerstören.
(Mit demselben Rechte, wie das
zürj. *voš* kann auch das t. t. *bosz*
dem magy. *vesz* gegenübergestellt
werden.)

333. *zár* = schliessen, Schloss zusperren.

ost. *tōχr, tugor* = zuschliessen, zumachen

wog. *torrtaχt* = verschlossen werden.

čag. *tagar* = Deckel, Hülle.

Zweite Kategorie,

d. h. solche Wortparallelen, die von rein finnisch-ugrischem Charakter auf
dem turko-tatarischen Sprachgebiete sich selten oder gar nicht vorfinden.
(210 Beispiele.)

784. *agyar* = Hauzahn.

wog. *aužer* = Hauzahn
wotj. *vazer* = Hauzahn.

793. *áll* = Kinn.

čer. *oñlaš*
mord. *ul*
wotj. *anglen*
ost. *añiu*
wog. *ul'iš*
} = Kinn.

800. *álom* = Schlaf; *altat* = schläfern.

wog. *ulom, ulm* = Schlaf

ost. *olim* = Schlaf; *ol* — sich legen

zürj. *on, un* = Schlaf

lp. *ode* = dormire

mord. *udi* = liegen, schlafen

čer. *omo* = Schlaf.

osm. *uju, uj* — schlafen, träumen
uig. *utu* — schlafen
utut = schläfern.

812. *ár, árr* = subula.

finn. *ora* = terebra minor
ést. *ora* = Pfriem
mord. *uro* = subula
čer. *rereź* = subula.

815. *arcz* = facies, vultus.

zürj. *ord* = Seite
čer. *örtöž* = Seite
mord. *irdes* = Rippe
lp. *ertek* = costae.

Die Begriffsanalogie zwischen Seite und Wange ist auch im türkischen *jan* = Seite und *jañak* = Wange vorhanden.

830. *eb* = canis.

wog. *ämp, amp* } = Hund.
ost. *ämp, amb* }

835. *eyér* = Maus.

ost. *lenkir* ⎫
wog. *tänger* ⎪
lp. *snära* ⎬ = Maus.
mord. *šejer* ⎪
zürj. *šir* ⎪
finn. *hüre* ⎭

Im Turko-Tatarischen heisst die Maus *sičkan*, mit welchem Worte das magyarische *cziczkány* = Spitzmaus analog ist.

840. *éj* = nox.

lp. *ija* ⎫
finn. *yö* ⎪
mord. *rej* ⎬ = Nacht.
wog. *et* ⎪
ost. *at* ⎭

Mit Nacht und Abend ist im Türkischen noch der Begriff spät identisch. Vgl. *keče* = Abend, Nacht und *keč* = spät. Aus demselben Grunde möchte ich das türkische *ej* (spät in *ejlen* = zögern, sich verspäten) mit dem magyarischen *éj* = nox vergleichen.

843. *él* = vivere.

finn. *elä* ⎫
čer. *il* ⎪
mord. *erä* ⎬ = leben.
zürj. *ol* ⎪
lp. *ele, jele* ⎭

Nach der Begriffsanalogie zwischen russisch *žit'* = leben und sein, englisch *live* = leben und wohnen, kann auch das osmanische *ol* = sein, existiren vielleicht hierher gerechnet werden.

852. *emel* = levare, tollere.

wog. *älm, alm* = heben
älut = tragen
ost. *ältm* = heben, erheben.

In entfernter Verwandtschaft mit dem magyarischen *emel* und finnisch-ugrischen *elm, alm* steht das türkische *em* = arbeiten, sich abmühen.

874. *est* = Abend.

finn. *ehto, ehtoo* = vesper
lp. *ikto (ickto, e χto)* = heri
čer. *jut* = nox.

Es darf andererseits nicht übersehen werden, dass *est*, ältere Form *eset* von *es* = fallen, an das Sinken, Untergehen der Sonne erinnert, gleich dem türkischen *bati* = West von *bat* = untergehen.

891. *ijed* = terreri, expavescere.

mord. *ärede* = erschreckt werden
wotj. *jödi* = erschrecken
wog. *jegv* = tanzen
ost. *jäg* = tanzen.

Die Analogie der Begriffe tanzen und erschrecken kann uns nur schwer einleuchten, und falls eine Annäherung möglich wäre, könnte dies nur zwischen tanzen und kreiseln sein, wozu das turko-tatarische *ajil, ijil* = sich drehen einen bessern Anhaltspunkt gibt.

902. *iparkod* = sich befleissigen, trachten.

finn. *upera* = gnavus, assiduus
wog. *aper* = Eile.

Angesichts der Begriffsanalogie zwischen trachten und eilen kann hier auch der turko-tatarische Verbalstamm *iv, ib* = eilen in Betracht kommen.

930. *ón* = plumbum, stannum.

čer. *voine* = plumbum
wog. *aln* = Silber, Geld.

Budenz supponirt ganz richtig in *ón* eine ältere Form *oln*, *rslsm*, in welchem Falle das türkische *kalaj*, das den gutturalen Anlaut beibehalten, in Betracht zu nehmen ist. Dass in *ón* und *ólom* die Grundbedeutung von Guss ausgedrückt ist, ist auch durch das türkische *kurgasun, kujgasun* = Blei bewiesen, welches von der Stammsilbe *kuj* = giessen herrührt.

934. *ostor* = Peitsche, flagellum.

čer. *vostor* = virga
wog. *aster* = Peitsche.

941. *öl* = sinus, amplexus, Klafter; *ölel* = umarmen.

finn. *syle* = argyia, *syleile* = um-
    armen
mord. *sel* = Klafter, *äl'* = Schos
vog. *täll* = Klafter
    täl = messen mit den Armen.

942. *öl* = tödten.

ost. *rel* = tödten | t. t. *öl* = sterben
vog. *äl* = tödten, erlegen | *ölkür, öltür* = tödten.
finn. *riile* = cultro findere. |

961. *új* = novus, recens.

finn. *uute* ⎫
ést. *ūź* ⎪
mord. *od* ⎬ = neu.
čer. *uo* ⎪
lp. *oddo* ⎭

962. *újj, ujj* = digitus, Zehe.

wog. *tuľe* = Finger, Zehe
ost. *tuj* = Finger
lp. *čute, čaute* = Finger.

Als näher verwandt kann das altaische *öle* = Finger auch hierher gerechnet werden.

963. *újj* = manica.

wog. *täjt* }
ost. *lit* } = Aermel
zürj. *soj* = Oberarm
lp. *soje* = ala
čer. *sokš* = manica.

Budenz widerlegt mit Recht Hunfalvy's Annahme von der Identität des magyarischen *újj* (digitus) mit *újj* (manica), indem er letzteres für Arm- oder Flügel-Kleid ansieht. Vgl. diesbezüglich türkisch *eng, jeng* = Schulter mit *jenge* = Aermel.

477. *bagoly* = bubo, noctua.

wog. *manglä* = gemeine Eule. | Siehe *Bog* = Knoten.

Das magyarische *bagoly* bezieht sich nicht so sehr auf den Vogel, als auf dessen runde Form (vgl. magyarisch *boglya, baglya* = runder Haufen).

484. *bél* = viscera; *belé* = in, hinein; *belöl* = aus.

fiun. *väli* = locus intermedius
wotj. *poli* = in
zürj. *pölsin* = zwischen.

501. *bök* = stossen, stechen.

fiuu. *pökki* = cornibus ferire | kaz. *bökö* = Stöpsel.
mord. *pikse* = schlagen. | *bökkön* = angestopft, gefüllt.

389. *csikland* = kitzeln.

čer. *cigald* }
lp. *čokkolde* } = titillare. | osm. *gizikla* = kitzeln.

391. *csip* = zwicken, kneipen.

zürj. *čepled, čepledi* = kneipen, | čag. *čimda* }
zwicken | osm. *čindikle* } = kneipen, zwicken.
čer. *čebestal* = vellicare
lp. *cipceste* = digitis torquere.

511. *fa* = Holz, Baum.

finn. *puu*)
ést. *pū*)
čer. *pu* } = Baum, Holz.
zürj. *pu*)
wotj. *pu*)

514. *faggyu* = Talg, Unschlitt.

ost. *poľ* = Talg.

517. *fakad* = platzen, losbrechen.

finn. *puhkea* = dirumpi
ést. *puhke* = bersten, aufbrechen
pagu = Riss, Spalt
ost. *pagin* = bersten.

519. *fal* = verschlingen·, verschlucken·.

wog. *pöl* = auffressen, beissen
ost. *pulem* = verschlucken
čer. *puldoš* = Bissen
finn. *palu* = Bissen.

520. *falu* = Dorf, pagus.

wog. *paul*) = Dorf.
ost. *pugol*)

521. *fan* = pubes.

wog. *pun* = Haar, Wolle
ost. *pün* = Wolle
čer. *pun* = pluma.

522. *far* = der Hintere; *fark* = cauda; *farcsik* = Hüfte.

wog. *pari* = zurück, gegen
ost. *pir* = das Hintere, das Vergangene
zürj. *bör* = das Hintere
finn. *perä* = pars postica
mord. *pila* = Schwanz.

526. *fegy* = corripere, increpare.

lp. *pälke, pälkače* = rixari, objur-
gare
čer. *peleśte* = loqui, verba facere.

529. *fej* = melken.

mord. *ped'u, päd'a* = melken, seihen,
durchseihen.

534. *fél* = timere, metuere.

wog. *pil*
ost. *pel*
zürj. *pol*
lp. *palle*   = timere, metuere.
mord. *pele*
finn. *pelkää*

535. *feled, felejt* = oblivisci.

finn. *pelasta* = solvere, liberare.

Der Grundbegriff des magyarischen *feled* wäre nach Budenz loslassen, fahren lassen, und in diesem Sinne reiht er es dem finnisch-ugrischen Analogon an.

537. *felhö* = nubes.

finn. *pilvc*
mord. *pel, päle*
čer. *pil*
lp. *palo*   = nubes.
wotj. *pil'em*
ost. *paliñ*

538. *fen* = wetzen, schleifen.

wotj. *pen, penon* = Schleifstein.

541. *fenit, fenyit* = comminari, castigare.

wog. *piment* = gebieten, verbieten
ost. *pamiji* = rathen, anrathen.

545. *fesel, fesl* = aufgehen, sich trennen, sich abschälen.

wog. *pēseml* = sich auflösen
　　　 peset = lösen
lp. *piäse* = solvi, liberari
finn. *puäse* = solvi.

t. t. *özül, bösül* = sich trennen.

547. *fészek* = nidus.

finn. *pesä* ⎫
mord. *piza* ⎪
čer. *püžakš* ⎪
lp. *perse* ⎬ = nidus avium.
wog. *piš* ⎪
ost. *pit* ⎪
zürj. *poz* ⎭

t. t. *büzek* = Loch.

550. *fing* = crepitus ventris.

wog. *pom* ⎫
ost. *punî* ⎭ = pedere.

552. *fiú* = filius, puer.

wog. *pi, pi* ⎫
zürj. *pi* ⎬ = filius.
finn. *poika* ⎭

čag. *bala* = Kind
osm. *pala* = das Junge der Gans
　　　 piliže, pilič = das junge Huhn.
(In letzterwähntem Worte ist
ž oder že die Verkleinerungssilbe, und es muss ursprünglich ein *pili* bestanden haben.)

554. *fog* = Deus.

wog. *pank, pänk* ⎫
zürj. *piń* ⎪
lp. *pane* ⎪
finn. *pii* ⎬ = Deus.
mord. *pej* ⎪
čer. *püj* ⎭

555. *fog* = fassen, angreifen, fangen.

wog. *pū* = fassen, greifen
　　　 pogot, pogt = anfassen
finn. *puutta* = connectere, consuere
ést. *pō* = aufhängen, henken
mord. *pori* = hängen bleiben an etwas.

559. *fon* = spinnen.

finn. *puno* = contorquere filum
ést. *punu* = flechten
mord. *pona* = flechten
čer. *pun* = flechten
wotj. *pun* = flechten
ost. *puñit* = zusammendrehen
lp. *podne* = spinnen.

560. *founyad* = marcescere, flaccescere.

lp. *puoldne, puolne* = marcescere
(de herbis).

563. *forr* = kochen, sieden.

finn. *porise* = bullire
ést. *purise* = sprudeln.

81. *genyed* = citern.

finn. *kina* = zäher Schleim, Geifer.

82. *gerjed* = succendi, inardescere.

ést. *kirg (kire, kirje)* = Begierde,
Leidenschaft
lp. *kirjo* = laetitia.

84. *görbe* = krumm.

lp. *jorba* = rotundus
jorbak = truncus
jorbad = rund.

86. *göz* = Dampf, Ausdünstung.

finn. *kaasu* = Nebel   t. t. *ki-i* = Hitze.
lp. *kasad, gasat* = Nebel
wotj. *koaz* = Luft.

Ob es nicht wahrscheinlicher ist im Begriffe Dampf, nach Auffassung des primitiven Menschen, den Grundgedanken von Hitze anstatt Nebel, Luft zu vermuthen?

92. *háj* = Fett, Schmer; *hiz* = mästen.

čer. *koja* = fett   kirg. alt. *kazi* = Bauchfett, Fett.
mord. *kuja* = fett
wotj. *kraj}
wog. *kot }* = fett werden.

98. *hal* = Fisch.

finn. *kala}
mord. *kal }* = Fisch.
wog. *kul }*

101. *halad, hallad* = progredi, praeterire.

finn. *kulke* = progredi, iter facere
lp. *kolke* = fluere
mord. *kolgi* = fluere.

103. *háló* = Netz.

ost. *χolip}
wog. *külup, kulop}* = Netz.

105. *hályog, hályag* = pterygium.

finn. *kalvo* = membrana
lp. *kala* = membranula, obductus.

107. *hamu, homu* = Asche.

wog. *χul'em, χul'm}
ost. *χōjem }* = Asche.

504 Vierte Abtheilung.

110. harap = beissen.

čer. kar = essen
zürj. kurtsi = beissen.

114. hasad = findi, diffindi.

finn. kalkee = rumpi
lp. kaikane = scindi
čer. kušked = discindere
wog. kašl = zerreissen.

121. hegy = cuspis, mons.

finn. kärke = cuspis, apex acutus.
Das lappische garga = Flamme (Feuerspitze?) hierher zu rechnen, wie dies Budenz thut, dünkt uns viel zu gewagt.

125. hím = mas, musculus.

wog. kajm = Männchen.
Mit demselben Anrechte könnte auch das mongolische küm-on = Mann (Schmidt, Mongolisches Wörterbuch, S. 183) hierher gerechnet werden.

130. hó = mensis.

finn. kuu = luna, mensis
ést. kü = Mond
mord. kov, kou = luna, mensis.

132. holló = Rabe.

ost. χulaχ }
wog. kullgχ } = Rabe.

134. homály = dunkel.

lp. kvolmo = crepusculum
zürj. kimör = Wolke, wolkig.

138. hón = axilla, ala.

zürj. kon-ult = Achsel-höhle
wog. hohni = Achselbug
ost. χon = Bauch
finn. kainalo = ala brachii.
Ob nicht etwa das finnisch-ugrische kon, χon sich dem turko-tatarischen kol = Arm anreihen lässt, von welch letzterm das turko-tatarische kol-tuk = Armhöhle entstanden ist?

141. horny = Falz, Riefe, Hohlkehle.

čer. korno = Weg, Riefe
zürj. kirla = Furche
ost. χur = Weg, Pfad.

140. hord = tragen.

finn. kuorma = onus ferendum
zürj. karnan = Schulterjoch zum Tragen.

159. harmat = Thau.

wotj. zor = pluvia.

166. *hüvely* = Scheide.

wog. *sipel* = Scheide.

167. *hüres, hüt, hideg* = kalt, kühl, kühl werden.

finn. *hyy* = pruina
siity = kalt werden.

170. *jég* = Eis.

ost. *jenk*
wog. *jaü*
lp. *jägñe* } = Eis.
mord. *jäj*

171. *jegy, jel* = Zeichen.

finn. *jälke* = vestigium
ést. *jäl'g* = Spur
lp. *jälgas* = vestigium.

172. *jelen* = zugegen, gegenwärtig, erscheinen.

ost. *jilip* = neu; *jidep, jedep* = jung
wog. *jälpel* = novus
čer. *jäl* = jung.

Ob es nicht wol richtiger wäre, das magyarische *jel* nur mit dem finnisch-ugrischen und turko-tatarischen *jil, jäl, jal, jil* = scheinen, gläuzen, wie Herr Budenz selber annimmt, zu vergleichen?

174. *jó* = fluvius.

finn. *joke* = amnis, fluvius minor
lp. *jokka* = rivus
wog. *ja* = Fluss
čer. *jog* = fliessen.

t. t. *oghuz, okuz* = Fluss, Name des Oxus, und speciell jenes Theils dieses Stromes, der im Alterthume südwestlich gegen den Kaspisee floss, und dessen trockenes Bett heute noch diesen Namen führt.

1. *kacs-int, kacs-ont* = blinzeln, liebäugeln.

finn. *katso* = sehen, ansehen
lp. *koce* = wachen, bewachen.

9. *karcsu* = schlank.

lp. *karčcs* = schmal, eng.
mord. *kerža, kirža* = wenig.

20. *kemény* = hart, fest, streng.

mord. *kemä* = hart, fest.

25. *kerek* = rund; *kör* = Runde; *kering* = im Kreise herumgehen.

finn. *kieriä* = rund
ést. *keri* = sich kreiseln
keri = Rädchen
liv. *kör, kür* = Kreis, Rad.

čag. *gür-üng* = Gespräch, eigentlich Gesellschaft, Kreis (vgl. mittelhochdeutsch Heimgarten mit dem tirolischen haugerten = conversiren).

uig. *küren* = Ring, Lager.

18. **keserü** = bitter.

finn. *katkera*|
čer. *koćo* } = bitter
wog. *kväžertaχt* = sich härmen.

30. **kész** = fertig, bereit.

lp. *kiššok, kišses* = fertig.

Entschieden irrig ist Herrn Budenz' Vorgehen, in dieser Rubrik das magyarische *kész, kiszt* = anspornen mit dem finnisch-ugrischen *käs* = Zorn, *gaž* = Freude, *kas* = Freude zu vergleichen, da *keszt, kiszt* sich viel leichter dem turko-tatarischen *kista* = anspornen, reizen anreihen lässt.

57. **köny, könyü** = Thräne.

finn. *kyynele, kyynö* = Thräne
lp. *kadńel* = Thräne.

Budenz vermuthet, dass in der Grundbedeutung des Wortes Thräne der Begriff rund, runder Körper ausgedrückt sci. Diese Ansicht ist irrig, denn so wie das türkische *jaš* = nass zu *jaš* ≈ Thräne, so verhält sich das magyarische *köny* zum magyarischen *geny* = Eiter, Flüssigkeit.

58. **könnyü** = leicht, gering.

wog. *kigne* = leicht
ost. *kene* = leicht
finn. *kehno* = schwach.

t. t. *kine, gine* = klein (heute nur als Verkleinerungssilbe gebraucht. Z. B. *at-kine* = kleines Pferd, *az-gine* = klein wenig).

59. **könyök** = Elnbogen.

ost. *kuñnaj* = Elubogen
zürj. *gum* = Unterarm
finn. *kyynära* = ulna, cubitus.

68. **közel** = nahe, nahestehend, anverwandt.

lp. *käskes, käckes* = nahestehend
wog. *kišmoo* = herannahen.

733. **langyos** = tepidus.

wog. *lqńž* = sich etwas abkühlen
ost. *lunza* = erkalten.

740. **le** = nieder, hinab.

ost. *lel* = niedrig
wog. *lájl* = Fuss
čer. *lüväl* = imum fundus.

Der Zusammenhang zwischen dem wogulischen *lajl* und dem magyarischen *láb* = Fuss ist ganz richtig, nur dürfte Budenz ein ähnliches Verhältniss zwischen türkisch *kat* = rückwärts und magyarisch *hát* = Rücken nicht beanstanden, wie er dies S. 83 seiner Kritik über meine Wortgleichnisse thut.

742. **lebeg** = schweben, sanft schwingen.

zürj. *leb* = auftauchen
leböd = fliegen machen
wotj. *lobal* = fliegen
wog. *läp* = sich erheben
lp. *lapče* = evolare
mord. *lepide* = fliegen
finn. *lippu* = ventu moveri.

744. *légy* = musca.

finn. *lentä, lentime* = volandi instrumentum
lp. *lijc* = fliegen.

747. *lejt, löjt* = descendere.

finn. *loittava* = langsam absteigend,
von *loitta*.

750. *lélek* = anima, spiritus.

wog. *lili* = Geist, Seele
ost. *lil* = Geist, Seele
zürj. *lol* = Geist, Seele
wotj. *lul* = Geist, Seele
finn. *löyly* = vapor callidus
ést. *leil* = Dunst, Dampf
lp. *liecl* = Dunst, Dampf.

751. *lép* = lien, splen.

zürj. *lop* = Milz.

754. *lependék* = papilio.

ost. *libindi*
wog. *labati*
čer. *love* } = Schmetterling.
ést. *liblik*
lp. *loblok*

757. *levél* = folium, epistola.

ost. *lipet, libet* = Blatt
wog. *luopta, lupte* = Blatt
mord. *lopa* = Blatt, Laub.

t. t. *japa* = flach
japurak = Blatt.

759. *liba* = pullus anserinus.

finn. *lapsc* = infans
mord. *lefks* = Junges von Thieren und
Vögeln.

761. *liszt* = farina.

finn. *lesc* = beuteln, sieben
listimc = Kleienmehl
čer. *ložaš* = farina
mord. *lokstcm* = Sieb.

Mehl hat die eigentliche Bedeutung „Gesiebtes", wie Budenz richtig
bemerkt, nicht unähnlich dem türkischen *un* = Mehl, das ursprünglich *oum*,
ovum = Zerriebenes bedeutet.

769. *lö, löv* = jaculari.

wog. *li*
zürj. *lij* } = jaculari, telum con-
čer. *lü* } jicere
mord. *lcdc*
finn. *lyö* = ferire, icere
lp. *lakc* = percutere
ost. *lail* = schmieden.

770. *lök* = stossen, kräftig werfen.

finn. *lykkeä*|
ést. *lükka* } = stossen.

771. *lucsok* = nasser Schmuz.

finn. *losko* = Schneeschlamm,
       Schlackerwetter
čer. *nočko* }
mord. *načka* } = humidus.

771. *lúd* = anser.

wog. *lunt* = Gans
ost. *lunt* = Gans
čer. *ludo* = anas
finn. *lintu* = Vogel
lp. *lodde* = Vogel.

633. *máj* = hepar.

wog. *majt*
ost. *mügot*
lp. *muokse*
zürj. *mus* } = hepar.
mord. *maksa*
čer. *mokš*

t. t. *bajir* = Leber.

639. *marjul, marul* = luxari.

zürj. *murkil* = Verrenkung
       murkil't = verrenken.

644. *mász* = repere, serpere.

finn. *mata, mati* = repere, serpere
ést. *madu* = Wurm
lp. *mode* = serpere.

648. *meleg* = callidus.

ost. *mëlek, mellek* = warm, Wärme
wog. *maltip* = warm.

649. *mell* = Brust.

ost. *meil*
wog. *majl*
lp. *miälga* } = Brust.
mord. *mästä*

647. *mély* = profundus.

wog. *mil*
ost. *mal* } = tief
wotj. *mur*
finn. *melkeä* = magnus, spectabilis.

čag. *mol* = reichlich, viel.

653. *meny* = nurus.

finn. *miniä*
lp. *manje*
ost. *men, mcňeň* } = nurus.
wog. *mäň*
zürj. *moň*

655. *mer* = haurire.

ost. *emerd* = schöpfen
wog. *amert* = schöpfen
mord. *amel'a* = schöpfen
finn. *ammene* = haustrum.

Die Theorie über das Verschwinden des anlautenden Vocals im Magyarischen, die Budenz anführt, kann schon deshalb nicht unbedingt gutgeheissen werden, weil in dem citirten Beispiele vom *magy. akar, takar, gyötor* ein gewöhnlicher Verbalstamm vorliegt, dessen Wurzelwörter *tak, gyüt, csav* von normaler Bildung sind.

659. *messze* = procul, longe.

lp. *mece* = remotus
 mecen = longe.

665. *mocsok* = sordes, squalor.

finn. *musta* }
ést. *must* } – niger
lp. *nueske* = sordidus.

668. *mond* = dicere.

čer. *man* = dicere, loqui
lp. *muone* = nominare.

669. *mony* = ovum; *monyoru* = rund.

fiun. *muna* }
čer. *muno* } = ovum.
lp. *monne* }
wog. *mąną* }

t. t. *monzuk, munzuk* = Knauf, Runde
Rundung, Koralle.

673. *morzsa* = mica; *morzsol* = disterere.

finn. *murska* = penitus fractum et
 contusum quid
wog. *morče* = weniges.

674. *mos* = lavare.

zürj. *miski* }
mord. *muske* }
čer. *mošk* } = waschen.
ést. *mosk* }

675. *mosolyog* = lächeln.

mord. *muzgul'de* = lächeln.

679. *mozog* = moveri; *mozgat* = commoveri.

finn. *matka* = iter, via
 matkaa = iter facere
čer. *mod* = ludere.

680. *mög, meg* = Hinterraum, Hintertheil, zurück;
megént = rursus, iterum.

lp. *mange* = posticus, posterus
čer. *möngö* = sedes pristina, retrorsum
mord. *meki* = zurück
finn. *myöhä* = serus.

681. *mul* = praeterire.

mord. *mole* = gehen
wog. *mul* = vergehen, verlaufen
muult = herumgehen.

682. *muszol* = stampfen, zerstampfen; *muszkotol* = zerbröckeln.

fiun. *muserta* = in frustula frangere
zürj. *masti* = zerstossen
lp. *mutke* = comminuere.

416. *nap* = sol, dies.

ost. *nori* = lux, lucidus, albus.

In welchem Verhältnisse das persische ناب *nab* = klar, hell, rein zu obigem sich befindet, ist noch nicht sichergestellt, denn wenn im Wogulischen das persische *nan* (Brot) als Lehnwort existirt, warum konnte dies bei *nori* und *nab* nicht der Fall sein?

417. *nap, napa* = socrus.

finn. *anoppi, anoppe* = socrus
wog. *qnip* = Schwiegermutter.

418. *nász* = nuptiae.

finn. *nai* = conjugium inire, uxorem ducere
ést. *naeze* = Weib, Gattin
lp. *naitte* = verheirathen.

alt. *naji* = Freund, Genosse
najilas = sich zueinander gesellen.

419. *nedv* = Nässe, Feuchtigkeit.

finn. *neite, neitehe* = humor, udor
wotj. *ned* = Koth.

424. *név* = Name.

finn. *nime* = nomen
zürj. *nim* = Name
ost. *nem* = Name
wog. *näm* = Name
lp. *namma* = Name.

425. *nevet* = lachen.

wog. *magint, mülint* = lachen.

438. *nyel* = verschlingen.

lp. *näle*
wog. *nalej*
ost. *nel* = verschlingen.
finn. *niele*

437. *nyél, nyel* = Stiel, Schaft.

wog. *näll* = Stiel
ost. *nal* = Stiel
lp. *nadda* = manubrium
mord. *ned* = Schaft
finn. *lyte* = Handhabe.

439. *nyelv* = Zunge, Sprache.

wog. *ńelm*
ost. *ńalm̦* } = Zunge.
čer. *jilme*

lp. *ńuol*
zürj. *ńöl* } = Pfeil.
wog. *ńäl*
ost. *ńol, ńal*

444. *nyil* = sagitta.

446. *nyír* = Birke, betula.

wog. *ńir* = Ruthe
nir = Zweig
wotj. *ńer* = Zweig, Gerte.

Mit dem Begriffe Ruthe, Zweig die specielle Gattung Birke vergleichen zu wollen, dünkt uns viel zu gewagt, da ein ähnliches Verhältniss nur beim Baum im allgemeinen, aber nicht bei Baumgattungen existirt. Vgl. türk. *tal* = Baum mit osm. *dal* = Zweig; *agač* = Baum mit *jigač* = Zweig.

448. *nyirk, nyirok* = feucht, Nässe.

finn. *noro* = locus paludosus inter montes
ėst. *nore* = triefen
čer. *nör* = madescere
zürj. *ńur* = Sumpf
wog. *ńurm* = Wiese
lp. *ńorite* = defluere.

452. *nyúl* = Hase.

mord. *numll* } = Hase.
lp. *ńommel*

454. *nyuszt* = Zobel.

ost. *ńogos* } = Zobel
wog. *ńoχs*
ėst. *nugise* = Baummarder.

457. *nyü* = Fleischmade, Wurm.

wog. *ńiñ* = Wurm
ost. *niñk* = Made
lp. *ńaralak* = Made, Motte.

jak. *ńöń* = Wurm.

461. *part* = Ufer.

ost. *bord* = Wand
bordin = an, bei, neben
zürj. *berdin* = au, bei
čer. *pürdüž* = paries.

463. *piczin, picziny* = klein, winzig.

ėst. *pizut* = wenig
wotj. *pici* = klein
finn. *pisku* = parvus.

k. k. *pit'ä* und *bit'ä* = klein, wenig (von der Stammsilbe *bit'*, *bič* = schneiden).

464. *pillog, pillag* = blinzeln, schimmern.

finn. *pilkkaa* = blinken, glänzen
ést. *pilka* = blinzeln.

467. *pocz* = grosser Bauch.

finn. *paksu* = crassus
paks = dick, dicht
mord. *pukša* = Dickbein.

468. *pofa, pof* = Backe, volle Backe.

finn. *pore* = sinus
ést. *pou*
mord. *pov* ⎱
wotj. *poj* ⎰ = Busen.
lp. *pouña*

471. *por* = Staub, Pulver.

finn. *poro* = scobs, serrago, Staub, Asche.'
ést. *puru* = Zermalmtes
čer. *pur* = rodere
mord. *poŕe* = beissen, kauen
wog. *poreš* = Staub u. s. w.

462. *pödör, peder* = drehen, winden.

čer. *rüdel* = involvere
zürj. *bidmal* = umwinden
finn. *rääntä* = torquere.

t. t. *bögre* = krümmen, winden
bögürä, mögrä = krumm.

686. *rág* = rodere, mandere, masticare.

wog. *ragn* = kauen
finn. *rouhaa* = contundere
ést. *rohu* = drücken.

687. *ragad* = haerescere, an etwas haften.

finn. *ruohtu* = adhaerescere
ost. *ragilt* = anrühren
wog. *raune, raune kanne kum* = verwandter Mann
raulaχt = sich nähern.

Budenz rechnet hierher auch das magy. *rokon* = verwandt, welches türk. *uruk* und mit der Adverbialform *urukun* lautet. Ob das Türkische als die ursprüngliche Form im Finnisch-Ugrischen das anlautende *u* nicht verloren, ist noch immer fraglich.

693. *redo* = das Morsche, Faule am Holze.

ost. *radaχ* = locker, zerbrechlich.
čer. *erdä* = medulla arboris.

696. *rejt, röjt* = abscondere.

wog. *räut* = verbergen
finn. *riittä* = mit einer dünnen Kruste überziehen.

702. *reped* = rumpi, dissolvi.

finn. *repeä* = divelli, dirumpi, rimas
agere
lp. *rappe* = aperire
ést. *räbi* = zerren
wog. *räpš* = blinzen.

703. *rés* = ruptura, rima.

finn. *reikä* = foramen, apertura
ést. *reig* = Wunde
zürj. *rož, rujš* = Loch.

704. *rest, röst* = piger, tardus.

wog. *rač* = zögern, verweilen.

707. *reszket* = tremere, trepidare.

wog. *räsg* = zittern
räsgelt = schütteln.

708. *relten* = expavescere.

wog. *roχt, roht* = sich erschrecken
lassen.

709. *ripacs* = Blatternarbe; *ripó* = blatternarbig.

finn. *rupe*=porrigo, scabies, variolae
ést. *rubi* = Pocke
lp. *ruobbe* = cicatrix.

711. *rogy* = stürzen, niederfallen.

wog. *räget* = fallen, stürzen, umfallen
finn. *raukea* = languidum corruere
ést. *rauge* = unterliegen
ost. *roχn* = umstürzen.

716. *rop* = tanzen (wenig gebräuchlich).

wog. *rajp* = springen.

717. *roskad* = cadere, ruere.

lp. *ruossa*=niederstürzen, hinfallen
mord. *reskafti* = umstürzen.

718. *rost, rojt.* = Faser, Franse.

wog. *rusi, ruzi* = Fransen
ost. *rozi* = Quaste.

720. *rög* = gleba, glebula.

finn. *runka* = massa major rotunda
ést. *rünk* = Scholle
mord. *ronga* = Körper.

721. *rögvést, rögtön* = sofort, auf der Stelle.

zürj. *regid* = schnell, geschwind,
reissend
wotj. *žog, žogen* = sogleich
finn. *rikevä* = hastig.

722. *röpül, repül* = volare.

finn.   *ryöppy* = instar pulveris volare,
          vento jactari
ést.   *rebe* = schnell, eilig
lp.   *rapok* = alacer.

723. *rövid* = brevis, curtus.

ost.   *ravit* = zerstossen
          rau = fein
wog.   *rau, rąu* = kleines Stückchen.

725. *rút* = deformis, turpis.

finn.   *ruma* = adspectu deformis,
          turpis
ést.   *rumal* = dumm
lp.   *robme, robmot* = deformis
zürj.   *römid* = Dämmerung.

337. *sajtó* = Presse; *sajtol* = pressen.

ost.   *sujit* = versenken, untersenken
finn.   *suju* = flecti, reflecti
lp.   *soje* = flecti.

339. *sarok* = angulus.

zürj.   *serög* = Winkel, Ecke
wog.   *seräk* = Winkel.

338. *sark, sarok* = calx, cardo.

finn.   *sarana* = cardo
zürj.   *žir* = Thürangel
wog.   *sirkep* = Angel.

341. *savanyú, sónyu* = sauer; *savó* = Molke.

mord. *sapama* = sauer   alt. *éegen* = sauere Milch.
čer.   *sopo* = acidus
zürj.   *som* = Säuerung
ost.   *sum* = sauer werden
wog.   *säu* = säuern
finn.   *happame* = acidus.

344. *segg* = podex.

čer.   *sengel* = quod pone vel post
          tergum est.

357. *só* = Salz, *sav* = Säure.

wog.   *ćaχ, šaχ* = Salz.   kirg. *sur* = Salzfläche
                                              t. t. *sor* = gesalzen. (Dieses ist ent-
                                                schieden türkischen Ursprungs,
                                                und ist ins Persische nur als
                                                türkisches Lehnwort gelangt.
                                                Vgl. *sor-köl* = Salzsee, *sorluk*
                                                = wasserlose Salzsteppe u. s. w.)

364. sötét = finster, dunkel.

wog.	sätem = Dämmerung
	sütäp = dunkel werden
ost.	sarij = bewahren, verwahren
lp.	čappet = schwarz, schmuzig
finn.	häpeä = Schmach.

Wenn Budenz, die Begriffe dunkel, bergen, schwarz und Schmach identificirend, in diese Gruppe das magy. szégyen = Schande aufnimmt, so wollten wir nur bemerken, dass letzteres auch mit den

> t. t. sög = schelten, schimpfen,
> sögün = sich beschimpfen
> verglichen werden kann.

368. sugár = dünn, schlank.

finn.	suikera, suikea = lang, schlank.

369. sujt = schlagen, werfen.

čer.	šu = jacere, conjicere
mord.	šavi = schlagen, todtschlagen
zürj.	sujji = hanen
finn.	huhto = omni vi tundere.

270. szag = Geruch.

lp.	soggo = evanescere, zu nichts werden
wotj.	ziň = Geruch
finn.	heuke = halitus, anima respiranda
ést.	lung = Athem, Hauch, Duft, Luft.

Bezüglich des analogen Ideenganges vgl.

> t. t. kok = wehen mit koku—Geruch
> es = wehen mit is = Geruch.

272. száj, szád = Mund, Mündung.

finn.	sun = os, ostium
čer.	šu = foramen
wog.	sop = Mund
ost.	tut = Mund
l	čuv = gula, guttur.

278. szar = merda, excrementum.

čer.	šor = merda
zürj.	surt = pedere.

279. szár = tibia, culmus, crus.

finn.	sääre = crus, Schmalbein
mord.	söjär = Schmalbein
zürj.	čör = Schienbein
wog.	sar, sarslu = Schienbein.

282. szaru, szarv = Horn.

finn.	sarve
lp.	čorve
mord.	šura	} = Horn.
čer.	šur
zürj.	šur

283. szédül = schwindeln.

finn.	heity = schwindeln.

33*

288. *szél* = extremitas, margo.

ost.	*sil* = Rand, Grenze
wog.	*sel* = Rand
finn.	*helma* = Saum.

osm. *jali* = Rand, Ufer.

290. *szem, szöm* = Auge, Korn.

finn. *silmä*
mord. *selmä*
lp. *čalme*
zürj. *sin* } = Auge.
ost. *sēm*
wog. *säm*
čer. *sinźa*

291. *szén* = Kohle.

lp. *čidn* = Kohle.

304. *szív, szü* = Herz.

wog. *sim*
ost. *sem*
čer. *süm* } = Herz.
mord. *sedi*
finn. *sydäme*

t. t. *sü, süj, süv, sev* die Stammsilbe für den Begriff lieben, herzen; eine Analogie, die jedenfalls im Finnisch-Ugrischen eine concretere Form hat.

308. *szom, szomju* = Durst, dursten.

mord.	*sunma* = Durst
wotj.	*šumal* = hungern, dursten
finn.	*himo* = appetitus.

t. t. *susam* = Durst.

311. *szorog* = eilig thun; *szorgot* = betreiben; *szorgat* = urgiren.

wog.	*sarmolt* = urgere
mord.	*siradi* = auseinandergehen (?).

312. *szoros* = angustus, arctus.

finn.	*sorta* = deprimere
ėst.	*suru* = unterdrücken
zürj.	*sirkäd* = strangulare.

t. t. *tar* = eng.

319. *szug, szög, szugoly, zug* = Winkel.

ost.	*suñ* = Winkel
finn.	*hinkalo* = abgesonderter Stand.

čag. *čink* = Bucht.

321. *szupolyka* = gracilis, tenuis; *szupojkó* = oval gespitzt.

finn. *suppea, suppia* = compressus, coarctatus
ėst. *sopp* = Zipfel, Ecke.

t. t. *sürri, sirri* = spitzig, zugespitzt.

315. *ször* = ein einzelnes Haar, pilus.

mord.	*säjär* = ein Haar
čer.	*šar* = pilus equinus
wog.	*säjr* = Haar.

205. *tavasz* = Frühling.

ost.	*tovi* ⎫
zürj.	*tuliš* ⎬ = Frühling.
wog.	*tāja* = Frühling
	tujmax = Sommer
finn.	*suoja* = warme Jahreszeit.

251. *telek* = Strick, Schnur, Riemen.

zürj.	*köl* = Strick, Seil
wog.	*kuali* = Strick
ost.	*kel, kol* = Strick
finn.	*köyte* = funis.

223. *tetü* = Laus.

ost.	*teudem* = Laus
lp.	*tikke* = pediculus
finn.	*täi* ⎫
wotj.	*täj* ⎬ = Laus.
wog.	*ti* ⎭

225. *téred, tived, tébolyog* = errare, aberrare.

ost.	*teb* = irregehen
wog.	*tip* = sich verirren.

229. *tó* = See.

ost.	*tuu* ⎫
wotj.	*tî* ⎬ = See, Sumpf.
wog.	*tur* ⎬
finn.	*suo* ⎭

232. *tohonya, tunya* = faul, träge.

lp.	*tokkones, tokones* = inutilis, iners
ést.	*togu* = träge, schläfrig.

231. *tolvaj* = Dieb.

wog.	*tolmax* = Dieb
ost.	*lolmi* = gestohlen
	tötm = stehlen
lp.	*suol, suola* = fur
finn.	*sala* = clandestinus.

t. t. *tala* = rauben
talak = Raub.

252. *torok* = Kehle, Schlund.

ost.	*tür* = Hals
wog.	*tur* = Gurgel, Röhre
finn.	*kurkku* = guttur, gula
mord.	*kurga* = Mund.

Der Grundbedeutung nach Hohlweg, Höhle.

248. *tüdö* = pulmo.

lp.	*tabde* = Milz
čer.	*šede, šide* = ira
	soda = pulmo.

Herr Budenz will ad normam πνεύμων, πλεύμων im Worte für Lunge den Begriff von aufblasen, anschwellen entdecken, daher er in läutlicher Beziehung *tšg* = tumere, *täyte* = plenus an obigo anreiht.

583. *vág* = hauen, hacken.

wog. *vuoñ, voñ* =schlagen, klopfen
ost. *voñ* = behauen
finn. *vuko* =Furche
zürj. *vundi* = schneiden
čer. *vokt* = amputare.

587. *ványol* = walken.

finn. *vanu* = subigi, densari
ést. *vanu* = walken.

588. *vál* = zu oder aus etwas werden, hervorgehen.

lp. *vuolge* = ire, abire   čag. *bol* = zu oder etwas werden.
finn. *olkene* = casu venire
mord. *valgi* = hinabfahren, hinab-
        steigen
čer. *vol* = descendere
ost. *vogol* = herabsteigen.

589. *váll* = humerus.

finn. *olka* ⎞
lp. *olke*   ⎪ = humerus.
ost. *vän*   ⎪
wog. *rañu*   ⎠

590. *vall* = fateri.

mord. *val* = Wort
finn. *vala* = Eid
lp. *vale* = Eid.

594. *varju* = Krähe.

finn. *varckse* = Krähe
ést. *vares* = Krähe
mord. *varsi, varsy* = Krähe
lp. *vuorča* = cornix
ost. *varñaj* = Krähe
wog. *vuqrp* = corvus.

Gegen den Vergleich von *varckse, varsi* und *vuorča* mit dem magy. *varju* hätten wir nichts einzuwenden, um so mehr aber gegen das ost. *varñaj,* das wir für ein russisches Lehnwort, von Вороиа = Nebelkrähe, halten.

596. *vas* = Eisen.

finn. *vaske* = cuprum
ést. *vask* = Kupfer
liv. *vašk* = Metall, Kupfer.

600. *vékony* = tenuis, gracilis, subtilis.

zürj. *vcknid* = schmal, eng
ost. *vagat, vogol* = dünn
wog. *vontä* = dünn.

604. *vér* = sanguis; *vörös* = ruber.

finn. *vere* = sanguis
ést. *vere* = sanguis
vereva = roth
mord. *ver* = Blut
čer. *vär* = Blut
lp. *varra* = Blut
zürj. *vir* = Blut
ost. *ver* = Blut
wog. *vur* = Blut.

mord. *piči* = Niere.

608. *vese* = Niere.

610. *vesszö* = virga, ferula.

finn. *vesa* = surculus, germen ex
radice
ést. *voza* = Spross
ost. *varas*, *varis* = Ruthe.

611. *vet* = werfen, säen, auswerfen.

mord. *vide* = säen, ausstreuen
čer. *üd* = säen
finn. *vetkää* = vi projicere.

t. t. *at* = werfen, wegwerfen.

613. *vév*, *vöv* (*vesz*, *vösz*) = nehmen, wegnehmen, kaufen.

ost. *vej* = nehmen
wog. *vi* = nehmen.

617. *világ* = lux, lumen; *villog* = micare; *villain* = fulgur.

finn. *valkea* = lucidus, albus, ignis
valkene = lucescere
vilku = micare
ést. *valge* = weiss, hell, licht
vilku = schimmern
čer. *volgodo* = lucidus, fulgens
wog. *vol'g* = glänzen, funkeln
ost. *volij* = glänzen.

An die Stammsilbe *vil*, *val* konnte wol auch das t. t. *jil*, *jal*, *jol* (glänzen, schimmern) angereiht werden, doch steht das Finnisch-Ugrische entschieden näher dem Magyarischen.

621. *viv* (*visz*) = tragen, bringen, wegtragen.

finn. *vie* = ferre, auferre
ést. *vi* = bringen
zürj. *vaj* = herbeitragen
lp. *väžže* = petere, apportare.

622. *viv*, *vi* = dimicare, pugnare, certare.

finn. *voi* = valere, posse
ést. *voi* = können
ost. *veg* = Kraft
wog. *va*, *vag* = Kraft
mord. *vi*, *vij* = Kraft
zürj. *vij* = Willkür.

Neben dem wog. *va*, *vag* und mord. *vi*, *vig* = Kraft dürfte hier wol noch das t. t. *baj* = Macht, Reichthum, Vermögen in Betracht kommen, falls die Begriffe kämpfen und Reichthum, wie Budenz annimmt, zu vereinen wären.

623. *viz* = Wasser.

finn. *vete*
mord. *ved*
wog. *vit*　}　= Wasser.
zürj. *va*

626. *von* = trahere.

ost. *vunip* = Fischhaken
wog. *vant* = führen
zürj. *venzi* = streiten
finn. *veny* = extendi
mord. *veneme* = sich ausdehnen
lp. *vanate* = extendere.

627. *vö* = gener.

ost. *veñ*　}　= gener, maritus so-
čer. *verge* }　　roris.

Dritte Kategorie,

d. h. solche Wortparallelen, die im Finnisch-Ugrischen als gewaltsam und unstatthaft, im Turko-Tatarischen jedoch als leicht und zutreffend erscheinen müssen.

(208 Beispiele.)

780. *ág* = ramus.

finn. *onke* = hamus piscatorius
lp. *vuogg, ogg* = Angel
zürj. *vugir* = Angel
čer. *angir* = hamus.

Angel mit Zweig zu vergleichen, weil es auch eine Angelruthe gibt (!), dünkt uns sehr verwegen.

čag. *agaž* = Zweig, Gerte *
osm. *agač* = Baum **

* Budagow I, 61.
** Das gegenseitige Verhältniss zwischen Baum und Zweig findet auch im čag. *tal* = Baum und osm. *dal* = Zweig seinen Ausdruck.

781. *agg* = vetus, senex.

finn. *ankara* = validus
čer. *ungor* = molaris
ost. *ogor* = hoch

t. t. *ag, ak* = weiss, grau, ehrwürdig
(*ak-kiši* = Greis, *ak-sakal* = Graubart).
aga, aka = der Ältere, Vorgesetzte, Herr (vgl. deutsch Grau und Graf).

782. *agy* = cranium, caput.

ost. *oñit* = Horn
wog. *ant* = Horn.

čag. *oj* = Gedanke, Sinn.

Budenz will das magy. *agy* mit dem finnisch-ugrischen Begriff Horn deshalb in Zusammenhang bringen, weil auf dem arischen Sprachgebiete ein ähnliches Verhältniss zwischen κερας, skr. *çiras* (caput), lat. *cornu* und *cranium* besteht. Diese Analogie scheint uns unstatthaft, da die Begriffsverwandtschaft zwischen dem magy. *agy* und dem türk. *oj* auch schon deshalb mehr passt, weil Gehirn, Kopf und Verstand sich in natürlicher Weise aneinanderreihen lassen.

783. *ágy* = lectus, stratum.

wog.	*qlaχ* == Nest, Lager
zürj.	*vol'*, *vol'eš* = Bett
finn.	*vuotehe* = lectus.

t. t. *jat* == liegen
jatak = Bett, Lager, Nest.

786. *aj* = crena, sulcus, vallis; *ajtó* = janua.

finn.	*aukea* == apertus
mord.	*anksima* = Wuhne
čer.	*omasá* = janua
wog.	*ange* = anszichen
	ojt == ausspannen, befreien
ost.	*uŋ* = Mündung
zürj.	*rom* = Mund.

čag. *oj* = Thal, Vertiefung
t. t. *ač* = öffnen; *ačak* = Thür
oja = offene Hand
ajaz = offenes Wetter.

891. *akar* = velle.

wog.	*gngurmät* = blicken
ost.	*ankirma* = hinblicken.

uig. *bakar* = wünschen, wollen
jak. *bagar* = wollen, wünschen.

Da Herr Budenz das Wegfallen des anlautenden Labialen zugibt, sehe ich nicht ein, warum das begrifflich näherstehende türk. *bakar* mit dem magy. *akar* nicht verglichen werden könnte.

794. *áll* = stehen.

wog. *jomlit* = treten, schreiten
jomes = schreiten.

osm. *ol* = sein, sich befinden.

Trotzdem, dass die Grundform des wogulischen Beispiels *jomlit, joamlit* lautet, will Budenz dennoch die Parallele zwischen dem magy. *áll* aufrecht halten. Uns dünkt die Anreihung an das osm. *ol* auch schon deshalb plausibler, weil die Begriffe s t e h e n und s e i n (vgl. *stare*, ferner das türk. *tur* = stehen und sein, und das kirg. *jat* = liegen und sein) hierzu mehr ermuntern als der in lautlicher Beziehung gewaltsame Vergleich mit *jomlit*, das obendrein t r e t e n, s c h r e i t e n bedeutet.

795. *áld* = benedicere, laudare; *áldoz* = sacrificare.

wog.	*jolent* · bitten, zureden
	jolt == schaffen
	jqlt = beschuldigen
zürj.	*jol'* = schelten
čer.	*ult* = precari.

čag. *alga, alka* = segnen, preisen, loben
alkiš = Lobpreisung, Verherrlichung, Segen (Budagow I, 84
mit خیر دعا = Segen übersetzt).
olča, olža = segnen.
osm. *and* == Schwur, Segen. (Siehe Seite 357.)

Budenz gruppirt mit *áld* in ganz irriger Weise das magy. *alkonyod* == ad deos precari, da die Grundbedeutung dieses Verbums untergehen (von *al* = unter) gerade das Gegentheil von *áld* ist.

799. *alku* = Handel, Kauf.

wog.	*alt* = fest machen
ost.	*olt* = anschmieden.

čag. *alku* = Kauf (vgl. *alku bergi* == Handel, d. h. Kauf und Verkauf mit dem osm. *ališ reriš* = Handel, ebenfalls Kauf und Verkauf).

Budenz' Anreihung von *alku* und *alkalom* (Gelegenheit) mit obigem *alt* = befestigen ist ebenso gewaltsam wie jeder Logik entbehrend. Oder hatte er vielleicht den Begriff G e l e g e n h e i t s k a u f im Sinne?

807. *apa* = Vater.

wog. *aberäš* = Grossvater vom Vater. | čag. *aba* = Grossvater vom Vater.

809. *apró* = minutus, parvus; *aprit* = zerstückeln.

ost. *nambir* = Kehricht, Abfälle
wog. *nampri* = klein.

čag. *opurak* = klein, winzig (von
upak, ofak = klein)
opru = zerstückeln.

Hierher gehört auch das magy. *apad* = abnehmen, kleiner werden (vom Wasser). Was die Begriffsanalogie zwischen Kehricht und parvus betrifft, vgl. das osm. *čöb* = Kehricht, Abfälle, kleine Stücke mit dem magy. *csöp, csep* = wenig, ein Tropfen. Siehe *csöpp*.

811. *ár* = Fluth; *árad* = überfluten.

finn. *järve* = lacus
lp. *jaure* = lacus
mord. *erke, äŕke* = See.

osm. *art* = zunehmen
čag. *art* = überfluten. (Vgl. *artub*
eksilme = Flut und Ebbe.
Budagow I, 25.)

Das *t* im türk. *art* drückt die passive Form von einem heute nicht mehr gebräuchlichen *ar* = zunehmen, überfluten aus. Uebrigens wie die Begriffe See und Flut miteinander verglichen werden können, ist schwer zu begreifen.

814. *arat* = ernten.

osm. *ora* = ernten
orak = Sichel, Schnitt.

Nach Budenz irrigerweise in die Gruppe *tarol, sarló* und *tör* eingereiht, da von *tarol* die Stammsilbe *tar* ist, türk. *taz* = kahl, glatt, *sarló* ursprünglich *salló, csalló* von *sal*, türk. *čal* = schneiden, hauen stammt, und *tör* mit türk. *tir, kir* (brechen) identisch ist.

903. *arány, erány, irány* = Maass, Richtung.

ost. *ur* = Linie Strich.

Dass Budenz auf Grund einer Begriffsanalogie zwischen Richtung und laufen das magy. *iraml* (laufen) hier einreiht, darin können wir nicht einstimmen.

t. t. *oran* = Maass, Proportion, Richtung
kirg. *oral* = Richtung, Art, Manier (vgl. *uralima kiledi* = es passt mir)
čag. *uram, oram* = Gasse, Häuserreihe.

816. *árnyék* = Schatten; *ernyö* = Schutzdach, Schirm.

wog. *tarom* = Himmel (Luft), Wetter
ost. *törîm* = Himmel, Luft.

t. t. *aran* = Schoppen, Stall, Vorhof
eren = sich dem Schutze befehlen (*allahga erendim* = ich habe mich dem Schutze Gottes befohlen).

Budenz nimmt zum Ausgangspunkt seiner Vergleichung die Analogie zwischen *pilre* = Wolke und *pilvekse* = Schatten, ferner *nubes* und das slaw. *nebo* (Himmel), demzufolge er Schatten mit Wolke als identisch annimmt. Indess stimmt die ältere magy. Bedeutung von *árnyék*, nämlich Zelt, wol besser zu unserer Annahme von der Grundbedeutung dieses Begriffes. Vgl. diesbezüglich die Etymologie des türk. *kölge* oder *kölöngö* = Schatten (§. 111 meines turko-tatarischen Etymologischen Wörterbuchs), aus welchem ebenfalls ersichtlich ist, dass im Türkischen die Begriffe Schatten und Schutz identisch sind.

817. *árt* = nocere.

wog. *ur* = abmagern
ost. *ōrîm* = mager
zürj. *or* = matt werden.

nig. *arta* = schaden
artak = Schaden, Verlust
čag. *arik* = mager
arit = mager machen, härmen.

Schaden und abmagern sind voneinander fern stehende Begriffe. Was das nig. *arta* anbelangt, so scheint dieses aus einem ehemaligen *karta*, respective von der Stammsilbe *kar* in *karag* = Schaden (vgl. magy. *kár* = Schaden) entstanden zu sein.

818. *árt* = ingerere, immiscere.

Budenz hält *art* für ein Causativum von *al* = dormire, non moveri. Viel näher der Wahrscheinlichkeit steht der Vergleich mit dem t. t. *ara* = zwischen, inmitten und einem supponirbaren Verbum *aral* = immergere. Vgl. *arala* = immiscere, *aralat* = verkehren mit jemand.

820. *ás* = graben; *ásít* = gähnen (d. h. den Mund öffnen).

wog. *uosint* = gähnen
wotj. *vuśil* = gähnen
čer. *ušt* = oscitare
mord. *ankse* = Wuhne.

t. t. *čš* = schüren, kratzen, aufkratzen
čšgek = Schaufel
asna, csne = gähnen
ać = öffnen.

822. *aszó* = Thal, Ebene, Niederung.

finn. *laakso* = vallis.

kirg. *asak* = unten, nieder
čag. *ašak* = unten.

823. *ászok* = untergelegter Balken, Unterlage.

ost. *oms, ums* = sitzen, sich setzen.

t. t. *ast* = unten; *astik* = Unterlage;
astar = Unterlage, Fütterung eines Kleides.

Ast reiht nach Weglassung des locativen *t* an *as, aš* = unten sich an.

824. *aszszony* (ältere Form), *okszun, ahszin* und *ohszun* = Frau, Weib.

zürj. *öksî* = Herr
wotj. *öksej* = Herr, Fürst.

Die sonderbare Begriffsanalogie zwischen Fürst, Herr und Frau will Budenz damit rechtfertigen, dass er im magy. *aszszony* den Grundbegriff von Herrschaft, folglich einen Ehrentitel entdeckt, der beiden Geschlechtern zusteht.

Okszun oder *akszin* bedeutet türkisch weisse Farbe, die Weisse und ist zur Bezeichnung des Begriffes Weib ebenso angewendet worden wie das modern *ak-báslik* = Weissköpfig, Frau. Vgl. magy. *fehir személy* = Frau, Weib, wörtlich weisse Person.

825. *átok* = Fluch.

Siehe Seite 361.

828. *az, oz* = ille, ipse, zugleich auch Artikel.

Budenz will dies mit dem finnisch-ugrischen *tuo, tu, to* ille, iste vergleichen, und indem er zuerst eine Verwandlung des *t* in *s*, ferner ein gänzliches Verschwinden des dentalen Anlautes annimmt, sieht er erst ein *a, o, c, i* entstehen, dem sich später ein dentaler Auslaut zugesellt, alsdann die mit dem magy. *az, oz* parallele Bildung entstanden. Viel wahrschein-

licher wird folgende Analogie, wenn' wir anführen, dass im Türkischen ein
mit dem Magyarischen ganz identisches Pronomen indicativum existirt, das
selbst in seinen Composita mit dem Magyarischen übereinstimmt. So

magy.	čag.	kirg.
az	*oš - bu* *	*os* und *os-bu* (jener)
ez	*iš - bu*	— *is-bu* (dieser)
ott	*onda, oldu*	*anna* (dort)
onnan	*ondan*	*annan* (von dort)

Oš-bu ist nur eine Verstärkung, eine Verdoppelung des anzeigenden
Fürwortes, ebenso wie *iš-bu* und wie *oš-ol* (jener) aus dem später *šol, šu*
(jener) entstanden, und dass *oš, os* auch selbständig gebraucht werden konnte,
das beweist das Kirgisische, wo es noch heute allein gebraucht wird. (Vgl.
Budagow, ‏اوش‎ = hier, dieser.) Herr Budenz führt zur Vindicirung seiner
gewaltsamen Ableitung des magy. *ez* vom finn. *tä* (dieser) noch ferner das
magy. *tétova* (hue, illuc) und *tétováz* = hin- und herschwanken, vergisst aber
dabei, dass *tétova*, wie schon aus dem starken Einbruch in das im Magyarischen consequent durchgeführte Gesetz der Vocalharmonie ersichtlich,
es eigentlich mit einem Fremdworte zu thun hat, das entweder aus dem
slaw. *ten-to* = der-da oder gar aus dem lat. *titubare* entstanden ist.

485. *beteg* = aeger, aegrotus.

zürj. *riś* = krank sein
     vis = Krankheit
wotj. *riś* = krank
finn. *rika* = vitium physicum.

čag. *bitik* = zu Ende gehend, im Auf-
     hören begriffen, von *bit* oder
     bet = enden, aufhören.

Budenz will die halsbrecherische Analogie zwischen *beteg* und *viž* dadurch motiviren, dass er ein supponirtes *vi* = pati, dolore affici aufstellt,
und mit diesem das magy.-széklerische *bitos* = der einen weben Fuss hat
vergleicht. Nun kommt aber die Stammsilbe zumeist in solchen Wörtern
vor, aus welchen sich schliessen lässt, dass die Grundbedeutung mehr den
Begriff von schlagen, hauen, niederschlagen als den von aeger, aegrotus
ausdrückt; so *bitó* = Henker, Niederschlagen, *bitor* = einer der sich etwas
gewaltsam aneignet, *bitang* = niederträchtig u. s. w., woraus hervorgeht,
dass *bitos* mehr den Sinn von geschlagen, betroffen als den von
krank ausdrückt. Schliesslich kann die Lautverwechselung *e* — *i* nur im
Türkischen (vgl. *bet*—*bit*=schreiben), *et*—*it*=thun) und nicht auch im Magyarischen angenommen werden.

487. *biz* = vertrauen, anvertrauen, Zutrauen haben.

mord. *maksi* = geben
finn. *maksa* = abzahlen
ést. *maksa* = zahlen
lp. *makse* = bezahlen.

uig. *büt* = glauben, vertrauen, Zu-
     trauen haben
alt. *püt* = glauben
     püdüm = Glaube, Treue.

Eine mehr lautlich und begrifflich genothzüchtigte Parallele wie die
von Budenz bezüglich *biz* und *maks* aufgestellte kann es wol kaum geben!

488. *bog* = nodus, Knoten, Knorren.

zürj. *bugil* = Hervorstehendes, Bu-
     ckel, Beule
ést. *pung* = Hervorragendes, Rund-
     liches
finn. *puka* = tuber
čer. *pongo* = fungus
mord. *panga* = Schwamm, Pilz.

t. t. *bogun* = Knoten, Knorren
čag. *bogra* = Fessel, Halseisen
     bag = binden, Band, dünner
     Strick; *bagla* = anbinden
jak. *bugul* = Heuschober (magy. *bo-*
     glya)
kaz. *bogol* = Schober.

489. bogyó = Beere.

finn. *marja* = bacca
lp. *muorje* = bacca
čer. *mör* = fragum
mord. *maŕ* = Apfel
wotj. *muli* = Beere.

kirg. *mug, bug, muk* = Beere
kara mug = Schwarzbeere
kizil-muk = Rothbeere.

492. bolygg, bolygog = stören, herumtreiben, herumirren; balgatag = delirus.

ěst. *molku* = sich bewegen
čer. *mul'ukt* = schütteln
wog. *mol'eml* = eilen.

čag. *bulga* = aufmischen, herumrühren, stören [*mntil'*, im Russischen bei Budagow I, 290]
bulgat = herumrühren, hin- und hertreiben (magy. *bolygat*)
kaz. *bolga* = schütteln, aufrühren, schwenken.

495. borúl, burúl = procidere, procumbere; borít, burít = umstürzen, umkehren.

zürj. *pör* = fallen, umfallen
wotj. *pogral* = fallen
wog. *pürmät* = fallen.

t. t. *bor, bör* = bedecken, auflegen, überziehen, verfinstern (vgl. magy. *boru* = dunkles Wetter). So *akli borur* = sein Verstand verdunkelt d. h. überzieht sich (Budagow I, 277)
börün = sich bedecken, sich verhüllen
bur = umstürzen
kaz. *borol* = sich wenden, sich umkehren
bor = umkehren, drehen.

494. borzas = hirsutus; borzad = sich aufsträuben.

finn. *pörhä, pörhä, pörrä* = status turgidus vel erectus.

kirg. *borsan, borsanda* = sich aufsträuben, auffahren.
In *borsanda* findet das magy. *borzankod, berzenked* sein lautliches und begriffliches Analogon (vgl. Budagow I, 276).

497. boszszú, boszú = indignatio, contumelia.

lp. *puoše, puošuk* (böse, grimmig, allzu scharf oder hart).

uig. *boši* = Zorn, Hass; *boš* = zürnen
čag. *boš, bošuk* = stark in Zorn gerathen
kaz. *bosan* = sich ärgern (vgl. magy. *boszankod* = sich ärgern).

496. botkos = nodosus, von einem ehemaligen botok, bötök, bötyök = nodus, bulbus.

Budenz hält ganz richtig *b* für eine Variante von *pota* (siehe daselbst), das nach seiner Anreihung mit dem wog. *pajt, poxt* verwandt sein soll. Wäre es nicht zweckdienlicher, hier das

tat. *butak* (بوطاق) = Knorre, Ast, Auswuchs
osm. *buduk* = Zweig
in Betracht zu ziehen?

499. *bölcs* = sapiens, weise.

finn. *miele* = Sinn, Verstand	t. t. *biliži* = weise, sapiens
mord. *mel'* = Sinn	*biliš* = Wissen, sapientia.
lp. *miälä* = mens, ingenium.	

Herr Budenz irrt sich, wenn er annimmt, dass das magy. *bölcs* einem alttürkischen *bilgüži* entlehnt worden, und dass *biliži* eine osmanische, folglich moderne Form sei. Das Magyarisch-Türkische ist theils mit dem West-, theils mit dem Osttürkischen gemein, zu welch letzterm *bilgüži* gehört, während *biliži* eine nicht minder alte Form ist, wie aus dem „Codex Cumanicus" ersichtlich ist. So (Seite 99) *coy suruchi*, und nicht *sürgüči* = Schäfer, ferner *aliči* = emtor (Seite 106 in der von Graf Kuun veranstalteten Ausgabe), und nicht *alguči*, wie nach Budenz die ältere(?) Form lauten sollte. *Biliži* ist daher so alt wenn nicht älter als *bilgüži*, und Budenz hat wieder einer bei ihm so sehr beliebten gewaltsamen Theoretisirung gehuldigt.

507. *burok* = Hülle; *burul, borul* = sich bedecken.

čer. *pur* = intrare	t. t. *bor, boru, bör, böri* = verhüllen,
zürj. *pir* = hineingehen.	bedecken
	börk = Kopfhülle, Hut
	čag. *baru* = Haut, Hülle.

380. *csap* = schlagen, werfen, hauen.

finn. *tappa* = dreschen	čag. *čap* = schlagen, hauen, rennen
mord. *tapa* = schlagen	*čapiš* = sich hin- und herschla-
lp. *čuoppe* = caedere	gen.
zürj. *čapki* = schmeissen	
wotj. *čapki* = schlagen.	

388. *csík* = Streifen.

finn. *tie*	osm. *čigir* = Furche (von der Stamm-
ést. *tē* } = Weg.	silbe *čig*)
zürj. *tu*	kaz. *čik, čig* = Grenze, Grenzlinie
	alt. *čige* = gerade.

393. *csiszol* = reiben, poliren, glätten.

Budenz erkennt in *csisz* eine ältere Form *si, sik* und vergleicht diese mit dem supponirten ugr. *ssg* = reiben.	osm. *čiz* = liniiren, Streifen ziehen čag. *čizik* = glatt, liniirt.

404. *csokor*, *csukor* = Büschel, Strauss; *csukorat* = gedrängter Haufe.

zürj. *čukör* = Sammlung, Heerde.	čag. *čokar* = Versammlung, Gesellschaft (Budagow I, 495*)
	čok = sammeln, versammeln, anhäufen.
	* Illustrirt mit einem Verse aus Nevai.

406. *csusz* = gleiten.

Nach Budenz stammt *csusz* sowie *kusz* vom supponirten ugr. *ksg* (fliessen, laufen) respective von *ksgsz*, *ksrss*, von *ssg* (ire), *ssgssk* und *ssrss*, was in lautlicher und begrifflicher Beziehung in beiden Sprachgebieten ganz richtig ist, obwol in concreter Form das

čag. *kiz* = gleiten, *kizak* = Schlitten

zur angestellten Vergleichung auch schon deshalb einen festern Anhaltspunkt gibt, weil *k* und *č*, wie selbst Budenz zugibt, miteinander wechseln.

409. *csün* = verkümmern, siechen; *sinl* = tabescere.

zürj. *čin* = Verlust erleiden
čin = sich vermindern.

Nach Budenz mit dem magy. *szün*
= aufhören identisch, daher das
t. t. *szün* = ausgehen, erlöschen,
abnehmen
čag. *čunak* = krüppelhaft
kirg. *šunak* = dumm, tölpelhaft
wol näher steht.

413. *czirogat* = liebkosen, streicheln.

Nach Budenz mit dem magy. *sür*
= reiben nächstverwandt, daher dem

t. t. *sir* = reiben, wischen
sirkala = oft reiben, streichen
zunächststehend.

254. *dagad* = anschwellen, auflaufen.

Budenz will *dagad* mit *dug* =
hineinstecken, drücken identificiren.
Uns dünkt als dem magy. *dagad* viel
näher stehend das

jak. *dagdai* = stark anschwellen
osm. *dag* = Berg, Geschwulst
kirg. *dak* = Brandwunde, Brand-
zeichen
dagil = anschwellen.
čag. *taj* = Berg.

257. *derü* = heiteres Wetter; *derül* = hell werden.

ost. *lert* = bekannt
lirta = klar
lp. *sära* = klares Wetter.

čag. *tere, terek* = weit, offen
terkin = sich öffnen, sich erweitern
sara, sere = klar, hell.

260. *dij* = Preis, Lohn, Entgeltung.

mord. *toj* = Brautpreis (tatarisch)
ëst. *tuhku* = Nebenverdienst des
Knechtes.
Herr Budenz gibt selbst zu, dass
dij der Grundbedeutung nach aequi-
valens bedeutet. Diesem stimmen
wir bei, und führen deshalb das

t. t. *dej, deg* = gleich, ähnlich
osm. *dej* = werth sein
dejer = Werth
čag. *tegiš, tigiš* = Werth
als besseres Analogon an.

263—264. *domb* = Hügel; *dob* = Trommel.

wog. *tump* = Insel
ëst. *tomp* = Klumpen
lp. *tobbos* = pulvinar.

čag. *dumbak* = Hügel
tombalak = rund, Runde
tob = Kugel, Knäuel
osm. *darul* = Trommel.

266. *döl, dül* = umfallen, stürzen; *döjt, dönt* = umstürzen.

finn. *työntä* = trudere, projicere
ost. *tiv* = geboren werden
wog. *tël* = geboren werden
čer. *sind* = setzen, pflanzen.

t. t. *dökül, dögül* = sich umwer-
fen, sich stürzen, sich ver-
schütten; ferner mit
töngter = umstürzen
zu vergleichen.

Herr Budenz assimilirt die Begriffe
legen, werfen, gebären, aufGrund
dessen er seine Gruppirung in den
finnisch-ugrischen Mundarten rechtfertigt. Uns dünkt es viel einleuch-
tender, das magy. *döl, dül* mit dem

268. *dug* = stecken, hineinstecken, stopfen.

mord. *tongi* = einstopfen	t. t. *tik, tika* = stecken, stopfen
finu. *tunke* = vi trudere.	*tikać* = Stöpsel.

832. *édes* = dulcis.

wog. *atiñ* = süss; *ät* = Geruch	t. t. *dad, tat* = Süsse, Geschmack
ost. *ēbîl* = Geruch	*tatlĭ* = süss
čer. *üpš* = odor	*tatan* = schmecken.
zürj. *is* = Geruch.	

Das wog. *atiñ*, von welchem der dentale Anlaut weggefallen, reiht sich dem t. t. *tat* an, doch irrt Budenz entschieden, wenn er *ät, ebil, üpš* und *is* (Geruch) in diese Gruppe eintheilt, denn erstens steht dieser Annahme die Begriffsverschiedenheit im Wege, zweitens reiht sich *ät, eb* und *is* dem t. t. *it, is* (Geruch) an.

833. *ég* = coelum.

Budenz reiht dies der Gruppe *szag* = Geruch an, indem er den Grundbegriff von Luft, Dunst, Dampf und Himmel(!) annimmt. Diesem gegenüber schlagen wir die Vergleichung mit

834. *ég* = brennen, flagrare

vor, und zwar weil das magy. *ég* (coelum) zu *ég* (flagrare) sich so verhält wie das t. t. *jang* (flagrare) zu *tang* (Helle, Schein), aus dem *tangri* (Himmel, Gott) entstanden, und weil der Grundbegriff von Himmel eigentlich Lichtkreis, Helle und nicht Dunst oder Dampf bedeutet.

836. *egész* = integer, totus.

ost. *senk* = gross, schwer, vollwüchsig, erwachsen	čag. *egis* = hoch, aufgewachsen
wog. *senhl* = völlig erwachsen.	*ögüs* = viel
	ög = anhäufen.

Wir stimmen mit Budenz bezüglich der Begriffsanalogie zwischen totus und hoch vollkommen überein, doch finden wir, dass das türkische Beispiel dem Magyarischen viel näher steht als das finnisch-ugrische.

839. *éh* = famelicus; *éhes* = hungerig.

zürj. *čig* – Hunger, hungerig	t. t. *aż, ać, eż, eš* = hungerig
finn. *hiuka* = stimulatio stomachi	kirg. *as, es* = hungerig.
čer. *süž* = fame premi.	

Der Grundbegriff vom türkischen Worte für Hunger dünkt uns offen, weil dessen Gegensatz *tok, toj* = satt, eigentlich v.oll, geschlossen, zugestopft heisst.

841. *ék* = cuneus.

ost. *jank* = Nagel	t. t. *ek, ik* = einschalten, zugeben
luuk = Keil	osm. *ig, ik* = Nagel, Schraube, Spund
wog. *liχ* = Splitter.	(vgl. ايكی دكرمن dejirmen
	igi = Mühlennagel, Budagow
	I, 199)
	igne = Nadel.

847. *elme* = mens, memoria

halte ich für eine Metathesis des ursprünglichen *emle*, siehe daher dieses Wort.

855. emlék = Erinnerung; emlit = erwähnen.

ost. am = froh sein
amit = sich freuen.

t. t. ang, an = Sinn, Verstand, Verständniss
angla = verstehen, begreifen, glauben
anglak = Verständniss
anglat = zu verstehen geben
anglan = sich erinnern.

Weil Freude ein frohes Denken voraussetzt, deshalb vergleicht Budenz das magy. emlék (memoria) mit dem finn.-ugr. am (froh sein)?!! elme (Sinn). infolge Metathesis aus emle entstanden, reiht sich dieser Gruppe ebenfalls an.

857. enged = cedere, obsequi, parere, nachlassen; enyész = verschwinden.

t. t. en, eng = herabkommen
jeni, jengi = neu, jung (eigentlich schwach, magy. gyenge).

Dass der Grundbegriff vom magy. enged herabkommen, ablassen sei, darin stimmen wir mit Budenz vollkommen überein, doch dass enged mit tagad (verneinen) eng verwandt sei, das bezweifeln wir sehr, da wir in tag das t. t. t'ok, jok (nein, nicht) und tany = verneinen erblicken.

859. ép = integer, incolumis; épit = bauen.

wog. älpi = Leib, Körper
ost. el = Körper
finn. ilpo = ganz, durchaus.

alt. ep = Geschicklichkeit, Bereitschaft, Fertigkeit
epte = herrichten
uig. epil = hergestellt sein
epit = herrichten, bereiten
čag. jepü = Gebäude
osm. jap = bauen, machen, herrichten.

863. ér = reichen, taugen, reifen; érkez = anlangen.

finn. kerkeä = properare, tempestive pervenire
ést. kerge = behend.

t. t. ir, er = anlangen, eintreffen, reifen.

Wie die Begriffe eilig, behend. mit reichen und taugen zu vergleichen seien, darüber ist uns Herr Budenz die Antwort schuldig geblieben.

862. ér = arteria, pulsus.

ost. ler = Wurzel
wog. tar = Wurzel.

t. t. ir, jir = Raum, Platz, Räumlichkeit
kirg. or = Kanal, Graben, Höhle.

Ich möchte unter dem Begriffe Ader nicht so sehr einen länglichen Körper, etwa Wurzel, wie Budenz annimmt, sondern eine in die Länge hinlaufende Räumlichkeit verstehen. Vgl. t. t. tamar = Ader, Hohlweg.

866. érett, ért = für, wegen, anstatt.

ost. jir, ir = Seite, Grenze
wog. jer, jer = Richtung
finn. järke = ordo, series.

t. t. jerde, jeride = für. wegen (z. B. ata jeride, magy. atya-irt = für den Vater).

Die von Budenz hier angeführten wogulischen und finnischen Beispiele passen keinesfalls hierher, denn jär und järke könnten höchstens dem t. t. sira (Reihe) und žerke (ordo) zugesellt werden. In érett ist nicht der Grundbegriff an der Seite, sondern an der Stelle ausgedrückt.

869. *erö* = vis, vires, robur.

wog. *nogre* = stark, Stärke

lp. *kjäura, kjäuras* = robustus, validus.

čag. *erik, irik* = Kraft, Macht, freier Wille

erikli = kräftig, mächtig. (Siehe Budagow I, 188.)

Wenngleich begrifflich verwandt, so stehen die türkischen Beispiele in lautlicher Beziehung dem magyarischen Worte viel näher.

873. *eskü* = Schwur.

Siehe S. 361 dieses Buches. Was die Behauptung Budenz' anbelangt, dass *eskü* kein altes Wort sei, wollen wir auf eine Stelle des Anonymus hinweisen, wo es heisst: „In loco illo, qui dicitur Esculleu, fidem cum juramento firmaverunt, et a die locus ille nuncupatus est Esculeu, eo quod ibi juraverunt." Dieses spricht doch klar für das wenigstens ins 13. Jahrhundert fallende Datum dieses Wortes! Auch die Endsilbe *lö, lü* entspricht einer ehemaligen türkischen Partikel *lük* oder *lik*.

515. *faj, foj* = Geschlecht, Art; *fajta* = Art.

wog. *puχ* = Geschlecht.

t. t. *boj* = Geschlecht, auch Theil eines Geschlechts, Clan. (In Kamus ist das arab. شعب = genus mit türk. *boj* (Geschlecht) übersetzt. Vgl. Budagow I, 295.)

516. *faj* = dolere.

finn. *pakko* = vis urgens, Drang, Zwang

est. *pakita* = schmerzen

lp. *pakčite* = dolere

wog. *pak* = leiden

ost. *pök, pög* = leiden.

osm. *bagir* = schreien, Klagerufe ausstossen (von einer ältern Stammsilbe *bag*)

kirg. *vajim* = Schmerz, Weh (*vajim-ži* = Schmerz leiden. Budagow II, 302)

t. t. *vaj* = Ach! Weh!

Budenz bezeichnet als Grundgedanken im Begriffe leiden die Handlung des Drückens, Drängens. Vgl. diesbezüglich t. t. *agir* = schwer und *agir* = Schmerz.

530. *fék* = Halfter, Zaum, Zügel; *fékez* = bändigen.

finn. *päitse (päi)* = capistrum equorum

lp. *pagge* = capistrum.

t. t. *bag* = Band. Strick

osm. *pek* = fest, hart.

Der Grundbegriff des magy. *fék* ist nicht Kopf oder etwas auf den Kopf Gehöriges, wie Budenz annimmt, sondern Band, Binde, daher das magy. *fékez* = bändigen, bezähmen.

565. *foszl* = sich zasern, sich auffasern, sich häuten, sich abschälen.

wog. *pūns, puns* = sich öffnen

ost. *puns, puš* = öffnen

wotj. *paš* = Loch

lp. *puozos* = nudus

mord. *panži* = öffnen

čer. *počk* = aperire.

t. t. *pos* = Schale, Rinde (*agač posi* = Baumrinde)

posul = sich schälen.

569. *fojl, fúl* = suffocari; *fojt, fujt* = suffocare.

lp. *pure* = strangulare
mord. *pova* = erdrosseln
čer. *pikt, pükt* = suffocare.

alt. *puula* = binden, erwürgen
osm. *boul* = ersticken
boudur, bogdur = jemand erwürgen.

Der Grundgedanke dieses Begriffes ist binden, knüpfen, daher als die gemeinsame ural-altaische Stammsilbe *bag, bog, baj, puu* (kirg.), *bur* zu betrachten ist.

574. *fü* = Gras.

finn. *pälve* = caespes nive denudatus, grumus nive carens
lp. *päul* = schneefreie Stelle
čer. *peled* = florere.

t. t. *buj, büj* = das griechische Heu (siehe Budagow I, 295 und Chulassai Abbasi).

Die Begriffe Gras und schneefreie Stelle miteinander zu vergleichen gehört zu den sogenannten etymologischen Salti mortali. Nur muthmassend möchten wir das magy. *fü* = Gras nebst obigen mit der turkotatarischen Stammsilbe *büj* = wachsen vergleichen.

178. *gyalog* = zu Fuss.

finn. *jalka* = Fuss
est. *jalg* = Fuss
wog. *jol* = quod infra est
mord. *jalga* = zu Fuss.

čag. *jajag* = zu Fuss
osm. *jajan* = zu Fuss, unten, nieder (*jajag kal* = zurückstehen, geringer sein).

Im Finnisch-Ugrischen ist nur der Grundgedanke pes, im Türkischen und im Magyarischen das eigentliche per pedes ausgedrückt.

983. *gyárt* = facere, operari.

t. t. *jarat* = erzeugen, erschaffen, bereiten
jarak = Zubereitung.

Budenz vergleicht *gyár* mit einem supponirten *nзngзr* in der Bedeutung von Kraftanwendung und bringt es in sonderbarer Weise mit *ár* = Flut, in welchem er ebenfalls eine Kraftüberströmung(!) entdeckt, in Zusammenhang.

185. *gyáva* = feig, schwach.

Soll nach Budenz mit dem magy. *tohonya, tonya*(?) = träge gleicher Abstammung und mit den letzterer entsprechenden finnisch-ugrischen Wortgleichungen verwandt sein. Die Anreihung ist, wie in solchen Fällen üblich, eine halsbrecherische, indem das

t. t. *jaba, java* = unnütz
žaba = umsonst
osm. *jab* = leise, schwach
alt. *jabiz* = unterthänig, friedlich sich augenfälliger dem magy. *gyáva* nähern.

192. *gyón, gyovon* = beichten.*

ost. *úgom* = sagen (*jogoš úgomta* = Antwort)
finn. *nuhtele* = tadeln
est. *nuhtle* = strafen.

* *gyoron* ist nicht eine ältere Form, wie Budenz behauptet, sondern noch heute in Heves gebräuchlich.

čag. *jak* = gut, passend
jakun = sich bessern.
Aus dem heute nicht mehr gebräuchlichen *jakun* ist *jarun*, magy. *gyorun* entstanden (das magy. *gyón* bedeutet daher im concreten Sinne „sich bessern").

34*

179. *gyors* = schnell, behend.

wog. *jąr* = Kraft, Stärke.
ost. *jur*
zürj. *jör* } = Kraft, Stärke.

osm. *jürüš* = Lauf, Gaug
jürüš = sich eilen
uig. *joriš* = Gang, Lauf.

Kraft und rasche Bewegung sind Budenz zufolge verwandte Begriffe! Bezüglich der Begriffsanalogie zwischen eilen und gehen vgl. alt. *mengdis* = Eile und *meng* = gehen.

180. *gyök, gyökér* = Wurzel.

finn. *juure* = Wurzel
mord. *jur* = Wurzel, Gebüsch
wog. *jekur* = dicke Wurzel.

t. t. *kök* = Wurzel.

---

985. *gyötör* = quälen, peinigen; *gyötrés* = Qual, Marter.

Budenz bringt *gyötör* mit *cseter* = drehen in Zusammenhang, indem er auf das gegenseitige Verhältniss zwischen dem lat. torquere, tortura und tormina sich bezieht. Wir glauben der Wahrheit näher zu kommen, wenn wir das

osm. *kötrüm* = paralytisch, contract
kötü = schlecht, arg,

folglich ein vermuthbares *kötör* = arg oder peinlich werden, in Betracht ziehen.

181. *gyöz* = siegen, besiegen, bewältigen.

finn. *jaksa* = posse
est. *jaksa* = können, vermögen
lp. *jokse* = attingere.

osm. *jauz, jevüz* = grimmig, energisch,
ausdauernd (vgl. Budagow II, 345).

Jauz dünkt mir ein Frequentativum von *jao* = gut, eigentlich von *jakuz, jeküz* = besser sein.

188. *gyúl* = accendi, inflammari; *gyújt* = incendere.

Herr Budenz will das magy. *gyúl* mit der im Ugrischen supponirten Stammsilbe *tšv, gyšv* und *gyšvšl* (scheinen, funkeln, strahlen etc.) identificiren, versteigt sich dabei in die unglaublichsten Combinationen, ganz vergessend, wie leicht es ist, in fraglichem magyarischen Zeitwort ein

čag. *güj, güjle* = anzünden, brennen
güjdür = verbrennen
alt. *güjre* = verbrennen.

wiederzufinden.

182. *gyül* = sich versammeln; *gyüjt* = versammeln.

Budenz bringt *gyül* mit dem magy. *jöv* = kommen in Verbindung und will diese Begriffsidentität in erzwungener Weise auch in den finnisch-ugrischen Mundarten beweisen, was ihm jedoch keinesfalls gelungen ist, während das

t. t. *jül* und *jigil* = sich anhäufen, sich versammeln
juuda = versammeln
jigiliš, jiiliš = Versammlung

doch viel näher steht!

154. *háború* = turba, motus, bellum.

mord. *sumbra, sîmbra* = trüb, turbidus
est. *somp* = Verwirrung.

čag. *kabar* = aufschwellen, sich erheben
kabarti = Erhebung, Empörung, Tumult
kabaruk = etwas, was sich erhebt.

96. *hajt* = treiben, antreiben.

wog. *kujt* = impellere, iustigare. | čag. *haita* = treiben, jagen
| osm. *hajde!* = Auf! Auf!

Herr Budenz will in *hajt, kujt* den Grundbegriff von laufen, fortfahren erkennen und rechnet selbst das magy. *hajó*, t. t. *kajuk* = Schiff hierher, doch dünkt uns seine ganze Derivation äusserst gewaltsam. denn die Stammsilbe *haj! haj!* ist ein Onomatopoeion, das dem finnisch-ugrischen sowie dem magyarischen und türkischen Wort zu Grunde liegt, und was speciell magy. *hajó*, türk. *kajuk* = Schiff anbelangt, so beruhen beide Wörter auf der t. t. Stammsilbe *kaj* = gleiten, rutschen, und der Grundbegriff von Schiff ist in beiden Sprachen das Gleitende.

100. *hál* = übernachten.

ost. *χoj* = liegen, sich niederlegen | t. t. *kal* = bleiben, zurückbleiben.
wog. *kuj* = liegen, sich legen |
zürj. *kujli* = übernachten. |

158. *hang* = Stimme, Laut.

finn. *sana* = Wort. | čag. *oň, ong* = Stimme, Laut
| osm. *öň* = Stimme
| *janku* = Widerhall.

112. *hárs* = Linde, Bast.

finn. *kuorc* = Baumrinde | čag. *arča* = Linde
mord. *kaŕ* = Bastschuh | *arči* = reinigen.
zürj. *kirś* = Baumrinde |
ost. *χor* = abschälen. |

Nur weil Herr Budenz die Begriffe Baumrinde und Abschälen nebeneinanderstellt, haben wir dasselbe im Türkischen gethan, ohne jedoch an die Verwandtschaft auf der einen wie auf der andern Seite zu glauben.

113. *has* = venter, alvus, uterus.

finn. *kupsu* = piscium natatoria (?) | čag. *kaš* = Hügel, Erhöhung (Budagow II, 15)
lp. *kuopsa* = lactaria, pulpa piscis |
wog. *kopsi* = Lunge. | alt. *kaǯ* = Hügel, Erhöhung.

Da Bauch und Erhöhung verwandtere Begriffe sind als Bauch und Flossfeder, so kann das türk. *kaš* dem magy. *has* als viel näher stehend betrachtet werden.

115. *haszon* = Nutzen, Vortheil, Gewinst.

finn. *kasvaime* = accretio incrementum | t. t. *kazan* = gewinnen
| *kazanč* = Gewinst.
mord. *kaśi* = wachsen
čer. *kušk* = crescere.

Aus der im türkischen Beispiele ersichtlichen transitiven Form wird es klar, dass die Stammsilbe *kaz* den Grundbegriff von Reichthum und Fülle enthält. *Kazan* heisst daher sich bereichern, und mittels des Adjectivsuffixes *dak, dek* ist das magy. *kazdag, gazdag* = reich entstanden.

117. *hát* = Rücken; *hátul* = pone, a tergo.

wog. *kute* = hinter | uig. *kat, katin* = rückwärts
mord. *kutmere* = Rücken. | *katra* = zurück.

165. *húr* = Saite, Darm; *hurók* = Schlinge, Lazzo.

finn.	*suole* = intestinum
est.	*söl* = Darm
lp.	*čole* = Darm
mord.	*sula* = Darm.

kirg.	*kur* = Band, Gurt
	kuruk = Schlinge, Lazzo.

Die Grundbedeutung von *húr* ist daher nicht Darm, wie Budenz annimmt, sondern Band, Strick.

883. *id* = feierlich, Feier (*id-nep*, *in nep* = dies festus); *üd* = heil; *egy*, *igy* = heilig (*egy ház* = Gotteshaus, *igkü*, *egki*, heute *hegykö* = Heiligenstein), Gott, Herr.

lp.	*čavdes* = ganz, unverletzt.

Nur das Vertrauen in die berühmte „Methode" kann es gestatten, das lp. *čavdes* mit dem magy. *id*, *üd* zu vergleichen, dort, wo das türkische Beispiel *id*, *it* vorhanden ist.

uig.	*it*, *id* = heil; *itük* = gut, heilsam
	itki = heilsam
	it, *ite* = Herr, Gott
čag.	*egc*, *eje* = Herr, Gott
alt.	*ee* = Herr, Geist (*tu eezi* = Berggeist).

892. *ill* = laufen, verlaufen; *illat* = Geruch.

Budenz sucht die Analogie zu *ill* auf dem Umwege, indem er von dem ugr. *jog* (fliessen) erst ein *jogl*, *jorl* supponirt und dieses in ein sich *ill* verwandeln lässt.

čag.	*ilga* = laufen, rennen
	ilči = Bote
	ijla, *ila* = riechen (Budagow I, 88).

Mit Bezug auf die begriffliche Analogie zwischen riechen und laufen vgl. t. t. *kok* = wehen mit *koku* = Geruch; *es* = wehen mit *is* = Geruch.

885. *idö*, *üdö* = tempus, aetas.

wog.	*entäp*, *entep* = Gürtel
	ent = umgürten
ost.	*endep* = Gürtel.

uig.	*üd*, *üt* = Zeit
	üdi, *üti* = manchmal
alt.	*öj*, *üj* = Zeit (vgl. mong. *üdcle* = alt; *üdögöe* = noch nicht, eigentlich unzeitlich).
čag.	*üžür* = Zeit, Epoche.

Budenz vergleicht den Begriff Zeit mit Ring, Kreis, was wol auf den Begriff Jahr (siehe meine „Primitive Cultur des turko-tatarischen Volkes", S. 163), nicht aber auf Zeit passt.

890. *ij*, *iv* = arcus.

ost.	*jögot* = Bogen
wog.	*jqut* = Bogen
mord.	*jonks* = Bogen
čer.	*jongež* = Bogen
finn.	*jontse* = Bogen
lp.	*juoks* = Bogen.

t. t.	*jaj*, *jej* = Bogen
	ejgi = Bug, Biegung *
	ej, *eg* = biegen.

	* Budagow I, 202.

888. *igen*, *igön* = valde.

ost.	*šenk* = gross, schwer.
Budenz hat das ost. *šenk* in §. 836 schon einmal mit dem magy. *egész* verglichen. Aus demselben Grunde möchten wir das türk. *egis* = hoch und *ögüš* = viel hier wieder in Betracht ziehen.

osm.	*eñ*, *eng* = sehr (Partikel zur Bildung des Superlativs, z. B. *eñ böjük* = der grösste)
t. t.	*engen* = sehr, viel, gross (Budagow I, 74).

894. *in, inas* = Knecht, Diener.

wog. *man* = klein, jung
ost. *mona* = jüngerer Bruder
lp. *manu* = infans.

čag. *ini* = der jüngere Bruder
inag = Regent, ursprünglich der
jüngere Bruder des Khaus in
den Khanaten
inicke = sehr klein, dünn, von
ini und dem Diminutivum *čke*.

Bezüglich der Identität der Begriffe klein, jung und Diener stimme ich
mit Budenz vollkommen überein.

895. *in* = Flechse, Sehne.

finn. *suone* = vena
mord. *san* = Ader
čer. *sön, sün* = Sehne
lp. *suonu* = Sehne
zürj. *sön* = Sehne
wog. *tän* = Sehne
ost. *ton* = Sehne.

t. t. *sinir* = Sehne, nervus.

Dass im magy. *in* der anlautende
Sibilans verschwunden, das steht
ausser Zweifel, doch in vocalischer
Beziehung ist die Verwandtschaft mit
dem türk. *sinir* eine grössere.

900. *int, imt* = winken, ermahnen.

čag. *inde, imde* = ein Zeichen geben,
winken (Budagow I, 213).

Budenz urtheilt ganz richtig, wenn er in der Grundbedeutung von *int*
den Act der Bewegung vermuthet, nur seine Anreihung an das magy. *emel*
und an das ugr. *elm* und *aľal* ist grundfalsch und wie gewöhnlich bei den
Haaren herbeigezogen, da selbst in diesem Falle das t. t. *kim* = rühren,
bewegen einen bessern Anhaltspunkt bietet, von welch letzterm der auslautende Gutturale weggefallen ist.

906. *ismer, esmer, ösmer* = kennen, erkennen.

Siehe *ész* = Verstand. Professor Budenz vergleicht dieses magyarische
Wort mit dem finn. *ymmärtä* = intelligere und dem wotj. *rizmo* = verständig,
indem er von einem supponirten wotj. *rizm-r, vežmžr* den labialen Anlaut
verschwinden lässt, und so ein dem magy. *esmer* analoges Beispiel erhält;
dies alles nur um dem natürlichen türkischen Analogon *ismar, esmer, ismarla,
esmerle* = im Sinne einprägen auszuweichen.

907. *isten* = Gott.

finn. *isä* = pater; *iso* = magnus
lp. *ačče* = pater.

pers. *izdan* = Gott.

Ueber den historischen Zusammenhang dieses persischen Lehnwortes
im Magyarischen wird weiter unten im Abschnitte über die alte Religion
die Rede sein. Hier wollen wir nur speciell auf die von Budenz zur Begründung seiner Theorie vorgebrachten Argumente reflectiren, die auf Folgendes hinausgehen. Herr Budenz meint, dass die Magyaren im Worte für
Gott den Begriff Vater verstanden, weil man im Magyarischen *isten nyila*
(Gottes Pfeil) sagt, und weil im Finnischen *ukko* = Grossvater als Gott des
Donners dargestellt wird; weil zweitens die personificirte Gottheit auch in
andern ugrischen Sprachen dem Begriffe Vater und Himmel-Vater oder
Himmel-Väterchen entspricht; drittens, weil das finn. *isä* (Vater) ausserdem im magy. *ös* (Ahne) vorhanden; viertens weil das Wort *isten* leicht
als Diminutivum *isken* ausgelegt werden kann, und weil schliesslich das

persische *izdan* in den türkischen Sprachen nie vollauf zu Hause sein
konnte. Diese sonderbare Logik können wir keinesfalls verstehen. Erstens
ist der Ausdruck *isten nyila* = Gottespfeil, d. h. Blitzstrahl noch lange kein
Beleg dafür, dass wir im finnischen *ukko* = Grossvater und Donnergott
eine identische Persönlichkeit mit dem *Isten* der Magyaren entdecken sollen,
denn so wie man *isten nyila* sagt, so sagt man auch *isten neve* (Gottes-
name), *isten áldása* (Gottessegen) u. s. w. Zweitens findet die lautliche Analogie zwischen dem finn. *isä*, lp. *aeče* (Vater, Alter) und dem magy. *ős* (Ahne)
im t. t. *ozo* = Vorderer, Alter, *eži* = älterer Bruder, *eski* = alt u. s. w. ein
nicht minder frappantes Beispiel und kann daher keinesfalls als speciell
finnisch-ugrische Verwandtschaft angesehen werden. Drittens ist die Annahme, dass das persische *izdan* im Türkischen sich nicht einbürgern konnte,
auch schon deshalb grundfalsch, weil erstens *iezdä* = Gott auch im Kumanischen gebräuchlich war (siehe Petrarca-Codex, S. 159); zweitens weil ein
anderseitig ähnliches Verhältniss eben von der Möglichkeit einer solchen
Einbürgerung uns überzeugt, wenn wir nämlich das persische Wort *chuda*
= Gott in Augenschein nehmen, das, weit und tief im Türkenthum verbreitet, nicht nur bei den halbmoslimischen Kirgisen, sondern sogar bei den
schamanischen Altaiern in der Form von *Kuda* (Gott) existirt; ja bei den
Nomaden Centralasiens ist dieses Wort mehr gebräuchlich als das t. t. *tangri*,
tingri (Gott); schliesslich weil das heute noch im Čagataischen gebräuchliche *ize*, *izi* * = Gott als Ueberbleibsel vom pers. *izd* zu betrachten ist.
Die gewaltsame Finnisirung des pers. *izdan* liegt daher offen auf der Hand.

* Siehe in Budagow das Wort أزل.

908. *iszam, iszankod* = gleiten, ausgleiten.

finn. *juokse* = currere.	t. t. *kizak* = Schlitten, Schlittschuh; eigentlich das Gleitende von einem heute nicht mehr gebräuchlichen Verbalstamme *kiz* eigentl. *kajiz* = gleiten, aus welchem nach Wegfallen des gutturalen Anlautes das magy. *isz* entstanden.

910. *itél, itél* = judicare.

wog. *ojt, ojtel* = ausspannen.	t. t. *ejt* = sprechen, sagen.

Budenz sucht den Grundbegriff des magyarischen Wortes für urtheilen
im concreten öffnen, spalten, indem er das griechische κρίνειν und κριτής
anführt, wozu natürlich das t. t. *jar* = spalten und *jargu* = Urtheil besser
entsprechen würde. Uns dünkt das t. t. *ajt, ejt* = reden (eigentlich öffnen
des Mundes) ein passenderes Analogon.

913. *íz, üz* = Geschmack, Geruch.

	čag. *is, iz, ij, it* = Geruch
	isle = riechen (eigentl. wehen; vgl. *kok* = wehen und *koku* = Geruch).

Dass Budenz geirrt, indem er die Begriffe Geruch, süss und Geschmack
in den ural-altaischen Sprachen für analog hält, darauf haben wir unter
édes hingedeutet. Noch klarer tritt das eigentliche Verhältniss in obigen
türkischen Beispielen hervor. Im Deutschen mögen die Begriffe Geschmack
und Geruch miteinander verglichen werden, doch das magy. *iz* (sapor) kann
nicht zu *üz* (odor) gerechnet werden.

173. *jó* = bonus; *jog* = dexter, jus; *gyógyul* = sanari.

wog. *jomas* = bonus, dexter
ost. *jem* = gut, schön
wotj. *umoj* = gut
čer. *jumo* = Gott
finn. *jumala* = Deus
ćst. *jumal* = Deus
jume = das frische Aussehen.

čag. *jak* = gut sein, schmecken
jakśi = schön, gut
ong = dexter
jagum, *jaum* = Annehmlichkeit
jagul = angenehm oder gut
werden.

Anstatt der von Budenz gebrachten gewaltsamen Etymologie bietet das türkische Etymon *jak*, *jav* einen viel sicherern Anhaltspunkt, und die finnisch-ugrische Stammsilbe *jom*, *jum* wird sofort als eine Zusammenziehung von *jagum*, *jaum* sich darstellen.

177. *jut* = gelangen, anlangen, hinkommen.

ćst. *jouda* = eilen, ankommen
finn. *jouta* = vacare a negotiis
lp. *jolte* = migrare ·
wog. *joχt* = kommen.

t. t. *jit*, *jet* = anlangen, ankommen.

2. *kaj-ács, kaj-la, kaj-sza* = gebogen, gekrümmt, krumm.

ugr. *kȝg* = biegen.

čag. *kaj-il* = sich biegen
kaj-ik = gebogen (Bud., II, 34)
alt. *kaji* = Bug, Saum.

7. *kap-ar* = scharren, kratzen.

finn. *kopara* = Pferdehuf
lp. *krepper* = Nagel.

kaz. *kob-a* = Graben, Furche
kobar = graben, Furche ziehen.

Weil das Pferd mit dem Hufe scharrt, und weil man mit dem Nagel kratzen kann, vergleicht Herr Budenz das finn. *kopara* mit dem magy. *kapar!*

8. *kar* = Arm.

lp.-finn. *garnel* = Elnbogen
wotj. *gir*, *gir-puñ* = Elubogen.

čag. *kar-ak* = Arm
kar-i = Armlänge
kar-i-la = mit dem Arm messen
kol = Arm, Hand
jak. *khar-i* = Oberarm.

10. *kar-ika* = Ring; *kar-ing* = sich im Kreise drehen; *kór-ász* = sich herumtreiben.

finn. *kuare* = Bogen, Halbkreis
lp. *kauvar* = eingebogen
čer. *korung* = ausweichen (?)

čag. *kor*, *kur* = Gurt, Umzäunung
kuria = Rohrzaun
kirg. *kor-a* = Zaun, Ring, in welchem die Schafe übernachten, Schutzmauer.

Hierher kann auch das čag. *körüñ* = Kreis, Gesellschaft, *kerte* = Zaun, und das alttürkische *kuril-taj*, *kurul-taj* = Versammlung gerechnet werden.

19. *kém* = Spion.

wog. *kälm* = Sendling, Bote.

čag. *keim* = heimlich, verborgen
keimür = verheimlichen, verbergen.

Dem Begriff Spion, d. h. geheimer Sendling, entspricht jedenfalls das türkische Beispiel besser als das finnische, da mit Sendling, Bote noch nicht die geheime Action ausgedrückt ist.

21. *kengyel* = Steigbügel.

mord. *känna* = Stiefel
čer. *kem* = Stiefel
zürj. *kem-kol* = Schuh und Strümpfe
finn. *kenke* = Schuh.

Budenz' Annahme, der auch Hunfalvy beistimmt, ist total falsch. Stiefelsohle oder das Untere des Stiefels, was Budenz als Grundgedanken im magy. *kengyel* entdecken will, ist vom Begriffe Steigbügel ganz verschieden.

alt. *kangaj, kengej* = Schneeschlittschuh.

Das gebogene Eisen oder Holz, folglich ein Bügel ist in begrifflicher und lautlicher Beziehung mit dem magy. *kengyel* identisch, dies um so mehr, da das eigentliche Steigbügel magy. *kengyel-vas* (i. e. Eisen-Bügel) heisst.

39. *kisért, késért* = versuchen, begleiten.

mord. *kiskeŕa* = zwicken, kneifen
finn. *kitke* = aushauen.

čag. *kečirt* = begleiten, d. h. vorbeigehen lassen, die passive Form vom Verbum *kečir*.

Herr Budenz will die Begriffsanalogie zwischen zwicken, aufbrechen (?) und untersuchen (!) zum Ausgangspunkt seiner Vergleichung machen, ein Feld, auf welches wir ihm keinesfalls folgen können.

41. *kive, ki, kü, kül, kün* = aus, aussen, hinaus.

finn. *kylä* = Dorf
ést. *küla* = Dorf.

kaz. *kül-äm* = äussere Form, Aussenseite.

Herr Budenz versteigt sich in unerklärlicher Weise auf folgende Erörterung. Er vergleicht Dorf mit Umgegend, Nachbarschaft, fremd — folglich ausserhalb der Heimat (?), daher mit aussen (!) identisch. Sonderbare Logik, nach welcher Stadt mit inwendig und Dorf mit auswendig, aussen identisch wäre!

49. *kosz* = Grind, eigentlich Brand, daher *koszmos,* *kozmás* = brenzlich, brandig.

ést. *kosk* = dicke Rinde
čer. *kokša* = Grindwunden am Kopfe.

čag. *koz* = glühende Kohle, Brand
kiz, kis = Hitze, Feuer
kirg. *koz* = sich entzünden, entflammen.

Herr Budenz will das magy. *kosz* von *koz* trennen und vergleicht letzteres mit finn. *kačam* = Rauch und wog. *koseml* = rauchen, was uns aber auch schon deshalb unstatthaft scheint, weil Brand und brandeln überall identische Begriffe sind.

47. *kor* = aetas, tempus.

finn. *korkea* = hoch; *korko* = Höhe
lp. *korad* = acclivis
zürj. *kir* = hegy
ost. *keres* = hoch.

čag. *kor* = Alter, Zeit (Bud., II, 73)
koron = zur Zeit (Bud., II, 79)
kari = alt
osm. *kart* = alt.
Hierher gehört noch die Redensart *okor* (st. *ol-kor*) sofort, im Kalkuttaer Wörterb. mit بلدم übersetzt.

55. *köldök, ködök* = Nabel.

lp. *kiäldak, kiäld* = chorda, fides, nervus
finn. *kiele* = Sprache
mord. *käl* = Sprache
wog. *kal* = stumm.

čag. *köndük* *{ = Nabel.
osm. *göbek* }

* Siehe Budagow, II, 139.

Herr Budenz findet es selbst seltsam, Sprache mit Nabel zu vergleichen und glaubt seinen kühnen Sprung dadurch plausibel zu machen, indem er in Sprache d. h. Zunge „ein langes herabhängendes Zeug" entdeckt, und mit diesem den Nabel identificirt (!!).

56. *kölyök* = catulus.

zürj. *koľk* = Ei.

t. t. *kel* = glatzig, haarlos
čag. *kelek* = glatte noch nicht raudig gewordene Frucht, das haarlose Junge der Thiere.

Herr Budenz führt andere Beispiele an, wo das Junge der Säugethiere und Vögel von einem und demselben Stammworte gebildet wurden, und gründet hierauf seine Combination bezüglich der Verwandtschaft des zürj. *koľk* = Ei (allerdings noch nicht das Junge der Vögel) mit dem magy. *kölyök* = catulus (!)

62. *köszön* = danken; *köszönt* = grüssen.

finn. *käske* = befehlen, vorladen
zürj. *kösji* = wünschen, wollen
wog. *kvoš* = grüssen.

uig. *köse* = grüssen, wünschen
kösüš = Gruss, Wunsch.

Wie befehlen, eine Handlung der Herrschaft, und danken, eine Handlung der Unterthänigkeit, miteinander zu vergleichen seien, darauf ist uns Herr Budenz die Antwort schuldig geblieben.

73. *kutat, kajtat, katat* = forschen, nachforschen.

finn. *koke* = properare, contendere, conari.

uig. *kot, kut* = unten, tief
kotlan = sich vertiefen
osm. *koji, koju* = unten
čag. *kojan* = untergehen
kirg. *kujan* = sich baden.

Wenn Budenz im supponirten finn.-ugr. *kag* den Grundbegriff von fluere, currere entdecken, und dieses als ein Abstractum des concreten suchen, untersuchen betrachten will, so dünkt uns das t. t. *kot, kut* = unten, tief doch viel geeigneter zu einer solchen Annahme.

77. *küld, kild* = schicken, senden.

finn. *kylvä* = serere, spargere
čer. *kešą, kišk* = jacere
mord. *kuči* = schicken.

t. t. *kiltür* = kommen machen. bringen.

Wenn die Begriffe seminare, ponere, jacere und mittere, wie Herr Budenz annimmt, in Verwandtschaft gebracht werden können, warum dürfte man dann nicht kommen lassen, gehen lassen und senden miteinander vergleichen?

79. *küzd, küszköd* = sich anstrengen.

lp. *kese* = trahere, veherc	t. t. *kista* = creifern, anspornen
finn. *kisko* = evellere	*kiskan* = ins Feuer gerathen;
ost. *kes* = ziehen, zerren	mit jemand eifern, beneiden.
wotj. *kisk* = ziehen, melken.	

Wer würde es bezweifeln, dass der Begriff Ereifern, Sichanstrengen zu Kämpfen, Sichanstrengen viel näher stehe als die Begriffe Ziehen und Kämpfen?

630. *mag* = semen, granum, nucleus.

ost. *mox* = junges Thier, Ei	kirg. *muk* = Beere, Korn
wog. *mongi* = ovum.	*kara muk* = Schwarzbeere
	kiril muk = Rothbeere.

Wenn Herr Budenz das ost. *mox* und wog. *mongi* mit dem magy. *mony* (ovum) vergleichen würde, hätten wir dagegen nichts einzuwenden, aber die Anreihung an *mag* (semen) dünkt uns keinesfalls statthaft.

629. *maga* = selbst, einzeln, allein; *magányos* = einsam.

wotj. *mugor* = Leib	alt. *maka* = selbst, allein (*maka katit*
zürj. *mögör* = Körper, Wuchs	*tar* = die Frauen allein)
čer. *mogur* = corpus.	t. t. *boj* = Körper, Wuchs, Länge,
	einzeln, selbst
	kaz. *bojum* = ich selbst
	alt. *poj* = ipse, Persönlichkeit

Die Begriffsanalogie zwischen ipse und corpus ist wol auch im türk. *et* = Körper und *öz* = selbst vorhanden, doch das magy. *maga* steht entschieden dem t. t. *maka, eventuell *mak, maj* viel näher.

632. *magas* = altus; *magasztal* = exaltare.

Budenz reiht das magy. *magas* (hoch) in die Gruppe *maga* (er selbst, Körper, Wuchs, Länge), was ganz richtig ist. Nur gibt das Finnisch-Ugrische keine so schlagenden Beispiele für eine derartige Analogie des Begriffes als das	t. t. *mak* = Lob, Verherrlichung *makta* = exaltare *moj, boj* = Länge, Höhe, Wuchs.

415. *nagy* = gross.

wotj. *mod* = Herr, Oberer.	alt. *naj* = sehr, stark, viel, gross
modde = multus, plures.	čuv. *nomaj* = viel, Menge
	moug. *nojan* = Herr, Fürst, Anführer
Budenz will infolge der Begriffs-analogie zwischen gross und vornehm und des lautlichen Zusammenhanges zwischen *mod, mand* und einem supponirten *nad* auf weiten Umwegen die gewünschte Analogie herstellen, doch schwindet seine bei den Haaren herbeigezogene Vergleichung, wenn wir in Betracht ziehen, dass das	*nojalik* = fürstlich *nojalagho* = herrschen *nojaragho* = herrisch sein, den Grossen spielen eine t. t. Stammsilbe *noj* = gross, er-haben mit mehr Recht voraussetzen lässt.

430. *nyak* = cervix, collum.

wog. *ńov* = moveri
ost. *ńogom* = laufen
zürj. *ńukledli* = biegen

t. t. *jaka* = äusserstes, oberes Ende, Rand, Kragen
jakala = erhaschen, packen,

Weil es im Magyarischen ein Zeitwort *nyakiut* = biegen gibt, will Budenz *nyak* = Hals mit dem Begriffe laufen, bewegen und biegen in Zusammenhang bringen. Viel klarer ist das Verhältniss zwischen dem magy. *ny* und dem

da es Herrn Budenz doch schwerlich gelingen wird zu bezeugen, dass die Begriffe Hals und laufen einander näher stünden als die Begriffe Hals und Kragen.

434. *nyargal* = rennen, galopiren.

finn. *karkaa* = citatim currere
čer. *kurguž* = currere
mord. *kurik* = bald, schnell.

čag. *jorgala* = reiten im schnellen Schritt
alt. *jorgolo* = galopiren
uig. *jori* = eilen
osm. *jorga* = Passgänger
jorgala = im Trab gehen.

Neben der lautlichen und begrifflichen Analogie zwischen magy. *nyargal* und türk. *jorgala* ein čer. *kurguž* anzuführen, vermag nur die unerhörte etymologische Gewaltthätigkeit.

442. *nyes* = glubere, deglubere.

lp. *ńaske* = glubere
čer. *ńüž* = scabere
finn. *niittä* = falce secare.

t. t. *ješi, ješ* = glätten, hobeln.
(Bei Budagow, II, 355 *ješi*, kirg. *žeši* = gladit.)

447. *nyir* = scheren.

ost. *ńogor* = hobeln
mord. *ńara* = rasiren.

čag. *jir*=ausgraben, abschneiden (So: *iki kulagi jirgali* = seine beiden Ohren sind abgeschnitten, Budagow, II, 355).

450. *nyom* = drücken, pressen, zudrücken.

Budenz reiht das magy. *ny* in die Gruppe *tom, töm* = stopfen, da er bezüglich der Regel des Lautüberganges zwischen *ny* und *tom* nicht verlegen ist, und dies alles nur um das natürliche und unzweideutige Verhältniss zwischen dem magy. *ny* und dem

t. t. *jum* = drücken, ausdrücken, zudrücken, schliessen
kaz. *jom*=zusammendrücken, pressen

um so leichter ignoriren zu können.

453. *nyúl* = sich dehnen, sich ausbreiten; *nyújt* = dehnen, ausziehen, ausbreiten.

lp. *ńuofčas* = zähe
wog. *ńüns* = sich dehnen
zürj. *ńužöd* = ausstrecken.

t. t. *jail, jujil* -- sich dehnen, sich ausbreiten
jajit = ausdehnen (ungebräuchlich).

Abgesehen von der sonderbaren Anreihung der Begriffe zähe und sich dehnen (?!), will Budenz in *nyúl* eine Stammsilbe *ńu*, in Verwandtschaft mit dem supponirten *úsg* (moveri) entdecken. *Nyúl*, einer Zusammenziehung vom türk. *jail* und *jajil*, liegt die Stammsilbe *jaj* = weit, offen zu Grunde.

459. *nyug, nyüg* = pedica, compedes, Fussfessel aus Stricken,
aber auch Last, Bürde, Hemmniss.*

finn. *niite* = licium textorum. | t. t. *jük* = Last.

* *Nyüg* bedeutet nach dem grossen akademischen Wörterbuche (Bd. IV,
S. 994) pedica, aber auch Bürde, Last, letzteres wol in metaphorischer
Bedeutung. Uebrigens ist es sehr fraglich, ob nicht das finn. *niite* dem
russ. *nita, nit* = Zwirn, Faden entlehnt sei.

919. *ok* = causa, ratio; *okos* = verständig; *okul* = klug
werden; *oktat* = belehren.

lp. *ruokate* = adsuescere.

uig. *ok* = Sinn, Bedeutung
    okuš = das Wissen, der Verstand
alt. *ukali* = verständig
čag. *oki* = verstehen; *oku* = lesen
    okut = lehren, jemand etwas an-
    gewöhnen.*

* Aus *ok* respective *ök, ög* ist ferner das Verbum *ögren, öjren* = lernen,
sich gewöhnen entstanden.

921. *ól* = Stall.

Budenz will in *ól* den Grundbegriff
von Lager, Schlafstelle entdecken, und
vermuthet in der Stammsilbe die
Grundbedeutung von schlafen, finn.-
ugr. *ol, al*. Diesem gegenüber halten
wir für viel wahrscheinlicher folgende
aus dem Türkischen fliessende Etymologie:

t. t. *agil, agul** = Stall (vgl. magy.
    akol = Schafstall)
čag. *avul, aul* = Gehöfte
alt. *aul* = Gehöfte.

* Bezüglich der Lautverwandlung
agil — ól vgl. magy. *ór* = Dieb mit
t. t. *ogri* = Dieb.

923. *ólcso, ócsó* = billig, wohlfeil; *ócsárol* = geringschätzen,
schmähen.

Budenz vergleicht *ólcso* mit dem
finn.-ugr. *ala-ul* (inferus) was wol im
Türkischen noch thunlicher wäre, da
sich hier die Analogie *alčak, alča* =
niedrig, nieder darbietet, und der Begriff niederer Preis wol einleuchten
wird. Wir erachten jedoch als näher-
stehend das

t. t. *uč, už* = verschwinden, abneh-
    men, aus welchem das Adjec-
    tivum
učuz, užuz = billig, wohlfeil ent-
    standen.
Nebst *učuz* sind mit *uz* noch folgende Beiwörter gebildet: *jav-uz*
(grausam), *sem-iz* (fett), *ogh-uz* (grob)
u. s. w.

931, *orom, ormó* = pinnaculum, Giebel.

Budenz irrt sehr, wenn er *orom*
in lautlicher und begrifflicher Be-
ziehung mit dem magy. *árnyék, arnyó*
=Schatten, und mit dem wog. *tarom*
= Himmel, Luft vergleicht. Die
Grundbedeutung dieses magyarischen
Wortes ist Giebel, Zinne, und als
solches kann es nur mit dem

čag. *orun, orn* = Anhöhe, Plattform,
    Thron, erhöhte Lagerstelle
ur = Erhöhung, Höhe
örük = Anhöhe
örü, öri = auf, aufwärts
verglichen werden.

933. orsó = Spindel.

Budenz reiht orsó in die Gruppe von örvény und erblickt ganz richtig in demselben die Stammsilbe or, rsgsr=sich kreiseln. Wir geben dieses Wort aber separat, weil das

čag. určuk, uršay = Spindel (nach der normalen Lautveränderung ak — ó) mit dem magy. orsó ganz identisch ist.

937. ö, ü = er, sie.

ost. teu
wog. täu
lp. son
finn. häne
mord. son
= er.

t. t. o, ol = er, sie.

Budenz findet, dass das magy. ö dem finn.-ugr. teu, täu vollkommen entspricht, folglich viel näher steht als das türk. o (ille, ipse). Die halsbrecherische Art, wie er dieses beweisen will, ist ungefähr dieselbe, die er bei az, oz §. 828 anführt, daher wir den Leser auf jenen Abschnitt hinweisen.

943. öldök = supercilium.

Budenz theilt öldök in öl und in eine Partikel dök, gleich köldök, und indem er öl mit wog. äl, zürj. vel, finn. yle = pars superior vergleicht, sieht er im magy. öldök die Grundbedeutung von szem föl (Oberauge). Dieser Etymologie gegenüber vermuthen wir in öldök ebenfalls ein el, öl = (türk.) vor, oben, und tük = (türk.) Haar, folglich Oberhaar, demgemäss das magy. szem öldök (Augenbraue) mit „Haare über dem Auge" zu übersetzen ist.

946. ör = Wächter; öriz = hüten, bewachen.

wog. ver = jung
ost. vel = unverheiratheter Mann
wotj. var = Knecht.

Budenz entdeckt in ör (ältere Form eur) den Grundgedanken von jung, Jüngling, Knecht, folglich Soldat, Besatzungsmannschaft einer Festung. Diesem gegenüber halten wir für wahrscheinlicher das Etymon (türk.) öür, ögür (daher das gedehnte ö im Magyarischen) = herumgehen, im Kreise sich bewegen, weil der Dienst der Wache bei nomadischen Reitern nicht im Stehen an einem Orte, noch weniger in einer Festung, sondern im Umkreisen des Lagerortes oder der Truppe besteht. (Siehe S. 294.)

947. örök = aeternus; öreg = alt, gross.

Budenz will die Zusammengehörigkeit von öreg und örök nicht anerkennen, daher er in letzterm die Grundbedeutung von viel, gross findet, und in diesem Sinne es mit dem finn.-ugr. äri, ari, är = viel, reichlich ver-

gleicht. Diesem gegenüber führen wir das

čag. irik, irig = gross, alt
jak. erge = alt

als passenderes Etymon an.

949. öröm = Freude; örül = sich freuen.

lp. arvok = alacer
finn. vireä = gnavus.

jak. üör = sich freuen
üörü = Freude
čag. irim = Fröhlichkeit.

Budenz vermuthet in arrok, das er an vireä anreiht, die Grundbedeutung von: flinke, hurtige Bewegung, daher Freude (!), bleibt uns aber die Erklärung schuldig, wie aus rigr, rsgsr, das entschieden ein langes ö zur Folge haben muss, das kurze ö im Magyarischen entstanden ist.

953. ös-vény = Pfad, trames.

zürj. *vošlal* = schreiten
wog. *nosil* = Schritt
finn. *askele* = schreiten
čer. *ošked* = gradi.

t. t. *aš, eš* = schreiten, überschreiten
alt. *ažu* = Gebirgspass, Weg über
Berge.

Dem magy. *ös-vény* steht das türk. *ašgan*, eventuell *ešgen* = das zu
Ueberschreitende am nächsten. Vgl. ferner *ešgen, ešgün* = das einen guten
Schritt hat.

956. öszve, öszszve = zusammen, vereint.

ost. *vaš* = eng
wog. *riš* = klein
zürj. *vösnid* = dünn, fein
mord. *riškine* = klein
finn. *vähä* = parvus.

t. t. *ez, es* = zusammendrücken, zu-
sammenbinden, zerquetschen,
zerdrücken (vgl. *ezgen* oder *ezi*
bao = Vereinigungsband).

Budenz erkennt im magy. *öszve* den Grundgedanken von eng, gering,
weil dessen Gegensatz *szélt* zerstreut bedeutet. Eben dieser Beweggrund
ist es, der uns dazu bestimmt hat, im türk. *ez, es* das Etymon zu suchen.

466. piszok = Schmuz.

zürj. *pež* = Schmuz
peža = unrein
wog. *poąs* = Schmuzfleck.

t. t. *pis* = Schmuz, unrein
pisle = beschmuzen (Budagow, I,
316)
čag. *pise* = Krätze
pečék = Fleck.

472. pota = Knoten, Auswuchs.

wog. *pajt* = Wange
ost. *poχtam* = Wange.

alt. *puda* = Auswuchs, Knoten.

Wie Wange, das Budenz schon einmal mit Seite vergleicht, nun mit
Knoten und Auswuchs verglichen werden konnte, ist mir rein unbegreiflich.

687. rokon = verwandt, anverwandt.

Budenz will dies von der Stammsilbe *ray* = anhaften erklären, doch
wozu das Schweifen in die Ferne,
wenn das t. t. *rug, uruk, rugun, ru-*
kun, urukun so nahe liegt?

tat. *rug** = anverwandt, Geschlecht
kaz. *ruv* = Familie, Geschlecht
ruvun = verwandt
čag. *uruk* = Geschlecht, Familie
urukun=anverwandt, von Einem
Geschlecht sein
kirg. *uruv* = Geschlecht
uruvun = verwandt.

* Vgl. Budagow, I, 128.

726. rüh = scabies.

finn. *rehnehe* = scabies.

tat. (Tobolsk) *ürü* = Ausschlag, Auswuchs (Budagow, I, 128).

336. *sajnál, sajla* = bedauern; *sajga* = schmerzen, brennen
(von Wunden).

finn. *haiku* = dolore afficiens, laedens aliquid
zürj. *šog* = Leid, Kummer, Gram.

t. t. *sajla* = erwägen, in Betracht ziehen
uig. *sagin* = sich bekümmern, sich betrüben
kirg. *sagin, sagu* = Trauer, Liebesgram, Schmerz.

Dass nach Wegfallen des frequentativen *g* oder *l* die Stammsilbe *saj* in der Bedeutung von *dolere* zu nehmen sei, wie Budenz annimmt, ist ganz richtig, doch in diesem Falle steht das türkische Beispiel viel näher dem Magyarischen als das finn. *haiku.*

348. *selp, selyp* = stotternd.

lp. *šolba* = blaesus.

kirg. *šalpi* (anschlagend, daher *tili šalpi* = mit der Zunge anschlagend = stotternd)
čag. *čalpik* = stotternd (von der Stammsilbe *čal, šal* = schlagen).

347. *sekély* = seicht, untief; *csekély* = gering, wenig.

lp. *coke* = vadum, brevia.

t. t. *ček, čik* = klein, winzig (auch *čegiz, čigiz*) nur als Diminutivum gebraucht
čag. *čeke* = kleines Geld, Scheidemünze.

350. *serdül* = aufwachsen.

est. *sirgu* = sich strecken
sirge = dehnen
mord. *serä* = Wuchs.

kirg. *sirek* = langbeinig, hoch aufgeschossen
serk = aufschiessen, aufspringen
serkek = auffahrend.

Vgl. *serény.*

351. *serény* = alacer, agilis; *serken* = expergisci.

finn. *herää, heräjä* = expergisci, erwachen
est. *erä* = erwachen
mord. *sirgese* = aufwachen
čer. *šorl* = munter werden.

čag. *seren* eilig, flink
čerken auffahren, sich eiligst erheben.

352. *siet* = eilen.

mord. *čije* = laufen
finn. *hihtä* = mit Schneeschuhen laufen, festinanter procedere
čer. *sil* = effugere
lp. *sälke* = conscendere in littus.

jak. *tietei* = eilen.
tietel = Eile.

Die Begriffsanalogie zwischen laufen und eilen gestehen wir gern zu, doch steht die Stammsilbe *tiet* dem magy. *siet* viel näher.

353. *sik* = glatt; *siját* = glatt, eben; *sima* = glaber, laevis.

wog. *sē* = wischen
sējkat = sich abwischen
mord. *sova* = schleifen
lp. *saije* = acuere
finn. *hijo* = schleifen.

alt. *čige* = glatt, gerade, eben
kirg. *sij* = gleiten; *sijdir*=gleiten lassen (*sijdirtib jazdim* = (die Feder) gleiten lassend habe ich geschrieben (Budagow, I, 654)
čag. *sima, siba, sij-dam*=glatt, eben
kaz. *sijpa* = glätten, streicheln
alt. *siba* = schmieren.

358. *sok* = viel.

čer. *šuko* = multus
zürj. *suk* = dicht, dick
ost. *sik* = dicht
lp. *suokes* = spissus, densus
finn. *sakea* = densus
wog. *sau, savu* = viel.

kirg. *sok* = viel, stark
t. t. *čok* = viel, sehr, stark
uig. *čok* = Macht, Stärke
čag. *čok* = vereinen, sammeln
čokar = Versammlung.

359. *sor* = Zeile, Linie (der Wortbedeutung nach Strich).

finn. *suora* = rectus
wotj. *šures* = Weg
ost. *šur* = Furche.

alt. *sïr* = liniiren, Furchen ziehen, zeichnen
t. t. *sïra* = Reihe, Linie
čag. *čigir* = Furche.

372. *sürol* = scheuern, reiben.

čer. *turž* = perfricare.

t. t. *sür* = reiben
čag. *sir* = wischen, abwischen
sïrîl = abgewischt werden.
osm. *sir* = kratzen
kaz. *sört* = scheuern.

373. *sül* = Stachel (*sül diszó* = Igel).

finn. *siili* = Igel
mord. *sejel* = Igel.

čag. *sül* = Stachel (*süllü bogdaj* = haariges, stacheliges Korn)
osm. *sülük* = Blutegel.

374. *süt* = backen, braten, kochen.

mord. *si* = Sonne, Tag
finn. *siintä* = von Ferne schimmern
wog. *saχ* = Sonne, Sonnenschein.

alt. *tül* = verkochen (Gram. alt. jazika, S. 277).

378. *sürü* = densus, spissus.

čer. *sire* = saepe.

čuv. *sura* = dicht, häufig.

Sowol dem magy. *sürü* als auch dem čuv. *sura* liegt die Stammsilbe *sok, sik* (dicht, fest) zu Grunde, aus welch letzterer das Causativum *sokur, sikir*, eventuell eine Adjectivform *sokruk* und *sikrik*, daher ein *soûru, siri* entstanden.

271. *száj* = erstes, dünnes Eis.

lp. *čuoke* = superficies terrae glacie obducta.

čag. *szang* = dünnes Eis.

275. *szalag* = vinculum, ligula, Band.

finn. *sito* = ligare
ést. *sidu* = binden
mord. *sodi* = binden.

Ich halte *szalag* für nächstverwandt mit dem magy. *sallang* Riemenfranse und dem t. t. *sallak* -- das Herabhängende, von der Stammsilbe *sal* = herabhängen.

274. *szál* = dünner, langer Körper, Halm. Stengel.

finn. *salko* = pertica longior
ést. *sale* = dünn, schlank
zürj. *sol* = zugespitzter Pfahl.

čag. *tal* = einzelner Baumstamm, Baum, Stange*
jak. *sala* = Zweig.

* Vgl. *bir tal jigač* mit dem aequivalenten magy. *egy szál fa*, d. h. ein Baum, eigentlich ein Stück Baum.

276. *száll* = sich auf- und niedersteigend bewegen, fahren.

finn. *saa* = venire, pervenire
ést. *sä* = wohin gelangen
sodu = Gang
čer. *su* = pervenire.

t. t. *sal* = auflegen, aufstellen, werfen, legen, setzen, bewegen mit einem Worte der Begriff der verschiedenartigsten Bewegung (vgl. Bud, I, 690—91).

281. *szárny* = Flügel.

finn. *haara* = ramus major, partes divaricantes
lp. *suorge* = ramus
mord. *suru* = ästig.

kaz. *jarun, jarin* = Schulterblatt, vgl. russ. *krilo* = Flügel und *kriltza* = Schulterblatt.

Im Ugrischen eine in begrifflicher Hinsicht allzu kühne Etymologie, neben welcher das türkische Analogon um so mehr Wahrscheinlichkeit hat, als in lautlicher Beziehung *j*, *s* und *sj* untereinander abwechseln.

286. *szegény* = pauper. miser.

lp. *segge, segges, seggok* = gracilis, subtilis.

uig. *čikaj* (= arm
osm. *zögurt*)
čag. *sököl* = leidend.

Wie die Begriffe dünn und fein mit arm und elend verglichen werden können, ist uns nicht ganz einleuchtend.

293. *szép* = schön.

lp. *čabbe, cabbes* = pulcher
finn. *hyvä* = bonus

uig. *süb, säb* = schön
jak. *söb* = richtig, passend.

Die Analogie der Begriffe schön und gut, die auch Budenz anerkennt, tritt im Türkischen noch offenbarer als im Finnisch-Ugrischen hervor.

301. *szin* = Farbe. Schein. Oberfläche.

Budenz supponirt in *szin* eine ursprüngliche Form *sj*, finn.-ugr. *tsg* (scheinen), von welcher der Stamm *szej-ne* (?), *szine* entstanden sein mag.

alt. *sin*) = Aussehen, Schein,
čag. *sin* (= Farbe.
kaz. *sin, sun*)
Vgl. Budagow, I, 636.

35*

306. *szó, szav, szól* = Wort, Gerede, reden.

wog.	*suj* = Laut, Stimme, Ruf
ost.	*sij* = Stimme, Laut, Gerücht
zürj.	*si* = Wort, Stimme
finn.	*hoke* = verba eadem repetere
	soi = sonare
ést.	*hage* = schreien
lp.	*čuoje* = sonare.

čag.	*sau** = Wort, Nachricht
	sau-či = Bote
	sor-ak = Wort
osm.	*señ-ži* = Bote, Wortführer
	söjle = reden.

* Von *sau, seü* ist das Frequentativum *söz* = Wort entstanden. Vgl. magy. *szó* mit *szóz-at* = Wort, Rede.

207. *szok* = suescere, sich gewöhnen.

finn.	*sopi* = aptum esse.
ést.	*sobi* = sich vertragen
wog.	*čopeltaχt* = sich versöhnen (?)
ost.	*sovi* = Sitte
mord.	*sova* = eingehen.

t. t.	*sok* = eingehen, hineingelangen, hineingerathen (vgl. Budagow, I, 710).
	Vgl. das deutsche gewöhnen und hineinkommen.

309. *szomoru* = tristis, moestus.

finn.	*sumu* = nebula, vapores in aere
ést.	*sumeda* = trübe, Nebel
lp.	*sobmo* = Nebel.

t. t.	*somraj* = armselig, unglücklich
čag.	*somsur* = traurig, düster.

310. *szop, szip, szir* = saugen, schnupfen.

čer.	*šupš* = trahere
wog.	*sipg* = saugen.

čag.	*sipkar* = saugen
	sipozga = Flöte.

314. *szök* = saliri, aufugere, profugere.

lp.	*čäkke* = effugere
ost.	*sik* = sich stürzen, sich werfen
zürj.	*čeči* = aufstehen.

t. t.	*sek* = hüpfen, springen
	sekirt = rennen, fliehen.

316. *szörnyü* = atrox, dirus, schrecklich.

ost.	*serim* = sich verwundern
finn.	*hirmu* = terror, horror
ést.	*hirmu* = Schreck.

alt.	*süreen* = Schrecken, Staunen, Verwunderung
	süreendü = schrecklich.

Wenn Budenz den lautlichen Nexus zwischen *sör*, einem supponirten ugr. *sör*, und magy. *der-med* (erstarren) hervorhebt, so ist dagegen wol wenig einzuwenden, doch dünkt uns der begriffliche Zusammenhang zwischen mirari, indignari und amare viel zu gewagt, daher wir das Hereinziehen des magyarischen

316. *szeret* = lieben; *szerelem* = Liebe

in diese Gruppe um so weniger rechtfertigen, da die Analogie zwischen dem magy. *szer-et** und dem

t. t. *sev, sür, süj* = lieben, gern haben
viel zu augenfällig ist.

* Budenz nimmt ebenfalls eine Stammsilbe *szer* an, aus welcher durch Hinzugabe des momentanen *t* ein *szeret*, und des frequentativen *l* ein *szerel-em* entstanden ist. Vgl. *sér — sért — sérelem*.

317. *szösz* = Hanf oder Flachsfasern.

zürj.	*soź* = Faser, Hanffaser
ést.	*saske* = verwühltes Stroh.

kaz.	*sös* = Flachs, Hanf.

326. *szügy, szegy* – pectus jumentorum; *tögy* – Euter, Wange
(folglich der Grundbedeutung nach Erhöhung, Anschwellung).

finn. *syrjä* margo, ora
mord. *śrä* = Rand, Kante
čer. *šör* – acies anguli.

čag. *cöge* = die Brust des Kamels
töge Berg, Anhöhe, Geschwulst.

Budenz' gewaltsame Etymologisirung auf Grund einer Begriffsanalogie
zwischen Rand und Brust (?) ist einer jener traurigen Irrthümer, in die
dieser fleissige Forscher so häufig verfällt.

327. *szük, szük* = eng, schmal, selten.

finn. *snokka* – angustus, arctus, gra- | t. t. *sık* – eng, dicht, bedrängt, häufig
cilis. | *sik* – drücken, beengen.

328. *szün, szön* = aufhören, zu Ende gehen.

ost. *sogon, soχnî* = sich enden, zu | čag. *sön, sän* = ausgehen, erlöschen
Ende gehen. | (von Licht, Feuer und Sternen)
| osm. *soñ* = Ende
| tat. *sun* = Ende.

Begrifflich steht das ost. *sogon*, weil eine Verbalform, dem magy. *szün*
naher, doch lautlich ist dies nicht der Fall.

986. *tagad* = negare.

Nach Budenz in *tagad* ein Tran- | čag. *tang* = negare, abnegare
sitivum vom supponirten *tu* = stare, | *tangiš* = Leugnung,
folglich resistere (!?). Wir halten für | mit welchem das magy. *tag* lautlich
passendes Etymon das | und begrifflich ganz identisch ist.

197. *tanul* = lernen; *tanit* = lehren.

mord. *tonadï* = lernen, sich gewöhnen | t. t. *tani* = kennen, wissen
čer. *tűnem* = discere | *tanil* = erkennen lassen, lehren
finu. *tottu* = assuescere. | *tanul* = bekannt werden (vgl.
| Budagow, I, 731).

198. *tapod* = treten; *tapos* = zertreten; *tipor* = zertreten.

wotj. *tub* = hinaufsteigen | t. t. *tep* = treten, zertreten
tuban = Treppe | alt. *tapta* austreten einen Weg,
ost. *tupa, tuba* = Huf | zertreten.
čer. *tošk* = treten auf etwas. |

Die Grundbedeutung des magy. *tap* ist mehr heruntertreten, zertreten,
gleich dem türk. *tep*, und nicht hinaufsteigen, auftreten, wie in den ugrischen Beispielen.

200. *tár* = weit öffnen.

Budenz will in *tár* ein Analogon | t. t. *tal, tar*, die ältere Stammsilbe für
zum supponirten finn.-ugr. *tsy* ape- | weit, offen, aus welcher
rire entdecken, indem er eine ältere | *tala* - Ebene
Form *tsysr* vermuthet. Uns dünkt das | *tara, tere* Thal
| entstanden, dem magy. *tár* viel näher
| zu stehen.

201. *taraj, taréj* = Hahnenkamm.

ést. *turi* = Nacken, Schopf, Haare
lp. *čorge* = apex, quod summum est in aliqua re.

t. t. *tarak* = Kamm
čuv. *tercke* = Kamm.

Wie Haare am Hinterkopf mit dem am Vorderkopf befindlichen Kamm, übrigens so benannt von der Form des ähnlichen Geräthes (vgl. Etymol. Wörterb. §. 176) verglichen werden kann, ist schwer zu begreifen.

202. *tarol* = mähen, schneiden, eigentlich kahl machen, von *tar* = kahl; *tarló* = Stoppelfeld.*

Budenz will in *tar* eine Nebenform von *tör* (frangere) entdecken, blos um eine Analogie zwischen dem ugr. *tšyr* (scindere, frangere) zu schaffen, und bezweifelt demzufolge die eigentliche Bedeutung von decalvare, die Kresznerics bringt.

čag. *taz, tas* = kahl, glatzig
 tasla, tazla = kahl werden
jak. *taraga* = kahl
t. t. *tarla* = Ackerfeld (ursprünglich ein leeres, kahles Feld, dessen Gegensatz *ekin*=Saatfeld ist).

* Altmagyarisch *thorlu* = Ackerfeld, Feld. Vgl. *besenyö thorlu* = Petschenegen-Feld.

204. *tát* = öffnen.

lp. *čaute* = aufschliessen
mord. *suri* = graben
finn. *hauta* = scrops.
Budenz leitet das magy. *tát* von einer supponirten finnisch-ugrischen Stammsilbe *sšv (sšvš)* = aperire ab, und vergleicht letztere mit *sšg, tšg, tšjšt* und *tšvšt*. Diesem gegenüber glauben wir im

t. t. *tal* = eben, flach, offen und alt. *tag* = weit
 tagin = sich ausbreiten u. s. w. ein besseres Etymon zu entdecken, dies um so mehr, da vom magy. *tát* sich eine ältere Form *tált* voraussetzen lässt, welche in
 tagit, tagilt = ausbreiten, zerstreuen zu erkennen ist.

208. *teg-nap, tege* = heri, gestern, der gestrige Tag.

finn. *taka* = posticus, quod tergo est
ést. *taga* = Hinterraum
zürj. *tön* = gestern (türkisches Lehnwort?).

čag. *tün* = gestern
 tüñe-gin = der gestrige Tag
osm. *düñ*[*] = gestern.

* Der nasale Auslaut im Türkischen ist im Magyarischen durch ein verwandtes *g* vertreten.

209. *tegesz* = Köcher.

wog. *tänt*)
zürj. *doz*) = Köcher.

kirg. *tegeš* = Köcher (siehe Radloff, Kirgisische Sprichwörter, Text, III, 1), eigentlich Gefäss, wo man etwas hineinsteckt, von *tig, teg, tik* = stecken).

212. *teker* = winden, drehen.

ost. *takil* = Locke, Büschel, Schopf
finn. *sykkä* = convolutum quid, rotundum.

čag. *tekir* = rund, Kreis
 tekre = herum
 tekren = sich kreiseln
osm. *tekerlik* = Rad, Runde
 tekirle = wälzen, im Kreise bewegen.

221. *tet, tetsz* = gefallen, merklich sein, sichtbar werden.

zürj. *tidal* = sichtbar sein
wotj. *tödi* = weiss, bleich
finn. *tähte* = signum (quo quid cognosci potest)
wog. *taj* = Ast, Baumast.

t. t. *tat* - Fleck, Zeichen, Merkmal
tatla = markiren, bezeichnen
(Budagow. I. 329).
čag. *tatu* = Zustimmung, Zuneigung
(Budagow, I, 721), Offenbarung
von Gefühlen.

226. *til, tilt* = verbieten, abhalten.

finn. *sulke* = claudere, occludere
ést. *sulge* = schliessen
mord. *solgi* = zuschliessen.

čag. *tij* = verbieten, abhalten
uig. *til* = verbieten.

230. *toj* = ovum parere; *tojás* = ovum (folglich partus).

ést. *tö* = holen, bringen
mord. *tuje* = bringen.

t. t. *toj, tog* = gebären, zur Welt
bringen
osttürk. *tochum, tokum* = Ei, partus.

Dass *tojás* = ovum in der That nur den abstracten Begriff wiedergibt, beweist die andere concrete Benennung dieses Begriffes, nämlich *monyoru* = Ei.

237. *tö, tör* = Stamm, Wurzelende, Grund.

finn. *tyre* = truncus
ést. *türi* = unteres, dickes Ende
zürj. *din* = dickes Baumende.

čag. *töb, tib* = Grund, Boden, unten,
unterer Theil, truncus.

238. *több* = mehr.

Budenz urtheilt ganz richtig, wenn er in *több* den Grundbegriff voll, Menge entdeckt, und eben aus diesem Grunde kann fragliches Wort eher mit dem

cag. *köb* = viel, zahlreich

als mit dem magy. *tel, töl* = voll, finn. *täyde* verglichen werden.

241. *tönk* = Klotz, das unterste Ende (*tönkre menni* = zu Grunde gehen).

finn. *tynke* = breve et abruptum quid, Stumpf
tyve = truncus
zürj. *din* = dickes Baumende
čer. *tüng* = stirps.

čag. *tönk* = unterster Theil des Baumes, Ende, Stumpf.

253. *töpöröd* = zusammenschrumpfen.

ést. *kiprase, kipratse* = runzelig
finn. *kiperä* = krumm
lp. *kebbrane* = contorqueri
zürj. *kür* = falten.

t. t. *tob* = Knäuel, Haufe
topla = sammeln
čag. *coporus* = sich zusammenstellen,
sich vereinigen.

245. *törpe* = Zwerg, klein, kurz, niedrig.

ost. *täbara* = eng, knapp
finn. *täpärä* = knapp, kurz.

čag. *cörpe* - Ferkel, das Junge des
Ebers.

249. *tür* = dulden.

Hängt nach Budenz mit *tart* = anshalten, ausdauern zusammen. Uns dünkt als viel näher stehend das

uig. *tür* - vermögen, ertragen
čag. *töz* - dulden, ertragen.

959. *ugor, ugra* = springen.

ost. *navir* = springen, hüpfen. | čag. *irgu* = springen, auffahren.

Das türk. *irgu* ist durch Metathesis aus *igru* entstanden, da bekannter-
massen das anlautende *r*, besonders vor einem Consonanten dem türkischen
Organ schwer fällt. So *barjam* statt *bajram* (Bairam), *barjuk* statt *bajruk*
(Fahne) u. s. w.

960. *ugyan* = zwar, fürwahr.

Wir stimmen mit Budenz überein, dass *ugyan*, ein permissives Adverbium,
von *ágyan* streng zu unterscheiden ist. Doch wenn wir schon als dessen
Grundbedeutung „verum" nehmen, so sehe ich nicht ein, warum man die
Stammsilbe *ugy*, anstatt mit dem finn. *tote* (verum) und lp. *tuodu* (studium)
nicht lieber mit dem türk. *uj* (passend, schicklich, recht) vergleichen sollte?

968. *út* = via, iter.

wog. *ruqt* = Wind	alt. *üt* = Oeffnung
ost. *röt* = Wind.	\ *ütte* = durchdringen
	čag. *öt* = vorübergehen.

Budenz erkennt an, dass *út* in erster Reihe Weg, fortschreitende Bewegung, und nur dann die Richtung der Bewegung darstellt; doch wie er
dann dazu kommt, iter mit ventus zu vergleichen, das will er damit erklären, dass er ad normam des Verhältnisses zwischen dem lateinischen v i a,
dem deutschen W e g und dem lateinischen v e h e r e in v e n t u s eine starke,
strömende Bewegung entdeckt, und daher an via, iter anreiht (!). Dieser
Ansicht gegenüber entdecken wir in *ut* den Grundgedanken von Passage,
freier Durchgang, was auch aus dem Frequentativum *utaz* = reisen, d. h.
sich einen Weg bahnen, ersichtlich wird.

969. *útál, utál* = spernere, abominari.

Budenz will in *utál* ein Frequentativum vom ost-wog. *ogot* (vomere)
entdecken. Dieser fernen und gewaltsamen Analogie gegenüber wollen wir
das

čag. *usal* = ekelhaft
kaz. *usal* = schlecht
    usulla = unangenehm machen
osm. *usan* = ekeln, verabscheuen
anführen.

889. *ügy* = Angelegenheit, Geschäft, Arbeit (*ügyefogyott* = dürftig, der keine Beschäftigung hat); *ügyekez* = sich bemühen, sich bestreben.

lp.   *vigge* = eniti, allaborare.

čag. *ud, üd* = Pflicht*, Schuld (Bu-
        dagow, I, 118)
bašk. *üš* = Geschäft, Arbeit
t. t. *iš* = Arbeit.

* Das Verhältniss zwischen Pflicht und Arbeit ist auch im magy. *dolog*
(Arbeit) zum Ausdruck gelangt, welches vom slaw. *dleg, dlog* = debitum
stammt.

974. *üres* = vacuus, inanis; *üreg* = Höhle; *ürit* = evacuare.

wog. *keuriñ* = hohl; *keur* = Inneres
zürj. *girk* = Höhlung
čer. *körgö* = pars interior
lp.   *kuoros* = vacuus.
    Während Budenz in *ür* ein ehe-
maliges *keur*, *käχr* und *kš̌grš* entdeckt,
und als Grundbedeutung den Begriff
Höhle, Räumlichkeit annimmt, glauben wir ein passenderes Etymon im

t. t. *ir, jir* (eventuell *ür*) = Ort,
        Raum, Platz

zu finden, dies um so mehr, als Budenz
selbst an anderer Stelle (§. 162) das
finn. *sija* = locus, spatium mit dem
magy. *hija* = Mangel vergleicht.

977. *üt* = cudere, ferire.

finn. *iske* = vi ferire
lp. *puskete* = ad aliquid offendere
zürj. *ički* = mähen.

čag. *küt* = schlagen, prügeln
kütek = Prügel.

584. *rágy* = Verlangen haben, trachten.

finn. *ruati* = exposcere, postulare, urgere
wog. *ruoil* = wünschen.

uig. *buk* = Verlangen, Wunsch
bukur = wünschen
jak. *bagu* = Lust, Verlangen
bagar = wollen
čag. *begen* = Gefallen finden
osm. *bejen* = gefallen.

601. *rél* = meinen; *réleked* = opinari.

wog. *raj, rau* = scheu, kennen, wissen
ost. *uj* = sehen, wissen.

t. t. *bil* = wissen, merken, kennen, erfahren.

614. *rezet* = führen; *rezér* = Anführer.

finn. *retä* = trahere, ducere
ést. *reda* = führen
čer. *rid* = ducere
mord. *räte* = ducere
wog. *rät* = anziehen
wotj. *ralt* = führen.

uig. *bözät, böszüt* = führen, leiten
bözütći = Führer
osm. *vezir* = Auführer.*

* Dieses Wort ist, wie ersichtlich, weder vom arabischen وزير noch vom persischen وزير entlehnt, sondern ist rein türkischen Ursprungs.

625. *vol, val* = esse (vala = erat).

finn. *ole*
ést. *olc*
liv. *vol*
mord. *ulc*
čer. *ul*
zürj. *vil*
wog. *ol*
ost. *ul*
} = sein, werden.

t. t. *bol**, ol* = sein, werden.

* Bezüglich des labialen Anlautes stimmen nur die magyarischen und türkischen Beispiele überein.

335. *zomok, zömök* = dicht, massiv, gedrungen.

zürj. *zumid* = fest, stark
finn. *tuuma, tuumi* = medulla rei
ést. *tümu* = Kern
čer. *tom* = nucleus.

osm. *som* = dicht, massiv
kirg. *žom* = vereint, versammelt
t. t. *jumuk* = gedrängt, dicht.

Vierte Kategorie,

d. h. solche Wortparallelen, die in keiner Beziehung gutgeheissen werden können, und daher gänzlich verworfen werden müssen.

.(28 Beispiele.)

802. *átall, általl* = nicht wollen, scheuen, sich gegen etwas sträuben.

ost. *vort* =· stützen
wog. *vort* = sich anstemmen.

Die von Budenz gemachte Analogie ist sowol lautlich als begrifflich unhaltbar. Erstens ist der magyarische Verbalstamm nicht *ált*, sondern *át* (das *l* ist eine im Magyarischen häufig vorkommende Lautzugabe, vgl. *hóld* —*hód*) und kann daher mit dem finn.-ugr. *vort* nicht verglichen werden. Zweitens ist die begriffliche Analogie die erdenklich kühnste. Budenz will die Begriffe sich stützen, sich stemmen an den Begriff sich widersetzen, opponiren, und diesen an obstinatus anreihen, auf welchem Wege er dann natürlich zur Vereinbarung der Begriffe „stutzig sein" und „sich scheuen" gelangt.

Dieser erzwungenen Etymologie gegenüber möchten wir das magy. *át* dem *ot, ut,* aus welchem das Verbum *otan, utan* = sich scheuen, sich schämen entstanden, anreihen, da dieses Etymon lautlich und begrifflich sich hierzu am besten empfiehlt.

500. *böjt* = jejunium.

čer. *pütö* = Fasten
wog. *pič* = fasten.

Das magy. *böjt* hat chedem *bejt* gelautet, und stammt vom deutschen Beth, richtiger Bethtag, was noch heute mit dem Begriff Fasttag identisch ist. Das čer. *pütö* hat die Grundbedeutung von trocken (vgl. finn. *pouta*) und ist hier nur in bildlicher Form gebraucht, weil unter Fastenkost im allgemeinen trockene Speisen verstanden werden. Vgl. čuv. *tibe kon* = Fasttag, wörtlich trockener Tag, ferner türk. *kuru aš* = trockene oder magere Kost.

509. *bün* = peccatum, delictum; *bünhöd* = peccare; *büntet* = punire.

wog. *mi* = geben
ost. *miji* = geben
mord. *mije* = verkaufen
finn. *mijy, mijö* = vendere.

Auf die schwierige Frage, wie die Begriffe geben, kaufen und Sünde miteinander verglichen werden können, antwortet Budenz folgenderweise. Man muss im Grundgedanken von *bün* = Sünde nicht die That, sondern deren Folge (!), d. h. *poena* = Busse entdecken, und weil letztere aus einer Werth- oder Geldbezahlung, Geldabgabe besteht, müssen folglich sündigen und geben analoge Begriffe sein. Wäre es nicht passender zu sagen: Herr Budenz hat sich stark vergeben, daher etymologisch gesündigt? Auf diese Weise wäre die Analogie wenigstens scherzhaft gutzuheissen! Und wenn schon im Magyarischen die Begriffe Sünde und Strafe für identisch gehalten werden, warum dürfte man nicht gleich in *bün* ein Fremdwort, und zwar das lateinische poena entdecken?

510. *büszke* = superbus.

finn. *miehe* = vir, maritus
ést. *mës* = Mann, Kerl
zürj. *meʒ* = Widder.

Mir dünkt *büszke* von *biz* (t. t. *büt*) glauben, Zutrauen haben entstanden zu sein, sowie das gleichbedeutende und gleichgebildete *hetyke* = stolz, von *hit* = Glaube.

881. *evez* = rudern.

mord. *eške* = rudern
zürj. *ölt* = schwingen.

Das mord. *eške* ist ein türkisches Lehnwort, vgl. čag. *eškek* = Schaufel, Ruder, und kann hier keinesfalls in Betracht gezogen werden; auch *ölt* = schwingen ist eine begrifflich und lautlich allzu kühne Analogie. Leichter lässt sich das magy. *evez — eviczkél* an *lebeg — leveg* anreihen.

513. *fagy* = frieren, gefrieren; *fáz* = frigere.

mord. *pali* = frieren
finn. *palele* = algere, frigere
ést. *pole* = brennen
lp. *pollto* = frigere, uri
wog. *pol'* = frieren.

Budenz reiht die Begriffe frieren und brennen aus dem Grunde aneinander, weil das Gefühl der übermässigen Kälte und Hitze auf den Körper ein gleiches Gefühl (?) hervorrufe, und weil die Pflanzen von dem Frost gesengt werden.

518. *fal* = Mauer, Wand.

finn. *puole* = pars dimidia
ést. *pole* = halb
ost. *puñil* = Seite
wog. *pal* = Hälfte
wotj. *pal* = Seite.

Abgesehen von der Unthunlichkeit, die Begriffe Mauer, Seite und Hälfte miteinander zu vergleichen, halten wir das magy. *fal* entschieden für ein deutsches Lehnwort, d. h. mit Wall identisch.

539. *fene* = ferus, trux, cancer.

mord. *pinä*}
čer. *pi* } = Hund
finn. *peni* = catulus
lp. *piädnak* = canis.

Der Versuch Budenz', im magy. *fene*, weil dies als wild, Brand, Krebs gebraucht wird, den Grundgedanken wildes Thier, daher Hund (!) zu entdecken, dünkt uns viel zu gewagt. Wir vermuthen dem gegenüber den Grundgedanken brennen (vgl. finn.-ugr. *pal* = brennen, kirg. *pala* = Wiesenbrand), *päj* = scheinen, glänzen.

571. *furesa* = sonderbar, possirlich. drollig.

lp. *puore, puorak* bonus
mord. *para* = gut
čer. *puro* = gut
zürj. *bur* = gut.

Budenz will die Begriffe sonderbar und gut dadurch vergleichen, dass er im magy. *furesa* nur ein gefälliges, daher gutes Auffallen oder Befremden entdeckt. Da müssen wir schon bemerken: eine sonderbare, aber keine gute Logik!

578. *fürész* = Säge.

ost. *pairt, parirt* = Balken
wog. *part* = Bret
finn. *parš* = Latte, Stange.

Die Begriffsanalogie zwischen Werkzeug und dem Erzeugniss des letztern, wie Budenz annimmt, ist hier keinesfalls zutreffend.

83. *gond, gondol* = Sorge, Sorge tragen, denken.

finn. *konehe* = Instrument, Werkzeug
lp. *kaudne, kaune* = Zeug, Instrument.

Herr Budenz will den Begriff instrumentum mit „ausgedacht, ersonnen" in Zusammenhang bringen, und dermassen eine Annäherung zwischen obigen wildfremden Begriffen erzwingen!

120. *ház* = Haus.

finn. *koto* = domicilium
ést. *kodu* ⎫
čer. *kudo* ⎬ = Haus.
wog. *krol* ⎭

Herr Budenz will das magy. *ház* vom deutschen Haus deshalb trennen, weil letzteres im Mittelhochdeutschen **Hus** gelautet hat, und dieses nach den Gesetzen der Lautlehre nicht in *ház* sich verändern kann. Dem gegenüber bemerken wir, dass sämmtliche auf **au** lautende deutsche einsilbige Wörter in der österreichischen Volkssprache, der nächsten Lehnquelle des Magyarischen, mit *a* ausgesprochen werden (vgl. Baum — Bám, Staub — Stab), und gewiss auch ehedem so ausgesprochen wurden. Es muss ferner betrachtet werden, dass das magy. *ház* im ältesten Sprachdenkmale *hoz* lautet, was ebenfalls mit jenen Gesetzen übereinstimmt, nach welchen die Lautveränderung der deutschen Wörter im Magyarischen stattgefunden. So z. B. deutsch Bauer, magy. *pór*; deutsch Hauer, magy. *hóér, hohér* (Scharfrichter); deutsch Käufer, magy. *kofar*; Laub, magy. *lomb* u. s. w. Das magy. *ház* oder *hoz* kann daher in beiden Richtungen mit dem deutschen Haus lautlich in Uebereinstimmung gebracht werden. Was das finn.-ugr. *kot, kudo, kote* u. s. w. anbelangt, so ist in demselben sehr leicht die gemeinsame ural-altaische Stammsilbe *kot, kut* = tief, Vertiefung zu entdecken, folglich der Grundgedanke des Begriffes Haus als primitiver Wohnort (vgl. t. t. *öj* = Haus mit *oj* = graben, *oj-uk* = Loch, Tiefe), und falls wir auch geneigt wären, das magy. *ház* mit *kot, kote* zu vergleichen, so könnten wir mit ebenso viel, ja noch mit mehr Anrecht die diesbezügliche Derivation auf dem t. t. Sprachgebiete vornehmen. Bezüglich der Unzulässigkeit dieser Etymologie vom Standpunkte der Culturgeschichte siehe S. 278. Der finnische Gelehrte Ahlqvist vergleicht das magy. *ház* mit dem italienischen casa (Haus).

173. *imád* = beten, anbeten (siehe S. 357).

14. *kedv* = Lust, Laune.

wotj. *kid, míl kid van* = Lust haben
ost. *kend* = Zorn
wog. *käntiñ* = zornig.

Kid kommt nur als Synonym von *míl* vor. Was hingegen die Begriffs-

analogie zwischen Gemüth, Muth, Zorn, Lust und Absicht anbelangt, auf
welcher die ganze Zusammenstellung beruht, so dünkt uns dieselbe ebenso
gewaltsam herbeigezogen wie der Vergleich zwischen

16. *kéj* = Lust; *kény* = freier Wille; *kijes* = reizend
und dem
  wog. *kiet* = schicken
  ost. *kit* = jagen, treiben u. s. w., |

worin Herr Budenz, nach der Begriffsanalogie zwischen laufen und
freier Lauf, treiben und Trieb, eine Aehnlichkeit im Ideengang zwischen dem magy. *kej* = Lust und dem ugr. *kiet* = schicken entdecken will!

40. *kiván, kérán* = wünschen, verlangen.
finn. *kaipaa* — sentio quid deesse, |
  careo, accuso
  kaipaus = Klage. |

Herr Budenz vergleicht mit dem magy. *kiv* noch das Verbum *hiv* =
rufen und kommt zu dem Schlusse, dass ad normam der Begriffsanalogie
desiderare und vocare das magy. *kiván* mit dem finn. *kaipaa* identisch sei!?

755. *les* = insidiose expectare, insidiae.
ost. *leili* = beaufsichtigen |
wog. *laskat* = lauern. |

An das magy. *les*, noch mehr aber an das wog. *laš* reiht sich das t. t.
jas = still, leise an, und ich betrachte daher den Grundbegriff nicht für
sehen, beaufsichtigen, wie Budenz dies thut, sondern für still sein, sich still
verhalten, daher ich auch als zu dieser Gruppe gehörend das magy. *lassu*
= still, leise betrachte.

770. *lyuk, lik* = foramen, fovea.
finn. *loukku* = fissura vel specus in |
  monte
ést. *lohk* = Spalt. |

Ob nicht etwa sowol die finnisch-ugrischen als auch die magyarischen
Worte für diesen Begriff dem deutschen Loch entlehnt sind?

658. *mered* = subrigi, erigi, extendi; *mereved* = erstarren;
    merö = lauter, ganz.

wog. *mär, märm* = eng, gedrängt |
zürj. *nir* = andrücken, anfdrücken. |

Schon die Gruppirung der verschiedenen Begriffe ist etwas kühn, noch
mehr aber die Logik des gegenseitigen Zusammenhanges, indem der Begriff
drängen, drücken als Hauptursache der Aufwärtsbewegung angegeben
wird, als wenn man mittels Drücken nicht auch eine Bewegung gegen ab-
wärts erzielen könnte!

656. *mer* = andere.

mord. *märge* = sagen, befehlen |
wog. *maert* — dringend verlangen, |
  fordern
ost. *mairt* = nach etwas streben. |

Die Begriffsverwandtschaft zwischen wagen, sagen und befehlen motivirt
Budenz damit, dass er im Wagniss ein Selbstbewusstsein der eigenen Kraft,
einen festen Willen entdeckt, der im Sagen, Befehlen Ausdruck erhält.
Daher die Analogie!

683. *mutat* = monstrarc, ostendere.

čer.   *mu* = invenire
mord. *muje* = finden
finn. *muista* = meminisse
ást.   *moista* = verstehen.

Budenz entdeckt im magyarischen Wort für zeigen den Grundbegriff finden lassen oder machen, ein Ideengang, der uns schwer einleuchten will, und jedenfalls zu den gewagten Hypothesen gehört.

684. *mü, mív* = opus, opificium; *mível* = thun, handeln, arbeiten.

wog. *maláj* = befühlen, angreifen
ost. *malij* = befühlen
zürj. *malal* = anrühren.

Ob die Begriffe fühlen, anrühren mit arbeiten, verrichten, thun identisch seien, muss jedem sehr fraglich erscheinen.

428. *nyáj* = grex, Heerde.

ost. *ňogo, ňoga* = Fleisch
      ňogajiň = fleischig, dick
wog. *ňiqul* = Fleisch
      ňoul = Leib, Fleisch.

Budenz versteigt sich hier zur Begriffsanalogie zwischen fleischig und dick, und indem er letzteres, übrigens nur eine Nebenbedeutung, an Masse, Menge, Fülle anreiht, will er die Aehnlichkeit zwischen Heerde und Fleisch nachweisen. Auf solch kühnen Ritt können wir ihm keinesfalls folgen!

685. *radó* = Stänker, Raufbold. (In der von Budenz bezeichneten Bedeutung Zerreisser, *ruha radó* = der seine Kleider nicht schont, wenig bekannt; übrigens sind die Begriffe *vi frangere* und Kleider zerreissen nicht sehr verwandt.)

finn. *runto* = vi frangere, contendere. |

694. *reg* = Morgen; *reggel* = mane.

ost. *riňgim, rinkim* = Nebel, Dun-|
      kelheit.

Budenz supponirt im magy. *reg* ein solches Wort, das früher Morgendämmerung bedeutet hat, daher die begriffliche Analogie mit dem ost. *riňgin*; ja Budenz geht sogar noch weiter und will in der Dunkelheit den Begriff alt, vorzeitig (magy. *rég*), weil das Vergangene uns dunkel ist, entdecken. Ein feines Specimen der Wan-Wau-Theorie! Was würde wol Herr Budenz sagen, wenn wir ihm anrathen würden, behufs Eruirung der Verwandtschaft des magy. *reg* sich beim türk. *erken* = früh umzuschauen, da ihm nicht unbekannt ist, dass *en* ein Adverbialsuffix, daher der Stamm *erk* richtiger *erek*, *ereg* = die Frühe gelautet haben muss, bei welchem das anlautende *e* als eine nur speciell türkische Lautunterstützung, im Tobolskischen z. B. *reken* lauten könnte, von einem ehemaligen dialektischen *rek* oder *reg* (Morgen, Frühe) anzunehmen wäre.

705. *részeg* = ebrius.

wog. *rej, re* {
ost. *riu*   } = Hitze, Wärme
zürj. *ru* = Dunst.

Budenz will die Identität dieser beiden Begriffe damit motiviren, dass

er auf einen analogen Ideengang im Türkischen hinweist, wo *is*, *ič* = trinken
und *is*, *iz* = Hitze, Wärme ein gemeinsames Etymon haben. Dieses ist entschieden ein Irrthum. Erstens kommt *is*, *ič* = trinken immer nur in hoch-
lautiger, *is*, *iz* = Hitze hingegen nur in tieflautiger Form vor. Zweitens ist
is oder *iz* nur eine Variante des ursprünglichen *kiz* = Wärme, von welchem
der anlautende Guttural (k) weggefallen ist. Budenz' Annahme, dass man
im Osmanischen *issi* und *issi*, d. h. tief und hochlautig aussprechen kann,
beruht auf einem Irrthum, daher wir seine Vergleichung des magy. *részeg*
mit dem finn.-ugr. *re*, *räu* für fehlerhaft erklären müssen. Um so sicherer
ist aber seine Annahme von der Verwandtschaft des magy. *réül*, *rivol*, *rivol*
(in Ekstase gerathen) mit obigen finnisch-ugrischen Wörtern.

719. *rossz* = schlecht, unbrauchbar.

finn. *raiska* = rejectaneum, quisqui-
liae, noxium
ést. *raisk* = Unbrauchbares.

Begrifflich ein allzu kühner Vergleich, da die Grundidee in den finnisch-
ugrischen Beispielen werfen, wegwerfen noch nicht den Begriff des magy.
rossz ausdrückt.

210. *teher*, *terh* = Last.

ost. *tägert*, *lägert* = schwer
wog. *tarvit* = Last
finn. *tärkeä* = gravis.

Mir dünkt das magy. *teher*, *terh* vom slawischen *tera*, *tjera* = Last abzustammen.

581. *vad* = wild, Wildpret.

lp. *vuovde* = Wald
ost. *unt*, *vont* = Wald, Berg, festes
Land.

Bei einer Vergleichung der Begriffe Wald und Wild drängt sich einem
der Gedanke auf, ob wol das ugr. *vuovde* nicht mit dem deutschen Wald
identisch sei; ferner ob das magy. *vad* nicht dem persischen *bad* بـاد = wild
(Richardson, S. 202: sharp, fierce) entlehnt sei. Wir halten letzteres für
wahrscheinlich und können der von Budenz aufgestellten Hypothese auch
schon deshalb nicht beistimmen, weil das ugrische Beispiel nur den Begriff
Wald, Berg, festes Land, nicht aber ferus (Wild) interpretirt, in welch
letzterm Sinne das magy. *vad* zu nehmen ist.

Beilage IV zur zweiten Abtheilung, Seite 250.

In Anbetracht dessen, dass ich im vorhergehenden Anhang das „Magyarisch-ugrische vergleichende Wörterbuch" des Professor J. Budenz besprochen, respective das gewaltsame, ungerechtfertigte und fehlerhafte Vorgehen bei nahezu zwei Dritteln der angeführten Analogien nachgewiesen habe, wäre eine Gegenkritik der vom besagten Gelehrten auf meine im VIII. Bande der „Nyelvtudományi közlemények" veröffentlichten magyarisch-türkischen Wortparallelen vor Jahren erschienenen Beurtheilung auch schon deshalb überflüssig, weil durch den Inhalt der besagten Beilage die vom Professor Budenz befolgte Methode von Grund aus erschüttert, deren Verwendbarkeit im allgemeinen stark in Zweifel gezogen werden muss. Doch in Fragen, wie die vorliegende, dürfen wir uns mit einfachen Deductionen nicht zufriedenstellen und müssen trotz der anerkannt heikeln Natur philologischer Controverse uns in Einzelheiten einlassen. Ich will selbstverständlich meinem geehrten Recensenten weder in der von ihm befolgten Art und Weise des Kritisirens nachahmen, noch seine Einwendungen der ganzen Länge und Breite nach berücksichtigen, das heisst, ich will ihn nicht des Betruges und der Falschheit zeihen, wie er es mir gethan, noch meine Antikritik auf seine sämmtlichen Einwendungen erstrecken. Dieses würde uns viel zu weit führen; doch weil ich vom Grundsatze ausgehend, nicht derjenige ist immer im Recht, der das letzte Wort gesprochen, an dieser leidigen Discussion mich nicht mehr zu betheiligen gedenke, so konnte ich nicht umhin, die Einwendungen des gelehrten Vertreters der gegnerischen Ansicht dem Hauptwesen nach zu beantworten.

Vor allem muss ich bemerken, dass meine in Frage stehende Arbeit nur in der Form eines ersten schwachen Versuches erschien, eines Versuches, nicht ungleich demjenigen, den Herr Budenz selbst vor nahezu 14 Jahren auf dem Gebiete der finnisch-ugrischen Sprachforschung veröffentlicht, und von welchem er in seiner heutigen Arbeit mehr als die Hälfte desavonirt hat. Auch bei mir hat sich mein Standpunkt in dieser Frage bedeutend verändert, indem durch das negative Resultat der Budenz'schen Arbeit meine frühern Muthmassungen bezüglich des ebenso unbedeutenden finnisch-ugrischen als des vorherrschend türkischen Charakters im magyarischen Wortschatze die Form einer festen Ueberzeugung angenommen, und ich in vielen

Punkten nun ein endgültiges Urtheil abzugeben im Stande zu sein
glaube. Herr Budenz theilt bekanntermassen meine Wortparallelen
in drei Klassen: 1) richtige oder einstweilen für richtig befundene
Gleichungen; 2) scheinbare Gleichungen; 3) unrichtige und nicht einmal
scheinbare Gleichungen. Da nun die erste Kategorie im vorhergehenden Anhange schon berührt wurde, indem wir die Unzulänglichkeit der
Annahme von einer Urverwandtschaft nachgewiesen, andererseits die
nicht genügend motivirte Distinction zwischen urverwandtem und ent-
lehntem Wortschatze hervorgehoben, so wollen wir uns hier nur mit
der von Budenz aufgestellten zweiten und dritten Kategorie beschäftigen und folgende Bemerkungen vorausschicken. Ich finde vor allem
die Waffen, mit welchen Herr Budenz gegen meine Wortparallelen los-
zieht, weder passend noch geeignet, um den von ihm angestrebten Umsturz meiner Ansichten zu erreichen. Mein gelehrter Gegner legt
erstens allzu viel Gewicht auf das Osmanische, auf diesen seiner türkischen Primitivität so vielfach entkleideten Dialekt, der bei einer
Erforschung des magyarischen Wortschatzes auch schon deshalb nicht
entscheidend wirken kann, weil der türkische Wortschatz des Magyarischen sich in merklicher Weise dem Osttürkischen nähert und
überhaupt den Stempel jenes Zeitalters trägt, in welchem das Osmanische noch gar nicht existirte. Zweitens schenkt Herr Budenz dem
Bianchi'schen Wörterbuche, bekannterweise die seichteste Arbeit bezüglich des eigentlich türkischen Wortschatzes, ein viel grösseres Vertrauen, als eigentlich nöthig wäre, und hätte er anstatt dessen
lieber sich des „Lehčei Osmani" von Ahmed Wefik Pascha bedient und
im allgemeinen bezüglich des Osttürkischen ausser meiner speciell auf
das Türkische der drei Khanate sich beziehenden Arbeit noch die Lexika
von Budagow, der Mitglieder der altaischen Mission, des französischen
Gelehrten Pavet de Courteille gebrauchen können, so hätte er mehr
als einen Fehler vermieden.

Was ich Herrn Budenz aber in seiner Kritik am meisten ver-
arge, das ist der Geist einer übereifrigen Parteilichkeit, der überall
in seiner Beurtheilung hervortritt, und namentlich in solchen Fragen,
wo das etymologische Kriterium zu entscheiden hat, keinesfalls an
seinem Platze ist. Die Ausstellungen, die Herr Budenz in besagten
zwei Kategorien zu machen hat, beziehen sich theils auf lautliche,
theils auf begriffliche Motive, je nachdem er in den vorgebrachten
Gleichnissen die lautliche oder begriffliche Congruenz für unzulässig
hält. Wäre Professor Budenz nicht selbst der Mann, der durch die
kühnsten und verwegensten Aneihungen in begrifflicher Hinsicht sich
hervorthut, so würden wir seine Ausstellungen leichten Herzens hinnehmen. Doch wir erlauben uns die Frage, wie kann ein Sprachforscher, der die Begriffe: sündigen und geben (509), Mauer und Hälfte
(518), Wild und Hund (539), sonderbar und gut (571), Sorge und
Instrument (83), Lust und schicken (16), wünschen und rufen (40),
wagen und befehlen (656), zeigen und finden (683), Werk und befühlen
(684), Heerde und Fleisch (428), Morgen und Dunkelheit (691) Flügel
und Ruder (281), Hügel und Insel (263), umfallen und geboren werden

(266), Gras und schneefreie Stelle (574), Linde und Baumrinde (112), begleiten und kneifen (39), draussen und Dorf (41), Nabel und Sprache (55), danken und befehlen (62) u. s. w. nicht nur miteinander vergleicht, sondern in vielen Fällen als analog darstellt, wie darf ebenderselbe Forscher es auf dem Gebiete anderseitiger Etymologien als irrig betrachten, wenn man die Begriffe: überströmen und viel werden, umhergehen und gehen, weglassen und loslassen, düster und Dunkel, gehäuft und reichlich, herausnehmen und herausziehen, theilen und halbiren, umhersehen und suchen, Rücken und Hintertheil u. s. w. als miteinander vereinbar darstellt? Von gleicher Natur sind auch die übrigen, ja die meisten Bemerkungen meines geehrten Gegners bezüglich des innern Werthes, d. h. der Haupt- und Nebenbedeutung der in Frage stehenden und von mir als analog bezeichneten türkischen Wörter. Wollten wir bezüglich dieser Auslassungen in eine Gegenkritik uns einlassen, so würde hierzu eine auf mehrere Bogen sich erstreckende Arbeit kaum hinreichen, ohne dass wir angesichts der Verfänglichkeit der etymologischen Streitereien dem eigentlichen Ziele uns nähern würden. Von den vielen gewaltthätigen Verdrehungen meines geehrten Recensenten seien hier nur einige hervorgehoben. Herr Budenz findet unstatthaft die Analogie des magyarischen ös (Ahn) mit dem jakutischen ese (Grossvater) und dem osmanischen eski (alt), weil nach seiner Ansicht das osmanische eski nur auf Dinge und nicht auf Menschen sich bezieht. Nun, warum hat er das magyarische kor = aetas mit dem finnisch-ugrischen korkea = hoch, korad = acclivis und kir = Berg verglichen? Ist diese Analogie etwa einladender oder natürlicher? Und weiss er denn nicht, dass das altaische ozo, oso = Alter, Alterthum diese unsere Analogie begrifflich sowie lautlich vollauf rechtfertigt? Höchst sonderbar klingt Herrn Budenz' Bemerkung, dass das magyarische góbé (kahl, halbnackt) mit dem uigurischen kobi (leer, nackt), nicht verglichen werden dürfe, weil ersteres nur ein unbedeutender localer Ausdruck sei. Pardon! Góbé oder kópé ist keineswegs „local", denn es verhält sich zum magyarischen kopár (nackt) ebenso wie das uigurische kobi zum turko-tatarischen kovar, kobar (erblassen). Ferner: wer baut mehr auf locale und dabei noch fehlerhaft gebrauchte Wörter als Herr Budenz, wenn wir sehen, welche Rolle er in seinen Vergleichen solchen Wörtern zumisst wie: bitos, pirkot, pota, renyhe, regelye, réül u. s. w., deren localen Charakter er selbst eingesteht?

Bei meiner Vergleichung des magyarischen az, ez mit dem türkischen oč, iš bemerkt Herr Budenz, dass letzteres im Türkischen nie einzeln gebraucht werde. Nun, so bitte ich ihn, bei Budagow das Wort اوص nachzuschlagen, und er wird finden, dass es im Kirgisischen auch selbständig gebraucht wird.

Herr Budenz beanstandet meine zwischen dem magyarischen epe (Galle), und dem türkischen öpke (Zorn) gemachte Analogie, weil letzteres Wort ihm nicht im concreten Sinne von „Galle" bekannt ist. Ich frage nun: sind „Gift und Galle" denn so verschiedene Begriffe, dass deren Aneinanderreihung als Fehler betrachtet werden könne, und namentlich bei ihm, der §. 218 die Begriffe Lunge und Zorn vergleicht? Zu meiner Analogie bezüglich des magyarischen húr = Saite und des türkischen kur bemerkt Herr Budenz, dass húr nur „Darm" bedeute, daher mit kur nicht verglichen werden könne. Woher Herr Budenz die Wissenschaft genommen, dass húr Darm bedeute, kann ich mir nicht erklären; er hat sich doch nicht vom slawischen hurka = Wurst hierzu verleiten lassen? Und ist es denn gänzlich seinem aufmerksamen Scharfsinn entgangen, dass magyarisch hurok = Schlinge, Lazzo (türkisch kuruk = Schlinge) eben aus húr und kur entstanden? Herr Budenz bezweifelt, dass das türkische jañ richtig mit aufflammen, lodern übersetzt sei. Nun, ich bitte ihn, bei Budagow nachzusehen, und er wird finden, dass ich keinesfalls eine Fälschung verübt habe, denn die russische Uebersetzung vospalennii, pazar u. s. w. ist doch von unserer Uebersetzung nicht allzu weit entfernt.

Herr Budenz wirft mir vor, dass ich beim Vergleichen des magyarischen magas (hoch) mit dem türkischen maku == Lob in letzterm Worte die concrete Bedeutung von hoch erfunden habe. Ich erlaube mir die Frage: ist denn die Annahme einer lautlichen Verwandtschaft zwischen mak, eventuell maj und baj, bag = hoch, erhaben in der That zu kühn? Und ermuntert das Verhältniss zwischen magyarisch magas = hoch, und magasztal = lobpreisen, lateinisch altus und exaltare, wie auch eine Menge sonstiger Beispiele nicht zu einer derartigen Annahme? Und hat Herr Budenz selbst nicht fast auf jedem Blatte seines vergleichenden Wörterbuches zu hundertfach kühnern begrifflichen Analogien sich hinreissen lassen, zu jenen Analogien, von welchen wir S. 562 fg. einige Specimina geliefert?

Herr Budenz findet, dass ich beim Vergleiche des magyarischen szak (Abschnitt) mit dem türkischen čak (Bruchstück) einen absichtlichen Fehler beging, weil letzteres Wort gar nicht türkisch, sondern persischen Ursprungs sei. Nun scheint aber Herr Budenz vergessen zu haben, dass čag. čak ein alttürkisches Wort in der Bedeutung von Stunde, Zeit, recte Zeitabschnitt, sei, von čak = hauen, schneiden, zertheilen, stamme und nicht blos lautlich, sondern auch begrifflich (vgl. magyarisch éj-+-szak = Nacht, Nachtzeit) dem magyarischen szak ganz nahe stehe.

Bei meinem Vergleiche des magyarischen záp (Stockzahn) mit dem türkischen sap (Stiel) findet Herr Budenz, dass dieses Wort eigentlich nur „Stengel" bedeute und auch auf „Strohhalm" angewendet werden könne. Hier ist mein Recensent wieder im Irrthum, denn sap bedeutet türkisch Griff, den untern dicken Theil eines Körpers.

Indem ich das magyarische szab (schneiden) mit dem türkischen sap (einschneiden) vergleiche, bemerkt Herr Budenz, dass letzteres bei Bianchi nur mit „se détourner, se diverger" übersetzt sei und höchstens „einschlagen (einen Weg)" bedeuten könne. Dem gegenüber möchte ich auf das altaische sabι = Bruchstück, Abschnitt hinweisen, wo der Begriff des „Schneidens, Abschneidens" doch klar genug ausgedrückt ist.

Uebrigens, was Herrn Budenz zumeist vorzuwerfen ist, das ist das ewige Anzweifeln und Verdächtigen aller jener Daten, welche seiner Theorie ungelegen erscheinen. Budenz bezweifelt die Existenz des türkischen Verbums tagil, trotzdem Budagow (I, 726) denselben Verbalstamm anführt; er findet, dass tog ein verbum intransitivum sei, dem die Bedeutung gebären nicht beigelegt werden könne, vergisst aber, dass die concrete Bedeutung dieser Stammsilbe erstehen, aufstehen sei (vgl. kün togdi = die Sonne ist aufgegangen; jaman togdi = Elend ist erstanden u. s. w.). Er bezweifelt die Verwandtschaft der Begriffe dicht und eng, weil die klare Analogie des magyarischen szük und türkischen sik (enge, dicht) ihm ungelegen kommt; er bespöttelt die Derivation des türkischen dingil (Axe) vom türkischen töngül = sich drehen, weil er es nicht weiss, daher auch nicht glaubt, dass bei den Wagen älterer Construction und noch heute in Centralasien die Achse sammt dem Rade sich dreht, u. s. w.

Wie gesagt, es wäre eine höchst müssige Arbeit, die keinesfalls zum Ziele führen würde, wollten wir die vom Professor Budenz gegen unsere magyarisch-türkischen Wortparallelen gemachten Einwendungen hier einzeln anführen und der Reihe nach widerlegen. Unsere Absicht war, dem unparteiischen Leser in das eigentliche Wesen der Streitfrage einen Einblick zu verschaffen, ferner ihm zu zeigen, von welcher Beschaffenheit die Motive sind, mit welchen der Apostel der finnisch-ugrischen Theorie die türkische Verwandtschaft des magyarischen Wortschatzes bekämpft und widerlegen will. Dem nicht philologischen Fachmanne werden die Einzelheiten des Streites allerdings als irrelevant erscheinen, und namentlich wird sich dem unparteiischen Leser die Ueberzeugung aufdrängen, dass bei der unzuverlässigen Natur der in diesem Streite gebrauchten Waffen der endgültige Sieg wol noch lange auf sich warten lassen wird. Ich meinerseits stehe nicht im mindesten an, dieser nichtfachmännischen Ansicht in vielem beizustimmen. Ich bekenne gern, dass ich in meinem vom Herrn Professor Budenz besprochenen Versuche oft und wesentlich geirrt, und dass ich so manche seiner Richtigstellungen mit Dank annehme; doch kann ich nicht umhin, die Art und Weise seiner Beweisführung in vielen, ja sehr vielen Beispielen als verfehlt und gewaltsam zu bezeichnen. Der Satz: „quod licet Jovi, non licet bovi" kann nirgends, am allerwenigsten aber bei etymologischen Speculationen in Anwendung gebracht werden.

Beilage V zur dritten Abtheilung. Seite 381.

Culturmomente.

Liste der für slawisch gehaltenen türkisch-magyarischen Culturwörter.[1]

Folgendes ist die Liste jener im Texte, Seite 381 erwähnten, von Miklošich irrigerweise für slawischen Ursprungs gehaltenen magyarischen Wörter.

11) Báj, altslawisch fabulare, incantare, türkisch baa, baj, büjü = Zauber, eigentlich Band. Vgl. baj-gin = ohnmächtig, bezaubert; bajıl, magyarisch bájol = bezaubern (siehe S. 365).

12) Bojtár, neuslawisch bajta = casa; bojtár heisst im Magyarischen der Gehülfe des Schäfers und stammt vom persischen pajdar = Gehülfe, der an etwas Antheil nimmt.

19) Bot = Stock, hat mit dem neuslawischen bat, das Miklošich für ein dunkles Wort erklärt, nichts gemein und reiht sich vielmehr dem čagataischen but-ak = Zweig an.

25) Bélyeg = Merkmal, Zeichen; uigurisch bilik = Wissen, čagataisch belek = Merkmal, Andenken wird im letztern Sinne des Wortes (siehe Budagow, I, 304) für „Geschenk" gebraucht.

68) Bika = Stier; das neuslawische bik, bika kann nicht in Betracht kommen, weil auf dem ganzen türkischen Sprachgebiete buka, buga vorkommt und da die meisten Thiernamen mit den entsprechenden türkischen congruiren.

78) Csö, csöv, csév = Rohr; das neuslawische čév bietet nur eine zufällige Analogie, viel näher steht das türkische čüb-ük — Rohr, osmanisch čib-uk = Pfeifenrohr.

83) Csap = schlagen, hauen, ist mit dem türkischen čap = schlagen, hauen identisch, und das slowakische čapiti = alapam infligere ist ebenfalls nur als eine zufällige Analogie zu betrachten.

85) Csésze = Schale, mag vielleicht aus dem serbischen čaša ins Magyarische gelangt sein, was übrigens noch nicht erwiesen ist, doch stammt das serbische čaša entschieden vom türkischen kase, ur-

---

[1] „Die slawischen Elemente im Magyarischen", Denkschriften der kaiserl. Akademie der Wissenschaften, philosophisch-historische Klasse, XXI. 1—71.

sprünglich persischen خسه ﻚﻴ keese = Schale, und es ist daher nicht unmöglich, dass das magyarische csésze direct aus dem Persischen ins Magyarische überging.

87) Csóka = Dohle, türkisch čauka, čauga = Dohle; das serbisch-kroatische čavka ist daher dem Magyarischen entlehnt.

91) Csákány = Stockhammer, kirgisisch čakan = eine Hauwaffe, von čak = hauen, schlagen. Das altslawische čckan wie auch das neuslawische čakan sind daher dem Magyarischen entlehnt.

97) Cserge = Zigeunerzelt, stammt vom čagataischen čerge. Vgl. Tserge im Hunnisch-awarischen Wortregister, wo es nach dem Τζέργη des Porphyrogenitos angeführt ist.

99) Csata = Treffen, Schlacht. Siehe S. 294, woraus ersichtlich ist, dass das serbisch-altslawische čcta sowie das neugriechische τζετάριοι dem Magyarischen entlehnt sind.

104—105) Csín = Zierde und csinál = machen, können schon deshalb nicht mit dem altslawischen čin' = ordo und činiti = ordinare verglichen werden, weil čin, čen unzweifelhaft alttürkischen Ursprungs ist und Maass, Grad, Ordnung, Richtschnur bedeutet (daher das russische čin = Rangstufe), und weil die besagte türkische Stammsilbe auch in der Verbalform čina, čiula = sich zu etwas anschicken, beginnen, unternehmen (Bud. I, 508) vorkommt. Im magyarischen csín verstehe ich daher den Grundbegriff „Ordnung, Ebenmaass" und das magyarische csinál halte ich für verwandt mit dem kirgisischen čína.

131) Déd = Urgrossvater, ist wie andere Verwandtschaftsnamen auch andern Sprachen gemein und kann mit demselben Recht mit dem türkischen dede = Urgrossvater verglichen werden.

142) Derék = die Taille, die Mitte, daher auch für den Begriff „vorzüglich" gebräuchlich und nicht nur truncus oder Rumpf allein, wie Miklošich anführt. Mit dem magyarischen derék scheint uns das türkische direk, tirek = Stützpunkt, Säule (siehe S. 310) verwandt, und das wenig verbreitete slawische dr̄ck, dr̄ik ist eventuell ein magyarisches Lehnwort.

170) Gát = Damm, steht dem petschenegischen kata = Festung, eigentlich Schanze (siehe Ι'ατα, Κατα im petschenegischen Wortregister) und dem türkischen kači = Damm viel näher als dem serbischen gat = septum, canalis, welches letztere mit Wahrscheinlichkeit für ein magyarisches Lehnwort gelten kann.

220) Harcz = Kampf. Der Vergleich mit dem kroatisch-čechischen und polnischen garcovat = ein Pferd tummeln dünkt uns keinesfalls statthaft, da das türkische karga = Zank, Hader, und das osmanische kauga = Krieg begrifflich viel näher stehen.

224) Komló = Hopfen, türkisch kuumlak, kumdak und kulmak = Hopfen, ist ein auf dem ganzen türkischen Sprachgebiete verbreitetes Wort, von welchem das slawische chmel = Hopfen abstammt.

251) Árok = Graben, türkisch aruk, arik = Graben, von der Stammsilbe ar, or = hauen, schneiden. Das serbische jarak ist türkischen, das slowakische jarek magyarischen Ursprungs.

268) Kan = Eber, türkisch kaban = Eber, kann schon deshalb
nicht slawischen Ursprungs sein, weil dieses Thier von altmytholo-
gischer Bedeutung bei den Turko-Tataren zu jenen gehört, die auf der
Steppe dem Menschen schon im Zeitalter der primitiven Cultur bekannt
waren (vgl. meine „Primitive Cultur des turko-tatarischen Volkes“,
S. 201). Das slawische kan und das čechische kanec sind magyarischen Ursprungs.

270) Kepeny, köpeny — Mantel, ist keinesfalls slawischen Ursprungs. Baher hat dieses Wort schon in seinen Memoiren gebraucht
und die Varianten kepeng, kepenig, kepenik, von der Stammsilbe kap,
kep = Hülle, Kleid, gebildet, sind auf dem ganzen türkischen Sprachgebiete von jeher gekannt.

276) Kender = Hanf, ein alttürkisches Wort, das auf dem ganzen
türkischen, ja sogar auch auf dem mongolischen Sprachgebiete als
kendir, kender vorkommt; Miklošich's Vergleich mit dem kǎdr und
kondrovanyi = kraus, gekräuselt ist sowol in begrifflicher als auch in
lautlicher Beziehung verfehlt, denn das magyarische kondor oder göndör
= gekräuselt hat mit kender = Hanf gar nichts gemein.

307) Kocsi = Wagen, ist nicht nur im Slawischen, sondern auch
in andern europäischen Sprachen verbreitet. Bezüglich des muthmass-
lichen türkischen Ursprunges siehe S. 305.

327) Kapocs = Schnalle, fibula, türkisch kapa = zumachen,
schliessen, kapaži = Schliesser, Zumacher. Die Endung ži und či
verwandelt sich im Ungarischen in ein cs, z. B. türkisch satiži, magyarisch szatócs (Kaufmann), türkisch aačči = Holzarbeiter, magyarisch
ács = Zimmermann u. s. w. Vgl. ferner osmanisch kopča = Knopf,
Heftel, welches auf ein älteres kopčag schliessen lässt und aus dem
das slawische kopča entstanden sein mag.

337) Kard = Schwert, ist ein persisches Lehnwort, und das neuslawische korda, serbische čorda, polnische kord, sind dem Magyarischen
entlehnt.

342) Kosz = Grind, eigentlich Brand, kann mit dem slawischen
kosa keinesfalls verglichen werden (vgl. S. 538).

344) Koszor = Gartenmesser. Miklošich führt auch das tatarische kusur = culter curvus hortulani an und behauptet dennoch, dass
das serbisch-kroatische koser, kosor, slawischen Ursprungs sei. Wir
halten dies für unmöglich, denn kis, kes bedeutet im Türkischen schneiden und keser im Kirgisischen und Čagataischen ein grosses Messer,
ein Messer im allgemeinen.

370) Kereeset = falco rapax, ist alttürkisch (siehe S. 167).

378) Korsó = Krug, türkisch kolčag = ein mit Ohren, Henkeln
(kol, kul) versehenes Gefäss (siehe S. 291).

406) Kár = Schaden. Miklošich bezweifelt selbst den slawischen
Ursprung dieses Wortes, er citirt aus Budenz' Etymologischem Wörterbuche das lappische korde = nocere und meint, kár könne aus dem
serbischen kvar = Schaden abgeleitet werden, aber nicht umgekehrt.
(Siehe árt in Beilage III, S. 523.)

507) Néne — ältere Schwester, kann vom slawischen neni, wie

der jüngere Bruder den ältern nennt, schon deshalb nicht abstammen,
weil nene, ene im Türkischen ein auf Verwandtschaftsgrade des weiblichen Geschlechts bezügliches Wort ist (vgl. nene = Mutter, Tante
u. s. w., Budagow II, 293).

526) Agár = Windhund, könnte nur dann mit dem serbischen
ogar = canis venatici generis verglichen werden, wenn dieses auch in
den nördlichen oder altslawischen Mundarten vorhanden wäre. Da
jedoch dies bei Miklošich nicht nachgewiesen ist und da im fernen
Osten, nämlich in den türkischen Mundarten Sibiriens der Windhund
igär, und im Osmanischen zagar heisst, so ist die Möglichkeit des
türkischen Ursprungs dieses für slawisch gehaltenen Wortes nicht ausgeschlossen.

528) Akol = Stall, Schafstall, ist entschieden türkisch (siehe ól
S. 542). Das slawische okol ist dem Magyarischen entlehnt.

614) Pad = Bank, vgl. das persische پاي = Thron, Sessel.

718) Rozs = Roggen. Miklošich behauptet, dieses Wort sei aus
dem Deutschen (Roggen) zu den Slawen gelangt, weil diese Fruchtgattung zwischen den Alpen und dem Schwarzen Meere (Unger I, 9)
einheimisch ist. Wir möchten dies bezweifeln, denn der Roggen ist
auf der kirgisischen Steppe, im Quellengebiete des Jenissei, ja in ganz
Mittelasien einheimisch und lautet im Kirgisischen ariž, im Altaischen
ariš, im Koibal-Karagasischen âres, âras, welche Wörter sich vom magyarischen rozs nur insofern unterscheiden, als die Türken dem anlautenden r einen Vocal voransetzen. Rozs oder ariš dünkt uns daher
ebenso genuin türkisch wie árpa, türkisch arpa (Gerste), und buza,
türkisch budaj (Weizen).

722) Szán, szánka = Schlitten, ist nicht slawischen Ursprungs,
weil sich dieses Wort auch im Osttürkischen vorfindet, vgl. kirgisisch
san, čagataisch sanak, čuvasisch sana = Schlitten.

731) Szín = Laube, stammt, wie aus dem gedehnten í ersichtlich,
von einem ältern sigin, ein Wort, das im Türkischen *Schutz suchen*,
sich unterstellen bedeutet und sich heute noch als Diminutiv in siginžak,
sinžak = Schutzort vorfindet. Das slawische sjen = Schatten bietet
nur eine zufällige Analogie.

734) Szipóka = Saugrüssel, mag wol vom slawischen sipovka
abstammen, aber es verdient immerhin erwähnt zu werden, dass im
Osttürkischen sipozga ein Rohr oder eine Pfeife bedeutet, und dass
die Stammsilbe sib, sziv = saugen auch andern türkisch-magyarischen
Wörtern zu Grunde liegt.

751) Szalma = Stroh (auch szóma), slawisch slama, neugrie-
chisch σάλομα, kann nicht unbedingt für slawischen oder neugrie-
chischen Ursprungs gehalten werden, weil auch im fernen Osttürkischen
saman Stroh bedeutet.

762) Szömölcs, szömörcs = Warze, ist mit dem türkischen
siviž, sivilžik (diminutiv) = Warze verwandt, und das slawische smrček,
smrčak bietet nur eine zufällige Analogie.

797) Szokmány = Tuchkleid; der slawische Ursprung dieses

Wortes ist ebenfalls zweifelhaft, weil sokman, sekmen, čekmen theils in der Bedeutung „Kleid", theils in der Bedeutung „Stoff eines Kleides" auf dem entferntesten türkischen Sprachgebiete bekannt ist.

814) Sás = Riedgras, türkisch saz = Rohr, Schilf, bedeutet aber auch den Ort, wo das Rohr wächst, nämlich den Sumpf, und ist entschieden türkischen Ursprungs.

815) Sátor = Zelt, türkisch čatır, čadır (siehe S. 280).

819) Csíp = kneifen, zwicken (siehe Beilage III, S. 500).

824) Selyp = stotternd, türkisch čalp-ik, eventuell čelp-ik = stotternd, wörtlich anschlagend, anstossend (mit der Zunge), während das Slawische, namentlich das russische scheveljat nur lispeln bedeutet, denn „stottern" heisst zankatsja, zapinatsja.

840) Tábor = Lager (siehe Note 1, S. 293).

851) Tolmács = Dolmetsch, ist zu Slawen und Germanen aus dem Türkischen gedrungen. Vgl. uigurisch tilmekči, tilmeči = Sprecher von tilmek = das Sprechen.

869) Tiló = Hanfbreche, čuvašisch tila = Hanfbreche, türkisch til, tir = brechen.

870) Tilos = verboten, von der Stammsilbe til, tit = verbieten (siehe Beilage III, S. 551).

874) Túzok = Trappe, türkisch tujdak, tugdak = Trappe (siehe S. 274).

872) Turó = Quark, Käse, čagataisch turak = Käse (siehe S. 268).

877) Tükör = Spiegel, čuvašisch tügür, tügürt = Spiegel (siehe S. 290).

886) Ur = Herr (siehe S. 68).

936) Zukbony = Röckchen, türkisch (čuvašisch) zübün, zipun = Jacke, kann schwerlich für slawischen Ursprungs erklärt werden, weil die Čuvašen dieses Wort doch nur von den Russen hätten entlehnen können, während nach den Anführungen Miklosich's das slawische zubun als neuslawisch, čechisch, serbisch und hungarisch-kroatisch bezeichnet ist. Da zubbony auch im Rumänischen vorkommt, ist die Möglichkeit vielleicht nicht ausgeschlossen, darin ein altbulgarisches Wort zu erkennen, wodurch sich der Zusammenhang mit dem Čuvašischen erklären liesse.

Beilage VI zur dritten Abtheilung, Seite 387.

Vorliegende Liste der von uns angeführten Culturwörter ist aus folgenden Anlässen zusammengestellt worden.

Erstens wollten wir mittels einer Transscription in arabischen Charakteren es dem Leser ermöglichen, sich die Referenz in den betreffenden Wörterbüchern [1] zu verschaffen. Zweitens haben wir behufs einer leichtern Uebersicht den türkischen und magyarischen Culturwörtern die entsprechenden finnisch-ugrischen Beispiele gegenübergestellt; Beispiele, die wir sämmtlich dem Budenz'schen vergleichenden Wörterbuche der finnisch-ugrischen und magyarischen Sprachen entnommen, und von denen keinesfalls behauptet werden kann, dass ihr Autor sich eine ungenügende Berücksichtigung des fraglichen Sprachgebiets, oder Voreingenommenheit für das Turko-Tatarische zu schulden kommen liess. Was die turko-tatarischen Beispiele anbelangt, so ist hier selbstverständlich auf die etwaigen begrifflichen Nuancirungen auch schon deshalb nicht Rücksicht genommen worden, weil dies an betreffender Stelle schon im Texte geschehen, aus welcher Ursache wir wir denn auch von den zur Rechtfertigung der gemachten Vergleiche nöthigen Erläuterungen abgesehen. Bezüglich einiger von uns mit gedehnten Vocalen transscribirter türkischer Wörter wollen wir bemerken, dass dieselben in arabischer Transscription zumeist mit einem dem betreffenden Vocal angehängten غ ghain, auch ك kef, vorkommen, und als gedehnt ausgesprochen werden. Z. B. ياغ = jaa, بوغداى = búdaj, توغداق = túdak, اوكور = öür, دكىل = déil, déjil, u. s. w.

---

[1] Diese sind: 1) Das Glossar in meinen „Čagataischen Sprachstudien"; 2) das Glossar in meinen „Uigurischen Sprachmonumenten"; 3) Bianchi's „Dictionnaire turc-français"; 4) Budagow's „Srawnitelnij slowar turetzko-tatarskich naretschij"; 5) Pavet de Courteille's „Dictionnaire turc-oriental"; 6) „Lehči Osmani عثمانلى لهجهٔ", von Ahmed Wefik Effendi. Die übrigen theils mit russischen, theils mit lateinischen Charakteren geschriebenen Lexika sind 7) das Glossar in der „Grammatika Altaiskago Jazika"; 8) Zolotnitzki's „Karnewoj čuvaško-russkij Slowar", Kazan 1875; 9) Bálint Gábor Kazani-tatár szótár; 10) Ostroumow, „Slowar narodno-tatarskago jazika", Kazan 1876. Schliesslich ist einigemal auf die Handschrift خلاصهٔ عباسى (siehe Čagataische Sprachstudien) Bezug genommen worden.

1. Thiere.

Deutsch.	Magyarisch.	Turko - Tatarisch.		Finnisch-Ugrisch.
Vieh	barom	barum	بارم	
Widder	kos	koč	قوچ	
Hammel	ürü	ürü	اورو	
Einjähriges Schaf	toklyó	tokli	توقلى	
5 Wolle	gyapju	japa, japak	ياپا ياپاك	
Stier	bika	buka	بوقا	
Ochs	ökör	öküz	اوكوز	
Der junge Ochs	tinó	tana	ناذا طاذه	
Kuh	ünö, uné	ünek, inek	ايناك اوناك	
10 Der junge Ochs	tulok	turuk	توروق	
Kuhkalb	üszö	ösük	اوسوك	
Kalb	borju	puru, buzau	بوزاغو	
Geschmortes Schaffleisch	tokány	talkan	طالقان	
Käse	turó	turak	نوراف	
15 Butter	vaj	maj	ماى	voj, voj
Fleisch	hús	guš	كوشت	
Buttermilch	iró	airan	ايران	
Pferd	ló	lau	الو	lu, lovî
Hengst	esödör	čaudur	چاودور	
20 Stute	kancza	kouači	توناچى	
Füllen	csikó	čigin, čikîn	چيقين	
Kamel	teve	tive, tüve	تيوه	
Heerde	gulya	juulau	يروولاو	
Hund	kutya	küčük	كوچوك	kuča, kut'ka
25 Jagdhund	kopó	kopoj	توپوى	
Katze	macska	mösük	موشوك	
Ziege	keeske	keči. keški	كچى كچكى	
Wild	vad	bád	داد	

Deutsch.	Magyarisch.	Turko - Tatarisch.		Finnisch-Ugrisch.
Eber	kan	kaban	قابان	
30 Schwein	disznó	sîsna	—	
Schwein	domosz	domuz	طنكروز	
Sau	emse	emiži	ايميجى	emä, ima
Ferkel	csörhe	čorpe	چورپه	
Löwe	arszlán	arslan	ارسلان	
35 Pauther	párducz	pars	بارس پارس	
Dachs	borz	borsuk	بورسوق	
Luchs	hiuz	jüz, as	يوز آس	
Biber	hód	kunduz	قوندوز	
Zieselmaus	ürge	ürkä (Murmelthier)	—	
40 Spitzmaus	cziczkány	sičkan	سيچقان	
Frosch	béka	baga	بغا	
Windhund	agár	igär	ايكار	
Iltis	göréuy	girin	كيرين	
Falke	turul	turgaul	تورغاول	
45 Jägerfalke	kereeset	kereče	كرچه	
Kranich	daru	turna	طورنا	
Trappe	túzok	túdak	توغالق	
Falke	solyom	čojlu, čajlak	چويلو چايلاق	
Storch	gólya	gulan	كولان	
50 Habicht	kerra	kere	كره	
Sperber	karvaly	karkara	قرقره	
Dohle	csóka	čauka	چاوغه	
Weihe	kánya	kanja	قانيا	
Rabe	varju	karga	قارغه	varñaj
55 Krähe	holló	—	—	kullaχ
Gans	lúd	—	—	lunt, ludo
Gänschen	liba	—	—	lapse
Fisch	hal	balik	بالق	kal, kala
Henne	tyuk	tauk	طاوق	

2. Pflanzen.

Deutsch.	Magyarisch.	Turko - Tatarisch.		Finnisch-Ugrisch.
60 Weizen	búza	búdaj	بوغداى	
Gerste	árpa	arpa	ارپه	
Obst	gyimics	jimiš	بيميش	
Apfel	alma	alma	الـمـه	
Birne	körtve	kertme	كرتمه	
65 Wein	bor	bor	بور	
Bier	ser, sör	sîra	سـرا	sar.
Binse	gyékény	jeken	جيكن يكن	
Rohr	nád	naj	غاى	
Riedgras	sás	saz	سـاز	
70 Binsengras	káka	koga	فوغه	
Wasserfeder	kalogány	kalagaj	قالاغاى	
Schlehe	kökény	köken	كوكن	
Erbse	borsó	bmrčak	بورچاق	
Baum	fa	—	—	pu
75 Flachs	kender	kendir	كنلر	
Zwiebel	hajma	sogono, sojono	—	
Esche	köris	kavriš	—	
Linde	hárs	arča	ارچه	
Gesträuch	csalit	čalî	چالى	
80 Brennessel	csalán	čalan, čalgan	چالان چالغان	
Gras	fü	boj, büj	بوى	
Hopfen	komló	kumlak	قوملاق	

3. Wohnung, Kleider, Hausgeräthe.

Höhle	odu	odu, ota	اودو اودا	onte, unda
Zelt	sátor	čatir	چاتر	
85 Hütte	esárda	čartag	چارتاغ	
Schutzdach	szín	sigîn	سغين	

Deutsch.	Magyarisch.	Turko - Tatarisch.		Finnisch-Ugrisch.
Zimmermann	ács	aaččî	اغاچبجی	
Weben	szöv	sok, sou	صوق	sev, säg
Weber	takács	tokuči	توقوچی	
90 Hanfbreche	tiló	tila	—	
Spindel	orsó	určak	اورچاق	
Leinwand	vászon	bos	بوس بوز	
Haut, Fell	bör	baru	بارو	
Kürschner	szücs	scütči	ساوچی	
95 Bart	szakal	sakal	صقال	
Schnurrbart	bajusz	bijik	ببیق	
Hut	kalpag	kalpak	قلپاق	
Hemd	ümög	gümlek, küjnek	كویناك كوملاك	
Gürtel	öv	jöb, jüb	یوب	
100 Pelz	suba	žübbe	جبّه	
Leibrock	ködmön	ktmen	—	
Ueberwurf	kaczagány	kužagan	قوجاغان	
Mantel	köpeny	kepeng	كپنك	
Flauschrock	guba	kaba, köppö	قبا كوپپو	
105 Jacke	zubbony	zübün	زوبون	
Dolman	dolmány	dholaman	طولامان	
Schuh	saru	čaruk	چاروق	
Stiefel	csizma	čizme	چزمه	
Fingerring	gyürü	sjürü, jüzük	یورزوك	
110 Schnalle	csat	čatî	چاتی	
Schliesse	kapocs	kopča	توپچه	
Perle	gyöngy	jünži	یونجی	
Aigrette	kócsag	kutag	قوتاغ	
Spiegel	tükör	tügür, tökür	توكور	
115 Kessel	kazán	kazan	قازان	
Hafen	bögre	bögür	بوكور	
Schlauch	tömlö	tömlük	توملوك	

Deutsch	Magyarisch.	Turko - Tatarisch.		Finnisch-Ugrisch.
Krug	korsó	kurčuk	تورچوق	
Holzflasche	kulacs	kulas	قولاس	
120 Blechgefäss	bádag	bardag	بارداغ	
Gefäss	edény	ediš	ایدیش	
Besen	söprü	söprü	سوپرو	
Tasche	tarsó	tursuk	تورسوق	

4. Krieg und Waffen.

Krieg	háború	kabaruk	قبّاروق	
125 Friede	béke	bekik	بکیك	
Heer	sereg	čerig	چريغ	
Rekrutiren	toboroz	toparla	نوپارلا	
Truppe	csapat	čapau	چپاو	
Schlacht	csata	čatî, čatiš	چاتیش	
130 Kampf	tusa	tüš	توش	
Gefecht	harcz	karga	قارغه	
Wache	ör, ewr	öür	اوکرر	
Heerführer	vezér	vezir	وزیر	
Befehlshaber	jóbágy	jou-bagi	یاو باکی	
135 Richter	biloch	bilüži	بیلیجی	
Weise	bölcs	biliži	بیلیجی	
Held	hös	khoža	قوجه	
Schlinge	tör	tor, tör	تور	
Netz	háló	—	—	külup, χolip
140 Bogen	ij	jaj, jej	یای	jōgot, jaut
Pfeil	nyíl	—	—	úuol, ńöl
Köcher	tegesz	tegeš	نیکیش	
Schwert	kard	kard	کارد	
Messer	kés	keser	کیسار	käsäj
145 Einschlag-messer	biesak	bičak	بیچاق	
Axt	balta	balta	بالطا	

Deutsch.	Magyarisch.	Turko - Tatarisch.		Finnisch-Ugrisch.
Klotz	kölyü	kölük	كولوك	
Keule	buzogány	buzdogan	بوزدوغان	
Streithammer	csákány	čakan	چاتان	
150 Lanze	dsida	žida	جيدا	
Festung	vár	bar	بار	
Damm	gát	kačî	قاچى	
Sattel	nyereg	ejger. jeger	ايكار	nair, ener, örtnér
Steigbügel	kengyel	kangaj, kengej	قانغاى	
155 Leitseil	gyeplö	jeplük	بپليك	
Halfter	kantár	kantar	قنتار	
Peitsche	kancsuka	kančuga	قنجوغه	
Zaum	fék	bag, bek	باغ دك	
Schacke	békó, béklő	peklik	بكليك	
160 Horn	kürt	küürtü	كوورتى	
Trommel	dob	dömbek	دومباك	
tapfer	bátor	batur	باتور	
feig	gyáva	java, jaba	يابه	

5. Familie.

Vater	atya	ata	اتا	at'a
165 Mutter	anya	ana	انا	anaj
Mann	férj	er, erk-ek	ار اركاك	pörgö
Weib	nö, né	naj	ناى	nē
Männchen	hím	kümon	—	kum
Kind	gyerek	jauruk	ياوروق	
170 Sohn	fi, fin	—	—	pi, pojka
älterer Bruder	bátya	baži	باجى	
jüng. Bruder	öcs	eči, eži	اجى	
jüng. Schwester	huga	uka, üke	اوكا	
Schwägerin	ángya	jenge	بنكه	
175 Aelternvater	déd	dede	ددە	

Deutsch.	Magyarisch.	Turko - Tatarisch.		Fiunisch-Ugrisch
Taute	néne	nene	ننه	
Schwiegermutter	napa	—	—	anip
Schwiegervater	ipa	—	—	up, appi
Eidam	vö	—	—	väng, vävy
180 Stamm	törzs	tire	تیرة	
Adel	nem-es	man	مان	
Ahne	ös	ozo	—	isä
Herr	úr	our, uur	اوغور	uros
Frau	akhsin	ak-sîn	اق سین	
185 Diener, Page	inas	ini	اینی	
Genosse	bajtás	bajtaš	بیكتاش	
gebären	szül	töl, tul	تول	
sterben	hal	öl, vil	اول	kal, χal
Grab	sír	čiir	چیغر	
190 Grube	verem	oram	اورام	
Sarg	koporsó	koburčak	توبورجاق	

6. Regierung.

Versammlung	gyülés	jîiliš	یبغیلش	
Rath	tanács	taniš	تانش	
Gesetz	tör-vény	töre	تورة	
195 Gebrauch	szokás	toka	—	
Recht	jog	ong	اونك	jomas
Zeuge	tanu	tanuk	تانوق	
Ordnung	szer	sîra	صرة	sir

7. Weltall.

Himmel	meny	möng, mängge	مونك	menel, menil
200 Licht	világ	julak	—	valkea, vol'g
Stern	csillag	žolduz, žillag	جولدوز جیللات	

Deutsch.	Magyarisch.	Turko - Tatarisch.		Finnisch-Ugrisch.
Mond	hó, hold	—	—	kuu, kou
Zeit	üdö	üt, üd	اوت	
Zeitalter	kor	kor	قور	
205 Jahr	év, ív	' íjl, jil	ايل ييل	ikä, ie, i
Winter	tél	—	—	telc, teli
Frühling	tavasz	—	—	toví
Sommer	nyár	jáj, jaz	ياى ياز	
Herbst	ösz	kös, küs	كوس كوز	
210 Berg, Spitze	hegy	—	—	kärke
Hügel	halom	kol	قول	
Niederung	aszó	asak, ašak	اساق اشاق	lakso
Sand	homok	kumak	قوماق	
Lehmboden	agyak	alčík	الچيق	
215 Brunnen	kut	kutuk	قوتوق	
Meer	tenger	tengiz	تينكيز	
See	tó, tav	—	—	tuu, teu, tur
Insel	sziget	síg	سيغ	
Schiff	hajó	kajuk	قايوق	
220 Handel	alku	alku	القو	
Kaufmann	szatócs	satíčí	صاتيچى	
Lohn	bér	beri	بيرى	
Preis	ár	aar, air	اغر	arvo
Werth	díj	dej	ديك .	
225 Geld	akcsa	akče	اقچه	
Waare	áru	aaruk	اغروق	
Markt	vásár	bazar	بازار	
Schatz	kencs	genč	كنج	
sehr viel	tömény	tümeu	تومان	
230 Schreiben	ír	sjìr, jaz	ياز	
Buchstabe	betü	betik	بيتيك	
Kerbe	ró	ur	اور	ru

Deutsch.	Magyarisch.	Turko-Tatarisch.		Finnisch-Ugrisch.
malen	fest	peč, pic	پيچ	
Bild	kep	kep	كپ	
235 gelb	sárga	sarîg	ساريع	
blau	kék	kök	كوك	
schwarz	fekete	pek	—	pegde
weiss	fejér	bor	—	päjes
grau	szürke	suru	—	čnorkok
240 Musik	zene, zeng	čengi	جنكى	
Spiel	játék	jatîgan	—	jantk
Violine	koboz	kobuž	قوبوز	

8. Religion.

Deutsch.	Magyarisch.	Turko-Tatarisch.		Finnisch-Ugrisch.
Gott	isten	izdan	ايزدان	
Götzen	bálvány	palvan	پهلوان	
245 Riese	oriás	ori-aš	—	
—	Karakán	Kalrakan	—	
Herrgott	Egy	jege, ege	ايكا	
Teufel	ördög	örtük	اورتوك	
—	Tereng	töröngöi	(unterirdische Gott-heit)	
250 segnen, preisen	áld	alg, and, olž	—	
Schwur	eskü	(and) ičkü	اند ايچكو	
Fluch	átok	aituk	ايتوق	
fluchen	kár-omkod	kar-ga	ترغا	
Zauberer	tátos	jajčî	يايچى	
255 zaubern	jós	jorčî	يورجى	
Zauber	báj, büv	baji, büjü	بايى بويو	
Hexe	boszorkány	bosurgan	بوسورغان	
Fee	tündir	tingir, tengere	—	
Muselman	böszörmény	busurman	بوسرمان	
260 Christ	keresztyén	kerečen	كرچن	
Drache	sárkány	čarkan	جركان	

REGISTER.

A.

Berichtigungen.

Auf Seite 60 und 61 ist erwähnt, dass die Čuwašen finnisch-ugrische Rasseneigenheiten aufweisen. Diese Angabe beruht auf falscher Information, indem neuere Studien mich von dem turko-tatarischen Typus dieses Volkes überzeugt haben.

Seite	14	Zeile	7	von	unten	lies	statt	قشى — اڤشى
„	41	„	7	„	oben	„	„	Srawwitelnij — srawnitelnij
„	56	„	12	„	„	„	„	يوكونمه — يوكونبه
„	61	„	20	„	„	„	„	jičče — sjičče
„	119	„	2	„	unten	„	„	سمه — سملخ
„	167	„	19	„	oben	„	„	كرچه — كرچه
„	170	„	17	„	„	„	„	الايداز — الايدار
„	184	„	3	„	„	„	„	يورتلارنى — يورتلارتى
„	199	„	4	„	unten	„	„	izoljedowanija — izsledowanija.
„	238	„	11	„	„	„	„	gyüzü — gyürü
„	246	„	10	„	oben	„	„	koslát — koslat
„	254	„	13	„	„	„	„	šerem — šeren
„	301	„	1	„	unten	„	„	Panijutniki — Pamjatniki
„	359	„	4	„	„	„	„	مبهم — منهم
„	385	„	20	„	oben	„	„	irdan — izdan
„	386	„	8	„	unten	„	„	nažar — načar.
„	413	„	18	„	oben	„	„	Murot — Marót.

Druck von F. A. Brockhaus in Leipzig.